Dieter Starke

Unternehmensinsolvenzen im Wandel von Gesellschafts- und Wirtschaftssystemen: Eine Untersuchung im Lichte des Kritischen Rationalismus und der Evolutionsökonomik

Schriften
zu Ordnungsfragen der Wirtschaft

Band 84: Unternehmensinsolvenzen im Wandel von Gesellschafts- und Wirtschaftssystemen

Lucius & Lucius · Stuttgart · 2007

Unternehmensinsolvenzen im Wandel von Gesellschafts- und Wirtschaftssystemen

Eine Untersuchung im Lichte des Kritischen Rationalismus und der Evolutionsökonomik

Von

Dieter Starke

Lucius & Lucius · Stuttgart · 2007

Anschrift des Autors:

Dr. Dieter Starke
Witzighauser Straße 2c
89269 Vöhringen

e-mail: rdstarke@web.de

Bibliografische Information der Deutschen Bibliothek
Die Deutsche Bibliothek verzeichnet diese Publikation in der Deutschen Nationalbibliografie; detaillierte bibliografische Daten sind im Internet über http://dnb.ddb.de abrufbar.

(Schriften zu Ordnungsfragen der Wirtschaft; Bd. 84)
ISBN 978-3-8282-0395-2

Gerokstraße 51 • D-70184 Stuttgart

Umschlaggestaltung: Isabelle Devaux, Stuttgart

Druck und Einband: ROSCH-BUCH Druckerei GmbH, 96110 Scheßlitz
Printed in Germany

ISBN 978-3-8282-0395-2
ISSN 1432-9220

Vorwort

So wie im *Popper*schen Sinne „Alles Leben Problemlösen" ist, kennzeichnet auch diese Arbeit ein Herantasten an Probleme sowie deren Lösungsversuche. Dieser permanente Prozeß von Versuch und Irrtum wurde von vielen Seiten befördert und unterstützt. Ohne diese konstruktiv-kritische Begleitung wäre diese Arbeit nicht möglich gewesen. Sie wurde von der wirtschaftswissenschaftlichen Fakultät der Philipps-Universität Marburg im Wintersemester 2004/2005 als Dissertation angenommen.

Mein aufrichtiger Dank gilt zu allererst meinem sehr verehrten akademischen Lehrer und Doktorvater Herrn Professor Dr. Alfred Schüller, der den langen Weg der Lösungsversuche mit großer Geduld, viel Verständnis und hohem Einsatz mitgetragen hat. Herrn Prof. Dr. Wilhelm Meyer danke ich für die freundliche Übernahme des Zweitgutachtens, das mir wertvolle Hinweise für die vorliegende Druckfassung gegeben hat.

Mit großem Engagement haben mich bei der Fertigstellung der Arbeit Andrea und Dan Richter sowie Christoph Theile unterstützt. Sie haben mich mit Akribie und Ausdauer auf formale Fehler und inhaltliche Ungereimtheiten hingewiesen. Dafür danke ich Ihnen herzlich. Frau Christel Dehlinger und Frau Dr. Hannelore Hamel danke ich für die umfangreiche Unterstützung bei der Drucklegung der Arbeit.

Meine liebe Frau Marianne hat mit sicherem Gespür für sprachlich-stilistische Feinheiten deutlich zur Verbesserung der Lesbarkeit der Arbeit beigetragen. Darüber hinaus hat sie die höchsten Kosten zu tragen gehabt, indem sie mit viel Verständnis auf sehr viel gemeinsame Zeit verzichtete. Ihr danke ich deshalb in ganz besonderem Maße.

Ich widme die Arbeit meinem 1996 verstorbenen Vater.

Vöhringen, Dezember 2006 Dieter Starke

Inhalt

Verzeichnis der Tabellen

Verzeichnis der Schemata

1. Einleitung

1.1. Problemstellung

Die deutsche Einheit ist mit Inkrafttreten des Einigungsvertrages am 3. Oktober 1990 formal vollendet worden. Seither spielen vornehmlich in der politischen Diskussion Schlagworte wie „Angleichung der Lebensverhältnisse" oder „De-Industrialisierung" eine wichtige Rolle. Dies insbesondere im Zusammenhang mit dem am meisten in der Öffentlichkeit diskutierten Problem, der hohen Arbeitslosigkeit: hier speziell in den neuen Bundesländern. Vor diesem Hintergrund rücken Meldungen über Unternehmensinsolvenzen mit ihren Wirkungen auf dem Arbeitsmarkt in den Mittelpunkt des Interesses. Gerade wenn große Unternehmen von Insolvenz bedroht sind, ist dieses Phänomen zu beobachten. Die Zahl der Unternehmensinsolvenzen in den neuen Bundesländern ist von 392 im Jahr 1991 auf 8.847 im Jahr 2002 gestiegen. In den alten Bundesländern lauten die Zahlen 8.445 für das Jahr 1991 und 26.638 für das Jahr 2002. Die Entwicklung im einzelnen:

Tabelle 1: Unternehmensinsolvenzen in den alten und neuen Bundesländern sowie Berlin 1991- 2002[1]

	1991	1992	1993	1994	1995	1996	1997	1998	1999	2000	2001	2002
ABL	8.445	9.828	12.821	14.913	16.470	18.111	19.348	19.213	16.772	18.062	21.664	26.638
NBL	392	1.092	2.327	3.911	5.874	7.419	8.126	8.615	7.567	8.047	8.506	8.847
Berlin	-	-	-	-	-	-	-	-	2.137	2.126	2.108	2.094
Σ	8.837	10.920	15.148	18.824	22.344	25.530	27.474	27.828	26.476	28.235	32.278	37.579

Quelle: *Angele* (2003, S. 294).

Ist dieser relative „Insolvenzvorsprung" in den neuen Bundesländern als Ausdruck einer „De-Industrialisierungstendenz" in der Systemtransformation zu interpretieren?

Ziel der Untersuchung ist es, zu klären, ob und inwiefern Insolvenzen im Transformationsprozeß betrachtet werden müssen. Die Phänomene „Unternehmensinsolvenz" und „Systemtransformation" werden am Beispiel der neuen Bundesländer exemplarisch analysiert. Es geht somit um die Frage nach etwaigen typischen Beziehungen zwischen den Tatbeständen „Unternehmensinsolvenz" und „Systemtransformation". Wie sind diese charakteristischen Beziehungen zu erklären und was folgt daraus für den Verlauf und die Ergebnisse eines Transformationsprozesses?

Dafür ist es notwendig einen theoretischen Bezugsrahmen zu entwickeln, der es ermöglicht, sowohl das Phänomen der „Systemtransformation" als auch das Phänomen

---

[1] Seit 1.1.1999 werden die Zahlen für Berlin getrennt erfaßt. Zuvor war das ehemalige Berlin-West in den Zahlen für die alten Bundesländer und Berlin-Ost in den Zahlen für die neuen Bundesländer enthalten.

der „Unternehmensinsolvenz“ miteinander in Beziehung zu setzen; es geht gleichsam um die Ableitung eines konsistenten Sprach- und Interpretationsmusters. Auf der Basis eines solchen Analysemusters werden dann die einzelnen Phänomene „Unternehmensinsolvenz“ und „Systemtransformation“ zuerst isoliert und dann im Kontext betrachtet und interpretiert.

1.2. Gang der Untersuchung

Es wird eine erkenntnistheoretische Perspektive als Analysemuster gewählt. Im vorliegenden Fall dient hierzu *Popper*s Methodologie und evolutionäre Erkenntnistheorie. Es soll mit anderen Worten versucht werden, die „Unternehmung“, die „Unternehmensinsolvenz“ und die „Systemtransformation“ anhand des begrifflichen Instrumentariums der *Popper*schen Methodologie und evolutionären Erkenntnistheorie analytisch aufzubereiten; dabei wird deutlich, daß eine stringente erkenntnistheoretische Perspektive einige neue, teilweise vielleicht überraschende Ergebnisse ans Licht bringt, die dann wiederum für eine wirtschaftspolitische Beurteilung nutzbar gemacht werden können.

Im *zweiten Kapitel* der Untersuchung werden in geraffter Form ökonomische Unternehmenserklärungen diskutiert; und zwar vor dem Hintergrund ihrer erkenntnistheoretischen Ausrichtung, das heißt es wird danach gefragt, inwieweit die präsentierten Ansätze die Unternehmung als Ort der Erkenntnisgewinnung thematisieren. Das zweite Teil dieses Kapitels skizziert den Versuch einer erkenntnistheoretischen Unternehmenserklärung. Dabei werden verschiedene wissenschaftstheoretische Ansätze auf das Phänomen „Unternehmung“ angewandt. Den Ausgangspunkt bildet die *Popper*sche Idee des Falsifikationismus und des Fallibilismus. Um diesen Fokus kreisen dann die Konzepte von *Kuhn*, *Lakatos* und *Feyerabend*. Wissenschaftstheoretische Widersprüche der einzelnen Konzeptionen werden zugunsten ihres positiven Erklärungsbeitrags für die interessierenden Problemstellungen bewußt in den Hintergrund gerückt. Den Abschluß dieses Teils bildet die erkenntnistheoretische Synthese von *Andersson*, der die Systeme von *Popper*, *Kuhn*, *Lakatos* und *Feyerabend* vergleichend analysiert und damit als Grundlage für eine erkenntnistheoretische Erklärung der Unternehmung herangezogen werden kann.

Das *dritte Kapitel* beschäftigt sich mit verschiedenen Ansätzen zur Erklärung von Unternehmensinsolvenzen. In einem ersten Schritt werden verschiedene Ansätze aus den Bereichen der Jurisprudenz, der Betriebswirtschaftslehre und der Volkswirtschaftslehre diskutiert. Dabei geht es wiederum vornehmlich um die erkenntnistheoretische Grundtendenz dieser Ansätze.

Die juristische Literatur zur Insolvenzproblematik beschäftigt sich primär mit schuld- und sachenrechtlichen Konsequenzen einer Unternehmensinsolvenz bzw. deren formaljuristischer Abwicklung. Die betriebswirtschaftliche Theorie behandelt das Thema Unternehmensinsolvenz aus der Perspektive eines zu vermeidenden Unternehmensstatus; insofern existieren eine Vielzahl von Stufen- und Phasenmodellen einer Unternehmenskrise, an deren Ende möglicherweise die Unternehmensinsolvenz steht. Die volkswirtschaftlich orientierten Ansätze lassen sich nach mikroökonomisch oder makroökonomisch ausgerichteter Argumentation systematisieren. Auf der einen Seite wird preis-, markt- und wettbewerbstheoretisch, auf der anderen Seite konjunktur- und wachstumstheoretisch argumentiert.

Der Versuch einer erkenntnistheoretischen Erklärung der Unternehmensinsolvenz basiert auf der Idee, daß Unternehmungen als fallible Hypothesenbündel aufgefaßt werden können. Es wird bereits hier deutlich, daß die Untersuchung auf die unterschiedlichsten Theorieansätze zurückgreift, ohne jedoch einem unreflektierten Eklektizismus zu erliegen. Alle betrachteten Erklärungsansätze werden einem erkenntnistheoretischen Bewährungstest unterzogen. Die vorläufige Bewährung ergibt sich aus der Kompatibilität mit dem erkenntnistheoretischen Analyserahmen und – rein pragmatisch – aus einem positiven Erklärungsbeitrag zu bestimmten Problemstellungen.

Im *vierten Kapitel* der Untersuchung geht es um eine Theorie der Systemtransformation. Es stellt sich die Frage, ob es eine solche Theorie der Systemtransformation gibt; und wenn ja, welche Charakteristika zeichnen eine Theorie der Systemtransformation aus? Im ersten Kapitel des Teils erfolgt eine Darstellung der mit einer Systemtransformation verbundenen Ordnungsänderungen. Auf der Basis dieser Deskription gründet sich eine definitorische Festsetzung dessen, was in dieser Untersuchung unter Systemtransformation verstanden wird.

Vor diesem begrifflichen Hintergrund werden im zweiten Teil Elemente einer Theorie der Systemtransformation diskutiert. Dabei wird der Begriff der *‚transformationstheoretischen Triade‘* in die Diskussion eingeführt. Damit ist die analytische Trennung von Transformations*basis*, Transformations*ziel* und Transformations*prozeß* gemeint. Der Begriff der ‚Triade‘ im Transformationskontext soll deutlich machen, daß nicht „nur“ der Transformationsprozeß, sondern darüber hinaus auch die Transformationsbasis und das Transformationsziel für die Beschreibung und Erklärung der Geschehnisse im Transformationsprozeß von Bedeutung sind.

Im dritten Teil erfolgt eine Betrachtung ordnungstheoretischer Ansätze zur Erklärung der Systemtransformation. Die Arbeiten *F. A. von Hayek*s und *W. Eucken*s stehen hierbei im Mittelpunkt. Die *Hayek*sche These von der „Nicht-Zentralisierbarkeit des Wissens“ wird im Kontext seiner ordnungstheoretischen Überlegungen diskutiert (Abschnitt 4.3.1). Hierbei steht das Verhältnis von Wissen und Wettbewerb im Zentrum. Die *Eucken*sche Ordnungskonzeption rückt den Machtfaktor in den Fokus der Wettbewerbsbetrachtung (Abschnitt 4.3.2). In Abschnitt 4.3.3 erfolgt eine Zusammenführung der *Hayek*schen und *Eucken*schen Ordnungsansätze auf der Grundlage der Idee einer „gehegten Evolution“ (*Vanberg*).

Im vierten Teil wird ein erkenntnistheoretischer Erklärungsversuch der Systemtransformation unternommen. Ausgangspunkt der Überlegungen ist das *Popper*sche Postulat, daß alles Wissen als Vermutungswissen aufzufassen ist. Die Methodologie und evolutionäre Erkenntnistheorie *Popper*s bildet quasi einen meta-theoretischen Rahmen. Die abstrakten Überlegungen stellen eine Verbindung zwischen der erkenntnistheoretischen Erklärung der Unternehmung bzw. der Unternehmensinsolvenz und der hier zu betrachtenden Systemtransformation her. Insofern behalten die bereits eingeführten Argumentationslinien ihre Gültigkeit, werden jedoch gleichsam in einen größeren Kontext gestellt.

Transformationsbasis, Transformationsziel und Transformationsprozeß werden sukzessive unter erkenntnistheoretischem Blickwinkel betrachtet (Abschnitte 4.4.2-4.4.4). Schließlich wird in Abschnitt 4.4.5 eine Ausweitung der Perspektive auf den Wettbewerb von Ordnungskonzeptionen vorgenommen. Dies erscheint im Hinblick auf das Fallibilitätspostulat notwendig zu sein, um die raum-zeitliche Relativität auch dieses Erklärungsansatzes zu betonen.

Im *fünften Kapitel* der Arbeit geht es um den Zusammenhang von Unternehmensinsolvenz und Systemtransformation.

Im ersten Teil wird auf das Verhältnis zwischen Transformationsbasis und Unternehmensinsolvenzen eingegangen. Dabei wird mit Hilfe einer ordnungstheoretischen Diskussion das Faktum „ökonomischer Insolvenzunfähigkeit" in einer Zentralverwaltungswirtschaft abgeleitet. Darüber hinaus wird begründet, warum man gleichzeitig auch von einer „politischen Insolvenzunwilligkeit" in einer Zentralverwaltungswirtschaft sprechen kann bzw. muß. Insofern kann man bei der „Insolvenzlosigkeit" von einem systemimmanenten Kennzeichen einer Zentralverwaltungswirtschaft sprechen, das sich sowohl ökonomisch als auch politisch aus den Ordnungsbedingungen einer Zentralverwaltungswirtschaft ableiten läßt. Abschließend wird die ordnungstheoretische Analyse einer erkenntnistheoretischen Beurteilung unterzogen. Es wird diskutiert, inwieweit die dargelegten Ordnungsbedingungen einen evolutorischen Erkenntnisfortschritt im *Popper*schen Sinne ermöglichen.

Der zweite Teil befaßt sich mit dem Zusammenhang zwischen Transformationsziel und Unternehmensinsolvenzen. Dabei wird davon ausgegangen, daß eine dezentral koordinierte Marktwirtschaft (Verkehrswirtschaft) das Ziel der Transformationsbemühungen darstellt. Auf der Basis *Eucken*scher Gedanken wird eine ordnungsökonomische Begründung für die Notwendigkeit der Ermöglichung von Unternehmensinsolvenzen in einer Marktwirtschaft präsentiert. Darüber hinaus sollen evolutionsökonomische Argumente diskutiert werden, die gleichfalls den Schluß nahelegen, daß Unternehmensinsolvenzen in einer Marktwirtschaft – welcher Ausprägung auch immer – nichts Systemwidriges sind. Abschließend wird auch hier eine erkenntnistheoretische Beurteilung der skizzierten Begründungsansätze vorgenommen.

Im dritten Teil wird – als Zwischenergebnis – die Entwicklung von der Insolvenzlosigkeit hin zur Insolvenzmöglichkeit als ein Konstitutivum der Systemtransformation festgehalten.

Im vierten Teil geht es um eine theoretische Annäherung an das Phänomen der Unternehmensinsolvenzen im Transformationsprozeß. Der Einfluß der Transformationsbasis auf das Insolvenzgeschehen wird unter dem Schlagwort ‚aufgestauter Insolvenzen' in die Argumentation eingeführt. Die Ausgangshypothese lautet, daß in Abhängigkeit von der spezifischen Transformationsbasis unterschiedliche Insolvenzzahlen und -entwicklungen resultieren werden.

Der Einfluß des Transformationsziels auf die Insolvenzentwicklung im Transformationsprozeß soll mit dem Stichwort ‚insolvenzbedingter Transformationsbarrieren' thematisiert werden. Damit ist gemeint, daß die Spezifikation des angestrebten Transformationsziels es für die verantwortlichen Entscheidungsträger notwendig erscheinen lassen kann, die Zustimmung zu Maßnahmen im Transformationsprozeß mit der Nichtzulassung von Unternehmensinsolvenzen zu „erkaufen". Als Zwischenergebnis kann von einer normativen Kraft des Faktischen (‚aufgestaute Insolvenzen') und einer faktischen Kraft des Normativen (‚insolvenzbedingte Transformationsbarrieren') gesprochen werden.

Im Anschluß werden die Wirkungen von Unternehmensinsolvenzen im Transformationsprozeß unter zwei Gesichtspunkten diskutiert: Zum einen soll geklärt werden, ob Unternehmensinsolvenzen als ‚Wertevernichter' und/oder als ‚Wissenserzeuger' zu interpretieren sind. Während die erste Sichtweise einem eher materialistisch geprägten Status quo-Denken entspricht, stellt die zweite Sichtweise auf eine evolutorische Denkweise ab, die Veränderungen als notwendige Voraussetzung für Erkenntniszuwachs interpretiert. Gerade im Transformationsprozeß, wo „unendlich viel neues Wissen" zu entdecken und zu generieren ist, kann auf diese potentielle Wirkung der Unternehmensinsolvenz nicht verzichtet werden. Im Ergebnis werden im Abschnitt 5.4.3 Unternehmensinsolvenzen von daher als ‚Transformationsbeschleuniger' gekennzeichnet.

Vor dem Hintergrund dieser Überlegungen können Unternehmensinsolvenzen und die Systemtransformation von einer Zentralverwaltungswirtschaft hin zu einer Marktwirtschaft als die zwei Seiten einer Medaille interpretiert werden (Teil 5).

Im *sechsten Kapitel* werden die wesentlichen Ergebnisse der Untersuchung noch einmal in Kurzform zusammengestellt.

2. Zur Theorie der Unternehmung

2.1. Ökonomische Unternehmenserklärungen

Welche Rolle spielen Unternehmen und insbesondere Unternehmensinsolvenzen aus erkenntnistheoretischer Sicht im Rahmen der Systemtransformation? Um diese Frage zu beantworten ist es notwendig, verschiedene ökonomische Unternehmenserklärungen und ihren Bezug zur Kategorie des „Wissens" zu thematisieren. Dabei soll der Versuch unternommen werden, die jeweils spezifischen Fragestellungen der einzelnen Erklärungsansätze problemorientiert aufeinander zu beziehen. Insofern liegt beispielsweise keine chronologische Abfolge der Ansätze vor. Als weiteres Kennzeichen der vorliegenden Auswahl ist die Orientierung an explizit institutionenökonomisch ausgerichteten Ansätzen hervorzuheben. Dies gilt insbesondere für die Ausführungen zu den Property Rights der Unternehmung (Abschnitt 2.1.3), dem Principal Agent-Problem in der Unternehmung (Abschnitt 2.1.4) sowie dem Transaktionskostenansatz (Abschnitt 2.1.5). Zuvor werden mit der Risikoerklärung der Unternehmung (Abschnitt 2.1.1) und der Diskussion der Bedeutung von Verträgen für eine Unternehmenserklärung (Abschnitt 2.1.2.) grundlegende Analysekategorien erarbeitet. Sie sind häufig elementarer Bestandteil und Anknüpfungspunkt für die institutionenökonomische Analyse der Unternehmung. Auf diese Weise gelingt es, eine integrierende Bestandsaufnahme vorzunehmen. Danach wird in diesem Kapitel eine evolutionstheoretisch ausgerichtete Unternehmenserklärung (Abschnitt 2.1.6) dargestellt, um im Anschluß daran (Teil 2.2), die Grundelemente einer erkenntnistheoretischen Interpretation der Unternehmung zu skizzieren. Die evolutionstheoretisch orientierte Unternehmenserklärung fungiert damit als argumentatives Bindeglied zwischen institutionenökonomischer und erkenntnistheoretischer Erklärung.

2.1.1. Risikotheoretische Unternehmenserklärung

Das wirtschaftliche Handeln der Menschen im Sinne der Knappheitsminderung ist mit verschiedenen Umweltzuständen und -entwicklungen verbunden. Beispielsweise können Individuen zu einem bestimmten Zeitpunkt nur an einem bestimmten Ort sein. Der singuläre Raum-Zeit-Bezug des Menschen führt von daher auch zu singulären Individuen-Umwelt-Konstellationen. Darüber hinaus ist auch festzustellen, daß – abgesehen von der Robinsonade – Wirtschaften arbeitsteiliges Wirtschaften impliziert. Begründet wird dies mit den Vorteilen der Spezialisierung. Damit kommt eine zweite Dimension ins Spiel: Die Beziehungen der Individuen oder Wirtschaftssubjekte untereinander. Auch für diese Dimension gilt, daß die Interaktionen der Individuen in einen raumzeitlichen Kontext einzuordnen sind.

Das Individuum ist beim Wirtschaften simultan mit zwei Konstellationen konfrontiert: Zum einen der Auseinandersetzung mit der Umwelt im Sinne der natürlichen Gegebenheiten (Natur) und zum anderen der Interaktion mit anderen Individuen. Für das einzelne Individuum resultieren daraus die Probleme des Risikos und der Ungewißheit. Die Reduzierung von Knappheiten kann nicht mehr autark und autonom erfolgen, und die notwendigen Interaktionen und ihr Beitrag zur Knappheitsminderung sind im Vorfeld nicht definitiv festgelegt. A priori lassen sich deshalb keine Aussagen treffen, ob und in welcher Form die jeweiligen Konstellationen eine Reduzierung von Knappheiten ermöglichen. Dies wird erst im Prozeß des interaktiven Wirtschaftens und seinem Ergebnis selbst deutlich. Ex post kann man feststellen, ob eine Knappheitsminderung für die Beteiligten erfolgt ist. Die Phänomene des Risikos und der Ungewißheit sind somit als ubiquitäre Faktoren des Wirtschaftens anzusehen. Im Sinne *Hayeks* ist daher von einer „konstitutionellen Ungewißheit" im Bereich des Wirtschaftens auszugehen.

In der ökonomischen Theorie wird dieser Umstand im Anschluß an *Knight* (1921) mit den Begriffen des „Risikos" und der „Ungewißheit" diskutiert. Gemäß *Knight* (1921, S. 20) liegt Unsicherheit oder Entscheidung unter Risiko immer dann vor, wenn für das Eintreten eines bestimmten zukünftigen Zustands objektive (oder statistische) Wahrscheinlichkeiten vorliegen. Existieren im Zeitpunkt der Entscheidung des Individuums keine oder nur subjektive Wahrscheinlichkeiten über das Eintreten eines zukünftigen Zustandes, so liegt Ungewißheit vor. Auf Basis dieser Unterscheidung haben sich verschiedene Versuche des theoretischen Umgangs mit dem Risiko- und Ungewißheitsproblem herausgebildet (vgl. hierzu die Diskussion bei *Dunn* (1998, S. 67-81). Im Kern geht es dabei um die Fragen, welche Informationen oder allgemeiner, welches Wissen über gegenwärtige und zukünftige Zustände dem einzelnen Individuum zur Verfügung steht bzw. stehen kann und welche Konsequenzen sich für individuelles Handeln daraus ergeben können. Während die neoklassisch argumentierenden Ökonomen die Berücksichtigung von Wahrscheinlichkeiten und Informationskosten in den Vordergrund ihrer Analyse stellen, wird von den verhaltenswissenschaftlich argumentierenden Ökonomen die Frage der Informationsverarbeitungskapazität der Wirtschaftssubjekte hervorgehoben.

Welche Erklärung der Unternehmung bietet nun der risikotheoretische Ansatz? Da jedes Wirtschaftssubjekt mit dem Problem des Risikos und der Ungewißheit konfrontiert ist, stellt sich die Frage des persönlichen Umgangs mit dieser Situation. Wenn man davon ausgeht, daß jedes Individuum zur Sicherung der Existenz auf wirtschaftliche Aktivitäten angewiesen ist und man weiterhin unterstellt, daß die Individuen mit unterschiedlichen Risikopräferenzen ausgestattet sind, dann läßt sich mit dem Argument der Risikoteilung die Entstehung einer Unternehmung erklären. Für die einzelnen an der Unternehmung Beteiligten reduziert sich das individuelle Risiko des Wirtschaftens in Abhängigkeit von der jeweiligen Risikopräferenz. Statt der individuellen Einzelrisiken des Wirtschaftens fungiert nun die Unternehmung als der Träger des Risikos des Wirtschaftens. Dabei übernehmen die risikoreicheren Individuen die Funktion des Unternehmers. Die risikoscheueren Individuen treten als Arbeitnehmer in die Unternehmung ein. Im Hinblick auf die persönliche Existenzsicherung besteht der Hauptunterschied darin, daß die Unternehmer ein Residualeinkommen (Gewinn) erwirtschaften, während die Arbeitnehmer ein Kontrakteinkommen (Lohn und Gehalt) beziehen. Die Unternehmer spezialisieren sich demnach auf die Einkommenschancen, die der Erfolg auf Produktmärkten potentiell bietet. Die Arbeitnehmer verzichten auf diese Variante der unsicheren oder ungewissen Einkommenserzielung zugunsten eines sicheren, periodenbezogenen Entgelts für ihren Leistungsbeitrag in der Unternehmung. Mit dieser Erklärung ist primär die individuell unterschiedlich ausgeprägte Risikoneigung der Wirtschaftssubjekte thematisiert worden. Der Bezugspunkt der Risikopräferenzen, nämlich die Unsicherheit oder gar Ungewißheit der wirtschaftlichen Entwicklung und damit die Veränderung der relativen Knappheiten ist nun genauer zu analysieren. Die Frage lautet: Was sind die Ursachen von Unsicherheit und Ungewißheit?

Erst die Zusammenführung von individueller Risikoneigung und unsicheren oder ungewissen Entscheidungssituationen erlaubt konkrete Schlußfolgerungen für eine risikotheoretische Unternehmenserklärung. Von einer unsicheren Entscheidungssituation (Entscheidung unter Risiko) soll in der Folge immer dann gesprochen werden, wenn es möglich ist, das Eintreten bestimmter Umweltzustände mit Wahrscheinlichkeitskalkülen zu verbinden (vgl. *Dunn* 1998, S. 73). Diese Betrachtung setzt also zwei Bedingungen voraus: Dem Individuum sind alle relevanten Umweltzustände, die für die Entscheidung von Bedeutung sind, bekannt. Dies gilt insbesondere für die zukünftigen Umweltzustände. Der Entscheidungsraum, aus dem eine Wahl getroffen wird, ist abgeschlossen. Das Individuum ist in der Lage, den für die Entscheidung relevanten Umweltzuständen Eintrittswahrscheinlichkeiten zuzuordnen. Sind diese beiden Voraussetzungen erfüllt, entscheidet sich das Individuum nach Maßgabe seiner persönlichen Risikopräferenz für eine bestimmte Handlungsalternative.[1]

Für eine risikotheoretische Unternehmenserklärung wäre mithin folgendes zu konstatieren: Die Individuen sind in der Lage, die alternativen Handlungsmöglichkeiten – hier: unternehmerische oder nichtunternehmerische Tätigkeit – vor dem Hintergrund der wahrscheinlichen Folgen der Handlungswahl zu beurteilen. Somit hängt die konkrete Handlungsentscheidung letztlich von zwei Dingen ab: Zum einen von der Fähigkeit der Individuen, sich zukünftige Umweltzustände vorstellen zu können, denn diese dienen als individueller Bezugspunkt der Entscheidung. Ohne diese kreative Leistung eines Individuums verflüchtigt sich die Entscheidungssituation zur reinen Zufälligkeit. Erst die Vorstellungskraft der Individuen erzeugt den Entscheidungshintergrund. Damit wird aber auch deutlich, daß die unterschiedliche Befähigung der Individuen zur Kreativität oder Imagination der Zukunft eine herausragende Rolle spielt.[2] Es handelt sich von daher bei Entscheidungssituationen immer um subjektive Bewertungen individueller Vorstellungen der Zukunft (vgl. *Dunn* 1998, S. 75).

Das Element der subjektiven Bewertung leitet zum zweiten entscheidungsbeeinflussenden Faktor über: Selbst wenn man annimmt, daß zwei Individuen identische zukünftige Umweltkonstellationen generiert haben, was bereits in Anbetracht der Singularität

---

[1] Die Wahl der zugrundegelegten Entscheidungsregel und damit die Risikopräferenz beeinflussen dabei maßgeblich die Handlungsentscheidung: Liegt *Risikoneutralität* vor, so wird gemäß der *Bayes*- oder μ-Regel, die Alternative mit dem höchsten Erwartungswert gewählt. Sollen zusätzlich *Risikofreude* und *Risikoaversion* berücksichtigt werden, so bieten die μσ-Regel oder das *Bernoulli*-Prinzip entsprechende Entscheidungsgrundlagen. Bei diesen Regeln wird die Alternative mit dem höchsten Erwartungswert des Risikonutzens gewählt.

[2] *Röpke* (1977) hat in seiner Untersuchung systematisch diese individualistische, fähigkeitsorientierte Sichtweise in die Betrachtung integriert. Bei *Penrose* (1959) finden sich erste grundlegende Überlegungen. Auch die Untersuchung von *Heuß* (1965) weist bereits auf die besondere Bedeutung der Kreativität des Unternehmers für die „Nachfrage- und damit Marktkreation" hin.

und Personalität der Individuen höchst unwahrscheinlich ist, dann ist damit noch nicht gesagt, daß die Individuen auch zu übereinstimmenden Bewertungen dieser Umweltkonstellationen kommen. Die Subjektivität der individuellen Bewertung manifestiert sich auch und gerade durch differierende Ausprägungen individueller Risikobereitschaft, die im Hinblick auf den Umgang mit dem jeweiligen Umweltzustand an den Tag gelegt werden. Die Unternehmung ist insofern als Institution zu interpretieren, die auf der Basis individueller und subjektiver Bewertungen von den Beteiligten als vorteilhaft für die Lösung einer individuellen ökonomischen Problemstellung (Existenzsicherung) eingeschätzt wird.

Eine Entscheidung unter Ungewißheit zeichnet sich dadurch aus, daß dem Individuum die Zuordnung von Eintrittswahrscheinlichkeiten zukünftiger Umweltzustände nicht möglich ist. Gleichwohl wird auch für diesen Fall in der Entscheidungstheorie unterstellt, daß das Individuum in der Lage ist, alle zukünftigen Umweltzustände zu kennen (vgl. *Schneider* 1985, S. 229). Das Individuum sieht sich von daher mit einem Möglichkeitsraum konfrontiert, der nur dahingehend entscheidungslogisch spezifiziert ist, daß eine der möglichen Umweltzustände eintreten wird.[3] Als Konsequenz daraus sind auch nur alle potentiellen Ergebnisse zukünftiger Umweltzustände bekannt. Das Individuum wird dennoch in dieser Situation entscheiden und handeln müssen.[4] Auch hierfür stellt die stochastische Entscheidungstheorie Verfahren zur Verfügung.

Für die risikotheoretische Interpretation der Unternehmung ergeben sich aus der Betrachtung der Situation der Entscheidung unter Ungewißheit kaum andere Aspekte als die zuvor diskutierten. Warum? Zum einen hat sich an der Annahme der Kenntnis aller möglichen zukünftigen Umweltzustände nichts geändert. Aus diesem Grund sind die oben ausgeführten Einwände hier ebenfalls von Bedeutung und brauchen deshalb nicht wiederholt werden. Die Tatsache, daß das Individuum dem Eintreten bestimmter Umweltzustände keine Wahrscheinlichkeiten zuordnen kann, führt in der Entscheidungssituation lediglich dazu, daß die individuelle Risikopräferenz größere Bedeutung erlangt. Dies ergibt sich daraus, daß die subjektiven Erwartungsnutzen in Abhängigkeit vom Risiko entscheidungsrelevant werden. Unterstellt man daher die Situation einer Entscheidung unter Ungewißheit, dann läßt sich die Unternehmung ebenfalls als Institution auffassen, die von den Individuen aufgrund ihrer individuell und subjektiv vermuteten Vorteilhaftigkeit zur Lösung ihrer individuellen ökonomischen Problemstellung (Existenzsicherung) geschaffen wird.

Als weiterer Ansatzpunkt zum Umgang mit Ungewißheit wurde oben die Berücksichtigung von Informationskosten genannt. Aus dieser Perspektive wird die Umwand-

---

[3] *Schneider* (1985, S. 229) spricht in diesem Zusammenhang von „vollständige[r] Gewißheit über die Ungewißheit". Vgl. auch S. 230 ff. und S. 241.

[4] Auch die Entscheidung für eine Nicht-Handlung fällt darunter. Dies ergibt sich aus dem freien Willen des Individuums. Sollte die Nicht-Handlung gegenüber einer Handlung subjektiv als vorteilhaft angesehen werden, ist diese Entscheidung ökonomisch rational. Vor dem Hintergrund der unterstellten Notwendigkeit wirtschaftlicher Tätigkeit ist damit jedoch eine Grenzsituation beschrieben, die eher von theoretischem, denn praktischem Interesse sein dürfte. Eine andere Frage ist, ob die mit der Nicht-Handlung möglicherweise verbundenen negativen Effekte internalisiert sind oder aber externe Wirkungen entfalten.

lung von Ungewißheit oder Unwissen in Gewißheit oder Wissen zu einer Frage der Input-Output-Relation. Es wird dabei unterstellt, daß mit zunehmendem Aufwand an Kosten auch eine Zunahme an Wissen und damit Reduktion von Ungewißheit einhergeht.[5] Kritisch äußert sich *Tietzel* (1985, S. 18 f.) zu dieser Behandlung der Ungewißheit oder des Unwissens in der Wirtschaftstheorie. Im Kern richtet sich sein Vorwurf gegen die Vorstellung, man könne Wissen durch den Einsatz von Ressourcen in voraussagbarer Weise vermehren, denn „dazu wäre die Voraussagbarkeit bisher unbekannten nomologischen Wissens erforderlich; das ist – selbst, wenn unendlich große Informationskosten dafür aufgewendet würden – eine logische Unmöglichkeit, da wir dazu dieses zukünftige Wissen ja schon haben müßten.“[6]

Nun ist es zwar sicher richtig, daß der Informationsstand eines Individuums in einer Entscheidungssituation einen nicht unerheblichen Einfluß auf die Entscheidung selbst haben kann, da möglicherweise die Entscheidungsalternativen dann anders beurteilt werden; doch vernachlässigt die eher mechanistische Sichtweise der Input-Output-Logik das Element der individuell unterschiedlich ausgeprägten Fähigkeit zur entscheidungsrelevanten Informationsverarbeitung. Die Qualität einer Information und ihr inhärentes Wissen eröffnen sich erst durch eine interpretatorische Leistung und sind somit an das jeweilige Individuum gebunden. Ohne eine Interpretation der Informationen bleiben diese irrelevant für die Entscheidung des Individuums. Von daher erklärt sich auch der Befund, daß unterschiedliche Individuen die gleichen Informationen unterschiedlich bewerten und damit zu differierenden Entscheidungen gelangen. Insoweit leistet die informationsökonomische Interpretation des Ungewißheitsproblems keinen zusätzlichen Erklärungsbeitrag für eine risikotheoretische Unternehmenserklärung. Das Problem der individuellen Informationsverarbeitungsfähigkeit, das möglicherweise mit der individuellen Risikoneigung konfundiert ist[7], läßt sich nicht einfach durch mehr individuellen Aufwand lösen.

Der informationsökonomische Ansatz im Umgang mit Unsicherheit und Ungewißheit führt aus der Sicht der verhaltenswissenschaftlich argumentierenden Ökonomen in eine Sackgasse, da die grundsätzliche Fähigkeit der Individuen zur Informationsverarbeitung nicht ausreichend gewürdigt wird (vgl. *Dunn* 1998, S. 68). Sowohl die Anwendung wahrscheinlichkeitstheoretischer als auch informationsökonomischer Überlegungen setzen im Hinblick auf die Fähigkeiten der Individuen zu hohe Anforderungen voraus. Zumindest sind diese Anforderungen nicht selbstevident. Im Anschluß an *Simon* (1957) wird das Postulat des Rationalverhaltens der Individuen relativiert und durch das

---

5 Vgl. hierzu stellvertretend für viele den Aufsatz von *Stigler* (1961).

6 Die Argumentation erinnert an die Ausführungen *Hayek*s (1974) zur Bedeutung des Wettbewerbs für die Entstehung von (neuem) Wissen („Wettbewerb als Entdeckungsverfahren“).

7 Die Frage, ob und mit welcher Ausprägung der Risikoneigung hohe bzw. niedrige Informationsverarbeitungsfähigkeit möglicherweise korreliert, soll hier nicht weiter vertieft werden. Für die vorliegende Problemstellung reicht der Hinweis aus, daß die Anwendung eines Kostenkalküls (hier: Ausdehnung der Informationssuche bis die Grenzkosten der Informationssuche gleich dem Grenzerlös der Information sind) dann sinnvoll erfolgen kann, wenn sich die Kostenstrukturen der Informationsgewinnung selbst bereits herausgebildet haben. Diese sind jedoch ex ante nicht bekannt und resultieren erst aus dem Prozeß der Informationssuche. Darüber hinaus ist auch der potentielle Ertrag der Informationssuche erst ex post feststellbar.

Postulat der begrenzten oder beschränkten Rationalität („bounded rationality") ergänzt: Individuelle Fähigkeiten beeinflussen die Sammlung, Verarbeitung und Bewertung von Informationen. Somit lassen sich auch die Entscheidungen der Individuen nicht mit gegebenem Informationsstand und rationalem Verhalten abschließend erklären, sondern sind vor dem Hintergrund „begrenzter Rationalität" als individuelle Problemlösungsversuche zu interpretieren. Auch wenn damit die postulierten Fähigkeiten der Individuen reduziert werden, so bleibt dennoch die Notwendigkeit zur individuellen Entscheidung. Was sich bei dieser Betrachtung nachhaltig ändert, ist die Vorhersagbarkeit der individuellen Entscheidung, denn wenn individuelle Faktoren einen entscheidungsdeterminierenden Einfluß haben, dann lassen sich nur schwer theoretische Aussagen über konkrete Entscheidungsprozesse und deren Ergebnisse machen. Diese hängen von intrapersonalen Fähigkeiten und der durch sie bestimmten Perzeptionen der Umwelt ab. Insofern berücksichtigt das Konzept „begrenzter Rationalität" zwar mehr Individualität, erschwert aber im Umkehrschluß verallgemeinerungsfähige Aussagen über zu erwartendes Individualverhalten.

Die bisherige Diskussion hat gezeigt, daß die risikotheoretische Erklärung der Unternehmung vom Umgang der Individuen mit Unsicherheit und Ungewißheit geprägt ist. Dabei wurde auch deutlich, daß insbesondere die analytische Interpretation der als bekannt vorausgesetzten, möglichen zukünftigen Umweltzustände zu Schwierigkeiten führt. Es stellt sich die Frage, ob die Anwendung formallogischer Operationen (Wahrscheinlichkeitstheorie und Informationskostenkalkül) auf das Phänomen „Ungewißheit" überhaupt möglich ist. Auch mit den verhaltenswissenschaftlich abgeschwächten Anforderungen an die Fähigkeiten der Individuen ist dieses Problem nicht abschließend gelöst, da hier erst auf der interpretativen Ebene angesetzt wird. Von daher hängt es entscheidend von der Definition von Ungewißheit ab, in welcher Form ein Umgang mit diesem Phänomen sowohl aus praktischer als auch aus theoretischer Sicht möglich ist. Was charakterisiert Ungewißheit und welche Konsequenzen ergeben sich daraus für eine risikotheoretische Unternehmenserklärung?

Dunn (1998, S. 69 f.) unterscheidet vier verschiedene Grade, in denen sich Ungewißheit ausdrückt: Erstens die Bereiche, die durch weitestgehende Gewißheit geprägt sind. Zweitens die Bereiche, für die sämtliche möglichen Umweltzustände sicher bekannt sind, jedoch nicht deren genaues Eintreten. Drittens die Bereiche, für die zu einem bestimmten Zeitpunkt noch keine Gewißheit vorliegt, diese jedoch prinzipiell erreichbar ist. Viertens schließlich die „Zonen ‚echter Ungewißheit', das heißt Zustände und Konsequenzen, die wir nicht kennen können". Zu dieser Einteilung ist folgendes anzumerken: Es ist nicht einleuchtend, warum die Phänomene „Gewißheit" und „Ungewißheit" durch Ausdifferenzierung aussagekräftiger werden sollen, wenn einerseits „Gewißheit" durch die Abschwächung „weitestgehende" relativiert wird und andererseits „Gewißheit" ohne diese Relativierung als prinzipiell erreichbar angesehen wird. Aus diesem Grund erscheint es zweckmäßiger, die inhaltliche Trennung zwischen „Gewißheit" und „Ungewißheit" deutlicher am Merkmal des „Wissenkönnens" herauszuarbeiten. Insoweit ist zwar die Umschreibung der „echten Ungewissheit" nach *Dunn* akzeptabel, nicht jedoch deren Einschränkung auf einen ‚echten' Bereich. Was wäre, so ist dann zu fragen, ‚unechte Ungewißheit'? Und weiter: Gibt es dann auch ‚echte und unechte Gewißheit' und wie ist die oben kritisierte Relativierung der Gewißheit hier einzuordnen? Wie man sieht, führt die zunehmende Differenzierung nicht zu einer Erhellung der grundlegenden Problemstruktur, sondern droht vom wesentlichen Aspekt der Problemstellung wegzuführen.

Aus diesem Grund wird für die weiteren Ausführungen davon ausgegangen, daß Ungewißheit immer dann vorliegt, wenn es dem Individuum grundsätzlich nicht möglich ist, zukünftige Ereignisse und Zustände zu antizipieren. Mit dieser Umschreibung oder Arbeitsdefinition wird gleichsam eine ‚anthropologische Konstante' formuliert: die Unfähigkeit des Menschen, zukünftiges Geschehen und dessen Konsequenzen in der Gegenwart zu „wissen". Wenn es aber richtig ist, daß Individuen – anthropologisch bedingt – in bezug auf ihr zwingend zukunftgerichtetes Entscheiden und Handeln einer allumfassenden Ungewißheit unterworfen sind, dann folgt daraus notwendigerweise, daß ihr Entscheiden und Handeln in der Gegenwart dem Risiko des Scheiterns im Sinne des Falschentscheidens und des Falschhandelns ausgesetzt ist und zwar hinsichtlich der relevanten, zukünftigen Referenzsituation.

Da es logisch unmöglich ist, alle zukünftigen Umweltzustände und ihre Konsequenzen zu kennen, sind die Individuen darauf angewiesen, ihr Entscheiden und Handeln an individuellen und subjektiven Vorstellungen von der Zukunft auszurichten. Insoweit erzeugen die Individuen durch ihr Denken, Entscheiden und Handeln erst die Referenzsituation, die eine Beurteilung der individuellen Aktivitäten ermöglicht.[8]

Diese Interpretation der „Ungewißheit" und ihre Risikoimplikation führen in Verbindung mit unterschiedlicher Risikoneigung der Individuen dazu, daß Unternehmungen aus individueller Perspektive als probates Mittel zum Umgang mit dieser Problemlage angesehen werden können. Der Anspruch auf das Residualeinkommen (Gewinn) resultiert aus dieser Sicht aus der individuellen Bereitschaft, sich der Ungewißheit der Entscheidungen auf den Produktmärkten, also Entscheidungen Dritter, zu unterwerfen. Dazu bedarf es vermutlich einer ausgeprägten Risikoneigung des Individuums, hier in der Rolle des Unternehmers. Dementsprechend bedeutet ein Kontrakteinkommen (Lohn und Gehalt) eine spezifische Abgeltung von Ansprüchen, die aus dem Verzicht auf bestimmte Entscheidungen und Handlungen erwachsen. Die Ungewißheit der Produktmärkte wird damit vermieden. Gleichzeitig resultiert aus diesem Verhalten der Faktormarkt für Arbeit. Hier dürfte das Sicherheitsstreben die Risikoneigung dominieren.

Von *Coase* (1937) wird in diesem Zusammenhang eingewandt, daß selbst bei unterschiedlicher Risikoneigung der Individuen nicht plausibel argumentiert werden könne, daß risikofreudigere Individuen als Unternehmer tätig werden würden. Es bestünde auch die Möglichkeit, die spezifischen Fähigkeiten an ein anderes Individuum zu verkaufen.[9] Diese Kritik basiert allerdings auf einer sehr restriktiven Vorstellung: Die genannte Alternative kann realisiert werden; doch muß daraus kein Problem für eine Unternehmenserklärung per se erwachsen. Es stellt sich nämlich die Frage, warum ein In-

---

[8] „Ungewißheit in dieser Welt bezieht sich daher auf die mentalen, zunächst nur in der Vorstellung existierenden, zwar real möglichen, aber nur durch eigene Aktivität zu realisierenden Zustände der Welt" (*Röpke* 1977, S. 131 f.).

[9] Vgl. hierzu auch *Schüller* (1986, S. 13 f.) und *Schreiter* (1994, S. 231).

dividuum ‚unternehmerische Fähigkeiten' einkaufen sollte, wenn nicht zur aktiven und damit produktiven Nutzung dieser Fähigkeiten. In diesem Fall würde aber nur ein anderes, ebenso risikofreudiges Individuum in die Rolle des Unternehmers „schlüpfen". Insoweit ist die Kritik hier gegenstandslos. Aber selbst für den Fall, daß die ‚unternehmerischen Fähigkeiten' nach dem Einkauf durch ein Individuum nicht selbst genutzt, sondern ebenfalls weiterverkauft würden, entsteht noch kein Problem. Wie ist jedoch der Grenzfall zu bewerten? Was passiert, wenn ‚unternehmerische Fähigkeiten' auch vom letzten, aufgrund seiner (positiven) Risikoneigung in Frage kommenden Individuum nicht zur Ausübung unternehmerischer Tätigkeit genutzt werden? In diesem Fall bricht das ganze Gedankengebäude mitsamt der Kritik in sich zusammen, denn wenn selbst die risikofreudigeren Individuen nicht bereit sind, die Rolle des Unternehmers anzunehmen, dann entfällt auch automatisch die Entscheidungsalternative für die risikoscheueren Individuen. Eine Arbeitsteilung und Spezialisierung hinsichtlich des Risikos im Umgang mit Ungewißheit wäre hinfällig.[10] Doch damit entfiele auch die Grundlage für die *Coase*sche Kritik. Diese Schlußfolgerung gilt zumindest für marktwirtschaftliche Wirtschaftssysteme, da die Produktion und Beschäftigung in einer alle Individuen umfassenden ‚Staatsunternehmung' nicht systemkonform wäre.[11]

Zusammenfassend bleibt festzuhalten: Die risikotheoretische Erklärung der Unternehmung basiert auf dem individuell unterschiedlichen Umgang mit Ungewißheit. Diese Ungewißheit haftet – als anthropologische Konstante – allen Entscheidungen und somit auch unternehmerischen Entscheidungen an, denn für diese ist die gegenwärtige Produktion für zukünftige, erwartete Nachfrage konstitutives Kennzeichen. Gleichzeitig wird auch deutlich, daß gerade die Unterschiedlichkeit der Individuen – hier ausgedrückt in differierender Risikoneigung – eine notwendige Voraussetzung für die Entstehung von Unternehmungen ist: Ohne variierende Fähigkeiten der Individuen, gepaart mit unterschiedlicher persönlicher Risikoneigung, ist die Unternehmung nicht denkbar.

In diesem Kontext ist auch die *Gutenberg*sche Differenzierung in „Elementarfaktoren" und „dispositiven Faktor" zu interpretieren (vgl. zu den folgenden Ausführungen *Gutenberg* 1983). Dabei wird deutlich, in welcher Form die unterschiedlichen Fähigkeiten und Risikoneigungen der Individuen in *Gutenberg*s Ansatz aufscheinen. Im hier interessierenden Erklärungszusammenhang ist von den „Elementarfaktoren"[12] insbesondere auf die „menschlichen, objektbezogenen Arbeitsleistungen" (*Gutenberg* 1983, S. 3) einzugehen. Darunter versteht *Gutenberg* alle Handlungen, die nicht „dispositiv-anordnender Natur" sind.[13] Diese Umschreibung läßt sich dahingehend interpretieren,

---

[10] Die Argumentation zeigt, daß eine simplifizierende Gegenüberstellung von Markttransaktionen einerseits und Unternehmenstransaktionen andererseits Gefahr läuft, die Interdependenzen zwischen der Markt- und der Unternehmensebene zu verkennen.

[11] Gerade dieser Aspekt ist im Zusammenhang mit dem unterschiedlichen Umgang mit Ungewißheit in den verschiedenen Wirtschaftssystemen von besonderer Bedeutung. In seiner ordnungs- und erkenntnistheoretischen Interpretation ist er Gegenstand des vierten Teils der Untersuchung.

[12] Vgl. hierzu ausführlich *Gutenberg* (1983, S. 11-130).

[13] Dazu zählen alle Handlungen, die im Rahmen der Leistungserstellung, der Leistungsverwertung und der finanziellen Ermöglichung dieser Tätigkeiten anfallen. Vgl. *Gutenberg* (1983, S. 3).

daß diejenigen Individuen, die die Arbeitsleistungen im oben genannten Sinne erbringen, spezifische Fähigkeiten mitbringen, die sie für die anfallenden Aufgabenstellungen (vermeintlich) prädestinieren. Entscheidend hierbei ist, daß die Individuen aufgrund ihrer persönlichen (geringeren) Risikobereitschaft eher eine weisungsgebundene Tätigkeit mit kompensatorischem Kontrakteinkommen präferieren. Insoweit scheint die Sichtweise *Gutenbergs* bezüglich des Elementarfaktors „menschlicher Arbeitsleistungen" mit der Perspektive individuell unterschiedlicher Risikopräferenzen vereinbar zu sein.

Der „dispositive Faktor"[14] spielt bei *Gutenberg* (1983, S. 5) eine herausgehobene Rolle, denn „von seiner Leistungsfähigkeit ist der Erfolg der Faktorkombination nicht weniger abhängig als von der Beschaffenheit der Elementarfaktoren." Oder anders formuliert: Eine Unternehmung ist nicht deshalb automatisch erfolgreich, weil es gute Mitarbeiter, gute Ressourcen und eine gute Finanzausstattung besitzt. Ohne einen erfolgreichen originären, dispositiven Faktor in der Unternehmung stellen die genannten guten Voraussetzungen im Bereich der Elementarfaktoren gleichsam Potentiale für einen Unternehmungserfolg dar. Nicht weniger, aber auch nicht mehr. Im hier interessierenden Erklärungskontext ist nun zu fragen, wie *Gutenberg* seine These, daß „die Geschäfts- und Betriebsleitung (...) die eigentlich bewegende Kraft des betrieblichen Geschehens" (ebenda S. 131) sei, begründet. Er erläutert dazu drei verschiedene ‚Kraftquellen' des dispositiven Faktors:

Die „*Schicht des Irrationalen*" als die eine Grundlage der Kraft des dispositiven Faktors basiert auf der Erkenntnis, daß „das Geheimnis richtiger Entscheidungen (...) mit betriebswirtschaftlichen Methoden allein nicht aufzuhellen (ist)" (ebenda, S. 131). Als Begründung für diese Vermutung führt *Gutenberg* an, daß unter sonst gleichen Bedingungen hinsichtlich Erfahrungen, Kenntnissen und Informationen, ein Individuum eine richtige, ein anderes Individuum eine falsche Entscheidung trifft (ebenda). Als Erklärung bietet *Gutenberg* den Verweis auf eine spezifische individuelle Gabe an, die dadurch gekennzeichnet ist, daß mit ihrer Hilfe „den Argumenten, die für oder gegen eine Entscheidung sprechen, das richtige Gewicht" gegeben werden kann (ebenda). Im Ergebnis bleibt festzuhalten, daß dem originären, dispositiven Faktor nicht quantifizierbare, individuelle Eigenschaften zukommen, die nicht rationalisierbar sind und von daher als „Grund der Irrationalität" dieses Faktors angesehen werden müssen. Mit anderen Worten: Die unternehmerische Intuition oder das Gespür für das unternehmerische Geschehen sind hier angesprochen.

Die „*Schicht des Rationalen*" als weiterem Charakteristikum des dispositiven Faktor ist von der gedanklichen Vorwegnahme möglicher unternehmensinterner oder -externer Ereignisse gekennzeichnet, denn „kein Entschluß und kein betriebliches Vorhaben (kann) ohne klares und systematisches Durchdenken und Vorausbedenken vollzogen werden" (ebenda, S. 132). Diese Tätigkeit charakterisiert die Planung, die nach *Gutenberg* ordnungsstiftende Wirkung entfaltet: „Sie [Die Planung; d. Verf.] stellt vielmehr

---

[14] Mit dem „originären, dispositiven Faktor" ist die Geschäfts- und Betriebsleitung gemeint. Vgl. *Gutenberg* (1983, S. 5). Im Anschluß leitet *Gutenberg* zwei weitere, „derivative, dispositive Faktoren" ab: die „Planung" (vgl. S. 7 f.) und die „Betriebsorganisation" (vgl. S. 148).

einen ordnenden Akt dar, indem sie vorschreibt, wie sich der Betriebsprozeß vollziehen soll" (*Gutenberg* 1983, S. 148). Insoweit steht für *Gutenberg* die Ordnungs- und nicht die Kontrollfunktion der Planung im Vordergrund der Betrachtung. Der Anspruch besteht letztlich darin, „den Planungskalkül so zu gestalten, daß der Eintritt von zur Zeit noch Unvorhersehbarem den Betrieb nicht unvorbereitet trifft" (ebenda).

Die „*Schicht des Gestaltend-Vollziehenden*" umfaßt den Bereich der Betriebsorganisation als derivativen, dispositiven Faktor (ebenda, S. 7 f. und S. 236). Diese Umschreibung bringt zum Ausdruck, daß es für die Funktionsfähigkeit der betrieblichen Abläufe nicht ausreichend ist, nur die Zukunft im oben genannten Sinne zu planen, sondern daß es ebenso notwendig ist, die geplante Zukunft „Wirklichkeit werden zu lassen, also dafür Sorge zu tragen, daß Hemmungen und Widerstände überwunden werden, die sich dem Gewollten entgegenstellen" (ebenda, S. 132). Diese Aufgabe der Verknüpfung der Menschen und der Dinge im betrieblichen Geschehen charakterisiert nach *Gutenberg* in letzter Konsequenz die Funktionsfähigkeit des Betriebes.

Gutenberg sieht in diesen drei Schichten „das Wesen und die Weite des dispositiven Faktors" (ebenda, S. 132). Da die Schichten nur in Kombination auftreten, ist es für eine Unternehmung von elementarer Bedeutung, daß der „dispositive Faktor" diese Schichten in sich vereint. *Gutenberg* formuliert folgende Thesen: Unternehmen, die über „dispositive Faktoren" mit dieser Fähigkeit verfügen, haben gute Voraussetzungen, auch in schwierigen Zeiten zu überleben, während Unternehmen, deren „dispositiver Faktor" diese drei Ebenen nicht simultan in die Unternehmung einzubringen in der Lage ist, stagnieren oder aus dem Markt ausscheiden. Damit verdeutlicht *Gutenberg* die herausragende Stellung des „dispositiven Faktors" für die Existenz des Unternehmens. Oder anders ausgedrückt: „Jede Leistung eines Elementarfaktors ist immer zugleich eine Leistung des dispositiven Faktors" (ebenda, S. 132). *Gutenberg* ist sich jedoch der Schwierigkeit seiner Systematisierung vollauf bewußt. Während die Elementarfaktoren einer quantifizierenden Analyse zugänglich erscheinen, ist gerade der „dispositive Faktor" mit seinen drei Wirkungsquellen, und hier insbesondere der „Schicht des Irrationalen" einer abschließenden quantitativen Betrachtungsweise nicht zugänglich (ebenda, S. 133). Die Ursache sieht *Gutenberg* „nicht in der Methodik oder in dem Vermögen des einzelnen Forschers, sondern in der Sache selbst liegen" (ebenda), denn die „Schicht des Irrationalen" führt dazu, daß der „dispositive Faktor" nicht voll rationalisierbar ist.[15] Diese Feststellung ist wichtig, um die Bedeutung quantitativer Methoden für die Analyse des Unternehmensgeschehens richtig einordnen zu können: Quantitative Methoden können vor diesem Hintergrund immer nur Instrumentalcharakter haben; sie sind Mittel

---

[15] Aufgrund der Bedeutung, die *Gutenberg* dem „dispositiven Faktor" beimißt, ist die Dualität von quantifizierbaren Elementarfaktoren und nicht-quantifizierbaren dispositivem Faktor nachzuvollziehen. Diese ist jedoch nicht trennscharf: Es ist darauf hinzuweisen, daß *Gutenberg* für den Elementarfaktor „menschliche Arbeitsleistungen" bei der Diskussion der individuellen Arbeitseignung (*Gutenberg* 1983, S. 14-30) eine ganze Reihe von Aspekten beleuchtet, die ebenfalls einer Quantifizierung gar nicht oder nur schwer zugänglich sind. Als Beispiele seien genannt: „Antriebsstärke" (S. 14-16), „Temperament" (S. 16) und insbesondere „Gesinnung" (S. 16 f.). Insoweit scheint die „Schicht des Irrationalen" kein Privileg oder Kennzeichen des „dispositiven Faktors" zu sein. Von daher wäre konsequenterweise allen am Unternehmen beteiligten Individuen ein „Maß an Irrationalität" zuzubilligen.

zum Zweck. Ausgedehnt auf den Bereich der Informationsverarbeitung kommt *Gutenberg* zu der Einschätzung, daß alle diese Instrumente „entschlußfähige Persönlichkeiten nicht zu ersetzen (vermögen)“ (*Gutenberg* 1983, S. 133).

Zusammenfassend bleibt zum Ansatz von *Gutenberg* festzuhalten, daß er mit der produktionstheoretisch orientierten Betrachtungsweise der Unternehmung eine Vielzahl von bereits in der Volkswirtschaftslehre gängigen Analyseinstrumenten fruchtbringend für die Betriebswirtschaftslehre adaptiert hat (vgl. hierzu den Hinweis bei *Schanz* 2000, S. 107). Hervorzuheben ist die Systematisierung und Charakterisierung der „Elementarfaktoren“ und des „dispositiven Faktors“ einer Unternehmung. Das Verhältnis dieser beiden „Faktorenebenen“ zueinander ist bei *Gutenberg*, überspitzt formuliert, als hierarchisch anzusehen: Der „dispositive Faktor“ verfügt über die „Elementarfaktoren“ und zwar dergestalt, daß im Sinne der Zielsetzung der Produktion von materiellen Gütern und der Bereitstellung von immateriellen Gütern die einzelnen „Elementarfaktoren“ zur günstigsten Kombination verbunden werden (vgl. *Gutenberg* 1983, S. 1 und S. 7).

Vor dem Hintergrund der skizzierten *Gutenberg*schen Betrachtungsweise, ist die Existenz der Unternehmung in einer Marktwirtschaft auch aus betriebswirtschaftlicher Perspektive aus individuellem (Risiko-)Verhalten zu erklären. Hierbei ergänzen sich die risikofreudigeren Individuen in der Rolle als Unternehmer mit dispositiver Tätigkeit und die risikoscheueren Individuen in der Rolle als Arbeitnehmer mit weisungsgebundener, nicht-dispositiver Tätigkeit. Die Handlungen stehen in einem komplementären Verhältnis zueinander, da eine interaktive Dispositionstätigkeit mindestens einen Dispositionsadressaten voraussetzt und umgekehrt, die Rolle als weisungsgebundene Arbeitskraft mindestens ein Dispositionstätigkeit ausübendes Individuum notwendig macht. Insoweit ist die tendenziell hierarchische Interpretation des Verhältnisses zwischen „dispositivem Faktor“ und „Elementarfaktoren“ bei *Gutenberg* unter diesem Gesichtspunkt abzulehnen.

Die Unternehmung kann somit als Ergebnis intentionalen Handelns verschiedener Individuen auf der Basis variierender Fähigkeiten und Risikobereitschaften interpretiert werden. Die Unternehmung stellt sich als institutionelles Gebilde dar, das den Beteiligten individuell zur Problemlösung dient: hier konkret der Reduzierung von Ungewissheit hinsichtlich ihrer Existenzsicherung.

2.1.2. Vertragstheoretische Unternehmenserklärung

Worin äußert sich nun das intentionale Handeln der Individuen und wie werden die unterschiedlichen Fähigkeiten und Risikobereitschaften der Individuen im Rahmen der Institution „Unternehmung“ produktiv nutzbar gemacht? Welches charakteristische Mittel wird zur Lösung dieser Probleme eingesetzt? Oben wurde mehrfach auf das Verhältnis zwischen Unternehmer- und Arbeitnehmerrolle hingewiesen. Grundlage des damit implizierten Abhängigkeits- und Weisungsverhältnisses ist das Instrument des Vertrages, hier im speziellen des Arbeits- oder Dienstvertrages. In diesem Abschnitt geht es darum, die Bedeutung des Vertrages ganz allgemein als eigenständigen Erklärungsansatz der Unternehmung zu skizzieren.[16] Dabei soll weniger auf die juristischen Einzel- und Besonderheiten als vielmehr auf das Potential und die Qualität des Instruments „Vertrag“ zum Umgang mit Ungewißheit eingegangen werden.

Während also bisher die Ungewißheit als Ursache für individuelles Risiko und die Fähigkeiten zum Umgang mit Ungewißheit als differierende Risikobereitschaft der Individuen angesehen wurde, geht es nun darum, zu diskutieren, ob und wie „Verträge“ individuelles Risiko verringern und damit gleichzeitig eine formale (juristische) Materialisierung der individuellen Risikopräferenzen gewährleisten können. Mit anderen Worten: Wie lassen sich die eher abstrakten Erkenntnisse des vorangegangenen Abschnitts konkretisieren und für die weitere Diskussion argumentativ befestigen?

Im Anschluß an *Böhm* (1951; 1966) ist die Unternehmung das Ergebnis des Rechts der Individuen, Verträge abzuschließen. Voraussetzung hierfür ist die Gleichberechtigung der Individuen einer Gesellschaft. die sich darin äußert, daß sie „nicht über- oder untergeordnet (subordiniert), sondern gleichgeordnet (koordiniert) sind“ (*Böhm* 1966, S. 75). Die Interaktionen, die zwischen gleichberechtigten Individuen stattfinden, sind, juristisch gesehen, Gegenstand des Privatrechts. Der Inhalt und der Zweck der Interaktionen richten sich nach den individuellen Vorstellungen oder Interessen der Menschen. „Diese jeweils bilaterale Ausgleichung von Interessen wird durch die *koordinierende Kraft eines privatrechtlichen Rechtsgeschäfts* vermittelt, nämlich durch den *vollentgeltlichen schuldrechtlichen Austauschvertrag*, das Synallagma, dessen klassische Erscheinungsform der Kauf ist“ (*Böhm* 1966, S. 95; H.i.O.). Die Möglichkeit der Individuen zu freier vertraglichen Ausgestaltung ihrer Rechtsbeziehungen hängt somit von der Struktur der gesamten Rechtsordnung ab – insbesondere davon, inwieweit es den Individuen gestattet ist, privatautonom zu handeln. Eine Privatrechtsordnung oder Privatrechtsgesellschaft zeichnet sich demnach dadurch aus, daß sie „die Lenkung einer Gesellschaft frei und autonom planender Individuen und der von ihnen auf der Grundlage der Freiwilligkeit errichteten Gesellschaften und Korporationen privaten Rechts anzuvertrauen“ (*Böhm* 1966, S. 78) ermöglicht. Hierbei handelt es sich um ein politisches, verfassungsrechtliches Postulat.[17] Diese Grundüberlegung gilt es nun auf den Anwendungsfall der Unternehmungserklärung zu übertragen.

Jegliches Wirtschaften von Individuen – Reduzierung von Knappheit – impliziert Ungewißheit. Zum Umgang mit der Ungewißheit können sich die Individuen des In-

---

[16] *Schüller* (1986, S. 12; H.i.O.) weist mit Recht darauf hin, daß eine Analyse von Verträgen und deren Einordnung in eine spezifische Rechtsumgebung „keine explizite *ökonomische* Erklärung für die Entstehung von Unternehmungen“ liefern kann. Wenn man allerdings die den verschiedenen Vertragstypen innewohnenden unterschiedlichen Potentiale zur Reduktion von Ungewißheit und die sie begründenden Ursachen berücksichtigt, scheint es durchaus möglich zu sein, die verschiedenen Vertragstypen zu einer plausiblen, vertragstheoretischen Unternehmenserklärung zusammenzuführen. Insofern setzt allerdings ein eigenständiger, vertragstheoretischer Erklärungsbeitrag eine ökonomische Qualifizierung auf der Basis des individuellen Umgangs mit Ungewißheit voraus.

[17] Vgl. hierzu *Böhm* (1966, S. 80). Die bisherigen Ausführungen verdeutlichen, daß die Idee der Privatrechtsordnung eingebettet ist ein systematisches „Denken in Ordnungen“ (*Eucken*). Dies ergibt sich bereits daraus, daß *Böhm* eine funktionale Aufgabenverteilung zwischen privatautonomer und politischer Tätigkeit konstatiert (vgl. ebenda, S. 99 und S. 102).

struments „Vertrag“ bedienen. Zu unterscheiden sind in diesem Problemkontext alle Vertragstypen, die die variierenden Interessen- und Risikolagen der an einer Unternehmung beteiligten Individuen konkretisieren. Ansatzpunkt der Überlegungen ist dasjenige Individuum, das, unabhängig vom jeweiligen Vertragstyp, immer vertragsrechtlich involviert ist, nämlich der Unternehmer.[18] Er ist aufgrund seiner spezifischen Befähigung zur Imagination zukünftiger Umweltzustände (also prinzipiell auch zur Kreation von Ungewißheit) und dem risikoreicheren Umgang mit diesem Problem in der Lage und – was im Sinne der privatrechtsautonomen Interpretation besonders wichtig ist – dem Willen ausgestattet, seine persönliche wirtschaftliche Existenzsicherung in direkter Form von dieser Ungewißheit abhängig zu machen.

Die Existenzsicherung des Unternehmers hängt von der Erwirtschaftung eines Residualeinkommens, dem Gewinn der Unternehmung ab. Dieser resultiert aus vertragstheoretischer Sicht aus der Kombination verschiedener Vertragstypen. Wenn man davon ausgeht, daß der Unternehmer zur Leistungserbringung auf die Hilfe weiterer Wirtschaftssubjekte angewiesen ist, dann ergeben sich vielfältige Vertragsbeziehungen. Im Hinblick auf die Phänomene der „Ungewißheit“ und der „Risikoneigung“ sind insbesondere zwei Konstellationen im hier interessierenden Erklärungszusammenhang von Bedeutung: Zum einen übernimmt der Unternehmer freiwillig die Rolle des Schuldners. Er schließt beispielsweise Verträge mit Arbeitnehmern, Lieferanten und Banken, um die Produktion mit Hilfe der benötigten Produktionsmittel überhaupt erst möglich zu machen. Den jeweiligen Vertragspartnern schuldet der Unternehmer die Vertragsentgelte, hier also in Form von Lohn-/Gehalts-, Preis- und Zinsansprüchen.[19] Diese Leistungspflichten des Unternehmers sind ab dem Zeitpunkt ihrer Begründung – Abschluß des Vertrags – für den Unternehmer gewiß.[20] Sie gehen als Kostenpositionen in seine unternehmerische Kalkulation ein. Für den Unternehmer entsteht ein erhebliches Risiko aus der Tatsache, daß die skizzierten vertraglichen Leistungspflichten permanent fällig werden, „und zwar zu Terminen, die lange vor dem Zeitpunkt liegen, von dem ab er aus dem Verkauf der von ihm produzierten Güter Erträge erzielt, und ganz ohne Rücksicht darauf, ob seine unternehmerische Tätigkeit Gewinne abwirft oder Verluste zur Folge“ (*Böhm*, 1966, S. 123) haben wird. Somit befindet sich der Unternehmer auf den Faktormärkten in der Position des Schuldners. Er kauft die Produktionsfaktoren mit Hilfe eines von den Vertragspartnern einklagbaren Zahlungsversprechens ein. Auf diese Weise reduziert der Unternehmer automatisch die Einkommensunsicherheiten anderer Wirtschaftssubjekte. Dies gilt in erster Linie natürlich für die Arbeitskräfte, die möglicherweise ausschließlich auf die Einkommenserzielung und damit Existenzsicherung durch ihre Arbeitskraft angewiesen sind. Die Schuldnerposition des Unternehmers impliziert von daher automatisch Gläubigerpositionen anderer Wirtschaftssubjekte. Diese unter-

[18] Zur Vereinfachung der Diskussion wird für die folgenden Ausführungen auf die Figur des „Eigentümer-Unternehmers“ zurückgegriffen.

[19] Vgl. *Böhm* (1966, S. 123). Siehe auch *Schüller* (1986, S. 12).

[20] Der Unternehmer begründet mit diesen Verträgen auch Gegenleistungspflichten, also Forderungen. Beispielsweise zur Überlassung der versprochenen Arbeitskraft inklusive Weisungsbefugnis, zur fristgerechten und qualitativ einwandfreien Lieferung von Inputgütern oder der termingerechten Bereitstellung (Auszahlung) von Kapital (Geld).

scheiden sich im Prinzip lediglich durch ihre vertraglich fixierten Bezugsobjekte.[21] Damit kommt der Grundgedanke der Vertragsidee in einer Privatrechtsordnung nochmals zum Ausdruck: Individuen schließen auf freiwilliger Basis Verträge, die eine spezifische Regelung der Leistungs- und Gegenleistungspflichten der Vertragsparteien festlegen. Unter der Voraussetzung, daß keine der beiden Vertragsparteien über private Macht verfügt, den Vertragspartner zum Abschluß zu zwingen, ist folglich jeglicher bilaterale Vertrag als Ergebnis individuellen Entscheidungsverhaltens aufzufassen.[22]

Zum anderen nimmt der Unternehmer freiwillig die Rolle des Gläubigers ein. Diese Position ergibt sich für den Unternehmer immer dann, wenn er die Produkte seiner unternehmerischen Leistungserstellung nicht im Rahmen eines klassischen Kaufvertrages gegen Kasse, sondern auf Ziel veräußert. Da diese spezifische Zahlungsmodalität das Ergebnis eines Verhandlungsprozesses zwischen dem Unternehmer als Verkäufer und dem Nachfrager als Käufer ist, kann dieser Vertragstyp ebenfalls als intendiertes Ergebnis individueller Entscheidungen aufgefaßt werden. Aus Sicht des Unternehmers handelt es sich hier um eine bestimmte Form seiner Kontraktpolitik, die er im Rahmen seiner unternehmerischen Aktivitäten bewußt wählt.

In diesem Kontext ist aber ein anderes Problem von Bedeutung: Während sich der Unternehmer als Schuldner in einer quantifizierbaren Leistungspflicht befindet, ist die laufende Erwirtschaftung der Erlöse zur Erfüllung der eingegangenen Verbindlichkeiten in hohem Maße ungewiß. Anders ausgedrückt: Die vertragsbedingten Kosten der unternehmerischen Schuldpositionen sind „gewiß", die (Verkaufs-)Verträge, die zur Realisierung von Erlösen führen, sind „ungewiß". Die Diskrepanz zwischen bewußt gewählter „Kostengewißheit" einerseits und „Erlösungewißheit" andererseits sind als Charakteristikum unternehmerischer Betätigung anzusehen. Dies erfordert ein ausgeprägtes Risikoverhalten.

Die „Ungewißheit" der erlösbringenden Verträge resultiert aus der Privatautonomie der Nachfrager, die in diesem Bereich durch Kaufentscheidungen zum Ausdruck kommt. Sie ist vom Unternehmer nicht zu umgehen. Die Nachfrager allein entscheiden über Erfolg und Mißerfolg des Unternehmers auf den Produktmärkten. Auch wenn zu konzedieren ist, daß der Unternehmer mittels betriebspolitischer Maßnahmen (z.B. Marketing und Werbung) versuchen kann, Einfluß auf die Konsumentenentscheidung zu nehmen, so bleibt gleichwohl auch für diesen Bereich unternehmerischer Betätigung festzustellen, daß die Wirkung dieser Maßnahmen in hohem Maße ungewiß sind. Von

---

[21] Davon völlig unberührt bleibt hier die Frage, ob und inwieweit den einzelnen Gläubigern Möglichkeiten zur Durchsetzung ihrer Forderungen offenstehen. Dies ist eine Frage der Gesamtstruktur der Rechtsordnung (z.B. Zivilrecht, Arbeitsrecht und nicht zuletzt Insolvenzrecht) und dem vorherrschenden Umgang mit dem Prinzip der „Haftung".

[22] Für die inhaltliche Übereinkunft, ohne die kein Vertrag zustande kommt, sind die zugrundeliegenden Rationalitätsannahmen irrelevant, da sie lediglich den Prozeß der Vertragsentstehung beeinflussen. Die logischen Grenzen der Vertragsfreiheit sind einer Privatrechtsordnung gleichsam eingepflanzt: „(D)ie gleiche Freiheit aller übrigen setzt der Freiheit eines jeden eine immanente Grenze und bedeutet insofern für einen jeden freien Beteiligten eine *Art von Zwang*" (*Böhm* 1966, S. 89; H.i.O.). Von daher handelt es sich bei der Privatrechtsgesellschaft nicht um ein anarchisches Chaos, sondern um eine Ordnung reziprok wirkender Individualentscheidungen.

daher bleibt der Unternehmer in letzter Konsequenz immer von den Entscheidungen nachfragender Individuen abhängig. Die autonomen Entscheidungen der Nachfrager sind es, die die Diskrepanz zwischen den verschiedenen Gewißheitsgraden verursachen.

Faßt man die bisherige Diskussion zusammen, so bleiben folgende Ergebnisse festzuhalten: Der Unternehmer schließt aufgrund seiner Befähigung und seiner Risikobereitschaft „Verträge", die ihn als Schuldner mit einer quantifizierbaren „Kostengewißheit" konfrontieren. Ob und inwieweit es ihm gelingt, diese „Kostengewißheit" mit „Erlösungewißheit" zu überkompensieren und somit ein Residualeinkommen zu erwirtschaften, ist seine eigentliche unternehmerische Aufgabe. Während aus Sicht des Unternehmers also „Gewißheiten" und „Ungewißheiten" über Verträge konfundiert werden, sieht das aus Sicht der Arbeitnehmer anders aus. Sie tauschen mit dem Abschluß eines Arbeitsvertrages gewissermaßen zwei „Gewißheiten": Auf der einen Seite die vertraglich fixierten Arbeitsaufgaben. Die nicht realisierbaren konkurrierenden Arbeitsverträge können als Kosten interpretiert werden. Insoweit besteht aus Arbeitnehmersicht „Kostengewißheit". Auf der anderen Seite ergibt sich aus dem Arbeitsvertrag ein rechtlicher Anspruch auf die Zahlung des vereinbarten Arbeitsentgeltes durch den Unternehmer. Der Arbeitnehmer ist hinsichtlich seines Erlöses also nicht mit „Ungewißheit" konfrontiert. Für ihn besteht „Einkommensgewißheit"[23]. Aus Arbeitnehmersicht verknüpft die arbeitsvertragliche Bindung an einen Unternehmer oder allgemeiner, einen Arbeitgeber, von daher „Kostengewißheit" mit „Einkommensgewißheit". In dieser variierenden Kombination von „Ungewißheit" und „Gewißheit" zeigt sich die unterschiedliche Risikoneigung von Unternehmern und Arbeitnehmern sehr deutlich.

Das Ziel der Unternehmung besteht im Abschluß von Produktmarktverträgen: Die unternehmerische Leistungserstellung erfolgt zum Zweck des Absatzes der Leistung(en) an Nachfrager. Da diese in ihrer Kaufentscheidung autonom und souverän sind, resultiert für die Unternehmung ein Moment der „Ungewißheit". Faktormarktverträge sind aus der Sicht der Unternehmung ein Mittel: Sie beschaffen der Unternehmung die personellen, materiellen und finanziellen Ressourcen zur Leistungserstellung. Die Bereitstellung der Produktionsfaktoren ist unter der Annahme der notwendigen Existenzsicherung der Faktoreigner zu erwarten. Im Verlauf der Vertragsverhandlungen werden daher lediglich die spezifischen Vertragsmodalitäten festgelegt. Insoweit führen die Faktormarktverträge zu „Gewißheiten" für die Unternehmung, nämlich im Hinblick auf die zu leistenden Vertragsentgelte.

Um Produktmarktverträge abschließen zu können, muß vorher der Gegenstand dieser Verträge überhaupt erst produziert worden sein.[24] Daraus folgt automatisch, daß die Faktormarktverträge zeitlich gesehen vorher abgeschlossen worden sein müssen, wenn man vom Grenzfall der Eigenproduktion einmal absieht. In bezug auf das Phänomen der

---

[23] Auch im Insolvenzfall einer Unternehmung ist der Entgeltanspruch der Arbeitnehmer in Deutschland rückwirkend drei Monate gültig.

[24] Damit werden an dieser Stelle Terminkontrakte, mit denen noch nicht produzierte Güter und Waren zu einem bestimmten Termin zu einem festgelegten Preis getauscht werden, ausgeklammert. Doch auch für diese Kontrakte gilt: Die beidseitige Leistungserfüllung setzt den Einsatz von Produktionsfaktoren voraus.

„Ungewißheit" resultiert damit aus Unternehmersicht folgendes Szenario: Der Unternehmer ist darauf angewiesen, daß Risiko von vertraglich fixierten „Kostengewißheiten" auf den Faktormärkten einzugehen, um überhaupt eine theoretische Chance auf eine „Erlösungewißheit" zu erlangen. Inwieweit sich die „Erlösungewißheit" im Sinne der unternehmerischen Erwartungen einstellt, ist ex ante nicht zu bestimmen. Für die Verträge, die der Unternehmer auf den Faktormärkten abgeschlossen hat, haftet er in Abhängigkeit von der gewählten Rechtsform der Unternehmung in unterschiedlichem Umfang.

Es wird deutlich, daß die Verträge auf den Produkt- und Faktormärkten nicht unabhängig voneinander sind, sondern sich wechselseitig bedingen. Die Qualität der Faktormarktverträge hinsichtlich ihres Beitrags zur Erstellung des unternehmerischen Leistungsangebotes beeinflussen direkt die Chancen der Unternehmung, erfolgreich im Sinne von abgeschlossenen Produktmarktverträgen zu agieren. Dies ergibt sich schon allein aus der Kostenkomponente, die den Produktionsfaktoren inhärent ist und damit die unternehmerische Preisgestaltung maßgeblich beeinflußt. Diese wiederum trägt nicht unerheblich zur Akzeptanz des Leistungsangebotes durch die Nachfrager bei und erhöht auf diese Weise tendenziell deren Kontrahierungsbereitschaft mit dem Unternehmen: Stellt das Leistungsangebot der Unternehmung zu einem bestimmten Preis aus individueller und subjektiver Sicht keine adäquate Problemlösung dar, so können die involvierten Faktormarktverträge noch so qualitativ hochwertig gewesen sein, eine positive Sanktionierung im Sinne einer Kaufentscheidung ist damit dennoch nicht zu erreichen. Die „Erlösungewißheit" zeigt sich gerade in diesem Zusammenhang. Sie läßt sich grundsätzlich auch nicht verhindern oder vollständig abbauen. Folglich äußert sich der Umgang mit dieser Ausprägung der „Ungewißheit" auf Produktmärkten in der individuellen Risikoneigung der Wirtschaftssubjekte.

Der Erfolg auf den Produktmärkten, also der Abschluß von Produktmarktverträgen, wirkt auf die Faktormarktverträge der Unternehmung zurück: Für die bestehenden Faktormarktverträge ermöglichen sie dem Unternehmer die Erfüllung seiner Vertragspflichten. Der Unternehmer kann im positiven Fall seine Schuldnerpositionen bedienen, im negativen Fall ist er gezwungen, die Forderungen aus eigenen Mitteln (Eigenkapital) zu begleichen. Ist auch das nicht mehr möglich, stehen den Gläubigern rechtliche Mittel zur Durchsetzung ihrer vertraglichen Forderungen zur Verfügung (z. B. Singularexekution oder Gesamtexekution der Forderungen im Rahmen eines Insolvenzverfahrens). Der Unternehmer haftet also auf jeden Fall für die von ihm eingegangenen schuldrechtlichen Vertragsverhältnisse. „Jedenfalls muß der Unternehmer seine Gläubiger unter allen Umständen voll befriedigen, auch wenn sein Unternehmen mit Verlusten arbeitet" (*Böhm* 1966, S. 124). Dies ist somit ganz im Sinne der Idee der Privatrechtsordnung oder Privatrechtsgesellschaft, denn die hier betrachteten Verträge auf den Faktormärkten sind Verträge zwischen gleichberechtigten Individuen. Der Unternehmer allein trägt das Risiko, das sich aus den Ungewißheiten auf den Produktmärkten ergibt.[25]

---

[25] Das Risiko aus Arbeitnehmersicht, nämlich die potentielle (Un-) Sicherheit des Arbeitsplatzes, ist insofern ein abgeleitetes Risiko und kann als Preis oder Kompensation für temporäre Einkommenssicherheit aufgefaßt werden. Dies gilt für befristete Arbeitsverträge per se; aber

Abschließend ist zu untersuchen, inwieweit durch Vertragsgestaltung das Phänomen „Ungewißheit" reduziert werden kann. Beim klassischen Produktmarktvertrag (Kaufvertrag) einigen sich die Vertragspartner in der Regel abschließend über die konkrete Vertragsspezifikation, das heißt es werden zu einem bestimmten Zeitpunkt alle vertragsrelevanten Umstände aus der Sicht von Verkäufer und Käufer berücksichtigt. Es handelt sich daher um einen einperiodigen Vertrag, da der Zeitraum zwischen Leistung und Gegenleistung in der Regel gegen null konvergiert. Allerdings kann es durchaus vorkommen, daß sich insbesondere die Leistungspflichten des Verkäufers auch in die Zukunft erstrecken, zum Beispiel im Rahmen gesetzlich vorgeschriebener Gewährleistungspflichten.[26] Dennoch ist zu konstatieren, daß der klassische Produktmarktvertrag „Ungewißheit" weitestgehend abbaut. Allerdings besteht das grundsätzliche Problem aus Unternehmenssicht weniger darin, den jeweiligen Produktmarktvertrag zu spezifizieren, als vielmehr darin, potentielle Vertragspartner für einen solchen Produktmarktvertrag überhaupt zu finden und sie von der Vorteilhaftigkeit des eigenen Leistungsangebots zu überzeugen. Ist ein Produktmarktvertrag zustande gekommen, hat sich die diesbezügliche „Ungewißheit" bereits verflüchtigt. Ex ante ist sie als Grundproblem allerdings nicht aufzulösen.

Die Faktormarktverträge der Unternehmung sind weniger spezifiziert. Es handelt sich um relationale Vertragstypen. Diese sind dadurch gekennzeichnet, daß nicht alle denkbaren, vertragsrelevanten Umweltzustände zum Zeitpunkt des Vertragsabschlusses Berücksichtigung finden. Neben der erkenntnistheoretischen Frage, ob alle vertragsrelevanten Umweltzustände überhaupt gekannt werden können, ist hier auch das ökonomische Kostenargument zu beachten, nachdem eine vollständige Vertragsformulierung mit prohibitiv hohen Kosten verbunden sein kann.[27] Tatsächlich bindet sich der Unterneh-

---

auch für unbefristete Arbeitsverträge ist diese Interpretation zulässig, denn „unbefristet" ist nicht gleichbedeutend mit einem rechtlichen Anspruch auf „dauernde" Beschäftigung. Aus diesem Grund kann sich die über Arbeitsentgelte abgegoltene „Einkommenssicherheit" immer nur auf diejenigen Vertragszeiträume beziehen, die von erfolgreichen Produktmarktverträgen alimentiert werden.
Gegenteilige rechtliche Regelungen und Rechtsauslegungen verkennen in diesem Zusammenhang häufig die hier wirkenden ökonomischen Ursache-Wirkungs-Bezüge. Als Beispiel können überzogene Kündigungsschutzbestimmungen genannt werden, die – als Marktaustrittsbarriere zum Wohl der Arbeitnehmer konzipiert – wie eine Markteintrittsbarriere für Arbeitnehmer wirken können.

26 Aufgrund asymmetrischer Informationsverteilung über die Qualität des Vertragsgegenstandes ist eine öffentliche Rechtsetzung zu legitimieren. Es ist davon auszugehen, daß der Unternehmer die potentiellen Kosten von nachvertraglichen Leistungspflichten im Rahmen seiner unternehmerischen Kalkulation bereits berücksichtigt. Insoweit kollidieren die ökonomischen Interessen des Anbieters mit den verbraucherschutzrechtlichen Interessen des Nachfragers nicht.
Es geht um die Gestaltung einer Rechtsgrundlage für nachvertragliche Leistungsstörungen. Dies kann als eine staatliche Aufgabe zur Sicherung der Funktionsfähigkeit der Privatrechtsordnung interpretiert werden. „Ohne Obrigkeit kann auch eine Privatrechtsgesellschaft nicht auskommen, (...)" und weiter „Das bloße Funktionieren ihres eigenen Kreislaufes bedarf einer Wartung, die sie nicht aus sich selbst heraus bewerkstelligen kann" (*Böhm* 1966, S. 86).

27 Vgl. zu diesem Argument die Erläuterungen in *Erlei, Leschke* und *Sauerland* (1999, S. 193 f. und S. 252).

mer als Schuldner zur vertragsgemäßen Erfüllung seiner Leistungspflichten gegenüber den Faktoreignern, jedoch ist es in der Regel so, daß er damit auch das Recht erwirbt, die Produktionsfaktoren während der Vertragslaufzeit in seinem Sinne einzusetzen und zu kombinieren. Da diese Entscheidungen in der Zukunft liegen und mit „Ungewißheit“ behaftet sind, ist es von daher auch gar nicht sinnvoll, enumerativ die detaillierten Leistungspflichten des unternehmerischen Vertragspartners in der Gegenwart zu spezifizieren. Gegenüber den Arbeitnehmern besitzt der Unternehmer beispielsweise eine Weisungsbefugnis. Dieses Tauschgeschäft zwischen ‚sicherem Einkommensanspruch‘ einerseits und ‚diskretionärem, weisungsabhängigen Arbeitseinsatz‘ andererseits ist als charakteristisches Kennzeichen von Faktormarktverträgen[28] anzusehen. Damit ist die faktormarktseitige Vertragskonstruktion dem Phänomen der „Ungewißheit“ auf den Produktmärkten potentiell angepaßt, denn der Unternehmer gewinnt den nötigen Freiraum, um durch flexible Gestaltung der Produktion ein unternehmerisches Leistungsangebot zu erstellen. Wenngleich also die Nichtspezifizierung der Faktormarktverträge als adäquater Ausdruck des Umgangs mit „Ungewißheit“ interpretiert werden kann, so ist gleichwohl zu konzedieren, daß es sich „nur“ um einen Versuch handelt, ja handeln kann, da das Problem der ubiquitären Ungewißheit sich einer endgültigen Lösung entzieht. Inwieweit die Faktormarktverträge sich ex post als zielführend im Sinne des Umgangs mit der „Ungewißheit“ der Produktmärkte erweisen, bleibt ex ante nicht bestimmbar.

Als Fazit ist zur vertragstheoretischen Erklärung der Unternehmung folgendes festzuhalten: Die Phänomene der „ubiquitären Ungewißheit“ sowie die individuell unterschiedlichen Risikobereitschaften lassen sich mit Hilfe von differenzierten Verträgen analysieren. Verträge sind demnach Instrumente zur Reduzierung von „Ungewißheit“. In Abhängigkeit vom Vertragsgegenstand sind unterschiedliche Ursachen von „Ungewißheit“ feststellbar, die sich durch eine spezifische Vertragsgestaltung zumindest reduzieren lassen. Im Rahmen einer Privatrechtsordnung hängt es von den Individuen ab, ihre jeweiligen Fähigkeiten und Präferenzen in ihnen angemessen erscheinende Verträge einzubringen. Dazu zählen auch alle Verträge, die im Zusammenhang mit der Institution „Unternehmung“ zustande kommen. In diesem Sinne ist die Unternehmung nichts anderes als ein Vertragsbündel, das aufgrund wechselseitiger Übereinstimmungen hinsichtlich des individuellen Umgangs mit Ungewißheit entstanden ist und damit letztlich zur Lösung individueller Probleme dient.[29]

In diesem Abschnitt wurde die Unternehmung auf der Basis unterschiedlicher Vertragstypen erklärt. Nun setzt allerdings die Vertragsfreiheit in ihrer privatrechtsautono-

---

[28] Der Einsatz der Produktionsfaktoren „Boden“ und „Kapital“ ist in der Regel ebenfalls in die freie Entscheidungsgewalt des Unternehmers gestellt. Folglich unterscheiden sich die einzelnen Faktormarktverträge nicht prinzipiell.

[29] *Schreiter* (1994, S. 235 mit weiteren Nachweisen) weist darauf hin, daß nicht allein die Güterproduktion der Zweck der Unternehmung ist: „Dieser Zweck [der Unternehmung; d. Verf.] besteht in der Güterproduktion und, wichtiger, in der Verwertung von Wissen und der Steigerung des gesellschaftlichen Wissens.“
Das Wissensargument wird in der weiteren Diskussion noch an verschiedenen Stellen der Untersuchung eine Rolle spielen, da damit die für die Arbeit forschungsleitende Grundkonzeption der *Popper*schen Erkenntnistheorie elementar tangiert wird.

men Interpretation voraus, daß es Bezugsobjekte für derartige vertragliche Übereinkünfte gibt. Wenn es daher richtig ist, daß dem Problem der „Ungewißheit“ in Abhängigkeit von der individuellen Risikoneigung mit differenzierten Verträgen begegnet werden kann, ist in der Folge nicht mehr das ‚Warum der Verträge‘ zu analysieren, sondern das ‚Worüber der Verträge‘ zu betrachten.

2.1.3. Verfügungsrechtstheoretische Unternehmenserklärung

Die Theorie der Property Rights oder auch Theorie der Handlungs- und Verfügungsrechte behandelt Fragen der „*Entstehung*, der vorherrschenden *Struktur*, der *Wirkungen* und der zweckmäßigen *Gestaltung* der rechtlich oder in anderer Form gesicherten Möglichkeiten eines bestimmten Umgangs mit Gütern (...), durch den ihr Nutzungsbereich gegenüber anderen Personen wirksam begrenzt wird“ (*Schüller* 2002, S. 116; H.i.O.). Die Verfügungsrechte umfassen das Recht zur Nutzung eines Gutes (usus), das Recht der Veränderung des Gutes (abusus), worunter auch die Veräußerung fällt, sowie das Recht der Aneignung der Erträge aus der Nutzung des Gutes (usus fructus) (vgl. *Erlei, Leschke* und *Sauerland* 1999, S. 272; *Richter* und *Furubotn* 1996, S. 82). Da sich die Verfügungsrechte auf verschiedene Dimensionen beziehen, ist der Wert eines Gutes nicht eindimensional bestimmt, sondern resultiert aus einem spezifischen Bündel von spezifizierten Verfügungsrechten (vgl. *Furubotn* und *Pejovich* 1972). Damit geht der verfügungsrechtstheoretische über den juristischen Eigentumsbegriff hinaus, indem aus Sicht der Handlungs- und Verfügungsrechte die Möglichkeit inkorporiert ist, „andere Personen von dieser Verwendung auszuschließen“ (*Schüller* 2002, S. 117).[30] Von daher bieten Property Rights dem Verfügenden die Möglichkeit, „bei der Verwendung bestimmter Fähigkeiten und Ressourcen seinem Willen Geltung zu verschaffen“ (*Schüller* 2002, S. 117).

Die Theorie der Property Rights basiert auf verschiedenen Annahmen: Zum einen werden alle realen Phänomene auf individuelle Handlungen zurückgeführt. Diese Handlungen wiederum werden maßgeblich von den Handlungs-, Verfügungs- und Eigentumsrechten initiiert und gleichzeitig beschränkt. Zum anderen wird unterstellt, daß die Individuen gemäß ihrer persönlichen Fähigkeiten und Präferenzen ihren größtmöglichen Nutzen anstreben. Schließlich wird davon ausgegangen, daß die jeweilige Gestaltung der Handlungs-, Verfügungs- und Eigentumsrechte für das Verhalten der Individuen bestimmend ist, unterschiedliche Spezifikationen von Property Rights also zu variierenden Verhaltenweisen führen. Damit ist das Prinzip des theoretischen Institutionalismus

---

[30] In der Jurisprudenz unterscheidet man zwischen „absoluten Verfügungsrechten“ und „relativen Verfügungsrechten“. „Absolute Verfügungsrechte“ sind dadurch gekennzeichnet, daß der Rechteinhaber mit seinem Sachvermögen nach Belieben umgehen kann. Zu den „absoluten Rechten“ zählen *Richter* und *Furubotn* (1996, S.88-91): uneingeschränkte Eigentumsrechte, beschränkte dingliche Rechte, immaterielle Rechte und die Menschenrechte. Davon abzugrenzen sind die „relativen Verfügungsrechte“, die sich aus Schuldverhältnissen konstituieren. Die „Relativität des Rechts“ ergibt sich aus einem freiwillig entstandenen (interpersonalen) Vertragsverhältnis. Darunter fallen vertragliche Schuldverhältnisse und haftungsbedingte Forderungsrechte (vgl. *Richter* und *Furubotn* 1996, S. 92-94).

angesprochen (vgl. *Schüller* 2002, S. 115 f.). Methodisch betrachtet, ist die Theorie der Property Rights daher ein ‚Kind der Neoklassik'.

Alchian und *Demsetz* (1972) führen die Existenz der Unternehmung auf die Vorteile der „Teamproduktion" zurück, die für die Aktivitäten in einer Unternehmung charakteristisch sind. Die Zusammenarbeit von Individuen führt in dieser Argumentation zu einem höheren Output der Unternehmung als die Addition der einzelnen Leistungsbeiträge der Individuen.[31] Diesem Produktivitätsvorteil der Teamproduktion steht jedoch ein Transparenzproblem gegenüber, denn die „marginal products of cooperative team members are not so directly and separably (i.e. cheaply) observable" (ebenda, S. 780). Daraus ergibt sich als motivationales Folgeproblem das sogenannte „shirking", das man auch als „Drückebergerei" oder Trittbrettfahrer-Verhalten bezeichnen kann. Es ist nämlich für das einzelne Individuum rational, seinen eigenen Teambeitrag verdeckt zu reduzieren, um sich auf diese Weise einen überdurchschnittlichen (ungerechtfertigten) Anteil am Ertrag der Teamproduktion anzueignen. Gegen diese latente, motivationale Grundstimmung in einem Team müssen von daher Vorkehrungen getroffen werden, die ihrerseits Ressourcen binden und somit den Teamertrag reduzieren. Damit sind die relevanten Merkmale zur Begründung der Existenz von Unternehmungen benannt: Produktivitätsvorteile der Teamproduktion und die „shirking"-Problematik.

Die Unternehmung bietet den institutionellen Rahmen, um einerseits die Vorteile der Teamproduktion zu internalisieren und andererseits die Kontrollfunktion über die Produktion des Teams zu gewährleisten. *Alchian* und *Demsetz* erklären die Einsetzung eines „spezialisierten Teammitglieds" zur Kontrolle der Leistungsbeiträge der anderen Teammitglieder mit dem Argument des Eigeninteresses aller Teammitglieder: Nur wenn es gelingt, daß „shirking"-Problem durch Kontrolldelegation zu lösen, ist überhaupt mit einer Teamproduktion zu rechnen. Von daher schließen *Alchian* und *Demsetz* an die Erkenntnis der Klassik an, „daß es die durch freiwillige Übereinkünfte zwischen Individuen begründeten Formen der Arbeitsteilung sind, aus denen gesellschaftliche Kooperationsvorteile erwachsen" (*Krüsselberg* 1993, S. 37). Die sich daran anschließende Frage der „Kontrolle der Kontrolleure" wird von *Alchian* und *Demsetz* dadurch gelöst, daß die Kontrolleure einen alleinigen Anspruch auf das Residualeinkommen der Unternehmung, also den Gewinn haben. Unter diesen Bedingungen werden die Kontrolleure bestrebt sein, die Teamproduktion im Unternehmen zu maximieren, um ein möglichst großes Residualeinkommen zu erzeugen. Im Umkehrschluß bedeutet dies eine Nichtbeteiligung der Teammitglieder am Residualeinkommen. Andernfalls könnte das „shirking"-Problem auf der Ebene der Kontrolleure wiederkehren. Dabei wird implizit unterstellt, „daß der Produktivitätsverlust durch verminderte Überwachungsleistungen des Monitors den Produktionsgewinn erhöhter Arbeitsanreize – als Folge der Gewinnbeteiligung aller Teammitglieder – überkompensiert" (*Dunn* 1998, S. 159, Fn. 48). Die „Kontrolle der Kontrolleure", beispielsweise intern über Aufsichtsräte oder extern über

[31] Teamproduktion ist immer dann gegeben, wenn (1) mehrere und verschiedene Produktionsfaktoren in den Produktionsprozeß eingehen, (2) die Leistungsbeiträge der einzelnen Inputfaktoren im Hinblick auf den Output nicht getrennt meßbar sind und (3) mindestens zwei Akteure unterschiedliche Produktionsfaktoren in den Produktionsprozeß einbringen. Vgl. hierzu *Erlei, Leschke* und *Sauerland* (1999, S. 70).

Wirtschaftsprüfungsunternehmen bzw. Kapitalmärkte, stellen einen Lösungsversuch dar. Es erhebt sich aber die Frage, wann und mit welcher Begründung die „Kontrollspirale" ein Ende finden soll?[32]

Nun ist die dargelegte Interpretation des „shirking"-Verhaltens nicht selbstevident, sondern durchaus kritisch zu beurteilen. Insbesondere die Behauptung, daß die Etablierung eines Kontrolleurs oder Monitors – um *Dunn*s Terminologie zu gebrauchen – im ureigensten Interesse der anderen Teammitglieder sein soll, ist in Frage zu stellen. Sollte nur ein oder wenige Teammitglieder „shirking" praktizieren, ist nicht plausibel, warum die anderen Teammitglieder zur Kontrolle einer Teamminorität eine Instanz ins Leben rufen sollten, die dann auch ihr eigenes Leistungsverhalten in Zukunft überwacht. Umgekehrt gilt: Sollten viele oder alle Teammitglieder „shirking" betreiben, ist die Einsetzung einer Kontrollinstanz noch unwahrscheinlicher, da ja die Majorität der Mitglieder gleichsam „in einem Boot" sitzen und von daher kein Interesse an einer Veränderung des Status quo zu erwarten ist.[33] Allerdings fußt diese Kritik ebenfalls auf einer Annahme, die es zu hinterfragen gilt: Wenn *Dunn* argumentiert, daß „vereinzeltes shirking" unproblematisch und „kollektives shirking" im Modell gar nicht vorgesehen ist, dann ist zumindest die zweite Aussage kein Kritikpunkt, sondern eher ein Argument für den Ansatz von *Alchian* und *Demsetz*. Warum? *Dunn* (1998, S. 161; H.i.O.) hypostasiert in seiner Kritik „shirking" als „*kollektives* Phänomen eines Teams, das sich im *stadium nascendi* befindet, in der es also (noch) keinen Monitor gibt, der mit Sanktionsgewalt ausgestattet normwidriges Verhalten bestraft" und fragt dann nach den organisationalen Folgen für die Teammitglieder. Diese Frage scheint jedoch unerheblich zu sein, wenn man folgendes bedenkt: Mit welcher Motivation und welcher Zielsetzung arbeiten die einzelnen Individuen freiwillig zusammen? Freiwillige Zusammenarbeit setzt die Gewährung wechselseitiger Vorteile voraus, selbst unter der Voraussetzung des nichtmaximierenden Individuums. Andernfalls wäre von vornherein ein Machtfaktor involviert, der mit der Kritik doch erst als nicht wünschenswert und damit auch als nicht resultierende Konsequenz betrachtet wird. Insofern setzt die Kritik an der falschen Stelle an. „Kollektives shirking" verhindert in dieser Interpretation nicht nur die Entstehung einer Kontrollinstanz, so wie von *Alchian* und *Demsetz* angenommen, sondern läßt grundsätzlich die Möglichkeit der über-individuellen Zusammenarbeit fraglich erscheinen. Doch unter diesem Gesichtspunkt ist die Frage nach einer Kontrollinstanz für Teamproduktion unerheblich, da es bereits am Zustandekommen von Teams mangeln dürfte.

Fast man die unternehmenstheoretischen Überlegungen von *Alchian* und *Demsetz* zusammen, so sind folgende Aussagen festzuhalten: Solange Kooperationsgewinne für die Individuen erwartet werden, ist von einem Anreiz zur Teamproduktion auszugehen. Diese Teamproduktion wird aufgrund der Möglichkeit des „shirking"-Verhaltens zu

---

[32] Einen guten Überblick zum Einstieg in die Thematik liefert die Studie von *Fey* (1999) mit vielen weiterführenden Literaturhinweisen.

[33] Vgl. zu dieser Argumentation die instruktiven Ausführungen von *Dunn* (1998, S. 160-166). *Cheung* (1983) liefert zur Problematik des „Shirking" eine völlig andere Perspektive, die der neoklassischen Sichtweise zugeordnet werden kann, und damit näher an der Interpretation von *Alchian* und *Demsetz* bleibt.

einem hierarchisch strukturierten Organisationsaufbau führen, da (mindestens) eine Kontrollinstanz zu etablieren ist, um die Funktionsfähigkeit der Teamproduktion zu gewährleisten. Damit werden marktliche Transaktionen durch unternehmensinterne Transaktionen substituiert. An die Stelle von Kosten der Nutzung des Preissystems der Märkte treten Organisations- und Kontrollkosten innerhalb der Unternehmung (vgl. beispielsweise *Krüsselberg* 1993, S. 40). Insoweit ist die Argumentation analog der des Transaktionskostenansatzes im *Coase*schen Sinne. Im Property Rights-Ansatz von *Alchian* und *Demsetz* erfolgt die Diskussion insbesondere anhand der Frage der Spezifität von Inputfaktoren – hier der Arbeitskräfte – und deren produktiven Einsatzes in Unternehmensprozessen. Dies stellt letztlich ein Informationsproblem dar. Von daher ist „efficient production with heterogeneous resources [is] a result not of having *better* resources but in *knowing more accurately* the relative productive performance of those resources" (*Alchian* und *Demsetz* 1972, S. 793; H.i.O.). Es existieren also keine „guten Ressourcen" per se und a priori, sondern „gute Ressourcen" werden gleichsam kreiert, indem sie ihre Spezialisierungsvorteile in einen Prozeß einbringen können. Dabei ist hervorzuheben, daß diese Problemstellung nicht erst auf der Ebene der Kontrolleure in Erscheinung tritt, sondern bereits bei der Entscheidung der Individuen, in einem Team zusammenzuarbeiten, virulent ist. Die Perspektive des Property Rights-Ansatzes verbindet von daher einen ressourcenorientierten Blickwinkel[34] auf die Unternehmung mit der Frage der verfügungsrechtlichen Struktur in der Unternehmung, die von der Ausgestaltung der unternehmensinternen Verträge abhängt.

In letzter Konsequenz erfolgt die Begründung der Entstehung von Unternehmen aus der Reduktion von (marktlichen) Transaktionskosten einerseits und der Ausschöpfung von Produktivitätspotentialen durch Teamproduktion andererseits. Mit der nicht kostenfreien Nutzung des Marktpreissystems korrespondiert also die nicht kostenfreie Nutzung der Teamproduktion. Solange die Kosten der Organisation der Teamproduktion geringer sind als die andernfalls aufzuwendenden marktlichen Transaktionskosten, ist von einer Ausdehnung der Teamproduktion auszugehen. Es handelt sich von daher um eine klassische ‚make or buy'-Entscheidungssituation.

In diesem Abschnitt standen die spezifischen Property Rights der Individuen im Kontext ihrer jeweiligen Beteiligung an einer Unternehmung im Mittelpunkt des Interesses. Dabei wurde sichtbar, daß die Ausgestaltung der Property Rights einen Einfluß auf die Interessenlage der Individuen oder genauer, deren Artikulation ausübt.

2.1.4. Koalitionstheoretische Unternehmenserklärung

Die koalitionstheoretische Unternehmenserklärung geht im wesentlichen auf die grundlegende Arbeit von *Cyert* und *March* (1963/1995) zurück.[35] Sie betrachten die

---

[34] Diese Sichtweise geht schon auf *Penroses* (1959/1980) „The Theory of the Growth of the Firm" zurück. Sie stellt die Betrachtung der Inputfaktoren und deren Spezifikation in den Mittelpunkt ihrer Analysen. Vgl. zu dieser Frage auch den Beitrag von *Nelson* (1991).

[35] *Cyert* und *March* (1963): „A Behavioural Theory of the Firm". Für die vorliegende Untersuchung wird aus der 2. Auflage der Deutschen Ausgabe zitiert. *Cyert* und *March* (1995): „Eine verhaltenswissenschaftliche Theorie der Unternehmung".

Unternehmung als „eine Koalition von Individuen" (*Cyert* und *March* 1995, S. 29). Potentielle Beteiligte oder Mitglieder an einer Unternehmungskoalition sind beispielsweise „Manager, Arbeiter, Aktionäre, Lieferanten, Kunden, Rechtsanwälte, Finanzbehörden, Aufsichtsbehörden usw." (ebenda). Dynamisch ist die Analyse deshalb, weil es nach Ansicht der Autoren nicht möglich ist, „ein für allemal die Grenzen einer organisationalen Koalition festzulegen" (ebenda, S. 30). Somit relativieren sich die Aussagen der koalitionstheoretischen Erklärung automatisch, da ein über die Zeit unveränderliches Bezugsobjekt der Betrachtung nicht unterstellt werden kann. *Cyert* und *March* (1995, S. 30) beschränken deshalb ihre Analyse, indem sie den Kreis der relevanten Koalitionsmitglieder zeitlich oder funktional eingrenzen, und zwar in Abhängigkeit von ihrer jeweiligen Bedeutung für spezifische Entscheidungen, „d.h., wir können innerhalb eines bestimmten (relativ kurzen) Zeitraums oder aber im Hinblick auf eine bestimmte Entscheidung die wichtigsten Koalitionsmitglieder identifizieren. Oder noch allgemeiner: Für eine bestimmte Klasse von Entscheidungen können wir über eine relativ lange Zeitspanne hinweg die wichtigsten Klassen der jeweils beteiligten Koalitionsmitglieder spezifizieren".

Nachdem die Suche der relevanten Koalitionsmitglieder problemorientiert geklärt ist, geht es nun darum, die konkreten Entscheidungsprozesse und die Zielfindung innerhalb der so definierten relevanten (Unternehmens-) Koalition zu betrachten. Die unterschiedlichen Interessen der Koalitionsmitglieder müssen im Rahmen der Organisation „Unternehmung" zum Ausgleich gebracht werden, um den „Koalitionsfrieden" zu gewährleisten.[36] *Cyert* und *March* (1995, S. 29) gehen davon aus, daß nur Individuen Ziele haben, Unternehmungen als solche – Entitäten oder „menschliche Kollektive" – dagegen nicht. Aus dieser Annahme ergibt sich automatisch die Notwendigkeit des interindividuellen Verhandlungsbedarfs über die jeweiligen individuellen Interessen und deren Berücksichtigung im Rahmen eines Koalitionsinteresses. Der damit angesprochenen Zielbildungsprozeß der Koalition „Unternehmung" kann in drei verschiedenen Argumentationsrichtungen näher beschrieben werden[37]: Zum einen können sich die Organisationsziele bereits im Verhandlungsprozeß der Zusammensetzung der Koalition herausbilden. Zum anderen ist die Zielbildung mittels des organisationsinternen Kontrollprozesses von Bedeutung und schließlich ist der Prozeß der Zielbildung unter dem Gesichtspunkt der Anpassungen an Unternehmenserfahrungen zu betrachten. Im hier interessierenden Kontext wird primär die erste Argumentation verfolgt, da es um die Erklärung der Unternehmensentstehung geht. Die beiden anderen Argumentationen setzen die Organisation „Unternehmung" als Koalitionsgebilde bereits voraus. Sie sind insofern als abgeleitete Problemstellungen aufzufassen und werden daher erst am Schluß dieses Abschnittes erneut aufgegriffen.

Wie beeinflußt der Verhandlungsprozeß bei der Bildung einer Koalition „Unternehmung" die Ableitung von Zielen der Unternehmung? Zur Beantwortung dieser Frage verweisen *Cyert* und *March* auf die Anwendung von Ausgleichszahlungen („sidepayments"). Diese lassen sich als Kompensationszahlungen für die Einbringung indivi-

---

[36] Vgl. *Schüller* (1983, S. 173) und *Schüller* (1986, S. 10).

[37] Vgl. hierzu die Ausführungen von *Cyert* und *March* (1995, S. 32-40).

dueller Fähigkeiten in die Koalition „Unternehmung" interpretieren. Sie müssen dabei nicht notwendigerweise monetärer Art sein. „Ausgleichszahlungen werden in vielerlei Formen geleistet: Geld, individuelle Behandlung, Autorität, Organisationspolitik usw." (*Cyert* und *March* 1995, S. 32). Die Einbringung individueller Fähigkeiten erfolgt nach Maßgabe individueller Interessen- und Zielvorstellungen, die das einzelne Individuum durchzusetzen gedenkt. Folgende Fragestellungen und Konstellationen sind hier von Interesse: Wer leistet die Ausgleichszahlungen, an wen, womit und warum? Welche Konsequenzen ergeben sich daraus für die Zielbildung der Koalition „Unternehmung"?

Die erste Frage, wer an wen Ausgleichszahlungen leistet, kann mit dem Hinweis auf die weiter oben diskutierte Risikobereitschaft der Individuen beantwortet werden. Demnach kommen für die Gewährung von Ausgleichszahlungen, die nichts anderes darstellen als Forderungen für bestimmte Leistungen im Sinne von Schuldverhältnissen, nur diejenigen Individuen in Betracht, die bereit und in der Lage sind, die notwendigen Mittel selbst aufzubringen oder aber andere Individuen von der Vorteilhaftigkeit einer Kapitalüberlassung zur Begleichung solcher Forderungen zu überzeugen. Diese beiden Alternativen werden allerdings nur dann relevant, wenn eine Finanzierung der Ausgleichszahlungen aus Einzahlungsströmen durch Unternehmenserfolge auf den Produktmärkten nicht gelingt. Der kritische Hinweis von *Cyert* und *March* (1995, S. 32 f.), daß diese Interpretation voraussetzt, daß bereits ein Ziel existiert, ist eingehender zu analysieren. Nur unter der Voraussetzung, daß ein Unternehmer ein Ziel vor Augen hat, ist es für ihn rational, diejenigen Produktionsfaktoren einzukaufen, von denen er annimmt, daß sie einen positiven Zielerreichungsbeitrag leisten werden. Aus der Sicht der eingekauften Produktionsfaktoren und hier insbesondere der Arbeitskräfte, bedeuten die ihnen vertraglich zugesicherten Ausgleichszahlungen eine Kompensation dafür, daß sie bereit sind, die von ihnen geforderte Arbeitsleistung zu erbringen. Insoweit dominiert ein Unternehmerziel, auch wenn es nur in einer imaginisierten Zukunft existiert, die Ziele der Produktionsfaktoren in der Gegenwart. Im Hinblick auf die Arbeitskräfte formulieren *Cyert* und *March* (1995, S. 33): „Für Geld übernimmt der Mitarbeiter das ‚Organisations'-Ziel".

Es ist jedoch fraglich, ob die Stoßrichtung der Kritik begründet ist. Wenn Ausgleichszahlungen Gegenstand vertraglicher Vereinbarungen und damit begründeter Verpflichtungen[38] sind, warum wird dann den Wirtschaftssubjekten, denen ansonsten ein hohes Maß an Individualität – auch und gerade hinsichtlich des sie handlungsleitenden Rationalitätspostulats – zugestanden wird, nicht auch die Freiheit zugebilligt, autonom über ihre Ziele bzw. deren vermeintliche Aufgabe durch einen entsprechenden Vertrag zu entscheiden? Ist es tatsächlich so, daß beispielsweise Arbeitnehmer primär an der Formulierung von Unternehmenszielen interessiert sind? Doch wenn dem so sein sollte, warum präferieren sie dann eine weisungsgebundene Beschäftigung, anstatt selbst unternehmerisch tätig zu werden? Hier wird deutlich, daß die Kritik im Prozeß zu spät ansetzt. Die Zielfindung hat zum Zeitpunkt des Abschlusses eines Arbeitsvertrages zwischen Unternehmer und Arbeitnehmer bereits beidseitig stattgefunden. Diese Argumentation gilt im Prinzip selbst dann, wenn nicht von der Figur des Eigentümer-

---

[38] Vgl. *Cyert* und *March* (1995, S. 33).

Unternehmers ausgegangen wird[39], sondern beispielsweise managergeleitete oder gar arbeiterselbstverwaltete Unternehmungen betrachtet werden. In beiden Fällen ist davon auszugehen, daß jeweils spezifische Zielvorstellungen existieren, die die Ausgestaltung der Ausgleichszahlungen maßgeblich beeinflussen. Im gegenteiligen Fall würde jegliches Theoretisieren über Ziel-Mittel-Relationen obsolet, da es hierfür keinerlei relevante Bezugspunkte mehr gäbe. Es sei noch einmal betont, daß die Frage der koalitionstheoretischen Unternehmenserklärung lautet: Wie ist die Existenz der Unternehmung aus Interessendivergenzen heraus zu erklären? Die Frage der realen Existenz und Ausgestaltung von Weisungsbefugnissen ist daher ein Folgeproblem, das erst nach der grundlegenden individuellen Entscheidung für eine bestimmte Form des Umgangs mit der Ungewißheit der persönlichen Existenzsicherung Bedeutung erlangt.

Die Fragen, womit vertraglich vereinbarte Ausgleichszahlungen geleistet und warum sie überhaupt vereinbart werden, ist in der vorangegangenen Argumentation bereits angedeutet worden. Ausgleichszahlungen werden für die Verpflichtung vertraglich fixierter Leistungserbringung geleistet. Grundlage dieses vertraglichen Tauschgeschäfts ist die individuell unterschiedliche Ausprägung von spezifischen Fähigkeiten und Risikoneigungen. Die Mittel zur Erfüllung der vertraglich fixierten Kompensationszahlungen basieren vornehmlich auf den Rückflüssen, die die Unternehmung durch erfolgreiche Tätigkeit auf Produktmärkten generiert.

Die Problematik der „Zielbildung" in einer Koalition „Unternehmung" ist aufgrund der unterstellten Interessendivergenzen der an der Koalition „Unternehmung" Beteiligten eng mit der vorhergehenden Diskussion des Systems der Ausgleichszahlungen verwoben. Die Ausgleichszahlungen lassen sich demnach in der Weise interpretieren, daß sie insbesondere auch den Verzicht anderer Koalitionsmitglieder auf den Prozeß der Zielbildung der Unternehmung intendieren.[40] Für die eigentümergeleitete Unternehmung ist diese Interpretation einleuchtend, aber auch andere Formen der Unternehmungsverfassung sind mit diesem Ansatz durchaus kompatibel, zumindest was den Einfluß der Arbeitnehmer auf den Zielbildungsprozeß betrifft.[41] Diese Sichtweise schließt allerdings nicht per se aus, daß ein Beitrag der/des Arbeitnehmer/s zur Zielbildung im Rahmen der arbeitsvertraglichen Regelungen explizit vereinbart oder auch im Zuge der

---

[39] Gerade an dieser Unternehmerfigur und der damit korrespondierenden Unternehmensverfassung scheint jedoch die theoretische Kritik in erster Linie anzusetzen. Vgl. *Cyert* und *March* (1995, S. 33).

[40] Vgl. zu dieser Sichtweise *Dunn* (1998, S. 58, Fn. 46). Bei *Cyert* und *March* (1995, S. 33) heißt es in diesem Kontext, daß „Ausgleichszahlungen schon immer die klassische Funktion der Spezifizierung einer gemeinsamen Präferenzordnung erfüllt (...) haben" und weiter: „Ausgleichszahlungen, (...) repräsentieren den zentralen Prozeß der Zielspezifizierung".

[41] Diese Argumentation konzentriert sich in erster Linie auf die Ebene der privatrechtlichen Verträge zwischen Unternehmer oder Manager einerseits und den Arbeitnehmern andererseits. Davon unberührt bleibt also die Frage, ob und inwieweit durch staatliche Gesetzgebung Einfluß auf die unternehmensinterne Zielbildung genommen wird. Vgl. beispielsweise zum Thema „Mitbestimmung" und ihrer Interpretation aus der Sicht der Koalitionstheorie der Unternehmung *Schüller* (1983, S. 174-176).

weisungsgebundenen Tätigkeit „angeordnet" wird.[42] Derartige Vereinbarungen bzw. Weisungen wären somit ein konkretes Ergebnis individueller Verhandlungen und von daher als Ausfluß der unterschiedlichen Interessen aufzufassen. Insofern handelt es sich bei der Separierung von Entscheidungs- und damit auch Zielbildungsbefugnissen um eine analytische Vereinfachung zur Untersuchung des Prozesses der Zielbildung in einer Koalition „Unternehmung".

Mit Hilfe der Principal Agent-Theorie lassen sich eine Vielzahl von unterschiedlichen Interessenkonstellationen analytisch fassen und im Hinblick auf den hier interessierenden Zielbildungsprozeß in einer Koalition „Unternehmung" anwenden. Die zuvor geschilderte Konstellation von einstellendem Unternehmer/Manager und eingestelltem Arbeitnehmer sieht die Erstgenannten in der Rolle des Prinzipals und die Letzgenannten in der Rolle der Agenten.

Jensen und *Meckling* haben in ihrem Beitrag von 1976 („Theory of the Firm: Managerial Behavior, Agency Costs and Ownership Structure") entscheidende Anstöße zur sogenannten „positiven Richtung" des Principal Agent-Ansatzes geliefert.[43] Diese Richtung zeichnet sich durch eine empirische Orientierung aus. Dabei konzentrieren sie sich in ihrem Beitrag auf die Analyse der Kapitalstruktur einer Unternehmung unter Berücksichtigung der jeweils anfallenden Kosten, den sog. Agenturkosten. Damit sind die Kosten gemeint, die (a) zwischen Eigenkapitalgebern und Management und (b) zwischen Eigenkapitalgebern/Management und Kreditgebern entstehen. Beim ersten Fall kann man auch von Agenturkosten des externen Eigenkapitals und beim zweiten Fall von Agenturkosten des Kredits sprechen (vgl. *Erlei, Leschke* und *Sauerland* 1999, S. 76). Die Aufgabe des Unternehmens (des Managements) besteht nun darin, diejenige Kapitalstruktur zu realisieren, bei der die Summe der Agenturkosten minimiert wird. Bevor jedoch einige grundlegende Aussagen des Ansatzes von *Jensen* und *Meckling* kurz vorgestellt werden, ist es sinnvoll, die fundamentalen Annahmen und Analysekategorien der Principal Agent-Theorie allgemein zu skizzieren.

Die Figur des „Principal" ist dadurch gekennzeichnet, daß er als Auftraggeber wirtschaftlicher Transaktionen fungiert. Der „Principal" bedient sich zur Erfüllung seiner Zielsetzungen der Hilfe anderer Wirtschaftssubjekte, der „Agenten". Dies resultiert aus

---

42 In diesem Sinn auch *Cyert* und *March* (1995, S. 36), die darauf verweisen, daß „die Ausarbeitung und Klärung von Zielen im Rahmen der täglichen Verhandlungen" verläuft.

43 In der Literatur werden häufig die „normative" und die „positive" Principal Agent-Theorie voneinander abgegrenzt (vgl. *Jensen* 1983). Anzutreffen ist auch die Unterscheidung in formale („normative") und informale („positive") Principal Agent-Theorie. Die „normative" Richtung ist mikroökonomisch modell-orientiert und behandelt Problemstellungen, „in denen individuelle Nutzenfunktionen einer Maximierung unter Nebenbedingungen unterzogen werden" (*Richter* und *Furubotn* 1996, S. 165 f.). Die „positive" Richtung arbeitet in weiten Teilen ohne explizite Berücksichtigung mikroökonomischer Kalküle (*Erlei, Leschke* und *Sauerland* 1999, S. 106). *Richter* und *Furubotn* kommen zu der Einschätzung, daß „der erste Ansatz mathematisch und nicht empirisch orientiert (ist), während die Arbeiten zur ‚positiven' Theorie im allgemeinen nicht-mathematisch, dafür mehr empirisch orientiert sind" (1996, S. 166). Als Ausgangspunkt der „normativen" Principal Agent-Theorie kann der Beitrag von *Ross* (1973) angesehen werden. Zu einem allgemeinen Überblick über die Principal Agent-Theorie siehe den Artikel von *Sappington* (1991).

einem Mangel an eigenen Ressourcen. So kann es dem „Principal“ beispielsweise an Zeit, finanziellen Ressourcen, technischen und/oder organisatorischen Fähigkeiten fehlen (vgl. *Erlei, Leschke* und *Sauerland* 1999, S. 74). Unter diesen Bedingungen (oder besser: Restriktionen) ist es ökonomisch rational, die gewünschten Zielsetzungen durch Delegation von Aufgaben zu erreichen zu versuchen. Der „Agent“ ist somit als Auftragnehmer (Beauftragter) aufzufassen, der aufgrund der vom „Principal“ erwarteten komparativen Fähigkeitsvorteile des „Agenten“ für diesen tätig wird. Um diese Erwartung oder Aufgabe erfüllen zu können, gewährt der „Principal“ dem „Agenten“ einen vorher festgelegten Entscheidungsspielraum für seine Tätigkeit (vgl. *Richter* und *Furubotn* 1996, S. 163). Diese Grundstruktur einer Principal Agent-Beziehung findet sich in unzähligen Tatbeständen des täglichen Lebens.[44] Es ergeben sich nun aber zwei grundlegende Probleme: Zum einen stellt sich die Frage, ob und wann die Interessen von „Principal“ und „Agent“ übereinstimmen? Zum anderen ist zu fragen, wie mögliche Interessendivergenzen ausgeräumt werden können? Bei beiden Fragestellungen ist das Problem der Informationsverteilung zwischen „Principal“ und „Agent“ von Bedeutung.

In der Literatur zur Principal Agent-Theorie wird durchgängig angenommen, daß die Interessen des „Agenten“ von den Interessen des „Principals“ abweichen.[45] Dies ist nicht überraschend, denn schließlich ist realistischerweise davon auszugehen, daß die beteiligten Akteure unterschiedliche Informationen besitzen und somit die wechselseitig erreichbaren Tauschvorteile einer Transaktion individuell verschieden beurteilt werden. Das heißt selbst bei gleichgerichteten Interessen von „Principal“ und „Agent“ würde die asymmetrische Verteilung der Informationen ein Bewertungsproblem involvieren. Für den Fall, das ausschließlich asymmetrisch verteilte Informationen vor Vertragsabschluß unterstellt werden, spricht man in der Literatur auch vom Problem der „adverse selection“. Damit ist gemeint, daß unter bestimmten Bedingungen eine Vertragslösung überhaupt nicht – zumindest auf Dauer – zustande kommt.[46] Liegen neben der asymmetrisch verteilten Information auch noch Präferenzunterschiede zwischen „Principal“ und „Agent“ vor, die zu variierenden Interessen der Beteiligten führen, dann spricht man in der Literatur vom sog. „moral hazard“-Problem. Dieses Problem entsteht dadurch, daß nach Vertragsabschluß die Informationen asymmetrisch verteilt sind, und zwar zu Lasten des „Principals“.[47] Der „Agent“ ist aufgrund seines Informationsvorsprungs nach Vertragsabschluß in der Lage, die Vertragsbeziehung zuungunsten des „Principals“ auszubeuten. Dies liegt in erster Linie daran, daß es dem „Principal“ nicht möglich ist, nach Vertragsabschluß alle Aktivitäten des „Agents“ zu kontrollieren. Dies würde zu prohibitiv hohen Kosten führen und insoweit eine Vertragsbeziehung von vornherein aus-

---

[44] Vgl. *Erlei, Leschke* und *Sauerland* (1999, S. 75).

[45] Vgl. statt vieler: *Erlei, Leschke* und *Sauerland* (1999, S. 74) sowie *Richter* und *Furubotn* (1996, S. 163).

[46] Vgl. zum Problem der „adverse selection“ den klassischen Aufsatz von *Akerlof* (1970). In diesem Beitrag verdeutlicht der Autor den Zusammenbruch der Gebrauchtwagenmärkte („The Markets for Lemons“) aufgrund eines qualitativen „race to the bottom“-Verhaltens, das durch die asymmetrische verteilte Information über die Qualitäten der Gebrauchtwagen ausgelöst wird. *Arrow* (1985, S. 38 ff.) spricht in diesem Fall von einer „Hidden Information“-Problematik.

[47] *Arrow* (1985, S. 38 ff.) bezeichnet diesen Fall als „Hidden Action“-Problem.

schließen bzw. unrentabel erscheinen lassen. Bei einem solchen Kontrollansatz würden die unterstellten Spezialisierungsvorteile der Wirtschaftsakteure in Frage gestellt. Der „Principal" wird von daher nicht umhin können, eine ökonomische Entscheidung über den Umfang bzw. die Intensität seiner Kontrollmaßnahmen zu treffen. Gleichzeitig ist der „Agent" bestrebt, einen Ruf als „guter Auftragnehmer" beim „Principal" zu erzeugen, da er auf diese Weise die Kontrollintensität prophylaktisch reduzieren kann. Man spricht in diesem Zusammenhang vom Reputationsaufbau, von der Schaffung von Vertrauen. Der „Agent" bindet sich insofern selbst, als er bewußt auf die Möglichkeit der Ausnutzung seines Informationsvorteils verzichtet. Im Gegenzug wird der ihm vertraglich gewährte Entscheidungsspielraum ex post nicht eingeengt. Dennoch ist die „moral hazard"-Problematik in jeder Vertragsbeziehung, die durch nachvertragliche Informationsasymmetrien charakterisiert ist, virulent. Zusammenfassend kann man sagen, daß das Agenturproblem durch divergierende Interessen (Präferenzen) und unterschiedlich verteilte Informationen vor oder nach Vertragsabschluß resultiert.

Jensen und *Meckling* (1976) diskutieren in ihrem Beitrag die Rolle der Kapitalstruktur zur Reduzierung des Agenturproblems in einer Unternehmung. Hierbei steht mithin die alte Frage nach der Trennung von Eigentum und Management im Mittelpunkt des Interesses.[48] Die Hauptthesen lassen sich folgendermaßen zusammenfassen: Je geringer der Eigenkapitalanteil des Unternehmer-Managers (internes Eigenkapital) im Verhältnis zum Eigenkapitalanteil der Anteilseigner (externes Eigenkapital), desto größer dürften die Agenturkosten sein. Aufgrund der geringeren Anreizwirkung dieser Property Rights-Struktur für die Manager ist aus der Sicht der Prinzipale, also hier der Mehrheit der Anteilseigner mit einem höheren Überwachungsaufwand für die angestellten Manager zu rechnen, da diese versucht sein könnten, ihren Informationsvorsprung zu Lasten der Anteilseigner auszunutzen. Im Hinblick auf die kreditgebundene Investitionsfinanzierung ist abzuleiten, daß die Fremdfinanzierung in Abhängigkeit ihres quotalen Verhältnisses zum Eigenkapital differenziert betrachtet werden muß: Je höher die Fremdkapitalquote, desto höher die spezifischen Agenturkosten, die in diesem Fall mit der erhöhten Wahrscheinlichkeit von Kreditausfällen begründet werden können.[49] Da in dieser Konstellation die Kreditgeber als Prinzipale potentiell ausbeutungsoffene Verträge besitzen, haben sie einen entsprechenden Anreiz zur Absicherung ihrer Vertragsposition. Dies wiederum impliziert zusätzliche Kosten für die Kreditgeber.[50] Die optimale

---

[48] Einen einflußreichen Beitrag zu dieser Frage haben *Berle* und *Means* (1932) in ihrer Schrift „The Modern Corporation and Private Property" geleistet. Sie haben erstmals (zumindest für den angelsächsischen Sprachraum) systematisch auf die Bedeutung der Eigentumsstruktur in einer Unternehmung hingewiesen. Vgl. *Jensen* und *Meckling* (1976, S. 327).

[49] Arbeitet eine Unternehmung mit einem geringen Fremdkapitalanteil, so resultiert damit auch ein entsprechend geringer Kapitaldienst, der potentiell auch aus geringen Einzahlungsüberschüssen bedient werden kann. Gleichzeitig impliziert diese Situation einen hohen Eigenkapitalanteil, der im Notfall über die Liquidierung von Vermögensgegenständen zur Erfüllung der Kreditverpflichtungen eingesetzt werden kann. Vgl. hierzu *Erlei, Leschke* und *Sauerland* (1999, S. 92).

[50] Es ist davon auszugehen, daß die Kreditgeber versuchen werden, die Kreditnehmer an ihrem höheren Ausfallrisiko über höhere Risikoprämien (= Kreditzinsen) zu beteiligen. Insofern sind auch die Kreditnehmer mit höheren Kosten belastet. Hierbei handelt es sich jedoch um Überlegungen vor Vertragsabschluß und somit sind zusätzliche Überwachungsaufwendun-

Kapitalstruktur ergibt sich somit dann, wenn es gelingt, daß Minimum der Agenturkosten zu realisieren; also das Minimum aus der Summe der Kosten des internen und externen Eigenkapitals sowie der Kosten des externen Fremdkapitals.

Verbindet man diese grundlegenden Überlegungen zur Principal Agent-Problematik mit der koalitionstheoretischen Unternehmungserklärung im Anschluß an *Cyert* und *March*, so läßt sich folgendes festhalten: Die Principal Agent-Analyse konkretisiert und vertieft das Verständnis für individuelle Interessendivergenzen und deren ökonomische Implikationen. Bezüglich der Koalition „Unternehmung" sind insofern unterschiedliche Principal Agent-Konstellationen zu differenzieren. Deren gemeinsamer Problemkern besteht in der wechselseitigen Ungewißheit über die adäquate Erfüllung der vertraglich zugesicherten Leistungserbringung. Von daher verdeutlicht die Principal Agent-Sichtweise die besonderen Schwierigkeiten, die mit der Bildung und der Aufrechterhaltung einer Koalition „Unternehmung" verbunden sind, da alle Beteiligten an einer Unternehmung letztlich gemäß ihrer subjektiven Einschätzungen und Erwartungen sowie unterschiedlicher Fähigkeiten und Risikobereitschaften entscheiden und handeln.

Wie lassen sich Entscheidungen innerhalb der Koalition „Unternehmung" beschreiben und erklären? Hierzu bedarf es eingehender Analysen, die hier im Anschluß an *Heinen* (1976) skizziert werden sollen. Ziel der Ausführungen ist es, die inhaltliche Nähe der betriebswirtschaftlichen Konzeption zur Koalitionstheorie der Unternehmung aufzuzeigen, um damit für die erkenntnistheoretische Interpretation der Unternehmung einen weitergehenden analytischen Ansatzpunkt zu gewinnen.

Heinen geht es um die Skizzierung eines umfassenden methodischen Ansatzes. Dabei stehen die individuellen Entscheidungen im Vordergrund der Betrachtungen: Entscheidungen werden „auf allen Ebenen der betrieblichen Hierarchie und in allen Teilbereichen der Betriebswirtschaft in den Mittelpunkt des wissenschaftlichen Bemühens" gerückt (*Heinen* 1976, S. 367). Diese Entscheidungen wiederum werden von *Heinen* prozessual betrachtet, das heißt der Entscheidungsprozeß gliedert sich in die Phase der Willensbildung und der Willensdurchsetzung. Der Gegenstandsbereich des Entscheidungsprozesses resultiert letztlich aus der Notwendigkeit der „Kombination der elementaren Produktionsfaktoren Arbeit, Betriebsmittel und Werkstoffe" (ebenda). Konkret geht es um die Ableitung von Verhaltensnormen, die den Entscheidungsträgern (Disponenten) hilfreich sein können bei der Bewältigung der jeweiligen Aufgabe. *Heinen* (1976, S. 369) bringt diese Forderung wie folgt auf den Punkt: „Dieses Bestreben gipfelt in der Entwicklung von Entscheidungsmodellen zur Ableitung ‚optimaler' oder ‚befriedigender' Lösungen".

Heinen versteht seinen entscheidungsorientierten Ansatz als einen interdisziplinären Systementwurf, der in der Folge kurz dargestellt werden soll (vgl. zu den weiteren Ausführungen: *Heinen* 1976, S. 376-383): Allgemein geht es um die Formulierung und Bewertung von Alternativen in der Betriebswirtschaftslehre. Ansatzpunkt für die Formulierung und Bewertung von Alternativen sind die betriebswirtschaftlichen Ziele, bei-

---

gen zu tätigen, um eine Kontrolle des Kreditnehmerverhaltens nach Vertragsabschluß zu ermöglichen.

spielsweise das Streben nach Gewinn, Umsatz, Rentabilität oder Sicherheit. Da in einer Unternehmung durchaus mehrere Ziele verfolgt werden können, die somit ein Zielsystem bilden, kommt es vornehmlich darauf an, dieses Zielsystem in seiner Zusammensetzung zu betrachten. Insoweit stellt „die Analyse und Präzisierung des Zielsystems (...) einen zentralen Problemkreis der entscheidungsorientierten Betriebswirtschaftslehre dar“ (*Heinen* 1976, S. 376).

Daneben gilt es die betriebswirtschaftlichen Entscheidungstatbestände zu systematisieren, um die Formulierung von Alternativen zu erleichtern. Zu diesen Entscheidungstatbeständen zählen beispielsweise konkrete Problemstellungen aus den Bereichen der Beschaffung, der Produktion, des Absatzes und der Finanzierung. Prinzipiell können alle in einer Unternehmung relevanten Aktionsparameter Gegenstand eines Entscheidungsproblems sein. „Die Menge der Entscheidungsprobleme und das Alternativenpotential ihrer Lösung werden durch die Menge der zu fixierenden Aktionsparameter abgesteckt“ (ebenda, S. 377).

Für die Möglichkeit der Alternativenbewertung ist es maßgeblich, daß die Konsequenzen der jeweiligen Alternative prognostiziert werden können. Hierfür werden betriebswirtschaftliche Erklärungsmodelle benötigt, die es erlauben, „Gesetzeshypothesen zu entwickeln, die generelle Prognosen über die Konsequenzen von Alternativen erlauben“ (ebenda, S.377). Als Beispiele können die Produktionsfunktion und die Preis-Absatz-Funktion genannt werden.

Aus der Kombination betriebswirtschaftlicher Erklärungsmodelle mit Zielen oder Entscheidungskriterien resultieren schließlich Entscheidungsmodelle, aus denen dann die Gestaltungsaufgaben der Unternehmung abgeleitet werden können. Zu denken wäre zum Beispiel an Programmplanungsmodelle oder Investitionsmodelle. Besonders prädestiniert für die Entwicklung von Entscheidungsmodellen sind diejenigen unternehmerischen Problembereiche, die einer Quantifizierung und damit einer mathematischen Modellierung zugänglich sind. *Heinen* weist mit Recht darauf hin, daß besonders im Bereich der Organisationsgestaltung fundamentale Schwierigkeiten der Quantifizierung von Problemstellungen im Wege stehen (ebenda, S. 379). Insoweit müßten „Entscheidungsheuristiken bzw. gelernte Faustregeln und Erfahrungswerte“ (ebenda, S. 379) als alternative Lösungsverfahren zur Anwendung kommen.

Während die bisher dargestellten Aufgaben der Betriebswirtschaftslehre (Zielforschung, Systematisierung, Erklärung und Gestaltung) rein intradisziplinär bearbeitet werden können, sind in bezug auf die nun zu diskutierenden „Grundmodelle“ interdisziplinäre Forschungen notwendig (vgl. ebenda, S. 378). „Der entscheidungsorientierte Ansatz der Betriebswirtschaftslehre betrachtet die Betriebswirtschaft als äußerst komplexes, offenes, soziales System mit einer Reihe funktionaler Subsysteme“ (ebenda, S. 379). Als betriebswirtschaftlich relevante „Grundmodelle“ erachtet *Heinen* Modelle für die Ebene des Individuums, der Gruppe, der Organisation und der Gesellschaft. Diese Aufzählung zeigt klar die systemtheoretische Provenienz des entscheidungsorientierten Ansatzes der Betriebswirtschaftslehre. Die einzelnen Modellebenen sollen in der Folge kurz skizziert werden (siehe hierzu *Heinen* 1976, S. 379-383 sowie ebenda, S. 387).

Das Grundmodell des „Individuums" in der Betriebswirtschaftslehre (und übrigens auch in der Volkswirtschaftslehre) kennt im Prinzip zwei Spielarten: Entweder werden dem Individuum homo oeconomicus-Fähigkeiten zugeschrieben, oder aber das Individuum wird in Anlehnung an sozial- und verhaltenswissenschaftliche Modelle realitätsnäher interpretiert, das heißt daß „der Mensch zwar die Absicht hat, rational im Sinne der Wahrnehmung und Verarbeitung aller möglichen Informationen zu handeln, daß dem aber die Unsicherheit der Zukunft sowie psychologische, physiologische und machtbedingte Faktoren eine Grenze setzen" (*Heinen* 1976, S. 380). In Abhängigkeit von der jeweils präferierten Spielart wird die Analyse des Individuums und seiner Rolle in einer Betriebswirtschaft unterschiedlich ausfallen.

Die „Gruppe" wird als ein soziales System aufgefaßt. Für den entscheidungsorientierten Ansatz resultiert daraus die Notwendigkeit einer Modellierung dieser Systemebene, da davon auszugehen ist, daß „Gruppen gewisse ‚Spielregeln' zur Steuerung des sozialen Verhaltens der Individuen entwickeln, die das Entscheidungsverhalten wesentlich beeinflussen" (ebenda, S. 380). Beispielhaft ist auf die potentielle Diskrepanz zwischen formalen und informalen Gruppen hinzuweisen. So können sich die in informalen Gruppen herausbildenden Normen, Regeln, Verhaltenserwartungen und Ziele im Konflikt mit denen formaler Gruppen befinden. Wie leicht ersichtlich ist, führt eine solche Konstellation zu Reibungsverlusten und zwar in dem Sinne, daß aufgrund der Interdependenz der Entscheidungen in einer Unternehmung ein erhöhter Abstimmungs- und Koordinationsbedarf entsteht. Dieser Abstimmungs- und Koordinationsbedarf hängt wiederum entscheidend von den Macht- und Kommunikationsbeziehungen innerhalb der Gruppen und zwischen den Gruppen ab.

Im entscheidungsorientierten Ansatz der Betriebswirtschaftslehre wird die Unternehmung als „Organisation" interpretiert. Gekennzeichnet ist die Organisation durch die Strukturmerkmale Arbeitsteilung, Machtbeziehungen und Kommunikationskanäle. Charakteristische Prozeßmerkmale sind Informations-, Geld- und Gütertransformationsprozesse (vgl. ebenda, S. 381). Und weiter heißt es bei *Heinen*: „In dem organisationstheoretischen Grundmodell des entscheidungstheoretischen Ansatzes kommt zum Ausdruck, daß die Betriebswirtschaft formale Mitgliedsrollen definiert, die bei Ein- und Austrittsentscheidungen als Entscheidungsprämissen in die Überlegungen des Individuums eingehen" (ebenda, S. 381). Diese Aussage verdeutlicht die postulierte Relevanz der Organisationsstruktur für das individuelle Verhalten der aktuellen oder potentiellen Organisationsmitglieder. Davon abzugrenzen sind die Organisationsteilnehmer. *Heinen* nennt als Beispiele: Kunden, Banken, Lieferanten oder auch Beratungsgesellschaften (ebenda, S. 381). Charakteristikum der Organisationsteilnehmer ist, daß sie keine formalen Mitgliedschaftsrollen innerhalb der Organisation innehaben bzw. anstreben. Das Verhältnis zwischen der Organisation „Unternehmung" und den Organisationsteilnehmern im dargelegten Sinne wird unter dem Begriff der „Umweltbeziehungen" in den entscheidungsorientierten Ansatz integriert. Es handelt sich bei diesen „Umweltbeziehungen" um grenzüberschreitende Subsysteme. Da das Beziehungsgeflecht zwischen der Organisation „Unternehmung" und den Organisationsteilnehmern der „Umweltbeziehungen" ebenfalls durch spezifische Kommunikations- und Machtbeziehungen gekennzeichnet ist, muß diesem Faktum bei der Ableitung der organisatorischen Ziele Rechnung getragen werden (*Heinen* 1976, S. 382.). Es wird folgendes deutlich: Die Entscheidung für bestimmte Ziele innerhalb der Organisation „Unternehmung" stellt kein triviales Problem dar. Insbesondere divergierende Interessen können als Auslöser für die Schwierigkeiten bei der Zielbestimmung und Zieldurchsetzung angesehen werden.

Schließlich wird im entscheidungsorientierten Ansatz der Betriebswirtschaftslehre auch die „Gesellschaft" als relevantes System diskutiert. Der unterstellte Einfluß des Systems „Gesellschaft" auf die Sphäre der Unternehmungen besteht unter anderem in der Gesetzgebung, der Wirtschafts- oder auch der Sozialpolitik (vgl. ebenda, S. 383). Darüber hinaus stellt *Heinen* (1976, S. 383) treffend fest: „Ein unabhängiges Individuum oder eine unabhängige Organisation wären illusionistische Vorstellungen; Individuen ohne gesellschaftliche Verflechtungen sind undenkbar." Diese Aussage führt fast automatisch zu der Frage, welcher Art die Abhängigkeiten der Individuen und Organisationen von dem System „Gesellschaft" sind. *Heinen* weist in diesem Zusammenhang auf zweierlei Einflußmöglichkeiten hin: Zum einen ist davon auszugehen, daß die spezifischen Sozialisierungsprozesse der Individuen einen Einfluß auf die Entscheidungsprämissen hervorrufen. Dies bleibt nicht ohne Rückwirkungen auf das Verhalten von Individuen in Gruppen oder Organisationen. Zum anderen sind die institutionalisierten Einflüsse des Systems „Gesellschaft" zu bedenken. Darunter sind die bereits oben genannten Beispiele zu verstehen. Zusammengefaßt geht es darum zu erkennen, „daß realistische Modelle des betriebswirtschaftlichen Verhaltens der Tatsache Rechnung zu tragen haben, nach der die Betriebswirtschaft gesellschaftlichen Einflüssen unterliegt" (ebenda, S. 383).

Die systemisch aufgebaute Struktur des entscheidungsorientierten Ansatzes der Betriebswirtschaftslehre bedingt nicht nur eine Verflechtung mit sogenannten supradisziplinären Konzepten, wie beispielsweise der Systemtheorie, der Organisationstheorie und der Entscheidungstheorie, sondern führt notwendigerweise auch dazu, daß Erkenntnisse aus Nachbarwissenschaften in den entscheidungsorientierten Ansatz der Betriebswirtschaftslehre übernommen werden. *Heinen* (S. 386) nennt in diesem Kontext die Psychologie, die Sozialpsychologie, die Soziologie, die Politikwissenschaft, die Mathematik und die Volkswirtschaftslehre. Mit dieser interdisziplinären Herangehensweise beabsichtigt *Heinen* eine Integration der Betriebswirtschaftslehre in die Sozialwissenschaften (vgl. hierzu ausführlicher: ebenda, S. 394-403). Weiter stellt er die These auf, daß „damit der Versuch einer exakten Abgrenzung beispielsweise zur Psychologie oder Soziologie zu einem vergeblichen Unterfangen (wird)" (ebenda, S. 386). Er rechtfertigt diese These mit dem Hinweis auf das eigenständige Erkenntnisobjekt der Betriebswirtschaftslehre, nämlich die „Betriebswirtschaft" oder die „Unternehmung".

Zusammenfassend ist der entscheidungsorientierte Ansatz der Betriebswirtschaftslehre im Sinne *Heinen*s durch drei wesentliche Merkmale zu kennzeichnen: (1) Die „Betriebswirtschaft" oder die „Unternehmung" wird als System mit einer Vielzahl von Subsystemen interpretiert; (2) Prinzipiell können alle relevanten Fragestellungen im Zusammenhang mit der „Betriebswirtschaft" oder „Unternehmung" als Entscheidungsprobleme aufgefaßt werden; (3) Die Bewertung von Alternativen erfordert die interdisziplinäre Erforschung aller betriebswirtschaftlich relevanten Grundmodelle (Individuum, Gruppe, Organisation und Gesellschaft).

Die vorangegangenen Ausführungen zum entscheidungstheoretischen Ansatz von *Heinen* haben gezeigt, daß es eine Vielzahl von Berührungspunkten mit der koalitionstheoretischen Erklärung der Unternehmung gibt. Hervorzuheben ist das Postulat der divergierenden Interessen der beteiligten Individuen – in Abhängigkeit ihrer jeweiligen spezifischen Rolle – sowie die Akzeptanz eines Rationalitätskalküls, das vom Konzept der „bounded rationality" (*Simon*) geprägt ist. Unter diesen Voraussetzungen kommen sowohl der Ansatz von *Cyert* und *March* als auch der Ansatz von *Heinen* zu dem Ergebnis, daß für die Erklärung und das Verständnis der Unternehmung die Phänomene der Ziel- und Entscheidungsfindung innerhalb der Unternehmung von elementarer Bedeutung sind. Insoweit sind die Ansätze in ihrer Grundausrichtung als komplementär zu betrachten.

Zur koalitionstheoretischen Unternehmenserklärung ist festzuhalten: Die Koalitionstheorie der Unternehmung ist im wesentlichen eine Organisationstheorie der Unternehmung. Innerhalb der Organisation existiert eine Vielzahl von Entscheidungssystemen, deren gemeinsames Kennzeichen darin besteht, daß die Entscheidungen von Individuen getroffen werden, die nur über eine begrenzte Informationsverarbeitungskapazität verfügen. Gleichzeitig ist zu konstatieren, daß die Individuen unterschiedliche Präferenzsysteme aufweisen. Aus diesen Interessendivergenzen resultiert im Rahmen der Unternehmung die Notwendigkeit zur Generierung von Zielen und Entscheidungen, die den Erwartungen der beteiligten Individuen entsprechen. Im Zentrum stehen somit verhaltenswissenschaftliche Erklärungsansätze, denn Entscheidungsprozesse zwischen Individuen entziehen sich weitestgehend einer von außen objektivierbaren Analyse, da die intraindividuellen kognitiven Abläufe und motivationalen Beweggründe für bestimmte Entscheidungen kaum prognostizierbar erscheinen. Zumindest wird eine vereinfachte Entscheidungslogik auf der Basis unbegrenzter Rationalität der Individuen dem Problemkontext nicht gerecht. Insofern ist der Rückgriff auf das Konzept der „bounded rationality" (*Simon*) zu verstehen.

Darüber hinaus thematisiert dieser Ansatz explizit die aus den Interessendivergenzen sich ergebenden Ineffizienzen in einer Unternehmung. Der sogenannte „organizational slack" entsteht nach *Cyert* und *March* (1995, S. 41.) immer dann, wenn „an Mitglieder der Koalition mehr gezahlt wird als zur Erhaltung der Organisation erforderlich ist". Da als Adressaten derartiger Vergünstigungen prinzipiell alle Koalitionsbeteiligte in Frage kommen, ist zu vermuten, daß sich zum einen innerhalb der Koalition Verteilungsallianzen bilden werden und zum anderen die Position der Koalition „Unternehmung" zur Umwelt maßgeblich positiv beeinflußt wird. Den letzten Punkt begründen *Cyert* und *March* (1995, S. 42) mit der potentiellen Absorbtionsfähigkeit von Veränderungen, die dem „organizational slack" immanent seien.[51] Diese Argumentation steht allerdings in der Gefahr, einer quantitativen Inputlogik zu verfallen, denn das reine Vorhandensein von Ressourcen innerhalb der Koalition „Unternehmung" bedeutet für die Überlebensfähigkeit der „Unternehmung" relativ wenig. Wie leicht ersichtlich, hängt der Wert des

---

[51] *Cyert* und *March* (1995, S.42) heben die organisationsstabilisierende Wirkung des organisationalen slacks hervor, die durch eine verzögerte Anpassung der Unternehmung in Prosperitätszeiten und eine abfedernde Anpassung der Unternehmung in Rezessionszeiten entsteht.

Ressourcenpools einer Unternehmung von Marktbewertungen ab, also von prinzipiell autonomen Entscheidungen Dritter. Insofern ist die Schlußfolgerung von *Cyert* und *March* nur unter ganz bestimmten Annahmen zutreffend, die jedoch in einer wettbewerblich organisierten Wirtschaftsordnung nur schwer zu finden sein dürften.

Die Koalitionstheorie der Unternehmung rückt die aus divergierenden Interessen resultierenden Entscheidungsprozesse begrenzt rationaler Individuen in den Mittelpunkt der Analyse. Damit gelingt es, den Umgang der Individuen mit Ungewißheiten im Rahmen vertraglicher Vereinbarungen, die auf der Basis spezifischer Property Rights-Strukturen getroffen werden, um die wichtige Dimension der zielgerichteten interindividuellen Entscheidungsprozesse zu erweitern. Die damit einhergehende Öffnung der ökonomischen Theorie der Unternehmung hin zu einer verhaltenswissenschaftlichen Vertiefung der Analyse ist unter dem Gesichtspunkt der Bedeutung des einzelnen Individuums für die hier interessierenden Probleme als vorteilhaft anzusehen.[52]

Alle bisher behandelten Erklärungsansätze (Abschnitte 2.1.1-2.1.4) verbindet ein grundlegendes Element: Kosten oder genauer: Transaktionskosten. Insoweit stellt sich die Frage, welchen Beitrag eine transaktionskostentheoretische Erklärung der Unternehmung zu leisten imstande ist.

2.1.5. Transaktionskostentheoretische Unternehmenserklärung

Williamson hat in verschiedenen Schriften seinen Transaktionskostenansatz entfaltet.[53] Die Kategorie der „Transaktionskosten“ erklärt nach *Williamson* die Entstehung von Institutionen, also auch und gerade von Unternehmen. Damit setzt er die *Coase*sche Diskussion fort, die dieser mit seinen berühmten Beiträgen von 1937 („The Nature of the Firm“) und 1960 („The Problem of Social Cost“) angestoßen hat.[54] Zur Kategorie

---

[52] Im Teil 2 dieses Kapitels der Arbeit wird die Rolle des Individuums im Erkenntnisprozeß hervorgehoben. Es ergibt sich hierbei eine Reihe von Implikationen für eine erkenntnistheoretische Unternehmungserklärung.

[53] Hierzu zählen insbesondere folgende Monographien von *Williamson*: „Markets and Hierarchies“ (1975), „The Economic Institutions of Capitalism“ (1985) und „Economic Organization. Firms, Markets, Policy Control“ (1986). Darüber hinaus findet sich eine große Zahl weiterer Beiträge von *Williamson* zu diesem Thema. Stellvertretend seien folgende Quellen genannt: „On the Nature of the Firm: Some Recent Developments“ (1981) und „Transaction Cost Economics“ (1989). Für einen ausführlicheren Überblick der Transaktionskostenökonomik siehe *Richter* und *Furubotn* (1996) sowie *Erlei, Leschke* und *Sauerland* (1999) mit weiteren Literaturhinweisen sowie für eine kurze und prägnante Einführung *Leipold* (2002) und *Krause* (1996).

[54] *Coase* (1937) begründet die Entstehung von Unternehmen mit der Tatsache, daß der marktliche Preismechanismus nicht kostenfrei genutzt werden kann. Insofern kann es für den einzelnen Akteur am Marktgeschehen rational sein, seine gewünschte Transaktion gerade nicht über den Markt abzuwickeln, sondern über die Institution der Unternehmung. Auf diese Weise lassen sich Transaktionskosten wie Suchkosten in bezug auf die relativen Preise am Markt oder Vertragsaushandlungs- und abschlußkosten einsparen. Nach *Coase* ist der Hierarchisierung der wirtschaftlichen Transaktionen allerdings eine ökonomische Grenze gesetzt: Wenn die Grenzkosten der Nutzung des Preissystems gleich den Grenzkosten der Organisationsnutzung sind, ist die optimale Organisations- bzw. Unternehmensgröße erreicht. Unter Wettbewerbsbedingungen dürfte ein „versehentliches Hinausschießen“ über das Optimum keinen dauerhaften Bestand haben, da dies ceteris paribus zu einer verschlechterten

der Transaktionskosten werden von *Leipold* (2002, S.128) der „Einsatz knapper Ressourcen bei der Suche von Geschäfts- und Vertragspartnern, der Bewertung des Tauschobjekts, der Festlegung, Anordnung, Überwachung und Durchsetzung von Vertragsinhalten" gezählt. Es handelt sich also mit anderen Worten allgemein um „Such-, Einigungs- und Kontrollkosten wirtschaftlicher Transaktionen" (ebenda, S. 128). *Williamson* führt das Auftreten von Transaktionskosten auf verschiedene Determinanten zurück, die als „menschliche", „umweltbezogene" und „transaktionsbezogene Faktoren" in Erscheinung treten:

Zu den „menschliche Faktoren" der Entstehung von Transaktionskosten zählt *Williamson* die „begrenzte Rationalität" der Individuen sowie deren „opportunistisches Verhalten". Die auf *Simon* (1957) zurückgehende Konzeption der „bounded rationality" besagt, daß ein Individuum nur begrenzt rational handeln kann, weil es nicht die kognitiven Fähigkeiten besitzt (besitzen kann), um komplexe Problemstellungen und die damit verbundenen Informationen aufzunehmen und zu verarbeiten. Es erfolgt somit eine Abkehr von den Modellannahmen der Neoklassik, die dem Individuum vollkommene Rationalität zugeschrieben hat. Vor diesem Hintergrund wird verständlich, warum es keine Überraschung ist, wenn Wirtschaftssubjekte Fehlentscheidungen treffen. Daraus wiederum resultieren Ineffizienzen der Ressourcennutzung. Potentielle Fehlentscheidungen und daraus folgende Ineffizienzen sind dem zugrundegelegten Modell des Menschen gleichsam inhärent. *Richter* und *Furubotn* (1996, S. 45) bringen es auf den Punkt: „Transaktionskosten sind das Resultat dieser Ineffizienz". Die „begrenzte Rationalität" der Individuen führt von daher zwangsläufig zu „unvollständigen Verträgen", da es den Individuen nicht gelingt (gelingen kann), alle relevanten Informationen zu erlangen und zu verarbeiten, die nötig wären, um einen „vollständigen Vertrag" zu schließen.[55] Insoweit sind Transaktionskosten auf der Basis der Annahme „begrenzter Rationalität" der Individuen ein deduktiv ableitbares Ergebnis. In einer Welt, in der die Individuen als „allwissend" modelliert werden bzw. mit einer unbegrenzten und unendlich schnellen Informationsverarbeitungskapazität ausgestattet sind – wie in der Neoklassik – existieren keine Transaktionskosten mehr. Verläßt man diese Modellwelt, dann treten Transak-

---

Wettbewerbsfähigkeit des Unternehmens und damit zu Anpassungsreaktionen – hier also Verringerung der Unternehmensaktivitäten – des Unternehmens führen wird.

[55] Unter einem „vollständigen Vertrag" verstehen *Schäfer* und *Ott* (1986, S. 251) einen Vertrag, bei dem „sich die Vertragsparteien über die Zuordnung aller Risiken, die mit der Durchführung des Vertrages verbunden sind, geeinigt haben." Dies bedeutet nichts anderes, als daß die Vertragsparteien ex ante *alle* Eventualitäten kennen müßten (auch die zukünftigen!), diese Vertragsrisiken jeweils einer Vertragspartei zuordnen und schließlich die Leistungen bei Eintritt eines Vertragsrisikos festlegen. Dieser Ansatz setzt allerdings Individuen voraus, die den Modellannahmen der Neoklassik entsprechen. Sobald man zum Modell der „begrenzten Rationalität" übergeht, verliert diese Vertragsform ihre empirische Relevanz. Die Individuen können nicht alle Eventualitäten bei ihren Entscheidungen berücksichtigen, schon gar nicht die in der Zukunft liegenden Ereignisse. Neben dieser anthropologischen Begrenztheit spricht auch die Knappheit der ökonomischen Ressourcen gegen den Versuch, „vollständige Verträge" generieren zu wollen. „Unvollständige Verträge" sind nach den vorangegangenen Ausführungen daher als der Normalfall anzusehen. Sie sind dadurch gekennzeichnet, daß eben nicht alle zukünftigen Eventualitäten bereits auf den Zeitpunkt des Vertragsabschlusses vorgezogen werden, sondern der Vertrag entsprechend unspezifiziert bleibt. Vgl. hierzu *Richter* und *Furubotn* (1996, S. 157-160) sowie *Dunn* (1998, S. 120-123).

tionskosten gleichsam von alleine in Erscheinung. Insoweit sprechen auch empirische Argumente für die Konzeption der „begrenzten Rationalität".

Als zweiten „menschlichen Faktor" bringt *Williamson* „opportunistisches Verhalten" ins Spiel. Damit umschreibt er die (vermeintliche) Tatsache, daß Individuen ihr „Eigeninteresse unter Zuhilfenahme von List (verfolgen)" (*Williamson* 1990, S. 54). Dies bedeutet nichts anderes, als daß die Individuen ex ante oder ex post bereit sind, so die Vermutung, ihre Vertragspartner durch Unaufrichtigkeit oder Nichtoffenlegung ihrer wahren Präferenzen zu schädigen. Damit ist das Problem der Informationsverteilung zwischen den Vertragspartnern angesprochen. Asymmetrische Information liegt immer dann vor, wenn es zwischen den Vertragspartnern Unterschiede hinsichtlich der für den Vertrag relevanten Informationen gibt. Im Fall der symmetrischen Information der Vertragspartner ist es zumindest unwahrscheinlicher, daß eine der beiden Vertragsparteien überhaupt mit dem Gedanken „opportunistischen Verhaltens" spielt, da die Gefahr des „Entdecktwerdens" zu groß ist und somit im Ergebnis entweder erst gar kein Vertrag zustande kommt, oder aber nach Vertragsabschluß Sanktionen drohen. Das zweite Ergebnis setzt allerdings voraus, daß der Vertragspartner überhaupt eine rechtliche Handhabe zur Sanktionierung des nach-vertraglichen „opportunistischen Verhaltens" zur Verfügung hat. Dies hängt im Einzelfall von der Art des Vertrags ab. *Dunn* (1998, S. 153, Fn. 31) weist allerdings mit Recht darauf hin, daß die Vermutung, daß der Mensch nun mal opportunistisch veranlagt sei („anthropogene Erklärung"), nicht befriedigen kann und somit die *Williamson*sche Schlußfolgerung, daß „wäre nicht der Opportunismus, so könnte offensichtlich alles Verhalten nach Regeln erfolgen" (1990, S. 55), eher fragwürdig ist. Zumindest liefert die Bedingung des „Nicht-Opportunismus" der Individuen kein hinreichendes Kriterium für die Annahme, daß dann die Vertragsgestaltung oder -interpretation ein triviales Problem ist. Die Individuen interpretieren die relevanten, symmetrisch vorliegenden Informationen immer noch subjektiv und damit vermutlich unterschiedlich. Wollte man diese Einschränkung aufgeben, wäre man wieder bei einem völlig anderen Menschenbild angelangt, das dann allerdings nicht mehr mit der Konzeption der „begrenzten Rationalität" kompatibel erscheint. Es ist dann zu Fragen, ob man überhaupt noch von Individuen sprechen kann. Auch und gerade die differierenden Perzeptionen der Menschen verleihen den Menschen individuellen Charakter.[56]

Als weitere Determinanten der Transaktionskosten führt *Williamson* die „umweltbezogenen Faktoren" an. Dazu zählen: Erstens, die politisch-rechtlichen Rahmenbedingungen, zweitens, die Anzahl der potentiellen Vertragspartner sowie drittens, der Wissensstand (vgl. *Leipold* 2002, S. 129). Während die „menschlichen Faktoren" auf der Individualebene anzusiedeln sind, liegen die „umweltbezogenen Faktoren" auf einer über-individuellen Ebene. Für die „politisch-rechtlichen Rahmenbedingungen" ist dies trivial. Sie sind dadurch gekennzeichnet, daß sowohl im politischen als auch im rechtlichen Bereich Entscheidungen getroffen werden, die Rückwirkungen auf die Höhe der Transaktionskosten zwischen Wirtschaftssubjekten haben. So führen beispielsweise

---

[56] Die Betonung der Perzeptionen ist jedoch nicht in einem erkenntnistheoretischen Sinne gemeint; es geht von daher hier nicht um die Frage, ob die Wahrnehmung des Menschen die erste Stufe der Erkenntnis ist bzw. sein kann.

unsichere politische Verhältnisse oder Rechtsunsicherheit zu einer Erhöhung von Transaktionskosten, da die Wirtschaftssubjekte veranlaßt werden (können), diese durch privatrechtliche Vereinbarungen in ihr Kalkül aufzunehmen. Auch die Anzahl der potentiellen Vertragspartner übt einen Einfluß auf die Höhe der Transaktionskosten aus. Je geringer die Zahl der potentiellen Vertragspartner, desto größer ist die Gefahr von kostenintensiveren Verträgen. Dies resultiert aus der Möglichkeit der Vertragsgegenseite, ihre „herausgehobene Stellung" zu ihren Gunsten auszunutzen. Dies wäre allerdings eher eine Frage der Macht der Vertragspartner, denn des „opportunistischen Verhaltens" des mächtigeren Vertragsbeteiligten. Dies ist ein positives Argument für die Bedeutung des Wettbewerbs, denn unter wettbewerblichen Bedingungen dürfte die Gefahr der privaten Machtballung und -ausübung tendenziell geringer sein als unter Nicht-Wettbewerbsbedingungen.[57] Schließlich hat der Wissensstand einen maßgeblichen Einfluß auf die Entstehung und die Höhe der Transaktionskosten. Damit ist folgendes gemeint: Wenn von der Anzahl potentieller Vertragspartner deren Zuverlässigkeit und damit deren Vertragstreue nur schwer ermittelt werden kann, entstehen Kosten für die Informationsbeschaffung oder auch Kosten der präventiven Vertragsdurchsetzung. Insoweit steigen unter diesen Bedingungen die Gesamttransaktionskosten eines Vertrags.

Schließlich beschäftigt sich *Williamson* mit einer dritten Kategorie von Transaktionskosten auslösenden Determinanten, nämlich den „transaktionsbezogenen Faktoren". Ansatzpunkt der Analyse ist hierbei die konkrete Transaktion in ihrer typischen Spezifikation. Als kostenbestimmende Faktoren sind die „Häufigkeit der Transaktion", die „Unsicherheit der Transaktion" und das „Ausmaß der Faktorspezifität" zu nennen (vgl. *Leipold* 2002, S. 129). Die „Häufigkeit der Transaktion" reicht von einer einmaligen Transaktion bis hin zu fortwährenden Transaktionen. Es handelt sich von daher um ein Kontinuum von Transaktionshäufigkeiten. Über Lerneffekte ist es bei mehrmaligen Transaktionen, die inhaltlich nur unwesentlich oder gar nicht voneinander variieren, möglich, Kostendegressionspotentiale auszuschöpfen. Einmalige Transaktionen sind somit tendenziell kostenintensiver als häufige Transaktionen mit demselben Vertragspartner. Dies liegt unter anderem daran, daß über den Aufbau von Reputation – hier: Vertragstreue – Folgetransaktionen mit geringeren Kosten möglich sind.

Mit dem Merkmal der „Unsicherheit der Transaktion" wird ein elementares, in ihrer ökonomischen – und erkenntnistheoretischen – Konsequenz häufig unterschätztes Kriterium diskutiert. Da die Wirtschaftssubjekte eben keine vollkommene Voraussicht des zukünftigen Geschehens besitzen (können), ist anzunehmen, daß die Vertragspartner – durchaus im Sinne des neoklassischen Rationalitätspostulats – versuchen werden, in der Zukunft liegende, am Vertragsgegenstand oder Vertragspartner ansetzende Eventualitäten zu antizipieren und in beiderseitig akzeptable Vertragsbestimmungen zu transformieren. Diesem ökonomisch rationalen Ansinnen sind jedoch enge ökonomische Grenzen gezogen, da die Kosten für einen alle denkbaren Eventualitäten abdeckenden Ver-

[57] Diese Argumentationslinie wird im Zusammenhang mit der Theorie der Systemtransformation wieder aufgegriffen. Gerade *Eucken* und die ORDO-Liberalen haben diesen Aspekt des Wettbewerbs und der Macht immer wieder in den Mittelpunkt ihres Interesses gerückt.

trag prohibitiv hoch sein dürften. Eine völlig andere Frage in diesem Kontext ist die nach der erkenntnistheoretischen Interpretation eines solchen Vorgehens.[58]

Das „Ausmaß der Faktorspezifität" von Transaktionen wird von *Williamson* besonders herausgestellt. Es geht um die Frage, welchen Einfluß der Grad der Spezialisierung bestimmter Faktoren in einer konkreten Verwendung sowie deren Kombination mit anderen Faktoren auf die Höhe der Transaktionskosten haben. „Die Faktorspezifität kennzeichnet die Einsetzbarkeit von Faktoren in alternativen Verwendungsrichtungen" (*Erlei, Leschke* und *Sauerland* 1999, S. 180). In diesem Kontext spielen von daher ganz spezifische Investitionen, die im Extremfall auf nur einen Vertragspartner ausgerichtet sind, den entscheidenden analytischen Ansatzpunkt. Hohe Faktorspezifität liegt also immer dann vor, „wenn der Wechsel des Einsatzes von der besten in die zweitbeste Verwendung mit hohen Gewinneinbußen verbunden ist" (ebenda). Den Gegenpol bilden die nichtspezifischen oder generischen Faktoren. Diese sind durch eine geringe Kostenverursachung im Falle des Verwendungswechsels gekennzeichnet. Im Zusammenhang mit der Frage der Faktorpezifität ist das Konstrukt der transaktionsspezifischen Quasirente zu betrachten. Eine Quasirente besteht aus der „Differenz zwischen dem erwarteten Ertrag eines spezifischen Ressourceneinsatzes und dem erwarteten Ertrag der besten Alternativverwendung (Opportunität)" (*Leipold*, 2002, S. 130). Einerseits motiviert eine Quasirente Investitionen in spezifische Ressourceneinsätze, andererseits resultiert aus der Quasirente auch die Gefahr der Abhängigkeit vom oder der opportunistischen Ausbeutung durch den Vertragspartner. Quasirenten haben deshalb einen ambivalenten Charakter.[59]

Zusammenfassend bleibt zum Transaktionskostenansatz von *Williamson* folgendes festzuhalten: Die diskutierten Determinanten der Transaktionskosten beeinflussen die Individuen bei der Wahl oder Ausgestaltung der für ihre wirtschaftlichen Austauschprozesse notwendigen Institutionen. Angenommen wird hierbei, daß die Individuen bestrebt sind, den größtmöglichen Ertrag aus ihren Transaktionen zu ziehen. Im Umkehrschluß führt dies bei Vorhandensein von Transaktionskosten dazu, daß es ökonomisch rational ist, diese Kosten zu minimieren.[60] Im Ergebnis hat *Williamson* die „klassische Dichotomie" zwischen marktlichen Transaktionen einerseits und unternehmensinternen Transaktionen andererseits aufgebrochen und durch hybride Transaktionsformen ergänzt. Diese hybriden Transaktionsformen sind als alternative Institutionen oder Vertragstypen zu kennzeichnen und von der Institution des Marktes bzw. der Institution der Unternehmung abzugrenzen. *Leipold* (2002, S. 132) kommt zu der Einschätzung, „daß Markt und Unternehmen die Eckpunkte einer breiteren Palette von institutionellen

---

[58] Einen interessanten Einstieg zu diesem Problemfeld bietet *Dunn* (1998, S.69-81). Er kommt zu dem Ergebnis, daß „echte Ungewißheit" sich dadurch auszeichnet, „daß sich die [zukünftigen; d. Verf.] Zustände zum Zeitpunkt der Entscheidungsfindung *prinzipiell* einem Zugriff entziehen." (S. 80; H.i.O.) Insoweit läßt sich hier „nur" Vermutungswissen in Form von Hypothesen (im Sinne *Popper*s) generieren und vertraglich fixieren.

[59] Vgl. hierzu *Erlei, Leschke* und *Sauerland* (1999, S. 180).

[60] Zu der Frage, inwieweit „begrenzte Rationalität" – wie von Williamson als menschlicher Faktor angeführt – und optimierendes Verhalten – im Sinne der Neoklassik – überhaupt kompatibel sind, siehe die Diskussion bei *Dunn* (1998, S. 82-88).

Alternativen sind." Und weiter heißt es: „Da es sich bei allen Formen um unterschiedliche Vertragstypen handelt, sind die Abgrenzungen und Übergänge etwa zwischen Markt und Unternehmung fließend." Die Beurteilung der hybriden Transaktionsformen hängt also eher davon ab, von welchem Eckpunkt aus man die Betrachtung vornimmt. Beiden Ausgangspunkten gemein ist allerdings, daß die hybriden Transaktionsformen mit den jeweiligen gängigen Analyseinstrumentarien nur unzureichend erfaßt werden können. Von daher ist die analytische Fokussierung auf die Kategorie der Transaktionskosten und deren Einfluß auf verschiedene Vertragstypen als Fortschritt in der volkswirtschaftlichen Theorie der Unternehmung zu beurteilen.

Die hier interessierende Erklärung der Unternehmung läßt sich folglich unter transaktionskostentheoretischen Gesichtspunkten dahingehend zusammenfassen, daß Unternehmungen spezifische Vorteile im Hinblick auf den Umgang mit der Ungewißheit des Marktgeschehens und der daraus resultierenden Kostenkategorien aufweisen. Nach *Schüller* (1986, S. 19) gibt es hierfür drei eng miteinander verwobene Argumente: Zum einen reduzieren sich durch Unternehmungen die Kosten der Nutzung des Preissystems, weil es weniger Vertragsbeziehungen mit separaten Preisen gibt. Die Zahl der verschiedenen Kontrakte nimmt ab.[61] Ein zweites Argument besteht darin, daß die Kosten der Eigenproduktion von Gütern für die meisten Käufer bereits wegen überproportional hoher Informationskosten uninteressant sein dürften. Schließlich sichert die Substitution von zeitpunkt- bzw. einperiodigen Verträgen durch mehrperiodige Verträge den Leistungsrahmen der Unternehmung.

Im Ergebnis erweisen sich die Unternehmungen im Marktsystem als Quelle von Faktormarkttransaktionen, die die Produktmarkttransaktionen im Marktsystem ergänzen. Damit leisten Unternehmungen einen Beitrag zum individuellen Umgang der Wirtschaftssubjekte mit Ungewißheit. Insoweit sind Markt und Unternehmung keine Substitute, sondern sie bedingen einander. Die Unternehmung reduziert zwar die Zahl konkreter Produktmarkttransaktionen, die durch den individuellen Verkauf von Leistungen gekennzeichnet sind, erhöht aber gleichzeitig die Zahl „unkonkreter Produktmarkttransaktionen", die sich als nicht ex ante bestimmbare Leistungsangebote der Unternehmung interpretieren lassen. Unternehmungen verringern von daher einerseits Ungewißheit beim Wirtschaften und die daraus entstehenden Kosten, erzeugen jedoch gleichzeitig neue Ungewißheit und neue Kosten, die dann wiederum Ansatzpunkte für weitere unternehmerische Betätigungen sein können.

Bevor im nächsten Kapitel der Versuch einer erkenntnistheoretischen Erklärung der Unternehmung erfolgt, soll – gleichsam als verbindendes Glied – der evolutionstheore-

---

[61] Folgendes Zahlenbeispiel verdeutlicht diesen Aspekt: Wenn ein Unternehmer zur Realisierung seiner ausschließlich vorhandenen Leistungsidee auf 10 produktive Teilleistungen angewiesen ist (also Inputgüter in Form von Boden, Arbeit und Kapital in monetärer und realer Form), dann resultieren für eine einmalige Leistungserstellung 10 Einzelverträge mit den Eignern der Inputgüter. Soll die Leistungserbringung über 10 Perioden kontinuierlich erfolgen, ergeben sich 10 mal 10 (= 100) Einzelverträge. Wenn der Unternehmer die 10 Eigner der Inputgüter für den Zeitraum von 10 Perioden vertraglich an sich zu binden vermag, so reduziert sich die Zahl der Verträge von 100 auf 10. Die vermutlich resultierende Transaktionskostenreduktion ist offensichtlich.

tische Erklärungsansatz von *Nelson* und *Winter* (1982) dargestellt werden, denn dieser erweist sich sowohl im Hinblick auf die Verbindung mit den vorhergehenden Erklärungsansätzen als auch hinsichtlich seiner Anschlußfähgikeit an eine erkenntnistheoretische Interpretation als gut geeignet.

2.1.6. Evolutionstheoretische Unternehmenserklärung

In ihrem Buch „An Evolutionary Theory of Economic Change" von 1982 entwickeln *Nelson* und *Winter* einen evolutionsökonomischen Ansatz, der sich mit den Fähigkeiten („capabilities") und dem Verhalten („behavior") von Unternehmen in einer Marktwirtschaft auseinandersetzt (ebenda, S. 3). Im Kern geht es um folgende Fragen: Wie lassen sich Veränderungen in Institutionen (hier: Unternehmen) erklären und welche Wirkungen gehen davon für das Marktgeschehen aus? *Nelson* und *Winter* orientieren sich hinsichtlich bestimmter Annahmen zwar an neoklassischen Vorbildern, so beispielsweise in der Frage der motivationalen Bedeutung des Profits für ein Unternehmen, unterscheiden sich jedoch grundlegend in ihren daraus abgeleiteten Verhaltensannahmen.

> „The firms in our evolutionary theory will be treated as motivated by profit and engaged in search for ways to improve their profits, but their actions will not be assumed to be profit maximizing over well-defined and exogenously given choice sets" (ebenda, S. 4).

Nelson und *Winter* lehnen also die neoklassische Annahme des den Gewinn maximierenden Unternehmens unter gegeben Restriktionen ab. Insoweit verlassen sie den theoretischen Boden der „einfachen" Wahlhandlungen. Stattdessen operieren sie in ihrem Modell mit den Kategorien der „Fähigkeiten" und der „Entscheidungsregeln" der Unternehmen, die sowohl einem endogen generierten Wandel aufgrund von Erfahrungsprozessen als auch einem exogenen ausgelösten Wandel aufgrund von Zufallsereignissen unterworfen sind. Dabei interpretieren sie den Markt- oder genauer: den Wettbewerbsprozeß als Ausdruck eines natürlichen Selektionsmechanismus.

> „Rather, our firms are modeled as simply having, at any given time, certain capabilities and decision rules. Over time these capabilities and rules are modified as a result of both deliberate problem-solving efforts and random events. And over time, the economic analogue of natural selection operates as the market determines which firms are profitable and which are unprofitable, and tends to winnow out the latter" (ebenda, S. 4).

Mit dieser Sichtweise verbinden *Nelson* und *Winter* eine ökonomische Problemstellung mit einer aus der Biologie entlehnten Perspektive. Die Transferierung der Idee der „natural selection" aus dem Bereich der Evolutionsbiologie ist hierfür exemplarisch. In dieser Interpretation sind die Märkte der Unternehmung entscheidend für den Erfolg oder Mißerfolg der Unternehmung. Hier entscheidet sich, ob die „Fähigkeiten" der Unternehmung ein „Überleben" bzw. „Wachsen" der Unternehmung gewährleisten können. Damit geht eine potentielle Veränderung in der Gesamtstruktur der Unternehmungen der betrachteten Aggregationsebene einher (vgl. *Nelson* und *Winter* 1982, S. 9). Diese Vorgehensweise entspricht einer pragmatischen erkenntnistheoretischen Perspektive: Theoretische Ansätze und ihre Anwendung rechtfertigen sich durch das zu erklärende Phänomen bzw. dem Beitrag, den die theoretischen Ansätze zur Erklärung des Phänomens leisten können.[62]

Nelson und *Winter* (1982, S. 14-21) charakterisieren die Struktur ihres evolutionären Modells folgendermaßen: Die entscheidende Modelldeterminante sind die „Routinen", die für alle regelmäßigen und vorhersagbaren Verhaltensmuster einer Unternehmung stehen. Dabei schließt diese Bezeichnung eine ganze Bandbreite von Verhaltensweisen einer Unternehmung ein. „Routinen" sind dadurch gekennzeichnet, daß sie „play the role that genes play in biological evolutionary theory" (S. 14 und S. 134). Insoweit geben sie der Unternehmung Fähigkeiten an die Hand und determinieren bis zu einem gewissen Grad die potentiellen Verhaltensweisen der Unternehmung. Dabei ist jedoch zu berücksichtigen, daß die Umwelt einen nicht unerheblichen Einfluß auf die Verhaltensmöglichkeiten der Unternehmung ausübt. Mehr noch: Gerade die Turbulenz und Unvorhersehbarkeit der Entwicklung der Umwelt des Unternehmens führt zu einer ersten Relativierung der Aussagereichweite des Begriffs „Routine". *Nelson* und *Winter* weisen explizit darauf hin, daß sich insbesondere die strategischen Unternehmensentscheidungen einer „routinierten Lösung" entziehen, da eine Perpetuierung von in der Vergangenheit angewandten Problemslösungsroutinen unter (notwendigerweise) veränderten Umweltbedingungen als schädlich herausstellen können. „High-Level business executives do not, in the modern world, spend humdrum days at the office applying the same solutions to the same problems that they were dealing with five years before" (S. 11). Von daher spezifizieren *Nelson* und *Winter* ihren „Routine"-Begriff:

> „It is that most of what is *regular and predictable* about business behavior is plausibly subsumed under the heading 'routine', especially if we understand that term to include the relatively constant dispositions and strategic heuristics that shape the approach of a firm to the nonroutine problems it faces" (S. 15; H.i.O.).

„Routinen" sind also auch in Situationen verwertbar, in denen „routiniertes Handeln" unmöglich ist, da prinzipiell nicht vorhersehbare Problemlagen vorliegen. Dieses Paradoxon löst sich jedoch auf, weil „Routinen" in diesem Kontext keine wohldefinierten Handlungsvorschriften unter gegebenen Bedingungen darstellen, sondern als heuristische Problemlösungsrahmen aufgefaßt werden. Es kommt also darauf an, inwieweit die Fähigkeiten der Unternehmung ausgebildet sind, um prinzipiell unvorhersehbare Umweltveränderungen durch interne Generierung von adäquaten Problemlösungen auszugleichen. Hierbei kann es sich in letzter Konsequenz nur um die Qualität des Humanvermögens einer Unternehmung handeln, denn nur Individuen sind in der Lage, neue Problemlösungen zu generieren.[63]

---

62 „We emphatically disavow any intention to pursue biological analogies for their own sake, or even for the sake of progress toward an abstract, higher-level evolutionary theory that would incorporate a range of existing theories. We are pleased to exploit any idea from biology that seems helpful in the understanding of economic problems, but we are equally prepared to pass over anything that seems ackward, or to modify accepted biological theories radically in the interest of getting better *economic* theory (witness our proposal of Lamarckianism)." (*Nelson* und *Winter* 1982, S. 11; H.i.O.)

63 Diese Sichtweise zieht sich wie ein roter Faden durch die Argumentation der Untersuchung: Überindividuellen Entitäten an sich (z.B. Unternehmen oder Wirtschaftssystemen) wird aus erkenntnistheoretischen Gründen keine Fähigkeit zur Generierung von Problemlösungen zu-

Nelson und *Winter* unterscheiden drei Arten von „Routinen“ (1982, S. 16 f.): Erstens, die ‚operating characteristics‘. Diese lassen sich als Handlungsweisen unter kurzfristig nicht veränderbaren, also gegebenen Randbedingungen auffassen. Sie stehen von daher für kurzfristiges (einperiodisches) Handeln der Unternehmung. Die zweite Kategorie von „Routinen“ berücksichtigt die potentiellen Veränderungen des Kapitalstocks einer Unternehmung von Periode zu Periode. Dabei kann es sich um Wachstums- oder Schrumpfungsprozesse handeln. Die Mehrperiodizität der Betrachtung unterscheidet diese Art der „Routinen“ von den vorhergehenden. Als typisches Beispiel kommen Investitions- oder Desinvestitionsentscheidungen einer Unternehmung in Betracht: Beide Entscheidungsalternativen verändern das Produktionspotential der Unternehmung und wirken in zukünftige Perioden hinein. Schließlich filtrieren *Nelson* und *Winter* als dritte Variante des Begriffs „Routine“ sog. ‚searches‘ heraus, die sich als routinenverändernde Prozesse darstellen. Das heißt, diese Prozesse verändern in der Zeit die ‚operating characteristics‘ einer Unternehmung, wobei diese Veränderungen selbst unter gewissen Regeln ablaufen. Hierbei unterstellen *Nelson* und *Winter* eine Hierarchie von Entscheidungsregeln, die gleichsam von oben nach unten ihre Wirkung entfalten. Sie unterscheiden „decision rules with higher-order procedures (...) which act occasionally to modify lower-order ones“ (ebenda, S. 17).[64] ‚Searches‘ selbst wiederum sind routinegebundene und routineverändernde Prozesse. Das evolutionsbiologische Analogon zu dieser dritten Konzeption des Begriffs „Routine“ sehen *Nelson* und *Winter* in der „Mutation“ der Evolutionstheorie. Während im Unternehmenszusammenhang die ‚searches‘ von den zugrundeliegenden „Routinen“ beeinflußt werden, ist die „Mutation“ das Ergebnis einer Veränderung des zugrundeliegenden Genpools (ebenda, S. 18).

Nelson und *Winter* verstehen ihren evolutionären Ansatz im Kern als einen dynamischen Prozeß „by which firm behavior patterns and market outcomes are jointly determined over time“ (ebenda, S. 18). Dieser Zusammenhang entsteht aus der Tatsache, daß zu jedem beliebigen Zeitpunkt die angewandten ‚operating characteristics‘ einer Unternehmung, ihr oszillierender Kapitalstock und andere exogen vorgegebene Größen die Input- und Output-Größen der Unternehmung bestimmen. Sind gleichzeitig die marktlichen Angebots- und Nachfragebedingungen als gegeben vorausgesetzt, dann determinieren die Unternehmensentscheidungen letztlich auch die Marktpreise der Input- und Outputgüter. Insoweit sind die Unternehmensentscheidungen und die Marktpreise zu jedem beliebigen Zeitpunkt simultan bestimmt (vgl. ebenda, S. 18 f. und S. 19, Fn. 6).

---

gebilligt. Auf überindividueller Ebene wirken die Ausgestaltungen der jeweiligen Institutionen als „Beförderer“ oder „Behinderer“ individueller Problemlösungsaktivitäten. Sie wirken gleichsam als individuelle Restriktionen. Diese sind jedoch in unterschiedlichem Ausmaß einer bewußten Gestaltung zugänglich. Insoweit ist ein gewisser Konstruktivismus nicht per se zu verurteilen, auch nicht vor dem Hintergrund des *Hayek*schen Verdikts der Gefahr einer „Anmaßung von Wissen“. Vgl. ausführlicher zu diesem Punkt die Diskussion zur Theorie der Systemtransformation im vierten Kapitel der Arbeit.

[64] *Nelson* und *Winter* (S. 18, Fn. 5) weisen darauf hin, daß die Idee einer Regelhierarchie auf *Cyert* und *March* (1963) zurückgeht. In diesem Kontext ist auf *Hayek*s Unterscheidung zwischen „abstrakten“ und „gesetzten“ Ordnungen hinzuweisen (*Hayek*, 1969). In einer Untersuchung von *Dietl* (1993) finden sich instruktive Weiterführungen zur Idee von Regelhierarchien. *Schaffer* (2001, S. 57) nennt Institutionen, die eine größere Tragweite besitzen, „fundamentale Institutionen“.

Es stellt sich jedoch die Frage, ob dieser analytische Zeitperiodenreduktionismus einer evolutionären Perspektive angemessen ist? Es ist möglich, die betrachteten Zeitperioden analytisch zu verkürzen – bis hin zur infinitesimal kleinen Zeitperiode –, doch worin besteht dann der Unterschied zu neoklassischen Modellen der Unternehmenserklärung, die eben nicht mit dem Konzept der „historischen Zeit“, sondern mit einer „fiktiven Modellzeit“ arbeiten? Sind unter diesen analytischen Bedingungen nicht beispielsweise Konzepte der „Pfadabhängigkeit“ im Sinne von *North* obsolet?[65] Anders gewendet: Ist es tatsächlich Aufgabe einer evolutionären Theorie der Unternehmung, Input- und Outputquantitäten resp. -preise der Unternehmung und der Märkte zu bestimmen? Geht es nicht vielmehr um die Analyse der vielschichtigen Prozesse der Generierung von Wissen in den Unternehmungen und auf und zwischen den Märkten, sowie der Frage der Bedingungen, unter denen solche Prozesse ablaufen oder in Gang gesetzt werden können? Zusammenfassend betrachtet, scheint bei *Nelson* und *Winter* doch in einigen Punkten ein Rückgriff auf – zumindest – das analytische Instrumentarium neoklassischer Provenienz vorzuliegen.[66]

Im folgenden soll das Konzept der „Routinen“ näher spezifiziert werden. *Nelson* und *Winter* gehen in ihrer Betrachtung im Prinzip vom einzelnen Individuum aus:

> „An obvious reason for doing so is that the behavior of an organization is, in a limited but important sense, reducible to the behavior of the individuals who are members of that organization. Regularities of individual behavior must therefore be expected to have consequences, if not counterparts, at the organizational level“ (1982, S. 72).

Insoweit entspricht ihr Vorgehen dem Postulat des methodologischen Individualismus, doch zielt ihre Erklärung weniger auf das Verhalten der Individuen, als auf die Wirkungen, die von den individuellen Verhaltensweisen ausgehen und auf der Ebene der Unternehmen zu beobachten sind (vgl. *Nelson* und *Winter* 1982, S. 72). Auf der Individualebene sind die „individuellen Fähigkeiten“ die relevante Größe zur Erklärung individueller Verhaltensweisen. Mit „Fähigkeit“ umschreiben *Nelson* und *Winter* „a capability for a smooth sequence of coordinated behavior that is ordinarily effective relative to its objectives, given the context in which it normally occurs“ (ebenda, S. 73). „Fähigkeiten“ sind durch drei Merkmale zu kennzeichnen (ebenda): Zum einen sind sie als Algorithmus oder Programm zu interpretieren, das heißt sie lösen eine Abfolge von

---

[65] Schon der Wortteil „Pfad“ legt eine Zeitachsenausdehnung nahe. Das Konzept der „Pfadabhängigkeit“ erfordert daher zwingend den Rückgriff auf das Konzept der „historischen Zeit“: Irreversibilität der Entscheidungen und zukünftige Mehrperiodizität sind gleichsam notwendige Bedingungen einer historischen Erklärung im Sinne dieser Konzeption. Bei einer auf einen Zeitpunkt fokussierten Betrachtungsweise, geht das Potential dieser historischen Perspektive notwendigerweise verloren. Daran ändert auch nichts die analytische Aneinanderreihung von Zeitpunktbetrachtungen.

[66] Auch die Modellierung ihres Ansatzes als *Markov*-Prozeß deutet in diese Richtung (vgl. *Nelson* und *Winter* 1982, S. 19). *Markov*-Prozesse sind durch folgende restriktive Annahme gekennzeichnet: Konstanz der Übergangswahrscheinlichkeiten in der Zeit. Diese Annahme korrespondiert mit der analytischen Reduktion der betrachteten Zeitperiode, da mit kürzerer Zeitperiode die Korrektheit und empirische Relevanz dieser Annahme steigt. Doch ist damit aus einer evolutorischen Perspektive nicht viel gewonnen, wenngleich *Nelson* und *Winter* explizit darauf hinweisen, daß der Prozeß nicht vollständig determiniert ist, sondern über die „search“-Aktivitäten einem fortwährenden stochastischen Einfluß unterliegen.

spezifischen Handlungsschritten aus, die sequentiell miteinander verbunden sind. Zum zweiten weist das für die Ausführung der Handlungsschritte notwendige Wissen und damit der Erfolg der eingesetzten spezifischen Fähigkeit in hohem Maße „impliziten" Charakter auf.[67] Implizites Wissen ist insbesondere durch seine Nichtkommunizierbarkeit geprägt. Das Individuum als Träger des „impliziten Wissens" ist sich des Umfangs und der Bedeutung dieses Wissens für seine Handlungen in der Regel nicht bewußt.[68] Schließlich ist ein drittes Merkmal kennzeichnend für das Konstrukt „Fähigkeit": die Tatsache, daß häufig unbewußte Wahlentscheidungen getroffen werden. Dies stellt kein Widerspruch in sich dar, weil in diesem Kontext davon ausgegangen wird, daß hier ein bereits automatisierter Vorgang abläuft. Insoweit kann man diesen Vorgang auch als „passive Wahlentscheidung" interpretieren. Diese drei Komponenten des Konstrukts „Fähigkeiten" und seine Konsequenzen für das Verhalten der Individuen sind sehr eng miteinander verbunden (vgl. *Nelson* und *Winter* 1982, S. 73) und daher zu vertiefen.

Menschliche „Fähigkeiten" als Programme im informationstechnischen Sinne aufzufassen, führt zu verschiedenen Implikationen (vgl. *Nelson* und *Winter* 1982, S. 74-76, insbesondere S. 75): Zum einen arbeitet der Mensch mit seinen „Fähigkeiten" als Einheit, das heißt das Individuum ist bei der Bearbeitung eines Problems in der Lage, aus einem Pool von individuellen Fähigkeiten die jeweils (vermeintlich) passenden Fähigkeiten zur Lösung des Problems in Anwendung zu bringen. Dabei kommt insbesondere der Fähigkeit zur Strukturierung des Problems und zur Erkennung von möglicherweise gegebenen Ähnlichkeiten von Problemen eine herausgehobene Bedeutung zu. Die „Fähigkeit" als Programm interpretiert, beinhaltet somit implizit ein heuristisches Problemlösungspotential des Individuums. Zum anderen ist die prinzipielle Grundstruktur eines Problemlösungsvorgangs als seriell zu kennzeichnen. Damit ist gemeint, daß die Ordnung, die eine serielle Problemlösung darstellt, wiederum selbst als Charakteristikum der zugrundeliegenden „Fähigkeit" angesehen werden kann. Das Individuum erleichtert sich die Problemlösung durch strukturiertes Vorgehen. Dies ist als eine wesentliche Qualität der „Fähigkeit" eines Individuums zu verstehen. Drittens ist ein gewisser Automatismus bei der Anwendung der „Fähigkeiten" eines Individuums zu konstatieren, und zwar in dem Sinne, daß die Lösung bestimmter (Teil-) Probleme häufig ohne bewußte Willenssteuerung abläuft. Insoweit ist die Problemlösungsheuristik gleichsam bereits ‚in Fleisch und Blut übergegangen'. Dies führt in vielen Fällen zu einer sinnvol-

---

[67] Das Konzept des „tacit knowing" geht auf *Polanyi* (1958, 1962, 1967, 1985) zurück.

[68] *Hayek* (1979) geht in seiner „Theorie der kulturellen Evolution" auf Fragen der Regelentstehung und Regelausbreitung ein. Dabei spielt für den Erfolg der Regeldurchsetzung die gleichsam automatisierte, weil unbewußte Anwendung der Regeln durch die Individuen und die Gruppe eine entscheidende Rolle. Bewährte Verhaltensweisen und deren Anwendung führen zu einer Reduzierung von Komplexität und damit verbunden zu einer Senkung von Kosten für das Individuum bzw. die Gruppe. Dies führt zu relativen Verbesserungen gegenüber anderen Individuen bzw. Gruppen und daraus resultiert eine erfolgreichere Ausbreitung dieser Verhaltensmuster.
In *Popper*s Erkenntnistheorie könnte man das Konzept des „tacit knowing" in dem Konstrukt des „Hintergrundwissens" einbauen. Damit umschreibt *Popper* die Tatsache, daß jede Entscheidung vor dem Hintergrund von Erfahrungen der Vergangenheit und/oder mit Hilfe eines genetisch festgelegten Interpretationsprogramms getroffen wird.

len Reduktion von Komplexität und ermöglicht damit erst die erfolgreiche Lösung komplexer Probleme.

Das Konstrukt der „Fähigkeit" eines Individuums hängt eng zusammen mit dem Bereich des impliziten Wissens eines Individuums. „Tacit knowledge" bedeutet in erster Linie, daß „we know more than we can tell" (*Polanyi* 1967, S. 4). Das Grundproblem besteht darin, daß die Kommunizierbarkeit von Wissen eingeschränkt ist. Dabei können Kommunikationsprobleme auf der Seite des Senders und des Empfängers einzeln, oder parallel auftreten. In allen Fällen wird das zu kommunizierende Wissen unvollständig verfügbar sein. *Nelson* und *Winter* (1982, S. 80 f.)analysieren drei Determinanten als Grenzen der Kommunizierbarkeit von Wissen: Einerseits besteht ein triviales Zeitproblem, das sich darin äußert, daß die Informationsübertragungsrate nicht hinreichend zur Lösung eines Problems ist. Selbst wenn also das nötige Wissen vorhanden sein sollte, führt dies schon aus logischen Gründen nicht auch zwingend zu einer Lösung des Problems. Andererseits besteht eine Schwierigkeit darin, die begrenzten tieferen Ursachen des Wissens zu artikulieren. Einzelne „Fähigkeiten", welche letztlich auf Wissen beruhen, kommen immer in einem spezifischen Kontext zur Anwendung. Diese Problemumwelt beeinflußt maßgeblich die erfolgreiche Nutzung der „Fähigkeit". Gleichzeitig ist davon auszugehen, daß für das Individuum in erster Linie die Tatsache des Vorliegens solcher Umweltgrößen und nicht deren konkrete Bedeutung für die Erbringung einer Problemlösung im Bereich des individuellen Wissens angesiedelt ist. Von daher führt eine Veränderung der Problemumwelt aufgrund der mangelnden „Tiefenschärfe" des Wissens zu keiner adäquaten Anpassungsreaktion an die veränderten Bedingungen. Schließlich besteht ein drittes Problem in dem Verhältnis von Gesamtwissen und Teilwissen in bezug auf ein bestimmtes Problem. *Nelson* und *Winter*(1982, S. 81) nennen dies den „Kohärenzaspekt" der Begrenztheit der Artikulation von Wissen. Die hehre Absicht einer vollständigen Bereitstellung von Wissen zu einem Problem führt häufig dazu, daß genau das Gegenteil eintritt: Die Flut von Details und Verknüpfungen des Problems lassen wesentliche Aspekte des Problems in der Informationsfülle verschwinden. *Nelson* und *Winter* begründen dies mit dem linearen Charakter der menschlichen Sprache, der seriellen Arbeitsweise des menschlichen Gehirns sowie der geringen Speicherkapazität im Kurzzeitgedächtnis des Menschen. Deshalb ist davon auszugehen, daß die Fähigkeit einer simultan kommunizierten Bereitstellung der Details eines Problems und der übergreifenden Verbindungen des Problems begrenzt ist.

Zusammenfassend stellen *Nelson* und *Winter* fest, daß über die Implizität des Wissens in letzter Konsequenz Kosten entscheiden:

> „Whether a particular bit of knowledge is *in principle* articulable or necessarily tacit is not the relevant question in most behavioral situations. Rather, the question is whether the costs associated with the obstacles to articulation are sufficiently high so that the knowledge *in fact* remains tacit" (S. 82, H.i.O.).

Diese Aussage beinhaltet zwei wichtige Aspekte: Zum einen ist es für ein Individuum in einer konkreten Problemlage nahezu irrelevant, etwas über den Charakter des für die Lösung des Problems notwendigen Wissens zu wissen. Hier steht die Problemlösung, oder genauer: der Versuch einer Problemlösung im Vordergrund des Interesses. Dies umso mehr, wenn es sich um eine lebensbedrohende Problemsituation handelt. Als

Beispiel können instinktive Verhaltensweisen angeführt werden. Das überlebenswichtige Fluchtverhalten in bestimmten Situationen läßt sich nur schwer oder gar nicht ex ante kommunizieren. Zum anderen weisen *Nelson* und *Winter* auf die Möglichkeit hin, daß die Kosten der Artikulation von Wissen derart hoch sein können, daß sie prohibitiv wirken. Diese Interpretation trifft jedoch nur auf Wissen zu, das prinzipiell kommunizierbar ist. *Polanyi*s „tacit knowing" ist damit von dieser Interpretation auszuschließen. Insoweit liegt hier im Prinzip eine analytische Residualgröße vor: Alles kommunizierbare Wissen unterliegt im Hinblick auf seine Nutzung zur Lösung von Problemen der Kostenrestriktion. Alles nicht-kommunizierbare Wissen entzieht sich einer genauen kostenmäßigen Betrachtung. Allenfalls lassen sich Vermutungen formulieren, die in spezifischen Problemsituationen einen Einfluß auf die Gesamtkosten der Wissensnutzung nahelegen.

Ein weiterer Diskussionspunkt bei *Nelson* und *Winter* (1982, S. 82-85) ist das Verhältnis von „Fähigkeiten" und Wahlhandlungen. Sie stellen fest, daß zwischen beiden Aspekten Verbindungen bestehen:

> „The two issues are obviously related: the choice among behavior options that takes place in the exercise of a skill typically involves no deliberation *and* it is a constituent of the capability that the skill represents. These issues are deep and important ones" (S. 82, H.i.O.).

Einerseits liegt eine Form der „programmierten Wahl" (ebenda, S. 83) vor. Damit bringen *Nelson* und *Winter* zum Ausdruck, daß die Umsetzung von Fähigkeiten in hohem Maße durch die Ausführung von sequentiellen Verhaltensweisen beeinflußt wird. Dies führt tendenziell zu einer größeren Bedeutung von Wahlhandlungen für den Bereich von Selektionsentscheidungen zwischen größeren Verhaltensmustern (ebenda), da diese einen allgemeineren Bezugspunkt aufweisen, für den die heruntergebrochenen sequentiellen Verhaltensweisen nicht zwingend angelegt sein müssen. Insoweit handelt es sich hier um eine „echte Fähigkeit" zur Wahl und damit um eine Form der „bewußten Wahlhandlung" andererseits. Dieser Aspekt des Konstrukts „Fähigkeit" ist somit als ein integraler Bestandteil desselben aufzufassen. Bewußte (Wahl-) Selektionsentscheidungen aus einem gegebenen Möglichkeitsspektrum sind „constituents of the main skill itself: they are ‚choices' embedded in a capability" (ebenda, S. 84). Diese Sichtweise verdeutlicht nochmals die Bedeutung der „Fähigkeiten" für die Bewältigung von Problemen im allgemeinen und von neuartigen Problemstellungen im besonderen. Die Eingrenzung des Bereichs „echter Wahlhandlungen" auf Entscheidungen mit strategischem Charakter ist insofern möglicherweise auch als Bedingung dafür anzusehen, daß die „programmierten Wahlhandlungen" effizient sein können (ebenda, S. 85). Dies ließe sich wiederum damit erklären, daß das Individuum durch die Reduktion von Komplexität entlastet wird und somit die automatisierten Verhaltensweisen eine gute Anpassung an die konkrete Problemkonstellation darstellen. Es ist aber zu berücksichtigen, daß gerade „echte Wahlhandlungen" auch das Potential zu mehr Verschiedenheit, Flexibilität und Anpassungsfähigkeit von Verhaltensweisen beinhalten und von daher für zukünftige Problemsituationen von besonderer Bedeutung sind.

Zusammenfassend bleibt festzuhalten, daß „Fähigkeiten" und Wahlhandlungen in einem Spannungsverhältnis zueinander stehen (ebenda, S. 85): Einerseits drohen die bewährten „Fähigkeiten" die Anforderungen einer neuen (Wahl-) Situation zu dominieren. Der Erfolg des Verhaltens der Vergangenheit könnte sich als Bumerang erweisen, nämlich dann, wenn die aktuelle Problemlage eine fundamentale Abkehr von tradierten Verhaltensweisen erfordern würde. Andererseits ist aber auch zu konstatieren, daß die Vorteile einer prinzipiellen Offenheit für alle Entscheidungs- und Problemsituationen auf allen Ebenen mit der Gefahr einhergeht, „den Wald vor lauter Bäumen nicht mehr zu sehen". In der Konsequenz könnte das zu ineffizienten Handlungen per se führen. Die mangelnde Strukturierungsleistung erwiese sich als eine Quelle von Ineffizienz.

Die nachfolgenden Ausführungen sind der Betrachtung auf der Ebene der Unternehmung gewidmet. *Nelson* und *Winter* (1982, S. 99) fokussieren ihre Diskussion anhand des Begriffs der „Routine". Die „Routinen" einer Unternehmung werden von verschiedenen Charakteristiken gekennzeichnet: Zum einen können „Routinen" als „Gedächtnis einer Unternehmung" interpretiert werden. Das „Gedächtnis der Unternehmung" wird dabei durch die fortwährenden Aktivitäten der Unternehmensmitglieder mit Inputwissen gespeist. Insbesondere das spezifische operative Wissen der einzelnen Unternehmensmitglieder wird auf diese Weise gespeichert (vgl. ebenda, S. 99).[69] Diese Interpretation legt den Schwerpunkt des organisationalen Lernens auf den Bereich des „learning by doing" der Unternehmensmitglieder. Es existiert neben dieser eher informalen Quelle von Organisationswissen auch eine formal ausgestaltete Quelle von Organisationswissen. Damit beide Quellen des Organisationswissens auch tatsächlich zum Vorteil der Organisation genutzt werden können, ist es wichtig, daß die Unternehmensmitglieder in der Lage sind, die „Botschaften" von anderen Unternehmensmitgliedern und von externen Unternehmenspartnern zu verstehen. Dies ist kein triviales Problem[70], da es zur Lösung einiger Fähigkeiten bedarf, die nicht ausschließlich im Umkreis der Unternehmung anzusiedeln sind (vgl. ebenda, S. 101). *Nelson* und *Winter* (1982, S. 103) kommen zu der Einschätzung, daß „at any given time, organization members are responding to messages originating from other members as well as from the enviroment". Es handelt sich

---

[69] Diese Formulierung erinnert an den Ansatz *Hayeks*, nachdem das spezifische Wissen von Zeit und Ort der Individuen eine entscheidende Größe für das Verständnis von Markt- und Wettbewerbsprozessen darstellt.
Im vorliegenden Zusammenhang geht es allerdings um die Frage der organisationalen Nutzbarmachung von individuellem Wissen im Rahmen einer Unternehmung. Insoweit liegt zwar ein anderer Bezugspunkt vor, doch ist die Isomorphie des dahinterstehenden Grundproblems evident: Die Frage der Zentralisierbarkeit von Wissen. Dieser Aspekt wird im Rahmen der weiteren Diskussionen noch vertieft, insbesondere im Kontext der Systemtransformation.

[70] Neben dem potentiellen Verlust von Informationen durch Übertragungsfehler drohen auch Interpretationsfehler, die prinzipiell darauf zurückzuführen sind, daß zwei Personen mit einem Begriff nicht zwingend denselben Bedeutungsinhalt verbinden. Unter diesen Voraussetzungen sprechen die Kommunikationspartner aneinander vorbei. Möglicherweise fällt das wiederum den Gesprächspartnern nicht einmal auf.
Nelson und *Winter* (1982, S. 102 sowie dort Fn. 4) weisen in diesem Kontext auf das Konzept eines unternehmensinternen Codes oder Dialekts hin, das von *Arrow* (1974, S. 53-59) zur Erklärung von Unterschieden zwischen Unternehmen oder Organisationen angewandt wurde. Insoweit „spricht jedes Unternehmen bis zu einem gewissen Grad seine eigene Sprache". Ein Phänomen, das (leider) auch zu einem Charakteristikum im Wissenschaftsbetrieb geworden ist. Die zunehmende Ausdifferenzierung der Sprache führt zu immer geringeren Sprachschnittmengen und damit möglicherweise zu einer Isolierung einzelner Sprachinhalte.

demgemäß um einen fortdauernden Prozeß der Erzeugung von „Botschaften“ oder anders ausgedrückt: Kommunikationsinhalten, die von anderen Individuen ebenso fortwährend interpretiert werden. Unabhängig von der Richtigkeit der Interpretation, führt dies zu einem neuen Kommunikationsinhalt usw.

Nelson und *Winter* verbinden ihren Routinebegriff mit einer individualistischen Perspektive, da für sie die Individuen letztendlich die Träger des Organisationswissens sind. Sie schreiben:

> „Information is actually stored primarily in the memories of the members of the organization, in which reside all the knowledge, articulable and tacit, that constitutes their individual skills and routines, the generalized language competence and the specific command of the organizational dialect, and, above all, the associations that link the incoming messages to the specific performances that they call for. In the sense that the memories of individual members do store so much of the information required for performances of organizational routines, there is substantial truth in the proposition that the knowledge an organization possesses is reducible to the knowledge of its individual members. This is the perspective that one is led to emphasize if one is commited to the view that 'knowing' is something that only humans can do“ (S. 104 f.).

Diesen Standpunkt relativieren *Nelson* und *Winter* (1982, S. 105) in der Folge, wenn sie anmerken, daß das menschliche Wissen nur in spezifischen Kontexten von Bedeutung ist und gerade die Organisation „Unternehmung“ eine solche Bedeutungsumwelt darstellt. Weiterhin führen sie eine Reihe externer Quellen von Wissensinhalten an (z. B. Magnetbänder). Außerdem wird der Kontext des menschlichen Wissens in der Unternehmung durch die Qualität der technischen Ausstattung sowie der Arbeitsumgebung beeinflußt. Schließlich führen *Nelson* und *Winter* als stärkstes Argument gegen eine „zu individualistische“ Reduktion an, daß das menschliche Wissen in der Unternehmung als Ergebnis eines Kommunikationsprozesses der Vergangenheit und damit der zugrundeliegenden „Routinen“ der Unternehmung anzusehen ist (ebenda, S. 105). Die Kritik oder Relativierung ihrer grundsätzlich individualistischen Grundposition erscheint jedoch weder notwendig für ihr Erklärungsziel, noch hilfreich im Hinblick auf die Kongruenz ihres analytischen Ansatzes zu sein. Diese Einschätzung soll im folgenden näher begründet werden:

Menschliches Handeln, basierend auf menschlichem (Vermutungs-) Wissen, erfolgt unter bestimmten Ordnungsbedingungen.[71] Diese konkreten Ordnungsbedingungen werden von den einzelnen Individuen unterschiedlich wahrgenommen und interpretiert. Schon von daher ist es wahrscheinlich, daß die inter-individuelle Kommunikation unter spezifischen Ordnungsbedingungen Mehrdeutigkeiten aufweisen kann. Die individuelle Interpretation der Realität und damit der Ordnungsbedingungen ist aus der Natur der Sache heraus subjektiv. Dies wiederum führt dazu, daß die Individuen in einem an einen Trial-and-Error-Prozeß erinnernden Diskurs versuchen müssen, ihre Verständigungsunterschiede zu verringern. Dieser Prozeß verursacht zwar einerseits Kosten der Verständigung und ist somit in ein ökonomischen Kalkül zu integrieren, andererseits reduziert

[71] Man könnte auch von Gesellschaftsbedingungen, Organisationsbedingungen usw. sprechen. In der Folge soll ausschließlich der Terminus „Ordnungsbedingungen“ gewählt werden. Anzumerken ist dabei, daß im Sinne *Hayek*s (1969) davon ausgegangen wird, daß die Bedingungen einer Ordnung nicht automatisch eine ordnende Hand implizieren.

sich bei dieser Prozedur die Wahrscheinlichkeit einer umfassenden Fehleinschätzung und Fehlinterpretation der relevanten Ordnungsbedingungen, so daß hier auch ein Potential für Kosteneinsparungen gesehen werden kann. Insoweit hat die Medaille zwei Seiten und ist nur in einer Gesamtbetrachtung zu würdigen.

Für die Ebene der Unternehmung sieht die vorangegangene Interpretation in bezug auf den Ansatz von *Nelson* und *Winter* wie folgt aus: Die Unternehmung wird von den beteiligten Individuen geprägt. Diese verfügen über spezifische individuelle Fähigkeiten. Die Fähigkeiten der Individuen erlangen im Umfeld der Unternehmung mittels der „Routinen" einen konkreten Bezugsrahmen, das heißt, die praktische Tätigkeit der Individuen in der Unternehmung steht in einem interdependenten Verhältnis zum individuellen Fähigkeitsniveau der Unternehmensbeteiligten und damit schließlich auch zur Leistung der Unternehmung selbst. Innerhalb dieses Bezugsrahmens kommunizieren und interagieren die Individuen im arbeitsteiligen Prozeß. Dieser wiederum basiert auf der Wissensteilung zwischen den Individuen. Es ist nicht möglich und nicht nötig, daß jeder Mitarbeiter alles kann bzw. weiß, oder wie *Nelson* und *Winter* (1982) schreiben:

> „While each organizational member must know his job, there is no need for anyone to know anyone *else's* job. Neither is there any need for anyone to be able to articulate or conceptualize the procedures employed by the organization as a whole" (S. 105; H.i.O.).

Damit wird die Bedeutung des individuellen Wissens, sei es explizites oder implizites Wissen hervorgehoben. *Nelson* und *Winter* vermuten, daß ein Großteil des in diesem Zusammenhang relevanten Wissens impliziten Charakter bei den Individuen der Unternehmung hat (vgl. ebenda, S. 106). Von daher stellt sich die Frage, welchen Einfluß die formalisierten Prozeduren in einer Unternehmung auf die Kommunikation der Individuen haben? Jedes Individuum kommuniziert sozusagen auf drei Ebenen: Zum einen mit sich selbst, das heißt, die aktuelle Aufgabe wird mit dem individuellen Wissen introspektiv konfrontiert. Dieser Prozeß dürfte in Abhängigkeit von der Komplexität der jeweiligen Aufgabe mehr oder weniger automatisiert ablaufen. Auf einer zweiten Ebene ist die Kommunikation mit anderen Individuen in der Unternehmung angesiedelt, wobei hier eine weitergehende Differenzierung nach horizontaler und vertikaler Kommunikationsbeziehung sinnvoll erscheint. Die dritte Ebene der individuellen Kommunikation in einer Unternehmung ist als Meta-Ebene aufzufassen, da damit die formal kodifizierten Kommunikationsbedingungen in der Unternehmung gemeint sind. Diese Ebene der Kommunikation beeinflußt direkt die vorher genannten Kommunikationsfelder. Von daher sind die Handlungsvorgaben (-anweisungen), die wiederum primär auf Kommunikationsbeziehungen beruhen, so auszugestalten, daß ein möglichst hohes Maß an individuellem Wissen in die Bewältigung der Aufgaben einfließen kann.[72] Auf diese Weise wird das (Wissens-) Fähigkeitspotential der Individuen für die Unternehmung fruchtbar gemacht.

---

[72] Die Ausgestaltung der Kommunikationsbeziehungen zwischen den Beteiligten an einer Unternehmung wird ausführlich im Rahmen der betriebswirtschaftlichen Organisationstheorie thematisiert. Im hier interessierenden Kontext geht es um die Feststellung, daß innerbetriebliche Kommunikation ein konstituierendes Merkmal darstellt und gleichzeitig als Schlüssel oder Methode zur Bewältigung von Komplexität aufgefaßt werden kann, welcher die Unternehmung sowohl von innen als auch von außen immer wieder ausgesetzt ist.

„Routinen“ sind Ausdruck eines bestimmten motivationalen Umfelds in der Unternehmung (vgl. *Nelson* und *Winter* 1982, S. 107). In diesem Zusammenhang sprechen *Nelson* und *Winter* von einem „Waffenstillstand“ oder „Burgfrieden“. Unter der Annahme konfligierender Interessen der Unternehmensmitglieder ist davon auszugehen, daß insbesondere informal geprägte („routinierte“) Verhaltensweisen zu einer Stabilisierung der Erwartungen der Beteiligten in der Unternehmung führen können. Dies liegt daran, daß die Akzeptanz der unternehmensinternen Spielregeln positiv mit der Rate der Befolgung der Spielregeln korreliert ist: Wenn sich die Mehrzahl oder alle Unternehmensmitglieder an die kodifizierten und nicht-kodifizierten Kommunikationsregeln innerhalb der Unternehmung halten, dann steigt für jeden einzelnen der Anreiz, sich ebenfalls an die Spielregeln zu halten. Umgekehrt verteuert sich für jeden einzelnen das Ausscheiden aus dem üblichen Kommunikationsrahmen, weil die Zuordnung des „individuellen Fehlverhaltens“ zu einer relativ einfachen Sanktionierung führen kann, die es aus Eigeninteresse zu vermeiden gilt. Von daher kann man die motivationale Wirkung von Regeln einer Unternehmung in ihrer Gesamtheit als Netzwerkgut interpretieren. Nun steigt zwar der Nutzen des Netzwerkgutes mit seiner Ausbreitung bzw. im vorliegenden Fall mit der Breite der Akzeptanz der Regeln der Unternehmung, aber es ist auch nicht zu vernachlässigen, daß eine Übereinkunft auf einen „kommunikativen Burgfrieden“ innerhalb der Unternehmung die Gefahr einer Verkrustung in sich birgt und damit zur Persistenz inflexibler Routinen führen kann (vgl. ebenda, S. 111 f.). Als Grund ist die Angst des einzelnen Individuums zu nennen, als „Störenfried“ und „Unruhestifter“ in der Unternehmung zu gelten.

Wenn man davon ausgeht, daß die Unternehmung fortwährend mit Veränderungen seiner Umwelt konfrontiert ist, somit sich die Komplexität für die Unternehmung[73] laufend erhöht oder zumindest verändert, dann stellt sich die Frage, wie eine Unternehmung mit einer derartig rigiden Kommunikationskultur darauf reagieren kann? Des weiteren ist zu fragen, wie mit veränderten Verhaltensweisen innerhalb der Unternehmung umgegangen werden soll? Diese resultieren beispielsweise automatisch aus der natürlichen Fluktuation der Beschäftigten. Die Unternehmung als offenes System ist schon allein dadurch als eine Ordnung zu kennzeichnen, die durch die Aufnahme und die Abgabe von Wissen charakterisiert werden kann.

Schließlich diskutieren *Nelson* und *Winter* (1982, S. 112 ff.) „Routinen“ als Ziele. Als wesentliche Ergebnisse ihrer Analyse sind festzuhalten: Aufgrund der Heterogenität der Inputfaktoren einer Unternehmung ergibt sich die Notwendigkeit der Kontrolle innerhalb der Unternehmung. Die Inputfaktoren werden durch den unternehmensspezifischen Einsatz weiter heterogenisiert, das heißt die am Markt zu erwerbenden Standardqualitäten werden in der Unternehmung modifiziert. Betrachtet man den Inputfaktor

---

[73] *Röpke* (1977) beschäftigt sich in seiner Schrift „Strategie der Innovation“ ausführlich mit der Problematik der Komplexität, und zwar sowohl auf der Ebene des Individuums als auch auf den Ebenen der Unternehmung sowie der Märkte. Dabei hebt er insbesondere die jeweiligen motivationalen Aspekte hervor. Insoweit erfolgt über diesen Fokus eine Integration unterschiedlicher Wissenschaftsdisziplinen. Diese methodische Vorgehensweise vom Individuum hin zu immer größeren Analyseeinheiten stand Pate für den Aufbau der vorliegenden Untersuchung.

„Mensch“, dann ist die Heterogenität der Individuen eine Selbstverständlichkeit, eine Banalität. Die Individualität des Menschen, seine Eigenständigkeit und Einmaligkeit korrespondiert mit dieser Feststellung. Insoweit resultiert die Kontrolle in der Unternehmung aus dem Problem, die heterogenen Inputfaktoren mit den unternehmensinternen Routinen zu harmonisieren (vgl. *Nelson* und *Winter* 1982, S. 114). Dies geschieht durch „Auswahl“ der (vermeintlich) adäquaten Inputqualitäten, durch „Modifizierung“ der Inputfaktoren oder schließlich – als wichtigster Variante – durch „Überwachung“ der Inputfaktoren im Arbeitsprozeß.[74] Das damit verbundene Problem des „shirking“ ist weiter oben ausführlich diskutiert worden. Im Ergebnis kommen *Nelson* und *Winter* (1982, S. 117) zu der Einschätzung, daß „time and environmental changes buffet the organization with potentially mutagenic events, against which its control systems struggle“. Von daher liefern sie eine weitere Begründung dafür, warum das organisationale Verhalten von den dominierenden „Routinen“ der Unternehmung maßgeblich geprägt wird.

Die Replikation oder Reproduktion in der Unternehmung soll zum Ausdruck bringen, daß es vorteilhafter sein kann, „to do more of the same, as contrasted with the difficulties that it would encounter in doing something else or that others encounter in trying to copy its success“ (ebenda, S. 119). Dies ergibt sich aus den Risiken und den damit einher gehenden Kosten, die schon bei einer quantitativen Ausdehnung der Produktion entstehen. Um ein vielfaches höher ist das Risiko bei einer qualitativen Produktionsveränderung. Die bisher erfolgreichen „Routinen“ in der Unternehmung können sich als Hemmschuh erweisen. Dies insbesondere dann, wenn die Unternehmensmitglieder mit dem Status quo zufrieden sind und von daher eine quantitative und/oder qualitative Veränderung der Produktionsbedingungen und der damit zusammenhängenden „Routinen“ als Störung empfinden. Darüber hinaus ist zu bedenken, daß der Versuch einer Kopie der unter bestimmten Bedingungen bewährten „Unternehmensroutine“ schon von daher zum Scheitern verurteilt seien kann, weil die Unternehmensumwelt und erst recht die Unternehmensmitarbeiter mit ihrem spezifischen Wissen eine simple Übertragung unmöglich machen können (vgl. hierzu ebenda, S. 121).

Schließlich betrachten *Nelson* und *Winter* (S. 123 f.) das Beispiel der Imitation des Verhaltens eines Wettbewerbers. Das Grundproblem hierbei besteht in der mangelnden Beobachtbarkeit der „Routinen“ des Wettbewerbers. Vor diesem Hintergrund ist eine Imitationsstrategie ambivalent zu beurteilen: Einerseits kann es gelingen, durch eine erfolgreiche Routinen-Kopie Kosten der Entdeckung dieser Routinen zu sparen, andererseits besteht aber auch die Gefahr, daß die Imitation aufgrund der mangelnden eigenen Ressourcen scheitert. In diesem Zusammenhang weisen *Nelson* und *Winter* (1982, S. 123) mit Recht darauf hin, daß „the copy is, at best, likely to constitute a substantial mutation of the original, embodying different responses to a large number of the specific challenges posed by the overall production problem“. Selbst unter der Annahme, daß die Routinen des Wettbewerbers vollständig und eindeutig beobachtbar und damit

---

[74] *Nelson* und *Winter* (1982, S. 114) weisen darauf hin, daß sie unter „monitoring“ neben der hierarchischen auch die finanzielle und die qualitative Kontrolle der Inputfaktoren verstehen. Damit öffnen sie die Analyse hin zur externen Kontrolle, z.B. über Kapitalmärkte.

bekannt wären, ist zu konstatieren, daß die Heterogenität der Inputfaktoren und hier insbesondere des Inputfaktors „Arbeit" eine Outputidentität der Unternehmen als Fiktion erscheinen lassen.

Im weiteren Verlauf ihrer Analyse ziehen *Nelson* und *Winter* (1982, S. 124 ff.) Parallelen zwischen den Konstrukten „Routinen" und „Fähigkeiten". Was die „Fähigkeiten" auf der Ebene des Individuums darstellen, sind die „Routinen" auf der Ebene der Unternehmung. „Routines are the skills of an organization" (S. 124). Dabei existiert innerhalb der Unternehmung eine Reihe von „Routinen", die wiederum in einem komplementären Verhältnis zueinander stehen. *Nelson* und *Winter* sprechen von der Notwendigkeit einer effektiven „integration of a number of component subroutines" (S. 125). Diese „subroutines" sind ihrerseits auf andere ‚sub-subroutines' zurückführbar usw. Es handelt sich von daher um einen systemtheoretisch geprägten Analyseansatz. Das Wissen innerhalb der Unternehmung ist auf die beteiligten Individuen verteilt und wird gleichsam von unten nach oben immer weiter integriert, wobei die Vorgaben des Managements im Hinblick auf die Kommunikationskultur in der Unternehmung einen wesentlichen Einfluß auf die Leistungsfähigkeit der Unternehmung haben dürfte, da – wie weiter oben ausgeführt – individuelles Wissen im Kommunikationsprozeß generiert wird. Insoweit ist zwischen der Integrationsleistung der gewachsenen „Routinen" einer Unternehmung und den gesetzten „Routinen" des Managements zu unterscheiden. Erst wenn es gelingt, die Kompatibilität zwischen beiden Integrationsrichtungen herzustellen, ist von einer erfolgreichen Unternehmenstätigkeit auszugehen. Andernfalls würden die Reibungsverluste, die während der Kommunikation der am Unternehmen beteiligten Akteure entstehen, zu möglicherweise prohibitiv hohen Kosten führen. In diesem Fall könnten die „Kommunikationsresistenzen" sogar unternehmensgefährdende Ausmaße annehmen.

Als weiteren Aspekt heben *Nelson* und *Winter* das Problem der (De-) Zentralisierung hervor. Sie führen aus: „The scale and complexity of a large organization make impossible the degree of centralization of control represented by the brain of an individual human being" (ebenda, S. 125). Die Schwierigkeit der mangelnden Zentralisierbarkeit der Kontrollfunktion in einer Unternehmung ist noch grundlegender auf einen allgemeinen Mangel an Wissen zurückführen. Es fehlt am nötigen Wissen den spezifischen Kontrollbereich und die konkrete Kontrollintensität festzulegen. Mit *Hayek* sind es die besonderen Kenntnisse von Ort und Zeit, die, interpretiert als individuelles Wissen, sich einer problemlosen Zentralisierung widersetzen.[75] Die Personengebundenheit dieses spezifischen Wissens läßt den Versuch einer Zentralisierung daher erfolglos erscheinen.

Zusammenfassend ist zum Ansatz von *Nelson* und *Winter* aus erkenntnistheoretischer Perspektive folgendes festzuhalten: Indem die Autoren sich in weiten Teilen ihrer Untersuchung vom neoklassischen Analyseansatz lösen, gelingt es ihnen, die Offenheit der Entwicklung einer Unternehmung schlüssiger zu begründen. Das Wachstum und der Fortbestand einer Unternehmung hängt demnach hauptsächlich von unternehmensendogenen Faktoren ab, nämlich den „skills" auf der Individualebene und den „routines" auf der Unternehmensebene. Beide Kategorien zusammen erzeugen bzw. bilden die „capa-

[75] Vgl. *Hayek* (1976b)

bilities" der Unternehmung, welche letztendlich für den Erfolg oder Mißerfolg verantwortlich sind. Die Bewertung der „capabilities" der Unternehmung erfolgt auf verschiedenen Märkten, insbesondere den Produkt- (besser: Leistungs-) und Kapitalmärkten. Damit geht die Sichtweise einher, daß gerade aus der Interdependenz der Individual- und der Organisationsebene die charakteristischen Vor- und Nachteile einer Unternehmung resultieren. Bezieht man diese Kernelemente auf die hier präferierte erkenntnistheoretische Perspektive, ergeben sich folgende Beurteilungen:

Zum einen können die individuellen „skills" der Mitarbeiter einer Unternehmung auch als das Ergebnis der individuellen Generierung von (Vermutungs-) Wissen interpretiert werden: Einerseits bringen die Individuen bereits Erfahrungen und bisher bewährtes Wissen mit in die Unternehmung ein. Diesen Wissensbestand gilt es aus Sicht des Unternehmens zu attrahieren, und zwar in Abhängigkeit von dem erwarteten Zielbeitrag des Individuums. Andererseits bildet das Individuum unternehmenskontextuales Wissen, da die existierenden und evolvierenden Unternehmensroutinen auch als Rahmen für die Generierung von neuem (Vermutungs-) Wissen aufgefaßt werden können. Diese Interpretation korrespondiert mit der Idee der „Faktorspezifität" von *Williamson*, denn wenn es dem Unternehmen gelingt, aufgrund der vorliegenden Unternehmensroutinen, den Mitarbeiter zur Generierung von unternehmensspezifischem Wissen zu motivieren, dann resultiert aus der zunehmenden Wissensspezialisierung des Mitarbeiters eine erhöhte Faktorproduktivität.

Zum anderen sind auch die „Routinen" einer Unternehmung als Ergebnis der Generierung von (Vermutungs-) Wissen zu charakterisieren. Es handelt sich um gleichsam geronnenes (Vermutungs-) Wissen, da die „Routinen" der Unternehmung in der Gegenwart ein Resultat des Umgangs der Unternehmung oder genauer: der Mitarbeiter mit internen und externen Herausforderungen der Vergangenheit darstellen. Insoweit sind die „Routinen" einer Unternehmung als bisher bewährtes Wissen zu qualifizieren. Die „Routinen" sind immer das Ergebnis individueller Kognitionsleistungen. Die Kreativität von Menschen kann somit in der Zeit zur Ausbildung von (neuen) „Routinen" führen. Die Frage der Adäquatheit dieser „Routinen" hinsichtlich ihres Problemlösungsbeitrages in der Zukunft bleibt davon unberührt. Im Ergebnis bedingen sich also „skills" und „routines" gegenseitig.

Weiterhin ist der Rückgriff auf das Konstrukt der „capabilities" der Unternehmung aus erkenntnistheoretischer Sicht vorteilhaft, da hiermit der zukunftsorientierten Betrachtung der Unternehmung Vorschub geleistet wird. Da diese Zukunft notwendigerweise ungewiß ist, folgt daraus eine fortdauernde Hinterfragung des Gegebenen, der Gegenwart. Der Ist-Zustand der Unternehmung läßt allenfalls Vermutungen über die Entwicklung der Unternehmung in der Zukunft zu. Dies ist kompatibel mit der Idee der Notwendigkeit der Generierung von (Vermutungs-) Wissen.

Nelson und *Winter* erlauben mit der Diskussion der Frage der Zentralisierbarkeit von Wissen den Anschluß an *Hayek*s Gedanken zu dieser Thematik, so daß eine Einbindung der evolutorisch ausgerichteten Unternehmenstheorie in eine evolutionär interpretierte

Ordnungsökonomik ermöglicht wird. Gerade die Homogenität der analytischen Herangehensweise an die verschiedenen Teilprobleme kann sich hier als fruchtbar erweisen.[76]

2.2. Versuch einer erkenntnistheoretischen Unternehmenserklärung

2.2.1. Einleitung

In der Folge wird versucht, auf der Basis einer Diskussion des „Kritischen Rationalismus" und der „Evolutionären Erkenntnistheorie" von *Popper* zu einer erkenntnistheoretischen Erklärung der Unternehmung zu gelangen. Das dabei entwickelte Unternehmungsverständnis führt im Anschluß daran auch zu dem Versuch einer erkenntnistheoretisch interpretierten Theorie der Unternehmensinsolvenz. Die beiden Ansätze sind logisch eng miteinander verwoben: Eine Unternehmung besteht aus einem Bündel von Hypothesen, also Vermutungswissen. Da Hypothesen nur dann dem wissenschaftstheoretischen Anspruch des „Kritischen Rationalismus" genügen, wenn sie an der Empirie scheitern können, sind Unternehmensinsolvenzen gleichsam als Falsifizierung eines Hypothesenbündels aufzufassen. Dieser Kerngedanke liegt den nachfolgenden Ausführungen zugrunde. Während der „Kritische Rationalismus" hierbei eher als methodisches Klassifikationskriterium fungiert, wird die „Evolutionäre Erkenntnistheorie" als heuristischer Rahmen für die Erklärung und Beurteilung der betrachteten realen Phänomene dienen. In den Abschnitten 2.2.3-2.2.5 werden weitere erkenntnistheoretische Ansätze skizziert, die anschließend im Abschnitt 2.2.6 in Verbindung mit *Popper*s Ansatz diskutiert werden. Auf der Basis dieser Erläuterungen wird im Abschnitt 2.2.7 eine erkenntnistheoretische Beurteilung der ökonomischen Erklärungen der Unternehmung aus Kapitel 1 dargelegt. In einem Zwischenergebnis (Abschnitt 2.2.8) wird dann die Frage aufgeworfen, inwiefern eine weitere Unternehmungserklärung notwendig erscheint. Den Abschluß des Kapitels bildet der Versuch einer Erkenntnistheorie der Unternehmung.

2.2.2. *Popper*sche Methodologie und evolutionäre Erkenntnistheorie

Popper hat mit seinem Buch „Logik der Forschung" aus dem Jahr 1935 eine wissenschaftstheoretische Diskussion eingeleitet, die auch Jahrzehnte später noch die Philosophen und Wissenschaftstheoretiker beschäftigt. Im wesentlichen geht es um die Frage, ob und wie wissenschaftlicher Erkenntnisfortschritt möglich ist. *Popper* entwickelt dabei die Idee der „Falsifikation". Damit ist folgendes gemeint: Rein logisch argumentiert, lassen sich „(Natur-) Gesetze mit streng raum-zeitlich unbegrenztem Geltungsanspruch (...) auch durch noch so viele Tatsachenaussagen nicht verifizieren" (*Küttner* 1989, S. 80; H.i.O.). Dies erklärt sich aus der Erkenntnis, daß es niemandem praktisch möglich ist, alle Tatsachen zu kennen.[77] Insoweit ist es auch nicht gerechtfertigt und logisch möglich, ein nur begrenzt erlangbares Tatsachenwissen zur Verifizierung eines Gesetzes

---

76 In der Einleitung wurde diese Idee bereits skizziert. Es geht um den Versuch, Unternehmen, Unternehmensinsolvenzen und die Systemtransformation mit einem konsistenten Sprach- und Analyserahmen zu betrachten.

77 Vgl. hierzu *Keuth* (2000, S. 31).

oder einer Theorie heranzuziehen.[78] Damit wendet sich *Popper* von induktionslogischen Schlußmodi zur Abgrenzung von empirischer Wissenschaft gegenüber Metaphysik und Pseudowissenschaft ab und schlägt statt dessen ein deduktionslogisches Abgrenzungskriterium vor[79], denn „die deduktive Logik ist nicht nur die Theorie der *Übertragung der Wahrheit* von den Prämissen auf die Konklusion, sondern gleichzeitig auch umgekehrt die Theorie der *Rückübertragung der Falschheit* von der Konklusion auf wenigstens eine der Prämissen“ (*Popper* 1997, S. 91; H.i.O.). Während der Versuch der „Verifikation“ einer Gesetzeshypothese nur auf der Basis der Kenntnis aller relevanten Tatsachenaussagen gelingt, genügt für die „Falsifikation“ einer Gesetzeshypothese eine einzige Tatsachenaussage, die dieser Hypothese widerspricht. Dieser Unterschied wird von *Popper* (1935/1994, S. 15 und 1993, S. 13) als „Asymmetrie zwischen Verifizierbarkeit und Falsifizierbarkeit“ bezeichnet und er führt dazu, daß die falsifikationistische Einstellung forschungsstrategisch gehaltvoller ist, und zwar in dem Sinn, daß sie die empirische Falsifikation oder Nicht-Bewährung einer Gesetzeshypothese ermöglicht und damit das Potential des Erkenntnisfortschritts aus der Fehlerelimination eröffnet.[80] „Eine Theorie ist nur dann empirisch wissenschaftlich, wenn die Klasse ihrer möglichen Falsifikatoren nicht leer ist“ (*Flor* 1993/2000, S. 479). Oder, anders ausgedrückt: „Eine Hypothese muß, soll sie einen Beitrag zur Wissenschaft darstellen, falsifizierbar sein“ (*Chalmers* 1986, S. 45). Mit diesen beiden Zitaten werden zweierlei Anforderungen verdeutlicht: Zum einen basiert der „Falsifikationismus“ auf der Annahme, daß es Beobachtungsaussagen gibt, die mit einer Hypothese nicht vereinbar sind, denn, wenn solche Beobachtungsaussagen existieren, dann ist die zugrundeliegende Hypothese falsch, das heißt „falsifiziert“. Aber nicht nur die Existenz von Beobachtungsaussagen mit Falsifizierungspotential ist vorauszusetzen. Des weiteren hängt die Aussagekraft und damit das wissenschaftliche Erkenntnispotential einer Theorie oder Hypothese von deren prinzipieller „Falsifizierbarkeit“ ab. „Denn nur durch das Ausscheiden einer Menge logisch möglicher Beobachtungsaussagen ist ein Gesetz oder eine Theorie aussagekräftig“ (*Chalmers* 1986, S. 46). Andernfalls hat die Theorie weder Erklärungs-, noch Gestaltungs- oder Prognosekraft: Sie wäre ein nichtssagendes Wortspiel.[81] *Popper* (2000a, S. 38) formuliert das Prinzip des „Kritischen Rationalismus“ im Hinblick auf die Frage, wie sich wissenschaftliche Irrtümer erkennen und ausschalten lassen, mit folgenden Worten: „Durch *Kritik* an den Theorien und Vermutungen anderer und – falls wir uns dazu erziehen können – durch *Kritik* an unseren eigenen Theorien und spekulativen Lö-

---

78 Vgl. zu den verschiedenen Varianten des „Verifikationismus“ die kurze Darstellung in: *Czayka* (1991, S. 135-140). Im Kern postulieren die „Verifikationisten“ die Möglichkeit eines sicheren Fundamentes zur Erlangung von erfahrungswissenschaftlicher Erkenntnis. Dabei unterscheiden sich die Vertreter hinsichtlich der zugrundegelegten Erkenntnisbasis („Vernunft“ oder „Erfahrung“) sowie der damit korrespondierenden präferierten Beweismethoden („Deduktion“ oder „Induktion“).

79 Vgl. *Keuth* (2000, S. 32)

80 Zur Frage der Endgültigkeit einer „Falsifikation“ vergleiche die Anmerkungen von *Küttner* (1989, S. 81) sowie zur Unterscheidung von Falsifizierbarkeit im logischen und im praktischen Sinne die Ausführungen im Beitrag von *Popper* (1989, S. 82-85).

81 Der *Albert*sche Vorwurf an die Neoklassik, „Wortspiele“ und „Modellplatonismus“ zu betreiben, setzt gerade an der tautologischen Grundstruktur der neoklassisch geprägten Theorien an.

sungsversuchen." Es geht also darum, Theorien aufzustellen, die nicht inhaltsleer sind und diese dann so streng wie möglich zu prüfen – theoretisch und empirisch, wobei das falsifikationistische Element durch die Empirie ins Spiel kommt.[82]

Aufbauend auf dieser Erkenntnis, plädiert *Popper* daher für einen „Fallibilismus", der sich dadurch auszeichnet, daß von einer konstitutionellen Fehlbarkeit menschlichen Wissens ausgegangen wird.[83] Für den Bereich der wissenschaftlichen Erkenntnisgewinnung folgt daraus konsequenterweise eine kritizistische Grundeinstellung gegenüber Theorien oder allgemeiner: menschlichem Wissen. Dies ist der Kerngedanke des „Kritischen Rationalismus", der damit bis zu den Vorsokratikern zurückreicht.[84] Diesen Ansatz baut *Popper* in seiner „Evolutionären Erkenntnistheorie"[85] aus: Ausgehend von der ubiquitären Fallibilität menschlichen Wissens, beruht die evolutionäre Erkenntnistheorie im Kern aus der „Methode von Versuch und Irrtumselimination" (*Popper* 1993b, S. 71).[86] Prinzipiell sind der Aufbau und die Struktur wissenschaftlicher Erkenntnis folgendermaßen zu kennzeichnen:[87]

Am Anfang steht ein bestimmtes Problem P_0. Dieses Problem gilt es zu lösen; oder, um es mit den Worten *Popper*s zu sagen: „Alles Leben ist Problemlösen"[88]. Um dieses Problem zu lösen, wird ein Problemlösungsversuch unternommen. Dieser Problemlösungsversuch hat den Charakter einer vorläufigen Theorie T_v. Die vorläufige Theorie kann das zugrundeliegende Problem zufriedenstellend lösen, oder, falls das nicht der Fall sein sollte, im Wege der Fehlerelimination zu neuen Problemen führen. Die Konfrontation der Theorie T_v mit der Realität, dem Ausgangsproblem P_0, führt über die Fehlerelimination F_e zu mindestens einem neuen Problem P_1. Es gilt somit folgendes Schema:[89]

$$P_0 \rightarrow T_v \rightarrow F_e \rightarrow P_1 \text{ (usw.)}$$

---

82 Vgl. *Popper* (1996/1997a, S. 26).

83 *Popper* äußert sich an vielen Stellen in diese Richtung. Vgl. beispielsweise: (2000a, S. 42), (2000b, S. 74), (2000c, S. 171), (2000e, S. 221), (1987/1997a, S. 13), (1987/1997b, S. 52 f.). Siehe auch *Albert* (1989, S. 180).

84 Vgl. *Popper* (2000e, insbesondere S. 221 und S. 223) sowie (1996/1997a, S. 26).

85 Vgl. *Popper* (1993b, insbesondere S. 68-71)

86 In diesem Kontext bringt *Popper* (1993b, S. 71) seinen berühmten Vergleich zwischen einer Amöbe und *Einstein*: Während die Amöbe nicht gerne irre, weil sie andernfalls zugrunde ginge, suche *Einstein* bewußt nach seinen Fehlern, um aus ihnen und ihrer Elimination eventuell etwas zu lernen. „Die Methode der Wissenschaft ist die kritische Methode" (ebenda). Vgl. auch *Popper* (1996/1997e).

87 Vgl. die Ausführungen zu diesem schematischen Ansatz in *Popper* (1996/1997a, S. 31 f.) sowie *Popper* (1993c, S. 122).

88 So lautet auch der Titel des Buches von *Popper* aus dem Jahr 1996/1997. Ein gleichnamiger Aufsatz in diesem Buch (S. 255-263) führt dieses Bild in die Diskussion ein (S. 257).

89 Bei *Popper* sind die Bezeichnungen anders gewählt, was aber für die inhaltliche Interpretation nicht von Belang ist.

Der Prozeß, der durch das Schema zum Ausdruck gebracht wird, ist dynamisch oder besser: zyklisch und kann prinzipiell an jedem Punkt des Schemas beginnen.[90] Theorien und Hypothesen, die in bezug auf bestimmte Probleme formuliert wurden, können niemals endgültig verifiziert werden, sondern erlangen bestenfalls den Status einer „Bisher-Bewährung", denn schon morgen könnten sie obsolet sein. Der Erkenntnisfortschritt stellt sich in dieser Interpretation als ein kontinuierlicher Prozeß dar, der durch die konsequente Anwendung der „kritischen Methode" zu einer kumulativen Anhäufung von Wissen führt, das als „bisher bewährt" gelten kann.

2.2.3. *Kuhn*scher Paradigmatismus

Gegen diese Sicht einer kontinuierlichen Entwicklung des Erkenntnisfortschritts wendet sich *Kuhn* (1962/1988) mit seiner wissenschaftshistorischen Studie „Die Struktur wissenschaftlicher Revolutionen". Anhand von historischen Beispielen versucht *Kuhn* nachzuweisen, daß die Veränderung des naturwissenschaftlichen Weltbildes nicht von der Methode des Versuchs und der Irrtumselimination, sondern von der bewußten Wahl eines Paradigmas geprägt wird.[91] Diese Wahl führe dann dazu, „daß es in der Wissenschaft von Zeit zu Zeit revolutionsartige Brüche mit radikaler Änderung der herrschenden Denkweisen gebe" (*Seiffert* 1989, S. 411; vgl. auch *Chalmers* 1986, S. 105). „Ein Paradigma besteht aus den allgemeinen theoretischen Annahmen und Gesetzen sowie den Techniken für ihre Anwendung, die die ‚Scientific Community' einer bestimmten Wissenschaft anerkennt" (*Chalmers* 1986, S. 106). Zwei Elemente charakterisieren die *Kuhn*sche Sichtweise:[92] Zum einen ist kein Wissen ohne „Paradigma" denkbar, denn das jeweilige Paradigma ist für die Interpretation der Daten entscheidend und ohne Interpretation der Daten kann kein Wissen entstehen. Diese Sichtweise ist gleichbedeutend mit der Feststellung, daß „Daten an sich" einer theoriegeleiteten Perspektive bedürfen, um ihren potentiellen Informationsgehalt freilegen zu können. Die Dominanz einer bestimmten „Theoriebrille" präjudiziert folglich auch die Interpretation der Wirklichkeit. „Die Art und Weise, wie ein Wissenschaftler einen bestimmten Aspekt der Welt sieht, wird durch das Paradigma bestimmt, in dem er arbeitet" (*Chalmers* 1986, S. 113). Zum zweiten sind „Paradigmen" inkommensurabel, das heißt sie können nicht direkt miteinander verglichen werden, da sie häufig in ihrer jeweils spezifischen Sprache und damit auch ausschließlichen Begrifflichkeit formuliert sind.[93] „So wie unterschiedliche Paradigmen unterschiedliche Arten von Fragen aufwerfen, so umfassen sie unterschiedliche und sich gegenseitig ausschließende Standards" (*Chalmers* 1986, S. 113). Entscheidend für die Durchsetzung eines „Paradigmas" sind die jeweiligen „Scientific Communities". Mit anderen Worten: Über die Anwendung und Aufrechterhaltung eines „Paradigmas" entscheidet nicht oder zumindest nicht ausschließlich die

---

[90] *Popper* (1996/1997a, S. 33-35) präferiert als Ausgangspunkt ein „Problem", da ein Vergleich der verschiedenen „Probleme" und ihre Distanz zueinander im Rahmen des angewandten Schemas eine bessere Beurteilung des Fortschritts der wissenschaftlichen Erkenntnis erlauben.

[91] Vgl. hierzu *Büchel* (1989, S. 229).

[92] Vgl. *Gellner* (1989, S. 291).

[93] Vgl. *Gellner* (1989, S. 291).

„Bewährung" bzw. „Nicht-Bewährung" in der Realität, so wie es der *Popper*sche Ansatz nahelegt, sondern eine explizite oder stillschweigende Übereinkunft der Nutzer dieses „Paradigmas". Diese Sichtweise eröffnet somit einen intersubjektiv nicht nachvollziehbaren diskretionären Entscheidungsspielraum für die „Intra-Paradigmatiker". Ein aus erkenntnistheoretischer Sicht unbefriedigender Zustand, da damit die Suche nach einem objektiven Beurteilungskriterium für Theorien (oder hier: „Paradigmen") quasi freiwillig aufgegeben wird.

In Anlehnung an *Chalmers* (1986, S. 106) kann der Fortschritt von Wissenschaft aus der *Kuhn*schen Perspektive folgendermaßen dargestellt werden: Auf eine Phase der „Vor-Wissenschaft" folgt die „normale Wissenschaft". Gerät diese in eine „Krise", kann es schließlich zur „Revolution" kommen, die eine „Neue Normalwissenschaft" zutage fördert, bis auch diese in eine „Neue Krise" gerät usw. Während der Phase der „Normalwissenschaft" ist nur ein einziges „Paradigma" entscheidend für „den Standard für legitime Forschung" (*Chalmers* 1986, S. 107). Insoweit resultiert aus einem „Paradigma" eine strenge Pfadabhängigkeit im Hinblick auf die „Ausreizung" des mit dem Paradigma verbundenen Potentials. Selbst wenn man diesen Aspekt noch als Vorzug der *Kuhn*schen Sichtweise interpretieren kann, so ist aus erkenntnistheoretischer Sicht der Versuch, Falsifikationen von Paradigmen als Anomalien quasi wegzudefinieren, als zumindest fragwürdig einzustufen.[94] „Ein Normalwissenschaftler muß dem Paradigma, in dem er arbeitet, unkritisch gegenüberstehen" (*Chalmers* 1986, S. 109). Dies umso mehr, als damit einer subjektiven ad hoc-Immunisierung von Theorien bzw. Paradigmen Tür und Tor geöffnet wird. In den Phasen der „Krise" und der „Revolution" gerät das traditionelle „Paradigma" mehr und mehr ins wanken. Das bedeutet, daß Anomalien zum einen die Grundfesten eines Paradigmas erschüttern können, zum zweiten, das sie aus historisch-empirischen Gründen problematisch sind und schließlich drittens, das sie aufgrund ihrer quantitativen Häufung zum Problem werden.[95] Diese Symptome charakterisieren die „Krise". Mit dem Auftreten eines „neuen Paradigmas", das die aufgetauchten Probleme völlig anders erklärt und möglicherweise löst, ist die Phase der „Revolution" erreicht: Eine neue Sicht der Dinge bricht sich Bahn und wird von der „Scientific Community" akzeptiert.

Dennoch ist zur Abgrenzung von der *Popper*schen Sichtweise nochmals hervorzuheben, daß *Kuhn* mit seiner Formulierung einer Abfolge letztlich in der Tradition einer historistischen Denkweise steht[96], die *Popper* immer wieder kritisiert hat.[97] Zusammenfassend ist die *Kuhn*sche Perspektive folgendermaßen zu charakterisieren: Der wissenschaftliche Fortschritt vollzieht sich eher in Schüben, denn in einem kontinuierlichen Prozeß aus „Versuch und Irrtumselimination". An die Stelle objektivierbarer Beurteilungskriterien für die Güte von Theorien bzw. Paradigmen tritt eine Instanz des wissenschaftsgesellschaftlichen Konsenses, die „Scientifc Community". Die Wahrheit oder

---

[94] Vgl. *Chalmers* (1986, S. 109).

[95] Vgl. *Chalmers* (1986 S, 111) sowie *Czayka* (1991, S. 147).

[96] Vgl. zu dieser Interpretation *Seiffert* (1989, S. 412).

[97] Stellvertretend für verschiedene Quellen sei auf *Popper*s „Das Elend des Historizismus" aus dem Jahr 1965 verwiesen.

besser: Bewährung einer Theorie wird damit zum Ergebnis einer überindividuellen Absprache. Was vordergründig als demokratisch und erkenntnistheoretisch positiv erscheint, da viele Mitglieder der „Scientific Community" über das Für und Wider einer Theorie entscheiden, kann sich sehr schnell als undemokratisch und erkenntnistheoretische Sackgasse erweisen, nämlich dann, wenn von den Problemen der Macht und der Ordnungsbedingtheit der Generierung von Wissen abstrahiert wird. Wahrheit bzw. Bewährung ist keine Frage der Mehrheit. Die Kriterien für die Bewährung und Nicht-Bewährung einer Theorie müssen im Vorfeld im Rahmen der Theorie und nicht in einer „Abstimmung" über die Theorie expliziert werden. Ansonsten droht wissenschaftlicher Erkenntnisfortschritt zu „Sprachspielen" (*Albert*) zu degenerieren. Somit müssen sich erfahrungswissenschaftliche Theorien an ihrem Bezugsobjekt, der Erfahrung oder Empirie, messen lassen.

2.2.4. *Lakatos*sche Forschungsprogramme

Lakatos (1974) hat in seinem Beitrag „Falsifikation und die Methodologie wissenschaftlicher Forschungsprogramme" vier wesentliche Elemente seines Ansatzes herausgearbeitet: (1) einen harten Kern, (2) einen Schutzgürtel aus Hilfshypothesen, (3) eine positive Heuristik und (4) eine negative Heuristik.[98] Diese Elemente sollen in aller Kürze dargestellt werden. „Der harte Kern eines Forschungsprogramms besteht aus einigen sehr allgemeinen, theoretischen Hypothesen, die die Grundlage bilden, von der aus das Programm entwickelt werden muß" (*Chalmers* 1986, S. 95). Er enthält die Grundannahmen des Forschungsprogramms. Diese wiederum dürfen „weder verworfen noch verändert" (ebenda) werden. Der „harte Kern" wird auf der Basis einer methodologischen Entscheidung vor der Falsifizierung geschützt. Dies geschieht durch die Einführung eines Schutzgürtels aus Hilfshypothesen, der neben der Ergänzung des „harten Kerns" auch noch Annahmen zu den unterstellten Anfangsbedingungen sowie zu den Beobachtungsaussagen enthält. Sollten die Aussagen des Forschungsprogramms mit den beobachteten Daten nicht übereinstimmen, dann wäre der Fehler nicht im „harten Kern", sondern in der Spezifikation des „Schutzgürtels" zu suchen. Auf diese Weise umgeht *Lakatos* das *Popper*sche Problem eines „naiven Falsifikationismus", das darin besteht, daß eine Theorie bzw. ein Forschungsprogramm oder genauer: der harte Kern eines Forschungsprogramms aufgrund einer einzigen falsifizierenden Beobachtung aufgegeben werden müßte.[99] Indem *Lakatos* einen Schutzgürtel entwirft, gewinnt er gleichsam Zeit für die Ausschöpfung des Potentials des „harten Kerns". *Lakatos* nennt diese Vorgehensweise „raffinierten Falsifikationismus": Die regulative Grundidee der „Falsifizierung" wird beibehalten, jedoch mittels einer methodologischen Entscheidung zeitlich verlagert. Der Vorteil dieser Vorgehensweise besteht darin, die in einem For-

---

[98] Vgl. auch *Chalmers* (1986, S. 95) und *Erlei, Leschke* und *Sauerland* (1999, S. 52).

[99] Auf die Frage, ob nicht auch eine falsifizierende Beobachtung selbst wiederum falsch sein kann, soll an dieser Stelle nicht näher eingegangen werden. Vom logischen Standpunkt aus ist völlig klar, daß auch die Qualifizierung einer Theorie als „empirisch nicht-bewährt" raum-zeitlich gebunden und damit zeit- und ortrelativ ist. Ein Punkt, der sich auch bereits in *Popper*s „Logik der Forschung" findet. Vgl. dazu den Hinweis bei *Andersson* (1981, S. 262 f.).

schungsprogramm potentiell enthaltenen Erklärungsbeiträge auch zur Geltung kommen lassen zu können. Wie von *Andersson* (1981, S. 262 f.) unter Hinweis auf die „Logik der Forschung" hervorgehoben wird, ist sich auch *Popper* der Relativität falsifizierender singulärer Beobachtungsaussagen („Basissätze") bewußt. Sie werden lediglich als hypothetisch wahr angenommen, um ihre Funktion als ein Gradmesser der Kritik erfüllen zu können. Insoweit unterscheidet sich das *Popper*sche vom *Kuhn*schen Verständnis der Basissätze in erster Linie dadurch, daß erstgenannter „die Kritisierbarkeit der Basissätze betont" (ebenda, S. 263), während letztgenannter in bezug auf die Basissätze einen paradigmatisch begründeten Glauben und eine Unkritisierbarkeit in der Phase der „Normalwissenschaft" unterstellt. Von daher ist die *Lakatos*sche Konstruktion eines Schutzgürtels um den harten Kern eines Forschungsprogramms durchaus mit der *Popper*schen Methodologie vereinbar. Solange nur alle methodologischen Entscheidungen expliziert werden, ist eine kritische Diskussion gewährleistet.

Die Problemlösungskraft eines Forschungsprogramms hängt im wesentlichen davon ab, ob und inwieweit eine „positive" oder eine „negative Heuristik" zum Tragen kommt.

> „Die positive Heuristik besteht aus einer partiell artikulierbaren Reihe von Vorschlägen oder Hinweisen, wie man die ‚widerlegbaren Fassungen' des Forschungsprogramms verändern und entwickeln soll und wie der ‚widerlegbare' Schutzgürtel modifiziert und raffinierter gestaltet werden kann" (*Lakatos* 1974, S. 131).

Im Zentrum steht daher die Frage nach den Möglichkeiten einer *„progressiven Problemverschiebung"* (*Erlei, Leschke* und *Sauerland* 1999, S. 52; H.i.O.), welche durch eine Ausdehnung des theoretischen und empirischen Erklärungsgehalts des Forschungsprogramms zum Ausdruck kommt. Die „negative Heuristik" eines Forschungsprogramms äußert sich darin, daß „während der Entwicklung eines Programms der harte Kern eines Programms unverändert und unangetastet bleiben muß" (*Chalmers* 1986, S. 96.). Diese Forderung kann dazu führen, daß auch eine „Immunisierung des Programms gegen Kritik mit Hilfe von Ad-hoc-Modifikationen der Annahmen" (*Erlei, Leschke* und *Sauerland* 1999, S. 52) resultiert. Damit wäre eine *„degenerative Problemverschiebung"* (ebenda) verbunden, da der theoretische und empirische Erklärungsgehalt des Forschungsprogramms sinken würde. Hierbei werden nämlich auftretende Probleme einfach wegdefiniert.

Zusammenfassend kann man daher folgendes sagen: Die *Lakatos*sche „Methodologie wissenschaftlicher Forschungsprogramme" überwindet einige Probleme des *Popper*schen Ansatzes (z. B. den „naiven Falsifikationismus") und zeichnet insbesondere mit seiner „positiven Heuristik" einen Weg auf, das Potential eines Forschungsprogramms in den Blickpunkt zu rücken. Andererseits ergeben sich aus dieser Vorgehensweise neue Probleme, die sich vornehmlich auf die Schwierigkeiten des Vergleichs konkurrierender Forschungsprogramme beziehen. Dieser läßt sich in der Regel erst ex post bewerkstelligen.[100] Aber auch innerhalb eines Forschungsprogramms können Problem auftauchen:

---

[100] Vgl. hierzu *Chalmers* (1986, S. 103). Doch ist es tatsächlich negativ, daß sich erst ex post ein Problemlösungsversuch als der bessere herausstellt? Ist nicht gerade die falsifikationistische Grundidee mit ihrer kritizistischen Einstellung notwendigerweise auf mehrere und verschiedene Versuche einer Problemlösung angewiesen? Und gesetzt den Fall, man könnte ex ante über die Vorteilhaftigkeit von Problemlösungsversuchen Aussagen treffen: Diese könnten

Die polare Gegenüberstellung und Qualifizierung in „progressive“ und „degenerative Problemverschiebung“ läßt sich logisch nicht zweifelsfrei aufrechterhalten. *Chalmers* (1986, S. 102) weist mit Recht darauf hin, daß in bezug auf ein Forschungsprogramm „es immer noch möglich (ist), daß irgendeine kreative Veränderung seines Schutzgürtels zu einer spektakulären Entdeckung führt, die das Programm wieder zum Leben erweckt und eine progressive Phase des Programms einleitet.“ Diese Aussage ist gerade für den Bereich der Erfahrungswissenschaften und insbesondere im hier interessierenden Kontext der Wirtschaftswissenschaften immer wieder zu bestätigen.[101]

2.2.5. *Feyerabend*scher Anarchismus

Mit der Schrift „Wider den Methodenzwang“[102] aus dem Jahr 1976 führt *Feyerabend* die Diskussion um den adäquaten erkenntnistheoretischen Ansatz zu seinem vorläufig radikal-individualistischen Höhepunkt.[103] In letzter Konsequenz kann jedes Individuum zum Erkenntnisfortschritt beitragen. Es geht um einen umfassenden Methodenpluralismus im Prozeß des Erkenntnisfortschritts: „Experts and laymen, professionals and dilettanti, truth-freaks and liars – they all are invited to participate in the contest and to make their contribution to the enrichment of our culture“ (*Feyerabend* 1975, S. 30). Die Maxime des „anything goes“ in der Methodologie ist hierfür beispielgebend. Gemäß *Feyerabend* (1975, S. 23; H.i.O.) gilt: „*The only principle that does not inhibit progress is*: anything goes.“ Im Kern geht es um den Widerstand gegen Methodologien, die bestimmte Vorgehensweisen als überlegen postulieren, und letztendlich den Wissenschaftlicher bevormunden, da sie als verbindliches Regelwerk in Erscheinung treten.[104] Gerade das Ausbrechen aus bisher als selbstverständlich betrachteten Bahnen ist für das Wachstum des Wissens entscheidend.[105] Es ist tatsächlich mit einer evolutorischen Perspektive des Erkenntnisfortschritts nur schwer zu vereinbaren, warum aus der Vielzahl denkmöglicher Varianten des Erkenntnisfortschritts es ante einige aus methodologischen Gründen ausgeschlossen werden sollten. Damit wird die Frage der Entstehung eines kritisierbaren Erkenntnisbeitrags aufgegriffen. Auch eine auf instruktivem Weg

---

sich doch ausschließlich auf im Vorfeld festgelegte methodologische Anforderungen beziehen. Die jedoch sind nur Mittel zum Zweck und insoweit auch nur Vermutungen. Ob sie sich als adäquat herausstellen, ist letztendlich eine Frage der „empirischen Bewährung“, die logisch immer ex post, also nach Aufstellung einer Theorie erfolgt.

[101] Erinnert sei nur an die verschiedenen Lebenszyklus-Modelle in der Ökonomie: Unabhängig von der jeweiligen Bezugsgröße (Produkt; Produktion; Unternehmen; Märkte usw.) wird in allen Fällen auf die Nicht-Zwangsläufigkeit der modellierten Entwicklung und den fehlenden Determinismus hingewiesen. Vgl. statt vieler die Ausführungen von *Heuß* (1965).

[102] Im englischen Original erschienen als: „Against Method. Outline of an anarchistic theory of knowledge“, London 1975. In der Folge wird die Originalfassung zugrundegelegt.

[103] Vgl. hierzu auch *Chalmers* (1986, S. 168).

[104] Vgl. *Chalmers* (1986, S. 158). Siehe auch *Feyerabend* (1975, S. 27 f.).

[105] Vgl. *Feyerabend* (1975, S. 23). Wendet man diesen Gedanken auf ein Problem der Ökonomie an, dann erscheint es völlig klar, daß unternehmerischer Erfolg gerade dadurch zustande kommt, daß ausgetretene Pfade verlassen bzw. völlig neue Entwicklungspfade betreten werden. Die Theorie des Unternehmers von *Heuß* (1965) ist hierfür beispielgebend. Als Vorläufer ist die Diskussion bei *Schumpeter* zu betrachten. Die Realisation von Pioniergewinnen bringt dies auf den „materiellen Punkt“.

entstandene Theorie oder Hypothese ist daher, sobald sie explizit und damit kritisierbar gemacht worden ist, als ein Beitrag zum Erkenntnisfortschritt zu interpretieren. Dabei ist es primär zweitrangig, ob die Theorie oder Hypothese empirisch überprüft werden kann, denn auch nicht empirisch überprüfbare Theorien und Hypothesen können kritisiert werden. Entscheidend sind vielmehr der spezifische Problemlösungsbeitrag einer Theorie sowie ihr Erfolg im Wettbewerb mit konkurrierenden Problemlösungen. Insofern ist der *Feyerabend*sche Fokus der Idee des „anything goes" im Bereich der methodologischen Verfahrensregeln durchaus legitim.[106]

Es stellt sich jedoch die Frage, ob nicht die methodologische Maxime des „anything goes" die Basis für einen Dialog und damit auch für eine wechselseitige erkenntnisfördernde Kritik untergräbt? Wenn jedes Individuum sich sein eigenes methodologisches Erkenntnisumfeld schafft, besteht zumindest die Gefahr, daß aufgrund einer damit einhergehenden mangelnden Kommunikationsbasis – gleich einer ‚zweiten babylonischen Sprachverwirrung' – ein ubiquitärer Relativismus entsteht.[107] Das resultierende ‚Forschungschaos' wäre nicht hilfreich, sondern würde lediglich den methodologischen Status quo kennzeichnen.[108] Auch für die Verfechter eines methodolgischen Pluralismus ist daher die Benennung und Offenlegung eines oder mehrerer Kriterien zur Beurteilung der aus dem methodologischen Vorgehen gewonnenen Theorien und Hypothesen unumgänglich. Andernfalls ließen sich keinerlei Aussagen über die Qualität der jeweiligen Theorien machen. Doch ohne eine derartige Substantiierung verlören Theorien und damit auch deren Aufstellung ihren Sinn. Theorien als solche sind Werkzeuge und somit instrumentell.

Zusammenfassend ist zur Perspektive *Feyerabend*s folgendes zu konstatieren: Während der Methodenpluralismus bei der Entstehung von Theorien und Hypothesen durchaus als positiv und erkenntnisfördernd beurteilt werden kann, ist auf der Ebene der Bewertung oder genauer: der Bewährung bzw. Nicht-Bewährung derselben Theorien und Hypothesen ein analog angewandter Pluralismus unangebracht. Für die Entstehung einer Theorie oder Hypothese, die materiell nichts anderes als eine spezifische Problemlösung darstellt, ist es völlig zweitrangig, ob sie deduktiv, induktiv, abduktiv oder instruktiv zustande gekommen ist. Insofern ist hier Methodenpluralismus von Vorteil. Für die Überprüfung einer Theorie oder Hypothese gilt dies nicht, da es notwendig ist, sich im Vorfeld über die Bedingungen Klarheit zu verschaffen, die zu einer Verwerfung aufgrund der Nicht-Bewährung der Theorie oder Hypothese führen. Nur dadurch kann einer unbegrenzten „Immunisierung" (*Albert*) Einhalt geboten werden. Das *Popper*sche Prinzip der Asymmetrie von Verifikation und Falsifikation kann von daher abgewandelt

---

[106] Es ist müßig zu erwähnen, daß dieses Postulat selbst der Kritik offensteht. Von daher ist der Hinweis von *Radnitzky* (1989, S. 467) zutreffend, daß Forschung keine „chaotische Tätigkeit" ist.

[107] Die Position von *Feyerabend* (und übrigens auch die von *Kuhn*) wird in der Literatur häufig als ein Ausdruck des „Relativismus" charakterisiert. Vgl. hierzu beispielsweise *Andersson* (1988, S. 7), *Radnitzky* (1989, S. 468), *Gellner* (1989, S. 292), und *Chalmers* (1986, S. 127 ff.).

[108] Vgl. *Radnitzky* (1989, S. 467).

werden zu einem Prinzip der ‚Asymmetrie der Methodenvielfalt bei der Entstehung und der Überprüfung von Theorien‘

2.2.6. Die erkenntnistheoretische Analyse von *Andersson* als Grundlage einer Erkenntnistheorie der Unternehmung

In der Studie „Kritik und Wissenschaftsgeschichte“ aus dem Jahr 1988 gelingt es *Andersson*, die unterschiedlichen Kritikansätze von *Kuhn*, *Lakatos* und *Feyerabend* am Konzept des „Kritischen Rationalismus“ zu entkräften. An dieser Stelle sollen nur diejenigen Aspekte beleuchtet werden, die im weiteren Gang der Untersuchung für eine Anwendung auf eine „Erkenntnistheorie der Unternehmung“ von Bedeutung sind. Folgende Schwerpunkte sind zu diskutieren: (1) Das Verhältnis von Falsifikationismus und Fallibilismus, (2) Die Bedeutung von Prüfsätzen und schließlich (3) Die Prüfung von Einzelhypothesen oder Hypothesensystemen.

Andersson (1988, S. 110; H.i.O.) definiert „Falsifikation“ wie folgt: „[Falsifikation] ist eine *bedingte* Widerlegung, die behauptet: *wenn* gewisse Prüfsätze (Falsifikationsmöglichkeiten) wahr sind, *dann* ist eine allgemeine Theorie falsch“. Entscheidend ist hierbei, daß es sich um eine bedingte Widerlegung handelt, das heißt „daß Falsifikationen zwar logisch, aber nicht faktisch zwingend sind“ (ebenda, S. 184).[109] Damit wird der Tatsache Rechnung getragen, daß auch singuläre Prüfsätze dem Fallibilitätspostulat unterliegen.[110] *Andersson* (1988, S. 109) formuliert dies so:

> „Wenn Prüfsätze fallibel sind, müssen auch Falsifikationen fallibel sein“ und weiter heißt es: „Wenn die Prüfsätze fallibel sind, dann kann die Falsifikation keine zwingende Widerlegung allgemeiner Hypothesen oder eine absolut sichere Begründung ihrer Falschheit sein (...) Auch die Behauptung, daß ein Prüfsatz zutreffe oder daß eine allgemeine Hypothese falsch sei, ist fallibel.“

Diese Einschätzung ist nun aus zweierlei Gründen von Bedeutung: Zum einen wird mit dieser Sichtweise die *Kuhn*sche und *Feyerabend*sche Kritik an der diesbezüglichen Position *Popper*s zurückgewiesen, da dieser selbst auf die Relativität der Beobachtungsaussagen oder Basissätze hingewiesen hat.[111] Von daher ist der Kritikpunkt, daß jede Beobachtungsaussage nur im Lichte einer Theorie zu interpretieren und zu verstehen ist, verfehlt, denn gerade *Popper* als Fallibilist hat die Bedingtheit der Prüfsätze in den Vordergrund gerückt. Die von *Popper* geforderte „Anerkennung von Basissätzen“ ist dagegen eine methodologische Entscheidung, die nur dazu dient, überhaupt zu einem Überprüfungsergebnis kommen zu können.[112] Es besteht von daher kein Gegensatz zwischen „Falsifikationismus“ und „Fallibilismus“. Bei der Beurteilung der Prüfsätze geht

---

[109] Vgl. auch *Watkins* (1980, S. 33) und *Andersson* (1981, S. 273).

[110] Vgl. *Andersson* (1988, S. 109).

[111] Siehe hierzu beispielsweise *Popper* (2000b, S. 31) und insbesondere *Popper* (2000c, S. 141). Vgl. auch den Hinweis bei *Czayka* (1991, S. 143).

[112] Vgl. *Popper* (2000c, S. 141 f.). In diesem Zusammenhang ist nochmals auf den Unterschied zwischen „Falsifizierbarkeit“ und „Falsifikation“ hinzuweisen. Für *Popper* (2000b, S.133) ist „Falsifizierbarkeit“ nur ein „Kriterium des empirischen Charakters von Satzsystemen; wann ein System als falsifiziert anzusehen ist, muß durch eigene Regeln bestimmt werden.“

es also in erster Linie um ihre Qualifizierung als grundsätzlich kritisierbare Aussagen. *Andersson* (1988, S. 105 f.; H.i.O.) formuliert dies so:

> „Für einen konsequenten Fallibilismus kann es jedenfalls keine Verifikation von Prüfsätzen oder ihre Anerkennung (oder Festsetzung) als wahr geben, sie bleiben im Prinzip fehlbar, revidierbar und kritisierbar. In einem konsequenten Fallibilismus tritt das Problem, wie Prüfsätze *verifiziert* werden können, gar nicht auf, sondern nur das Problem, wie Prüfsätze *kritisiert* werden können."

Insoweit kommt *Andersson* zu dem Schluß, daß auch das von *Lakatos* vorgeschlagene Verfahren hinfällig sei, nachdem der Wahrheitswert der Prüfsätze mittels interpretativer Theorien festgelegt wird, denn diese wiederum würden von Prüfsätzen beurteilt, so daß im Ergebnis ein zirkuläres Verfahren resultiere.[113] Die Frage des Unterschieds zwischen „Falsifikationismus" und „Fallibilismus" ist – wie gesehen – eng mit dem zugrundeliegenden Verständnis der Rolle und der Interpretation des methodologischen Status der Prüfsätze verbunden.

Die fallibilistische Grundüberzeugung, daß alles menschliche Wissen letztlich Vermutungswissen darstellt, schließt eine falsifikationistische Methodologie von daher nicht aus. Das Prinzip der „bedingten Widerlegung" rückt gerade diese Grundeinstellung in den Vordergrund: Entscheidend ist die prinzipielle Kritisierbarkeit von Aussagen, Theorien und Hypothesen. *Popper* bezeichnet seine Position daher auch als „kritizistisch".[114] „Fallibilismus" ist insoweit Ausdruck einer bestimmten Auffassung über die Art und Weise, wie Menschen lernen, nämlich auch und gerade aus ihren Fehlern.[115] Dies wiederum führt dazu, daß die Menschen in ihrem Streben nach Beherrschung ihrer Umgebung – ob natürliche oder soziale Umwelt – immer wieder an ihre Grenzen stoßen.[116] Mit dieser Einsicht korrespondiert gleichzeitig *Popper*s Plädoyer für eine „Stückwerk-Sozialtechnik" oder Sozialtechnologie der kleinen Schritte („piece meal-engineering"), da auf diese Weise die Gefahren eines ‚holistischen Super-GAUs' reduziert bzw. vermieden werden können.[117] *Popper* (2000e, S. 305) geht dabei davon aus, daß „es sehr schwer (ist), aus sehr großen Fehlern zu lernen."[118]

---

[113] Vgl. *Andersson* (1988, S. 180).

[114] Vgl. *Andersson* (1981, S. 274) sowie *Popper* (2000e, S. 222).

[115] Vgl. *Popper* (2000g, S. 313 und S. 334) sowie *Popper* (1996/1997a, S. 31).

[116] Vgl. *Andersson* (1988, S. 23).

[117] Vgl. *Popper* (1957/1980, S. 215-217), *Popper* (1958/1980, S. 164 und S. 273), *Popper* (2000i, S. 521 f.) sowie *Popper* (1997/2000d, S. 293-308, insbesondere S. 301 ff.). *Popper* weist in der letztgenannten Quelle darauf hin, daß die Umgestaltung der „Gesellschaft als Ganzes" logisch unmöglich ist (S. 305). Insofern sind holistisch angelegten Experimenten Grenzen gesetzt.
Doch diese Aussage hinsichtlich des logischen Status „holistischer Experimente" hat in der Geschichte der Menschheit nur selten Spuren hinterlassen. Gerade das Beispiel der „Zentralverwaltungswirtschaften" im ehemaligen Ostblock ist für dieses „kontra-logische" Vorgehen ein klassischer Beleg. Aber auch für die Frage der „Systemtransformation" ist *Popper*s Hinweis durchaus nutzbringend: Dem Glauben an eine „exakt planbare Systemtransformation" wird damit der Boden entzogen. Ausführlicher wird dieses Argument im Rahmen der Transformationstheorie im vierten Kapitel der Arbeit behandelt.

[118] *Popper* (2000e, S. 305 f.) führt dafür technische und moralische Gründe an: Der technische Aspekt bezieht sich auf die Schwierigkeit der Zuordnung von Maßnahmen und Resultaten

Schließlich geht es um die Frage der Prüfung von Einzelhypothesen oder Hypothesensystemen. *Andersson* (1988, S. 25) kommt zu dem Ergebnis, „daß die falsifikationistische Methodologie nicht voraussetzt, daß nur isolierte Hypothesen empirisch überprüft werden können."[119] Dies folgt aus der Tatsache, daß eine aus einem theoretischen System abgeleitete unbedingte Prognose empirisch prüfbar sein kann, und somit auch das gesamte theoretische System einer empirischen Prüfung zugänglich ist. „Falls das prognostizierte Ereignis nicht eintrifft, ist das ganze theoretische System falsifiziert. Falls es eintrifft, so hat sich das System bewährt" (*Andersson* 1988, S. 24). Entscheidend ist hierbei also das Potential eines theoretischen Systems, eine unbedingte empirische Prognose abzuleiten, denn damit wird auch das theoretische System empirisch prüfbar und „über die Negation der Prognose falsifizierbar" (ebenda, S. 25). Von daher ist es aus einer falsifikationistischen Perspektive gleichgültig, ob einzelne Hypothesen oder ganze theoretische Systeme einer empirischen Überprüfung unterworfen werden. Beide Ebenen der empirischen Prüfung sind logisch möglich.[120] *Andersson* (1988, S. 141) faßt seine Position in dieser Frage folgendermaßen zusammen:

> „Falls aus einem theoretischen System intersubjektiv nachprüfbare Prognosen abgeleitet werden können, ist das theoretische System eindeutig falsifizierbar. Dasselbe gilt für isolierte Hypothesen. (...) In beiden Fällen hängt die Falsifizierbarkeit nur davon ab, (...) ob die Menge der Falsifikationsmöglichkeiten nicht leer ist."

Im Hinblick auf die Konsequenzen aus dieser Feststellung konstatiert *Andersson*, daß mit der Möglichkeit der Falsifizierung eines ganzen theoretischen Systems noch nicht das Problem gelöst ist, welche Rückschlüsse aus einer empirischen Nicht-Bewährung eines theoretischen Systems zu ziehen sind, denn es bleibt unklar, „welche Teile des Systems falsch sind oder wie das falsifizierte theoretische System modifiziert werden soll."[121] Insoweit wird ein theoretisches System von einer Falsifikation als Ganzes ge-

---

hinsichtlich ihrer Wechselwirkungen. Das moralische Argument geht von der Vermutung aus, „daß man eine freie Diskussion über den holistischen Plan und seine Konsequenzen gar nicht dulden wir" (S. 306).

[119] Damit setzt sich *Andersson* mit einer Forderung *Stegmüller*s auseinander, der die Prüfung isolierter Hypothesen (sog, „Isolationismus") als conditio sine qua non einer falsifikationistischen Methodologie ansieht. Vgl. *Andersson* (1988, S. 9 und S. 25).

[120] Vgl. hierzu *Andersson* (1988, S. 183).

[121] *Andersson* (1988, S. 141) plädiert hier – anders als *Lakatos* – für eine stringente Interpretation der „falsifikationistischen Methodologie" und begründet das damit, daß über die Modifikation von theoretischen Systemen nicht mehr als „fehlbare Vermutungen" geäußert werden können, die ihrerseits „neuen empirischen Überprüfungen unterworfen werden müssen". Diese Aussage gilt wiederum auch für die Ebene der isolierten Hypothese (vgl. ebenda). Von daher ist „die falsifikationistische Methodologie (...) keine Methode der Entdeckung und sagt nichts darüber aus, wie falsifizierte theoretische Systeme [bzw. isolierte Hypothesen; d. Verf.] modifiziert werden sollen" (ebenda).
Vgl. hierzu auch *Andersson* (1988, S. 189), wo die Argumente gegen die *Lakatos*sche Interpretation nochmals zugespitzt werden. Es heißt dort: „Es gibt keine Methode der Entdeckung, die uns *vor der empirischen Prüfung* sagen kann, wie falsifizierte oder problematische Theorien geändert werden sollen. Dies ist der tiefere Grund, warum Lakatos' Methodologie der wissenschaftlichen Forschungsprogramme zum Scheitern verurteilt ist." (Herv. v. Verf.). Diese Aussage bezieht sich vornehmlich auf die Ideen einer „positiven" und „negativen Heuristik". Vgl. zu diesem Problem auch *Popper* (2000g, S. 348 f.).

troffen. Das schließt jedoch nicht aus, die Falsifikation eines theoretischen Systems prinzipiell als Ausgangspunkt oder Auslöser einer Modifikation des theoretischen Systems zu nutzen. *Andersson* sieht in der theoretischen Modifikation von theoretischen Systemen sowie der Nutzung von Hilfshypothesen keinen Widerspruch zur „falsifikationistischen Methodologie". Es kommt dabei darauf an, (1) die theoretischen Modifikationen ebenfalls als fallible Vermutungen zu betrachten und (2) nur diejenigen Hilfshypothesen zuzulassen, die eine Erweiterung der empirischen Prüfmöglichkeiten bedeuten, denn auf diese Weise „dienen (sie) nicht dazu Falsifikationen zu immunisieren, sondern dazu, Theorien so streng wie möglich zu überprüfen" (*Andersson* 1988, S. 193).[122]

Während sich die erste Forderung bereits aus rein logischen Überlegungen aus dem fallibilistischen Ansatz ergibt, ist die Forderung nach zusätzlichen Prüfmöglichkeiten mittels Hilfshypothesen ambivalent zu beurteilen: Einerseits ist die Schlußfolgerung *Anderssons* (ebenda), daß „die Verwendung und Modifikation von Hilfshypothesen weder Ausdruck eines erkenntnistheoretischen Anarchismus noch kritikimmunisierend, sondern eine ganz normale Verwendung der hypothetisch-deduktiven wissenschaftlichen Methode" sei, wenn nur das ganze theoretische System mitsamt der Hilfshypothese(n) empirisch geprüft werde, zweifellos mit der „falsifikationistischen Methodologie" in Einklang zu bringen, doch stellt sich andererseits folgende Frage: Warum sollte eine Theorie, die sich mittels empirischer Prüfung als falsifiziert oder nicht-bewährt erwiesen hat, nochmals überprüft werden, indem weitere empirische Überprüfungen mit Hilfshypothesen ermöglicht werden? *Andersson* geht scheinbar davon aus, daß aus theoretischen Systemen allein keine empirisch prüfbaren Hypothesen ableitbar sind. Für diesen Fall ist die oben skizzierte Vorgehensweise eine „legitime Forschungsstrategie" (ebenda, S. 192). Doch auch mit dieser Annahme läßt sich nicht begründen, wann ein theoretisches System (mit seiner unbestimmten Zahl von Hilfshypothesen über die Zeit) dem Prozeß der empirischen Überprüfung „letztmalig" ausgesetzt werden sollte. Insoweit ist die Gefahr, daß es durch fortdauernde Modifikation eines theoretischen Ausgangssystems mit verschiedenen Hilfshypothesen in letzter Konsequenz doch zu einer „Immunisierung" des ursprünglichen theoretischen Systems kommen kann, nicht zu leugnen. Eine Perpetuierung des theoretischen Ursprungssystems gegen alle empirischen Falsifikationen oder Nicht-Bewährungen wäre die mögliche Folge. Die zusätzlichen empirischen Überprüfungen würden ausschließlich die variierenden Hilfshypothesen testen, doch was ist damit für die Überprüfung des theoretischen Ausgangssystems gewonnen? *Andersson* (1988, S. 140) legt zwar explizit dar, daß „eine Falsifikation (...) nie durch bloßes Hinzufügen von neuen Hilfs- oder Ad-hoc-Hypothesen an das theoretische System vermieden werden (kann)", doch im Hinblick auf die Zahl der durchzuführenden empirischen Überprüfungen eines theoretischen Systems ist damit nichts gewonnen. Das theoretische System, bestehend aus einer Theorie und einer Hilfshypothe-

---

[122] Der Einsatz von Hilfshypothesen wirkt nur dann kritikimmunisierend, wenn eine isolierte Prüfbarkeit der (Hilfs-) Hypothesen postuliert wird. Geht man allerdings davon aus, daß die Hilfshypothesen im Rahmen eines ganzen theoretischen Systems empirisch überprüft werden, dann geht dieser Vorwurf ins Leere. Vgl. *Andersson* (1988, S. 193).

se, entwickelt sozusagen ein Eigenleben unter Bestandsschutz. Dies wäre allerdings eine Folge, die mit der „falsifikationistischen Methodologie“ nicht vereinbar ist.

Faßt man *Anderssons* Analysen zusammen, so bleibt folgendes festzuhalten: Zum einen gelingt es *Andersson*, eine Vielzahl kritischer Einwürfe von *Kuhn*, *Lakatos* und *Feyerabend* zu entkräften bzw. zu relativieren. Insbesondere die grundsätzliche Fallibilität der Prüf- oder Basissätze ist hier zu nennen. Weiterhin hat sich die vermeintliche Notwendigkeit einer isolierten Überprüfbarkeit einzelner Hypothesen als falsch erwiesen. Auch hierzu hat sich *Popper* geäußert. Zum anderen nutzt *Andersson* die Kritikpunkte, um die „falsifikationistische Methodologie“ in ihrer fallibilistischen Interpretation zu pointieren und auf zwei Aspekte zu konzentrieren: (1) Aus der Theorieabhängigkeit von empirischen Prüfsätzen folgen nicht zwangsläufig relativistische Konsequenzen, sondern die Einsicht, daß eine kritische Diskussion und Prüfung grundsätzlich möglich ist.[123] (2) Theorien werden in der Praxis häufig modifiziert und selten bei einer erstmaligen Falsifikation aufgegeben. Solange diese Modifikationen expliziert und damit kritisierbar gemacht werden, ist dies im Lichte einer „falsifikationistischen Methodologie“ unproblematisch.[124]

2.2.7. Erkenntnistheoretische Beurteilung der ökonomischen Erklärungsansätze: Gemeinsamkeiten und Unterschiede

Die *risikotheoretische* Unternehmenserklärung fußt auf der grundlegenden Problematik wirtschaftlicher Handlungen: der Ungewißheit. Diese resultiert automatisch aus der zeitlichen Dimension individueller wirtschaftlicher Aktivitäten, die notwendig in die Zukunft reichen. In Abhängigkeit individueller Fähigkeiten und Risikobereitschaften werden daher verschiedene Problemlösungsstrategien gewählt. Diese können als Hypothesen interpretiert werden. Die unterschiedlichen Fähigkeiten der Individuen äußern sich – erkenntnistheoretisch formuliert – im Kreativitätspotential zur Generierung von Vermutungswissen. Die Risikobereitschaft der Individuen könnte man dahingehend erkenntnistheoretisch beschreiben, daß die Reichweite oder Tragweite der generierten Hypothesen mit größerer Risikobereitschaft zunimmt und umgekehrt. Allerdings ist an dieser Stelle zu betonen, daß Fähigkeiten und Risikobereitschaft eines Individuums sich nicht notwendigerweise in einer Wirkungsrichtung verstärken. Es kann durchaus vorkommen, daß hohe individuelle Befähigungen mit geringer Risikobereitschaft und geringe individuelle Befähigungen mit hoher Risikobereitschaft verknüpft sind. Die Unternehmung stellt sich somit als Gebilde heraus, das von Individuen als Mittel zum Zweck des Umgangs mit Ungewißheit genutzt wird. Hierbei können unterschiedliche Individualhypothesen eingebracht werden, die im Sinne *Hayeks* auf der Wissensteilung der Wirtschaftssubjekte beruhen. Auch die Bildung von Vermutungswissen stellt sich somit als arbeitsteiliger Prozeß heraus. Diese Sichtweise wiederum korrespondiert mit der individualistischen Vorstellung, daß in letzter Konsequenz immer das Individuum Hypothesen generiert und nicht ein überindividuelles Kollektiv.

---

[123] Vgl. *Andersson* (1988, S. 194).

[124] Vgl. *Andersson* (1988, S. 194).

Die *vertragstheoretische* Unternehmenserklärung beruht auf der Idee unterschiedlicher Fähigkeiten und Risikobereitschaften der Individuen im Umgang mit Ungewissheit, sowie in der Präferenz für verschiedene Vertragstypen. Aus dieser Perspektive betrachtet, wären Unternehmungen das Ergebnis von freiwilligen, vertraglichen Vereinbarungen, die die unterschiedlichen Interessen oder – erkenntnistheoretisch formuliert – Hypothesen der Individuen zum Ausdruck bringen. Insoweit haben die jeweiligen Verträge aus individueller Sicht Instrumentalcharakter im Hinblick auf ihre (vermutete) Problemlösungskapazität.

Verträge selbst können als Hypothesen aufgefaßt werden. Da Hypothesen fallibel sind, sind dementsprechend auch Verträge als konkrete Ausdrucksform von Hypothesen mit der Gefahr des Scheiterns konfrontiert. Diesem Problem können die Individuen durch die Ausgestaltung der Vertragstypen zu begegnen versuchen. Da die Verträge zwangsläufig in die von Ungewißheit geprägte Zukunft wirken, könnte ein Lösungsversuch darin bestehen, die Verträge für Anpassungen in der Zukunft offenzuhalten, sie also in der Gegenwart nicht abschließend zu spezifizieren. Mit anderen Worten: Ein wesentliches Element derartiger relationaler Verträge ist die Möglichkeit zur Neu- oder Nachverhandlung unter vorher zu konkretisierenden Verhandlungsmodalitäten (z.B. hinsichtlich der Kostenverteilung). Der relationale Vertrag beinhaltet also das Recht zum in der Zukunft liegenden, erneuten Vertragsabschluß. An diesem Punkt wird die Bedeutung des von *Böhm* herausgestellten Rechtsrahmens für die privatautonome Betätigung der Individuen besonders klar: Ohne eine begründete Vermutung, daß die entsprechende Rechtsordnung auch beim potentiell notwendigen erneuten Vertragsabschluß noch Gültigkeit besitzt, ist dieser Vertragstyp zur Problemlösung ungeeignet. Damit wird aber gleichzeitig auch deutlich, daß die Gestaltung und Perpetuierung der rechtlichen Rahmenordnung ebenfalls Ausdruck hypothetischen (Vermutungs-) Wissens ist, denn in Abhängigkeit der Ausformung der Rechtsordnung dürfte auch die Bildung individueller, hypotheseninspirierter Verträge begünstigt, erschwert oder sogar ganz verhindert werden. Wenn aber davon ausgegangen wird, daß die Generierung von Hypothesen an Individuen gebunden ist, dann zeigt sich an dieser Stelle exemplarisch die Ordnungsbedingtheit der Wissenserzeugung.

Die *verfügungsrechtstheoretische* Unternehmenserklärung von *Alchian* und *Demsetz* hebt insbesondere die Spezialisierungsvorteile der Teamproduktion als Begründung für die Entstehung einer Unternehmung hervor. Analytisch stehen die individuellen, spezifischen Qualitäten der Inputfaktoren im Vordergrund der Betrachtung. Dies bedeutet, erkenntnistheoretisch interpretiert, zweierlei: Zum einen steht das einzelne Individuum im Fokus der Analyse. Die individuellen Fähigkeiten und Präferenzen werden im Rahmen der zu betrachtenden Handlungs- und Verfügungsrechtstrukturen als entscheidende Triebkräfte der Entwicklung angesehen. Selbst unter eingeschränkter Wirkung der Verhaltensannahme der individuellen Nutzenmaximierung bleibt diese Aussage zutreffend. Nötig ist dann allerdings folgende inhaltliche Konkretisierung: Neben die Heterogenisierung der Individuen durch die spezifischen Fähigkeiten und Präferenzen muß als weiteres Kriterium die Möglichkeit anderer Verhaltensannahmen treten. Beispielsweise ist auch die Annahme nicht-maximierender Verhaltensweise zuzulassen, denn für die Frage, ob und inwieweit eine Handlungs-, Verfügungsrecht- und Eigentumsstruktur auf das

Verhalten der Individuen wirkt, ist der ex ante-Ausschluß bestimmter Verhaltensweisen nicht notwendig und auch nicht hilfreich, da nicht ausgeschlossen werden kann, daß sich gerade „satisfizierendes" Verhalten in einer spezifischen Property Rights-Umgebung als angemessen erweisen kann. Von daher ist eine erkenntnistheoretische Begründung für die Öffnung der unterstellten Verhaltensweisen zu konstatieren.

Zum anderen wird aber auch der Einfluß der konkreten Handlungs-, Verfügungsrechts- und Eigentumsstruktur zum Gegenstand ökonomischer Betrachtung gemacht. Dies ermöglicht eine Verbindung der Property Rights-Theorie mit der ordnungstheoretischen Tradition im Sinne *Euckens* und *Hayeks*, denn diese beiden Autoren haben sich in vielfältiger Weise mit der Entstehung, der Struktur und der Wirkung bzw. Veränderung von Ordnungsbedingungen beschäftigt.[125] Der Property Rights-Ansatz stellt somit eine eher modellmäßig geprägte und formulierte ordnungstheoretische Perspektive dar. Damit gelingt es, die Anreiz- und Sanktionswirkungen von unterschiedlich konfigurierten und ausgestalteten Ordnungsbedingungen zu analysieren. Insofern ist aus einer erkenntnistheoretischen Betrachtungsweise festzustellen, daß der individuelle Prozeß der Generierung von neuem (Vermutungs-) Wissen eben nicht in einem institutionellen oder ordnungsfreien Vakuum stattfindet, sondern in Rechnung zu stellen ist, daß alles Wissen sowie die Erzeugung von neuem (Vermutungs-) Wissen immer ordnungsbedingt sind. Das damit verbundene Informationsproblem muß nicht zwangsläufig im Sinne der engen neoklassischen Informationsannahmen gelöst werden, sondern läßt sich durchaus in einer evolutionär ausgerichteten erkenntnistheoretischen Sichtweise formulieren, nämlich als „Hypostasierung von Vermutungswissen". Damit ist gemeint, daß die Relativität und Subjektivität des individuellen Wissens fortlaufend zu einer Um- und Neubewertung von bestehenden Handlungs-, Verfügungsrechts- und Eigentumsstrukturen führt und von daher zu einer evolutorischen Entwicklung der Property Rights beiträgt.

Die *koalitionstheoretische* Unternehmenserklärung von *Cyert* und *March* berücksichtigt explizit das Postulat eingeschränkter Rationalität der Individuen bei ihren Entscheidungen und Handlungen. Diese Annahme entspricht weitgehend der hier präferierten erkenntnistheoretischen Interpretation menschlicher Hypothesenbildung. Gleichzeitig hebt die Notwendigkeit interindividueller Verhandlungen im koalitionstheoretischen Ansatz die Bedeutung der Kommunikation für die Erzeugung von Vermutungswissen hervor. Alle Koalitionspartner entscheiden und handeln auf der Basis ihrer individuellen Fähigkeiten und Präferenzen; diese bringen sie interessengeleitet in die Verhandlungen ein. Somit wird als Ergebnis des Verhandlungsprozesses sozusagen eine Verkettung von Hypothesen vorgenommen. Diese Grundstruktur des koalitionstheoretischen Ansatzes berührt eine Vielzahl unterschiedlicher Betrachtungsebenen, wie die *Heinen*sche Sichtweise der systemischen Verknüpfung verschiedener Entscheidungsebenen gezeigt hat. Insoweit sind die Aussagen der Koalitionstheorie der Unternehmung auf individuelle Charakteristiken zurückführbar. Die differierende Interpretation durch die Individuen führt zu unterschiedlichen Informationsständen, wie im Principal-Agent-Ansatz model-

---

[125] Ein Überblick über die Ordnungsansätze von *Eucken* und *Hayek* erfolgt im Kontext der Theorie der Systemtransformation an späterer Stelle der Untersuchung. Vgl. hierzu den vierten Teil der Arbeit.

liert. Wären beide Personen – Prinzipal und Agent – umfassend informiert im Sinne einer Allwissenheit, dann ergäbe sich aus ökonomischer Sicht kein Grund mehr für eine vertragliche Bindung, da keinerlei Tauschvorteile mehr realisiert werden könnten.

Der wesentliche Vorzug des Principal Agent-Ansatzes besteht aus einer erkenntnistheoretischen Perspektive darin, daß Problem der Interessendivergenz, die daraus resultierenden Konsequenzen und potentielle Lösungsmöglichkeiten aufzuzeigen. Da die Orientierung der Individuen an ihren Interessen und damit auch deren Handlungen ebenfalls den Charakter einer Hypothese aufweisen, kann der Ansatz in den Versuch einer erkenntnistheoretischen Unternehmenserklärung einfließen.

Die *transaktionskostentheoretische* Unternehmenserklärung von *Williamson* zeichnet sich durch die Abkehr vom Postulat „vollständiger Rationalität" der Individuen aus. Die Hinwendung zum Konstrukt der *Simon*schen „bounded rationality" ist aus erkenntnistheoretischer Perspektive zu begrüßen, da die Annahme der Fallibilität allen Wissens eine bescheidenere Rationalitätskonzeption zur Folge hat. Andernfalls droht eine kognitive und motivationale Überforderung der Individuen, die wiederum zu steigenden Kosten führen kann. Insoweit ist es ökonomisch rational, Entscheidungen nicht mit der Last „vollständiger Rationalität" zu beladen. In diesem Sinne korrespondiert die ökonomische mit der hier gewählten erkenntnistheoretischen Perspektive, denn gerade weil die Individuen nicht „vollständig rational" Entscheiden und Handeln können aufgrund ihrer anthropologischen Begrenzungen, wäre ein Streben nach derartigen Problemlösungen nicht ökonomisch, da eine einzige und dauerhaft wahre Problemlösung gar nicht existiert. Die „Unsicherheit der Transaktion" in einer Welt der Ungewißheit läßt sich grundsätzlich nicht vollends vermeiden. Aus diesem Grund führt die Ungewißheit der Zukunft zwingend zu Kosten in der Gegenwart. Diese Form der Transaktionskosten oder – erkenntnistheoretisch gesprochen – Kosten der Generierung von (Vermutungs-) Wissen sind als ubiquitär anzusehen.

Die *evolutionstheoretische* Unternehmenserklärung von *Nelson* und *Winter* zeichnet sich insbesondere durch den Versuch einer analytischen Gleichrichtung der betrachteten Phänomene aus: Individuelle Fähigkeiten („skills") und Fähigkeiten der Unternehmung („capabilities") werden über das Konstrukt der „Routinen" aufeinander bezogen. Damit gelingt es, den individuellen Charakter der Generierung von (Vermutungs-) Wissen mit der Leistungsfähigkeit der Unternehmung zu verbinden. Die Ausgestaltung der „Routinen" – soweit es sich um gesetzte Routinen handelt – ist von daher sowohl für die Entstehung von neuem Wissen als auch dessen Umsetzung in der Unternehmung von ausschlaggebender Bedeutung. In bezug auf die individuellen Fähigkeiten ist der Hinweis auf den häufig impliziten Charakter des Wissens wichtig, da daraus, aus erkenntnistheoretischer Sicht, zwei weitere Konsequenzen resultieren: Einerseits ist die Implizität des Wissens ein gewichtiges Argument gegen eine neoklassisch geprägte Informationstheorie, denn die Prämisse der „vollständigen Information" der Individuen in den verschiedenen Modellen verliert an analytischer Relevanz[126], wenn man dieses Element des in-

---

[126] *Friedman* (1953) sieht darin allerdings kein Problem, da es aus seiner Sicht nicht auf die Richtigkeit der Prämissen, sondern auf die Richtigkeit der deduzierten Implikationen ankomme. Allerdings bedeutet das aus erkenntnistheoretischer Perspektive nur soviel: Sind die

dividuellen Wissens mit berücksichtigt. Vollständige Information setzt einen abgrenzbaren und somit vorab definierten Informationsumfang voraus. Der Informationsumfang wird durch Implizität des Wissens unquantifizierbar. Dazu kommt das Problem der Subjektivität der Interpretation des Informationsumfangs. Andererseits ist von Interesse, daß aus der Implizität von Wissen ein Kommunikationsproblem erwächst. Nicht nur dahingehend, daß implizites Wissen definitionsgemäß nicht kommunizierbar ist, sondern vornehmlich im Hinblick auf die Konsequenzen im Kommunikationsprozeß innerhalb der Unternehmung. Dieser ist so zu gestalten, daß nach Möglichkeit die impliziten Bestandteile des individuellen Wissens der Mitarbeiter mit eingebracht werden können. Es geht von daher darum, eine möglichst lern- und wissensstimulierende Unternehmensinnenwelt zu erzeugen, die wiederum den einzelnen Mitarbeiter anregt, sein Wissenspotential auszuschöpfen. Zu diesem Potential gehört das implizite Wissen der Mitarbeiter.

Weiterhin ist von Bedeutung, daß nicht nur „gesetzte Routinen", sondern auch „gewachsene Routinen" in der Unternehmung existieren. Diese informellen Regeln der unternehmensinternen Kommunikation sind ebenfalls als Quelle von neuem (Vermutungs-) Wissen zu interpretieren, da sie aufgrund ihrer tendenziell höheren Abstraktheit dem einzelnen Individuum mehr Freiheitsgrade bei der Generierung und Kommunikation von (Vermutungs-) Wissen bieten. Im Organisationskontext stellt sich damit die Frage nach der Toleranz und der Einbindung solcher informeller, gewachsener Routinen. Diese Frage ist schon deshalb von Interesse, weil nicht davon ausgegangen werden kann, daß alle „gewachsenen Routinen" per se einen positiven Einfluß auf die Leistungsfähigkeit der Unternehmung haben. Ganz allgemein können alle Formen von „Routinen" auch zur Ursache des Niedergangs einer Unternehmung werden, nämlich immer dann, wenn sie die Generierung von (Vermutungs-) Wissen be- oder verhindern. Die Einbindung der Unternehmung in die Märkte würde unter diesen Umständen in absehbarer Zeit einen freiwilligen oder erzwungenen Marktaustritt herbeiführen, da die Problemlösungskompetenz der Unternehmung nicht mehr hinreichend wäre. Die Fähigkeiten einer Unternehmung stellen sich somit – aus erkenntnistheoretischer Perspektive betrachtet – als die Fähigkeit zum Angebot von Problemlösungen für die Marktgegenseite dar. Insofern handelt es sich um eine grundlegende ökonomische und erkenntnistheoretische Fragestellung, die *Nelson* und *Winter* allerdings nicht durchgängig mit der postulierten evolutorischen Offenheit ihres Ansatzes behandeln.

2.2.8. Zwischenergebnis: Ist eine weitere Unternehmungserklärung nötig?

Die ausführliche Diskussion der verschiedenen ökonomischen Ansätze zur Erklärung der „Unternehmung" hat gezeigt, daß es nicht die eine und umfassende Theorie der Unternehmung gibt. Vielmehr wurde deutlich, daß alle analysierten Ansätze ganz spezifische Erklärungsbeiträge zu leisten imstande sind. Gleichzeitig erwies es sich aber auch,

---

Implikationen einer Theorie wahr, dann sind die verwendeten Prämissen zumindest nicht falsch oder genauer, dann befindet sich mindestens eine Prämisse darunter, die das deduzierte Ergebnis ermöglicht bei gleichzeitiger Irrelevanz der weiteren Prämissen. Dies ist aber trivial, da es keine gehaltserweiternden Schlüsse gibt.

daß die Ansätze häufig aufeinander bezogen werden können, was darauf hindeutet, daß das betrachtete Phänomen „Unternehmung" derart vielschichtig ist, das eine simplifizierende oder gar reduktionistische Analyse inadäquat erscheint. Weiterhin ist zu konstatieren, daß die verschiedenen theoretischen Ansätze in unterschiedlichem Maße einer evolutorischen Interpretation zugänglich sind.

Zum einen gilt es zu berücksichtigen, daß jeder Ansatz seine eigene Objektsprache entwickelt, das heißt in jedem Ansatz wird das Phänomen „Unternehmung" mit anderen Begriffen untersucht. Eine einfache Synthese der Ansätze ist von daher nicht möglich[127], da andernfalls nicht Vergleichbares miteinander verglichen und synthetisiert würde. Zum anderen deutet sich aber gerade darin die Perspektive einer integrativen Betrachtung an, die die Fokussierung auf Detailprobleme aufbricht und somit zu einem besseren Verständnis des komplexen Phänomens „Unternehmung" beiträgt. Schließlich ist festzuhalten, daß alle bisherigen und auch alle zukünftigen Ansätze zur Erklärung der „Unternehmung" immer nur vorläufigen Wahrheitsgehalt für sich in Anspruch nehmen können, denn die Feststellung der nicht endgültigen Wahrheit oder Bewährung einer Theorie ist das wesentliche Element der *Popper*schen Methodologie und evolutionären Erkenntnistheorie. Dies im Zusammenhang mit dem Versuch einer weiteren, erkenntnistheoretischen Unternehmungserklärung zu skizzieren, ist Aufgabe des folgenden Abschnitts.

2.2.9. Die Unternehmung als Theorie und Hypothesenbündel

Wie ist die Unternehmung aus einer erkenntnistheoretischen Perspektive zu beschreiben? Oder detaillierter, wie sieht diese Beschreibung für (1) die Unternehmung selbst aus, (2) die an der Unternehmung direkt oder indirekt Beteiligten und (3) die Rolle der Unternehmung in einer Wirtschaftsordnung aus? Diese Fragen sollen in gebotener Kürze beleuchtet werden. Im Zusammenhang mit der Analyse der Phänomene „Unternehmensinsolvenz" und „Systemtransformation" werden viele Diskussionspunkte erneut aufgegriffen und vertieft.

Ad (1): Eine „Unternehmung" besteht aus einem Hypothesenbündel. Dieses Hypothesenbündel kann man auch als eine Theorie auffassen. Die „Unternehmung" bietet eine oder mehrere Problemlösungen[128] an, die Vermutungscharakter aufweisen. Der

---

[127] Formal wird der Erfahrungsgegenstand „Unternehmung" in den einzelnen Ansätzen mit den Objektsprachen A, B, C usw. analysiert. Von daher ist es für einen Vergleich und natürlich erst recht für eine Synthese notwendig, eine gemeinsame Objektsprache zu finden. Mit dieser „Meta-Sprache" werden dann die einzelnen Objektsprachen transformiert zu A`, B`, C` usw. Die Ergebnisse können dann zueinander in Beziehung gesetzt werden und zu einer neuen Perspektive des Untersuchungsgegenstandes in der Objektsprache Ô führen. Mit anderen Worten: Die „Meta-Sprache", die nichts anderes als eine bestimmte Interpretationsweise darstellt, kann dazu genutzt werden, inkompatibel erscheinende theoretische Sprachsysteme in einer Synthese zusammenzuführen. Die „Meta-Sprache" schützt damit vor unreflektiertem Eklektizismus, da sie ihrerseits im Hinblick auf die Adäquatheit ihres Problemlösungsbeitrags kritisierbar ist.

[128] Im ersten Fall liegt eine „Einproduktunternehmung", im zweiten Fall eine „Mehrproduktunternehmung" vor. Der ökonomische Sachverhalt der Quersubventionierung innerhalb eines Unternehmens bedeutet – erkenntnistheoretisch interpretiert – nichts anderes als die „Immu-

Vermutungscharakter ergibt sich aus der Ungewißheit der zukünftigen Entwicklung. Die Theorie „Unternehmung" läßt sich weiter spezifizieren:

Grundsätzlich besteht die Unternehmung aus einem Bündel von drei Hypothesenebenen: (a) der Ebene der „Primärhypothesen", (b) der Ebene der „Sekundärhypothesen" und (c) der Ebene der „Tertiärhypothesen". Diese Hypothesenebnen der Unternehmung stehen in vielfältigen Wechselbeziehungen zueinander. Bevor diese aufgezeigt und erkenntnistheoretisch analysiert werden, gilt es, die einzelnen Hypothesenebenen gleichsam mit Bedeutungsinhalt zu füllen, um die Bezugspunkte der Interpretation aufzuzeigen. Die Vorstellung einer erkenntnistheoretischen Unternehmungserklärung sieht demnach vereinfacht folgendermaßen aus:

(a) Die Ebene der „Primärhypothesen" der Theorie „Unternehmung" ist mit den Problemlösungsangeboten der Unternehmung auf den Produktmärkten gleichzusetzen. Dort erfolgt die „Bewährung" oder „Nicht-Bewährung" der „Primärhypothesen", die ihren Ausdruck in den autonomen Kauf- oder Nichtkaufentscheidungen der Nachfrager finden.

(b) Die Ebene der „Sekundärhypothesen" der Theorie „Unternehmung" ist mit den Transaktionen der Unternehmung auf den Faktormärkten zu identifizieren. Es ist davon auszugehen, daß die Existenz dieser Hypothesenebene aus den unterschiedlichen Fähigkeiten, Interessen und Risikobereitschaften der Individuen zu erklären ist.

(c) Die Ebene der „Tertiärhypothesen" der Theorie „Unternehmung" bezieht sich auf die Entscheidungen in bezug auf die beiden erstgenannten Hypothesenebenen, und zwar sowohl was die Generierung als auch die Verknüpfung der einzelnen Hypothesen angeht.[129] Die Ebene der „Tertiärhypothesen" ist insoweit – genealogisch betrachtet – modelldominant, als die Individuen, die diese Hypothesen bilden, mit Individuen auf der Ebene der „Sekundärhypothesen" (Faktoreignern) zielorientiert, das heißt beeinflußt von der Ebene der „Primärhypothesen" (der vermuteten Problemlösung), kontrahieren.

Das Hypothesenmodell der Unternehmung zeigt, daß das Problem der Ungewißheit auf allen Ebenen unternehmerischer Entscheidungen virulent ist. Der Umgang mit Un-

---

nisierung" von bestimmten Theorien bzw. Hypothesenbündeln, denn de facto werden „nichtbewährte Primärhypothesen" weiter aufrechterhalten. Zu beachten ist hierbei allerdings die Frage der konkreten Zurechnung der Kosten der „Sekundärhypothesen" und der „Tertiärhypothesen" auf die verschiedenen „Primärhypothesen". Es ist ersichtlich, daß das ökonomische Kostenzuordnungsproblem einen ähnlichen Charakter aufweist, wie die methodologische Frage der empirischen Überprüfung einzelner Hypothesen oder ganzer theoretischer Systeme. Vgl. hierzu die weiter oben gemachten Ausführungen in Anlehnung an *Andersson* (1988).

[129] Im Gegensatz zu *Gutenberg*s Unterscheidung in „dispositiven Faktor" und „Elementarfaktoren" der Unternehmung, wird in diesem Ansatz auf drei Betrachtungsebenen abgestellt. Dies hängt damit zusammen, daß weder die Hypothesen des „dispositiven Faktors" (= „Tertiärhypothesen") noch die Hypothesen der „Elementarfaktoren" (= „Sekundärhypothesen") der Unternehmung einer direkten Überprüfung unterzogen werden. Dies geschieht ausschließlich auf den Produktmärkten, wo die Problemlösungen der Unternehmung (= „Primärhypothesen") von autonomen Dritten, den Nachfragern getestet werden.

gewißheit erfordert daher eine Theorie, wie dieser Ungewißheit zu begegnen ist. Die Unternehmung stellt im wirtschaftlichen Kontext eine solche Theorie dar.

Eine allgemeine, nomologische Gesetzeshypothese könnte dann lauten: Immer und überall dann, wenn eine Unternehmung U (= Theorie) ein Produkt P (= Primärhypothese) unter Nutzung von Inputfaktoren I (= Sekundärhypothesen) im Rahmen eines Entscheidungsprozesses E (= Tertiärhypothesen) auf dem Produktmarkt den Nachfragern anbietet, ist die (externe) Kritisierbarkeit und Überprüfung der Theorie „Unternehmung U" gewährleistet. Sie setzt grundsätzlich an der „Primärhypothese" an. Darüber hinaus besteht der Vorzug der skizzierten Interpretation in der durchgängigen Fokussierung auf die Erklärungskategorie des Wissens, das hier im Sinne von falliblem Vermutungswissen verstanden wird. Die Entscheidungen und Aktivitäten in einer Unternehmung werden von Individuen getroffen. Von daher ist auch hier die anthropologische Konstante begrenzten Wissens der Individuen eine erkenntnistheoretische Horizontlinie, die nicht überschritten werden kann.

Zum einen existiert/en also in einer Unternehmung eine oder mehrere „Primärhypothesen". Sie stellt/en die konkrete (vermutete) Problemlösung der Unternehmung auf den Produktmärkten dar. Die „Primärhypothesen" sind grundsätzlich fallibel, da ihr Problemlösungspotential von autonom entscheidenden Dritten, den Nachfragern beurteilt wird. Die „Primärhypothesen" werden von den Nachfragern getestet oder – um mit *Popper* zu sprechen – „kritisiert". Im Wettbewerbsprozeß der Unternehmungen konkurrieren dabei verschiedene Problemlösungen oder „Primärhypothesen". Insoweit werden die „Primärhypothesen" empirisch überprüft: Von den Nachfragern unmittelbar und von den Wettbewerbern mittelbar. Gelingt es der Unternehmung, Kaufkraft der Nachfrager an sich zu binden, so kann dies als „Bewährung" der „Primärhypothese(n)" aufgefaßt werden, wobei es insbesondere von der Struktur der „Sekundärhypothesen" abhängt und somit letztlich von den Entscheidungen auf der Ebene der „Tertiärhypothesen", inwieweit die „Bewährung" der „Primärhypothese(n)" in der Zeit andauert, denn prinzipiell ist die endgültige Wahrheit der „Primärhypothese(n)" nicht zu beweisen.[130] Temporärer Unternehmungserfolg ist mithin kein Garant für zukünftigen Unternehmungserfolg. Diese Erkenntnis ist gerade unter Berücksichtigung der Fallibilität unternehmerischer (wie aller anderen!) Entscheidungen und der Wettbewerbsdimension evident. Der Wettbewerb verschafft den Nachfragern durch alternative Problemlösungsangebote von Unternehmungen die Möglichkeit, unterschiedliche „Primärhypothesen" hinsichtlich ihres spezifischen Problemlösungsbeitrags vergleichend zu testen. Die positive Sanktionierung durch Kauf einer „Primärhypothese" impliziert automatisch die negative Sanktionierung vieler (aller) anderer „Primärhypothesen" durch Nicht-Kauf. Dies ergibt sich aus der Budgetrestriktion der Nachfrager, die einem unbeschränkten Konsum entgegen-

---

[130] Für die Negation gilt dasselbe: Auch eine endgültige „Falschheit" der Problemlösung ist erkenntnistheoretisch nicht zu begründen. Es braucht an dieser Stelle nicht mehr ausgeführt werden, daß auch die „Sekundär- und Tertiärhypothesen" nicht endgültig „bewährt" oder „nicht-bewährt" werden können. Im Rahmen der Diskussion der Theorie der Unternehmensinsolvenz wird jedoch dargelegt, warum aus einer evolutionär-erkenntnistheoretischen und einer ordnungstheoretischen Perspektive keine Perpetuierung von „falschen Problemlösungen" angezeigt ist.

steht. Ein monetärer Rückkopplungsmechanismus stellt somit den materiellen Kern des empirischen Tests auf der Ebene der „Primärhypothesen" dar.

Da die unternehmerische Problemlösung den Einsatz von Produktionsfaktoren erfordert, leitet sich zum anderen aus der „Primärhypothese" eine Vielzahl weiterer Hypothesen („Sekundärhypothesen") ab. Von der Materialbeschaffung über die Finanzierungsfragen bis hin zur Personalrekrutierung können alle Aktivitäten als solche „Sekundärhypothesen" interpretiert werden. Sie haben Instrumentalcharakter, da sie nicht unabhängig von der „Primärhypothese" sind. Vielmehr stellen sie einen vermuteten positiven Beitrag zur Ermöglichung derselben dar. Auch hier gilt: „Sekundärhypothesen" sind fallibel. Mit dieser These können eine Reihe der im vorangegangenen Kapitel besprochenen Probleme verbunden werden: Die Ursache der Fallibilität von „Sekundärhypothesen" zeigt sich beispielsweise sehr deutlich in den Fällen asymmetrischer Information der Vertragspartner. Das „shirking-" und „Principal Agent-Problem" ist hier beispielhaft anzuführen.

Schließlich ist die Ebene der „Tertiärhypothesen" separierbar: Damit sind alle Aktivitäten gemeint, die im Rahmen der Unternehmung das Zusammenspiel der „Sekundärhypothesen" zu gewährleisten haben und darüber hinaus in der Regel für die Generierung der „Primärhypothesen" maßgeblich verantwortlich sind.[131] Die Notwendigkeit, solche „Tertiärhypothesen" zu entwickeln, ergibt sich wiederum erst bei Existenz der zuvor genannten Hypothesentypen: Ohne die Vorstellung einer „Primärhypothese" bedarf es nicht der Akquirierung von „Sekundärhypothesen" und ohne die Existenz von „Sekundärhypothesen" ergibt sich auch kein Bedarf an einer Kombination oder Verknüpfung derselben. Diese Argumentation verdeutlicht die oben angeführten wechselseitigen Abhängigkeiten zwischen den einzelnen Hypothesenebenen. Es ist klar, daß auch auf der Ebene der „Tertiärhypothesen" die Fallibilität der Hypothesen ein konstituierendes Merkmal ist.[132]

Auf allen Hypothesenebenen wird davon ausgegangen, daß sie eingebettet sind in ein spezifisches Institutionengeflecht. Damit ist gemeint, daß die Bildung der jeweiligen Hypothesen auf den verschiedenen Ebenen von unterschiedlichen, innerhalb und außerhalb der Unternehmung liegenden formalen und informalen Regelungen beeinflußt wird. Insofern spielt der institutionelle Rahmen oder die Unternehmungsverfassung eine herausragende Rolle für die Generierung neuer Hypothesen. Für die vorliegende Untersuchung ist ein Einflußbereich von besonderer Bedeutung, nämlich die zum institutionellen Rahmen zählende rechtliche Regelung der Unternehmensinsolvenz und deren

---

[131] Dies bedeutet nicht zwangsläufig, daß hier die „Primärhypothesen" gebildet werden müssen. Damit werden auch die unternehmensbezogenen Organisationsmodelle in die Analyse integriert, in denen die Erzeugung der „Primärhypothesen" nicht dem Unternehmer oder den Manager-Unternehmern obliegt, sondern weisungsgebunden von beauftragten Mitarbeitern erfolgt, also auf der Basis von „Sekundärhypothesen". Zu denken wäre hier an Forschungs- und Entwicklungsabteilungen der Unternehmungen.

[132] So kann sich der Unternehmer beispielsweise beim Einkauf von Produktionsfaktoren (= Sekundärhypothesen) in bezug auf den erwarteten Leistungsbeitrag zur Generierung von „Primärhypothesen" irren oder aber die kreierte vermutete Problemlösung (= Primärhypothese) wird vom Markt negativ sanktioniert.

konkrete Ausgestaltung im Kontext unterschiedlicher Wirtschaftssysteme. Damit verbindet sich dann auch die Frage nach der empirischen Evidenz einer erkenntnistheoretisch interpretierten Unternehmenserklärung in verschiedenen Wirtschaftssystemen. Diese Frage wird im weiteren Verlauf der Untersuchung ausführlich diskutiert.[133]

Die Beschreibung der „Unternehmung“ als ein Hypothesenbündel muß um einen wichtigen Aspekt ergänzt werden: In den vorhergehenden Ausführungen wurde darauf hingewiesen, daß die Existenz der „Sekundärhypothesen“ und der „Tertiärhypothesen“ von der Existenz einer „Primärhypothese“ abhängig ist. Dies trifft insofern zu, als ein logischer innerer Zusammenhang zwischen den verschiedenen Hypothesenebenen auszumachen ist. Dennoch wäre es verfehlt, eine einseitige Wirkungsabhängigkeit zu postulieren, da eine „Primärhypothese“ in den meisten Fällen nur dann zum empirischen Test vorliegen dürfte, wenn zuvor sowohl „Sekundärhypothesen“ als auch „Tertiärhypothesen“ gebildet worden sind. In realiter ist von einer genealogischen Quasi-Gleichzeitigkeit der einzelnen Hypothesenebenen auszugehen. Nur wenn alle drei Hypothesenebenen simultan mit mindestens einer Hypothese besetzt sind, kann sinnvollerweise von einer Unternehmung gesprochen werden. Insofern wird die Ein-Personen-Unternehmung hier als Ausnahme betrachtet. Deshalb wird in dieser Interpretation die Unternehmung als Hypothesenbündel aufgefaßt. Dieser Begriff schließt die Mehrhypothesenstruktur der Unternehmung logisch ein.

Im Wettbewerb der Problemlösungen werden – erkenntnistheoretisch gesprochen – verschiedene Hypothesenbündel getestet, wobei sich die unmittelbare Bewährung oder Nicht-Bewährung auf die Ebene der „Primärhypothese“ bezieht. Die Ebenen der „Sekundärhypothesen“ und der „Tertiärhypothesen“ werden mittelbar (mit) getestet, da sie entscheidend dazu beitragen, inwieweit die angebotene Problemlösung – repräsentiert durch die „Primärhypothese“ – von den Nachfragern als solche akzeptiert wird. Die „Primärhypothese“ ist mit einem Angebotspreis versehen. Es resultiert daraus gleichsam eine „monetäre Relativierung“ der „Primärhypothese“, denn die materielle Problemlösungsfähigkeit eines Produktes wird über die Preisgestaltung der Unternehmung maßgeblich mit beeinflußt. Die vom Nachfrager wahrgenommene Problemlösungskapazität einer angebotenen Problemlösung ist aufgrund der Budgetrestriktion immer auch Gegenstand eines ökonomischen Kalküls. Über den „richtigen Angebotspreis“ für eine anzubietende Problemlösung muß das Unternehmen selbst im Sinne einer Vermutung entscheiden. Dies ist eine Aufgabe, die im oben skizzierten Hypothesenmodell der Unternehmung als eine Entscheidung auf der Ebene der „Tertiärhypothese“ aufzufassen wäre. Es ist von daher nicht hinreichend, eine materielle Problemlösung anzubieten; diese muß gleichzeitig mit einem Preis verbunden sein, der aus der individuellen Sicht der Nachfrager aus der potentiellen eine faktische Problemlösung macht. Das bedeutet, daß die Nachfrager letztlich eine Preis-/Leistungskombination daraufhin (hypothetisch) beurteilen, ob sie eine adäquate Problemlösung darstellen könnte; mit ihrer artikulierten (Nicht-) Nachfrage bringen sie das Ergebnis ihrer Beurteilung der „Primärhypothese“ zum Ausdruck. Insofern kann es durchaus sein, daß die potentielle Problemlösungskapazität von der faktischen Problemlösungskapazität abweicht. Sowohl die Anbieter von

---

[133] Vgl. hierzu das vierte und fünfte Kapitell der Untersuchung.

als auch die Nachfrager nach Problemlösungen sind von daher auf Vermutungen angewiesen.

Anbieter und Nachfrager sitzen aus erkenntnistheoretischer Perspektive in einem Boot: Auf beiden Seiten ist der Umgang mit Vermutungen oder Hypothesen ein konstitutives Merkmal des Problemlösungsprozesses. Von daher können sich die Vermutungen oder Hypothesen über die Problemlösungen als falsch herausstellen. An der grundsätzlichen Fallibilität der Vermutungen oder Hypothesen führt also kein Weg vorbei. Es ist zu betonen, daß es sich um eine raum- und zeitrelative Fallibilität handelt bzw. handeln muß.[134] Dies ist die erkenntnistheoretische Botschaft eines auf der falsifikationistischen Methodologie fußenden Kritischen Rationalismus, interpretiert in seiner fallibilistischen Ausprägung. Und damit eröffnet sich gleichzeitig eine Integrationsmöglichkeit für verschiedene – weiter oben dargelegte – Erklärungen der Unternehmung. Einige Ansatzpunkte hierzu sollen kurz am Ende dieses Abschnitts thesenartig skizziert werden.

Ad (2): Welche Konsequenzen ergeben sich aus der erkenntnistheoretischen Interpretation der Unternehmung für die direkt oder indirekt an der Unternehmung Beteiligten? Für alle gilt gleichermaßen: Die Beteiligung an der Unternehmung, ob direkt oder indirekt, basiert auf Vermutungen oder Hypothesen. Einige Beispiele sollen das verdeutlichen: Der Eigenkapitalgeber verspricht sich aus einem Engagement eine bestimmte Eigenkapitalrendite, Fremdkapitalgeber erwarten einen angemessenen Fremdkapitalzins, Geschäftspartner auf der Beschaffungsseite erhoffen sich eine störungsfreie Lieferantenbeziehung und die Arbeitskräfte der Unternehmung gehen üblicherweise ebenfalls von einer eher dauerhaften Beschäftigung bei möglichst steigenden Einkommenserwartungen in der Unternehmung aus. Wie leicht ersichtlich, ist allen angeführten Beispielen gemein, daß unter keinen Umständen mit Sicherheit die Richtigkeit der zugrundeliegenden Vermutungen oder Hypothesen unterstellt werden kann. Allerdings ist zu konstatieren, daß dieser prinzipiellen, erkenntnistheoretisch zu begründenden Problematik mit verschiedenen Vertragstypen begegnet werden kann.[135] Die Methode von Versuch und Irrtumselimination bleibt auch in diesem Kontext wegweisend, denn die Fallibilität der Unternehmung als solcher, das heißt ihrer angebotenen „Primärhypothese(n)“, korrespondiert mit der Fallibilität jeglicher mit der Unternehmung im Zusammenhang stehenden Vermutungen oder Hypothesen.

Auf Dauer existierende „nicht-bewährte Primärhypothesen“ sind ökonomisch nur schwer vorstellbar, da selbst im Fall der (potentiellen) Quersubventionierung der Rückflüsse verschiedener „Primärhypothesen“ innerhalb einer Unternehmung davon ausgegangen werden kann, daß – vorausgesetzt, eine adäquate Unternehmensordnung existiert – einige Vermutungen oder Hypothesen der an der Unternehmung Beteiligten offensichtlich und eher willkürlich beeinträchtigt werden.[136] Aus erkenntnistheoretischer

[134] *Andersson* hat m. E. schlüssig nachgewiesen, daß „Falsifikation“ und „Fallibilität“ sich nicht ausschließen.

[135] Siehe hierzu auch die Ausführungen in *Schüller* (1985, S.1-17).

[136] Die Interessenlage der Unternehmensbeteiligten an einer Quersubventionierung ist unterschiedlich: Zu denken ist hier beispielsweise an die Eigenkapitalgeber, die mit einer subop-

Perspektive wäre die Perpetuierung einer „nicht-bewährten Primärhypothese" in der Unternehmung als „unternehmerische Immunisierungsstrategie" zu interpretieren. Die Falsifizierung der „Primärhypothese" durch die Nachfrager würde unternehmensintern dabei nicht automatisch mit einer Hypothesenelimination beantwortet, sondern mit deren Aufrechterhaltung im Sinne eines fortdauernden Problemlösungsangebots.

Insofern liefert die erkenntnistheoretische Interpretation der Unternehmung ein Argument zu der Frage, wie eine „Primärhypothese" im Raum- und Zeitkontext zu beurteilen ist: Ihr inkorporiertes Vermutungswissen hinsichtlich einer Problemlösung ist – sobald sie auf dem Markt angeboten wird – grundsätzlich test- und kritisierbar. Deshalb ist die absolute Häufung positiver oder negativer Sanktionierung der Nachfrager, die sich als Gewinn oder Verlust für die Unternehmung äußert, ein objektives Kriterium der Bewährung einer „Primärhypothese". Die erkenntnistheoretische Relativität der „Bewährung" oder „Nicht-Bewährung" einer „Primärhypothese" verliert unter ökonomischen Gesichtspunkten daher seinen invarianten Charakter: Die Existenz der Theorie „Unternehmung" ist dauerhaft nur zu gewährleisten, wenn es gelingt, genügend erfolgreiche und damit „bewährte Primärhypothesen" (z.B. im Sinne von „cash cows") zu generieren. Nur diese sorgen für die unternehmungsnotwendigen Einzahlungsüberschüsse, die wiederum zur Attrahierung von Produktionsfaktoren und zur Generierung neuer „Primärhypothesen" eingesetzt werden können. „Nicht-bewährte Primärhypothesen" stellen somit aus ökonomischer und erkenntnistheoretischer Sicht ein Problem dar.

Es ist außerdem zu konstatieren, daß in Fragen der (Weiter-) Existenz der Unternehmung und damit der Theorie „Unternehmung" häufig „Immunisierungs-Allianzen" festzustellen sind. Diese können sogar Nichtbeteiligte an der Unternehmung und hier insbesondere Politiker einschließen.[137]

Es gilt in der Folge, einige weitere grundlegende Übereinstimmungen und Unterschiede im Hinblick auf die Qualifizierung der verschiedenen Vermutungen oder Hypothesen herauszuarbeiten: Zum einen ist festzustellen, daß einige Vermutungen oder Hypothesen, die im Umfeld einer Unternehmung aufgestellt werden, selbst Ausdruck einer expliziten, unternehmerischen „Primärhypothese" sind. Dahingehend wären beispielsweise die Vermutungen und Hypothesen der Geschäftspartner auf der Beschaffungsseite genauso zu zählen, wie die der Fremdkapitalgeber. Etwas anders sieht das für die Eigenkapitalgeber und die Mitarbeiter der Unternehmung aus: Während die Eigen-

---

timalen Eigenkapitalrendite zu rechnen haben. Aus deren Interessenlage heraus könnten der Rückzug der Unternehmung auf die sog. „Kernkompetenzen" und die Bereinigung des Produktportfolios der Unternehmung als Maßnahmen interpretiert werden, die genau dieser Gefährdung ihrer Vermutungen und Hypothesen entgegenwirken. Die Arbeitnehmer, die im Zusammenhang mit „nicht-bewährten Primärhypothesen" beschäftigt sind, werden versuchen, ihrem Interesse an einer Weiterbeschäftigung Geltung zu verschaffen (z.B. im Rahmen der betrieblichen Mitbestimmung usw.).

137 Aus der Sicht der Neuen Politischen Ökonomik ist ein derartiges Interesse von Politikerseite leicht zu erklären. Sie gewinnen damit an Ansehen und möglicherweise auch an Wahlstimmen. An der erkenntnistheoretischen Beurteilung eines solchen Vorgehens ändert sich dadurch jedoch nichts. Es handelt sich hierbei um nicht begründbare ad hoc-Annahmen, die zu einer „Immunisierung" der Theorie „Unternehmung" führen. Für den Erkenntnisfortschritt ist dies negativ zu bewerten.

kapitalgeber quasi „nur" eine Vermögensumschichtung von liquidem Kapital hin zu Sachkapital vornehmen[138], verzichten die Arbeitnehmer mit ihrem Arbeitsbeitrag ja gerade auf einen unternehmerischen Gewinn, der sich aus einer erfolgreichen, „bewährten Primärhypothese" ergeben kann, da sie substituierend ein Kontrakteinkommen präferieren. Die Unternehmung an sich stellt in dieser Perspektive ein Hypothesennetz dar, das als das Ergebnis intentionalen Handelns verschiedener Individuen aufgefaßt werden kann. Ob und inwieweit die aufeinander bezogenen Hypothesen miteinander kompatibel sind, ist eine Frage, die aufgrund der grundsätzlichen Fallibilität der Hypothesen, ex ante nicht vorausgesagt werden kann. Allenfalls erscheint es möglich zu sein, im Sinne *von Hayek*s „Mustervoraussagen" über die potentielle Kommensumerabilität der Hypothesen sowie deren mögliche Konsequenzen zu machen, denn endgültig wahre Aussagen sind nicht zu erlangen. Insofern ist aus erkenntnistheoretischer Sicht eine bescheidenere Herangehensweise angezeigt. Die Aussagen der betriebswirtschaftlichen Forschung im Hinblick auf die unterschiedlichen Detailfragen innerhalb einer Unternehmung, wie Beschaffung, Finanzierung, Forschung und Entwicklung, Produktion, Organisation, Marketing usw., könnten in dieser Perspektive als der Versuch interpretiert werden, die internen Wechselwirkungen der Hypothesenebenen aufzudecken und zu test- und kritisierbaren „Primärhypothesen" zu gelangen, auch wenn die Kritik der „Primärhypothesen" nicht notwendigerweise im Fokus unternehmerischer Entscheidungen stehen dürfte.[139]

Ad (3): Die Unternehmung als Teil einer Wirtschaftsordnung wird hier als eine Institution verstanden, in der es darum geht, Problemlösungen zu generieren. Von erkenntnistheoretischem Interesse ist die Feststellung, daß die Unternehmungen in ihrer Gesamtheit gleichsam als ökonomische Problemlösungsanbieter einer Wirtschaftsordnung angesehen werden können. Die Wirtschaftsordnung, zu deren Ordnungselementen auch die Unternehmungen zählen, kann dann als ein Rahmen zur Generierung von unternehmerischen „Primärhypothesen" interpretiert werden. Es wurde bereits darauf hingewiesen, daß zwischen dem Rahmen der „Wirtschaftsordnung" und der Sphäre der Unternehmungen Wechselbeziehungen bestehen. Ausführlicher wird diese Beziehung zwischen der wirtschaftlichen Gesamtordnung und der Unternehmensordnung im Rahmen der ordnungs- und erkenntnistheoretischen Diskussion der Phänomene „Unternehmensinsolvenz" und „Systemtransformation" dargestellt. An dieser Stelle sollen nur einige Verbindungen hypothesenartig angeführt werden.

Hypothese 1: Wenn Unternehmungen als fallible Hypothesenbündel interpretiert werden, dann muß die Wirtschaftsordnung dergestalt sein, daß die Fallibilität unternehmerischen Handelns – also die Unternehmensinsolvenz – nicht nur formal, sondern auch faktisch möglich ist und somit sowohl rechtlich kodifiziert als auch Gegenstand der Rechtswirklichkeit sein muß. Andernfalls droht eine Implosion der Wirtschafts- und möglicherweise auch der Gesellschaftsordnung. Diese Gefahr besteht – so das erkenntnistheoretische Argument – immer dann, wenn in den Teilordnungen die Fallibilität der

---

[138] Vom Fall der „Sacheinlage" sei in diesem Zusammenhang abgesehen.

[139] Auf die „Immunisierungsinteressen" innerhalb (und außerhalb) einer Unternehmung wurde bereits hingewiesen.

jeweiligen Hypothesen nicht mit einem Selektionskriterium bzw. -mechanismus verbunden ist. Unter diesen Umständen kumuliert vermutlich die Zahl der nicht-bewährten Hypothesen, die dennoch weiter handlungsbestimmend bleiben, so daß der Prozeß des Erkenntnisfortschritts behindert wird. Der Erkenntnisfortschritt im Sinne der permanenten Bildung von Vermutungswissen ist jedoch die Voraussetzung zur Lösung von Problemen jedweder Art. Die Erkenntnis- und damit Überlebenskrise der Teilordnungen und ihrer Elemente führt daher über die negativen Auswirkungen der Nichtelimination nicht-bewährter Hypothesen letztlich zur Krise und eventuell zum Zusammenbruch der Gesamtordnung.[140] Es wird insofern eine Fehlertoleranzschwelle innerhalb der Gesamtordnung und seiner Teilordnungen angenommen, deren Überschreitung zum Niedergang und schließlich zum Untergang der jeweiligen Ordnung führt.

Hypothese 2: Die Interpretation der Unternehmung als fallibles Hypothesenbündel ist mit einer Wirtschafts- und Gesellschaftsordnung zentralverwaltungswirtschaftlicher Ausprägung nicht vereinbar. Die Fallibilität menschlichen Denkens und Handelns ist mit der Logik der der zentralverwaltungswirtschaftlichen Idee zugrundeliegenden Auffassungen über die Entstehung und die Verwendung menschlichen Wissens nicht kompatibel.

Hypothese 3: Im Transformationsprozeß von einer Zentralverwaltungswirtschaft hin zu einer Marktwirtschaft kommt der Generierung von neuem (Vermutungs-) Wissen in und durch die Unternehmungen eine Schlüsselrolle zu, da davon auszugehen ist, daß alles Wissen, und damit auch das Wissen in den Unternehmungen, ordnungsbedingt ist. Die Ordnungsbedingtheit der Wissensentstehung einerseits sowie die grundsätzliche Fallibilität des generierten Wissens andererseits machen den Transformationsprozeß selbst zu einem Erkenntnisprozeß im Umgang mit dem Wissen der Individuen, die das Hypothesenbündel „Unternehmung" bilden.

Faßt man die hier skizzierte erkenntnistheoretische Interpretation der „Unternehmung" zusammen, so lassen sich folgende Kernaussagen festhalten:

Die Theorie oder das Hypothesenbündel „Unternehmung" ist in erkenntnistheoretischer Perspektive grundsätzlich als fallibel anzusehen.

Die Theorie oder das Hypothesenbündel „Unternehmung" besteht aus drei wechselseitig aufeinander bezogenen Hypothesenebenen, die als ein Hypothesennetz dargestellt werden können. Die Hierarchieinterpretation vieler ökonomischer Erklärungsansätze der Unternehmung wird von daher – aus erkenntnistheoretischer Sicht – für die Genese der Theorie „Unternehmung" weitgehend unterstützt, ist jedoch in ihrem Wirkungsgefüge gerade nichthierarchisch, sondern eher komplementär angelegt.

Die „Primärhypothese" einer Unternehmung wird im Wettbewerb mit anderen Problemlösungsangeboten von den Nachfragern der Problemlösung getestet. Sie kann sich hier „bewähren" oder „nicht-bewähren".

---

[140] Dies ist das Kernargument einer erkenntnistheoretischen Interpretation gesellschaftlicher Teilordnungen allgemein und der Wirtschaftsordnung im besonderen: Der ordnungsbedingte Umgang mit (Vermutungs-) Wissen. Vgl. zu diesem Thema die Ausführungen im vierten Teil der Untersuchung.

Die „Sekundär-" und die „Tertiärhypothese" einer Unternehmung werden indirekt von den Nachfragern getestet. Dies schließt selbstverständlich eine interne Überprüfung sowohl der oben genannten als auch der „Primärhypothese" nicht aus. Da in diesem Fall jedoch die Überprüfung der in Frage kommenden Hypothesen von denjenigen erfolgt, die sie aufgestellt haben, ist – unabhängig von der Legitimität und ökonomischen Vorteilhaftigkeit dieses Vorgehens – die notwendige Strenge der Kritik aufgrund der involvierten Interessenlagen nicht zwangsläufig zu erwarten. Diese Vermutung würde eine erkenntnistheoretische Begründung für einen „Primat externer Hypothesentests" implizieren.

Aus der ubiquitären Relativität des raum- und zeitbezogenen ökonomischen Problemlösungspotentials der Theorie oder des Hypothesenbündels „Unternehmung" folgt die Notwendigkeit einer plausiblen erkenntnistheoretischen Begründung, warum, wann und unter welchen Bedingungen bei Falsifizierung einer Theorie „Unternehmung" diese weiter bestehen kann, soll oder vielleicht sogar muß.

3. Zur Theorie der Unternehmensinsolvenz

3.1. Einleitung

Unternehmensinsolvenzen sind in einer Marktwirtschaft ein empirisches Phänomen. Entstehung und zahlenmäßige Entwicklung der Unternehmensinsolvenzen[1] ist von vielen Einflußfaktoren abhängig.[2] Neben der Ausgestaltung der insolvenzrechtlichen Regelungen (in Deutschland durch die Insolvenzordnung: InsO) spielen betriebswirtschaftliche und volkswirtschaftliche Determinanten eine Rolle. Im folgenden Teil der Untersuchung werden alle drei Einflußbereiche diskutiert, um im Anschluß daran den Versuch einer erkenntnistheoretischen Erklärung der Unternehmensinsolvenz zu skizzieren.

Die Grundfrage lautet: Kann es eine allgemeine Theorie der Unternehmensinsolvenz geben? Wenn ja, wie ist sie zu kennzeichnen? Des weiteren ergibt sich eine Reihe von Detailfragen, die in diesem Untersuchungszusammenhang von Bedeutung sind: Welche Gründe gibt es für eine rechtlich kodifizierte Insolvenzgesetzgebung? Wie sind die Auslösetatbestände eines Insolvenzverfahrens zu beurteilen? Schließlich die wichtige Frage: Sollte das Insolvenzrecht eine Reorganisation im Sinne eines „Insolvenzplans" vorsehen?[3] Die Fragen werden mit ökonomischen und rechtlichen Erläuterungen diskutiert. Abschließend werden die angeführten Argumente aus einer erkenntnistheoretischen Perspektive beleuchtet.

3.2. Unternehmensinsolvenzen aus juristischer Perspektive

Der zentrale Zweck eines gesetzlich kodifizierten Insolvenzverfahrens besteht in der „gleichmäßigen Befriedigung aller Gläubiger des insolventen Schuldners" (*Huntemann* 1999a, S. 3). In § 1 InsO heißt es:

> „Das Insolvenzverfahren dient dazu, die Gläubiger eines Schuldners gemeinschaftlich zu befriedigen, indem das Vermögen des Schuldners verwertet und der Erlös verteilt oder in einem Insolvenzplan eine abweichende Regelung insbesondere zum Erhalt des Unternehmens getroffen wird. Dem redlichen Schuldner wird Gelegenheit gegeben, sich von seinen restlichen Verbindlichkeiten zu befreien."[4]

---

[1] Im Rahmen der Arbeit wird von den Insolvenzen von Privatpersonen und Nachlässen abgesehen.

[2] Vgl. *Buchhart* (2001, S. 6).

[3] In der folgenden Diskussion geht es in erster Linie um die deutsche Insolvenzordnung vom 5. Oktober 1994, zuletzt geändert am 22. Juli 1998. Die Insolvenzordnung ist mit Wirkung vom 1. Januar 1999 in Kraft getreten. Vgl. hierzu *Wagner* (1998, S. 13), *Picot* und *Aleth* (1999, Rn. 12, S. 5) und *Huntemann* (1999a, S. 1 ff.). Siehe zu einigen Vorschriften der Insolvenzordnung, die bereits früher in Kraft getreten sind, *Huntemann* (1999a, S. 4).

[4] Siehe *Wagner* (1998, S.13). In *Balz* und *Landfermann* (1995, S. 70) findet sich im Gesetzestext ein nicht unwesentlicher Druckfehler. Dort heißt es statt „(...) zum Erhalt des *Unternehmens* getroffen wird." fälschlicherweise „(...) zum Erhalt des *Unternehmers* getroffen wird." Die natürliche Person des Unternehmers ist allerdings nicht der genuine Adressat der insolvenzrechtlichen Regelungen.

Wie aus dem Wortlaut des Gesetzes ersichtlich, tritt neben die gemeinschaftliche Befriedigung der Gläubiger als weiteres Ziel[5] der Insolvenzordnung ein Insolvenzplan, der dem Erhalt der Unternehmung dienen soll. Um die Ziele eines Insolvenzverfahrens zu erreichen, werden grundsätzlich zwei verschiedene Wege gewiesen. Zum einen die *Liquidation der Unternehmung* und zum anderen die *Sanierung der Unternehmung*. Die beiden Verfahrenswege stehen damit gleichberechtigt nebeneinander.[6] Der gesetzliche Vorbehalt für die Sanierung der Unternehmung ist hinzugekommen, um den Erhalt des Unternehmens zu ermöglichen. Die Konkursordnung von 1877 sah allein die Verwertung des Schuldnervermögens als Verfahrensweg vor.[7]

Im folgenden Abschnitt 3.2.1 werden die „Auslösetatbestände“ diskutiert. Der Abschnitt 3.2.2 beschäftigt sich mit dem „Insolvenzplan“. Es geht insbesondere um die Kongruenz dieser Regelung mit den grundlegenden institutionellen Erfordernissen einer Wirtschaftsordnung. In Abschnitt 3.2.3 wird analysiert, wann und warum Gläubigern und/oder Schuldnern das Recht auf Antragstellung der Unternehmensinsolvenz eingeräumt wird bzw. werden sollte. Zusammenfassend sollen im letzten Abschnitt 3.2.4 einige Anmerkungen aus erkenntnistheoretischer Perspektive auf die Betrachtungen der Insolvenzproblematik in der juristischen Literatur dargelegt werden.

3.2.1. Insolvenzrechtliche Auslösetatbestände

In § 16 InsO ist festgelegt, daß ein Insolvenzverfahren eines materiellen Eröffnungsgrundes bedarf.[8] Dieser ist vom Insolvenzgericht im Rahmen der Zulässigkeitsprüfung festzustellen. Andernfalls „ist der Antrag auf Eröffnung des Insolvenzverfahrens als unzulässig abzuweisen“ (*Wagner* 1998, S. 49). Damit sollen die Unternehmen vor ‚ungerechtfertigten‘ Insolvenzanträgen geschützt werden. Des weiteren gilt deshalb: Nur wenn ein legitimes Rechtsschutzinteresse oder Rechtsschutzbedürfnis des Gläubigers vorliegt und der Schuldner insolvenzverfahrensfähig[9] ist, sind die allgemeinen Verfahrensvoraussetzungen gegeben, um eine Zulässigkeit des Antrags auf Eröffnung des Insolvenzverfahrens zu begründen.[10] Im folgenden werden die einzelnen Auslösetatbestände dargestellt.

---

[5] Das Ziel der „Restschuldbefreiung“ („Verbraucherinsolvenz“) bleibt in dieser Untersuchung unberücksichtigt.

[6] Vgl. *Picot* und *Aleth* (1999, Rn. 665, S. 217 und Rn. 666, S. 218). Siehe auch *Balz* und *Landfermann* (1995, S. 11).

[7] Vgl. *Picot* und *Aleth* (1999, Rn. 666, S. 218). Der gerichtlich bestätigte Vergleich ist als Verfahrensalternative empirisch bedeutungslos geworden. Vgl. hierzu die Angaben bei *Balz* und *Landfermann* (1995, S. 4).

[8] Vgl. *Graf Brockdorff* (1999a, Rn. 18, S. 11).

[9] Die rechtlichen Regelungen zur Insolvenzfähigkeit finden sich in den §§ 11,12 InsO.

[10] Damit wird insbesondere einer Instrumentalisierung der Insolvenzordnung zur Bekämpfung von Wettbewerbern vorgebeugt. Vgl. hierzu und zu weiteren Beispielen für ein nicht vorliegendes Rechtsschutzinteresse die Angaben in *Wagner* (1998, S. 49).

3.2.1.1. Zahlungsunfähigkeit

Der einschlägige Paragraph zum Auslösetatbestand „Zahlungsunfähigkeit" der Insolvenzordnung (§ 17 InsO) lautet (siehe *Wagner* 1998, S. 40):

> „(1) Allgemeiner Eröffnungsgrund ist die Zahlungsunfähigkeit. (2) Der Schuldner ist zahlungsunfähig, wenn er nicht in der Lage ist, die fälligen Zahlungsverpflichtungen zu erfüllen. Zahlungsunfähigkeit ist in der Regel anzunehmen, wenn der Schuldner seine Zahlungen eingestellt hat."

Der Insolvenzgrund „Zahlungsunfähigkeit" wird im Gesetzestext (§ 17 I InsO) als „allgemeiner Eröffnungsgrund" eines Insolvenzverfahrens angeführt. Das bedeutet, daß bei Vorliegen des Auslösetatbestandes „Zahlungsunfähigkeit" grundsätzlich ein Antrag auf Eröffnung eines Insolvenzverfahrens gestellt werden kann. In § 17 II InsO wird der Begriff der „Zahlungsunfähigkeit" konkretisiert. Es handelt sich um eine Legaldefinition. Demnach ist der Schuldner zahlungsunfähig, wenn er seine „fälligen Zahlungsverpflichtungen" nicht erfüllen kann.[11] Von der „Zahlungsunfähigkeit" abzugrenzen ist das Merkmal der „Zahlungsstockung". Damit wird in der Literatur und Rechtsprechung der Tatsache Rechnung getragen, daß es im wirtschaftlichen Geschäftsverkehr durchaus zu Ereignissen kommen kann, die einer fristgerechten Erfüllung von Zahlungsverpflichtungen entgegenstehen.[12] Eine vorübergehende Zahlungsstockung impliziert daher keine Zahlungsunfähigkeit des Schuldners[13], da davon ausgegangen werden kann, daß der säumige Schuldner sich kurzfristig mittels Bankkrediten flüssige Mittel beschaffen kann, um damit seine Illiquidität aufzuheben.

Probleme ergeben sich aus der Tatsache, daß der Schuldner über mehrere Möglichkeiten verfügt, um liquide zu bleiben und somit in der Lage ist, den Zeitpunkt der „Zahlungsunfähigkeit" zu beeinflussen;[14] auch und gerade zu Lasten von bis dahin ungedeckten Gläubigern. Dies ist insbesondere dann von Bedeutung, wenn der Schuldner die Liquidität durch Veräußerung von nicht mehr benötigtem Betriebsvermögen oder die Beleihung von Gegenständen des Betriebsvermögens sicherstellt. In beiden Fällen kann die „Zahlungsunfähigkeit" vermieden werden.[15] Im Gegenzug verringert sich jedoch die Haftungsmasse bei gleichzeitiger Erhöhung der Verbindlichkeiten des Schuldners, da die vorgenannten ökonomischen Transaktionen kein zusätzlich haftendes Vermögen beim Schuldner erzeugen.[16] Die Beurteilung hängt entscheidend davon ab, ob mit diesen

---

[11] Vgl. hierzu *Wagner* (1998, S.40), *Graf Brockdorff* (1999a, Rn. 21, S. 12 f.) und *Picot* und *Aleth* (1999, Rn. 107, S. 39).

[12] Als Beispiele können der „verzögerte Eingang von Außenständen" oder ein „unerwarteter Forderungsausfall" dienen. Siehe hierzu *Graf Brockdorff* (1999a, Rn. 23, S. 13) sowie allgemein *Picot* und *Aleth* (1999, Rn. 109-112, S. 39-42). Vgl. auch *Pilgram* (1999, S. 112 ff.).

[13] Vgl. *Graf Brockdorff* (1999a, Rn. 22, S. 13), *Picot* und *Aleth* (1999, Rn. 111, S. 40 f.) sowie *Burger* (1995, S. 100 ff.).

[14] Vgl. *Drukarczyk* (1982, S. 565).

[15] Vgl. *Förster* (2000, S. 201 f.). *Förster* weist mit Recht darauf hin, daß ein Verbot dieser spezifischen Transaktionen kontraproduktiv ist, denn Schuldner mit vorübergehenden Zahlungsschwierigkeiten können sich damit vor ungerechtfertigten Insolvenzverfahren schützen. Insofern handelt sich um betriebswirtschaftlich rationale Handlungen des Schuldners.

[16] Vgl. *Drukarczyk* (1982, S. 565) sowie *Plate* (1980, S. 218).

prinzipiell legitimen Transaktionen nur vorübergehende Zahlungsschwierigkeiten behoben werden oder ob ein dauerhaftes Ungleichgewicht der finanzwirtschaftlichen Basis des Unternehmens vorliegt. Damit ist das von *Gutenberg* (1980, S. 274) hervorgehobene „finanzielle Gleichgewicht" angesprochen, das somit als „die Bedingung schlechthin für die Existenz der Unternehmen" angesehen werden muß. Liegt ein dauerhaftes Ungleichgewicht der finanzwirtschaftlichen Basis der Unternehmung vor, besteht die Gefahr, daß der Auslösetatbestand „Zahlungsunfähigkeit" den „Endpunkt einer Entwicklung fortschreitend abnehmender Zahlungsfähigkeit" (*Kressin* 1990, S. 214) darstellt. *Brorup* (1986, S. 1886) bezeichnet den sich damit verbindenden Vorgang treffend als „finanzwirtschaftlichen Erstickungsprozeß". Da im Gesetz keine Konkretisierung hinsichtlich der zulässigen Liquiditätszuführungen gemacht wird, ist das Ziel des Gesetzes, nämlich „die auf Zahlungsunfähigkeit gestützte Insolvenzeröffnung vorzuverlegen" (*Förster* 2000, S. 203), nicht gewährleistet.[17]

3.2.1.2. Überschuldung

In der Insolvenzordnung (§ 19 InsO) heißt es zum Auslösetatbestand „Überschuldung":[18]

> „(1) Bei einer juristischen Person ist auch die Überschuldung Eröffnungsgrund. (2) Überschuldung liegt vor, wenn das Vermögen des Schuldners die bestehenden Verbindlichkeiten nicht mehr deckt. Bei der Bewertung des Vermögens ist jedoch die Fortführung des Unternehmens zugrunde zu legen, wenn diese nach den Umständen überwiegend wahrscheinlich ist. (3) (...)."

---

[17] Anders dazu *Burger* und *Schellberg* (1995a, S. 263 und S. 266; 1995b, S. 569), die von dem „neuen" Auslösetatbestand „Zahlungsunfähigkeit" eine vorverlagerte Insolvenzauslösung erwarten. Skeptisch in dieser Hinsicht äußert sich *Pilgram* (1999, S. 115) unter Hinweis auf die nur maßvolle „Erhöhung der Anforderungen an die Zahlungsfähigkeit". *Förster* (2000; S. 204-211) legt im weiteren Verlauf seiner Analyse des insolvenzrechtlichen Auslösetatbestands „Zahlungsunfähigkeit" systematisch die Probleme dar, die aus der mangelnden Berücksichtigung ökonomischer Sachverhalte resultieren, oder anders formuliert: Wann ist ein finanzwirtschaftliches Ungleichgewicht vorübergehender oder dauerhafter Natur? Im Kern geht es um die Frage, was der Terminus „fällige Zahlungspflichten" in § 17 II 1 InsO bedeutet. *Förster* arbeitet dabei heraus, daß (1) die „Einbeziehung der gegenwärtig fälligen Verbindlichkeiten" (S. 205) nicht hinreicht, um die Frage nach dem Charakter des finanzwirtschaftlichen Ungleichgewichts der Unternehmung zu beurteilen, und daß (2) der Begriff „Fälligkeit" nicht in einem zeitlichen, sondern einem sachlichen Sinn zu interpretieren ist. Damit ist gemeint, daß auch alle Verbindlichkeiten berücksichtigt werden müssen, die nach dem Zeitpunkt der Prüfung der „Zahlungsunfähigkeit" fällig werden, denn „nur wenn man den Begriff der Fälligkeit in dem dargelegten sachlichen Sinn versteht, können die Zahlungspflichten eindeutig bezeichnet werden, die bei der Prognose zu berücksichtigen sind, ob das finanzwirtschaftliche Ungleichgewicht vorübergehender oder dauerhafter Natur ist" (S. 205). Im Ergebnis kommt *Förster* zu dem Schluß, daß auch das neue Insolvenzrecht nicht sicherstellt, daß „ein Gläubiger das Insolvenzverfahren wegen Zahlungsunfähigkeit mit Aussicht auf Erfolg beantragen kann, bevor der Schuldner sämtliche Möglichkeiten der Liquiditätsbeschaffung restlos ausgeschöpft hat" (S. 210). Insoweit ist der Auslösetatbestand der „Zahlungsunfähigkeit" als praktisch ineffizient zu bezeichnen (S. 211). Vergleiche zur Relevanz künftig fällig werdender Verbindlichkeiten auch *Burger* (1995, S. 102 f.).

[18] Siehe *Wagner* (1998, S. 44 f.).

„Überschuldung" oder (Vermögens-) Insuffizienz sind gemäß § 19 I InsO ausschließlich für juristische Personen als Auslösetatbestand eines Insolvenzverfahrens vorgesehen.[19] Der Begriff der „Überschuldung" bedeutet, daß „das Vermögen nicht mehr die Schulden deckt".[20] Es ist daher ein Vermögensvergleich anzustellen, bei dem die Aktiva (= Vermögen) und Passiva (= Schulden) der Unternehmung in einer „Überschuldungsbilanz" darzustellen sind.[21] Insofern schließt sich hinsichtlich der Justiziabilität des Auslösetatbestands „Überschuldung" sofort die Frage nach der Erhebung und Bewertung des Vermögens an. Für die Position der Schulden ist die Erhebung verhältnismäßig einfach, da die hierfür notwendigen Informationen aus der Buchführung der Unternehmung zu gewinnen sind. Dort sind die notwendigen Parameter – Maßzahl und Maßeinheit – detailliert aufgeführt.[22] Das Problem hier ist also weniger eine Frage der Erhebung oder Bewertung der Schulden, als deren grundsätzliche Berücksichtigung im Rahmen der Gegenüberstellung mit dem Vermögen.[23] Die Bewertung des Vermögens kann nun nach unterschiedlichen Methoden erfolgen, die an dieser Stelle aber nicht weiter vertieft werden sollen.[24] Im Ergebnis läßt sich jedoch feststellen, daß es für eine Bilanzerstellung unerläßlich ist, im Vorfeld eine Bewertungsprämisse zu konkretisieren. Diese bedingt ihrerseits die Ansetzung von Fortführungs- oder Liquidationswerten, denn je nachdem, ob die erwarteten Geschäftsaussichten der Unternehmung mit den sich darin manifestierenden Vermögenserträgen positiv oder negativ sind, sind die jeweiligen Werte zu verwenden.[25] Zum Vorgehen nach dem neuen Insolvenzrecht:

---

[19] Vgl. *Wagner* (1998, S. 45) und *Förster* (2000, S. 56).

[20] So die Definition in § 92 II AktG, § 64 I GmbHG sowie § 98 I GenG. Vgl. auch *Burger* und *Schellberg* (1995c, S. 226). Die Legaldefinition zum Begriff der „Überschuldung" in § 19 II InsO setzt von daher „Schulden" mit „bestehenden Verbindlichkeiten" gleich.

[21] Vgl. *Graf Brockdorff* (1999a, Rn. 34, S. 17). Zur Abgrenzung der Begriffe „Überschuldungsbilanz", „Unterbilanz" und „Verlustbilanz" siehe *Burger* (1995, S. 113-116).

[22] Vgl. *Förster* (2000, S. 214).

[23] Vgl. hierzu *Drukarczyk* (1979, S. 570 ff.) sowie *Häuselmann* (1993, S. 1552 ff.) und *Vollmer* und *Maurer* (1994, S. 2315 ff.).

[24] Kurz und prägnant werden die unterschiedlichen Methoden und die dahinterstehenden theoretischen Auffassungen von *Förster* (2000, S. 215-223) diskutiert und bewertet: Der Ansatz der Vermögensgegenstände zu „*Liquidationswerten*", der von den Vertretern einer statischen Bilanzauffassung präferiert wird, ist aus Sicht der dynamischen abzulehnen. Der Ansatz von „*Fortführungswerten*", der einer dynamischen Bilanzauffassung entspricht, wird vor allem deshalb kritisch beurteilt, weil es „nicht möglich ist, einen wirklich zutreffenden Kalkulationszinsfuß anzugeben" (S. 219). Die Ansetzung von „*Handelsbilanzwerten*" ergibt sowohl in ihrer gesetzlichen als auch in ihrer modifizierten Form keine Objektivierung des Sachverhalts, da das Prognoseelement und damit der Unsicherheitsfaktor auch hier virulent bleibt. Schließlich ist die Ansetzung von „*Wiederbeschaffungswerten*" fragwürdig, weil sie „weder etwas über das Ausmaß der Gefährdung von Gläubigern noch die Möglichkeiten zu ihrer Befriedigung" (*Plate* 1980, S. 221) aussagen können. Zur Bewertungsproblematik siehe auch *Burger* (1995, S. 119-147).

[25] Vgl. *Förster* (2000, S. 223 f.; vgl. auch insbesondere die dort in der Fn. 167 angegebenen Zitate). *Förster* kommt zu einer wichtigen Schlußfolgerung: Es liegt – erkenntnistheoretisch gesprochen – ein Zirkelschluß vor, „denn als Bewertungsprämisse muß eine Annahme über die geschäftliche Perspektive des Gesellschaftsunternehmens zugrunde gelegt werden, die sich ihrerseits – nach der gedanklichen Konzeption des Überschuldungstatbestandes – erst als Ergebnis der Überschuldungsprüfung ergeben kann" (S. 224). Insgesamt kommt *Förster*

Gemäß § 19 II InsO ist das Vermögen einer Unternehmung zu Fortführungswerten zu bewerten, wenn die Fortführung des Unternehmens „nach den Umständen überwiegend wahrscheinlich ist".[26] Andernfalls sind für das Vermögen Liquidationswerte anzusetzen. Im folgenden soll der Verlauf der Überschuldungsprüfung kurz dargestellt werden:[27]

Die Überschuldungsprüfung umfaßt drei Elemente: (1) die Überprüfung des Überschuldungstatbestands unter Annahme der Auflösung, (2) die Überprüfung des Überschuldungstatbestands unter der Annahme der Fortführung und schließlich (3) die Erstellung einer Prognose über die Überlebenswahrscheinlichkeit der Unternehmung, also eine Fortführungsprognose.

Ad (1): Die Überprüfung des Überschuldungstatbestands unter der Annahme der Auflösung erfolgt anhand der Ermittlung der sogenannten „rechnerischen Überschuldung". Diese ergibt sich immer dann, wenn die Summe der mit Liquidationswerten bewerteten Vermögensgegenstände kleiner ist als die Summe der Verbindlichkeiten. Der Ansatz von Liquidationswerten impliziert allerdings erhebliche Ermessensspielräume, die zu sehr unterschiedlichen Auflösungswerten einer Unternehmung führen können.[28] Als Einflußgrößen erweisen sich hier die „Auflösungsintensität" und die „Auflösungsgeschwindigkeit"[29], die vom Bewertenden festzulegen sind. Erst mit der Explikation

---

(2000, S. 232 f.) zu dem Ergebnis, daß der Auslösetatbestand „Überschuldung" aufgrund seiner Meßproblematik nicht zu einer früheren Insolvenzauslösung führen wird. Sowohl der Gesetzgeber als auch Literatur und Rechtsprechung seien in diesem Problemkontext zu optimistisch.

[26] *Förster* (2000, S. 231 f.) vertritt die Ansicht, daß die Ansetzung von „Fortführungswerten" im Vordergrund des gesetzgeberischen Interesses lag. Viele andere Autoren interpretieren den § 19 II InsO anders. Sie kommen zu dem Schluß, daß das Vermögen im ersten Schritt mit „Liquidationswerten" anzusetzen ist. Vgl. etwa *Graf Brockdorff* (1999, Rn. 35, S. 17), *Pilgram* (1999, S. 65 und S. 83) oder *Burger* und *Schellberg* (1995c, S. 226). Letztgenannte gründen ihre Einschätzung auf die Verwendung des Wortes „jedoch", da damit „eine vom Grundsatz abweichende Vorgehensweise formuliert wird" (ebenda). Der Dissenz ergibt sich aus der unterschiedlichen Interpretation der Frage, ob die Feststellung des Tatbestands „Überschuldung", wie er in § 19 II Satz 1 InsO normiert ist, unabhängig vom anzuwendenden Bewertungsverfahren erfolgt (erfolgen kann) oder ob implizit ein Bewertungsverfahren präjudiziert ist.

[27] Vgl. zu der Darstellung die Ausführungen von *Burger* und *Schellberg* (1995c, S. 227 ff.) sowie bei *Pilgram* (1999, S. 65 ff. und S. 80-88).

[28] Vgl. hierzu *Förster* (2000, S. 215 f.), *Burger* und *Schellberg* (1995c, S. 228), *Burger* (1995, S. 131) sowie *Pilgram* (1999, S. 80).

[29] „Die Auflösungsintensität gibt den Einzelveräußerungsgrad an" (*Burger* 1995, S. 129). Damit ist gemeint, daß in Abhängigkeit von der Zahl der einzeln zu veräußernden Vermögensgegenstände die potentiellen Liquidationserlöse variieren. Tendenziell läßt die Kombination von Vermögensgegenständen einen höheren Liquidationserlös erwarten. Als ökonomische Begründung hierfür ließe sich der häufig komplementäre Charakter von Vermögensgegenständen anführen. „In der Auflösungsgeschwindigkeit zeigt sich der Zeitrahmen, der für die Unternehmensauflösung zur Verfügung steht" (*Burger* und *Schellberg* 1995c, S. 227). Mit anderen Worten: „Notverkäufe" einerseits und „Auflösung ohne Zeitdruck" andererseits sind hier die wertbeeinflußenden Extremausprägungen. Je größer der Zeitdruck des Verkäufers, desto schlechter seine Verhandlungsposition, um so geringer die zu erwartenden Liquidationserlöse. Vgl. *Burger* (1995, S. 130) sowie *Burger* und *Schellberg* (1995c, S. 227).

dieser parametrischen Größen wird die Wertermittlung zu Veräußerungspreisen intersubjektiv nachprüfbar. Damit ist jedoch noch nicht sichergestellt, daß verschiedene Bewerter zu einem identischen Liquidationserlös gelangen, da diese Parameter das Problem der Subjektivität oder – anders ausgedrückt – der unternehmerischen Einschätzung nur auf eine andere Ebene verlagern.

Das grundlegende Problem des Auslösungstatbestands „Überschuldung" besteht darin, daß die auflösungsorientierte Bewertung sich nur einer hypothetischen ökonomischen Grundlage bedienen kann. Eine auf Liquidationswerten basierende Analyse verkennt den firmen- und investitionsspezifischen Kontext des Vermögens und kann dazu verleiten, voreilige Insolvenzen auszulösen. Wirtschaftlich zu rechtfertigen ist der Auslösetatbestand „Überschuldung" nur dann, wenn künftige Vermögenserträge hinreichend genau hinsichtlich ihrer Fähigkeit eingeschätzt werden könnten, zur Schuldendeckung beizutragen. Diese eminent unternehmerische Aufgabe erfordert über engere betriebswirtschaftliche Kalküle weit hinausgehend eine Einschätzung des je spezifischen unternehmerischen Handlungspotentials im Rahmen je spezifischer Marktgegebenheiten. Die Frage, ob die einzelnen Vermögensteile einer Unternehmung bei Veräußerung zu Liquidationspreisen eine zeitpunktbezogene Schuldendeckung gewährleisten, greift – daran gemessen – zu kurz. Als Ergebnis bleibt festzuhalten: Die Feststellung des Auslösetatbestands „Überschuldung" anhand der „rechnerischen Überschuldung" übersieht die unternehmerischen und marktprozessualen Bestimmungsgründe betrieblicher Vermögenstatbestände.

Ad (2): Die Überprüfung des Auslösetatbestands der „Überschuldung" unter der Annahme der Fortführung impliziert eine Reihe von Problemen. Konzeptionell geht es bei dieser Prüfung um die Frage, ob, in welcher Höhe und wann die Vermögensteile der Unternehmung – in welcher Zusammensetzung auch immer – eine Überschußperspektive haben. Im Kern geht es um die unter ad (1) behandelte Frage. Die Prüfung selbst erfolgt einzel- oder gesamtwertorientiert:

Die *einzelwertorientierte* Vermögensbewertung im Rahmen der insolvenzrechtlichen Prüfung basiert auf (fortgeschriebenen) Wiederbeschaffungswerten. Somit wird vom Konzept der „Reproduktion" ausgegangen, das daran ausgerichtet ist, welcher Substanzwert des Unternehmens vorliegt und welcher „Geldbetrag zur (identischen) Reproduktion heute erforderlich wäre" (*Burger* und *Schellberg* 1995c, S. 228).[30] Dieser Ansatz wirft jedoch aus drei Gründen für marktwirtschaftlich eingebettete Unternehmen mehr Fragen auf als er Antworten bietet. Zum einen ist es nicht plausibel, wie aus der fiktiven identischen Reproduktion der einzelnen Vermögensteile auf die zukünftigen Erfolgschancen und damit auf die Ertragskraft der Unternehmung geschlossen werden kann. Insoweit läßt sich auch keine Aussage darüber treffen, ob Gläubigeransprüche bei Fortführung der Unternehmung real gefährdet sind, da die zukünftige Schuldende-

[30] Zur Frage der Motive für die Anwendung dieser Konzeption finden sich bei *Burger* (1995, S. 134) folgende Argumente: (1) Der Ansatz von Wiederbeschaffungswerten sei manipulationsimmun. (2) Die tendenziell frühere Insolvenzauslösung führe zur „gewünschten Minimierung von Gläubigerschäden". (3) Es komme zu einer „Objektivierung der Vorgehensweise bei der Überschuldungsprüfung".

ckungsfähigkeit der Unternehmung nicht mit einer einzelwertorientierten Vermögensbewertung verläßlich prognostiziert werden kann.[31] Zum anderen stellt sich hinsichtlich des Umfangs der zu bewertenden Vermögensgegenstände folgendes Problem:[32] Sollen auch immaterielle Vermögensgegenstände berücksichtigt werden, und wenn ja, wie soll das geschehen? Aus unternehmerischer Perspektive ergibt sich der Wert der Vermögensteile insbesondere durch die firmenspezifische Kombination derselben. Insofern müßten alle Vermögenselemente, die Ausdruck eines betrieblichen „good will" sind, Berücksichtigung finden. Diese Elemente lassen sich jedoch nicht mit Wiederbeschaffungswerten erfassen, da sie einem erheblichen Ermessensspielraum unterliegen. Im Ergebnis führt dies zu einem Dilemma: Während die Einbeziehung des „good will" einer Unternehmung zur Manipulationsanfälligkeit der Bewertung führt, resultiert aus der Ausklammerung des „good will" die Nichtberücksichtigung gerade derjenigen Einflußfaktoren, die „die künftige Überschußfähigkeit bestimmen" (*Burger* und *Schellberg* 1995c, S. 228). Schließlich ist der Ansatz von Wiederbeschaffungswerten aus einem weiteren Grund zu kritisieren. Die zu ermittelnden Reproduktionswerte für die einzelnen Vermögensgegenstände lassen sich nicht eindeutig bestimmen, so daß der subjektive Ermessensspielraum des Bewertenden dazu führt, daß der „Objektivierungseffekt der Einzelbewertung" (*Burger* 1995, S. 135) als fragwürdig anzusehen ist. Zusammenfassend bleibt festzuhalten, daß „der Ansatz von Wiederbeschaffungswerten im Rahmen einer Überschuldungsprüfung unzweckmäßig erscheint" (ebenda).

Die *gesamtwertorientierte* Überschuldungsprüfung[33] greift nicht auf Wiederbeschaffungswerte, sondern auf einen Ertragswert zurück. Dieser soll die zukünftige Schuldendeckungsfähigkeit der Unternehmung aufzeigen. Der Ertragswert läßt sich zum einen als „Barwert der Ertragsüberschüsse" und zum anderen als „Barwert der Einzahlungsüberschüsse" ermitteln. Der „Barwert der Ertragsüberschüsse" resultiert aus den diskontierten Erträgen des Leistungsbereichs der Unternehmung. Um nun „Überschuldung" feststellen zu können, ist es notwendig, auch die Schulden zu diskontieren, denn „unter der Fortführungsprämisse ist dann Überschuldung gegeben, wenn der Ertragswert kleiner als die Summe der diskontierten Schulden ist" (*Burger* 1995, S. 136). Mit dieser Methode ist allerdings „nur" zu ermitteln bzw. zu prognostizieren, ob der Schuldner prinzipiell in der Lage ist bzw. sein wird, aufgrund seiner weiteren Unternehmenstätigkeit die bestehenden Gläubigeransprüche zu befriedigen. Inwieweit mit der Zahlungsmöglichkeit des Schuldners auch ein konkretes Zahlungsvermögen korrespondiert, ist daraus jedoch nicht abzuleiten.[34]

Ad (3): Bei diesem Verfahren ergibt sich ein weiteres, grundlegendes Problem, das zum dritten Element der Überprüfung des Auslösetatbestandes „Überschuldung", nämlich der Fortführungsprognose überleitet: Über welchen Zeitraum soll sich die Fortführungsprämisse erstrecken? *Burger* und *Schellberg* (1995c, S. 229) schließen aus der Formulierung in § 19 II Satz 1 InsO („bestehende Verbindlichkeiten"), daß als Progno-

---

31 Vgl. zu den vorstehenden Ausführungen *Burger* (1995, S. 135).

32 Vgl. hierzu *Burger* und *Schellberg* (1995c, S. 228) sowie *Burger* (1995, S. 135).

33 Vgl. zu den folgenden Ausführungen *Burger* (1995, S. 136 f.).

34 Vgl. *Burger* (1995, S. 136).

se- und Planungshorizont jener Zeitraum gilt, „den der Gläubigeranspruch mit der längsten kontraktgegebenen Restlaufzeit umfaßt." Insoweit folgern sie konsequent im Hinblick auf die Überschuldungsprüfung, daß das Insolvenzrecht derzeitige und nicht zukünftige Gläubiger schützt, „d.h. im Betrachtungszeitpunkt noch nicht begründete Gläubigeransprüche gehen nicht in die Überschuldungsprüfung ein" (*Burger* und *Schellberg* 1995c, S. 229). Mit dieser Sichtweise verbindet sich jedoch eine eigenartige Implikation: Scheinbar wird (theoretisch) davon ausgegangen, daß für die Dauer des Prognosezeitraums die Unternehmung keinerlei neue Verbindlichkeiten eingeht. Wenn dies aber der Fall sein soll, dann müßte gesichert sein, daß in allen zu betrachtenden Perioden die Einzahlungsüberschüsse ausreichen, um sowohl die dann jeweils zu bedienenden Gläubiger zu befriedigen als auch die notwendigen Beschaffungsmaßnahmen für die Leistungserstellung der Folgeperiode zu gewährleisten. Auch (Ersatz-) Investitionen, die möglicherweise notwendig sind, um die Gläubigeransprüche mit der längsten Restlaufzeit überhaupt aus der Leistungserstellung befriedigen zu können, müßten im Rahmen der Innenfinanzierung realisiert werden. Damit würde jedoch der Aktionsparametereinsatz – hier: Außenfinanzierung – der Unternehmung in eklatanter Weise eingeschränkt und es drängt sich die Frage auf, ob damit nicht die zukunftsorientierte Überschuldungsprüfung, die auf der Annahme der Fortführung auf Ertragswerten beruht, ad absurdum geführt wird.[35]

Neben dem Aspekt des zu berücksichtigenden Prognosezeitraumes, existiert ein weiterer Problembereich, der qualitativen Charakter trägt: Hierbei geht es um den Inhalt der Fortbestehensprognose. *Drukarczyk* (1986, S. 216 ff.) weist auf die systematischen Schwierigkeiten hin, die sich aus der Fragestellung ergeben, *was* überhaupt prognostiziert werden soll. Hier ist beachtlich, daß die Prognoseproblematik ganz allgemein zu den Interpretationsschwierigkeiten und -spielräumen führt. *Förster* (2000, S. 230) macht deutlich, daß sich unabhängig von der angewandten Meßkonzeption – ob Liquiditätsplanung, Finanzplanung oder Plan-Gewinn-und-Verlustrechnung[36] – die Unsicherheit der zukünftigen Entwicklung der Unternehmung nicht wegdefinieren läßt. Insoweit ist zu konstatieren, daß das Prognoseerfordernis und die damit einhergehenden Proble-

---

35 Vgl. zu dieser Argumentation in einem anderen Kontext die Ausführungen von *Pilgram* (1999, S. 116).

36 Dieses Verfahren schlägt *Drukarczyk* (1994, S. 1248 f.) vor, um eine Kollision zwischen gesellschaftsrechtlicher Normsetzung (§ 64 I GmbHG) und insolvenzrechtlicher Normsetzung (§ 18 InsO „Drohende Zahlungsunfähigkeit") auszuschließen. Hebt man nämlich bei der Prognose im Rahmen der Prüfung der „Überschuldung" auf zukünftige Zahlungsfähigkeit ab, dann folgt aus den materiellen Unterschieden der vorgenannten Paragraphen eine Inkompatibität der Auslösetatbestände „Überschuldung" (§ 19 InsO) und „Drohende Zahlungsunfähigkeit" (§ 18 InsO). Dies liegt daran, daß der oder die Geschäftsführer einer GmbH gemäß § 64 I GmbHG zur Insolvenzantragstellung verpflichtet sind, während gemäß § 18 InsO eine Antragspflicht der Gesellschafter nicht vorgesehen ist.
Vgl. hierzu auch *Wagner* (1998, Rn. 12, S. 44) sowie *Förster* (2000, S. 229). *Pilgram* (1999, S. 84; H.i.O.) faßt die Kernprobleme folgendermaßen zusammen: „Ginge es bei der Fortbestehensprognose nur um eine Prognose über die künftige Zahlungsfähigkeit, so würde der Insolvenztatbestand der Überschuldung seine Eigenständigkeit verlieren", und weiter heißt es: „Es erscheint daher zweckmäßig, von wirtschaftlicher Lebensfähigkeit nur dann zu sprechen, wenn auch künftig die Zahlungsfähigkeit gewährleistet ist *und* eine Bilanz ohne Überschuldung dargestellt werden kann."

me im Rahmen der Überschuldungsprüfung unter der Fortführungsprämisse auch nicht dadurch geringer werden, daß der Gesetzgeber die anzuwendende Fortführungsprämisse als „nach den Umständen überwiegend wahrscheinlich" (§ 19 II InsO) konkretisiert.

Hierbei ist zweierlei zu beachten: Zum einen ist die Fortführungsprognose auf die Zukunft der Unternehmung gerichtet und insofern aus den Gründen unsicherheitsbehaftet, die schon unter ad (1) genannt worden sind. Die Frage nach den für die Betrachtung relevanten Umweltzuständen ist höchst anfällig für willkürliche Annahmen und Eingriffe. Zum anderen führt die Berücksichtigung und Anwendung des Terminus „Wahrscheinlichkeit" zu einem zusätzlichen Problem: Prinzipiell unterscheidet das Gesetz nur zwischen der Auflösung und der Fortführung der Unternehmung. Eine positive Fortführungsprognose liegt immer dann vor, wenn die Mehrzahl der angenommenen zukünftigen Umweltkonstellationen der Unternehmung – mithin mehr als 50 Prozent der Fälle – eine erfolgversprechende Unternehmenstätigkeit erwarten lassen. Andernfalls ist eine negative Fortführungsprognose festzustellen. *Burger* und *Schellberg* (1995c, S. 230) führen dazu aus, daß im Bereich um 50 Prozent eine „Grauzone" entsteht, die die Beurteilungsschwierigkeiten widerspiegelt. Außerdem können „Probleme (...) zum einen bei der Formulierung der Prämissen für die Umweltzustände und zum anderen bei der Ableitung der Wahrscheinlichkeiten entstehen" (ebenda). Im Ergebnis ihrer Analyse zur „überwiegenden Wahrscheinlichkeit" der Unternehmensfortführung stellen sie fest, daß das Hauptproblem darin besteht, daß „der Inhalt der Fortbestehensprognose selbst *unbestimmt* ist" (ebenda, H.i.O.). Anders formuliert: Eine wahrscheinlichkeitsbasierte Diskriminierung zwischen ‚ungewissen Umweltzuständen' bietet keine hinreichende Basis für eine substanzielle Fortführungsprognose. Die Frage der Festlegung objektiver oder subjektiver Wahrscheinlichkeiten für das Eintreten bestimmter Umweltkonstellationen der Unternehmung ist aus dieser Perspektive von sekundärer Bedeutung, da die ‚richtigen Wahrscheinlichkeiten' für ‚falsche Prognoseinhalte' für die Lösung der konkreten Fragestellung im insolvenzrechtlichen Kontext keinen Beitrag leisten.[37]

Zusammenfassend bleibt zum Auslösetatbestand der „Überschuldung" folgendes festzuhalten: Die vom Gesetzgeber geforderte Prüfung einer „rechnerischen Überschuldung" beruht auf einer „Anmaßung von Wissen" (*F. A. von Hayek*).[38] Die Aufstellung einer Fortführungsprognose mit anschließender erneuter Bewertung des Vermögens impliziert eine Vielzahl grundlegender methodischer Probleme, die im Kern um die Frage kreisen, welche Inhalte denn Bestandteil einer solchen Prognose sein sollen und auf welchen Prämissen sie beruhen. Letztlich lassen sich damit die unter (1) bis (3) behandelten Elemente auf einen Sachverhalt zurückführen.

---

[37] *Burger* und *Schellberg* (1995c, S. 230) drücken sich vorsichtiger aus: „Die in die Prognose zum Unternehmensschicksal eingehenden Größen stehen nicht fest, wodurch der Aspekt der Wahrscheinlichkeiten in den Hintergrund gedrängt wird."

[38] Vgl. Burger 1995, S. 132. *Drukarczyk* (1994, S. 1244) geht sogar von einer „theoretischen wie praktischen Irrelevanz der rechnerischen Überschuldung" aus. Zu weiteren Argumenten für die kritische Einschätzung siehe die Diskussion bei *Förster* (2000, S. 216) und die dort angegebene Literatur.

3.2.1.3. Drohende Zahlungsunfähigkeit

Als weiterer und neuer Auslösetatbestand ist die „drohende Zahlungsunfähigkeit“ in die Insolvenzordnung aufgenommen worden.[39] Im Wortlaut heißt es in § 18 InsO:

> „(1) Beantragt der Schuldner die Eröffnung des Insolvenzverfahrens, so ist auch die drohende Zahlungsunfähigkeit Eröffnungsgrund. (2) Der Schuldner droht zahlungsunfähig zu werden, wenn er voraussichtlich nicht in der Lage sein wird, die bestehenden Zahlungsverpflichtungen im Zeitpunkt der Fälligkeit zu erfüllen. (3) (...).“

Gemäß § 18 I InsO ist der Schuldner zur Antragstellung eines auf dem Auslösetatbestand der „drohenden Zahlungsunfähigkeit“ basierenden Insolvenzverfahrens berechtigt;[40] es ist offensichtlich eine Kann-Bestimmung, wie *Förster* (2000, S. 235) zu Recht bemerkt. Zum einen soll der Schuldner ein geregeltes Insolvenzverfahren mit dem Ziel einleiten können, sein Unternehmen frühzeitig zu retten, gleichsam präventiv zu verhindern, daß die Firma durch Zwangsvollstreckungen der Gläubiger ins Gerede kommt. So kann der Schuldner sich rechtzeitig um Hilfe von außen bemühen. Zum anderen sollen die Gläubiger daran gehindert werden, den Schuldner zu einem Zeitpunkt in Zahlungsschwierigkeiten zu bringen, zu dem die Zahlungsunfähigkeit noch gar nicht feststeht.[41]

Förster (2000, S. 235) bewertet die Absichten des Gesetzgebers – m. E. begründet – äußerst kritisch: Da der oder die Gläubiger nicht berechtigt sind, auf der Basis des Auslösetatbestands der „drohenden Zahlungsunfähigkeit“ einen Antrag auf Eröffnung eines Insolvenzverfahrens zu stellen, entfalle für sie „das einzig wirksame Sanktionsinstrument“, denn nur, wenn der Schuldner noch etwas zu verlieren habe, könne die Sanktionsdrohung des Insolvenzrechts ihre Wirkung entfalten. So aber verbleiben das Vermögensverschiebungs-, das Finanzierungs- und das Risiko der Haftungsmassenreduktion beim Gläubiger. Im Hinblick auf die vermeintlich leichtere „außergerichtliche Sanierung“ kommt *Förster* zu dem fundamentalen Vorwurf, „daß es Schuldnern nicht erschwert werden soll, ihre Gläubiger zu (weiteren) Forderungsverzichten zu zwingen. Dem Gedanken des Gläubigerschutzes spricht das Hohn.“ Dieser Einschätzung ist aus ordnungsökonomischer Sicht voll und ganz zuzustimmen: Das Grundprinzip, daß „Haftung und Leitungsrecht“ als Korrelat von „Privateigentum“ und „Vertragsfreiheit“ in einer rechtsstaatlichen und marktwirtschaftlichen Wettbewerbsordnung angesehen werden müssen, wird hierbei völlig mißachtet.[42]

„Drohende Zahlungsunfähigkeit“ erstreckt sich nicht nur, wie beim Auslösetatbestand der „Zahlungsunfähigkeit“, auf den Zeitpunkt der Illiquidität, sondern auf den Prozeß der Illiquidität des Schuldners im Zeitablauf.[43] Dies ergibt sich schon aus der

---

[39] Vgl. *Graf Brockdorff* (1999a, Rn. 26, S. 15), *Wagner* (1998, Rn. 1, S. 43) und *Förster* (2000, S. 234). An dieser Stelle sei angemerkt, daß auch der Auslösetatbestand der „Überschuldung“ bisher nicht in der Konkurs- oder Gesamtvollstreckungsordnung kodifiziert war. Die „Überschuldung“ ist bisher vielmehr aus gesellschaftsrechtlichen Normierungen im AktG, GmbHG und GenG abgeleitet worden. Vgl. hierzu *Graf Brockdorff* (1999a, Rn. 33, S. 17).

[40] Vgl. *Graf Brockdorff* (1999a, Rn. 27, S. 15), *Wagner* (1998, Rn. 4, S. 43) sowie *Pilgram* (1998, S. 117).

[41] Vgl. auch *Wagner* (1998, Rn. 4, S. 43).

[42] Vgl. zu dieser Einschätzung *Schüller* (1987, S. 66).

[43] Vgl. *Graf Brockdorff* (1999a, Rn.28, S. 15) sowie *Burger* und *Schellberg* (1995a, S. 264).

Legaldefinition des § 18 II InsO. Die „bestehenden Zahlungspflichten" resultieren in der Regel aus Verbindlichkeiten, deren Erfüllung und damit Fälligkeit erst in der Zukunft liegen. Von daher ist die im Zeitablauf entstehende Illiquidität des Schuldners automatisch in die Zukunft gerichtet; somit ist dem Auslösetatbestand der „drohenden Zahlungsunfähigkeit" die Prognose der „Entwicklung der Finanzlage des Schuldners" (*Graf Brockdorff* 1999a, Rn. 29, S. 16) immanent.[44] Diese ist durch Vorlage eines Liquiditätsplans vom zuständigen Insolvenzgericht zu prüfen. Insofern ergeben sich für die Beurteilung des Auslösetatbestands „drohende Zahlungsunfähigkeit" die gleichen Einwände, wie sie bei der Diskussion der Überschuldungsprüfung unter der Fortführungsprämisse skizziert worden sind.

Ein weiteres Problem des Auslösetatbestands der „drohenden Zahlungsunfähigkeit" besteht in seiner Inkompatibilität mit dem Überschuldungstatbestand. Dies liegt daran, daß „der gleiche Sachverhalt unterschiedlichen Rechtsfolgen unterworfen wird" (*Förster* 2000, S. 209 und S. 239).

Woraus ergibt sich diese Normkollision? *Förster* (2000, S. 236) führt dies darauf zurück, daß das Konstrukt der „Zahlungsunfähigkeit" am Begriff der „Liquidität" und die „Überschuldung" am Begriff des „Vermögens" anknüpft. Die beiden Begriffe „Liquidität" und „Vermögen" beziehen sich jedoch auf unterschiedliche Unternehmenstatbestände: Die Liquidität einer Unternehmung bringt ihre Fähigkeit zu jederzeitiger Begleichung von Verbindlichkeiten zum Ausdruck. Das Vermögen einer Unternehmung ist dagegen auf das zukünftige Leistungspotential der Unternehmung gerichtet. Die ökonomischen Kategorien können ineinander überführt werden.[45] Von daher bezeichnet *Moxter* (1976, Sp. 635) die „Unfähigkeit zur Auszahlungsdeckung im Zeitablauf" als den maßgeblichen ökonomischen Sachverhalt, der die hier interessierenden Auslösetatbestände „Überschuldung" und „(drohende) Zahlungsunfähigkeit" miteinander verbindet. Insofern ist der Schlußfolgerung von *Förster* (2000, S. 237) zuzustimmen, der aufgrund der Inkompatibilität der betrachteten Rechtsnormen von „perplexer Rechtsetzung" spricht und den Auslösetatbestand der „drohenden Zahlungsunfähigkeit" wegen seines Fakultativcharakters als „stumpfes Schwert" bezeichnet (ebenda).[46]

---

[44] Vgl. *Förster* (2000, S. 234) sowie *Pilgram* (1999, S. 117).

[45] Die Beleihung von Vermögensgegenständen führt beispielsweise zu „verliehener Liquidität". Vgl. *Förster* (2000, S. 236). Dort heißt es weiter: „Während also Zahlungsunfähigkeit den Unternehmenszustand der mangelnden Liquidität unmittelbar erfaßt, nimmt der Überschuldungstatbestand mittelbar darauf Bezug."

[46] Auch empirisch läßt sich diese Einschätzung erhärten: Im Jahr 2002 wurden wegen „drohender Zahlungsunfähigkeit" nur 323 Verfahren eröffnet. Hinzu kommen noch 43 Fälle, in denen sowohl „drohende Zahlungsunfähigkeit" als auch „Überschuldung" simultan vorlagen. Bei einer Gesamtzahl von 37.579 Unternehmensinsolvenzen wird die Marginalität des Auslösetatbestandes „drohende Zahlungsunfähigkeit" besonders deutlich. Vgl. zu den Zahlen *Angele* (2003, S. 297).

3.2.2. Insolvenzplan

Der „Insolvenzplan" stellt im Rahmen der Insolvenzordnung ein neues Rechtsinstitut dar.[47] Der „Insolvenzplan" bietet die Möglichkeit, „eine von den Vorschriften der Insolvenzordnung weitgehend abweichende Lösung zur Bewältigung der Insolvenz zu erarbeiten" (*Graf Brockdorff* 1999b, Rn. 1, S. 327). Diese zeichnet sich dadurch aus, daß das weitere Unternehmungsschicksal offenbleibt. Insoweit können Gläubiger weiterhin ‚frei' entscheiden.[48] Aus der Zieloffenheit des „Insolvenzplans" ergibt sich, daß die „Sanierung der Unternehmung", die „Liquidation der Unternehmung " und die „übertragende Sanierung der Unternehmung" frei geregelt werden können.[49] Von daher stellt der „Insolvenzplan" einen rechtlichen Rahmen dar, innerhalb dessen die Beteiligten in Verhandlungen und Austauschprozessen eine Lösung für die Insolvenz suchen können.[50] Diese Interpretation harmoniert scheinbar mit der Idee der „Privatrechtsgesellschaft" (*Böhm*), und es sollte die Vermutung naheliegen, daß der großzügige Handlungsspielraum in der Praxis häufig zur Anwendung kommt. Dem ist aber aus verschiedenen Gründen nicht so.[51]

Betrachtet man jedoch die §§ 1 und 217 InsO im Zusammenhang, so ist im Hinblick auf den Inhalt und vor allem die Zielsetzung des „Insolvenzplans" diese vermeintliche Gestaltungsfreiheit zumindest nicht eindeutig, denn im § 1 InsO heißt es im Kontext eines Insolvenzplans, daß „eine abweichende Regelung *insbesondere zum Erhalt des Unternehmens* getroffen wird" (siehe *Wagner* 1998, S. 13; Herv. v. Verf.)[52]. Während

---

47 Vgl. *Patzschke* (2000, S. 37). Auch andere Autoren heben die Bedeutung dieser Neuregelung hervor. Vgl. beispielsweise *Buchhart* (2001, S. 282), *Pilgram* (1999, S. 180 f.) sowie *Graf Brockdorff* (1999b, Rn. 1, S. 327). Der „Insolvenzplan" ersetzt – gemäß letztgenannter Quelle – die Vorschriften des „Vergleichsverfahrens nach der Vergleichsordnung und den Zwangsvergleich nach §§ 173 ff KO."

48 Vgl. *Buchhart* (2001, S. 282).

49 Vgl. hierzu *Patzschke* (2000, S. 37). Der Unterschied zwischen der „Sanierung der Unternehmung" und der „übertragenden Sanierung" besteht darin, daß im zweiten Fall der Unternehmungsträger wechselt. Die Handlungs- oder Verfügungsrechte wechseln also ihren Besitzer. Zu den verschiedenen Formen der Vermögensverwertung siehe auch die Ausführungen von *Burger* und *Schellberg* (1994, S. 1833 f.).

50 Vgl. *Braun* (1997, S. 440) sowie *Patzschke* (2000, S. 37). Diese Sichtweise entspricht der Absicht des Gesetzgebers. Vgl. hierzu *Balz* und *Landfermann* (1995, S. 30): „Der Zweck des neuen Rechtsinstituts ist es, den Beteiligten einen Rechtsrahmen für die einvernehmliche Bewältigung der Insolvenz im Wege von Verhandlungen und privatautonomen Austauschprozessen zu ermöglichen". *Buchhart* (2001, S. 284) und *Graf Brockdorff* (1999b, Rn. 1, S. 327) weisen jedoch darauf hin, daß gerade die „Sanierung" im Blickpunkt des Rechtsinstituts „Insolvenzplan" steht.

51 Vgl. hierzu die Erläuterungen eines Praktikers – Insolvenzverwalters – zum „Planverfahren" innerhalb der Insolvenzordnung: *Leonhardt* (2003). Die „verspätete Insolvenzanmeldung" ist dabei das wesentliche Hindernis. Dieses resultiert aus der jeweiligen Interessenlage der Beteiligten: Während die Geschäftsführung „um ihre Position und den Verlust ihrer Weisungsbefugnis" bangt, fürchten Arbeitnehmer, Betriebsräte und Gewerkschaften um die Arbeitsplätze. Banken und Lieferanten sorgen sich um ihr Geld. Diese Interessenkonstellation begünstigt halbherzige Sanierungsmaßnahmen. Gleichzeitig stellt sich die Komplexität und Kompliziertheit des Instruments „Insolvenzplan" als hinderlich dar. Vgl. zum „Insolvenzplan" auch die Einschätzungen von *Hoffmann* (2002).

52 Vgl. *Huntemann* (1999, Rn. 15, S. 3 f.).

also der § 1 InsO den „Insolvenzplan" unter einer Erhaltungsprämisse bzw. -absicht behandelt, ist der § 217 InsO dahingehend unspezifisch. Im Wortlaut des Grundsatzes in § 217 InsO heißt es:[53]

> „Die Befriedigung der absonderungsberechtigten Gläubiger und der Insolvenzgläubiger, die Verwertung der Insolvenzmasse und deren Verteilung an die Beteiligten sowie die Haftung des Schuldners nach der Beendigung des Insolvenverfahrens können in einem Insolvenzplan *abweichend von den Vorschriften dieses Gesetzes geregelt werden.*"

Insoweit hebt der § 217 InsO die Präferenz des § 1 InsO für einen Unternehmenserhalt im Zusammenhang mit dem „Insolvenzplan" auf. Doch warum findet sich dann diese Passage überhaupt im § 1 InsO? Und bedeutet die explizite Benennung „Erhalt des Unternehmens" im Umkehrschluß, daß die Berücksichtigung der „Fortführungsprämisse" bei der Verwertung im Sinne der Liquidation eine Ausnahme sein soll? Wie verhält sich diese Interpretation zu den weiter oben dargelegten Ausführungen bezüglich der Auslösetatbestände? Diese und weitere Fragen sind eher juristischer Natur und sollen deshalb hier nicht näher beleuchtet werden. Sie deuten allerdings an, daß die konzeptionelle Geschlossenheit der Regelungen der Insolvenzordnung aus ökonomischer Sicht zu wünschen übrig läßt.

Die Regelungen zum „Insolvenzplan" finden sich in den §§ 217-269 InsO. Für die hier interessierende Problemstellung ist es ausreichend, die drei vom Gesetzgeber geforderten Insolvenzplanelemente kurz darzustellen.[54] Es handelt sich dabei um: (1) den darstellenden Teil, (2) den gestaltenden Teil und (3) Anlagen zum gestaltenden Teil.[55]

Ad (1): Der Inhalt des „darstellenden Teils" ist in § 220 InsO näher charakterisiert. Es geht im Kern darum, eine ausreichende Entscheidungsgrundlage für die „geplante Gestaltung der Rechte der Beteiligten zu schaffen". Folglich sind alle nach der Eröffnung des Insolvenzverfahrens bereits getroffenen sowie die noch zu treffenden Maßnahmen zu beschreiben. Man kann im darstellenden Teil den Versuch sehen, den gestaltenden Teil mit einer verbesserten Informationsbasis zu versehen.[56] Dies geschieht durch die freie Formulierbarkeit des darstellenden Teils, der damit insbesondere im Hinblick auf die gewählte Verwertungsalternative flexibel bleibt.[57] Dies wiederum resultiert aus den im Gesetz fehlenden spezifizierten Anforderungen.[58] In § 220 II InsO (siehe *Wagner* 1998, S. 374) heißt es lediglich, daß „der darstellende Teil (...) alle sonstigen Angaben zu den Grundlagen und den Auswirkungen des Plans enthalten (soll), die für die Entscheidung der Gläubiger über die Zustimmung zum Plan und für dessen gerichtliche Bestätigung erheblich sind."

---

[53] Siehe *Wagner* (1998, S. 372; Herv. v. Verf.).

[54] Für einen detaillierten Überblick aller hier relevanten Regelungen vergleiche die Darstellungen bei *Graf Brockdorff* (1999b, S. 327-375) sowie *Wagner* (1998, S. 371-411). Siehe auch *Balz* und *Landfermann* (1995, S. 322-387).

[55] Siehe *Wagner* (1998, S. 373). Vgl. auch *Pilgram* (1998, S. 181) und *Patzschke* (2000, S. 43).

[56] In ähnlicher Weise äußert sich *Patzschke* (2000, S. 43). Vgl. auch *Graf Brockdorff* (1999b, Rn. 12, S. 330).

[57] Vgl. hierzu auch *Buchhart* (2001, S. 285).

[58] Vgl. *Pilgram* (1998, S. 181).

In der Literatur finden sich Versuche, Kataloge von dafür relevanten Informations- und Ausführungskriterien zu formulieren.[59] Mit *Patzschke* (2000, S. 44) ist jedoch festzustellen, daß „eine abschließende Enumeration der denkbaren Regelungsinhalte des Insolvenzplans (ist) angesichts der Komplexität einer Unternehmenssanierung und der Vielzahl möglicher Sanierungsmaßnahmen auch gar nicht möglich" ist.

Ad (2): In § 221 InsO (siehe *Wagner* 1998, S. 374) heißt es: „Im gestaltenden Teil des Insolvenzplans wird festgelegt, wie die Rechtsstellung der Beteiligten durch den Plan geändert werden soll." Somit wird durch den „gestaltenden Teil" in bestehende Rechte der „Beteiligten", die sowohl schuldrechtliche als auch sachenrechtliche Verhältnisse der „Beteiligten" umfassen können, eingegriffen. Da damit auch jeweils konkrete Vermögenspositionen der „Beteiligten" betroffen sind, „ist eine vergleichsweise *restriktive Formulierung* unumgänglich" (*Buchhart* 2001, S. 286; H.i.O.). Von daher kommt auch der Regelung der Zustimmungsmodalitäten zum „Insolvenzplan" eine wesentliche Rolle zu. Die Konkretisierung hierzu erfolgt in den §§ 235-253 InsO.[60] Wer als Beteiligter im Sinne des § 221 InsO anzusehen ist, wird in der Literatur überraschenderweise nicht einheitlich beantwortet.[61] Dabei ist gerade diese Frage von besonderer Relevanz für die generelle Beurteilung der Kodifizierungen, weil davon ausgegangen werden kann, daß zumindest in zweifacher Hinsicht bestehende Property Rights-Strukturen der „Beteiligten" verändert werden: Erstens zum Nachteil nicht bevorrechtigter Gläubiger schlechthin, zweitens durch Verstärkung oder Untermauerung dieser Rechtsverschiebungen durch die Gruppenbildung.

Von großer Bedeutung ist deshalb die in § 222 InsO geregelte „Bildung von Gruppen"[62]. Dabei geht es um eine differenzierte Betrachtung der Rechte der „Beteiligten", in die der „Insolvenzplan" potentiell eingreifen soll. Im Gesetz (§ 222 I InsO) heißt es konkret: „Bei der Festlegung der Rechte der Beteiligten im Insolvenzplan sind Gruppen

---

59 Vgl. hierzu *Graf Brockdorff* (1999b, Rn. 15, S. 331 f.) sowie *Burger* und *Schellberg* (1994, S. 1833 f.).

60 Vgl. hierzu ausführlich *Graf Brockdorff* (1999b, Rn. 60-126, S. 343-362) sowie die Erläuterungen bei *Wagner* (1998, S. 387-399).

61 Während *Graf Brockdorff* (1999b, Rn. 17, S. 332), *Patzschke* (2000, S. 44) und *Wagner* (1998, S. 374) den „Schuldner" als Beteiligten im Sinne der Vorschrift ansehen, kommt *Pilgram* (1998, S. 181 f.) zu der gegenteiligen Feststellung. Diese interpretatorische Diskrepanz könnte daran liegen, daß die Autoren die Tatsache, daß sich die interessierenden Rechte und Verbindlichkeiten im Sinne eines Nullsummenspiels gegenüberstehen, unterschiedlich bewerten: Der „geplante Verzicht von Forderungen" aus Gläubigersicht korrespondiert größengleich mit der „geplanten Reduktion von Verbindlichkeiten" aus Schuldnersicht. Die damit einhergehenden veränderten Vermögenspositionen können von daher auch unterschiedlich bewertet werden. Bedenkt man jedoch, daß der „Insolvenzplan" doppelt zustimmungspflichtig ist, nämlich durch die Gläubigergruppen und das Insolvenzgericht, so scheint zumindest institutionell der manipulative Spielraum für die „planberechtigten" Schuldner eher gering zu sein.

62 Gemäß § 222 I InsO sind „absonderungsberechtigte Gläubiger", „nicht nachrangige Insolvenzgläubiger" und die „Rangklassen der nachrangigen Insolvenzgläubiger, soweit deren Forderungen nicht nach § 225 InsO als erlassen gelten sollen", zu unterscheiden. Vgl. *Wagner* (1998, S. 374 f.).

zu bilden, soweit Gläubiger mit unterschiedlicher Rechtsstellung betroffen sind."[63] Das Ziel der Gruppenbildung besteht darin, sachliche Unterschiede zu berücksichtigen und zu verhindern, daß eine unsachgemäße Abgrenzung der Gruppen zur Manipulation mißbraucht werden kann.[64] Wie läßt sich jedoch das Abgrenzungskriterium der ,Sachmäßigkeit' konkretisieren? In der Begründung zum Regierungsentwurf heißt es dazu (siehe *Balz* und *Landfermann* 1995, S. 334): „Der Plan soll nach Möglichkeit die vermögensrechtliche Stellung aller Beteiligten verbessern, jedenfalls aber keinen Beteiligten gegen seinen Willen schlechter stellen, als er im Falle der Verwertung des Schuldnervermögens nach den gesetzlichen Vorschriften stünde." Mit dieser Zielsetzung ist für die oben aufgeworfene Frage allerdings noch nicht viel gewonnen. Darüber hinaus ist das Ziel des Insolvenzplans zu berücksichtigen: Die Gruppenbildung dürfte in Abhängigkeit der Ziele „Liquidation" oder „Fortführung" der Unternehmung nämlich zu unterschiedlichen Ergebnissen bzw. Gruppen führen.[65] Doch genau hier liegt das Problem: Mit der ,Vorgabe' des Insolvenzplanziels eröffnen sich dem ,Planvorlegenden' strategische Optionen der Gruppenzuordnung. Statt von einer unklaren „sachgemäßen", sollte von daher besser von einer klaren „zielgemäßen" Gruppenbildung gesprochen werden.

Die neuere Entwicklung des Insolvenzrechts läßt eine Tendenz vom klassischen Gesellschafts- hin zum Unternehmensrecht erkennen. Die Unternehmung wird dabei als ,Entität' aufgefaßt. Damit verbunden ist ein Übergang von der Vertrags- zur Koalitionstheorie der Unternehmung (vgl. Zweites Kapitel, Abschnitte 2.1.2 und 2.1.4). Die ,Unternehmung an sich' ist somit nicht mehr nur das Ergebnis freiwillig eingegangener Vertragsbeziehungen der an ihr beteiligten Individuen, sondern darüber hinaus auch ,Träger' bzw. Adressat außerhalb der Unternehmung liegender ,Interessen', wie beispielsweise des Staates oder der Sozialversicherungsträger.[66] Auch die wirtschaftspolitische Zielsetzung des Erhalts von Arbeitsplätzen führt in diesem Kontext zu einer Verschleierung der Gläubiger-Schuldner-Privilegien: Die Schuldnerrechte werden auf Kosten der Gläubiger ausgedehnt, da diese Forderungsverluste in Kauf nehmen müssen.

---

[63] „Aus Gläubigern mit gleicher Rechtsstellung *können* Gruppen gebildet werden (...)" (§ 222 II InsO) und „Die Arbeitnehmer *sollen* eine besondere Gruppe bilden, wenn sie als Insolvenzgläubiger mit nicht unerheblichen Forderungen beteiligt sind. Für Kleingläubiger *können* besondere Gruppen gebildet werden" (§ 222 III InsO). Siehe *Balz* und *Landfermann* (1995, S.333 f.).

[64] Vgl. *Wagner* (1998, Rn. 2, S. 375) sowie *Graf Brockdorff* (1999b, Rn. 40, S. 337). Der Mißbrauch könnte darin bestehen, mit Hilfe unsachgemäßer Gruppenbildung Mehrheiten für den Insolvenzplan zu gewinnen. Die Mehrheitserfordernisse für die Gruppenabstimmung sind im § 244 InsO geregelt: Entscheidend ist, daß sowohl eine *„Kopfmehrheit"* – Mehrheit nach der Zahl der Gläubiger – als auch eine *„Summenmehrheit"* – Mehrheit nach der Höhe der Ansprüche – gegeben sein muß. Vgl. hierzu die Ausführungen bei *Graf Brockdorff* (1999b, Rn. 91-94, S. 351 f.), *Pilgram* (1999, S. 188) sowie *Wagner* (1998, Rn. 1-4, S. 391 f.).

[65] In der Begründung zum Regierungsentwurf heißt es dazu (siehe *Balz* und *Landfermann* 1995, S. 335): „(...) daß die Bildung der Gruppen im Hinblick auf den Inhalt des Plans erfolgen muß; insbesondere sind bei einem Sanierungsplan andere Gruppen zu bilden als bei einem Liquidationsplan." Vgl. hierzu auch *Wagner* (1998, Rn. 2, S. 375).

[66] Vgl. zu dieser Perspektive *Schüller* (1984). Mit der veränderten Sichtweise auf die Unternehmung verbindet sich auch der Übergang von der Individualhaftung hin zur Kollektivhaftung.

Das Insolvenzgericht übernimmt stärker Lenkungsfunktionen, die vermutlich zu Lasten der nicht-bevorrechtigten Gläubiger gehen dürften. Schließlich ist auch die „Bildung von Gruppen" dahingehend kritisch zu beurteilen, daß diese mit dem Ziel erfolgt, diejenigen Gruppen zu stärken, die ohnehin am besten organisiert sind, die stärksten „Absonderungsrechte" besitzen oder „bevorrechtigte Insolvenzgläubiger" sind.

Obwohl das zuständige Insolvenzgericht unter bestimmten Voraussetzungen die Möglichkeit hat, „einen wirtschaftlich sinnvollen Plan auch gegen eine Mehrheit von ablehnenden Gläubigergruppen in Kraft zu setzen, sofern nur eine Gläubigergruppe dem Plan zugestimmt hat" (*Graf Brockdorff* 1999b, Rn. 26, S. 334), ist der Minderheitenschutz für einzelne Gläubiger explizit geregelt. Die Frage, was konkret einen „wirtschaftlich sinnvollen Plan" ausmacht, ist eine Ermessensentscheidung, die sich kaum objektivieren läßt, da die relevanten zukünftigen Entwicklungen der betroffenen Unternehmung kaum oder gar nicht (vollständig) zu antizipieren sind. Somit ist fraglich, ob das Gericht einen „wirtschaftlich sinnvollen Plan" aufgrund seiner Wissensbasis überhaupt erkennen kann. Vielmehr ist zu vermuten, daß die Gläubiger in Anbetracht ihrer ausstehenden Forderungen ein originäres Interesse an einem „wirtschaftlich sinnvollen Plan" haben werden. Warum jedoch erhält dann das Insolvenzgericht ein so weitgehendes Recht, sich gegen die „Mehrheit von ablehnenden Gläubigergruppen" durchzusetzen? Auch die vage Formulierung „bestimmter Voraussetzungen" legt die Vermutung nahe, daß den Insolvenzgerichten ein diskretionärer Spielraum eingeräumt werden soll, der sich aufgrund der „Wissensproblematik" allerdings nicht begründen läßt. In § 251 InsO (siehe *Wagner* 1998, S. 397) ist das erforderliche Beurteilungskriterium zum ‚Minderheitenschutz' normiert: Nur wenn der Gläubiger durch den Insolvenzplan schlechter gestellt würde, als er ohne einen Insolvenzplan stünde (vgl. *Burger* und *Schellberg* 1994, S. 1834), ist er „vetoberechtigt".[67] Die Beweispflicht der Schlechterstellung liegt allerdings beim Gläubiger (§ 251 II InsO). Im Prinzip wird hier also mit dem *Pareto*-Kriterium argumentiert.

Das grundlegende Problem für den beweispflichtigen Gläubiger besteht darin, das er seine – relativ einfach zu quantifizierende – aktuelle Forderung und dessen Befriedigungsmöglichkeit durch den Schuldner mit einem notwendigerweise fiktiven Insolvenzplanergebnis (-erfolg) und der daraus zu erwartenden Forderungserfüllung vergleichen können soll. Ob ein Gläubiger schlechtergestellt wird, läßt sich wegen des hypothetischen Charakters des Vorgangs nicht von vornherein nachweisen. Der Wert des Vetorechts dürfte daher kaum ins Gewicht fallen. Die Beweismöglichkeit der Gläubiger, die überstimmt werden können, für deren individuelle Schlechterstellung ist angesichts des möglichen ‚Bündnisses' von Gericht und Gläubigergruppen, die dem Insolvenzplan zustimmen, daher wirkungslos. Insoweit scheint der Minderheitenschutz zwar formalrechtlich gesichert, die materiell-rechtliche Wirkung ist allerdings realiter aufgrund der dargelegten Problematik zweifelhaft.[68]

---

[67] Vgl. *Graf Brockdorff* (1999b, Rn. 116, S. 359).

[68] Zur Frage des Verhältnisses zwischen Minderheiten und Mehrheiten im Rahmen eines Insolvenzplans vergleiche auch *Wagner* (1998, Rn. 1-5, S. 397 f.). Es gilt gemäß § 226 I InsO der „*Gleichbehandlungsgrundsatz*" innerhalb einer „Gruppe", denn „eine unterschiedliche Be-

Auch die Frage, ob ein Insolvenzplan von einer Minderheit der Abstimmungsgruppen ‚torpediert‘ werden kann, ist hier zu betrachten: Damit der legitime Schutz von Minderheiten nicht auch von diesen selbst mißbräuchlich zu Lasten anderer Gläubiger (-gruppen) ausgenutzt werden kann, sieht § 245 InsO ein „*Obstruktionsverbot*“ vor.[69] Dies bedeutet, daß unter bestimmten Bedingungen „die fehlende Zustimmung einer Gruppe mit einem gerichtlichen Beschluß (...) ersetzt wird“ (*Graf Brockdorff* 1999b, Rn. 101, S. 353).[70] Von den hierfür erforderlichen drei Bedingungen, die das Gesetz vorsieht, sind insbesondere zwei kritisch zu beurteilen: Zum einen wird erneut die bereits oben kritisierte Pareto-Argumentation zugrundegelegt. Es gilt nämlich die Zustimmung einer Gruppe als erteilt, wenn „die Gläubiger dieser Gruppe durch den Insolvenzplan nicht schlechter gestellt werden, als sie ohne einen Plan stünden“ (§ 245 I Nr. 1 InsO). Zum anderen wird eine Zustimmung angenommen, wenn „die Gläubiger dieser Gruppe angemessen an dem wirtschaftlichen Wert beteiligt werden, der auf der Grundlage des Plans den Beteiligten zufließen soll“ (§ 245 I Nr. 2 InsO). Auch hier ist jedoch zu beachten, daß mit rein hypothetischen Wertentwicklungen gerechnet wird. Die dritte Bedingung, daß „die Mehrheit der abstimmenden Gruppen dem Plan mit den erforderlichen Mehrheiten zugestimmt hat“ (§ 245 I Nr. 3 InsO) ist unter dem hier interessierenden Gesichtspunkt des Hypothesencharakters der Entscheidungsgrundlage unproblematisch.

Ist der Insolvenzplan mit den nötigen Mehrheiten angenommen, vom Insolvenzgericht bestätigt und rechtskräftig geworden, resultiert daraus zum einen „die Aufhebung des Insolvenzverfahrens“ (§ 258 I InsO; siehe *Wagner* 1998, S. 403) sowie zum anderen seine „rechtskonstitutive Wirkung im Hinblick auf die enthaltenen Maßnahmen“ (*Patzschke* 2000, S. 45). In § 254 I InsO heißt es dazu: „Mit der Rechtskraft der Bestätigung des Insolvenzplans treten die im gestaltenden Teil festgelegten Wirkungen für und gegen alle Beteiligten ein.“[71] Damit wird nochmals der umfassende Anspruch an einen „Insolvenzplan“ deutlich: Auf der Grundlage von (privaten) Verhandlungsprozessen wird über die (Um- bzw. Neu-)Verteilung von bestehenden Handlungs- und Verfügungsrechten sowie über die zukünftige Entwicklung der von Insolvenz bedrohten Unternehmung entschieden. Dies soll in einem vom Gesetz vorgegebenen Rahmen geschehen. Wie die vorangegangene Diskussion gezeigt hat, ist dieser Rahmen jedoch nicht zwingend ‚verhandlungsneutral‘ ausgestaltet, so daß der Gesetzesanspruch allein nicht viel besagt; entscheidend ist die Neuverteilung der Rechte zwischen Gläubigern und Schuldnern. Die ohnehin bisher schon diskriminierten Gläubiger werden weiterhin verstärkt benachteiligt – durch das Konzept des „Insolvenzplans“.

Ad (3): Dem Insolvenzplan – bestehend aus „darstellendem“ und „gestaltendem Teil“ – sind gemäß § 219 InsO[72] Anlagen beizufügen, deren Inhalt in den §§ 229 und

---

handlung der Beteiligten einer Gruppe ist nur mit Zustimmung aller betroffenen Beteiligten zulässig“ (§ 226 II InsO).

69 Vgl. hierzu *Balz* und *Landfermann* (1995, S. 361 ff.).

70 Vgl. hierzu auch *Wagner* (1998, Rn. 1-3, S. 392 f.).

71 Siehe *Wagner* (1998, S. 399).

72 Vgl. *Wagner* (1998, S. 373).

230 näher spezifiziert wird. Die Anlagen dienen dazu, den Gläubigern die Möglichkeit zu geben, sich ein ‚hinreichend' genaues Bild von der wirtschaftlichen Lage des Schuldners zu machen, um auf diese Weise abschätzen zu können, ob ein „Insolvenzplan" und die dort festzulegenden Inhalte in ihrem Interesse sind.[73] Dies gilt insbesondere für die Fälle, in denen der „Insolvenzplan" eine „Sanierung" oder eine „übertragende Sanierung" vorsieht.[74] In § 229 InsO werden drei Anlagen spezifiziert, die unter der Prämisse der Fortführung des Unternehmens durch den Schuldner („Sanierung") oder einen Dritten („übertragende Sanierung") dem Insolvenzplan beizufügen sind: eine Vermögensübersicht, ein Ergebnis- und ein Finanzplan.[75] Da die Fortführung der Unternehmung automatisch die Berücksichtigung zukünftiger Perioden impliziert, kann es sich „nur" um Plan-Bilanzen[76], Plan-Gewinn-und-Verlust-Rechnungen und Plan-Finanzpläne handeln.[77] Damit ergeben sich aber zwangsläufig Manipulationsspielräume sowie die grundsätzlichere Frage nach der prinzipiellen Möglichkeit, dem Inhalt und der Reichweite antizipativer Pläne. Auch die „*mehrwertige Formulierung der Plandaten* in Abhängigkeit von Prämissen bzw. Szenarien" (*Buchhart* 2001, S. 286; H.i.O.) kann diese Grundproblematik allenfalls reduzieren, jedoch nicht auflösen. Der § 230 I InsO regelt die Notwendigkeit einer ausdrücklich zustimmenden „Erklärung des Schuldners" zur Fortführung der Unternehmung, falls es sich beim Schuldner um eine natürliche Person handelt und dieser die Unternehmung laut Insolvenzplan weiterhin führen soll; dies ist im Hinblick auf seine auch zukünftig unbeschränkte Haftungsverpflichtung ordnungspolitisch geboten. „Ist der Schuldner eine Gesellschaft ohne Rechtspersönlichkeit oder eine Kommanditgesellschaft auf Aktien, so ist dem Plan eine entsprechende Erklärung der persönlich haftenden Gesellschafter beizufügen" (§ 230 I Satz 2 InsO; siehe *Balz* und *Landfermann* 1995, S. 345).[78]

---

[73] Vgl. *Pilgram* (1999, S. 183) sowie *Buchhart* (2001, S. 288).

[74] Vgl. *Wagner* (1998, Rn. 1, S. 382). Der „Insolvenzplan" schließt auch eine „Liquidation" nicht aus, obgleich Intention und Formulierung der entsprechenden Paragraphen etwas anderes vermuten lassen. Gerade die Option der Unternehmungsfortführung bedeutet für die Altgläubiger ein Risiko, nämlich dann, wenn nicht sicher gewährleistet ist, ob der Preis für die weitere Unternehmungstätigkeit in der Verminderung des Anspruchs gegenüber dem gegenwärtigen Anspruchsniveau besteht. Die Gegenüberstellung von – ebenfalls nicht leicht zu ermittelnden – Liquidationswerten einerseits und „Planerfolgen" der Unternehmungsfortführung andererseits stellt aus Sicht aller Beteiligten wiederum eine Hypothese dar, und diese ist im Rahmen des Insolvenzplans für die Gläubiger ohne Bevorrechtigung strukturell schwächer.

[75] Vgl. *Wagner* (1998, S. 382), *Graf Brockdorff* (1999b, Rn. 21 und 22, S. 333) sowie *Burger* und *Schellberg* (1994, S. 1835).

[76] Vgl. hierzu *Drukarczyk* (1998, S. 13).

[77] Vgl. auch den Hinweis bei *Pilgram* (1999, S. 183) sowie *Buchhart* (2001, S. 286).

[78] Vgl. hierzu auch *Wagner* (1998, S. 383) sowie *Graf Brockdorff* (1999b, Rn. 23, S. 333 f.). „Die Bereitschaft des Schuldners oder seiner persönlich haftenden Gesellschafter bedeutet, daß der Erklärende die persönliche Haftung für die Fortführung des Unternehmens übernimmt" (*Wagner* 1998, Rn. 1, S. 383). Damit wird deutlich, daß ohne die explizite Bereitschaft des Schuldners eine Unternehmensfortführung unter der Regie des Schuldners von den Gläubigern nicht erzwungen werden kann.

3.2.3. Auslöseberechtigte eines Insolvenzverfahrens und Vorlagerecht eines Insolvenzplans

Ein Insolvenzverfahren kann prinzipiell von Seiten der Schuldner und deren Vertretern oder der Gläubiger „ausgelöst" werden.[79] Das Insolvenzgericht kann also nicht von Amts wegen tätig werden. Das Insolvenzrecht, als Teilgebiet des Zivilrechts, kommt immer dann zum Tragen, wenn Vertragspflichten der/s Schuldner/s in einem vom Gesetz umschriebenen Maß beeinträchtigt sind oder eine solche Gefahr droht. Die relevanten Kriterien der „Zahlungsunfähigkeit" sowie der „Überschuldung" sind vom Schuldner und Gläubiger gleichermaßen heranzuziehen[80], wobei „Überschuldung" sich auf juristische Personen als Eröffnungsgrund bezieht. Der Tatbestand der „drohenden Zahlungsunfähigkeit" als Auslösekriterium ist ausschließlich für den Schuldner „reserviert".[81] Hierbei wird vorausgesetzt, daß allein der Schuldner aufgrund seiner genauen Kenntnis der wirtschaftlichen Situation seiner Unternehmung in der Lage sein dürfte, diese Gefahr rechtzeitig zu erkennen. Die Motivation der Auslöseberechtigten[82] zur Antragstellung hängt von verschiedenen Aspekten ab. Vereinfacht läßt sich sagen, daß die Gläubigerseite eine Absicherung bzw. Befriedigung ihrer Rechtspositionen anstrebt. Die Motivation der Schuldnerseite dürfte differenzierter sein: Handelt es sich beim Schuldner um eine natürliche Person oder um eine Unternehmung nichtjuristischer Rechtsform, ist vor dem Hintergrund ihrer auch zukünftigen Haftungsverpflichtung davon auszugehen, daß ein starkes, individuell begründetes Interesse für eine rechtzeitige Verfahrensauslösung besteht.[83]

---

[79] Siehe § 13 I InsO. Vgl. *Balz* und *Landfermann* (1995, S. 87). Siehe auch *Graf Brockdorff* (1999a, Rn. 57, S. 24) sowie *Wagner* (1998, Rn. 1, S. 33), der treffend kommentiert, daß eine Verfahrenseröffnung von Amts wegen „mit der bestehenden Wirtschafts- und Privatrechtsordnung schwer zu vereinbaren" wäre. Aus ordnungsökonomischer Sicht ließe sich schärfer formulieren, daß ein solcher Vorgang *gar nicht* mit einer Wirtschafts- und Privatrechtsordnung in Einklang zu bringen wäre, da sonst staatlicher Willkür Tür und Tor geöffnet würde. Die Wirkungen für eine Wettbewerbsordnung und deren „schöpferisches Potential" wären verheerend. Siehe zur Gefahr der Verdrängung von Privatrecht (dispositivem Recht) durch öffentliches Recht (zwingendes Recht) beispielsweise die Ausführungen von *Böhm* (1966). Vgl. auch *Uhlenbruck* (1989, S. 434). Davon unberührt ist die Tatsache, daß natürlich auch staatliche oder halbstaatliche Behörden – wie beispielsweise Sozialversicherungsträger – als Gläubiger Insolvenzverfahren gegen säumige Schuldner beantragen dürfen.

[80] Siehe §§ 17 I und 19 I InsO. Vgl. *Wagner* (1998, S. 40 und S. 44).

[81] Siehe § 18 I InsO. Vgl. *Wagner* (1998, S. 42).

[82] Ausführlich widmet sich *Pilgram* (1999, S. 40-59) dieser Diskussion.

[83] Als Eigentümerunternehmer haftet der Schuldner auch mit seinem Privatvermögen für Gläubigerforderungen. Es ist daher in seinem ureigensten Interesse, Konflikte frühzeitig beizulegen, um einer Aufzehrung privater Vermögenspositionen vorzubeugen. Darüber hinaus sieht die neue Insolvenzordnung das Instrument der „*Restschuldbefreiung*" (§§ 286 ff InsO; siehe *Wagner* 1998, S. 420-435) für Privatpersonen vor. Damit wird es dem „redlichen Schuldner" ermöglicht, „sich von seinen restlichen Verbindlichkeiten zu befreien" (§1 Satz 2 InsO; siehe *Wagner* 1998, S. 13). Zu den Einzelheiten dieser Normierung vergleiche *von Steinau-Steinrück* (1999, S. 409-424).
Da es in der vorliegenden Untersuchung ausschließlich um Unternehmensinsolvenzen geht, wird dieser Themenkomplex nicht weiter ausgeführt. Nur soviel: Die Grundfrage, mit welcher Begründung hier die Interessen von Schuldnern und Gläubigern abgegrenzt werden, ist auch unter einem erkenntnistheoretisch geprägten Blickwinkel von Bedeutung: Wie wirken

Komplizierter wird die Lage, wenn der Schuldner eine Unternehmung in juristischer Rechtsform ist: In diesem Fall bestehen nicht nur Interessendivergenzen zwischen den Eigentümern der Unternehmung und den Gläubigern, sondern vermutlich auch zwischen den Eigentümern und den von ihnen angestellten Managern sowie zwischen Managern und Gläubigern.[84] Für die Gläubiger erhöht sich von daher prinzipiell die Gefahr einer Aushöhlung ihrer Rechtspositionen.

Im Zusammenhang mit dem Rechtsinstitut des „Insolvenzplans" hat der oder haben die Schuldner sowie der Insolvenzverwalter ein Planinitiativrecht.[85] Dies ergibt sich aus § 218 I InsO (siehe *Wagner* 1998, S. 373). Der Insolvenzverwalter darf allerdings auch auf Beschluß der Gläubigerversammlung mit der Ausarbeitung eines Insolvenzplans beauftragt werden. Ökonomisch ist die Frage der Zuständigkeit schon deshalb von Bedeutung, weil es „nicht nur formale Bedeutung (hat), sondern (...) dem Planinitiator ipso iure gestaltenden Einfluß (gewährt)" (*Pilgram* 1999, S. 184). Die „Planhoheit" bedeutet nämlich immer auch ein intertemporal verknüpftes Planen mit knappen Gütern. Gleichzeitig ist hervorzuheben, daß gerade der Schuldner über die detaillierteren Kenntnisse der Situation „vor Ort" verfügen dürfte, so daß das Planinitiativrecht des Schuldners ökonomisch begründbar ist. Es darf aber nicht übersehen werden, daß mit dieser Interpretation dem Schuldner ein „Ausbeutungspotential" gegenüber den Gläubigern offeriert wird, da die Schuldner die Kosten eines solchen Plans nicht oder nur teilweise zu tragen haben.[86] Da auch die Zustimmung der Gläubiger in gewissem Maße über die Bildung der „Gläubigergruppen" beeinflußbar ist, stellt sich dieses Problem auch bei der Vorlage eines „Insolvenzplans" durch den Insolvenzverwalter. *Pilgram* (1999, S. 184 f.) hebt in diesem Zusammenhang einerseits die fehlende Effizienz hervor, da Kosten der Planerstellung entstehen, die nicht automatisch von den Gläubigern

---

sich „nicht-bewährte Hypothesen" – um diese handelt es sich auch bei Privatschulden – auf die individuellen Vermögenspositionen aus und gibt es eine hinreichende Legitimation für eine „zwangsweise Prolongierung" dieser Schulden? Da die Restschuldbefreiung in der Regel mit einem teilweisen Verzicht von Gläubigerforderungen verbunden sein dürfte, ist diese Verschiebung der Rechtsposition zu Lasten der Gläubiger zumindest diskussionswürdig. Negative Rückwirkungen dieser Normierung auf die allgemeine „Schuldenmentalität" oder „-moral" sind nicht auszuschließen.

[84] Vgl. *Pilgram* (1999, S. 41). Die weiter oben diskutierte Principal Agent-Problematik tritt hier wieder in Erscheinung. Siehe Zweites Kapitel, Abschnitt 2.1.4.

[85] *Burger* und *Schellberg* (1995d, S. 693) sind im Hinblick auf die Stärke des Planinitiativrechts des Insolvenzverwalters anderer Ansicht. Sie heben die Bedeutung und Rechtsstellung der Gläubigerversammlung hervor. Zu dieser Bewertung kommt auch *Wagner* (1998, Rn. 2, S. 373). Vermutlich rekurrieren diese Autoren hier insbesondere auf den § 157 Satz 2 InsO: „Sie [Die Gläubigerversammlung; d. Verf.] kann den Verwalter beauftragen, einen Insolvenzplan auszuarbeiten, und ihm das Ziel des Plans vorgeben" (siehe *Wagner* 1998, S. 317). Da es sich hierbei jedoch um eine Kann-Vorschrift handelt, ist ein ausschließliches „Gläubigerauftragsplaninitiativrecht" wohl nicht abzuleiten. Widersprüchlich zur Frage des Planinitiativrechts äußert sich *Graf Brockdorff* (1999b, Rn. 5, S. 328 mit weiteren Nachweisen und Rn. 8, S. 329). Zustimmend zu der hier eingenommenen Perspektive *Buchhart* (2001, S. 288).

[86] Dies hängt von der konkreten Rechtsform des betreffenden Unternehmens, der geltenden Haftungsregelungen sowie der Vertragsgestaltung der angestellten Manager ab. Vgl. zu dieser Problematik auch *Pilgram* (1999, S. 184).

durch Annahme getragen werden. Diese sind nämlich gemäß §§ 243 ff. InsO (siehe *Wagner* 1998, S. 391-394) zur Ablehnung des vom Insolvenzverwalter vorgelegten „Insolvenzplans" berechtigt.[87] Andererseits kann es durchaus passieren, daß der Plan des Insolvenzverwalters die Gläubiger (-versammlung) zu einer veränderten Einschätzung des Erfolgs der Unternehmensfortführung veranlaßt. Dies wäre „Ausdruck eines normativen Sanierungspostulats" (*Pilgram* 1999, S. 185), das nicht hinreichend legitimiert werden kann. Die Gläubigerautonomie zur freien Entscheidung über „Liquidation" oder „Fortführung" der Unternehmung würde eingeschränkt.

3.2.4. Erkenntnistheoretische Beurteilung der Insolvenzordnung

Die Insolvenzordnung regelt – ganz allgemein – den Umgang mit Vertragsinhalten zwischen Gläubigern und Schuldnern, die sich als konfliktär herausgestellt haben. Dies bedeutet zweierlei: Zum einen liegen die Vertragsabschlüsse der Parteien in der Vergangenheit, während sich die Schwierigkeiten erst nach Vertragsabschluß ergeben haben. Insoweit kann die Insolvenzordnung aus Gläubigersicht als „Rettungsanker" zur Durchsetzung von Forderungen interpretiert werden, die in der Vergangenheit entstanden sind. Zum anderen ergibt sich aus der vertraglichen Beziehung zwischen Gläubiger und Schuldner die Frage nach der rechtserheblichen Gewichtung der verschiedenen Interessen sowie deren Harmonisierung bei Vorliegen von Vertragsstörungen im Rahmen eines geregelten Verfahrens.

Sowohl die Position des Gläubigers als auch die Position des Schuldners sind Ergebnis privatautonomer Entscheidungen, die in einer freiheitlichen Rechts- und Wirtschaftsordnung als eine conditio sine qua non gelten können. Insofern reicht diese Feststellung noch nicht aus, um eine der beiden gewählten Positionen als ökonomisch oder erkenntnistheoretisch bedeutsamer zu qualifizieren. Auch der Hinweis auf das Problem der asymmetrischen Informiertheit von Schuldner und Gläubiger steht dieser Einschätzung nicht entgegen, da die Freiwilligkeit der Gläubigerposition auch die Beurteilung der Angaben des Schuldners impliziert. Der Schuldner geht eine Verbindlichkeit ein, um seine Hypothese(n) von der Zukunft Realität werden lassen zu können. Der Gläubiger wiederum akzeptiert die Forderungsposition vor dem Hintergrund seiner Einschätzungen und Erwartungen über die Ertragsfähigkeit des schuldnerischen Hypothesenbündels „Unternehmung". Aus der hypothetischen Basis folgt die Möglichkeit eines potentiellen Konfliktes zwischen Gläubiger und Schuldner.[88]

---

[87] Dieses Recht besteht auch gegenüber einem vom Schuldner vorgelegten „Insolvenzplan", da kein Gläubiger – in den Grenzen des Obstruktionsverbotes (§ 245 InsO) – zur Annahme des „Insolvenzplans" und damit zur Begründung neuer Rechtsbeziehungen gezwungen werden darf. Diesem Postulat widerspricht allerdings die weiter oben im Text diskutierte Möglichkeit der Überstimmung bestimmter Gläubigergruppen.

[88] *Schmidt* (1984, S. 717) stellt mit Bezug auf die asymmetrische Informationsverteilung zwischen Gläubiger und Schuldner fest: „Die Unsicherheit der Zukunftserwartungen ist eine notwendige Voraussetzung dafür, daß es zu Krise, Insolvenz und Konflikt kommen kann." Aus einer erkenntnistheoretischen Perspektive ist es allerdings nebensächlich, ob die „Unsicherheit" oder besser: „Ungewißheit" symmetrisch oder asymmetrisch verteilt ist, da der prinzipielle Hypothesencharakter der resultierenden Verträge davon unberührt bleibt und von daher auch nachvertragliche Konflikte bis hin zur Insolvenz nicht per se ausgeschlossen

Da der Vertrag zwischen Schuldner und Gläubiger immer nur Instrumentalcharakter in bezug auf die dahinterliegende(n) Hypothese(n) besitzt, spielt die Formulierung des Vertrags im Hinblick auf die Bewährung der Hypothese(n) keine Rolle. Die Verträge können sich von daher mittelbar bewähren im Sinne ihrer Instrumentalfunktion, aber nicht unmittelbar hinsichtlich der Erfüllung der jeweiligen Zukunftserwartungen. Hat sich die Zukunftserwartung und damit die jeweilige Hypothese als nicht-bewährt herausgestellt, ist logischerweise auch der Vertragsinhalt im Hinblick auf die hypostasierte Zukunft als inadäquat zu bezeichnen. Wie sind die „Auslösetatbestände" aus erkenntnistheoretischer Sicht zu beurteilen?

(1) Die „Zahlungsunfähigkeit" kann dahingehend interpretiert werden, daß die die Zahlungsverpflichtungen begründenden Verträge, die ihrerseits auf der Basis von Hypothesen abgeschlossen worden sind, sich als nicht problemgerecht herausgestellt haben. Von daher ist das Kriterium der „Zahlungsunfähigkeit" aus dieser Perspektive als Ausdruck oder Ergebnis eines Hypothesentests aufzufassen. Die Hypothese(n) der Unternehmung beruhen (auch) auf der fortdauernden Fähigkeit zur Bedienung von Gläubigerforderungen („finanzwirtschaftliches Gleichgewicht"), soweit Fremdkapitalfinanzierung der Unternehmung vorliegt. Dies wiederum bedingt die Notwendigkeit einer (unbestimmten) Anzahl bewährter „Primärhypothesen" der Unternehmung, um diese Forderungen durch die Generierung von Einzahlungsüberschüssen zu befriedigen. Die „Zahlungsunfähigkeit" des Hypothesenbündels „Unternehmung" ist somit als eindeutiges Kennzeichen der Nicht-Bewährung des unternehmerischen Problemlösungsangebots zu interpretieren.

(2) Der Auslösetatbestand der „drohenden Zahlungsunfähigkeit" ist aus erkenntnistheoretischer Perspektive kritischer zu beurteilen. Dies liegt in erster Linie an der Zukunftsorientierung des Kriteriums. Die damit einhergehende Prognosenotwendigkeit und -fähigkeit zukünftigen Geschäftsgeschehens ist von den beteiligten Akteuren bzw. von niemandem mit (absoluter) Sicherheit zu leisten. Allerdings sind hier zwei Konkretisierungen angebracht: Zum einen ist es sicher legitim und auch aus erkenntnistheoretischer Sicht sinnvoll, sich abzeichnende Schwierigkeiten eines bereits bestehenden Vertragsverhältnisses konstruktiv zur Kenntnis zu nehmen. Erste Anzeichen einer sich andeutenden Nicht-Bewährung der vertragsbegründenden Hypothese(n) sind dementsprechend zu berücksichtigen und nicht im Sinne einer Ad-hoc-Strategie zu negieren. Auf diese Weise kann gewährleistet werden, daß zum einen frühzeitig die zugrundeliegenden Hypothesen einer (erneuten, zumeist internen) kritischen Überprüfung unterzogen werden können und daß zum anderen die Chance besteht, die Kosten einer weiterreichenden Nicht-Bewährung möglicherweise noch zu vermeiden. Gleichwohl gilt: Eine faktische Nicht-Bewährung der vertragsauslösenden Hypothese(n) kann nicht ex ante während der Vertragslaufzeit vorhergesagt werden. Insoweit droht mit der Anwendung des Auslösekriteriums der „drohenden Zahlungsunfähigkeit" die externe Überprüfung

werden können. Allenfalls ist davon auszugehen, daß die Vertragsverhandlungen und der Inhalt des Vertrags in Abhängigkeit vom Informationsstand der Vertragspartner variieren dürften. Insoweit ist der allgemeinen These von *Schmidt*, daß „die negativen Folgen einer ‚Insolvenz' (...) sich durch Vereinbarungen *vor* der Krise und *in* der Krise im wesentlichen ausschalten (ließen)" (*Schmidt* 1984, S. 717; H.i.O.) nicht zuzustimmen.

der zugrundeliegenden Hypothese(n) zu früh abgebrochen zu werden; damit reduziert sich das inhärente Problemlösungspotential der Hypothese(n).

Zum anderen ist aber zu berücksichtigen, daß das Auslösekriterium der „drohenden Zahlungsunfähigkeit“ eine Status-quo-Orientierung hinsichtlich der bestehenden Vertragsverhältnisse der Unternehmung und seiner Perpetuierung aufweist. Da die Vertragsverhältnisse einer Unternehmung unterschiedliche Laufzeiten und – damit verbunden – auch variierende Bedienungsmodalitäten beinhalten, ist es irreal anzunehmen, daß zu einem oder zu jedem bestimmten Zeitpunkt im ‚Leben einer Unternehmung‘ die Bedienung aller bestehenden zukünftigen Forderungen immer ohne die Bildung neuer „(Primär-) Hypothesen“ gewährleistet sein könnte. Dieses Bild der Unternehmung ist statisch und einer dynamischen sowie erkenntnistheoretischen Interpretation der Unternehmung nicht angemessen, da absurde Implikationen zum Tragen kämen: Es dürften dann nämlich nur eigenfinanzierte Unternehmungen entstehen, da ein Fremdkapitalgeber zum Zeitpunkt seines Engagements ansonsten sicherstellen können müßte, daß sein Schuldner bereits zu diesem Zeitpunkt über alle für die zukünftige Bedienung der Forderung notwendigen Ressourcen verfügt sowie deren Bewährung als „Primärhypothese(n)“ über die Laufzeit sicher antizipierbar ist. Da dies nicht einmal der mit einem Informationsvorsprung ausgestattete Schuldner kann, ist es doch sehr zweifelhaft und nicht zu begründen, warum dann der Fremdkapitalgeber diese Fähigkeit besitzen sollte. Insoweit ist sein Engagement, vordergündig betrachtet, rational nicht zu erklären. Als Ansatzpunkt für eine Erklärung könnte das Argument einer Risikoprämie dienen: Die Prämie variiert in ihrer Höhe zwischen den Gläubigern in Abhängigkeit von deren Bereitschaft, unterschiedliche Hypothesen zu akzeptieren.

Zusammenfassend bleibt festzuhalten, daß der Auslösetatbestand der „drohenden Zahlungsunfähigkeit“ aus erkenntnistheoretischem Blickwinkel nicht sinnvoll anwendbar ist, da Aussagen über die zukünftige Liquiditätssituation der Unternehmung mit Ungewißheiten behaftet sind, die sich nicht auflösen lassen.

(3) Der Auslösetatbestand der „Überschuldung“ weist ebenfalls erhebliche Probleme auf, die – wie oben ausgeführt – insbesondere mit der Bewertungsnotwendigkeit und der zugrundegelegten Hypothese über die weitere Unternehmungsentwicklung zusammenhängen. Geht man von der Nichtfortführung der Unternehmung, also der Liquidation aus, bleibt das Problem der Bewertung der Vermögensgegenstände virulent. Der Liquidationserlös läßt sich nicht ex ante quantifizieren, da er das Ergebnis einer (bei einem Totalverkauf) oder mehrerer Markttransaktionen (bei Teilverkäufen) ist. Diese wiederum involvieren notwendigerweise Marktpartner mit eigenen Interessen, so daß im Vorfeld der Erlös der Unternehmensliquidation nicht festgestellt werden kann, da er letztlich erst in konkreten Verhandlungen und daher mit unsicherem Ausgang fixiert wird. Allenfalls lassen sich Vermutungen über potentiell erzielbare Liquidationserlöse anstellen. Ob diese als Entscheidungsgrundlage von den betroffenen Gläubigern als hinreichend angesehen werden oder nicht, ist ebenfalls eine offene Frage. Zumindest handelt es sich um eine unzulässige Vereinfachung, wenn dies vorausgesetzt würde. Die autonome Entscheidung jedes einzelnen Gläubigers als grundlegendes Element der Insolvenzordnung ist in diesem Sinne als Quelle weiterer Unsicherheit aufzufassen. Im Falle einer positiven „Überlebensprognose“ für die betroffene Unternehmung und somit

der Bewertung der Vermögensgegenstände unter der Fortführungsprämisse ergeben sich – aus erkenntnistheoretischer Sicht – alle Probleme, die beim Umgang mit der Ungewißheit entstehen.

Da es nicht möglich ist, die zukünftige Entwicklung der Unternehmung aufgrund der ubiquitären Fallibilität der relevanten Hypothesen exakt vorauszusagen, scheitert der Versuch, eine bestehende Überschuldung, die letztlich nichts anderes als eine definitorische Abgrenzung markiert, durch Berücksichtigung zukünftiger und damit ungewisser, weil hypothetischer Markttransaktionen zu heilen. Liegt zu einem Zeitpunkt t_0 für eine Unternehmung eine „Überschuldung" vor, dann kann für einen zukünftigen Zeitpunkt t_1 nicht zwingend eine „Nicht-Überschuldung" der Unternehmung abgeleitet werden.

Es stellt sich von daher die Frage, ob der Auslösetatbestand „Überschuldung" im Insolvenzrecht trotz der gerade skizzierten Probleme begründbar ist, oder genauer: Ist auch der Auslösetatbestand der „Überschuldung" als Kennzeichen einer Nicht-Bewährung des Hypothesenbündels „Unternehmung" anzusehen? Diese Frage kann nicht eindeutig mit ja oder nein beantwortet werden. Dafür spricht die Interpretation, daß die Insolvenzordnung im allgemeinen und die darin enthaltenen Auslösenormierungen – hier der Tatbestand der „Überschuldung" – im besonderen eine Übereinkunft oder Regelung darstellen, die als Spielregeln zwischen Wirtschaftssubjekten aufgefaßt werden können. Es werden bestimmte Merkmale normiert, die ex ante für alle beteiligten Wirtschaftssubjekte bekannt sind, so daß jedem individuell freigestellt bleibt, seine Transaktionen hinsichtlich dieses Restriktionsrahmens zu gestalten. Das Hypothesenbündel „Unternehmung" ist von daher auch auf dieses Element seines Restriktionsrahmens hin auszurichten. Dabei kann es sich wiederum nur um einen Versuch handeln, der sich im laufenden Geschäftsbetrieb zu bewähren hat. Da sich auch die Normierungen selbst als Hypothesen hinsichtlich der – vom Gesetzgeber – verfolgten Zielsetzungen interpretieren lassen, ist es für die vom Gesetz betroffenen Wirtschaftssubjekte im konkreten Fall unerheblich, wie die genauen Konkretisierungen und damit (Legal-) Definitionen letztlich aussehen. Nachdem sie Rechtskraft erlangt haben, bilden sie einen spezifischen Handlungsrahmen, an dem sich die Wirtschaftssubjekte bestmöglich orientieren werden.[89]

Ein einmal festgelegter Auslösetatbestand „Überschuldung" zum Zeitpunkt t_0 erweist sich somit als Gradmesser unternehmerischer Tätigkeit in der Vergangenheit (t_{0-n}) und kann von daher durchaus als Ausdruck der Nicht-Bewährung des Hypothesenbündels „Unternehmung" interpretiert werden. Diese Aussage gilt allerdings nur im Kontext einer zeitpunktbezogenen und ausschließlich die Vergangenheit berücksichtigenden Perspektive. Insoweit kommt der Auslösetatbestand der „Überschuldung" nur unter der

---

[89] Die verschiedenen Argumente für oder gegen die spezifischen Normierungen werden im jeweiligen Gesetzgebungsverfahren in unterschiedlicher Intensität einfließen. Für die präventive Verhaltenssteuerung der Normierungen ist allerdings zweierlei vorauszusetzen: Zum einen handeln die Wirtschaftssubjekte (zumindest begrenzt) rational und zum anderen wird von deliktischem Fehlverhalten abgesehen, das beispielsweise durch Rechtsverstöße bei der Bewertung von Vermögensgegenständen in Erscheinung treten kann. Vermutlich erhöht jedoch eine stärkere haftungsrechtliche Sanktionierung das Präventivverhalten der Wirtschaftssubjekte.

Bedingung der Nichtfortführung der Unternehmung in Betracht. Andererseits ist zu berücksichtigen, daß die „Überschuldung" eines Hypothesenbündels „Unternehmung" zum Zeitpunkt t_0 durchaus nur eine Momentaufnahme darstellen könnte, die logischerweise nur die Vergangenheit reflektiert. Möglicherweise ist die Nicht-Bewährung des Hypothesenbündels „Unternehmung" im Hinblick auf dieses Kriterium nur eine vorübergehende Erscheinung. Die Gefahr einer nicht hinreichenden Ausreizung des potentiellen Problemlösungspotentials des Hypothesenbündels „Unternehmung" ist somit zumindest in Betracht zu ziehen.

Widerspricht die damit potentiell intendierte Fortführungsannahme nicht den weiter oben geäußerten kritischen Einwendungen? Die Annahme, daß ein Hypothesenbündel „Unternehmung" möglicherweise noch Problemlösungspotential besitzt, ist wiederum eine Vermutung. Die Entscheidung darüber, ob dieser weitere Versuch unternommen werden sollte, kann nur einvernehmlich von allen Beteiligten, insbesondere allen Gläubigern getroffen werden.[90] Die Insolvenzordnung kann jedoch nur dann ihren präventiven Sanktionscharakter entfalten, wenn es nicht nur formal, sondern auch materiell möglich oder zwingend ist, nach Erfüllung eines Auslösetatbestandes aus dem Markt zu scheiden und die Gläubigerforderungen bestmöglich zu befriedigen. Sollte nämlich das Hypothesenbündel „Unternehmung" tatsächlich das oben vermutete zukünftige Problemlösungspotential besitzen, ist davon auszugehen, daß dieses auch von den alten und/oder neuen Gläubigern erkannt wird und somit eine vollständige und gütliche Abwicklung der alten Forderungen zu erwarten sein dürfte. Andernfalls stellt die Fortführung der fallierten Unternehmung unter der Prämisse des zwangsweisen Verzichts auf bestehende Forderungen keinen erkenntnistheoretischen Gewinn dar, sondern ist vielmehr Ausdruck einer Ad-hoc-Immunisierung des gescheiterten Hypothesenbündels „Unternehmung".

Faßt man die Betrachtungen zum Auslösetatbestand der „Überschuldung" zusammen, so ergibt sich folgende Einschätzung: Da ein Hypothesentest immer erst ex post, also nach der Generierung des Hypothesenbündels „Unternehmung" stattfinden kann, ist nur ein ex ante bekanntes Kriterium – hier die „Überschuldung" – als Testbezugsgröße relevant, da das Hypothesenbündel „Unternehmung" dieses Kriterium mittelbar reflektiert. Es gehört zum Restriktions- und möglicherweise Sanktionsrahmen der Unternehmung. Jede Berücksichtigung zukünftiger und damit in hohem Maße ungewisser Entwicklungen der Unternehmung ist mit diesem Ansatz nicht zu vereinbaren. Von daher ist die Fortführungsprämisse im Zusammenhang mit der Überschuldungsprüfung aus erkenntnistheoretischer Perspektive abzulehnen.[91]

---

[90] Auch von daher sind die bereits geschilderten Gefahren der „Gruppenbildung" im Rahmen eines „Insolvenzplans" nicht zu unterschätzen. Kein Gläubiger darf gegen seinen Willen zu einem weiteren Engagement gezwungen werden. Dies ist jedoch durch das Gesetz nicht eindeutig auszuschließen.

[91] In erkenntnistheoretischer Sicht bedeutet die Fortführungsprämisse zweierlei: Zum einen die zeitpunktbezogene Falsifizierung der ursprünglichen Theorie „Unternehmung" und zum anderen die Aufstellung einer „neuen" Theorie „Unternehmung", die in der Zukunft ihre Bewährung zu erweisen hat. Diese Aussage gilt unter der (nicht unrealistischen) Annahme, daß die Fortführung der Unternehmung einen erheblichen Bedarf an „neuen" Hypothesen auf-

Wie ist das Instrument des „Insolvenzplans" unter erkenntnistheoretischen Gesichtspunkten zu beurteilen? Zum einen ist mit der Zieloffenheit des „Insolvenzplans" eine weitgehende Autonomie der Beteiligten gesichert.[92] Insofern ist es in das Belieben der Beteiligten und somit einer neuen Hypothesenbildung gestellt, ein Ende des Hypothesentests und damit die Liquidierung der Unternehmung zu präferieren, einem Dritten das möglicherweise zu variierende Hypothesenbündel „Unternehmung" anzuvertrauen, was einer Übertragung gleichkäme, oder aber dem alten Schuldner die Möglichkeit eines weiteren Tests des vermutlich ebenfalls zu verändernden Hypothesenbündels „Unternehmung" zu geben. Es ist hier jedoch aus erkenntnistheoretischer Perspektive zu differenzieren:

Entscheiden sich die Beteiligten bzw. erfolgt ein Beschluß für die Liquidation der Unternehmung, dann ist dies als Ausdruck der Nicht-Bewährung des zugrundeliegenden Hypothesenbündels aufzufassen. Dieser Fall ist aus erkenntnistheoretischer Sicht unproblematisch. Die rechtliche und ordnungsökonomische Bewertung dieses Vorgangs – der gegebenenfalls eine Mehrheitsüberstimmung einschließt[93] – sieht dagegen anders aus.

Die beiden anderen Varianten sind dagegen kritischer: Im Falle einer „Übertragung" im Rahmen des „Insolvenzplans" – was einer übertragenden Sanierung[94] gleichzusetzen wäre – ist zwar gewährleistet, das ein neues Hypothesenbündel „Unternehmung" am Markt agiert und somit Problemlösungen zum Test bereitstellt, doch ist damit im Hinblick auf die Frage des Tests des alten Hypothesenbündels „Unternehmung" kein wesentlich neuer Aspekt hinzugekommen. Es ist lediglich festzustellen, daß sich das alte Hypothesenbündel „Unternehmung" in der ursprünglichen Form als nicht-bewährt herausgestellt hat. Inwieweit das neue Hypothesenbündel „Unternehmung" erfolgreich sein wird, ist vollkommen offen. Festzuhalten ist, daß die „Übertragung" im hier skizzierten Sinn mit der Nicht-Bewährung des alten Hypothesenbündels „Unternehmung" gleichzusetzen ist. Die Argumentation stützt sich dabei ausschließlich auf die eher formale Tatsache, daß sich die Zusammensetzung der Hypothesen vermutlich ändert. Daß die „Übertragung" dennoch ökonomisch geboten sein kann, bleibt davon unberührt.

Für die Variante der „Sanierung" im Rahmen eines „Insolvenzplans" gilt das soeben Gesagte analog. Zusätzlich ist aber darauf einzugehen, daß der bisherige Schuldner nach

---

weist. Diese beziehen sich vermutlich auf alle Hypothesenebenen der Unternehmung. Mithin wird bei Fortführung eine „andere" Theorie „Unternehmung" getestet. Daß dies als Ergebnis einer einvernehmlichen Übereinkunft der Beteiligten an der „alten" Theorie „Unternehmung" möglich sein sollte, ist von der erkenntnistheoretischen Beurteilung der Fortführungsprämisse strikt zu trennen: Es handelt sich hierbei um einen ganz spezifischen Weg zur Generierung eines neuen Hypothesenbündels „Unternehmung".

92 Vgl. statt vieler *Picot* und *Aleth* (1999, Rn. 791, S. 254).

93 Vgl. hierzu auch *Pilgram* (1999, S. 189): „Damit kann es zu Konstellationen kommen, daß weder die Kopf- noch die Summenmehrheit der insgesamt am Verfahren Beteiligten für den Insolvenzplan stimmt." Dieser Sachverhalt stellt eine schwere Bürde für die rechtliche und ordnungsökonomische Akzeptanz des Instruments „Insolvenzplan" dar.

94 Die „übertragende Sanierung" kann auch das Ergebnis eines geregelten Insolvenzverfahrens sein.

Übereinkunft der „Gläubigerversammlung" eine weitere Chance zur Bildung von Hypothesen erhält. In Anbetracht des bereits häufiger angesprochenen Problems der „Gruppenbildung" ist allerdings zu fragen, auf wessen Kosten diese ‚Zusatzversuche' des Schuldners gehen. Da auch hier davon auszugehen ist, daß das alte Hypothesenbündel „Unternehmung" nicht unerheblich modifiziert wird, ist de facto die Nicht-Bewährung des alten Hypothesenbündels auch in diesem Fall zu konstatieren. Problematisch ist hierbei, daß die Modifikation der Hypothesen sich in einer Abwertung der Rechte bestimmter Gläubiger bemerkbar macht. In der Regel derjenigen, die ohnehin nicht Bevorrechtigte des Verfahrens sind. Es stellt sich dann aber die Frage, ob nicht die Insolvenzordnung ihre präventiv ausgerichtete Sanktionswirkung komplett einbüßt. Selbst wenn die Gläubiger einer solchen Lösung zustimmen sollten, bleiben erhebliche Zweifel an den intendierten Anreizwirkungen dieser Variante bestehen. Für den Schuldner ist die Aussicht auf eine zweite Chance nicht notwendigerweise mit einem vorsichtigeren Umgang mit Ressourcen auf der Basis der von ihm zu generierenden Hypothesen verbunden. Wenn der Zusammenhang von Entscheidung und Haftung während seiner Unternehmenstätigkeit in der Vergangenheit aufgeweicht wurde, warum sollte dies nicht auch für die Zukunft gelten?

Auch im Hinblick auf die Variante der „Sanierung" im Rahmen des „Insolvenzplans" ist deshalb aus erkenntnistheoretischer Perspektive Vorsicht geboten. Sowohl für die „Übertragung" als auch die „Sanierung" kommt das Problem ihres notwendig hypothetischen Gehalts hinzu. Hier geht es jedoch um die Frage, ob ein Hypothesenbündel „Unternehmung", das notwendigerweise in der Vergangenheit gebildet wurde, als falsifiziert anzusehen ist. Mit der Prolongierung eines modifizierten Hypothesenbündels ist für die Beantwortung dieser Frage nichts gewonnen, da beide Hypothesenbündel autonom und gleichzeitig geprüft werden müßten. Dies ist für die Fortführungsvarianten aber bereits aus rein (zeit-) logischen Gründen nicht möglich, da mit der Fortführung selbst die alte Hypothesenstruktur aufgelöst wird oder zumindest nicht als identisch angesehen werden kann. Eine vergleichende empirische Prüfung ist daher nicht möglich.

Wie sind die Antragsberechtigungen auf Eröffnung eines Insolvenzverfahrens sowie die Planinitiativrechte im Rahmen des „Insolvenzplans" aus erkenntnistheoretischer Perspektive zu beurteilen? Schuldner und Gläubiger können sich im Hinblick auf ihre Erwartungen irren. Gleichzeitig ist aber festzuhalten, daß die schuldrechtlichen Übereinkünfte zwischen den Vertragspartnern Schuldner und Gläubiger in der Regel dergestalt sind, daß sich der Schuldner, unabhängig von der weiteren Entwicklung der Unternehmung, gleichsam bedingungslos zur Erfüllung der vertraglich fixierten Ansprüche des Gläubigers verpflichtet hat.[95] Aus dieser Konstellation läßt sich im Hinblick auf die spezifischen Hypothesencharakteristika folgendes ableiten: Die Hypothese(n) des/r Gläubiger wird/werden nur indirekt von den Adressaten der „Primärhypothese(n)" des Schuldners getestet. Dies ergibt sich aus der Instrumentalfunktion, die die Hypothese(n)

---

[95] Vgl. *Drukarczyk* (1988, S. 4; H.i.O.): „Typischerweise sichert ein Kreditvertrag (Arbeitsvertrag) dem Gläubiger (Arbeitnehmer) einen zustands*un*abhängigen Anspruch pro Periode am Cash-Flow des Unternehmens über die Laufzeit des Vertrages zu. Die Zahlungsansprüche sind deterministisch, der Cash-Flow des Unternehmens ist unsicher."

des/r Gläubiger für den Schuldner besitzt. Sie geht/gehen in das Hypothesenbündel „Unternehmung“ ein und dient/dienen der Generierung von „Primärhypothesen“. Für die Gläubigerseite ist hinsichtlich der Bewährung ihrer Hypothese(n) daher ausschließlich entscheidend, ob die vertraglich zugesicherten Zahlungen fristgerecht vom Schuldner geleistet werden. Mit welchen „Primärhypothesen“ die notwendigen Einzahlungsüberschüsse erzeugt werden, ist aus Sicht der Gläubiger von daher im Prinzip nebensächlich. Somit ist es einleuchtend, daß die Gefahr einer Nicht-Bewährung zur Antragstellung eines Insolvenzverfahrens durch den Gläubiger berechtigt.

Eine andere Frage in diesem Zusammenhang ist allerdings, ob nicht die unterschiedliche Rechtsstellung der Gläubiger in einem eröffneten Insolvenzverfahren zu einer im Vorfeld ‚selektiven Ausübung‘ des allgemein kodifizierten „Eröffnungsantragsrechts“ in § 13 InsO führt. Potentiell nachrangige Insolvenzgläubiger dürften in der Regel ein geringeres Interesse an einer Insolvenzeröffnung haben als beispielsweise bevorrechtigte Insolvenzgläubiger, da ihre Aussichten aus der Insolvenzmasse befriedigt zu werden, sehr gering sind. Insoweit wird der formal-juristische Rechtsanspruch nicht-bevorzugter Gläubiger zur Insolvenzantragstellung de facto eingeschränkt. Gegen diese Interpretation ließe sich jedoch einwenden, daß es zu den originären Aufgaben der Gläubiger gehört, sich ihrer Rechtsstellung bei Vertragsabschluß mit dem Schuldner bewußt zu werden und gegebenenfalls im Rahmen der Vertragsgestaltung als notwendig erachtete Sicherungsmaßnahmen zu berücksichtigen. Hier kommen beispielsweise Pfandrechte und Sicherungsrechte wie der Eigentumsvorbehalt in Frage. Ob allerdings alle Gläubiger die Möglichkeit (und Macht) besitzen, ihre Hypothesen derart abzusichern, bleibt zumindest fraglich. Von daher ist die Gefahr der ‚selektiven Ausübung‘ weiterhin virulent.

Aber auch der Schuldner hat das Recht bzw. die Pflicht zur Antragstellung. Dies läßt sich insbesondere damit begründen, daß der Schuldner für das Hypothesenbündel „Unternehmung“ in seiner Gesamtstruktur verantwortlich ist. Die ordnungsökonomisch anzustrebende Einheit von Leitungsrecht und Haftung führt dazu, daß der Schuldner alle Maßnahmen treffen sollte, die ein Eintreten von Auslösetatbestandsmerkmalen verhindern. Aus seiner Verantwortlichkeit für die Chance der Bewährung der Hypothesen Dritter – der Gläubiger – resultiert im Umkehrschluß auch die Verantwortung oder Haftung für die Nicht-Bewährung der Hypothesen Dritter. Von daher ist ein von Schuldnerseite ausgelöstes Insolvenzverfahren im Prinzip auch im Interesse der Gläubiger, da dadurch ihre potentiellen Vermögenseinbußen reduziert werden können. Diese Einschätzung gilt allerdings nur unter der Voraussetzung, daß im Insolvenzverfahren selbst keine (weiteren) unzulässigen Diskriminierungen zwischen Schuldnern und Gläubigern einerseits sowie zwischen verschiedenen Gläubigern andererseits resultieren. Da dies jedoch – wie anhand der „Gruppenbildung“ gezeigt – zumindest nicht ausgeschlossen werden kann, ist auch hier bei der Beurteilung der gewollten Wirkungen der Normierungen Vorsicht geboten.

Zusammenfassend kann man sagen, daß ausschließlich direkt an der Unternehmung Beteiligten ein Antragsrecht zukommt, da nur diese mit individuellen Hypothesen im Hypothesenbündel „Unternehmung“ vertreten sind.

In bezug auf das Initiativrecht im Rahmen des „Insolvenzplans“ ist folgendes festzustellen: Unabhängig von der Frage, ob nun der Alt-Schuldner, ein vorläufiger Insolvenzverwalter oder aber ein von der Gläubigerversammlung beauftragter Insolvenzverwalter einen „Insolvenzplan" entwirft[96], ist zu berücksichtigen, daß der Inhalt und die Zielsetzung des Plans bei „Übertragung" und „Sanierung" notwendigerweise in die Zukunft gerichtet sind. Die damit verbundenen systematischen Prognoseschwierigkeiten sind bereits eingehend thematisiert worden. Darüber hinaus ist eine hohe Komplexität der Aufgabe zu konstatieren: „Der Planersteller muß bei der Erforschung der Insolvenzursachen beginnen, die strategischen Unternehmensziele neu definieren und – im Falle der Sanierungsfähigkeit des Unternehmens – die notwendigen leistungswirtschaftlichen und finanziellen Sanierungsmaßnehmen konkretisieren" (*Picot* und *Aleth* 1999, Rn. 799, S. 257).

Es stellt sich also die grundlegende Frage, ob und mit welcher Begründung man vermuten darf, daß ein solcher „Insolvenzplan" überhaupt mit Aussicht auf Erfolg aufgestellt werden kann. Das Hauptproblem besteht in der bekannten Ungewißheit, ob die „geplanten Entwicklungen" auch tatsächlich eintreffen werden. Daran anschließend ist zu fragen, ob die soeben skizzierte, notwendig hypothetische Basis eines „Insolvenzplans" zur Umwertung bestimmter, in der Vergangenheit begründeter Gläubigerrechte legitimiert. Die Problematik der „Gruppenbildung" im Rahmen eines „Insolvenzplanverfahrens" kann nämlich dazu führen, daß Gläubiger sich gegen eine derartige ‚(Zwangs-) Umwertung' ihrer begründeten Ansprüche nicht wehren können. Diese Möglichkeit widerspricht dem Grundsatz des Gläubigerschutzes fundamental und ist aus ordnungsökonomischer Sicht daher abzulehnen.

Weiterhin ist es zumindest nicht plausibel, warum der Schuldner, dessen Hypothesenbündel „Unternehmung" durch seine (Fehl-) Aktivitäten in eine Bewährungskrise geraten ist, nun in der Lage sein sollte, ein neues und erfolgversprechenderes Hypothesenbündel zu generieren. Insoweit ist es nicht einleuchtend, warum gerade das Planinitiativrecht des Schuldners „eine große Sanierungschance für das notleidende Unternehmen" sein sollte.[97] Damit ist nicht gesagt, daß die Nicht-Bewährung eines Hypothesenbündels zur Inkriminierung des Schuldners führen sollte.[98] Im Gegenteil: Über die ordnungsökonomisch begründbare Haftung gegenüber seinen Gläubigern und die erkenntnistheoretische Verantwortlichkeit für die Generierung von sich zu bewährenden „Primärhypothesen" hinaus, ist der Schuldner in diesem Kontext ohne Vorbehalte zu beur-

---

[96] Vgl. *Picot* und *Aleth* (1999, Rn. 797/798, S. 256 f.) sowie *Balz* und *Landfermann* (1995, S. 325 f.).

[97] Vgl. hierzu die Ausführungen von *Picot* und *Aleth* (1999, Rn. 797, S. 256 f.), die eine Verbindung zum Auslösetatbestand der „drohenden Zahlungsunfähigkeit" herstellen. Es ist allerdings zu fragen, ob nicht der personelle und materielle Einsatz für eine konkrete Verbesserung des Hypothesenbündels „Unternehmung" sinnvoller ist, als der Aufwand für die Ausarbeitung eines „Insolvenzplans". Die formalen und inhaltlichen Anforderungen an einen ‚annahmefähigen Insolvenzplan' dürften in der Unternehmung zu erheblichen Kosten führen. Es liegt daher der Verdacht nahe, daß andernfalls – wenn der Schuldner keinen „Insolvenzplan" aufstellt – die Insolvenz des Unternehmens scheinbar schon als unabwendbar hingenommen wird.

[98] Dies gilt selbstverständlich nur für nicht-deliktisches Verhalten des Schuldners.

teilen.[99] Sowohl die Gläubigerposition als auch die Schuldnerposition sind somit zwei Seiten derselben Medaille. Die Positionen stehen in einem schuldrechtlichen Verhältnis zueinander: Nicht mehr, aber auch nicht weniger. Da sie – zumindest in einer Marktwirtschaft – auf freiwilliger Basis begründet werden, sind sie einer überindividuellen Bewertung zu entziehen. Es ist lediglich sicherzustellen, daß die vertraglich legitimierten Rechte der Vertragspartner auch durchgesetzt werden können. Unter Berücksichtigung dieser Einschätzung ist die bereits mehrfach kritisch betrachtete „Gruppenbildung" im Insolvenzplanverfahren erneut zu diskutieren: Es besteht die Gefahr, daß die rechtssystematisch und ordnungsökonomisch zu begründende Symmetrie von Gläubiger- und Schuldnerrechten durch die „Gruppenbildung" zu Lasten bestimmter Gläubiger (-gruppen) aufgehoben wird. Im Ergebnis führt dies dann zu einer (weiteren) Diskriminierung von Gläubigern und einer Privilegierung von Schuldnern.

Der (vorläufige) Insolvenzverwalter ist hinsichtlich der dargestellten Probleme aus erkenntnistheoretischer Sicht in keiner einfacheren Ausgangsposition. Auch er sieht sich systematisch mit den gleichen Schwierigkeiten des Umgangs mit Ungewißheit ausgesetzt. Dieser Aspekt ist daher nicht anders als beim Schuldner als Planinitiator zu bewerten. Es gibt jedoch einen elementaren Unterschied: Während der Schuldner mit der Nicht-Bewährung des ursprünglichen Hypothesenbündels „Unternehmung" in einem engen Kausalzusammenhang steht, ist der (vorläufige) Insolvenzverwalter in bezug auf die ‚alte Unternehmung' von dieser Verantwortlichkeit frei. Aus seiner Perspektive handelt es sich beim ursprünglichen Hypothesenbündel „Unternehmung" um ein für ihn gegebenes Hypothesennetz, das hinsichtlich seiner Zielsetzung(en) bzw. an deren Verwirklichung gescheitert ist.

Faßt man die vorstehenden Ausführungen zusammen, so bleibt aus erkenntnistheoretischer Sichtweise folgendes festzuhalten: (1) Sind die im Gesetz normierten Auslösetatbestände der „Zahlungsunfähigkeit" und der „Überschuldung" (unter Liquidationsannahme) gegeben, hat das betroffene Hypothesenbündel „Unternehmung" als nichtbewährt zu gelten. (2) Auslöseberechtigt sind ausschließlich die mit Hypothesen an der Unternehmung Beteiligten. (3) Ein Initiativrecht für die Vorlage eines „Insolvenzplans", der eine „Übertragung" oder „Sanierung" vorsieht, ist grundsätzlich nicht ableitbar, da damit ‚neue' Theorien „Unternehmungen" generiert und getestet werden. An der Nicht-Bewährung des ursprünglichen Hypothesenbündels „Unternehmung" ändert sich daher nichts. Während die beiden erstgenannten Interpretationsergebnisse unproblematisch erscheinen, ist die dritte Interpretation kurz zu erläutern: Die hier vorgetragene Einschätzung resultiert ausschließlich aus der Annahme, daß es im Wege einer „Übertragung" oder einer „Sanierung" zu einer Veränderung des ursprünglichen Hypothesenbündels kommt.

---

99 Vgl. zu diesem Punkt die Ausführungen im Rahmen der vertragstheoretischen Erklärung der Unternehmung im zweiten Kapitel, Abschnitt 2.1.2. Dies liegt im Interesse aller Wirtschaftssubjekte, da nicht im vorhinein abschließend klar ist, wann sich welches Wirtschaftssubjekt in welcher Position befindet. Das Argument greift insoweit auf den *Rawls*schen „Schleier des Nichtwissens" zurück. Vgl. *Rawls* (1990, S. 29 und S. 36 sowie ausführlich S. 159-166).

Ohne die Institution der Insolvenzordnung müßten insbesondere die Gläubiger erheblich höhere Kosten der Überwachung und Absicherung ihrer Engagements in Kauf nehmen. Auch für die Schuldner würde sich die Situation vermutlich verschlechtern, da davon ausgegangen werden kann, daß diese höheren Gläubigerkosten letztlich auf sie überwälzt werden dürften. Dies wiederum schlägt sich vermutlich im Präventivverhalten von Schuldnern und Gläubigern nieder. Ein Beispiel soll dies verdeutlichen: Die Gewerkschaften dürften wahrscheinlich im Hinblick auf ihre Lohnforderungen vorsichtiger sein, wenn sie wissen, daß es keine bevorrechtigten Forderungen – hier Lohnforderungen – im Falle einer Unternehmensinsolvenz gibt und sie sich bei der Entstehung des Insolvenzplans nicht gegenüber der Mehrheit der Gläubiger durchsetzen können.

Die mit dem Beispiel angedeutete Kostenwirkung der Normierungen soll in der Folge näher erläutert werden. Hierzu wird gefragt: Welche Kosten für wen lassen sich durch eine Insolvenzordnung potentiell senken? Ohne eine Insolvenzordnung würde sich die Bedeutung der asymmetrischen Informationsverteilung zwischen Schuldnern und Gläubigern verstärken. Für den Schuldner ist es dann ökonomisch rational, die Gläubiger freiwillig und umfassend über die Geschäftserwartungen zu informieren, um auf diese Weise die von den Gläubigern geforderten Risikoaufschläge zu reduzieren. Die hierfür notwendigen „signalling“-Aufwendungen des Schuldners verursachen Kosten. Aus der Sicht der Gläubiger sind höhere „screening“-Aufwendungen notwendig, da sie das Ausfallrisiko ihrer Engagements nun privatautonom absichern müssen. Auch dadurch entstehen Kosten. Ohne eine Insolvenzordnung müßten diese Kostenelemente in die jeweilige Kalkulation der Schuldner und Gläubiger eingehen.

Aber ist mit dieser Argumentation gesagt, daß mit einer Insolvenzordnung diese Kostenelemente erst gar nicht entstehen bzw. nicht in die jeweilige Kalkulation eingehen? Dazu ist folgendes zu sagen: Die Insolvenzordnung legt die Rechte und Pflichten der Schuldner und Gläubiger explizit fest. Damit reduziert die Insolvenzordnung aus Sicht von Schuldnern und Gläubigern Unsicherheit, in der Annahme, daß deren Beseitigung oder Abbau anderenfalls mit Kosten verbunden wäre. Insoweit senkt die Insolvenzordnung die Kosten der Spezifizierung von Verträgen zwischen Schuldnern und Gläubigern, da beide Vertragsparteien ex ante über die Existenz einer rechtlichen Rahmenordnung informiert sind, aus der im Konfliktfall hervorgeht, wie die Vertragsverpflichtungen behandelt werden. Gleichwohl enthebt die Insolvenzordnung die beteiligten Akteure nicht von der Aufgabe, die zugrundeliegenden Verträge mit größtmöglicher Sorgfalt zu erstellen. Der Schuldner macht sich im schlimmsten Fall strafbar, während die Gläubiger von einem drohenden Totalverlust ihrer Forderungen zur Vorsicht angehalten werden. In diesem Kontext sind die verschiedenen Möglichkeiten der Gläubiger zur Sicherung ihrer Forderungen[100] als Ausdruck dieses Vorsichtsmotivs zu interpretieren.

Die Insolvenzordnung schützt in erster Linie diejenigen Gläubiger, die über ungesicherte Forderungen verfügen. Dies ist aus rechtssystematischer Sicht plausibel, da gesicherte Gläubiger auch im Rahmen der Einzelvollstreckung ihren Rechtstiteln Geltung

[100] Zu denken ist z.B. an den „Eigentumsvorbehalt“ oder an „Mobiliar- und Immobiliarsicherheiten“.

verschaffen können. Ungesicherte Gläubiger sind dagegen auf das Rechtsinstitut der Gesamtvollstreckung in das Vermögen des Schuldners angewiesen. Eine andere Frage in diesem Zusammenhang ist, inwieweit im Falle einer Unternehmensinsolvenz überhaupt noch Masse vorhanden ist, um insbesondere ungesicherte Gläubiger zu befriedigen. Des weiteren ist zu prüfen, welche Rolle der Staat in diesem Kontext spielt. Zwei Aspekte stehen hierbei im Vordergrund: Zum einen geht es um die Sicherung privatautonomer Vertragsansprüche, zum anderen um die Verhinderung von Betrug unter den Vertragsbeteiligten.[101] Gerade indem der Staat als Gesetzgeber neben der zivilrechtlichen auch eine strafrechtliche Sanktionierung vertragswidrigen Verhaltens der Wirtschaftssubjekte im Wege einer Insolvenzordnung institutionalisiert, erhöht sich der Druck auf die Wirtschaftssubjekte – und hier insbesondere auf die Schuldner – hin zu regelkonformen Verhaltensweisen. Dies wiederum trägt zur Stabilisierung der Verhaltenserwartungen aller Individuen bei und reduziert über diesen Umweg die direkten Präventionskosten der Wirtschaftssubjekte für ihre Transaktionen.

Die Erhöhung der individuellen Kosten für Fehlverhalten ist aber nur *ein* wichtiger Punkt zur Absicherung einer Wirtschaftsordnung. Darüber hinaus hebt der Gläubigerschutz – um den es im Kern einer Insolvenzordnung immer geht – die Bedeutung individueller, vertraglich gesicherter Property Rights der Wirtschaftssubjekte hervor. Ohne die spezifizierte Zuordnung von Property Rights und ohne die grundlegende Berücksichtigung der Maxime „pacta sunt servanda" ist ein geregeltes und transaktionskostenreduzierendes Verhalten der Individuen untereinander nicht zu erwarten. Insoweit läßt sich auch hiermit eine gesetzliche Regelung für fallierende oder fallierte Unternehmungen im Rahmen einer Insolvenzordnung ableiten.

Die Insolvenzordnung bietet somit – erkenntnistheoretisch gesprochen – für alle Beteiligten die Chance der Offenlegung einer Nicht-Bewährung eines Hypothesenbündels „Unternehmung". Unabhängig vom konkreten Verlauf des Insolvenzverfahrens ist dann weiter zu konstatieren, daß das ursprüngliche Hypothesenbündel als falsifiziert gelten kann. Alle im Verlauf der Ausführungen diskutierten Verfahrensoptionen generieren nämlich letztlich neue Hypothesenbündel. Solange die gewählten Verfahrensoptionen von *allen* Beteiligten akzeptiert werden, ist dagegen – auch aus erkenntnistheoretischer Sicht – nichts einzuwenden.[102] Eine *einstimmige* Entscheidung zugunsten einer der möglichen Optionen wäre dann als Ausdruck entsprechender, freiwilliger ‚neuer Hypothesen' aufzufassen. Die Diskussion hat jedoch gezeigt, daß eine einvernehmliche Übereinkunft *aller* Beteiligten in bestimmten Verfahrenssituationen – insbesondere beim „Insolvenzplan" – schon von Gesetzes wegen gar nicht sichergestellt ist. Im Ergebnis führt dies dazu, daß zwischen Hypothesen der unterschiedlichen Gläubiger diskriminiert wird. Gleichwohl impliziert die gewählte Perspektive die Feststellung, daß immer eine „alte Theorie" durch eine „neue Theorie" abgelöst wird.

---

[101] Der Staat wird in dieser Betrachtung als „Rechtsschutzstaat" im Sinne von *Buchanan* und *Hayek* aufgefaßt.

[102] Dies ist als Ausdruck der Freiheit zur Generierung von Hypothesen – unabhängig von Charakter ihrer Genese – und zum Abschluß von Verträgen aufzufassen.

3.3. Unternehmensinsolvenzen aus ökonomischer Perspektive

Im weiteren Verlauf der Untersuchung werden exemplarisch einige betriebswirtschaftliche und volkswirtschaftliche Erklärungsansätze vorgestellt, wobei es im Kern immer um die Frage geht, ob und inwieweit die ubiquitäre Möglichkeit der Unternehmensinsolvenz berücksichtigt wird. Dabei wird zunächst eine Trennung in eine mikro- und eine makroökonomische Problemperspektive vorgenommen. Im Anschluß wird eine institutionen- und evolutionsökonomische Betrachtungsweise skizziert, bevor zum Abschluß eine erkenntnistheoretische Beurteilung der ökonomischen Erklärungsansätze erfolgt.

3.3.1. Mikroökonomische Betrachtungsweise

3.3.1.1. Betriebswirtschaftliche Ansätze

Das Erfahrungsobjekt der Betriebswirtschaftslehre ist die „Unternehmung". Von daher ist auch das Phänomen der „Unternehmensinsolvenz" Betrachtungsgegenstand, – zumal rechtliche Regelungen als Restriktionen betriebswirtschaftlichen Handelns aufgefaßt und in betrieblichen Entscheidungsprozessen berücksichtigt werden. Ziel ist es, betriebliche Situationen zu vermeiden, die den Insolvenzfall auslösen können. Die betriebswirtschaftliche Forschung versucht Wege hierfür aufzuzeigen. Die Betriebswirtschaftslehre kann in diesem Kontext als systematischer Lieferant von Handlungsheuristiken oder -mustern zum Umgang und zur Bewältigung unternehmensbezogener Problemstellungen interpretiert werden. Das Ziel dieser Bemühungen kann in der Gewährleistung eines sich zukünftig bewährenden Problemlösungspotentials gesehen werden.

3.3.1.1.1. Krisenverlaufsmodelle

Es existiert eine Reihe von betriebswirtschaftlichen Arbeiten, die für die krisenhafte Unternehmensentwicklung verschiedene Phasen abgrenzen.[103] Die Bandbreite reicht von zwei Phasen (*Röthig* 1976) bis sechs Phasen (*Albach* 1979). Hier sollen lediglich die strukturellen Gemeinsamkeiten der Ansätze geschildert werden, um im Anschluß daran deren Erklärungsbeitrag zu einer betriebswirtschaftlichen Insolvenztheorie beurteilen zu können.

Die (potentielle) Unternehmensinsolvenz wird nicht in allen Ansätzen explizit berücksichtigt. Dies liegt in erster Linie an der unterschiedlichen Konzeption der Ansätze: Während einige Beiträge die Unternehmung von der Entstehung bis zum (potentiellen) Untergang betrachten, beschränken sich andere Ansätze ausschließlich auf die Lebensphase(n) der Unternehmung, die eine Unternehmenskrise kennzeichnen oder ihr folgen. Im hier interessierenden Erklärungszusammenhang sind aber nicht nur die kritischen

---

[103] Vgl. beispielsweise *Greiner* (1972/1982); *Britt* (1973); *Argenti* (1976); *Röthig* (1976); *Rödl* (1979); *Albach* (1979); *Kimberly* und *Miles* (1981); *von Löhneysen* (1982); *Müller* (1982); *Krystek* (1984); *Adizes* (1988); *Mintzberg* und *Westley* (1992) und *Hurst* (1995). *Pfaffenholz* (1998) gibt einen guten Überblick zu den Lebenszyklusmodellen. Diese Auflistung erhebt keinesfalls Anspruch auf Vollständigkeit. Die ausgewählten Beiträge ermöglichen allerdings einen guten Einblick in die Problematik.

oder gar pathogenen Phasen von Bedeutung. Dies hat zwei Gründe: Zum einen ist davon auszugehen, daß eine kritische Unternehmenssituation im Sinne einer Unternehmensinsolvenz nicht ‚einfach vom Himmel fällt‘, sondern eine Vorgeschichte in der Unternehmung hat. Insoweit interessiert die Unternehmungsgeschichte, weil möglicherweise bereits in früheren Unternehmensphasen Führungsentscheidungen getroffen wurden, mit denen die aktuellen Krisen angelegt worden sind. Zum anderen dient die vorliegende Arbeit ja dem Versuch, die Unternehmensinsolvenz als integralen Bestandteil einer Theorie der Unternehmung zu verstehen. Aus diesem Grund wird durchgängig auf eine spezifische erkenntnistheoretische Perspektive zurückgegriffen, die unabhängig vom ‚positiven‘ oder ‚negativen‘ Resultat unternehmerischer Entscheidungen angewandt werden kann. In diesem Lichte sind die folgenden Erläuterungen zu verstehen.

Aus der Gruppe der Beiträge, die die gesamte Lebensdauer einer Unternehmung betrachten, soll stellvertretend der Ansatz von *Greiner* (1972/1982) näher beleuchtet werden. *Greiner* unterstellt einen engen Zusammenhang zwischen dem Alter der Unternehmung und seiner (quantitativen) Größe.[104] Über die Zeit wächst die Unternehmung in einer Folge von „revolutionären“ und „evolutionären“ Perioden. Dabei sind die eher längeren Perioden der „evolutorischen Unternehmensentwicklung“ durch ein kontinuierliches Wachstum gekennzeichnet. Die Abfolge der angenommenen wachstumsrelevanten Führungstechniken lautet hierbei: „Kreativität“, „straffe Führung“, „Delegation“, „Koordination“ und „Team-Geist“. Die kürzeren Perioden der „revolutionären Unternehmensentwicklung“, die sich zwischen die evolutorischen Perioden schieben, sind von einem durchgreifenden Wandel der Managementmethoden charakterisiert und stellen somit letztlich Führungskrisen dar. *Greiner* unterscheidet folgende Krisenphasen: „Führungsstilkrise“, „Autonomiekrise“, „Kontrollkrise“, „Bürokratiekrise“ und „Krise durch ?“. Insgesamt unterscheidet *Greiner* fünf Phasen der Unternehmensentwicklung, die jeweils durch die Kombination einer „evolutorischen“ und einer „revolutionären Periode“ entstehen. *Tatje* (2001, S. 34) hebt die alternierende Folge unproblematischer und problematischer Perioden sowie die konstitutive und produktive Wirkung der letzteren hervor, denn „die revolutionäre Phase ist dabei geradezu Vorbedingung für die ihr folgende evolutionäre Phase“[105]. Für den hier interessierenden Problemkontext ist, neben der grundlegenden Berücksichtigung des erkenntnisschaffenden Potentials einer Krise, die Interpretation von Bedeutung, daß nur ein Durchlaufen aller Phasen Garant dafür sei, daß „die Erfahrung lebenswichtiger, wachstumsrelevanter Lernprozesse“ (ebenda) gemacht wird. Diese Perspektive erscheint zu mechanistisch angelegt: Obgleich es sicher richtig ist, daß Entscheidungen in einer späteren „revolutionären Periode“ vor

---

[104] Die Korrelationen zwischen Unternehmensgrößen und Insolvenzhäufigkeiten gehören zum Forschungsbereich der quantitativen Insolvenzforschung, die weiter unten im Text skizziert wird. *Krystek* (1987, S. 62 f.) subsumiert den Ansatz von *Greiner* der qualitativen Krisenursachenforschung und weist dabei auf die Kritik von *Oechsler* und *Schormair* (1983) hin, die den unterstellten Ursache-Wirkungszusammenhang hinterfragen. Die Einordnung in der vorliegenden Arbeit erfolgt aufgrund des heuristischen Potentials der Phasendarstellung über den Lebenszeitraum der Unternehmung.

[105] *Tatje* (2001, S. 34) spricht auch von der Revolution als „kreative Krisenphase“ einer Unternehmung. Diese Sichtweise erinnert stark an das *Schumpeter*sche Bild der „schöpferischen Zerstörung“.

dem Erfahrungshintergrund früherer kritischer Perioden in gewisser Weise beeinflußt werden – zumindest wenn sich die entscheidenden Individuen nicht geändert haben –, ist jedoch damit nicht logisch ausgeschlossen, daß auch Entscheidungen getroffen werden, die eben nicht wieder auf einen Wachstumspfad für die Unternehmung führen. Hier werden die Singularität der einzelnen Krise und die daraus resultierenden Entscheidungsprobleme zu sehr vernachlässigt.

Zum Ansatz von *Greiner* ist zusammenfassend folgendes zu sagen: Das Modell hat den Vorzug, daß das Augenmerk auf die Entscheidungsebene in der Unternehmung gelegt wird. Die Probleme der „revolutionären Perioden" der Unternehmensentwicklung sind in erster Linie Führungs- und Managementkrisen. Damit wird die Bedeutung der Individuen, die Entscheidungen treffen bzw. an Entscheidungen beteiligt sind, in den Vordergrund gerückt. Dies entspricht dem hier zugrundegelegten Postulat des methodologischen Individualismus. Ob allerdings daraus der Schluß zu ziehen ist, daß alle Krisenphasen einer Unternehmung immer und überall durch Fehlentscheidungen des Managements verursacht werden, ist zumindest diskussionswürdig. Als Nachteile des Ansatzes sind zu nennen: Zum einen die modellimmanente Fokussierung auf einen Wachstumspfad der Unternehmung. Damit wird implizit unterstellt, daß nur wachsende Unternehmen Bestand haben. Dies läßt sich jedoch weder theoretisch noch empirisch eindeutig belegen. So gibt es sicher eine ganze Reihe von Unternehmen, die von einem Unternehmenswachstum weit entfernt sind, ohne insolvenzgefährdet zu sein. Zum anderen sind die Nachteile jeglicher Phaseneinteilungen[106] virulent: Hier ist an erster Stelle das Problem der Abgrenzung der einzelnen Phasen zu nennen. Die Trennung verschiedener Phasen voneinander ist aufgrund der Komplexität des Erfahrungsobjektes Unternehmung nicht trivial und von daher, in Abhängigkeit der jeweiligen Zielrichtung der Untersuchung, nicht kongruent. Insoweit ist ein Vergleich von Phasenmodellen schwierig: Sie stellen gleichsam Puzzleteile dar, deren Gesamtschau ein (diffuses) Bild erkennen läßt.

Das Modell von *Albach* (1979) befaßt sich ausschließlich mit einer bereits entstandenen Krisensituation in einer Unternehmung. Damit wird die Unternehmensgeschichte, die zu der krisenhaften Situation der Unternehmung geführt hat, aus der Betrachtung ausgeblendet. Dies ist vor dem Hintergrund der nicht mehr änderbaren Realitäten nachvollziehbar. Liegt eine solche Krisensituation vor, unterscheidet *Albach* im Modell sechs Phasen oder Stadien, die von der Unternehmung idealtypisch durchlaufen werden können. Jedes dieser Stadien wird durch spezifische unternehmenspolitische Merkmale charakterisiert: Dabei reicht die Bandbreite von eher psychologischen Größen wie „Vertrauensschwund" im Stadium 1, über „Verhandlungen mit Gläubigern über Forderungsverzichte" im Stadium 3 bis hin zur Induzierung „neuen Vertrauens der Unternehmensführung in die zukünftige Entwicklung" im Stadium 6. Für den hier interessierenden

[106] Diese Kritik bezieht sich daher nicht nur auf den Ansatz von *Greiner*, sondern auf alle oben genannten Phasenschemata einer kritischen Unternehmensentwicklung. Der methodischen Kritik steht jedoch ein nicht zu unterschätzendes heuristisches Potential dieser Ansätze gegenüber. Von daher ist es nicht nur legitim, sondern aus erkenntnistheoretischen Gesichtspunkten der Methoden- und Theorienpluralität sogar geboten, diese Ansätze zur Analyse und Beurteilung der relevanten Problemstellungen heranzuziehen.

Problemkontext ist wichtig, daß das Stadium 4 durch den „Antrag auf Insolvenzeröffnung“, „Einsetzung eines Insolvenzverwalters“ und „Prüfung der Verwertungsalternative“ gekennzeichnet wird. Somit wird das rechtlich kodifizierte Insolvenzverfahren integraler Bestandteil des Modells. In diesem Stadium entscheidet sich, ob die „Zerschlagung der Unternehmung“ erfolgt oder aber die weiteren Stadien 5 und 6 erreicht werden, die eine „Sanierung“ der Unternehmung unter neuer Führung und in abgeschmolzener Größe nahelegen.[107]

Der Ansatz von *Albach* bietet von daher den Vorteil einer systematischen Berücksichtigung der insolvenzrechtlichen Restriktionen für die Analyse der krisenbehafteten Unternehmung. Dabei wird besonders deutlich, daß das Insolvenzverfahren nicht das ‚Ende der Unternehmung‘, sondern ein ‚Neuanfang‘ – wenn auch unter anderen Voraussetzungen – sein kann.

3.3.1.1.2. Krisenursachenmodelle

Ziel der betriebswirtschaftlichen Krisenursachenforschung (Krisenursachenmodelle) ist die Erklärung der Entstehung von Unternehmungskrisen im allgemeinen.[108] Die Unternehmensinsolvenz als extreme Ausprägung einer Unternehmungskrise ist somit als Spezialfall dieser Forschungsrichtung anzusehen. Gleichwohl stellt *Krystek* (1987, S. 33; H.i.O.) fest, daß die „Krisenursachenforschung im Rahmen der Betriebswirtschaftslehre (…) bisher überwiegend in Form einer *Insolvenzursachenforschung* betrieben worden (ist)“ und bemängelt, daß durch diese Fokussierung auf pathologische Unternehmensfälle die positiv ablaufenden Unternehmungskrisen völlig ausgeblendet werden und somit ein großes Erkenntnispotential der Krisenursachenforschung verschlossen bleibt.[109] Im weiteren Verlauf sollen verschiedene Ansätze der quantitativen und qualitativen Ausrichtung einer Krisenursachenforschung näher beleuchtet werden.

3.3.1.1.2.1. Quantitative Ausrichtung

Die quantitative Krisenursachenforschung beschreibt und analysiert statistische Daten, die sich mit Unternehmensinsolvenzen beschäftigen. Am häufigsten werden folgende Systematisierungskriterien hinsichtlich der Insolvenzzahlen gewählt: (a) Branche, (b) Rechtsform, (c) Unternehmensgröße und (d) Unternehmensalter.[110] Dabei werden mit den verschiedenen Kriterien unterschiedliche (empirisch basierte) Hypothesen verbunden. Diese sollen in aller Kürze wiedergegeben werden, um im Anschluß daran zu verdeutlichen, daß diese Vorgehensweise aufgrund der mangelnden theoretischen Fundierung allenfalls zu einem explorativ zu interpretierenden empirischen Befund führen kann. Der so zu interpretierende empirische Befund für die Entwicklung der Insolvenz-

---

[107] Vgl. zu den Stadien und ihrer inhaltlichen Präzisierung *Albach* (1979, S. 17 ff.).

[108] Vgl. *Krystek* (1987, S. 32).

[109] Vgl. *Krystek* (1987, S. 33).

[110] Darüber hinaus wird beispielsweise auch versucht, die „Summe der ausstehenden Forderungen“ in Insolvenzverfahren zu ermitteln, um auf dieser Basis Aussagen zum volkswirtschaftlichen Schaden von Unternehmensinsolvenzen machen zu können. Vgl. hierzu die Angaben in *Creditreform* (2003, S. 13 ff.).

zahlen in Deutschland zwischen 1991 und 2002[111] soll am Ende der Ausführungen stehen. Dieser dient mithin weder als Erklärung für die Unternehmensinsolvenzen, noch für die Prognose zukünftiger Insolvenzzahlen. Beide Zielsetzungen liegen außerhalb dessen, was die Empirie zu leisten imstande ist. Es geht also nur darum, das Phänomen der „Unternehmensinsolvenzen" in seiner zahlenmäßigen Entwicklung für den (speziellen) Transformationsfall „Deutschland" zu skizzieren. Wenn dennoch einige markante „Besonderheiten" der Daten erwähnt werden, dann nur, um anzudeuten, daß es noch eine Reihe spezifischer Erklärungsnotwendigkeiten zu geben scheint. Andernfalls müßten die „Besonderheiten" rein zufälligen Charakter haben.

Bezüglich der eingangs erwähnten Analysekriterien werden in der Literatur folgende Hypothesen aufgestellt:[112] Die Insolvenzhäufigkeit variiert von Branche zu Branche. Es gibt mithin Branchen mit größerer und Branchen mit kleinerer Insolvenzwahrscheinlichkeit der Unternehmen. Im Hinblick auf die realisierte Unternehmensrechtsform sind diejenigen Unternehmungen am stärksten von Insolvenzen bedroht, bei denen die Haftung eingeschränkt ist. Die Größe der Unternehmung beeinflußt die Insolvenzwahrscheinlichkeit in zweifacher Ausprägung: Bis zu einer Beschäftigtenzahl von 500 Mitarbeitern steigt das Insolvenzrisiko, danach sinkt es signifikant ab. Es gibt mit anderen Worten vermutlich ein „too big to fail"-Syndrom.[113] Schließlich findet sich in Bezug auf das Alter der fallierenden Unternehmungen die Tendenz zur ausgeprägten Gefährdung junger Unternehmungen. Dieser Befund wird deshalb auch als „Adoleszenz-These" diskutiert. Einige Zahlen sollen die Hypothesen verdeutlichen:

(a) Die Zahl der Unternehmensinsolvenzen fällt je nach Branche unterschiedlich hoch aus. Dabei ist insbesondere das Baugewerbe von Unternehmensinsolvenzen betroffen. Dies gilt sowohl für die absoluten als auch die relativen Insolvenzzahlen. Um aber verschiedene Branchen hinsichtlich ihrer Insolvenzhäufigkeit vergleichen zu können, ist es notwendig, die absoluten Insolvenzzahlen zu normieren und zwar in Abhängigkeit von der Gesamtzahl der Unternehmungen einer Branche. Dies geschieht, indem die Zahl der Insolvenzfälle einer Branche auf je 10.000 umsatzsteuerpflichtige Unternehmungen der Branche bezogen wird. Diese Relation drückt die relative Insolvenzhäufigkeit in einer Branche aus. Empirisch sind im hier interessierenden Problemkontext folgende Tatbestände feststellbar: Zum einen ist die absolute Zahl der Unternehmensinsolvenzen in Deutschland in den Jahren 1991 bis 2002 mit Ausnahme des Jahres 1999

---

[111] Siehe für die Darstellung der Insolvenzzahlen in der Bundesrepublik Deutschland vor 1990 die periodischen Veröffentlichungen des Statistischen Bundesamtes. Einen Überblick verschafft auch *Angele* (2003, S. 295).

[112] Siehe zu den hier vorgestellten Hypothesen die Untersuchung von *Rödl* (1979) Vgl. auch die Zusammenfassung bei *Krystek* (1987, S. 41), der sich auf die Arbeit von *Rödl* bezieht.

[113] Eine mögliche politökonomische Erklärung für diesen Sachverhalt wäre die Intervention von öffentlicher Seite, also von Politikern, um in der Gunst der Wähler zu steigen und insoweit die Chance der Wahl bzw. Wiederwahl zu erhöhen. Hinzu kommt der Druck der verschiedenen Interessengruppen der an einer Unternehmung Beteiligten. Auch dieser vermag größere Unternehnungen im Zweifelsfalle vor dem kurzfristigen Kollaps zu retten.

kontinuierlich gestiegen.[114] Der prozentuale Anstieg ist dabei in den neuen Bundesländern, insbesondere in den Jahren 1991-1994 besonders stark ausgeprägt gewesen. Dies hat vornehmlich zwei Gründe: Zum einen liegt es in der Natur der Sache, daß die Steigerungsraten der Unternehmensinsolvenzen von der Basis Null ausgehend höher liegen, als bei einer anderen Basisbezugsgröße. Dies stellt somit lediglich eine statistische Überzeichnung dar. Zum anderen kann man aber auch zu der Vermutung gelangen, daß zu Beginn des Transformationsprozesses spezifische Bedingungskonstellationen vorgelegen haben könnten, die diese Entwicklung der Zahl der Unternehmensinsolvenzen begünstigt haben.[115]

Tabelle 2: Unternehmensinsolvenzen und Branchenzugehörigkeit 1999-2002

	1999	**2000**	**2001**	**2002**
Verarbeitendes Gewerbe	3.139	3.305	3.655	4.344
Baugewerbe	7.766	8.103	9.026	9.160
Handel	5.668	5.624	6.005	7.491
Gastgewerbe	1.674	1.927	2.204	2.655
Verkehr und Nachrichtenübermittlung	1.299	1.714	2.137	2.451
Kredit- und Versicherungsgewerbe	185	198	233	383
Sonstige Dienstleistungen	6.184	6.846	8.422	10.470
Übrige Wirtschaftsbereiche	561	518	596	625
Summe	**26.476**	**28.235**	**32.278**	**37.579**

Quelle: *Angele* (2003, S. 297).

Bezüglich der relativen Insolvenzhäufigkeit läßt sich, bezogen auf das Jahr 2002, folgendes feststellen: Am stärksten gefährdet waren Unternehmen aus dem Baugewerbe – 283 von 10.000 Unternehmen mußten schließen. Danach folgten Unternehmen aus dem Bereich Kredit- und Versicherungsgewerbe, wo die Quote bei 239 lag.

(b) Betrachtet man die Rechtsformen der von Insolvenz betroffenen Unternehmen in den Jahren 1999 bis 2002, so ist festzustellen, daß in erster Linie Gesellschaften mit beschränkter Haftung sowie Einzelunternehmen und Kleingewerbetreibende in der Statistik auftauchen. Dies spricht für die besondere Bedeutung, die der Rechtsformenwahl im Hinblick auf die Insolvenzgefährdung einer Unternehmung zukommt. Das liegt jedoch weniger an der formalen Struktur haftungsbeschränkter Gesellschaften als vielmehr an den damit einhergehenden Risikoaufschlägen externer Finanzierungen. Obwohl die vollhaftenden Unternehmensrechtsformen – absolut gesehen – einen großen Anteil der Unternehmensinsolvenzen ausmachen, ist ihre relative Bedeutung, gemessen an der Insolvenzhäufigkeit am geringsten ausgeprägt. Hier beträgt die Quote 66, im Vergleich

[114] Nach 27.828 Unternehmensinsolvenzen im Jahr 1998 sank die Gesamtzahl im Jahr 1999 um 4,9 Prozent auf 26.476 Fälle. Vgl. zur Entwicklung der Insolvenzzahlen Tabelle 1 im ersten Teil der Arbeit, S. 1.

[115] Diese Vermutung wird im vierten Kapitel der Untersuchung mit dem Stichwort „aufgestaute Unternehmensinsolvenzen" wieder aufgegriffen.

zu 278 bei den GmbHs und sogar 664 bei den AGs bzw. KGaA. Zu den absoluten Zahlen im einzelnen:

Tabelle 3: Unternehmensinsolvenzen und Unternehmensrechtsformen 1999-2002

	1999	2000	2001	2002
Einzelunternehmen; Kleingewerbe	8.240	9.648	11.026	13.554
Personengesellschaften	1.983	2.211	2.624	3.194
GmbH	15.811	15.832	17.857	19.970
AG; KGaA	94	176	442	631
sonstige Rechtsformen	348	368	329	430
Summe	**26.476**	**28.235**	**32.278**	**37.579**

Quelle: *Angele* (2003, S. 298).

(c) Die Unternehmensinsolvenz scheint in erster Linie ein Problem von kleinen und mittleren Unternehmensgrößen zu sein. Dies zeigt ein Blick in die Statistik sehr deutlich, denn die größte Zahl der Unternehmensinsolvenzen betrifft Unternehmungen mit weniger als 100 Beschäftigten.[116] Betrachtet man nur die beiden Jahre 2001 und 2002, so ergibt sich folgendes Bild:

Tabelle 4: Unternehmensinsolvenzen und Unternehmensgröße 2001-2002

	2001	2002
keine Beschäftigte	7.586	12.935
1 Beschäftigte/r	2.461	4.182
2-5 Beschäftigte	5.682	6.481
6-10 Beschäftigte	2.584	2.806
11-100 Beschäftigte	3.538	4.237
mehr als 100 Beschäftigte	264	373
unbekannt	6.368	6.565

Quelle. *Angele* (2003, S. 298).

Anzumerken ist zur Tabelle 4 zweierlei: Zum einen werden im Jahr 2002 erstmals die Kleingewerbetreibenden mit erfaßt, so daß sich von daher die starke Zunahme der insolventen Unternehmen ohne Beschäftigte erklärt. Wenn man zum zweiten davon ausgeht, daß es sich bei der hinsichtlich der Beschäftigten unbekannten Zahl vermutlich eher um kleine Unternehmen handeln dürfte, so wird deutlich, daß die oben getroffen Aussage sich durch die Zahlen eher noch verstärkt.

(d) Das Unternehmensalter spielt im Hinblick auf die Insolvenzhäufigkeit der Unternehmungen eine signifikante Rolle. Differenziert man die Zahl der Unternehmensinsolvenzen bei einem Alter der Unternehmung von acht Jahren, dann ist in den alten Bundesländern festzustellen, daß das Verhältnis um 3:1 pendelt, das heißt, auf drei Unternehmensinsolvenzen von „jüngeren" Unternehmungen kommt eine Unternehmensin-

[116] Aus finanzierungstheoretischer Sicht nähert sich *Buchhart* (2001) dem Problem der Insolvenzen von kleinen und mittleren Unternehmen.

solvenz einer „älteren" Unternehmung. In den neuen Bundesländern sieht dieses Verhältnis völlig anders aus: Hier liegt die Relation – läßt man die Jahre 1991-1993 außer Betracht[117] – im Bereich von 9,5:1. Betrachtet man die Zahlen ab 1999, so sind folgende absoluten Werte feststellbar:

Tabelle 5: Unternehmensinsolvenzen und Unternehmensalter 1999-2002

	1999	2000	2001	2002
unter 8 Jahre alt	16.657	13.869	15.611	17.584
über 8 Jahre alt	6.182	7.309	9.132	11.376
Alter unbekannt	2.854	4.076	3.740	8.619

Quelle: *Angele* (2003, S. 298).

Wie bereits angedeutet, ist mit der quantitativen Analyse der Unternehmensinsolvenzen im Hinblick auf die Explikation des Phänomens „Unternehmensinsolvenzen" nicht viel gewonnen. Dies hängt damit zusammen, daß mit den erhobenen Kriterien nicht etwa die Ursachen, sondern eher die Symptome von Unternehmungskrisen bzw. -insolvenzen benannt werden.[118] Darüber hinaus ist festzustellen, daß die Daten an sich der Interpretation bedürfen: So sind die rechtsformenabhängigen Insolvenzzahlen nicht losgelöst von den nach Rechtsformen differenzierten Unternehmungsgründungen zu bewerten, denn wenn beispielsweise der größte Teil der Unternehmungsgründungen in Form der GmbH vollzogen wird, ist auch davon auszugehen, daß ihr Anteil an den Unternehmensinsolvenzen entsprechend höher liegt.[119] Mit anderen Worten: Wenn man annimmt, daß die Wahl der Rechtsform bei Gründung der Unternehmung keinen oder nur sehr geringen Einfluß auf die Wahrscheinlichkeit einer Insolvenz hat, dann ist nur der Teil der Unternehmensinsolvenzen einer Rechtsform erklärungsbedürftig, der über bzw. unter dem Gründungsanteil dieser Rechtsform liegt.

Aus erkenntnistheoretischer Perspektive ist die quantitative Richtung der Krisenursachenmodelle mit dem Problem konfrontiert, daß aus primär singulären Einzelfällen, die sich ausschließlich in bezug auf eine Systematisierungskategorie gleichen, verallgemeinernde Schlußfolgerungen gezogen werden. Dieser Weg der Theoriegenese ist mit allen Schwierigkeiten des Induktivismus belastet und daher mit Vorsicht zu beurteilen.

---

[117] Die Werte der Jahre 1991-1993 repräsentieren einigungsbedingte, statistische Sonderfaktoren. So sind im Jahr 1991 beispielsweise mehr „ältere" als „jüngere" Unternehmungen falliert. Dies liegt vermutlich daran, daß die Altersstruktur des Ausgangsbestandes der Unternehmungen in Verbindung mit nicht unerheblichen Gründungsförderungen von öffentlicher Seite dieses Verhältnis maßgeblich mit verursacht hat.

[118] Vgl. *Bea* und *Kötzle* (1983, S. 566) sowie für neuere empirische Ergebnisse die Studie von *Waywode* (1998).

[119] Vgl. *Krystek* (1987, S. 44). Eine breit angelegte Studie zu den Rahmenbedingungen für Unternehmensgründungen haben *Klandt* und *Brüning* (2002) vorgelegt. Sie analysieren vergleichend die Bedingungen in neun verschiedenen Ländern. In bezug auf die hier interessierende Problemstellung kann man die Ergebnisse ihrer Studie folgendermaßen charakterisieren: Das Gründungsgeschehen und der Gründungserfolg sind von einer Vielzahl von Einflußfaktoren abhängig. Von daher droht bei der ausschließlichen Berücksichtigung formaler Kriterien – wie der Rechtsform – eine monokausale Betrachtungsperspektive, die nicht zu rechtfertigen ist. Vgl. *Klandt* und *Brüning* (2002, S. 47-50, S. 53 f., S. 59, S. 62-65).

3.3.1.1.2.2. Qualitative Ausrichtung

Gemäß *Krystek* (1987, S. 33) ist die qualitativ ausgerichtete Krisenursachenforschung durch eine andere Methodik gekennzeichnet, denn sie versucht „durch Auswertung von Umfragen, z.B. bei Konkursverwaltern und Unternehmensberatern, sowie durch Interpretation von Berichten über individuelle Krisenverläufe generell gültige Hinweise auf Krisenursachen abzuleiten." Diese Herangehensweise bietet „eher die Chance, zu den eigentlichen Krisenursachen vorzudringen" (ebenda, S. 45), obwohl *Krystek* selbst auch auf einige Schwächen dieser Methodik verweist. Diese werden am Ende des Gliederungspunkts wieder aufgegriffen. In der Literatur findet sich eine Vielzahl von Studien zur qualitativen Krisenursachenforschung[120], die hier aber nicht einzelnen und im Detail referiert werden sollen. Stattdessen erfolgt eine zusammenfassende Darstellung in Anlehnung an *Krystek* (1987, S. 67-72).

Es lassen sich endogene und exogene Krisenursachen unterscheiden.[121] Da die exogenen Krisenursachen (wie beispielsweise Konjunktur- und Wettbewerbsbedingungen) thematisch eher von den volkswirtschaftlich argumentierenden Ansätzen behandelt werden, stehen hier ausschließlich die endogenen Krisenursachen zur Diskussion. In diesem Kontext wird eine ganze Reihe von verursachenden Faktoren genannt. Nach *Hauschildt* (1983, S. 144) lassen sich zwölf „Mißerfolgsursachen und -elemente" separieren, die wiederum aus verschiedenen Quellen gespeist werden:

- Person des Unternehmers
- Führungsfehler
- Organisation oder Konstitution
- Überhastete Expansion
- Mängel im Absatzbereich
- Mängel im Produktbereich
- Mängel in der Beschaffung und Logistik
- Mängel im Personalwesen
- Mängel im Investitionssektor
- Mängel in der Forschung und Entwicklung
- Mangel an Eigenkapital
- Mangelhaftes Planungs- und Kontrollsystem

Bereits diese Übersicht zeigt, daß in der Literatur eine Vielzahl von Faktoren im Bereich der endogenen Verursachung analysiert wird.[122] Doch ist damit allein noch nicht

---

[120] Vgl. *Fleege-Althoff* (1930); *Hahn* (1958); *Rinklin* (1960); *Keiser* (1966); *Schimmelpfeng GmbH* (1977); *Schwetlick* und *Lessing* (1977a und 1977b); *Reske, Brandenburg* und *Mortsiefer* (1978); *Hauschildt* (1983). Diese Ansätze werden in ihren wesentlichen Ergebnissen von *Krystek* (1987) skizziert. *Probst* (1976, S. 59-64 und S. 66 f.) beschäftigt sich in seiner Dissertation ebenfalls mit den ersten vier genannten Quellen und wertet diese und andere empirische Untersuchungen als Beitrag zur Deskription von Unternehmensinsolvenzen. Vgl. *Probst* (1976, S. 59).

[121] Diese Unterscheidung geht auf *Fleege-Althoff* (1930, S. 84) zurück.

[122] Vgl. hierzu auch *Schimmelpfeng GmbH* (1977, S. 81-86.)

viel gewonnen, denn die einzelnen „Mißerfolgsursachen und -elemente" sind nicht unabhängig voneinander. Vielmehr ist zu vermuten, daß die Ursachen und Elemente für den unternehmerischen Mißerfolg in wechselseitigen Beziehungen zueinander stehen. Diese Vermutung läßt sich leicht anhand eines Beispiels verdeutlichen: So kann es vorkommen, daß ein „zentralistischer Führungsstil mit mangelnder Delegation" (Führungsfehler) zu „Konflikten mit Arbeitnehmern" (Organisation und Konstitution) führt, der wiederum möglicherweise über die Demotivation der Arbeitnehmer einen „hohen Produktionsausschuß" (Mängel im Produktbereich) verursacht. Wie man sieht, sind die verschiedenen Begründungen der Ursachenzurechnung einer Unternehmungskrise nicht eindeutig zu differenzieren. Die enumerative Aufzählung und Beschreibung vermeintlicher Krisenursachen ist von daher in ihrem Explikationspotential zu relativieren.

Ein weiteres Argument gegen einen derartigen Ursachenkatalog ist in der Tatsache zu sehen, daß in Abhängigkeit von der realisierten Entscheidungs- und Organisationsstruktur einer Unternehmung eine oder mehrere Personen Entscheidungen treffen, die alle genannten Problembereiche tangieren (können). In diesem Fall wäre die Verursachung der Krise in erster Linie auf die relevanten Entscheidungsträger der Unternehmung und nicht etwa auf den oder die Problembereiche zurückzuführen. Insoweit ist es nur konsequent, von der Multikausalität endogener Krisenverursachung auszugehen (*Hauschildt* 1983, S. 144).[123]

Die Mehrzahl der Studien kommt dennoch zu dem Ergebnis, daß gerade Fehler im Bereich der Führung zu den originären Quellen von Unternehmungskrisen und letztlich auch Unternehmensinsolvenzen zu zählen sind.[124] Dieser Befund ist allerdings nicht überraschend, denn er ergibt sich quasi logisch aus der Annahme, daß Unternehmungen ihr Schicksal in weiten Teilen im Rahmen ihrer Entscheidungsautonomie und -hoheit selber bestimmen können. Andernfalls wäre der betriebswirtschaftlichen Forschung der Nährboden entzogen.

Es gibt kein (Natur-)Gesetz, daß ein Unternehmen zu einem bestimmten zukünftigen Zeitpunkt in der Krise oder gar in der Insolvenz sein wird. Genauso wenig gibt es aber auch kein (Natur-)Gesetz, daß einem Unternehmen zu einem bestimmten zukünftigen Zeitpunkt die Existenz garantiert. Die Zukunft einer Unternehmung ist offen. Von daher sind alle auf individuelle Entscheidungen rückführbaren Unternehmensprozesse und -strukturen als solche potentielle Ursachen krisenhafter Unternehmensentwicklungen, welche letztlich auch zur Unternehmensinsolvenz führen können.

Wenn dem aber so ist, dann muß aus theoretischer Sicht konzediert werden, daß mit der qualitativen Krisenursachenforschung in ihrer führungszentrierten Interpretation für eine allgemeine und kausale Erklärung des Phänomens „Unternehmensinsolvenz" nicht viel mehr gewonnen ist als eine mehr oder weniger umfangreiche Auflistung individueller und damit letztendlich singulärer Fehlerquellen. Damit ist aus erkenntnistheoretischer Perspektive das Hauptproblem der Vorgehensweise der qualitativen Krisenursa-

---

[123] Vgl. *Krystek* (1987, S. 67).

[124] Vgl. *Weisel* (1982); *Töpfer* (1985) sowie differenzierter *Krystek* (1987, S. 68 f.). Kritisch zur Tragweite dieser tendenziell einseitigen Erklärung äußert sich auch *Engberding* (1998, S. 41 f.).

chenforschung angesprochen: Die Analyse individueller Krisenverläufe von Unternehmungen oder von Unternehmensinsolvenzen könnte nur dann zu einer allgemeinen Theorie der Unternehmensinsolvenz führen, wenn sowohl die Möglichkeit induktiver Theoriegenese als auch die Möglichkeit (hypothetisch-)deduktiver Schlußfolgerungen gewährleistet wäre. Im konkreten Fall scheitert dieser Versuch aber daran, daß es schon aufgrund der sehr differenzierten Randbedingungen und Ausprägungen der jeweiligen Theorien „Unternehmungen" nur sehr schwer – wenn nicht gar unmöglich – sein dürfte, zu einem verallgemeinerungsfähigen Erklärungsansatz zu gelangen, ohne sich von den Realitäten der betrachteten Einzelfälle so weit zu entfernen, daß diese nicht mehr Gegenstand der Erklärung sein können.[125]

Zusammenfassend kann man die diskutierten mikroökonomisch betriebswirtschaftlichen Ansätze wie folgt beurteilen: Die *Krisenverlaufsmodelle* stellen den Versuch dar, krisenhafte Entwicklungen im Unternehmungsbereich in eine inhaltliche und zeitliche Abfolge zu bringen. Das Hauptproblem dieser Vorgehensweise besteht in der Nichtdeterminiertheit der betrachteten Abläufe. Insofern können sie „lediglich" zur Veranschaulichung potentieller Unternehmensentwicklungen beitragen. Sie können Krisen weder erklären, noch lassen sich aus ihnen theoretisch fundierte Gestaltungsempfehlungen für den Einzelfall ableiten. Die *Krisenursachenmodelle* beabsichtigen die Explikation des Phänomens „Unternehmensinsolvenz". Doch sowohl die quantitativ als auch die qualitativ argumentierenden Ansätze stehen vor dem Problem der Generalisierbarkeit ihrer auf induktivem Weg gewonnenen Typisierungen.

3.3.1.2. Volkswirtschaftliche Ansätze

Im Rahmen der mikroökonomischen Betrachtungsweise sind nun volkswirtschaftliche Ansätze zu diskutieren, um deren potentiellen Beitrag zu einer ökonomischen Theorie der Unternehmensinsolvenz zu prüfen. Es geht hier um die theoretische Aufarbeitung derjenigen exogenen Krisenursachen, die sich aus dem Zusammenspiel der Unternehmenshandlungen ergeben (können). In der Folge wird die Darstellung nach preis- und markt- bzw. wettbewerbstheoretischen Ansätzen untergliedert. Während die Preistheorie (Abschnitt 3.3.1.2.1) zur Erzeugung modellhafter, häufig statisch geprägter einzelwirtschaftlicher Marktaustrittskalküle geeignet erscheint[126], ist der Vorzug eines markt- und wettbewerbstheoretischen Ansatzes in evolutorischer Interpretation (Abschnitt 3.3.1.2.2) darin zu sehen, daß die einzelwirtschaftlichen Entscheidungen und

---

[125] Unter Berücksichtigung dieses Arguments wird daher der Einschätzung *Krysteks* (1987, S. 45) hinsichtlich der methodischen Überlegenheit der qualitativen gegenüber der quantitativen Krisenursachenforschung nicht gefolgt. Bei beiden Ausrichtungen handelt es sich um induktive Erklärungen, die aus erkenntnistheoretischer Sicht für die Ableitung von Gestaltungsempfehlungen in der Gegenwart bzw. für Prognosen über zukünftige Entwicklungen nicht geeignet erscheinen.

[126] Anders hierzu *Probst* (1976, S. 27). Doch selbst wenn man konzediert, daß der Fokus preistheoretischer Analysen auf der Bestimmung von Gleichgewichtspreisen und Konkurrenzgleichgewichten liegt, ist es zumindest möglich, Musteraussagen hinsichtlich der einzelwirtschaftlichen Kosten- und Erlösnotwendigkeiten abzuleiten. Das diese modellhafte Ableitung für die Realität der einzelnen Unternehmung spezifisch angepaßt werden muß, um Aussagekraft zu entfalten, liegt in der Natur modelltheoretischer Analyse.

Handlungen in ihrer Wirkungsinterdependenz in den Vordergrund der Betrachtung gerückt werden. Somit wird das dynamische Element des Markt- und Wettbewerbsgeschehens betont.[127]

3.3.1.2.1. Preistheoretische Ansätze

Die Modelle der Preistheorie können im Hinblick auf ihre Aussagekraft zu Marktaustrittsprozessen betrachtet werden.[128] Im hier interessierenden Problemkontext geht es um die Frage, inwieweit preistheoretische Modelle zur Interpretation der durch Insolvenz erzwungenen Marktaustritte beitragen können. Anders gefragt, haben verschiedene Marktformen einen Einfluß auf die Insolvenzentwicklung? Die Darstellung konzentriert sich von daher auf die hierfür relevant erscheinenden Annahmen und Aussagen der Preistheorie.[129] Im einzelnen werden kurz der Polypol-, der Oligopol und der Monopolfall im homogenen Markt betrachtet.[130] Der homogene oder vollkommene Markt ist durch folgende Annahmen gekennzeichnet: Produkthomogenität, vollkommene Markttransparenz, unendliche Reaktionsgeschwindigkeit und andauernde Preiseinheitlichkeit. Sind zudem Angebots- und Nachfrageseite atomistisch strukturiert, spricht man von vollkommener Konkurrenz (Polypolfall).[131]

Aus betrieblicher Perspektive sind unter der Prämisse der Gewinnmaximierung[132] folgende Größen und ihre Relation zueinander von Bedeutung: der Gewinn und die Kosten der Unternehmung. Das Verhältnis verschiedener Gewinn- und Kostenkategorien markiert jeweils unterschiedliche – lang- und kurzfristige – Preisuntergrenzen für die Unternehmung. Diese wiederum sind entscheidend für die Frage, wie lange sich eine Unternehmung am Markt behaupten können wird. Für den *Polypol*fall kann man tendenziell sagen, daß eine Unternehmung immer dann vom Markt verschwindet, wenn sie ihre Produkte oder Leistungen nicht mehr zu einem Preis oberhalb ihrer kurzfristigen Preisuntergrenze absetzen kann. Die kurzfristige Preisuntergrenze ist dadurch gekennzeichnet, daß hier die durchschnittlichen variablen Kosten in ihrem Minimum die

---

[127] Vgl. beispielsweise *Fehl* und *Oberender* (2002, S. 5).

[128] Vgl. zu dieser analytischen Vorgehensweise die Studie von *Probst* (1976, S. 25-33).

[129] Vgl. für eine lehrbuchmäßige Präsentation der hier betrachteten preistheoretischen Modelle *Fehl* und *Oberender* (2002, S. 9-99)

[130] Die analytische Ausweitung auf heterogene Märkte wird hier nicht vorgenommen, da die Marktpreisbildungsprozesse zwar unter veränderten Vorzeichen und mit anderen unternehmerischen Aktionsparametern (Preis- und Produktdifferenzierungen) einhergehen, an der grundsätzlichen Bedeutung der jeweils relevanten Erlös- und Kostenrelationen sich jedoch nichts ändert. Vgl. zum heterogenen Markt *Fehl* und *Oberender* (2002, S. 398-450).

[131] Vgl. zur Erläuterung und zur kritischen Würdigung der einzelnen Annahmen *Fehl* und *Oberender* (2002, S. 16 ff.).

[132] Die „Gewinnmaximierungshypothese" läßt sich mit dem bereits mehrfach diskutierten Problem der „Ungewißheit" verbinden: Gerade weil die Unternehmungen im Hinblick auf die zukünftige Erfolgsträchtigkeit ihrer Aktivitäten („Bewährung der Primärhypothesen") mit ubiquitärer Ungewißheit konfrontiert sind, ist es ökonomisch rational, einen möglichst hohen (maximalen) Gewinn anzustreben, um damit ein Polster für die Zukunft zu bilden. Dabei kann es sich um finanzielle und materielle Reserven handeln. Vgl. zu dieser Argumentation *Fehl* und *Oberender* (2002, S. 4 sowie S. 28).

Grenzkostenkurve der Unternehmung in ihrem steigenden Bereich schneiden.[133] Man bezeichnet diesen Punkt auch als Betriebsminimum. Ökonomisch bedeutet dies, daß hier zumindest die variablen Kosten der Produktion gedeckt sind. Gleichzeitig resultieren aber Verluste der Produktion in Höhe der nicht gedeckten fixen Kosten der Produktion. Insofern hängt die Dauer der weiteren Existenz der Unternehmung in dieser Konstellation zum einen davon ab, ob eine positive Erwartung hinsichtlich steigender Nachfrage in der Zukunft besteht und zum anderen, inwieweit die liquiden Mittel oder die Eigenkapitaldecke diesen (ungewissen) Zeitraum zu überbrücken in der Lage sind. Damit wird aber auch deutlich, daß die geschilderte (Modell-) Situation nicht zwangsläufig zu einer Unternehmensinsolvenz führen muß, solange die Unternehmung über ausreichende Reserven verfügt oder diese kurzfristig beschaffen kann. Diese Einschätzung gilt in noch größerem Maße für den Fall, daß die Unternehmung im Betriebsoptimum arbeitet. Das Betriebsoptimum oder die langfristige Preisuntergrenze ist dadurch gekennzeichnet, daß neben den variablen auch die fixen Kosten der Produktion gedeckt sind. Graphisch bedeutet dies, daß die totalen Durchschnittskosten der Produktion in ihrem Minimum die Grenzkostenkurve der Unternehmung schneiden.[134] Da in dieser Konstellation die Unternehmung weder Gewinn noch Verlust macht – sie wird daher auch Gewinnschwelle genannt –, ist unter sonst gleichbleibenden Bedingungen nicht mit der Gefahr einer Unternehmensinsolvenz zu rechnen, da keine negativen Veränderungen der Position der Unternehmung hinsichtlich ihrer Liquidität („Zahlungsunfähigkeit") oder ihrer Finanzierungsstruktur („Überschuldung") resultieren. Wie lange diese gleichsam indifferente Situation bestehen bleiben kann und darüber hinaus nicht die angedeuteten negativen Veränderungen und damit Insolvenzgefährdungen eintreten, hängt neben der bewußten Entscheidung der Unternehmensführung auch und gerade von der (ungewissen) Entwicklung des Marktes ab. Sollte es beispielsweise den Konkurrenten mittels Produkt- oder Verfahrensinnovationen gelingen, ihre Kostenstruktur zu verbessern und damit potentiell auch ihre Angebotspreise nach unten zu verschieben, dann droht dem fraglichen Unternehmen sehr schnell ein Abgleiten aus dem Betriebsoptimum und damit tatsächlich eine Existenzgefährdung. Das Unternehmen wird aufgrund seiner ungünstigeren Kostenstrukturen zum Grenzanbieter und scheidet aus dem Markt aus.

Zusammenfassend kann man sagen, daß aus preistheoretischer Sicht das Unternehmen eines homogenen Polypolmarktes langfristig nur dann überleben kann, wenn es dauerhaft oberhalb der langfristigen Preisuntergrenze, also mit Gewinn wirtschaftet. Unter der Annahme rationalen Unternehmerverhaltens würde die Unternehmung ansonsten „freiwillig" aus dem Markt ausscheiden. Geschieht dies nicht, dann kommt es über den Verzehr von Eigenkapital zum Auslösetatbestand der „Überschuldung". Dieser resultiert beispielsweise daher, daß die laufenden Gläubigerforderungen nicht mehr aus Einzahlungsüberschüssen der Geschäftstätigkeit, sondern aus der Substanz des Unternehmens geleistet werden müssen. Damit verschlechtert sich aber zusehends das Ver-

---

[133] Dieser Aussage ist die Annahme ertragsgesetzlicher Kostenverläufe zugrundegelegt. Vgl. zum Verlauf der Kostenkurven und ihrer analytischen Herleitung *Fehl* und *Oberender* (2002, S. 31 ff.).

[134] Vgl. zu den vorstehenden Ausführungen *Fehl* und *Oberender* (2002, S. 31 ff.).

hältnis von haftendem Eigenkapital zum Fremdkapital. In diesem Fall liegt der „zwangsweise“ Marktaustritt der Unternehmung in den Händen der Gläubiger, die im Rahmen eines Insolvenzverfahrens versuchen können, ihre ausstehenden Forderungen zu befriedigen.[135] Es existiert also keine ‚Marktformenautomatik‘ per se: Allerdings stellen gerade die – hier idealisierten – Marktbedingungen klar heraus, daß die individuelle Leistungsfähigkeit der Unternehmungen, die ihren Ausdruck in unterschiedlichen Kostenstrukturen findet, letztendlich ausschlaggebend für die Frage der potentiellen Insolvenzgefährdung ist.

Im *Oligopol*fall liegen die Dinge etwas anders, da hier die Annahmen für den vollkommenen Markt nicht mehr gelten. Aufgrund der geringen Marktteilnehmerzahl ist insbesondere die oligopolistische Interdependenz, also die Aktions-Reaktions-Verbundenheit der Marktteilnehmer von Interesse. Diese resultiert daher, daß die Variation des unternehmerischen Parametereinsatzes eines Oligopolunternehmens nicht unbemerkt und vor allem vermutlich nicht unbeantwortet von den anderen Oligopolunternehmen bleibt, da sie mit einem Rückgang ihres Marktanteils konfrontiert sind. Von daher ist davon auszugehen, daß sich die Marktpreise der Produkte und Leistungen auf einem Niveau bewegen, das oberhalb des Polypolpreises liegen dürfte. Es kommt mithin zu einem „tendenziell *monopolistisch geprägten Marktergebnis*“ (*Fehl* und *Oberender* 2002, S. 77; H.i.O.), weil die Oligopolisten im Wege von Lernprozessen feststellen, daß ihre aktiven unternehmerischen Parametervariationen nicht die erwarteten Wirkungen entfalten. Diese Aussagen gelten aber nur für den Fall identischer Kostenstrukturen der Unternehmungen. In der Realität ist jedoch mit unterschiedlichen Grenzkostenverläufen der Unternehmungen zu rechnen, so daß unter Berücksichtigung dieser Modellmodifikation davon ausgegangen werden kann, daß die Oligopolisten in einem „Kostenwettbewerb“ zueinander stehen. Das Unternehmen mit den niedrigeren Grenzkosten ist nämlich in der Lage, sein Gewinnmaximum bei einem geringeren Marktpreis zu realisieren und damit die Preisführerschaft im Markt zu übernehmen. Dies verändert schlagartig die Situation des oder der anderen Oligopolisten. Diese drohen aufgrund ihrer schlechteren Kostenstrukturen ihre Marktanteile ganz zu verlieren. Insofern bleibt die individuelle Leistungsfähigkeit der Unternehmungen, die ihren Ausdruck in einer günstigen Kostenstruktur findet, ein entscheidender Faktor hinsichtlich der potentiellen Insolvenzgefährdung der Unternehmung. Wollen die betroffenen Unternehmen nämlich am Markt verbleiben, müssen sie auf der Basis liquider Mittel und möglicherweise des Verzehrs von Eigenkapital die notwendigen Anpassungen in ihren Unternehmungen vornehmen. Diese Strategie setzt die Existenz entsprechender Reserven voraus. Was allerdings als notwendig zu betrachten ist, und inwieweit die Anpassungen tatsächlich den Marktanforderungen entsprechen, ist ungewiß.

Zusammenfassend ist für Unternehmen auf homogenen Oligopolmärkten im Insolvenzzusammenhang festzustellen, daß auch hier keine ‚Marktformenautomatik‘ abzuleiten ist. Ob eine marktformeninduzierte Insolvenzgefährdung der Unternehmungen vorliegt, ist daher nicht vorherzusagen. Auch hier entscheidet sich das Überleben der Un-

---

[135] Vgl. *Probst* (1976, S. 26).

ternehmungen in erster Linie anhand ihrer individuellen Leistungsfähigkeit. Diese muß sich den spezifischen angebotsseitigen Marktbedingungen als angepaßt erweisen.[136]

Im *Monopol*fall scheint es im ersten Moment keine Rolle zu spielen, welche spezifische Kostenstruktur der Monopolist aufweist. Aufgrund seiner Alleinstellung am Markt ist er in der Lage, den Marktpreis seines Produkts oder seiner Leistung autonom zu bestimmen.[137] Insoweit ist die Abkopplung der Erlöse von den Kosten potentiell gegeben. Graphisch äußert sich der Sachverhalt dadurch, daß der Marktpreis mit Ausnahme des Prohibitivpreises immer oberhalb des Grenzerlöses und damit der Grenzkosten liegt. Diese Interpretation übersieht jedoch, daß auch hier die Nachfragerseite das letzte Wort hat. Die Monopolpreisbildung funktioniert nämlich nur dann, wenn die Nachfrager die Problemlösung zum geforderten Preis überhaupt als solche empfinden und durch ihre Nachfrage positiv sanktionieren. Es kann aus dem Vorliegen monopolistischer Marktformen also nicht stringent geschlossen werden, daß der jeweilige Monopolist einer Insolvenzgefährdung enthoben ist. Eine ‚Marktformenautomatik' ist auch hier zu verneinen.

Im Ergebnis bleibt zu konstatieren, daß die preistheoretische Analyse hilft, allgemeine Bedingungskonstellationen abzuleiten, die – im Sinn von Musteraussagen interpretiert – grundlegende Anforderungen an die Kosten- und Erlösrelationen der Unternehmungen in verschiedenen Marktformen offenlegen. Insoweit können die Aussagen gewisse Anhaltspunkte liefern zu der Frage, welche Marktformen tendenziell mit dem Phänomen der „Unternehmensinsolvenzen" eher ‚belastet' sind. Vermutlich dürfte aufgrund der jeweiligen Wettbewerbsbedingungen die „Insolvenzgefährdung" vom Polypolfall über den Oligopolfall hin zum Monopolfall abnehmen. Die Erläuterungen haben jedoch auch deutlich gemacht, daß für keine der betrachteten Marktformen eine ‚marktformeninhärente Insolvenzautomatik' zu deduzieren ist.

3.3.1.2.2. Markt- und Wettbewerbstheoretische Ansätze

In diesem Abschnitt sind die Prozesse auf Märkten und die dabei wirkenden Wettbewerbsgeschehnisse zentraler analytischer Ansatzpunkt. Ziel der Ausführungen ist es, die Bedeutung von Markt und Wettbewerb für das Phänomen der „Unternehmensinsolvenzen" herauszuarbeiten. Näher ausgeführt werden die Marktphasentheorie von *Heuß* (1965) sowie das evolutorische Konzept des wissenschaffenden und wissenverbreitenden Wettbewerbsprozesses von *Kerber* (1994; 1997). Die Auswahl orientiert sich dabei an der Problemstellung der vorliegenden Untersuchung sowie der damit in Verbindung stehenden Fragen: Welche Rolle spielt das Individuum inklusive seiner Fähigkeit zur Kreativität als Auslöser von Ungewißheit im Markt- und Wettbewerbsprozeß? Welche Funktion hat der Markt- und Wettbewerbsprozeß hinsichtlich der Erzeugung, Nutzung und Selektion von (Vermutungs-) Wissen?

---

[136] Die preistheoretischen Betrachtungen fokussieren die Probleme des Marktangebots. Die Marktnachfrage ist jedoch für alle Marktformen von elementarer Bedeutung, da erst aus der Kombination von Angebot und Nachfrage ersichtlich wird, welche Kostenstrukturen von Unternehmen am Markt positiv und welche negativ sanktioniert werden.

[137] Vgl. zur Preisbildung im Monopol *Fehl* und *Oberender* (2002, S. 52-59).

Die dynamische Markttheorie nach *Heuß* (1965) bietet gute Ansatzmöglichkeiten zur Interpretation der Insolvenzproblematik im Marktgeschehen. Dies aus zweierlei Gründen: Zum einen rekurriert die *Heuß*sche Marktphasentheorie explizit auf die (herausragende) Stellung des Unternehmers im Marktgeschehen[138], womit die Anschlußmöglichkeit sowohl an die oben skizzierten betriebswirtschaftlichen Modelle als auch an eine individuell-evolutorische Perspektive gegeben ist, und zum anderen modelliert *Heuß* wesentliche Erscheinungen im Marktgeschehen als iterative Prozesse in der Zeit[139], was nichts anderes heißt, als daß hier die Idee der „trial and error-Prozesse" zum Tragen kommt. Diese Interpretation des Faktors „Zeit" ergänzt *Heuß* um mutative Elemente in der Zeit.[140] Damit ist die Verbindung zur *Popper*schen Methodologie und Evolutionären Erkenntnistheorie prinzipiell herstellbar. Diese Einschätzungen sollen nach einer Darstellung des *Heuß*schen Marktphasenschemas kurz diskutiert werden.[141]

Das Marktphasenschema besteht bei *Heuß* aus vier unterschiedlichen Phasen: (1) der Experimentierungsphase, (2) der Expansionsphase, (3) der Ausreifungsphase und (4) der Stagnations- und Rückbildungsphase. Neben den vier Marktphasen grenzt *Heuß* für analytische Zwecke auch vier Unternehmertypen voneinander ab:[142] (1) die Pionierunternehmer, (2) die (spontan) imitierenden Unternehmer, (3) die (unter Druck) reagierenden Unternehmer und (4) die immobilen Unternehmer. Zwischen den einzelnen Unternehmertypen bestehen allerdings fließende Übergänge, so daß die Einteilung nicht starr interpretiert werden darf (vgl. hierzu *Derselbe*, 1965, S. 10 f.). Damit sind die wesentlichen Elemente zur Erläuterung seines Marktphasenschemas benannt.

In der *Experimentierungsphase* gilt es, zuerst ein Produkt oder eine Leistung und daran anschließend einen Markt für das Produkt oder die Leistung zu kreieren.[143] Die Nachfragekreierung ist in diesem Kontext die originäre Aufgabe des „Pionierunternehmers", da nur er aufgrund seiner persönlichen Eigenschaften – zu denen auch und gerade die nötige Risikobereitschaft gehört – in der Lage ist, die Herausforderungen dieser Phase mit Aussicht auf Erfolg zu meistern.[144] An dieser Stelle ist entscheidend, daß die Nachfragekreierung spekulativen Charakter aufweist. Weder der Pionierunternehmer noch irgendein Individuum sonst ist in der Lage den Erfolg einer Nachfragekreation vorauszusagen. Der Pionierunternehmer ist ‚lediglich' fähig und willens, die notwendigen Hypothesen – im Sinne des oben dargelegten Unternehmenskonzeptes – aufzustel-

---

[138] Vgl. *Heuß* (1965, S. 6-13; S.105-134).

[139] Vgl. *Heuß* (1965, S. 213-230).

[140] Vgl. *Heuß* (1965, S. 231-252).

[141] Im Zusammenhang der erkenntnistheoretischen Beurteilung aller hier dargelegten ökonomischen Erklärungsansätze wird dieser Aspekt erneut thematisiert, da er von grundlegender Bedeutung für eine evolutionäre Interpretation ökonomischen Geschehens scheint. Vgl. hierzu Abschnitt 3.4 in diesem Kapitel.

[142] Vgl. *Heuß* (1965, S. 10). Damit differenziert er die *Schumpeter*sche Unterscheidung in „schöpferische Unternehmer oder Pionierunternehmer" und „Wirte" zu Analysezwecken weiter aus. Vgl. *Schumpeter* (1912).

[143] Die Nachfragekreation zerfällt somit in einen eher technischen und einen eher ökonomischen Teilprozeß. Vgl. hierzu *Heuß* (1965, S. 30).

[144] Vgl. *Heuß* (1965, S. 39, S. 110 und S. 113.)

len. Darin kommt sein unternehmerisches Wesen zum Ausdruck. Der Pionierunternehmer ist risikobereit. Ihre Bewährung (im ökonomischen Sinne) ist auch ihm ex ante nicht bekannt. Die Gefahr des Scheiterns, möglicherweise der Insolvenz – falls bereits eine insolvenzfähige Unternehmung existiert – ist von daher virulent. Die Nachfragekreierung gleicht daher einem „Spiel mit dem Nichtabwägbaren, ein Weg, auf dem das zu erstrebende Ziel eher einer Fata Morgana gleicht, die auftaucht und wieder verschwindet" (*Heuß* 1965, S. 39). Dieses „Spiel" zu spielen erfordert Unternehmergeist, nicht zu verwechseln mit „Spielertum" im negativen Sinn des Wortes. Das Ziel der Nachfragekreierung besteht gemäß *Heuß* (1965, S. 37f.) in der „Selbstentzündung der Nachfrage", die die Voraussetzungen für eine Ausbreitung des Produktes oder der Leistung schafft. Damit ist gemeint, daß eine genügend große Zahl von Nachfragern positive Erfahrungen mit dem Produkt oder der Leistung gemacht haben und von daher die Verbreitung dieser Erfahrungen zu einem Nachfragesog führt.

In der *Expansionsphase* treten andere Aktionsparameter und Unternehmerkonstellationen in den Vordergrund: Für die vorliegende Problemstellung ist entscheidend, daß auch in dieser Marktphase die Preis-, Kosten- und Nachfragestrukturen noch im Aufbau befindlich sind bzw. diese sich in Abhängigkeit von der Wettbewerbssituation rasch ändern.[145] Es herrscht deshalb in weiten Teilen der unternehmerischen Betätigung noch (kalkulatorische) Unsicherheit vor. Unter diesen Bedingungen ist es daher auch nicht verwunderlich, daß „für den imitierenden Unternehmer die Expansionsphase die eigentliche Domäne seiner Betätigung" darstellt (*Heuß* 1965, S. 113). Die Kreativität zur Nutzung der sich abzeichnenden Möglichkeiten am Markt ist das wichtigste Merkmal seines Unternehmertums. Gleichzeitig sorgen der oder die (spontan) imitierenden Unternehmer für eine schnellere Diffusion der Produkte und Leistungen. *Heuß* spricht von der katalytischen Funktion des imitierenden Unternehmers.[146] Es resultiert im Ergebnis ein sich selbst verstärkender Prozeß der Expansion von Nachfrage und Angebot. Zur Bewältigung des Expansionsprozesses kommt den Investitionen und einer situationsgerechten Preispolitik der Unternehmung eine herausragende Bedeutung zu. Einerseits geht es um die Ausdehnung des Produktionsvolumens, andererseits um die Gewinnung von Marktanteilen im expandierenden Markt. Beide unternehmenspolitischen Aktionsfelder sind in dieser Phase jedoch (noch) in hohem Maße mit Unwägbarkeiten verbunden. Investitionen – hier speziell Erweiterungsinvestitionen – bergen immer Risiken und Ungewißheit[147], so daß von daher im Fall nicht ausgelasteter Kapazitäten Leerkosten zu finanzieren sind. Die Amortisationskrise der Investition(en) kann somit über eine Finanzierungskrise möglicherweise Richtung einer Insolvenzgefährdung der Unternehmung wirken. Die Preispolitik in der Expansionsphase ist ebenfalls mit dem Problem der Ungewißheit konfrontiert. Aufgrund der sich dauernd ändernden Nachfragemenge bedarf es eines Lernprozesses, um die Struktur der Nachfrage zu erkennen. „Hieraus folgt, daß die Preispolitik in der Expansionsphase weit mehr als in den späteren Marktphasen auf rein subjektiven Marktvorstellungen und vagen Mutmaßungen des Unter-

---

[145] Vgl. *Heuß* (1965, S. 41 ff.). Zur Varianz der Preis- und Kostenstrukturen siehe ausführlich auch *Krüsselberg* (1965).

[146] Vgl. *Heuß* (1965, S. 114).

[147] Vgl. *Heuß* (1965, S. 46)

nehmens beruht und beruhen muß" (*Heuß* 1965, S. 53). Eine potentielle Insolvenzgefährdung der Unternehmung resultiert insofern möglicherweise auch aus nichtbewährten preispolitischen Erwartungen (Hypothesen) in dieser Marktphase. In diesem Kontext ist hervorzuheben, daß die Vorlaufverluste in der Experimentierphase vermutlich noch nicht durch Gewinne der Expansionsphase ausgeglichen werden konnten. Von daher besteht die Gefahr einer bedrohlichen Verschlechterung der Liquiditäts- und/oder der Verschuldungssituation der Unternehmung, die zur Auslösung eines Insolvenzverfahrens führen könnten.

Die *Ausreifungsphase* des Marktes[148] ist durch abnehmende Steigerungsraten der Produktion gekennzeichnet. In dieser Phase steht sowohl auf der Nachfrage- als auch auf der Angebotsseite ein geringerer unternehmerischer Aktionsspielraum zur Verfügung: Weitere Nachfragekreierung ist mit steigenden Grenzkosten verbunden, da der Aufwand für die Gewinnung neuer (konservativer) Kunden überproportional zunimmt; preispolitische Maßnahmen (Preissenkungen) weisen einen abnehmenden Grenzertrag auf, da die Preiselastizität der Nachfrage in unteren Preislagen geringer ausfällt als in oberen Preislagen; und auch das Potential zu Kostensenkungen ist aufgrund des vorangeschrittenen Erfahrungsprozesses, der eine Verbesserung (Optimierung) der Produktionsverfahren ermöglicht hat, stark begrenzt. Zieht man diese drei Elemente in Betracht, folgt für die Frage der Insolvenzgefährdung der marktaktiven Unternehmen, daß aufgrund des eingeschränkten Aktionsparametereinsatzes die Bedeutung von Liquiditätsreserven für notwendige Anpassungen an die sich ändernden Marktbedingungen ein größeres Gewicht erlangen. Auch die Rolle einer ‚gesunden' Finanzierungsstruktur der Unternehmen nimmt zu, um den Auslösetatbeständen von Insolvenzverfahren vorzubeugen. Da in dieser Marktphase insbesondere die unter Druck reagierenden Unternehmer – bzw. allgemeiner: konservative Unternehmertypen – im Markt vertreten sein dürften[149], liegt die Vermutung nahe, daß in der Ausreifungsphase eines Marktes schon aufgrund der mangelnden Beweglichkeit der am Markt verbliebenen Unternehmer die Insolvenzgefährdung zunimmt. Für diese Phase sind – so *Heuß*[150] – die oben skizzierten preistheoretischen Überlegungen vielfach hinreichend zur Erklärung der interessierenden ökonomischen Problemstellungen.

Schließlich sind die *Stagnations-* und die *Rückbildungsphase* des Marktes kurz zu beleuchten. In diesen Marktphasen besteht nach *Heuß* das Hauptproblem darin, daß die

---

[148] Vgl. zu den folgenden Ausführungen *Heuß* (1965, S. 62 ff.).

[149] Vgl. hierzu *Heuß* (1965, S. 105). *Heuß* argumentiert an verschiedenen Stellen, daß beispielsweise die Pionierunternehmer häufig schon in der Expansionsphase den Markt wieder verlassen, weil sie „auf der Suche nach weiterem Neuland" sind (1965, S. 113) und daß auch die meisten spontan imitierenden Unternehmer spätestens in der ‚fortgeschrittenen' Ausreifungsphase ihr Interesse am betreffenden Marktgeschehen verlieren dürften (1965, S. 120). Weiterhin bringt *Heuß* explizit zum Ausdruck, daß seine Typologisierung auch den kontinuierlichen Übergang eines Unternehmers von der einen zur anderen Kategorie beinhaltet und die Eigenschaften zu einem bestimmten Zeitpunkt positiv wirken, zu einem anderen aber, sich ins Gegenteil verkehren (1965, S. 10 f.). Insofern ist auch von dieser Seite her die evolutorische Offenheit seines Ansatzes gewährleistet.

[150] Vgl. hierzu die Hinweise von *Heuß* auf die einschlägige mikroökonomische Preistheorie und Marktanalyse (1965, S. 64 und S. 85).

Unternehmungen auf diesen Märkten immer mehr von außen, das heißt auch und gerade von Märkten in anderen Marktphasen unter Druck geraten. Dieser Vorgang resultiert aus der im Vergleich zurückbleibenden Produktivitätsentwicklung im betreffenden Markt.[151] Für die Rückbildungsphase gilt dies in noch größerem Umfang als für die Stagnationsphase, da hier zusätzlich die Bedrohung durch Marktneuheiten viel stärker ausgeprägt ist. Insbesondere ,(marktphasen-)alte' Produkte werden selektiert (vgl. *Heuß* 1965, S. 88). Daß in dieser Marktphase auch die Insolvenzgefährdung steigt, dürfte nach den Ausführungen zu den anderen Marktphasen nicht mehr verwundern. Dennoch gilt es auch hier darauf hinzuweisen, daß ein ,Insolvenzdeterminismus' nicht zu postulieren ist. Im Kontext der nicht-determinierten Entwicklung von Märkten stellt *Heuß* (1965, S. 89 f.; vgl. auch *Derselbe*, S. 131 f.) die Bedeutung der initiativen Unternehmertypen heraus: Diese sind auch in der Stagnations- und Rückbildungsphase noch in der Lage, „einen Wirtschaftszweig aus der Rückbildungsphase herauszuführen" (S. 90).

Die *Heuß*sche Analyse arbeitet mit zwei ,Zeitkonzepten': der Zeit als *Iteration* und der Zeit als *Mutation*. Beide Konzepte sind im vorliegenden Problemzusammenhang relevant, da sie die Verhaltensweisen der verschiedenen Unternehmertypen in den einzelnen Marktphasen maßgeblich mit beeinflussen. Versteht man die Zeit als *Iteration*, bedeutet dies, daß ein Wiederholungscharakter zwischen den Geschehnissen der Vergangenheit und den Geschehnissen der Gegenwart besteht[152], denn nur „wenn sich das Vergangene in der Gegenwart wiederholt", kann man aus der Erfahrung der Vergangenheit für die Gegenwart lernen (siehe *Heuß* 1965, S. 213). *Heuß* (1965, S. 215) geht mit dieser Konzeption der Zeit von einer „Interdependenz von Erfahrung und Verhaltensweise" aus, die – prozessual und zukunftsorientiert betrachtet – die Methode von Versuch und Irrtum impliziert. Insoweit ist diese Methode den Entscheidungen und Handlungen aller Unternehmertypen zugrundezulegen, denn alle Unternehmertypen können sich hinsichtlich der Fortschreibung von Vergangenheitsstrukturen bzw. -entwicklungen in die Zukunft täuschen. Die Frage ist nur, ob es nicht vielleicht zwischen den verschiedenen Unternehmertypen unterschiedlich stark ausgeprägte Formen dieser Kombination von jeweiliger Zeitinterpretation und Entscheidungsmethodik gibt, und ob diese spezifische Rückwirkungen auf das Marktgeschehen entfalten. Die schwerpunktmäßig ,iterative' Sicht der Dinge ist vermutlich eher den konservativen Unternehmertypen zuzuordnen, da diese vornehmlich auf die Veränderungen einer für sie sehr umfangreichen Datenumwelt reagieren. In letzter Konsequenz führt die Konzeption der Zeit als Iteration „zur Aufhebung dessen, was das Spezifische des Menschen ausmacht" (*Heuß* 1965, S. 230), da aus der modelltheoretisch postulierten Struktur- und Verhaltensisomorphie von Vergangenheit und Gegenwart logisch eine Isomorphie von Gegenwart und Zukunft abgeleitet werden kann. Auf die Frage, wie sich Gegenwart und Zukunft zueinander verhalten, erhält man unter der Annahme, daß die Gegenwart der Vergangenheit in hohem Maße ähnelt, das gerade skizzierte Ergebnis. Damit wird der

---

[151] Vgl. hierzu *Heuß* (1965, S. 85 und S. 87).

[152] Vgl. *Heuß* (1965, S. 213 und S. 231).

(Entwicklungs- oder Geschichts-) Determinismus dieses (Zeit-) Ansatzes offensichtlich.[153]

Die Zeit als *Mutation* aufgefaßt, führt zu einer völlig neuen Weltsicht: „Ihr Wesen besteht im Hervorbringen unvorhergesehener Ereignisse, die als in der Vergangenheit unbekannt zum Novum in der Gegenwart werden" (*Heuß* 1965, S. 231). Unabhängig von der Frage, ob die angesprochenen Novitäten in irgendeiner Form in der Vergangenheit vielleicht vorgezeichnet gewesen sein könnten[154], ist für die hier interessierende Problemstellung entscheidend, daß „sich ihr Eintritt nicht vorhersagen" läßt (ebenda). Von daher ist die mutative Zeitinterpretation der evolutorischen Offenheit zukünftigen Geschehens verpflichtet. Gleichzeitig resultiert aus dieser Perspektive die potentielle Nicht-Bewährung tradierter Verhaltensweisen, da die Novitäten der Gegenwart und deren Wirkung sowie ihr Einfluß auf den Entscheidungsraum „mit dem bisherigen Erfahrungsschatz" (ebenda) nicht notwendigerweise zu meistern sein dürften. Insoweit stellt *Heuß* (ebenda) die Gefahren induktivistisch orientierter Problemlösungsversuche klar heraus, betont aber gleichzeitig, daß es „eher die Regel sein (dürfte), daß man zunächst versucht, der Mutation mit den alten Erfahrungsregeln beizukommen." Ökonomisch interpretiert könnte man diesen Sachverhalt damit erklären, daß der Rückgriff auf ‚Altbewährtes' zwar hinsichtlich des Erfolgs ungewiß ist, dafür jedoch die Kosten des Ressourceneinsatzes relativ gut eingeschätzt werden können. Entwirft man für den Umgang mit einer Novität eine neue Verhaltensweise, so sind sowohl der Erfolg als auch die notwendigen Kosten ungewiß. Insofern ist die Basis der Reaktion auf die Novität im ersten Fall strukturierter. Damit läßt sich wiederum die Unterschiedlichkeit initiativer und konservativer Unternehmertypen analytisch verbinden. Es steht zu vermuten, daß die Fähigkeit im Umgang mit Ungewißheit einen zentralen Gesichtspunkt der Differenzierung in dieser Typologie darstellt.

Zusammenfassend betrachtet, ist die *Heuß*sche Marktprozeßtheorie durchaus geeignet, das Phänomen der „Unternehmensinsolvenzen" besser zu verstehen. Gerade die Fokussierung der Analyse auf die prozessualen, von iterativen und mutativen Elementen getragenen Entscheidungs- und Handlungssituationen der verschiedenen Unternehmertypen hat – wie dargelegt – in bezug auf die hier interessierende Fragestellung Erklärungsgehalt.

Das Zusammenspiel der Marktteilnehmer in prozessualer Perspektive führt automatisch zu der Frage, in welchem institutionellen Rahmen diese Prozesse ablaufen und wie dieser Prozeß im Hinblick auf die Kategorie des „Wissens" strukturiert ist. Die Kreativität unternehmerischen Handelns ist bei *Heuß* – wie geschildert – in seiner Typologie zum Ausdruck gekommen. Anders – eher theoretisch – gewendet, ist das Gleichge-

---

[153] Die Offenheit der (geschichtlichen) Entwicklung und die Ablehnung von deterministischen Theorien und Konzepten hat *Popper* (1980; 1987) ausführlich dargelegt.

[154] An dieser Stelle könnte man versuchen, daß Konzept der Pfadabhängigkeit (*North*) in die Diskussion zu integrieren. Entsprechend dem Konzept müßten dann allerdings institutionelle Rahmenbedingungen im Mittelpunkt des Interesses stehen, denn individuelles Verhalten spielt sich unter spezifischen Ordnungsbedingungen ab. Da dieser Analysefokus im nächsten Kapitel der Arbeit noch eingehender thematisiert wird, soll an dieser Stelle auf eine Argumentation verzichtet werden.

wichtsdenken der Neoklassik zielführend für die Erklärung evolutorischer (Wettbewerbs-)Prozesse? Es verbinden sich somit positive und normative Elemente der Analyse. Die wettbewerbstheoretischen Ansätze sind von daher als „Kernstück jeder Mikroökonomik" anzusehen (*Kerber* 1997, S. 31).[155] Welchen Beitrag kann die Wettbewerbstheorie und hier speziell eine evolutorisch argumentierende Richtung für die vorliegende Problemstellung der „Unternehmensinsolvenzen" leisten?

Diese Frage wird in Anlehnung an das Konzept des ‚wissenschaffenden und wissenverbeitenden Wettbewerbsprozesses' von *Kerber* (1994; 1997) ausführlicher diskutiert. Ziel ist es, die Bedeutung von Wissen für Wettbewerbsprozesse herauszuarbeiten und im Anschluß daran, die Implikationen für eine wettbewerbstheoretische Erklärung von „Unternehmensinsolvenzen" zu skizzieren. Auf diese Weise wird auch die Verbindung zur bereits entwickelten erkenntnistheoretischen Erklärung der Unternehmung sichtbar.[156]

Kerber (1997, S. 33-49) entwickelt sein Konzept auf der Basis verschiedener theoretischer Ansätze. Dabei unterscheidet er ‚österreichische', ‚*Schumpeter*sche' und ‚Variations-Selektions'-Ansätze. Die Kernelemente der verschiedenen Ansätze lassen sich wie folgt benennen: Die ‚Österreicher' haben die Wissensproblematik zum zentralen Ansatzpunkt ihrer Überlegungen gemacht. Dabei beziehen sich ihre Gedanken auf die Individuenebene und auf die Ebene institutioneller Regelungen.[157] Schwerpunkt der ‚*Schumpeter*-Linie' ist die Berücksichtigung von „Neuerungen" im Prozeß der wirtschaftlichen Entwicklung.[158] Damit ist eine Abkehr vom gleichgewichtsorientierten Denken vorgezeichnet, da ‚echte Neuerungen' nicht vorhersehbar sind.[159] Die Argumentation entlang der ‚Variations-Selektions'-Ansätze bedient sich im Prinzip der Idee der biologische Evolution. Dort kommt es zu (unvorhersehbaren) Mutationen, die in Abhängigkeit ihrer Angepaßtheit an die Umwelt über ihren Reproduktionserfolg weitergegeben oder aber selektiert werden.[160] Wichtiger für den weiteren Verlauf der Untersu-

---

[155] *Kerber* bezieht auch die Markttheorie explizit in diese Einschätzung mit ein. In der vorliegenden Untersuchung werden beide Theorierichtungen dennoch voneinander abgegrenzt, da beispielsweise die dargestellte *Heuß*sche Markttheorie – zumindest analytisch – eher zwischen der neoklassischen Preistheorie und evolutorischen Wettbewerbstheorien angesiedelt sein dürfte.

[156] *Kerber* (1994, S. 248) faßt Unternehmen ebenfalls als „Bündel von Hypothesen" auf. Im Unterschied zu seiner Modellierung wird allerdings in der vorliegenden Untersuchung diese grundlegende Überlegung weiter ausdifferenziert in verschiedene Hypothesenebenen. Dies liegt jedoch in erster Linie an der variierenden Problemstellung.

[157] Vgl. *Kerber* (1997, S. 33). An dieser Stelle steht die individuelle Perspektive im Vordergrund der Betrachtung. Die Ausweitung auf den institutionellen (Regel-)Bereich erfolgt im nächsten Teil der Untersuchung.

[158] Vgl. *Kerber* (1997, S. 38). Die weiteren Determinanten „Wettbewerb" und „Unternehmer" werden im Lauf der Argumentation wieder aufgegriffen.

[159] Vgl. *Kerber* (1989, S. 71).

[160] *Kerber* (1997, S. 44 ff.) weist in diesem Zusammenhang auf die Bedeutung dieser Argumentationslinie in der Ökonomie hin, beginnend mit den Arbeiten von *Alchian* (1950), *Friedman* (1953) und *Stigler* (1958). Zur Kritik der Argumentationslinie siehe beispielsweise die Arbeit von *Penrose* (1952). Auch aus erkenntnistheoretischer Sicht ist Vorsicht geboten, da die damit implizierte ‚survival of the fittest'-Hypothese tautologischen Charakter aufweist: Es

chung ist jedoch ein anderer Interpretationszugang: Dieser besteht darin, „die Idee, ökonomische Prozesse als Variations-Selektions-Prozesse aufzufassen (...) als methodologisches Analyseinstrument“ zu verstehen (*Kerber* 1997, S. 43; ausführlicher hierzu auch *Kerber* 1996). Die eher methodologisch oder erkenntnistheoretisch geprägte Interpretation verbindet sich gemäß *Kerber* auch harmonisch mit der evolutionären Erkenntnistheorie *Poppers*.[161] Die einzelnen Elemente der verschiedenen Ansätze sollen in gebotener Kürze im Zusammenhang mit der *Kerber*schen Wettbewerbskonzeption auf die Insolvenzproblematik angewandt werden. Dafür ist vorab diese Konzeption in ihren wesentlichen Zügen zu beschreiben.[162]

Wettbewerb ist ein evolutorischer Prozeß, in dem die Wettbewerber auf der Basis ihres notwendig unvollständigen und falliblen Wissens Hypothesen über die Lösung von Problemen generieren, welche von der Marktgegenseite hinsichtlich ihres Problemlösungsbeitrags getestet werden.[163] Evolutorischen Charakter besitzt der Wettbewerb aufgrund der Fähigkeit der Individuen zur Kreativität, die die Neuerungen sowie die Mehrzahl der Verhaltensweisen im Wettbewerbsprozeß einer kausal-deterministischen Erklärung entziehen (siehe hierzu grundlegend *Witt* 1987, S. 13 und S. 21 ff. sowie *Witt* 1994, S. 504 f.).[164] Der Wettbewerbsprozeß ist ergebnisoffen. Wissenschaffend ist der Wettbewerbsprozeß insofern, als der einzelne Wettbewerber im Rahmen seines spezifischen unternehmerischen Erfolgs die Über- oder Unterlegenheit seiner Problemlösung signalisiert bekommt. Gleichzeitig können die Wettbewerber insoweit auch voneinander lernen.

Die Konzeption wissenschaffenden und wissenverbreitenden Wettbewerbs läßt sich daher zusammenfassend folgendermaßen formulieren: Wettbewerbsprozesse speisen sich aus der ständigen Generierung individueller Hypothesen und deren Überprüfung. Dies ist als das Variations-Element im oben skizzierten Schema zu verstehen. Die Prüfung der unterschiedlichen Hypothesen erfolgt auf Märkten. Die Realität der Märkte

---

erweist sich dasjenige als am besten angepaßt, was am besten angepaßt ist. Das Resultat der Erklärung ist somit in den Prämissen bereits enthalten. Wenn man das ‚Sein‘ von etwas als den Beleg für dessen Vorteilhaftigkeit ansieht, droht ein ‚naturalistischer Fehlschluß‘. Aus dem ‚Sein‘ kann man logisch nicht auf ein ‚Sein-Sollen‘ zurückschließen. Vgl. hierzu *Radnitzky* (1989, S. 383).

[161] Vgl. *Kerber* (1997, S. 47 ff.). Im Prinzip geht die vorliegende Untersuchung einen ähnlichen Argumentationsweg: Ein reales Phänomen – „Unternehmensinsolvenz“ – wird als Ausdruck eines erkenntnistheoretisch interpretierten ‚Variations-Selektions-Schemas‘ rekonstruiert. Dabei liegt der Fokus der Betrachtung in erster Linie auf den Akteuren, also den Erzeugern von Variationen, nämlich den Beteiligten an einer Unternehmung. Vgl. hierzu ausführlich das zweite Kapitel der Arbeit.
Die Rolle der Selektionsumgebung – und hier speziell einer Insolvenzordnung – wird vornehmlich in ihren verhaltensbeeinflussenden Momenten sowie ihrer erkenntnisfördernden Wirkung analysiert. Vgl. hierzu oben in diesem Kapitel der Arbeit, Teil 2.

[162] Vgl. hierzu *Kerber* (1997, S. 49 f.).

[163] An anderer Stelle definiert *Kerber* (1994, S. 261) den Begriff „evolutorischer Wettbewerb“ wie folgt: „Ein permanenter Prozeß des rivalisierenden Testens von (neuen) Hypothesen(bündeln) über die für die Konsumenten möglichst attraktiven Preis-Leistungs-Kombinationen und ihre möglichst kostengünstige Erstellung.“

[164] Vgl. auch *Kerber* (1994, S. 172 f.).

erzeugt somit die Möglichkeit zur „Bewährung“ oder „Widerlegung“[165] der entsprechenden Hypothesen. Damit ist die Selektions-Komponente im beschriebenen Schema angesprochen. Welche Schlußfolgerungen ergeben sich aus dieser Konzeption für die Problematik der „Unternehmensinsolvenzen“?

Zum einen wird deutlich, daß die Generierung von Hypothesen durch die Individuen die evolutorische Offenheit von Wettbewerbsprozessen intendiert. Erst die Kreativität der Individuen im Umgang mit Ungewißheit im Rahmen ihrer Hypothesenbildung schafft neues Wissen. Damit liegt der Interpretation ein Handlungsmodell zugrunde, das den Individuen die Fähigkeit zur Kreation von Neuem zubilligt. Dieser kreative Vorgang wiederum dürfte nicht voraussetzungsfrei ablaufen. Vielmehr ist im Sinne *Popper*s und *Hayek*s davon auszugehen, daß Kreativität oder als Ausdruck derselben, die Hypothesenformulierung auf der Basis subjektiven Wissens über die konkreten Umstände von Ort und Zeit erfolgt.[166] Unternehmungen können in dieser Perspektive zum einen als Produkte dieser Hypothesenbildung angesehen werden.[167] Zum anderen ist aber auch festzustellen, daß Unternehmungen von daher selbst als Hypothesenbündel oder Theorien interpretiert werden können. Die grundsätzliche Fallibilität von Theorien impliziert aus dieser Sicht eine erkenntnistheoretische Erklärung des Phänomens „Unternehmensinsolvenzen“.[168] Auf diese Weise wird deutlich, wie der notwendig subjektivistische Gehalt individuellen Wissens zur Schaffung von Neuem dient und gleichzeitig über die Verbundenheit der Wettbewerber untereinander ein Wettlauf um Problemlösungen und die dafür notwendigen Ressourcen auslöst. Insoweit ist der Wettbewerbsprozeß ein wissenschaffender Prozeß.

Zum anderen eröffnet diese Wettbewerbsinterpretation die Möglichkeit, auch die Sanktionswirkungen dieses Prozesses der Wissensschaffung zu analysieren, denn es ist „die Konkurrenzsituation, durch die der erfolgreiche Umgang mit diesem Wissensproblem für die Wirtschaftssubjekte von existenzieller Bedeutung wird“ (*Kerber* 1997, S.

---

165 Der Terminus „Widerlegung“ ist in einer rein erkenntnistheoretisch angelegten Argumentation der *Popper*schen Methodologie und evolutionären Erkenntnistheorie nicht aufrechtzuerhalten. Eine endgültige „Widerlegung“ oder „Falsifikation“ kann es aus rein logischen Gründen nicht geben. Vgl. in diesem Zusammenhang die Ausführungen im zweiten Kapitel der Untersuchung, Teil 2, insbesondere die Abschnitte 2.2-2.6.
Aus diesem Grund wird der Begriff der „Nicht-Bewährung“ gewählt. Dieser ist aus erkenntnistheoretischer Sicht als zeit- und raumrelativ aufzufassen. Bei Anwendung auf die konkrete Problemstellung der „Unternehmensinsolvenzen“ ist allerdings dieser erkenntnislogische Unterschied der Begrifflichkeit zweitrangig, da es hierbei auf die erkenntnistheoretisch zu begründende Formulierung eines „Hypothesentest-Abbruchkriteriums“ ankommt. In dieser Problemperspektive spielt dann eher die Frage der Hypotheseninterdependenz und die aus ihr ableitbaren rechtlichen und ordnungsökonomischen Schlußfolgerungen die entscheidende Rolle.

166 Vgl. *Kerber* (1997, S. 51). Zu den Bedingungen, die diese Kenntnis der Umstände von Raum und Zeit maßgeblich mit beeinflussen, gehören die konkrete Ausprägung der jeweiligen Ordnungsbedingungen. Zur Bedeutung der Ordnungsabhängigkeit der Generierung von Wissen wird im nächsten Teil der Untersuchung Stellung genommen.

167 Vgl. hierzu die Ausführungen im zweiten Kapitel der Arbeit, Teil 2, Abschnitt 2.1. Siehe auch *Kerber* (1994, S. 248 ff.).

168 Vgl. hierzu ausführlich weiter unten in diesem Kapitel der Arbeit, Abschnitt 3.4.

53). Damit ist nichts anderes gesagt, als das der Wettbewerbsprozeß die Wettbewerber dazu zwingt, ihr Überleben im Markt dadurch zu sichern, daß sie entweder durch Neuerungsaktivitäten – also neuen, noch nicht getesteten Hypothesen – Wettbewerbsvorsprünge generieren oder zumindest in der Lage sind, auf Veränderungen im Markt schnell zu reagieren. Wird das Wissen einer Unternehmung durch die Prozesse im Wettbewerb obsolet, das heißt, stellt sich die Problemlösung als nicht-bewährt heraus, dann droht dem Unternehmen möglicherweise die Insolvenz. Diese resultiert dann daraus, daß das Zurückbleiben des Unternehmens im Wettbewerb die Ertragsbasis erodiert, dies zu einer verschärften Liquiditätslage oder aber über die Verminderung des Vermögens zu einer Überschuldung führt. *Kerber* (1994, S. 258 f.) spricht in diesem Zusammenhang von der Doppelfunktion der Gewinn/Verlust-Rückkopplung wissenschaffender Wettbewerbsprozesse: Einerseits üben sie einen Anreiz-, andererseits einen Sanktionsmechanismus aus.

Im hier interessierenden Problemkontext ist daher die immanente Sanktionsfunktion wissenschaffender Wettbewerbsprozesse hervorzuheben. Es ist folglich zu fragen, *wer* kann *was* und *wie* aus Mißerfolgen im Wettbewerbsprozeß lernen, denn nur wenn es eine plausible und schlüssige Begründung für diese ‚Lern-These' gibt, kann man das Phänomen der „Unternehmensinsolvenzen" umfassend würdigen. Wären die Individuen nicht in der Lage aus ihren Fehlern zu lernen, dann würde sich (erfahrungswissenschaftliches) Theoretisieren allgemein und somit auch in bezug auf Unternehmensinsolvenzen erübrigen. Es zeigt sich, daß diese Fragen alles andere als trivial sind.

Zur ersten Frage: *Wer* kann aus Unternehmensinsolvenzen lernen? Prinzipiell kommen alle Individuen und Unternehmungen in Betracht, die in irgendeiner Form mit dem fallierten Unternehmen in Kontakt stehen bzw. gestanden haben. Dazu zählen die Mitarbeiter der insolventen Unternehmung, die Gläubiger, die Geschäftspartner auf vor- und nachgelagerten Wirtschaftsstufen – die gleichfalls Gläubiger sein können – sowie öffentliche Institutionen – beispielsweise die Sozialversicherungsträger –, die auch Gläubigerpositionen innehaben können.[169] Damit ist als erstes wesentliches Merkmal für eine ‚potentielle Lernbasis' das Wissen über die Tatsache der Unternehmensinsolvenz selbst von Bedeutung. In Abhängigkeit von der Größe der Unternehmung und des Umfangs seiner Geschäftsbeziehungen ergibt sich somit eine unterschiedlich große Anzahl potentiell aus der Unternehmensinsolvenz Lernender. Diese Interpretation greift allerdings zu kurz, da – erkenntnistheoretisch formuliert – auf diese Weise nur induktives und erfahrungsinduziertes Lernen Berücksichtigung findet. Vielmehr ist davon auszugehen, daß auch hier noch nicht genannte Individuen oder Unternehmen aus Unternehmensinsolvenzen lernen können. Aus der Gruppe der Unternehmen sind in erster Linie die Mitwettbewerber zu nennen. Für diese ergeben sich nach *Kerber* (1994, S. 280; H.i.O.) folgende Lern- und Erkenntnispotentiale: „Mißerfolge der Konkurrenten können (folglich) für alle Anbieter wichtiges Wissen darüber schaffen, in welche Richtung man die Preis-Leistungs-Kombinationen *nicht* weiterentwickeln sollte." Diese Aussage läßt

[169] Die Gläubigerpositionen lassen sich auch folgendermaßen voneinander abgrenzen: Kreditforderungen der Fremdkapitalgeber, Geldforderungen der Waren- und Leistungslieferanten und (para-) öffentliche Lasten wie Beiträge zur Sozialversicherung bzw. Steuerschulden.

sich auch leicht auf Unternehmen ausweiten, die auf anderen (Problemlösungs-)Märkten aktiv sind. Für diese könnte die Unternehmensinsolvenz ein Hinweis dafür sein, in welche Märkte oder besser Problemlösungsrichtungen man besser *nicht* diversifiziert. Aber auch alle potentiellen Neu-Unternehmer können – analog zur gerade geführten Argumentation – für ihren Markteintritt Lehren aus Unternehmensinsolvenzen ziehen. Man kann insofern mit *Borchardt* (1965, S. 74; Hervorhebung vom Verfasser) feststellen: „*Auch der Bankrott eines Unternehmens ist ein Vorgang der ‚Wissensproduktion'*. Andere Unternehmen können die kostspieligen Erfahrungen nützen und zahlen für diese Verbesserung ihrer Kenntnis nichts."

Ist die Unternehmensinsolvenz, so wäre weiter zu fragen, somit aufgrund ihrer empirischen Basis als *die* Quelle des unternehmerischen Erkenntnisfortschritts anzusehen? Dies ist aus drei Gründen zu verneinen: Zum einen erfordert die Interpretation eines Insolvenzgeschehens und das Lernen daraus einen theoretisch begründbaren Ursache-Wirkungszusammenhang.[170] Nur wenn sich ein Kausalnexus herauskristallisieren läßt, ist es möglich, auf dieser Grundlage Lehren aus dem Insolvenzgeschehen, nämlich zur Vermeidung zukünftigen Insolvenzgeschehens zu ziehen. Dabei ist allerdings folgendes zu bedenken: Sowohl die Interpretation von Unternehmensinsolvenzen als auch die Ableitung von Handlungsempfehlungen aufgrund ihrer theoretischen Durchdringung haben Vermutungscharakter, können sich von daher also ebenfalls als falsch herausstellen. Insofern kann der Lerneffekt nicht ex ante im Sinne einer positiven Verstärkung aufgefaßt werden. Der Lerneffekt kann auch über eine negative Sanktionierung stattfinden. Diese Aussage gilt prinzipiell für alle hier angesprochenen Individuen, Unternehmen und öffentlichen Institutionen. Es liegt allerdings die Vermutung nahe, daß mit zunehmender ‚Entfernung' der an der Unternehmensinsolvenz Lernenden die Erfolgsaussichten ihrer Bemühungen abnehmen.

Dieses auf den Leser räumlich wirkende und auch derart zu interpretierende Argument ist mit dem *Popper*schen „*Scheinwerfermodell*" folgendermaßen zu verbinden: Jeder Scheinwerfer hat nur eine bestimmte Reichweite. Mit zunehmender Entfernung nimmt der Grad der Ausleuchtung der betrachteten Objekte ab. Angewendet auf die

---

[170] Vgl. hierzu die *Popper*sche Argumentation der Unmöglichkeit theoriefreien Lernens aus der Erfahrung. *Popper* (1973, Anhang 1, S. 354-375) unterscheidet zwei Theorien der Erkenntnis: das „*Kübelmodell*" und das „*Scheinwerfermodell*".
Das „*Kübelmodell*" geht davon aus, daß (erfahrungs-)wissenschaftlicher Erkenntnisfortschritt nur auf der Basis von (Sinnes-)Wahrnehmungen zur Wissensakkumulation führen kann. „Unser Geist gleicht sozusagen einem Behälter mit Öffnungen – einer Art Kübel –, in dem sich die Wahrnehmungen und das Wissen ansammeln" (S. 355).
Das „*Scheinwerfermodell*" dagegen postuliert, daß es im Prozeß des Erkenntnisfortschritts nicht auf passive Wahrnehmungen, sondern auf aktive Beobachtungen ankommt und diese wiederum nicht ohne einen theoretischen Bezugsrahmen auskommen können, denn „Beobachtungen sind immer selektiv, setzen also etwas wie ein Selektionsprinzip voraus" (S. 356). Weiter heißt es bei *Popper*: „Jeder Beobachtung gehen Erwartungen oder Hypothesen voraus, nämlich jene, die den Erwartungshorizont konstituieren, der erst jene Beobachtungen bedeutsam macht und ihnen damit den Rang von Beobachtungen gibt" (S. 359).
Im hier interessierenden Kontext folgt daraus, daß die ausschließliche Wahrnehmung von Unternehmensinsolvenzen allein keinen Ansatz zur theoretischen Problematisierung bietet. Diese kann nur auf dem Wege aktiver, also theoriegeleiteter, Beobachtung erfolgen.

Lerneffekte bei Unternehmensinsolvenzen folgt daraus, daß die gerichtete Beleuchtung (Beobachtung) auf Basis einer insolvenztheoretischen Erklärung an Grenzen stößt: Einerseits, weil die (erfahrungs-)wissenschaftliche Theorie im Sinne des hier vertretenen erkenntnistheoretischen Ansatzes notwendig auf empirische Überprüfung angewiesen ist. Ansonsten könnte die Theorie nichts über die Realität aussagen und es gäbe auch keinen Bezugspunkt für theoriegeleitetes Lernen aus der Erfahrung. Andererseits ist die Stärke des Scheinwerfers – hier interpretiert als Qualität des theoretischen Bezugsrahmens – nicht unabhängig von der relativen Stellung der Individuen zur fallierten Unternehmung. Ein Beispiel soll dieses Argument verdeutlichen: Ein Individuum, daß aus öffentlichen Bekanntmachungen von der Insolvenz einer Unternehmung xy in der Branche z erfährt und beabsichtigte, selbst in der Branche z unternehmerisch tätig zu werden, dürfte weniger (bewährte) theoretische Schlußfolgerungen aus dieser Tatsache ableiten können, als der Wettbewerber A oder der Fremdkapitalgeber B der Unternehmung xy. Wenn diese Interpretation richtig ist, dann ließe sich daraus ein Argument für eine größere Transparenz und Öffentlichkeit von Insolvenzgeschehnissen ableiten, da sich dann die Voraussetzungen für Lernprozesse verbessern würden.

Zum anderen ist aber selbst für den Fall, daß eine konsistente theoretische Erklärung von Unternehmensinsolvenzen gegeben wäre, nicht der logische Schluß zu ziehen bzw. zu rechtfertigen, daß die Individuen oder Unternehmen im Hinblick auf ihre unternehmerischen Tätigkeiten in der Zukunft vor der Insolvenz per se verschont bleiben werden. Das Problem der ubiquitären Ungewißheit steht dem entgegen.

Schließlich ist die Vermutung, daß der Erkenntnisgewinn aus Unternehmensinsolvenzen für unbeteiligte Dritte zu keinen Auszahlungen führt, zu relativieren. Selbst wenn es korrekt ist, daß keine direkten Kosten – etwa der Informationsgewinnung über die interessierende Unternehmensinsolvenz – entstehen, dann ist es dennoch zu berücksichtigen, daß Opportunitätskosten in erheblicher Höhe anfallen können. Diese dürften immer dann besonders hoch ausfallen, wenn aufgrund des Lernens am Objekt „Unternehmensinsolvenz“ in Verbindung mit einer okjektorientierten theoretischen Erklärung unternehmerische Grundsatzentscheidungen getroffen werden und diese sich im nachinein als falsch erweisen. So kann das Fernbleiben von einem scheinbar riskanten (Problemlösungs-)Markt Gewinnerzielungschancen ungenutzt verstreichen lassen. Obwohl diese Problemlage – wie die theoretische Erklärung der Unternehmung gezeigt hat – für alle unternehmerischen Entscheidungen gilt, ist in diesem Kontext hervorzuheben, daß das Lernen aus Fehlern bzw. Irrtümern – hier sichtbar gemacht in Form der Unternehmensinsolvenz(en) – auch eine große Chance darstellt, solange es gelingt, die Ursachen des Scheiterns herauszufiltern und für zukünftige Entscheidungen und Handlungen dahingehend zu nutzen, daß man zumindest über die potentiellen Wechselwirkungen und Gefährdungen unternehmerischer Betätigung etwas gelernt hat. Insofern erscheint es gerechtfertigt zu sein, von einer ‚potentiellen Lernbasis‘ zu sprechen.

Der möglichen Kritik dieser Interpretation, daß auch die ‚externen Lernenden‘ letztlich anhand von Negativbeispielen, also empirischer Einzelfälle und somit erfahrungsinduziert lernen, ist entgegenzuhalten, daß es sich dabei nicht um Erfahrungen im engeren Sinne handelt. Erfahrungen im engeren Sinne sind gleichbedeutend mit dem konkreten Erleben bzw. der konkreten Konfrontation und Auseinandersetzung mit einem Erfahrungsobjekt, hier also einer fallierten Unternehmung. Dies ist im Fall der noch nicht unternehmerisch marktaktiven Individuen nicht gegeben. Auch die Mitwettbewerber des fallierten Unternehmens fallen nicht unter diese Kategorie. Da sie permanent im Prozeß des Wettbewerbs mit dem jetzt fallierten Unternehmen gestanden haben, ist davon auszugehen, daß ihre Kenntnisse der spezifischen Bedingungen des (Problemlösungs-)Marktes durch die andauernde Überprüfung der eigenen Unternehmenshypothesen weniger durch die Interpretation der gegenwärtigen Insolvenz eines Mitwettbewerbers als vielmehr durch den Wettbewerbsprozeß als Hypothesentest selbst befördert wurde.

Die Fragen, *was* und *wie* aus Unternehmensinsolvenzen gelernt werden kann, ist in den vorangegangenen Ausführungen schon angeklungen. An dieser Stelle gilt es, die wesentlichen Aspekte nochmals zu sammeln und zu bewerten: Unternehmensinsolvenzen bringen zum Ausdruck, daß das Problemlösungspotential der Unternehmung bis zu einem bestimmten Zeitpunkt – Auslösung des Insolvenzverfahrens – nicht hinreichend positiv sanktioniert wurde. Über die Ursache(n) ist damit allerdings noch nichts ausgesagt. Insoweit stellt die Unternehmensinsolvenz lediglich das Ende einer bestimmten Unternehmensentwicklung dar. Von daher bedarf die Beantwortung der Frage, *was* aus der Unternehmensinsolvenz zu lernen ist, konkreter Analysen. Diese wiederum müßten in einen theoretischen Bezugsrahmen eingebettet sein, um der Gefahr einer Singularitätsbetrachtung Rechnung zu tragen. Die Spezifität der Hypothesenbündel „Unternehmungen" erlaubt allenfalls Muster(vor-)aussagen. Das Phänomen „Unternehmensinsolvenz" ist als potentielles Ereignis jeder Unternehmensentwicklung anzusehen. Der umgekehrte Schluß ist allerdings auch gültig: Das Phänomen „Unternehmensinsolvenz" ist kein zwingender Bestandteil einer Unternehmensentwicklung.

Wie kann man aus Unternehmensinsolvenzen lernen? In Abhängigkeit vom Grad der Involviertheit der potentiell Lernenden sind hier Differenzierungen angebracht. Alle Individuen oder Unternehmungen, die mit der Generierung von Hypothesen in den Insolvenzfall eingebunden sind, (müssen) lernen, daß sich ihre jeweils spezifische(n) Hypothese(n) nicht bewährt hat (haben): Der Unternehmer ist mit seiner Primärhypothese am Markt gescheitert. Die Mitarbeiter sind, soweit diese besteht, im Hinblick auf ihre Erwartung eines ‚dauerhaften und sicheren Arbeitsverhältnisses' enttäuscht worden. Die Gläubiger allgemein und die Gläubiger mit ungesicherten Forderungen im besonderen können in bezug auf die Absicherung ihrer wirtschaftlichen Transaktionen Mängel erkennen usw.[171] Welche (Lern-)Konsequenzen jeder einzelne der Betroffenen daraus für sich persönlich bzw. sein Unternehmen zieht, ist im vorhinein nicht zu prognostizieren, da beispielsweise unterschiedliche kognitive Dispositionen der Individuen in Rechnung gestellt werden müssen. Die sich damit ergebende Individualität und vermutlich Singularität der Lernprozeßergebnisse ist somit einer theoretischen Fixierung nur schwer zugänglich. Auch in diesem Bereich sind allenfalls Vermutungen im Hinblick auf die Gültigkeit von Muster(vor-)aussagen möglich.

[171] Fremdkapitalgeber könnten beispielsweise ihre Bonitäts- und Kreditwürdigkeitsprüfungen intensivieren, ohne allerdings einen absoluten Schutz vor Forderungsausfällen erlangen zu können.

Zurückkommend auf die am Anfang der wettbewerbstheoretischen Argumentation genannten Elemente: „Wissen", „Neuerungen" sowie „Variation und Selektion", sollen zum Abschluß der Darlegungen die Implikationen dieser Elemente für eine wettbewerbstheoretische Interpretation des Phänomens „Unternehmensinsolvenzen" näher skizziert werden. Der Wettbewerbsprozeß zwischen Unternehmungen ist durch einen fortwährenden Prozeß der Entstehung neuen (Vermutungs-)Wissens, der temporären raum-zeitlichen Bewährung von (Vermutungs-)Wissen sowie der Nicht-Bewährung, also der Entwertung von (Vermutungs-)Wissen gekennzeichnet. Die Subjektivität und ubiquitäre Fallibilität des individuellen Wissens und in der Konsequenz auch des Wissens der Unternehmungen führen dazu, daß „die Anbieter über kein sicheres Wissen darüber verfügen, welche die jeweils aktuellen Präferenzen der Konsumenten sind, mit welchen Preis-Leistungs-Kombinationen sie diese am besten befriedigen oder mit welchem Einsatz welcher Aktionsparameter sie diese Leistungen mit den geringsten Kosten erstellen können" (*Kerber* 1997, S. 52). Der ‚Keim der Unternehmensinsolvenz' liegt insofern in der Wissensproblematik begründet. Ob der Keim aufgeht, hängt nicht zuletzt davon ab, inwieweit Neuerungen im Wettbewerbsprozeß sanktioniert werden. Damit sind die beiden weiteren Faktoren der Insolvenzerklärung in wettbewerbstheoretischer Sicht angesprochen. Neuerungen sind das Ergebnis individueller Kreativität. Insofern gibt es im Wettbewerbsprozeß nicht nur Neues zu entdecken, sondern auch Neues zu kreieren.[172] Diese Aufgabe übernehmen im Wettbewerbsprozeß die Unternehmer. Das Neue kann im Wettbewerbsprozeß dazu führen, daß das Alte sein Problemlösungspotential – zumindest aus Sicht der Konsumenten – einbüßt und über die daraus folgende negative Sanktionierung im Wettbewerbsprozeß – den Nichtkauf – eliminiert wird.

Neuerungen stellen somit für alle am Wettbewerbsprozeß Beteiligte neues (Vermutungs-)Wissen im Hinblick auf spezifische Problemlösungen dar. Gleichzeitig setzen Neuerungen die am Markt etablierten Problemlösungen unter (Existenz-)Druck. Das Ausmaß dieses Wettbewerbsdrucks wird von den autonomen und souveränen Konsumentscheidungen der Nachfrager bestimmt. Dadurch wird über die Gewinn/Verlust-Rückkopplung Wissen an die Anbieter der Problemlösungen vermittelt. Hierbei handelt es sich für die jeweiligen Anbieter um die „Information, wie gut ihre Hypothesen im Verhältnis zu denen ihrer Konkurrenten sind" (*Kerber* 1997, S. 54).[173] Diese Information kann dazu dienen, die eigenen Unternehmensaktivitäten zu modifizieren, indem etwa eine Produktinnovation oder eine Verbesserung der Kostenstruktur vorgenommen wird. Die damit umschriebene Motivationsfunktion wissenschaffenden Wettbewerbs resultiert primär daher, „daß erfolgreiche innovatorische Wettbewerbsaktivitäten wie beispielsweise die Kreation neuer, überlegener Produkte über Marktanteilsverluste zu absoluten Verminderungen der Vermögen von Konkurrenten führen" (*Kerber* 1994, S. 259). Anders formuliert:

---

[172] Mit dieser Formulierung soll zweierlei deutlich werden: Wettbewerb im evolutorischen Sinne ist mehr als „nur" ein Entdeckungsverfahren (*Hayek*). Darüber hinaus ist evolutorisch interpretierter Wettbewerb im Kern auf die Kreativität von Individuen angewiesen. Ein Aspekt, den insbesondere auch *Heuß* immer wieder betont hat.

[173] Vgl. auch *Kerber* (1994, S. 252 f.).

„Den Wettbewerbern, die über die besseren Hypothesen verfügen und damit im Wettbewerb vorgestoßen sind, werden durch die Realisierung von Vorsprungsgewinnen zusätzliche Ressourcen zugewiesen, die weitere Aktivitätsspielräume eröffnen, während zurückbleibenden Wettbewerbern über Verluste automatisch Ressourcen entzogen werden, bis hin zum Extremfall der Illiquidität" (*Kerber* 1997, S. 54).

Für die Unternehmungen ergibt sich folgende Konsequenz: Da sie nicht sicher sein können, daß ihr aktuelles Problemlösungspotential auf Dauer positiv von den Nachfragern sanktioniert wird und sie auch nicht wissen (können), ob und wann irgendein Wettbewerber mit einem erfolgreichen Wettbewerbsvorstoß die eigene Ressourcen- und Problemlösungsbasis zu erodieren beginnt, bietet sich als Unternehmensstrategie die ‚Flucht nach vorne' an. Statt durch die Wettbewerber unter Druck gesetzt zu werden, ist der aktive Druck auf die Wettbewerber mittels eigener Wettbewerbsvorstöße eine mögliche strategische Ausrichtung. Eine andere Unternehmensstrategie bestünde in der Schaffung und Aufrechterhaltung der Fähigkeit zur spontanen Imitation von Wettbewerbsvorstößen.[174] Für beide Strategien gilt jedoch gleichermaßen das Fallibilitätspostulat, so daß der grundsätzlich Vermutungscharakter des Wissens erhalten bleibt.

Faßt man die Ausführungen zum evolutorischen Konzept wissenschaffenden und wissenverbreitenden Wettbewerbs zusammen, so ergibt sich für die hier interessierende Insolvenzproblematik die Erkenntnis, daß einerseits die Offenheit evolutorischer Wettbewerbsprozesse aufgrund des ubiquitären Ungewißheitsphänomens die Unternehmenskrise und möglicherweise -insolvenz als elementaren Bestandteil beinhaltet, und daß andererseits evolutorischer Wettbewerb von den Teilnehmern selbst die Schaffung neuer Ungewißheit im Wege der Kreation von Neuem, also Vermutungswissen erzwingt. Von daher sind die Unternehmen in hohem Maße nicht nur Spielball evolutorischer Wettbewerbsprozesse, sondern selbst aktive Spieler in diesem Prozeß. Es bestehen somit Wechselwirkungen zwischen den Spielern sowie den institutionellen Spielbedingungen bzw. -regeln. Der Ausgang des ‚Spiels' ist dagegen für alle Beteiligen ungewiß, so daß über den Wettbewerbsprozeß und das damit verbundene Angebot von Problemlösungen internes Wissen externalisiert wird.[175] Damit ist die permanente Bereitstellung ‚empirischer Lernbasen' durch die Unternehmungen gemeint, die für alle anderen Wirtschaftssubjekte im Wettbewerbsprozeß Ausgangs-, Anhalts- oder Bezugspunkt ihrer eigenen Hypothesengenerierung sein können.[176] In Abhängigkeit von der individu-

---

[174] Vgl. *Kerber* (1997, S. 54). An anderer Stelle hebt *Kerber* (1994, S. 256 f.) die Bedeutung der Imitationsstrategie für wissenschaffende Wettbewerbsprozesse klar heraus: „Trotz aller ihrer Schwierigkeiten ist die Imitation bzw. Diffussion erfolgreichen wettbewerblichen Verhaltens ein zentraler und integraler Bestandteil des (...) evolutorischen Konzepts wissenschaffenden Wettbewerbs." Die Ausführungen zum *Heuß*schen Marktphasenschema und seiner Unternehmertypologie haben bereits gezeigt, daß auch und gerade die (spontan) imitierenden Unternehmer für die Diffusion neuen Wissens im Wettbewerbsprozeß eine herausragende Rolle spielen.

[175] Die Umschreibung „Externalisierung von Internalitäten" im Wettbewerbszusammenhang geht auf *Schüller* zurück und ist für den hier interessierenden Erklärungszusammenhang sehr anschaulich.

[176] *Kerber* (1997, S. 58; H.i.O.) sieht in diesem Umstand einen wesentlichen Unterschied zur Theorie der Contestable Markets, da die Unterschiedlichkeit des Wissens der Wettbewerbsteilnehmer dazu führt, daß „die potentiellen Wettbewerber, solange sie potentiell blei-

ellen Fähigkeit und Bereitschaft zur erneuten Wettbewerbsaktivität[177], werden daher unterschiedliche Reaktionen erwachsen, die selbst wiederum den Prozeß der Wissensschaffung voranzutreiben geeignet sind.

Der Prozeß wissenschaffenden und wissenverbreitenden Wettbewerbs läuft innerhalb eines institutionellen Rahmens ab. Ganz allgemein formuliert stellt der institutionelle Rahmen die Spielregeln für das Spiel ‚Wettbewerb' bereit. Dabei lassen sich erlaubte und verbotene Spielzüge der Spieler (Wettbewerber) unterscheiden.[178] In diesem Kontext geht es primär um die Frage des Einflusses institutioneller Rahmenbedingungen im Hinblick auf den Sanktionsmechanismus von Wettbewerbsprozessen.[179] Die Wettbewerbsregeln sichern dabei die Dynamik und damit die evolutorische Komponente des wissenschaffenden und wissenverbreitenden Wettbewerbsprozesses. Wettbewerbliches

---

ben, keinen Beitrag zum *laufenden* Wissensschaffungsprozeß (leisten), da sie im Gegensatz zu den aktuellen Wettbewerbern keine Hypothesen ausprobieren und insofern keine Erfahrungen in den Wissensschaffungsprozeß einbringen, von denen andere lernen können."

[177] Die Bereitschaft oder Motivation zur wettbewerblichen Aktivität ist Grundvoraussetzung für jegliche Analyse von Wettbewerbsprozessen. Auch wenn es unterschiedliche Dispositionen diesbezüglich geben mag, so ist doch jedes Individuum mit der Lösung von ökonomischen Problemen beschäftigt. Von daher ist die Annahme, daß ein ‚spirit of competition' existiert, durchaus legitim. Dies insbesondere vor dem Hintergrund der ubiquitären Probleme von „Unwissenheit" und „Knappheit".

[178] Vgl. zu dieser Interpretation *Kerber* (1997, S. 61 f.).

[179] Die Bedeutung des Wettbewerbs für das Phänomen „Unternehmensinsolvenzen" behandelt eingehend *Rohde* (1979) in seiner Studie. *Rohde* (1979, S. 42) beurteilt die Funktionsfähigkeit des marktwirtschaftlichen Sanktionsmechanismus „Wettbewerb" daran, ob er eine sinnvolle „Synthese von Rehabilitation und Liquidation" von fallierten Unternehmungen erlaubt und weiter heißt es: „Allein hierdurch wird gewährleistet, daß Marktaustritte Resultat einer Auslese solcher Unternehmen sind, die als Grenzanbieter gelten können." Vgl. hierzu ausführlicher *Rohde* (1979, S. 108-128).
Dieser Aussage ist zweierlei entgegenzuhalten: Zum einen ist die Fokussierung auf das preistheoretische Konstrukt des „Grenzanbieters" aus evolutorischer Perspektive ungeeignet bzw. sogar irrelevant, da es hier nicht auf die allokationstheoretische Optimierung des Ressourceneinsatzes, sondern auf die Generierung erfolgversprechenden (Vermutungs-)Wissens ankommt. Der damit verbundene Ressourceneinsatz ist als Materialisierung dieser Hypothesen aufzufassen und wirkt auf die konkrete Gestaltung der Preis-Leistungs-Kombinationen der Unternehmungen ein. Aufgrund der Tatsache, daß Illiquidität zur Auslösung von Insolvenzverfahren führen kann, ist es möglich, daß auch Nicht-Grenzanbieter betroffen sind. Damit erübrigt sich die Fixierung auf dieses preistheoretische Konstrukt. Auf diesen Punkt weist *Rohde* (1979, S. 126) selbst unter Verweis auf *Arndt* explizit hin. Woran sich dann allerdings die geforderte „Synthese" orientieren soll, bleibt rätselhaft. Aus evolutorischer Sicht ist es jedenfalls prinzipiell gleichgültig, welcher Anbieter selektiert wird.
Zum anderen stellt sich bei interventionistischen Eingriffen das Wissensproblem. Um die geforderte Funktionsfähigkeit des wettbewerblichen Sanktionsmechanismus überhaupt beurteilen zu können, wäre es notwendig, Kriterien angeben zu können, die den Sanktionsmechanismus in seinem prozessualen und evolutorischen Charakter zweifelsfrei hinreichend genau beschreiben. Aber selbst dann, wenn diese Voraussetzungen erfüllt wären, könnte der ergebnisoffene Wettbewerbsprozeß einen zukunftsgerichteten interventionistischen Eingriff nicht legitimieren, da das Problem der Ungewißheit virulent bleibt. Von daher ist auch aus einer Wissensperspektive der „Synthese-Gedanke" von *Rohde* mit Vorsicht zu betrachten.
Vgl. zu einer kritischen Würdigung der Studie von *Rohde* auch die Besprechung von *Pütz* (1980).

Verhalten wird von der jeweiligen Rechtsordnung systematisiert und beeinflußt. Die im Wettbewerbsprozeß wirksamen Anreiz- und Sanktionsmechanismen werden also von der Ausgestaltung dieser rechtlichen Rahmenordnung mitbestimmt. Es werden somit legale und illegale Wettbewerbshandlungen voneinander abgegrenzt. Auf diese Weise wird der Handlungsspielraum oder gewissermaßen die Größe des Spielfeldes ‚Wettbewerb' abgesteckt.[180] Unabhängig von der Frage, ob die Regelungen positiv oder negativ formuliert sind, ist festzustellen, daß mit der Normierung bestimmter Verhaltensweisen eine „Kanalisierungsfunktion" der Rechtsetzung einhergeht. Die Aktivitäten der Wettbewerber werden sich vermutlich in positiv kodifizierte Bereiche der erlaubten Handlungen ausdehnen und aus negativ kodifizierten Bereichen der unerlaubten Handlungen zurückziehen, da die mit ihnen verbundenen potentiellen Sanktionskosten eine Abschreckungsfunktion erfüllen.[181]

Die Sanktionswirkung des institutionell abgesicherten Wettbewerbsprozesses für die Weiterverwendung veralteten Wissens resultiert aus drei Voraussetzungen:[182] Zum einen muß dem Individuum oder der Unternehmung das Recht zur Markteinführung von Neuerungen (Innovationen) gegeben sein. Nur wenn dieses Recht besteht, ist es prinzipiell möglich – für den Fall der Bewährung der Hypothese –, daß die Wettbewerber in ihren Vermögenspositionen negativen Veränderungen unterworfen werden und somit die Sanktionen des Wettbewerbs wahrnehmen. Weiterhin ist vorauszusetzen, daß für die Entwertung der Vermögenspositionen der Wettbewerber keine Kompensationszahlungen im Sinne von Entschädigungen zu leisten sind. Eine derart interpretierte Haftungsregelung würde die Innovationstätigkeit behindern, wenn nicht gar zum Erliegen bringen, da sich für den Innovator das Verhältnis zwischen dem Risiko des Scheiterns – welches immer gegeben ist – und der Chance auf Pioniergewinne verschlechtern würde. Eine vollständige Externalisierung oder besser Sozialisierung der potentiellen Vorsprungsgewinne würde vermutlich deshalb dazu führen, daß diese überhaupt nicht mehr angestrebt werden.[183] Dieser Effekt verstärkt zudem schließlich die Perpetuierung von veraltetem Wissen, da „durch den (durch die Kompensation bedingten) Wegfall der negativen Sanktion für das Zurückbleiben im Wettbewerb kein Anreiz mehr bestünde, sein Wissen auf dem neuesten Stand zu halten" (*Kerber* 1997, S. 65). Diese Form der „Immunisierung" (*Albert*) der betreffenden veralteten bzw. nicht-bewährten Hypothesen ist gleichbedeutend mit der Subventionierung oder Protektionierung von Unternehmen durch den Staat. Wie leicht ersichtlich, spielt hier die Frage der institutionellen Ausgestaltung der verschiedenen Teilordnungen und die Regelung ihres Verhältnisses zueinander bei der Analyse und Bewertung von Unternehmensinsolvenzen eine entscheidende Rolle.

Faßt man die Ausführungen aus markt- und wettbewerbstheoretischer Perspektive zusammen, so kann man feststellen, daß sie eine Vielzahl von Anknüpfungspunkten für

---

[180] Vgl. *Kerber* (1997, S. 63 f.).

[181] Vgl. hierzu anhand eines Beispiels ausführlicher *Kerber* (1997, S. 64).

[182] Vgl. zu den folgenden Ausführungen *Kerber* (1997, S. 65).

[183] Einen ersten Überblick zur Problematik im Kontext des Systemvergleichs liefert der Sammelband von *Schüller, Leipold* und *Hamel* (1983).

die Analyse des Phänomens „Unternehmensinsolvenzen“ bieten. Hervorzuheben sind hierbei die Fokussierung auf individuelle Entscheidungen und Handlungen (Kreativität), der Vermutungscharakter wettbewerblicher Aktivitäten im Sinne von falliblen Hypothesen und schließlich die Betonung des institutionellen Umfeldes als Selektionsumgebung im Rahmen eines Hypothesentests.

3.3.2. Makroökonomische Betrachtungsweise

Das Phänomen „Unternehmensinsolvenzen“ wird in der Literatur auch mit konjunktur- und wachstumstheoretischen Überlegungen konfundiert.[184] Die grundlegende Argumentationslinie der verschiedenen Ansätze besteht darin, aus der variierenden gesamtwirtschaftlichen Produktionsauslastung aufgrund von Nachfrageschwankungen die Schwierigkeiten der Unternehmungen zu erklären. Mit dieser Perspektive ist ein – für die bis hier vorliegende Arbeit – wesentlicher Argumentationswechsel verbunden, da die konjunktur- und wachstumstheoretische Analyse an volkswirtschaftlichen Aggregaten ansetzt. Der Fokus liegt von daher nicht mehr auf der Ebene der einzelnen Unternehmung, sondern auf der Betrachtung von Größe und Relation gesamtwirtschaftlicher Kategorien, wie beispielsweise Produktionsauslastung, Wachstumsraten, Kreditvolumen, Zinsniveau, Inflations- und Arbeitslosenrate usw. zueinander. Ziel der theoretischen Bemühungen ist es deshalb, zwischen diesen Kategorien und der Zahl der Unter-

---

[184] Vgl. beispielsweise die Arbeiten von *Albach* (1965; 1976; 1988), *Brockhoff* (1967) und *Rohde* (1979). *Sabel* und *Weiser* (1994) setzen in ihrer Arbeit weder auf der mikroökonomischen Ebene der einzelnen Unternehmung, noch an der makroökonomischen Ebene der Aggregate ganzer Volkswirtschaften an. Sie plädieren für eine analytische Fokussierung auf die Ebene von Branchen, da auf diese Weise die mikroökonomische Vernachlässigung wettbewerblicher Interdependenzen sowie die makroökonomische Vernachlässigung branchenspezifischer Besonderheiten, wie beispielsweise technologische Eigenschaften überwunden werden könne. Vgl. *Sabel* und *Weiser* (1994, S. 298). Daraus ziehen sie folgenden Schluß: „Daher muß eine Analyse, die auf die Ursachen des Todes von Unternehmen gerichtet ist, im Kontext mit der jeweiligen Branche erfolgen. Zeigen sich für diese dann Gesetzmäßigkeiten, so sind daraus Aussagen für einzelne Firmen wie für Volkswirtschaften ableitbar“ (ebenda). Dieser Einschätzung kann hier aus zwei Gründen nicht gefolgt werden. Zum einen ist der in der vorliegenden Untersuchung zugrundegelegte individualistische Interpretationsansatz mit der Bezugsgröße „Branchen“ nicht kompatibel, da damit die Ebene der einzelnen singulären Unternehmung verlassen wird. Die weiter oben skizzierten Ausführungen zum *Heuß*schen und *Kerber*schen Interpretationsmuster können hier als Begründung dienen. Es gibt aus deren Sicht keine determinierten Branchenentwicklungen. Diese sind vielmehr das Ergebnis individueller Unternehmensentscheidungen. Darüber hinaus ist zum anderen zu bezweifeln, ob aus der Kenntnis von branchenspezifischen Mortalitätsraten und -entwicklungen theoretisch fundierte Aussagen zur Insolvenzwahrscheinlichkeit einzelner Unternehmen innerhalb der Branche oder gar für die gesamte Volkswirtschaft zu deduzieren sind. Die Probleme liegen hier einerseits im Bereich der Prognosefähigkeit von Insolvenzen im allgemeinen, andererseits in der theoretisch nicht eindeutig zu explizierenden Anwendungsvorschrift der ‚Branchenergebnisse‘ auf andere Aggregationsstufen (Unternehmung und Volkswirtschaft). Vgl. hierzu *Schmahl* (1964, S. 15 ff.).
Trotz dieser Kritik (die letztlich auf die hier gewählte erkenntnistheoretische Perspektive zurückzuführen sein dürfte) ist die Arbeit von *Sabel* und *Weiser* als innovativ zu charakterisieren, da die Autoren ein formales Schätzmodell ihres Ansatzes entwickeln (vgl. *Sabel* und *Weiser* 1994, S. 301 ff.) und dieses anhand von empirischem Material für die Automobilbranche testen.

nehmensinsolvenzen einen Zusammenhang herzustellen und auf deren Basis Insolvenzen zu erklären.

Vereinfacht ausgedrückt, sind in Zeiten konjunkturellen Aufschwungs mit entsprechend hohen Wachstumsraten des Bruttosozialprodukts geringe(re) Insolvenzzahlen zu verzeichnen, in Phasen konjunktureller Schwäche und geringer oder gar fehlender (bzw. negativer) Wachstumsraten des Bruttosozialprodukts dagegen hohe bzw. höhere Insolvenzzahlen festzustellen. Damit wird allerdings nur eine mehr oder weniger zutreffende empirische Tatsache fixiert.[185] Aus der (vermeintlichen) statistischen Korrelation ergeben sich von daher noch keine hinreichenden Gründe für die Annahme einer kausalen Verursachung der Unternehmensinsolvenzen. Vielmehr ist davon auszugehen, daß das konjunktur- und wachstumspolitische Umfeld der Unternehmungen zwar zu einer Offenlegung interner Problemstrukturen beizutragen vermag, diese jedoch allenfalls extern mitverursacht werden. Anders gewendet: „Die eigentlichen Ursachen für den Zusammenbruch eines Unternehmens liegen oftmals beim Management und sind *unabhängig vom Konjunkturverlauf*. Oder anders: eine rückläufige Konjunktur deckt oftmals die Fehler vor allem im Finanzierungsbereich auf" (*Uhlenbruck* 1988, S. 10; H.i.O.). Als Zwischenergebnis ist bis hierher festzuhalten: Die (schlechte) Konjunktur oder das (fehlende) Wachstum bieten keinen ausreichenden Erklärungsansatz für Unternehmensinsolvenzen.

Dennoch sollen zumindest einige Wirkungszusammenhänge zwischen verschiedenen Konjunktur- oder Wachstumssituationen auf der einen Seite und den mit ihnen möglicherweise verbundenen Unternehmensproblemen kurz angerissen werden. In rezessiven Konjunkturphasen mit schwachen Wachstumsimpulsen kann für die folgende Darstellung[186] vereinfacht davon ausgegangen werden, daß ein allgemeiner Nachfragerückgang zu konstatieren ist. Für die Unternehmen bedeutet dies einen Nachfrage- und Auftragsrückgang. Hierdurch reduziert sich ihre Absatzmenge, so daß im Ergebnis eine Erlösminderung resultiert. Betrachtet man die Wirkungen auf die Liquiditätslage der Unternehmen, so führt die Erlösminderung bei konstanten (inflexiblen) oder steigenden Lohnkosten über eine Verringerung der Einnahmen potentiell zu Zahlungsschwierigkeiten, einer Zahlungsstockung oder gar einer „Zahlungsunfähigkeit", die wiederum eine Insolvenz der Unternehmung bedingt. Zur Insolvenz kann es aber auch kommen, wenn sich die Erlösminderung in Kostenveränderungen manifestiert, die im Zuge von Unternehmensverlusten zur Eigenkapitalminderung und schließlich zum Auslösetatbestand der „Überschuldung" führen können. Zur Unternehmensinsolvenz kann es von daher sowohl auf dem Weg einer veränderten (verschlechterten) Liquiditäts- als auch einer

[185] Vgl. beispielhaft *Potthoff* (1976, S. 819). Siehe hierzu aber auch die kritischen Anmerkungen von *Uhlenbruck* (1988, S. 10 f.). *Uhlenbruck* weist mit Recht darauf hin, daß in den Jahren 1983-1987 die Zahl der Insolvenzen in der Bundesrepublik Deutschland trotz wirtschaftlicher Wachstumsraten stieg bzw. auf hohem Niveau verharrte. Der vermutete Zusammenhang zwischen Konjunktur- und Wachstumssituation einerseits und der Zahl der Unternehmensinsolvenzen andererseits ist daher nicht stringent zu belegen.

[186] Die Argumentation erfolgt aus Gründen der Vereinfachung ohne Berücksichtigung der Phänomene „gespaltener Konjunkturen" innerhalb einer Volkswirtschaft. Es geht hier ausschließlich um eine beispielhafte Skizzierung potentieller Wirkungsabläufe.

veränderten (verschlechterten) Vermögenslage kommen.[187] *Auslöser* dieses potentiellen Prozesses hin zur Unternehmensinsolvenz ist in diesem Beispiel ein konjunktureller Nachfragerückgang. Damit ist – und das sei nochmals ausdrücklich betont – allerdings noch keine hinreichende kausale Erklärung für Unternehmensinsolvenzen gefunden.

Allein die Tatsache, daß auch in Phasen mit sehr hohen Wachstumsraten und einem damit einhergehenden konjunkturellen Boom – wie beispielsweise in den 1950er und 1960er Jahren des letzten Jahrhunderts in der Bundesrepublik Deutschland[188] – Unternehmensinsolvenzen zu verzeichnen waren, spricht dafür, daß das Phänomen der „Unternehmensinsolvenz" qualitativ anders als durch makroökonomische Aggregate und ihre Veränderung zu erklären sein muß. Analog zum vorangegangenen Zitat von *Uhlenbruck* ist daher zu konstatieren, daß Konjunkturen und Wachstum als Ergebnis des Zusammenspiels vielfältiger unternehmerischer Aktivitäten aufgefaßt werden können bzw. müssen, und nicht umgekehrt, Konjunkturen und Wachstum die unternehmerischen Aktivitäten determinieren. Das Beispiel der Weltwirtschaftskrise nach 1929 zeigt jedoch eindrucksvoll, daß staatliche wirtschaftspolitische Maßnahmen (‚*Brüning*sche Deflationspolitik') sehr wohl Wachstums- und Konjunkturschwankungen verursachen bzw. verstärken können. Insofern passen sich die Unternehmer in ihren Verhaltensweisen den politisch vorgegeben bzw. beeinflußten Rahmenbedingungen an.

Im Rahmen der laufenden betriebswirtschaftlichen Entscheidungen werden die aktuelle konjunkturelle Lage sowie die Wachstumsperspektiven zwar berücksichtigt. Dies geschieht jedoch auf der Grundlage individueller und damit subjektiver Einschätzungen und Erwartungen der Geschäftsaussichten. Insofern ist die unternehmenspolitische Anpassung bzw. der Umgang mit den gesamtwirtschaftlichen Rahmendaten eine explizit unternehmerische Aufgabe. Diese Aussage gilt allerdings nur unter der Voraussetzung, daß der Entscheidungs- und Handlungsspielraum der Unternehmer nicht durch Gewerkschafts- und andere Regulierungsvertreter eingeschränkt ist. Von daher hängt der potentielle Einfluß makroökonomischer Größen in letzter Konsequenz von den Fähigkeiten und Entscheidungen der Unternehmer bzw. der Unternehmungen in der Vergangenheit und der Gegenwart ab.

Zusammenfassend ist zur makroökonomischen Betrachtungsweise des Phänomens „Unternehmensinsolvenzen" daher festzustellen, daß diese Perspektive weniger zur Erklärung des Phänomens an sich, als vielmehr zur Betonung der Bedeutung einer den unternehmerischen Anforderungen angemessenen betriebswirtschaftlichen Unternehmensführung geeignet erscheint. Dabei gilt es zu berücksichtigen, daß der unternehmerische Handlungsspielraum in realiter auf vielfältige Weise eingeschränkt ist. Beispielhaft sind hier ‚gewerkschaftliche Mitbestimmung' sowie ‚staatliche Regulierungsvorschriften' zu nennen. Mit zunehmender Zahl der Einflußfaktoren reduziert sich jedoch der Erklärungsbeitrag makroökonomischer Ansätze, da die Wechselwirkungen zwischen den Faktoren schwerer zu bestimmen sind.

---

[187] Vgl. zu der Argumentationskette die Darstellung bei *Rohde* (1979, S. 157).

[188] Vgl. zu einer Übersicht der Insolvenzzahlen zwischen 1950 und 1986 *Uhlenbruck* (1988, S. 5).

3.3.3. Institutionen- und Evolutionsökonomische Betrachtungsweise

Im zweiten Teil der Untersuchung sind verschiedene ökonomische Unternehmenserklärungen dargestellt worden. Es stellt sich die Frage, welche grundlegenden Implikationen sich aus diesen Ansätzen für eine Theorie der Unternehmensinsolvenz ergeben (könnten).

Aus Sicht der *risikotheoretischen Unternehmenserklärung* ist die Ursache für Unternehmensinsolvenzen darin zu sehen, daß die unternehmerischen Aktivitäten mit dem fundamentalen Problem der Ungewißheit zukünftiger Geschehnisse konfrontiert sind. Aus dieser anthropologisch bedingten Restriktion ergibt sich die grundsätzliche Fallibilität menschlicher Problemlösungsfähigkeit, die letztlich als Ausdruck von Vermutungswissen interpretierbar ist. Die Unternehmung ist also dem Risiko des Scheiterns aus der Natur der Sache – der Lösung von Problemen auf der Basis von Vermutungen – heraus ausgeliefert. Unternehmensinsolvenzen sind von daher eine zwingende Begleiterscheinung risikobehafteten Unternehmer- und Unternehmungstums.

Die *vertragstheoretische Unternehmenserklärung* läßt sich in bezug auf das Phänomen der „Unternehmensinsolvenzen" als Ausdruck einer Vertragsstörung interpretieren. Die Verträge, die im Zusammenhang mit der Aktivität der Unternehmung geschlossen worden sind, verbriefen eine spezifische Bedingungskonstellation zwischen Rechten und Pflichten der jeweiligen Vertragsparteien. Diese basieren auf den individuellen und subjektiven Vorstellungen und Erwartungen der Vertragspartner, die jedoch im Rahmen kollektiver und zwingender Rechtsetzung (z.B. im Arbeitsrecht) mehr und mehr ‚zwangsobjektiviert' werden, wobei aus erkenntnistheoretischer Sicht fraglich ist, ob das hierfür notwendige Wissen überhaupt vorhanden ist bzw. sein kann.[189] Von daher sind ‚Vertrags-Unternehmungen' aufgrund ihres theoretischen Konstruktionsprinzips der Insolvenzgefährdung ausgesetzt. Die Unternehmensinsolvenz bringt aus dieser Sicht eine extreme Leistungsstörung von Vertragsbeziehungen zwischen Gläubiger(n) und Schuldner(n) zum Ausdruck.

Mit der *verfügungsrechtstheoretischen Unternehmenserklärung* tritt das Element der Anreizwirkungen von verschiedenartig strukturierten Eigentums-, Handlungs- und Verfügungsrechten über materielle und immaterielle Gegenstände in den Blickpunkt. Bezogen auf die Unternehmungen resultieren von daher variierende Unternehmungsverfassungen. Diese können sich, da sie das Ergebnis einer Übereinkunft der an der Unternehmung Beteiligten sind, im Hinblick auf die Eignung zur Lösung von Problemen als inadäquat herausstellen. Für die Insolvenzproblematik ist aus diesem Grund zu vermuten, daß die Gestaltung der Verfügungsrechtsstruktur der Unternehmungen einen nicht unerheblichen Einfluß auf die potentielle Insolvenzgefährdung der Unternehmungen haben dürfte.[190]

---

[189] Vgl. in diesem Zusammenhang *Schüller* (1985).

[190] Im Kontext der quantitativ ausgerichteten Krisenursachenforschung der Betriebswirtschaftslehre wurde auf das Verhältnis von Rechtsformen und Insolvenzhäufigkeit eingegangen. Dabei zeigte sich, daß die Rechtsformen mit beschränkter Haftung das Gros der Unternehmensinsolvenzen stellen. Obwohl auf die Vorsicht bei der Interpretation solcher Daten hingewiesen wurde, ist dennoch zu konstatieren, daß – aus verfügungsrechtstheoretischer Perspektive

Eng verbunden mit der vorangegangenen Argumentation ist die Bedeutung der *koalitionstheoretischen Unternehmenserklärung* für das Phänomen „Unternehmensinsolvenzen". Das Koalitionsmodell der Unternehmung fokussiert Interessenunterschiede und bietet somit die Möglichkeit, die Unternehmensinsolvenz als das Ergebnis einer nicht mehr funktionierenden ‚Koalitionsvereinbarung' aufzufassen. Die Koalition „Unternehmung" kann überhaupt nur solange am Markt (potentiell) erfolgreich agieren, wie es ihr gelingt, die unternehmensinternen Interessendivergenzen zielgerichtet zu reduzieren. Andernfalls ist davon auszugehen, daß die aus Reibungsverlusten entstehenden motivationalen Defizite und die damit verbundene mangelnde Effizienz der Problemlösungsbereitstellung die Unternehmung bis hin zur Insolvenz zu gefährden geeignet sind. Die Unternehmensinsolvenz ist somit auch als ein von außen – den Gläubigern – erzwungener, offen zu Tage getretener Bruch der „Koalition Unternehmung" aufzufassen.

Aus Sicht der *transaktionskostentheoretischen Unternehmenserklärung* ist die Unternehmensinsolvenz als Ausdruck einer vom Markt nicht mehr tolerierten Kostenstruktur zu interpretieren. In dieser manifestiert sich die mangelnde Wettbewerbsfähigkeit der von Insolvenz betroffenen Unternehmung. Das Konzept der Transaktionskosten bietet die Möglichkeit, die wesentlichen Argumentationsfiguren der vorangegangenen Erklärungsansätze kostentheoretisch zu integrieren: Ungewißheit verursacht Kosten. Verträge zur potentiellen Domestizierung von Ungewißheit verursachen Kosten. Handlungs- und Verfügungsrechte zu definieren, zuzuteilen und durchzusetzen, impliziert Kosten. Schließlich führt auch die Koalitionsbildung, -erhaltung und -veränderung zu Kosten. Unter transaktionskostentheoretischen Gesichtspunkten folgt daraus, daß die jeweilige Lösung der verschiedenen damit verbundenen Probleme in den Unternehmungen zu variierenden Kostenstrukturen führen dürfte, an denen wiederum der Wettbewerb ansetzt und so zu einer kostenbasierten Selektion der Unternehmungen beiträgt.

Die *evolutionstheoretische Unternehmenserklärung* stellt im Hinblick auf das Phänomen der „Unternehmensinsolvenzen" verschiedene analytische Interpretationsansätze bereit. Die Fähigkeiten der Individuen und die Routinen einer Unternehmung sind maßgeblich für deren Erfolg im Wettbewerbsprozeß. Von daher legt diese Perspektive auf die Unternehmung auch für den Fall der Unternehmenskrise bzw. -insolvenz eine unternehmensspezifische Blickrichtung nahe. Gleichzeitig ist das Konstrukt der unternehmensgebundenen Routinen geeignet, die Aspekte der individuellen Erzeugung von Wissen innerhalb der Unternehmung und die Rolle der organisationalen Ausgestaltung für diese Wissensgenerierungsprozesse zu verdeutlichen. Damit wird zum einen die empirische Unternehmensspezifität bzw. -singularität und zum anderen die (gestaltete) Ordnungsgebundenheit der Prozesse der Wissenserzeugung und -verbreitung in den Mittelpunkt der Analysen gestellt. Für die Insolvenzproblematik – aus theoretischer Sichtweise betrachtet – resultiert daraus die Erkenntnis, daß mit der evolutionsökonomischen Analyse der Unternehmung die grundsätzliche Anschlußfähigkeit an eine erkenntnistheoretische Interpretation der Unternehmung und der Unternehmensinsolvenz möglich

betrachtet – die Haftungsbeschränkung allgemein und die unternehmensbezogene im besonderen ein zentrales Element ist, um Anreizwirkungen der institutionellen Gestaltung einer Wettbewerbsordnung zu erklären.

erscheint. Individuelle Wissenserzeugung und Ordnungsbedingtheit der Wissensgenerierung im Unternehmenskontext sind die hierfür notwendigen Elemente.

3.3.4. Erkenntnistheoretische Beurteilung der ökonomischen Erklärungsansätze zur Unternehmensinsolvenz

Bevor im nächsten Kapitel der Versuch einer erkenntnistheoretischen Erklärung der Unternehmensinsolvenz vorgenommen wird, liegt es nahe, die bisher diskutierten ökonomischen Erklärungsansätze einer erkenntnistheoretischen Beurteilung zu unterwerfen, um die dabei gewonnenen Ergebnisse in die nachfolgende Erklärung einfließen zu lassen.

Das Problem der *mikroökonomisch orientierten Analyse* der Insolvenzproblematik besteht in der schwierigen, wenn nicht gar unmöglichen Generalisierbarkeit ihrer Erklärungsbeiträge. Diese Einschätzung beruht einerseits auf der häufig empirisch ausgerichteten und damit letztlich induktiv argumentierenden analytischen Vorgehensweise. Andererseits sind die eher mit Modellen arbeitenden Ansätze – insbesondere der volkswirtschaftlichen Preis- und Markttheorie – auf Idealisierungen angewiesen, die die in der vorliegenden Untersuchung als wesentlich erachteten Kategorien des Wissens und der Ordnungsbedingungen nur unzureichend berücksichtigen.

Die *Krisenverlaufsmodelle* basieren in der Regel auf Lebenszyklusvorstellungen. Damit verbindet sich der Erklärungszusammenhang, daß die Geschichte einer Unternehmung aus verschiedenen Lebensphasen besteht, die mit der Gründung beginnt und über eine Phase des Blühens und Gedeihens der Unternehmung schließlich in ihrem Niedergang endet. Aus erkenntnistheoretischer Perspektive ist mit dieser Vorstellung die Gefahr einer nicht zu begründenden zeitlichen und materiellen Linearitätsauffassung verbunden: Aus der Gründung einer Unternehmung zum Zeitpunkt t_o läßt sich weder das Blühen und Gedeihen der Unternehmung in einem Zeitraum t_{o+n}, noch der Niedergang und das schlußendliche Verschwinden der Unternehmung zu einem Zeitpunkt t_{o+n+1} ableiten. Zum einen kann es in allen Phasen der Unternehmensgeschichte zu einer Krise kommen, die die Existenz der Unternehmung zu bedrohen in der Lage ist.[191] Wichtiger im vorliegenden Kontext ist allerdings zum anderen die Feststellung, daß gerade auch der umgekehrte Schluß nicht zulässig erscheint: So, wie ein Unternehmen in allen seinen Lebensphasen aufgrund des Problems der ubiquitären Ungewißheit in existenzielle Schwierigkeiten geraten kann, so ist aber auch zu konstatieren, daß in keiner Lebensphase des Unternehmens von einem Entwicklungsdeterminismus ausgegangen werden kann. Eine Unternehmung kann folglich ‚ewig leben' bzw. existieren. Das Problem der Lebenszyklusmodelle besteht mithin darin, daß sowohl der Beginn als auch das Ende des Lebenszyklus einer Unternehmung nicht erklärt bzw. prognostiziert werden kann. Mit dieser Interpretation ist die erkenntnistheoretische Position der Fallibilität menschlichen Wissens kompatibel, da die Genese und die Bewährung von Vermu-

[191] Vgl. hierzu beispielsweise den Ansatz von *Albach, Bock* und *Warnke* (1984), die explizit auch von Wachstumskrisen sprechen, womit die Krisenanfälligkeit der „Unternehmung" auch für die vermeintlich unproblematischste Lebensphase einer Unternehmung deutlich gemacht wird. Vgl. auch ausführlicher hierzu: *Albach, Bock* und *Warnke* (1985).

tungswissen nicht voraussagbar sind. Von daher beschränkt sich der Beitrag der Krisenverlaufsmodelle für eine Erklärung des Phänomens „Unternehmensinsolvenzen" auf die (detaillierte) Deskription und Klassifizierung von Zuständen in der Unternehmensentwicklung, die für Krisen als typisch erachtet werden. Zur Vermeidung derartiger Zustände tragen sie insofern eher indirekt bei, indem sie gleichsam als Sammlung von Symptomen zur Einordnung einer spezifischen Unternehmenssituation aufgefaßt werden können.

Die *Krisenursachenmodelle* sind hinsichtlich ihrer erkenntnistheoretischen Einordnung und Beurteilung mit den Problemen der postulierten Kausalzusammenhänge und insbesondere ihrer induktivistischen Basis konfrontiert. Die meisten qualitativen Krisenursachenmodelle stellen sich als Klassifikation von empirisch ermittelten Tatbeständen heraus, die auf der Basis von Befragungen beruhen. Neben dem Problem der jeweiligen Interessen der Befragten – insolvente Unternehmer, Insolvenzverwalter, Kreditgeber –, die eine gewisse Subjektivität der Angaben zumindest nicht auszuschließen in der Lage sind, kommt als weiteres Problem hinzu, daß aus der Deskription von Einzelfällen die Generierung der theoretischen Erklärung nur auf induktivem Wege erfolgt. Allein die Vielzahl der in der Literatur genannten möglichen Faktoren, die eine Unternehmenskrise verursachen (sollen), sowie deren unterschiedliche Kausalitätsbewertung, sind ein Indiz für die damit angedeuteten erkenntnistheoretischen Schwierigkeiten.[192] Für die quantitativ angelegten Krisenursachenmodelle gilt die gerade festgestellte Problematik analog: Die empirische Tatsache, daß insolvente Unternehmen bzw. deren Zahl mit bestimmten Determinanten – Branchenzugehörigkeit, Rechtsform, Alter und Größe – korrelieren, ist weder notwendig noch hinreichend für eine Kausalerklärung der Unternehmensinsolvenzen.

Von daher ist aus erkenntnistheoretischer Sicht zu konstatieren, daß die hier genannten ‚Ursachenfaktoren' ebenfalls als Ergebnis von Hypothesen der Unternehmungen aufzufassen sind: Die „Primärhypothese(n)" der Unternehmen bedingen deren Branchenzugehörigkeit, die Rechtsformenwahl ist als Ausdruck einer „Tertiärhypothese" aufzufassen, die erst über die daraus möglicherweise resultierenden Finanzierungsbedingungen der Unternehmung, also auf der Ebene der „Sekundärhypothese(n)", für eine Erklärung von krisen- bzw. insolvenzauslösender Elemente der Unternehmung in Frage kommt. Schließlich sind die Faktoren Alter und Größe der Unternehmungen das Ergebnis einer mehr oder weniger erfolgreichen Bewährung der „Primärhypothese(n)" der Unternehmungen in der Vergangenheit. Insofern ist die Interpretation, daß große Unternehmungen erfolgreicher waren bzw. sind und möglicherweise in der Zukunft auch sein werden, verfehlt, denn eine Gleichsetzung von Größe bzw. Alter der Unternehmung und aktuellem und zukünftigem Unternehmenserfolg ist theoretisch und empirisch nicht haltbar.

Die damit implizit auch angesprochene Prognosefunktion einer Insolvenztheorie ist gleichfalls mit methodischen und erkenntnistheoretischen Problemen behaftet. Die Dis-

---

192 Vgl. zu dieser Einschätzung unter Bezugnahme auf verschiedene Untersuchungen auch *Weisel* (1982, S. 92 ff.). Siehe auch die in die gleiche Richtung gehende Beurteilung von *Pinkwart* (1993, S. 19).

kriminierung in solvente und insolvente Unternehmen auf der Basis bestimmter Kennzahlen ist zwar grundsätzlich möglich und in der Literatur auch vielfach vorgenommen worden[193], doch ergibt sich nach *Weisel* (1982, S. 92) die Schwierigkeit der Insolvenzprognose in erster Linie aus der Tatsache, daß „die Anwendung einer ex post Diskriminanzfunktion als Prognoseinstrument eine stationäre Grundgesamtheit unterstellt, die bisher nicht nachgewiesen werden konnte und sicherlich in Zukunft auch nicht nachgewiesen werden wird." Dieser Einschätzung ist aus evolutionär-erkenntnistheoretischer Perspektive voll und ganz beizupflichten, denn die permanente Veränderung der Hypothesenbündel „Unternehmungen" und damit die Variabilität der betrachteten Grundgesamtheiten ist ja gerade das Charakteristikum der erkenntnistheoretischen Interpretation der Unternehmung bzw. der Unternehmensinsolvenz.

Die *preistheoretischen Modelle* legen auf hohem Abstraktionsniveau unter ganz bestimmten Bedingungen die Konsequenzen spezifischer Kosten- und Erlöskonstellationen für (Modell-) Unternehmungen dar. Entscheidend für die hier interessierende Problemstellung ist die explizite Herausarbeitung, Begründung und Interpretation verschiedener kritischer Bereiche, wie dem Betriebsminimum oder dem Betriebsoptimum. Damit ist für eine Insolvenztheorie jedoch noch nicht viel gewonnen, da einerseits die zugrundegelegten Annahmen der Modelle in ihrer Rigidität für eine evolutorische Interpretation hinderlich erscheinen und andererseits das Abstraktionsniveau der Modelle den konkreten Handlungs- und Aktionsspielraum der Unternehmungen nur sehr bedingt widerspiegeln. Von daher ist der Beitrag der Preistheorie zu einer Insolvenztheorie der Unternehmung vergleichsweise bescheiden.

Die *markt- und wettbewerbstheoretischen Modelle* bieten aus erkenntnistheoretischer Sicht den Vorteil, daß sie zum einen auf die individuelle Herkunft von Wissen rekurrieren, zum anderen aber auch den Kommunikations- und Wettbewerbsprozeß der Individuen oder Unternehmen für die Generierung und Verbreitung neuen Wissens in den Blickpunkt der Analyse rücken. Die Individualität und Personalität der Wissenserzeugung kommt in der *Heuß*schen Unternehmertypologie zum Vorschein: Der Unternehmer ist als Kreator von Vermutungswissen zu interpretieren. Der evolutorisch aufgefaßte Wettbewerbsprozeß ist für die erkenntnistheoretisch ausgerichtete Interpretation der Unternehmensinsolvenz aus zweierlei Gründen wichtig: Zum einen wird deutlich, daß erst der Wettbewerb das Vermutungswissen der Unternehmungen unter verstärkten Bewährungszwang bringt. Sobald ein zweites Unternehmen mit seiner Problemlösung um die Nachfrager konkurriert, verschärft sich die ‚Kritisierbarkeit' oder besser: die Empfindlichkeit der Kritik der getesteten „Primärhypothese(n)". Die Möglichkeit des Scheiterns und der Nicht-Bewährung der unternehmerischen „Primärhypothese(n)" nimmt somit zu und wird über Rückkopplungsprozesse – Gewinnrückgang, Verlust, Zahlungs-

---

[193] Vgl. aus der Vielzahl der älteren Arbeiten die Untersuchungen von *Beaver* (1966); *Altman* (1968); *Edmister* (1972); *Weibel* (1973); *Beermann* (1976); *Perlitz* (1979); *Gebhardt* (1980); *Peters* (1981). Die neueren Insolvenzprognoseansätze arbeiten unter anderem mit katastrophen- und chaostheoretischen Modellen oder auch dem Einsatz von Künstlichen Neuronalen Netzen, die zur Beurteilung der Bilanzbonität von Unternehmen eingesetzt werden können. Vgl. hierzu die Untersuchungen von *Türschmann* (1990); *Pinkwart* (1992; 1993) und *Baetge* (1998).

unfähigkeit – kommuniziert. Die damit einhergehenden Anreiz- und Sanktionspotentiale sind für den erkenntnistheoretischen Fortschritt der vermuteten Problemlösungen als maßgeblich anzusehen. Die Unternehmensinsolvenz erweist sich aus dieser Perspektive als wettbewerbsimmanentes Kennzeichen.[194]

Zum anderen ist der Wettbewerbsprozeß selbst ein ‚fragiles Unternehmen', das durch die äußere Gestaltung im Sinne der Setzung von Rahmenbedingungen als Ausdruck institutioneller Hypothesenbildung interpretiert werden kann. Der Wettbewerbsprozeß läuft mithin vermutlich unter verschiedenen Ordnungsbedingungen unterschiedlich ab: Die Bandbreite reicht dabei vom völligen Erliegen wettbewerblicher Aktivitäten von Unternehmungen bis hin zum nicht auf Leistungs- und Problemlösungsvorteilen beruhenden, ausschließlich machtinduzierten Wettbewerbsverhalten von Wettbewerbsteilnehmern.[195] Ziel der Hypothese „Wettbewerbsordnung" ist demnach der Versuch, Ordnungsbedingungen zu schaffen, die dem evolutorischen Wettbewerb in seiner wissenschaffenden und wissenverbreitenden Funktion Raum gibt. Dieser Versuch ist – wie alle anderen Problemlösungsversuche des Menschen – dem Fallibilitätspostulat unterworfen.

Das Hauptproblem der *makroökonomisch orientierten Insolvenzanalyse* kann in der mangelnden Zurechenbarkeit der angenommenen Insolvenzursache(n) gesehen werden. Die in diesen Erklärungsansätzen postulierten Verursachungstatbestände – schwache Konjunktur bzw. schwaches Wachstum – sind als das Ergebnis der Aktivitäten der verschiedenen Unternehmen selbst anzusehen, und somit können die Unternehmen in ihrer Gesamtheit nicht einfach als passives und hilfloses Aggregat betrachtet werden. Die Unternehmungen sind im Zusammenspiel mit den wirtschaftspolitischen Maßnahmen des Staates sowie den Einflüssen, die aus der internationalen Arbeitsteilung resultieren, die ‚Schöpfer' von Konjunkturen und Wachstumstendenzen. Inwieweit die volkswirtschaftlichen Aggregate – gemessen beispielsweise an der Produktionsauslastung – ein positives oder ein negatives Unternehmensumfeld anzeigen, ist von daher nicht ausschließlich als die Ursache von Unternehmensentscheidungen in der Vergangenheit, sondern unter anderem als deren Folge auzusehen. Eine ‚bewußte' Verzerrung der rela-

---

194 Die Frage, ob und welche Unternehmungen im Wettbewerbsprozeß selektiert werden, ist aus erkenntnistheoretischer Sicht nachrangig. Es kommt primär darauf an, daß überhaupt ein Wettbewerbsrahmen existiert, der die hier skizzierten Anreiz- und Sanktionswirkungen zu entfalten in der Lage ist, um auf diese Weise zum Wissens- und Erkenntnisfortschritt beizutragen. Zur Selektionsfunktion des Wettbewerbs siehe auch die Arbeit von *Rohde* (1979). *Rohde* billigt dem Wettbewerb nur insoweit Berechtigung zu, als er in der Lage sein muß, die Grenzanbieter der Märkte zu selektieren. Ansonsten spricht er von „Funktionsstörungen des Ausleseprozesses" (*Rohde* 1979, S. 4); ausführlicher zu den vermuteten Ursachen: *Rohde* 1979, S. 129-192.
Aus erkenntnistheoretischer Sicht ist diese negative Konnotation des Wettbewerbsprozesses nicht zu begründen, da die Fallibilität unternehmensgebundenen Wissens eben gerade nicht nur ‚Grenzunternehmen' zutreffend beschreibt. Alle Unternehmen sind mit diesem Problem konfrontiert.

195 Damit ist also ausdrücklich nicht die Macht der Marktteilnehmer gemeint, die aufgrund ihrer Erzeugung neuer „Primärhypothesen" eine temporäre Monopolstellung einnehmen.

tiven Preise auf den Märkten durch wirtschaftspolitische Maßnahmen des Staates und damit eine unvorhersehbare ‚Investitionskrise', sind ebenfalls nicht auszuschließen.[196]

Mit der *institutionen- und evolutionsökonomischen Interpretation* der Unternehmensinsolvenz können einige Aspekte, die für die nachfolgende erkenntnistheoretische Erklärung der Unternehmensinsolvenz von Bedeutung sind, thematisiert werden. Die Fallibilität menschlichen Wissens zieht sich wie ein roter Faden durch die institutionen- und evolutionsökonomischen Ansätze. Das ‚Ur-Problem' der Ungewißheit und der Umgang mit derselben führen dazu, daß die Unternehmensinsolvenz aus *risikotheoretischer* Sicht als nicht ex ante ausschließbares Ereignis in der Unternehmensentwicklung aufgefaßt werden muß. Dies gilt für das Problemlösungsrisiko der Individuen im allgemeinen und das ‚unternehmerische Risiko' im besonderen.

Aus der Perspektive der *vertragstheoretischen* Analyse ist die Unternehmensinsolvenz Zeichen einer verfehlten Vertragserwartung. Die den Verträgen zugrundegelegten Hypothesen haben sich als nicht bewährt herausgestellt. Dies ist aus erkenntnistheoretischer Sicht auch nicht sonderlich überraschend, da Verträge sich als Instrumente im Umgang mit Ungewißheit interpretieren lassen. Verträge können von daher immer nur als ein fallibler Versuch im Umgang mit Ungewißheit aufgefaßt werden.

Die Schwerpunkte der *verfügungsrechts-, koalitions-* und *transaktionstheoretischen* Betrachtungen lassen sich als Konkretisierungen und Anwendungen der Problembereiche ‚Ungewißheit' und ‚Verträge' verstehen. Die Verträge zum Umgang mit Ungewißheit sind hinsichtlich ihrer Bezugsobjekte, den Interessen der vertragschließenden Parteien sowie ihrer Kostenkonsequenzen, weiter zu spezifizieren. Die Vertragsgegenstände und die Definierung der Rechte an denselben ist zwar zielabhängig und damit sowohl relativ als auch fallibel, gleichzeitig ist aber der potentiell positive Beitrag von spezifizierten Eigentums-, Handlungs- und Verfügungsrechten für die Genese von Vermutungswissen herauszustellen. Auch die potentiell divergierenden Interessen der Koalitionsmitglieder der „Unternehmung" lassen sich versuchsweise durch die Gestaltung von Verträgen regeln. Schließlich verursachen Verträge Kosten in verschiedenen Ausprägungen. Die damit einhergehende Kostenrestriktion des individuellen Verhaltens ist als Resultat der Ungewißheit zu interpretieren. Der Umgang mit Ungewißheit verursacht automatisch Kosten, die sich im Rahmen von Vertragsgestaltungen nur unzureichend, also prinzipiell nicht auf null reduzieren lassen. Der Einsatz von Kosten basiert auf Vermutungen, so daß die Knappheit an Wissen eine Knappheit an Ressourcen zur Lösung von Problemen induziert.

Da alle angeführten Elemente das Ergebnis individueller Entscheidungen und somit individueller Fähigkeiten und Kenntnisse der besonderen Umstände sind, ist davon auszugehen, daß die ubiquitäre Fallibilität im Hinblick auf die jeweils spezifischen Problemlösungsversuche zu einer erkenntnistheoretisch orientierten Erklärung der Unternehmensinsolvenz beitragen kann.

Für die Erklärung von Unternehmensinsolvenzen bietet die evolutionsökonomische Analyse aus erkenntnistheoretischer Perspektive zwei Ansatzpunkte: Zum einen wird

---

[196] Vgl. hierzu *Hayek* (1975).

der Fokus auf die Institution „Unternehmung“ gelenkt. Diese ist als Produkt fallibler individueller Hypothesen selbst wiederum als fallibler Problemlösungsversuch anzusehen. Ob und inwieweit sich dieser Versuch als erfolgreich erweisen wird, ist nur im Sinne von ‚Muster(vor-)aussagen‘ zu formulieren. Zum anderen ist die Thematisierung der organisational strukturierten und spezifizierten Genese von (Vermutungs-)Wissen von Interesse. Damit wird für die Insolvenzproblematik die Dominanz dynamischer Erklärungselemente verdeutlicht. Unternehmungen sind fortwährend mit der bewußten und unbewußten Veränderung ihrer Wissensbasis konfrontiert. Einerseits ermöglicht dies den Unternehmungen erst das Vorstoßen in neue Wissensgebiete, andererseits ist damit aber notwendigerweise auch die Gefahr der Fehlhandlungen aufgrund sich als ex post nicht-bewährt herausstellender Hypothesenbildung verbunden.

Wie die vorangegangenen Ausführungen gezeigt haben, ist die theoretische Auseinandersetzung mit dem Phänomen „Unternehmensinsolvenzen“ mit einer Vielzahl von Schwierigkeiten behaftet. Gleichzeitig ist aber auch deutlich geworden, daß die verschiedenen ökonomischen Erklärungsansätze mit Hilfe einer erkenntnistheoretisch angelegten Betrachtungsweise aufeinander bezogen werden können.

3.4. Versuch einer erkenntnistheoretischen Erklärung der Unternehmensinsolvenz

Ziel der Ausführungen ist es, einen Interpretationsrahmen aufzuspannen, der dem Phänomen „Unternehmensinsolvenz“ und seinen Detailproblemen neue Beurteilungsperspektiven eröffnet. Zunächst geht es um die Frage, auf welchem erkenntnistheoretischen Weg eine Theorie der Unternehmensinsolvenz überhaupt entwickelt werden kann. Dann wird das Kernelement der erkenntnistheoretischen Erklärung der Unternehmensinsolvenz – die Fallibilität der Theorie „Unternehmung“ – thematisiert. Die „Nicht-Bewährung“ der Theorie „Unternehmung“ wird im Anschluß als Interpretation der Unternehmensinsolvenz vorgeschlagen. Schließlich ist die besondere Rolle einer Insolvenzordnung für diesen Interpretationsansatz zu erläutern.

3.4.1. Wie kann eine „Theorie der Unternehmensinsolvenz“ generiert und erkenntnistheoretisch charakterisiert werden?

Wie eine Theorie „Unternehmung“ entstanden ist, ist in den meisten Fällen unwichtig[197], da mit der Marktaktivität der Unternehmung deren empirischer Bewährungstest automatisch verbunden ist. Solange die Fallibilität menschlichen Wissens als Postulat akzeptiert wird, ist im Sinne eines Methodenpluralismus keine präjudizierende Methodenselektion zu begründen.[198] Auch abduktive und instruktive Theoriegenese sind damit

---

[197] Ausgeschlossen sind alle Entstehungsumstände, in denen Individuen nicht frei entscheiden können. Dies ist mit der Idee der „Privatrechtsgesellschaft“ im *Böhm*schen Sinne nicht vereinbar.

[198] An dieser Stelle zeigt sich sehr deutlich der Unterschied zwischen der erkenntnistheoretischen Analyse der Methoden des Erkenntnisgewinns im naturwissenschaftlichen und im sozialwissenschaftlichen Kontext, denn gemäß *Popper* ist der induktive Erkenntnisweg versperrt, da der generalisierende Schlußmodus vom Speziellen auf das Allgemeine nicht gerechtfertigt werden kann. Dies gilt für Natur- und Sozialwissenschaften gleichermaßen. Vgl.

– neben Induktion und Deduktion – eingeschlossen. Während die Abduktion als Methode[199] des Erkenntnisgewinns prinzipiell ex ante kritisierbar ist, gilt das für die Instruktion nicht, denn hierbei handelt es sich vielmehr um eine Art höherer ‚Eingebung', deren Herkunft häufig ex post nicht mehr verbalisierbar ist.[200]

Bisher konzentrierte sich die Argumentation auf die Ebene der Theoriegenese des Bezugsobjektes „Unternehmung". Dabei wurde im Sinne der Methodenpluralität ein *Feyerabend*sches ‚anything goes' propagiert. Im nächsten Schritt ist zu fragen, ob sich eine Theorie der Unternehmensinsolvenz auf einem der hier skizzierten erkenntnistheoretischen Wege gründen läßt? Die Deskriptionsfunktion einer solchen Theorie stellt dabei das geringste Problem dar.[201] Die Unterschiede der bisher diskutierten Ansätze ergeben sich aus der – theoretisch bedingten (sic!) – Sichtweise der Autoren.

Zur Explikations- und Prognosefunktion einer Theorie der Unternehmensinsolvenz ist folgendes zu prüfen: Kann es eine allgemeine Erklärung der Unternehmensinsolvenz geben, und wenn ja, welches erkenntnistheoretische Grundmuster der Erkenntnisgewinnung müßte oder kann zur Anwendung gelangen, um eine Insolvenzprophylaxe zu gewährleisten? Ist dieser Ansatzpunkt – erkenntnistheoretisch betrachtet – überhaupt realistisch oder handelt es sich hier – wie so oft – um eine „Anmaßung von Wissen" (*Hayek*)? Konkreter gefragt: (1) Ist es möglich und hinreichend begründbar, eine Unternehmensinsolvenz zu einem Zeitpunkt t_I aus Bedingungen und Entscheidungen dieses Unternehmens im vergangenen Zeitraum t_{I-n} zu erklären? (2) Ist es möglich und hinrei-

---

beispielsweise *Popper* (2002a, S. 3 ff. und 2002b, S. 103 f., Fn. 90).
Über die „Einheit der Methode" (S. 102) schreibt *Popper* (2002b, S. 102 f.): „Ich will nicht behaupten, daß es überhaupt keine Unterschiede zwischen den Methoden der theoretischen Wissenschaften von der Natur und von der Gesellschaft gibt. (...) Ich stimme jedoch mit *Comte* und *Mill* – und vielen anderen wie etwa *C. Menger* – überein, daß die Methoden in den beiden Wissensgebieten grundsätzlich die gleichen sind. (...) Diese Methoden bestehen immer in der Aufstellung deduktiver Kausalerklärungen und ihrer Überprüfung (mit Hilfe von Prognosen)."

[199] Vgl. allgemein zu den erkenntnistheoretischen Schlußmodi die Erläuterungen bei *Zelewski* (1999, S. 34 ff.). Die potentielle Bedeutung dieser abduktiven Schlußweise für die Insolvenzproblematik begründet *Buchhart* (2001, S. 70) damit, daß die Wirkung in Form des Zustandes der von Insolvenz betroffenen Unternehmung vorliegt, und somit die Ursache(n) zu erklären wären. Einschränkend weist *Buchhart* (ebenda) aber zu Recht darauf hin, daß „nicht zwingend von der Wirkung Insolvenz auf eine Ursache geschlossen werden" kann. Vgl. auch *Stefansen* (2000, S. 40 f.).

[200] Man könnte diesen Umstand unter der Idee des „tacit knowing" (*Polanyi*) subsumieren. Auch bei *Popper* scheint dieser „Weg des Erkenntnisgewinns" nicht ex ante ausgeschlossen zu sein. Vgl. hierzu *Popper* (2002a, S. 7). In der Ökonomie oder genauer: der Unternehmertheorie tritt dieses Element des Einfallsreichtums, der Kreativität und der Imaginationskraft immer wieder in Erscheinung. Vgl. grundlegend hierzu den Ansatz von *Schumpeter* (1912) sowie die Weiterführung von *Heuß* (1965). Zur Stellung *Schumpeter*s im erkenntnistheoretischen Zusammenhang siehe die Arbeit von *Kersting* (1997, S. 57 ff.).

[201] Es sollte allerdings an dieser Stelle nicht verschwiegen werden, daß auch die Beschreibung eines (Unternehmens-)Zustandes nicht „frei von Theorie" sein kann. Dieser erkenntnistheoretische Gedanke wird von *Popper* (1993, S. 72) immer wieder betont: „Alle Erkenntnis ist theoriegetränkt, auch unsere Beobachtungen". Vgl. auch *Popper* (2002a, S. 31, Fn. 1 sowie den Anhang X, S. 374-396, insbesondere S. 377 f.) Insoweit ist die „Beschreibung" kein triviales Problem. Vgl. auch *Andersson* (2002, S. 145, S. 148 und S. 153).

chend begründbar, aus einer spezifischen Unternehmenskonstellation – die eine Theorie repräsentiert – zu einem Zeitpunkt t_1 die Prognose abzuleiten, daß diese Theorie „Unternehmung“ im Zeitpunkt t_2 nicht im Zustand der Unternehmensinsolvenz sein wird und welche Entscheidungen im Zeitraum t_{1-2} zu treffen sind, um dieses Ergebnis zu erzielen?

Die Diskussion dieser Fragen wird zeigen, daß eine erkenntnistheoretische Interpretation des Phänomens „Unternehmensinsolvenz“ sich damit zufriedenstellen muß, die ubiquitäre Möglichkeit und damit Nicht-Ausschließbarkeit der Unternehmensinsolvenz aufzuzeigen und somit den menschlichen Steuerungs- und Planungsoptimismus zu dämpfen. Dies wiederum wirft auf einige diskutierte Probleme im Zusammenhang mit Unternehmensinsolvenzen ein etwas anderes Licht, das möglicherweise zur Erklärung und Bewertung des Phänomens beizutragen geeignet ist.

Zur Explikationsfunktion einer Theorie der Unternehmensinsolvenz (Frage 1) ist folgendes festzuhalten: Die Theorie „Unternehmung“ muß sich im Wettbewerb mit anderen Erklärungen bzw. Problemlösungen – die ebenfalls Theorien darstellen – bewähren. Daraus ergibt sich für die Frage, wie es zu einer Unternehmensinsolvenz gekommen ist bzw. kommen kann die Folgerung, daß eine theoretische Erklärung der Unternehmensinsolvenz in der Lage sein müßte, einen definierten Unternehmenszustand – z.B. im Sinne insolvenzrechtlicher Auslösetatbestände – in der Gegenwart stringent aus Entscheidungen und Geschehnissen der Vergangenheit abzuleiten. Es resultiert ein methodologisches Problem: Da sich die Heterogenität der Unternehmungen auf der Ebene der erkenntnistheoretischen Interpretation fortsetzt, stellt sich die Frage, ob dieser Ansatz nicht dazu führt, daß singuläre Insolvenzerklärungen für jedes betroffene Unternehmen die einzig gangbare theoretische Alternative ist. Wenn dem so ist, dann hieße dies allerdings, daß eine Theorie der Unternehmensinsolvenz notwendigerweise induktiven Charakter besäße, da theoretische Verallgemeinerungen vom Einzelfall auf eine unbestimmte Zahl von Fällen schließen würden. Bedingt das Phänomen „Unternehmensinsolvenz“ von daher eine induktive Insolvenztheorie? Diese Frage ist zu verneinen, denn zum einen läßt sich die Theoriegenese bezüglich eines Problems nicht a priori festlegen und zum anderen ist es durchaus vorstellbar, daß auch eine auf einem anderen als dem induktiven Weg generierte Insolvenztheorie Erklärungskraft besitzen kann. Für den Fall induktiver Theoriegenese ist dann aber festzustellen, daß Erklärung und Verallgemeinerung sich auf „Musteraussagen“[202] beschränken müssen.

Insoweit ist ein induktivistisches Vorgehen nicht nutzlos und schon gar nicht methodologisch a priori zu verdammen, solange man sich des Umfangs und der Qualität der theoretischen Erklärung bewußt bleibt und diese Einschränkungen expliziert. Des weiteren ist festzustellen, daß es bisher nicht gelungen ist, aus der Vielzahl der empirischen Unternehmensinsolvenzen eine allgemeine Theorie der Unternehmensinsolvenz abzulei-

---

[202] Insofern lassen sich auf der Basis einer induktiv generierten Insolvenztheorie nicht sinnvoll allgemeine „Immer und überall wenn, dann“-Sätze formulieren, da die Bezugsobjekte einer solchen Aussage – die Unternehmungen – nicht normalisierbar sind: Die Singularität jedes einzelnen Hypothesenbündels versperrt den Weg einer theoretischen Durchschnittsbetrachtung.

ten. Dies ist aus der skizzierten, erkenntnistheoretisch ausgerichteten Diskussion leicht verständlich und nachvollziehbar.

Hat eine Insolvenztheorie somit notwendigerweise deduktiven Zuschnitt? Eine deduktiv geprägte Insolvenztheorie müßte folgendes zu leisten imstande sein bzw. folgenden Charakter haben: Die Formulierung der Theorie (Prämisse(n), Randbedingung(en) und Gesetzesaussage) müßte die Generierung von Hypothesen erlauben, die das Eintreten des Unternehmenszustandes „Insolvenz" zum Zeitpunkt t_1 aus der Struktur der Unternehmung zu einem früheren Zeitpunkt t_{1-n} schlüssig erklären können. Dabei wären alle als relevant angenommenen internen und externen Unternehmensbezüge und -aktivitäten zu berücksichtigen. Ist eine derartig formulierte Theorie denkbar? Diese Fragestellung ist – aus erkenntnistheoretischer Sicht – zu verneinen. Auch eine deduktivistische Insolvenztheorie ist mit dem Singularitätsproblem konfrontiert.[203] Da die Heterogenität der Unternehmungen ubiquitär ist, ist zu vermuten, daß eine allgemeine, deduktiv angelegte Insolvenzerklärung, die für alle Unternehmungen an allen Orten und zu allen Zeiten Gültigkeit besäße, nicht realisierbar erscheint. Die Komplexität möglicher Ursache-Wirkungsgefüge steht dem entgegen.

Darüber hinaus müßte eine derartige Insolvenztheorie allgemeine Aussagen zu den Ursachen der Insolvenz erlauben, um auf dieser Basis Präventionsmaßnahmen formulieren zu können. Damit ist nicht die Prognosefunktion der Theorie angesprochen, sondern es handelt sich hier um eine rein logische Implikation: Sind die Ursache(n) für eine Unternehmensinsolvenz jemandem bekannt, dann läßt sich diese prinzipiell auch vermeiden. Wenn aus der/n Ursache/n A und nur aus dieser/n der Zustand B – Unternehmensinsolvenz – zu einem bestimmten Zeitpunkt an einem bestimmten Ort logisch folgt, und wenn dieser Zustand B als nicht erwünscht angesehen wird, dann kann dieser vermieden werden – genau dann, wenn es gelingt, die Ursache/n A zu vermeiden. Wie leicht ersichtlich, liegt eine tautologische Umformung vor, die jedoch den Vorteil bietet, den „Ansatzpunkt" für Präventionsmaßnahmen theoretisch zu verorten. Damit sind die Ursachen der Unternehmensinsolvenz noch keineswegs bekannt oder gar erklärt.

Insoweit ist auch eine deduktiv argumentierende Insolvenztheorie aus erkenntnistheoretischer Perspektive mit Problemen behaftet. Nur für den Fall, daß der unterstellte Ursachen-Wirkungszusammenhang tatsächlich vorliegt, handelt es sich um eine nomologische Erklärung des Phänomens „Insolvenz". Da aber gerade der genannte Ursachen-Wirkungszusammenhang selbst wiederum ein theoretisches Problem darstellen kann, besteht die Gefahr einer zirkulären Erklärungsstruktur: Um die Insolvenz (Wirkung) zu erklären, benötigt man die Ursache(n). Diese jedoch ist/sind nicht zwangsläufig voraussetzungsfrei, da sie entweder von der Vergangenheit – also Ursachen der Ursachen –,

---

[203] An dieser Stelle ist anzumerken, daß selbstverständlich jede theoretische Annäherung an ein empirisches Phänomen die Reduktion auf als wesentlich erachtete Erklärungsdeterminanten voraussetzt. Der Sinn von Theorie besteht ja gerade in der Abstrahierung vom Konkreten zur Erklärung des Konkreten. Dies ist von daher kein Spezifikum des hier interessierenden Problemfeldes. Da jedoch die hier betrachteten empirischen Phänomene, nämlich die „Unternehmungen", die „Unternehmensinsolvenzen" und die „Wirtschaftsordnung" als Theorien bzw. nicht-bewährte Theorien aufgefaßt werden, tritt das Problem der „Singularität" der jeweiligen Phänomenelemente in besonderem Maße in Erscheinung.

der Gegenwart im Sinne von aktuellen Handlungsrestriktionen oder aber auch von der (ungewissen) Zukunft – also möglicherweise sogar der Wirkung – beeinflußt werden. Dann ist der theoretisch abgeleitete Kausalzusammenhang aber nicht mehr eindeutig. Zusammenfassend ist festzuhalten, daß auch eine deduktiv aufgebaute Insolvenztheorie über „Musteraussagen" zum Phänomen der Unternehmensinsolvenzen nicht hinauskommt.

Bevor die Prognosefunktion einer Insolvenztheorie betrachtet wird, ist abschließend in aller Kürze auf die Verfahren der Abduktion und der Instruktion einzugehen. Wie weiter oben bereits dargelegt, entzieht sich die Instruktion als Verfahren der Theoriegenese einer rationalen Kritisierbarkeit. Dies ist ein Charakteristikum per definitionem. Damit ist allerdings nicht die empirische Kritisierbarkeit der entsprechenden Theorie ausgeschlossen. Von daher kann selbst die Theorie „Unternehmung" getestet werden, über deren Entstehungsmodalitäten keinerlei Aussagen gemacht werden können. Dies wiederum genügt, um der instruktiven Theoriegenese keine erkenntnistheoretisch begründeten (Dogmen-)Steine in den Weg zu legen. Auch in diesem Fall ist der Methodenpluralismus der Theoriegenese somit als vorteilhaft anzusehen.

Beim Verfahren der „Abduktion"[204] wird ein „vorliegendes und unerklärliches oder überraschendes Phänomen [hier die Unternehmensinsolvenz; d. Verf.] (...) aufgrund einer Regel und verschiedener Beobachtungen hypothetisch als Fall dieser Regel interpretiert – und damit erklärt" (*Stefansen* 2000, S. 41). Somit ist zumindest eine gewisse strukturelle Ähnlichkeit mit dem Verfahren der Induktion nicht von der Hand zu weisen, da für beide Schlußverfahren die Beobachtung und damit notwendigerweise die bestehende Existenz der Probleme als Voraussetzung einer Theorie- oder Hypothesengenese angesehen werden kann. Es ist jedoch kein Widerspruch zum *Popper*schen Ansatz feststellbar, da *Popper* in seinem Schema des Erkenntnisfortschritts ebenfalls bei ‚Problemen' ansetzt. Solange die Theorien theoretisch und/oder empirisch rational kritisierbar sind, ist dem Erkenntnisfortschritt im Sinne der Lösung von Problemen der Weg geebnet.[205]

Zur Prognosefunktion einer Theorie im Insolvenzzusammenhang (Frage 2) ist folgendes festzustellen: Unabhängig von der jeweiligen Genese der Theorie, müßte der Ansatz die Möglichkeit bieten, Aussagen bzw. Hypothesen darüber zu treffen, inwieweit bestehende Unternehmungen in der Zukunft von Insolvenz bedroht sein werden. Diese Forderung ist unter verschiedenen Gesichtspunkten mit Schwierigkeiten konfrontiert, die sich bereits aus der logischen Struktur der Prognose in der Zeit ergeben. Allgemein hätte eine prognostische, also in die Zukunft gerichtete Hypothese im hier interessierenden Kontext folgende Grundstruktur: Aus der Spezifizierung einer Theorie

---

[204] Vgl. zur Diskussion und Beurteilung dieses und anderer Schlußverfahren *Schurz* (2002, S. 126-143, insbesondere S. 135 ff.).

[205] Vgl. zur Methodenpluralität der Theoriegenese bei *Popper* (2000e, S. 205). Dort kommt *Popper* zu dem Schluß, daß die Frage der Herkunft einer Theorie wenig über ihre Wissenschaftlichkeit oder ihren wissenschaftlichen Wert auszusagen imstande ist. Insoweit stehen sich die Positionen *Popper*s und *Feyerabend*s im Hinblick auf die Theoriegenese nicht diametral gegenüber. Für die Ebene der Theorieprüfung sieht das hingegen anders aus. Vgl. hierzu die Ausführungen im zweiten Kapitel der Arbeit.

oder eines Hypothesenbündels A zu einem Zeitpunkt t_1 ließe sich unter Berücksichtigung der Veränderung der relevanten Theorie- oder Hypothesenumgebung im Zeitraum t_{1-2} eine qualifizierte Aussage zur Spezifikation der Theorie oder des Hypothesenbündels A zum Zeitpunkt t_2 ableiten. Wenn man weiterhin davon ausgeht, daß die Existenz der Theorie oder des Hypothesenbündels der Nichtexistenz vorgezogen wird und somit angenommen werden kann, daß alle notwendigen intra-unternehmerischen Maßnahmen zur aktiven und reaktiven Anpassung an die sich verändernden Selektionsbedingungen unternommen werden, dann resultieren aus dieser Problembeschreibung mindestens drei grundlegende erkenntnistheoretische Gefahrenmomente, die in der Folge kurz diskutiert werden sollen.

Zum einen stellt die Anforderung einer adäquaten, das heißt sowohl quantitativ als auch qualitativ hinreichenden Theorie- oder Hypothesenbündelformulierung aufgrund der Komplexität des Erfahrungsgegenstandes eine nicht zu unterschätzende Schwierigkeit dar. Darüber hinaus ist auch in diesem Zusammenhang nochmals auf die Frage und das Problem der Heterogenität und somit Singularität der Unternehmung und ihrer theoretischen Rekonstruktion hinzuweisen.[206]

Zum anderen stellt sich das Problem der „Ungewißheit" im Hinblick auf die zukünftige Entwicklung der Veränderung(en) der Theorie- oder Hypothesenbündelumgebung. Die Ubiquität dieses problematischen Sachverhaltes ist im Laufe der Untersuchung schon mehrfach hervorgetreten und braucht deshalb nicht mehr eingehender diskutiert zu werden. Neben dem Problem der ungewissen Zukunft ist ein weiterer Kritikpunkt in diesem Kontext zu erwähnen. Die Spezifikation der relevanten Theorie- oder Hypothesenumgebung ist alles andere als trivial: Einerseits ist die Frage zu klären, was als relevante Theorie- und Hypothesenumgebung angesehen werden muß.[207] Im Rahmen der vorliegenden Untersuchung ist insbesondere die rechtliche Kodifizierung von Insolvenztatbeständen zu nennen. Diese stellt ein Element der „äußeren Institutionen" (*Lachmann* 1963) einer Marktwirtschaft dar. Derartige Institutionen sind, zumindest was deren Deskription angeht, theoretisch leichter zu fassen als die „inneren Institutionen" (*Lachmann* 1963) einer Marktwirtschaft, da diese aus dem Prozeß der Interaktionen von Individuen, Organisationen usw. und somit häufig ‚spontan' entstehen.[208] Be-

---

206 Für die allgemeine theoretische Erklärung des Phänomens „Unternehmensinsolvenz" ist diese Grundproblematik ein großes Hindernis, zumindest dann, wenn man mit der Erwartung an die Theorie herangeht, daß sie prinzipiell zukünftige Insolvenzfälle zu vermeiden in der Lage sein sollte. Am Anfang dieses Kapitels wurde bereits die ‚bescheidenere' Zielsetzung der hier skizzierten erkenntnistheoretischen Argumentation angedeutet, die einer abschließenden theoretischen Modellierung kritisch gegenübersteht.

207 Diese erkenntnistheoretische Problemstellung korrespondiert im Prinzip mit der ökonomischen Frage nach den Möglichkeiten der „Abgrenzung des relevanten Marktes" im Rahmen der Wettbewerbspolitik. Vgl. hierzu statt vieler die grundlegende Arbeit von *Hoppmann* (1974).

208 Zur ‚spontanen' Ordnungsgenese äußert sich insbesondere *Hayek* in seiner ordnungstheoretischen Konzeption von „Kosmos" und „Taxis". Vgl. hierzu *Hayek* (1969). *Schafffer* (2001) analysiert die Bezüge zwischen Institutionen und Erkenntnis aus einer ‚*Popper*perspektive'. Dabei kommt er zu der These, daß „[i]nnerhalb dieses Beziehungsgeflechts aus externen, internen Institutionen und korporativen Gebilden (...) hierarchische, sachliche, zeitliche und umfangsmäßige Prioritäten (existieren)" (S. 57). Darüber hinaus benennt *Schaffer* „funda-

reits die Deskription und erst recht die Explikation solcher Vorgänge muß sich in der Regel mit unspezifischeren Muster(vor-)aussagen im Vergleich zu Theorien deterministischer Kausalbeziehungen begnügen.[209] Andererseits setzt dieser Interpretationsansatz voraus, daß es möglich ist, eine stringente Erklärung der Wechselwirkungen zwischen der Theorie oder dem Hypothesenbündel sowie der relevanten Umgebung zu liefern. Hierbei ist von besonderem Interesse, daß also auch und gerade die Veränderungen der Theorie- oder Hypothesenbündelumgebung und die damit (potentiell) einhergehenden Wirkungen auf die Unternehmung zu betrachten sind. Mit anderen Worten: Neben die Bewältigung der Komplexität der Theorie „Unternehmung" selbst, tritt die Notwendigkeit der prognostischen Bewältigung der Komplexität der Theorieumgebung.[210] Wenn schon der erste Teil dieser Aussage theoretische Schwierigkeiten bereitet, so ist davon auszugehen, daß mit dem zweiten Teil der Aussage diese sich um ein Vielfaches erhöhen und die simultane theoretische Bewältigung – auf die es letztlich ankommt, um den erwünschten Erklärungsbeitrag zu erhalten – scheint unter diesem Blickwinkel nahezu aussichtslos.

Schließlich ist ein dritter Ansatzpunkt der Kritik zu betrachten. Im Rahmen der skizzierten Problembeschreibung wird nämlich unterstellt, daß es möglich ist, die unternehmensinternen Prozesse und Strukturen über den zu berücksichtigenden Prognosezeitraum immer so zu gestalten, daß zum Zeitpunkt t_2 die Existenz der Unternehmung gesichert ist. Auch diese Annahme ist aufgrund der bereits geschilderten Probleme – Komplexität und Ungewißheit – nur schwer zu begründen. An dieser Tatsache ändert sich auch dann nichts, wenn man den Zeitpunkt t_2 periodisch immer näher an t_1 heranrückt. Das Problem der ubiquitären Ungewißheit über zukünftige Ereignisse stellt sich als anthropologische Erkenntnisgrenze dar. Selbst das Zugeständnis einer vermutlich geringeren Komplexität der Probleme bei einer immer weitergehenden Verkürzung des

---

mentale Institutionen", die er im *Hayek*schen Sinne als allgemeine, abstrakte und im Normalfall ungeplante Normen und Regeln interpretiert (*Schaffer* 2001, S. 57). Diese „[f]undamentale[n] Institutionen ermöglichen erst die Genese weiterer Institutionen", so seine anschließende These (ebenda, S. 58).

[209] Daß dies nicht notwendigerweise als Ausdruck eines theoretischen Makels anzusehen ist, darauf hat insbesondere *Hayek* (1969; 1973) immer wieder hingewiesen. Daß diese problemorientierte Einstellung mit dem hier präferierten *Popper*schen Ansatz in hohem Maße kompatibel ist, braucht nach den bisher in der Untersuchung gemachten Ausführungen nicht weiter erläutert werden.

[210] *Röpke* (1977) erläutert für Unternehmungen zwei Strategien im Umgang mit Umweltkomplexität: (1) *Erhöhung der Eigenkomplexität der Unternehmung*, um auf diese Weise die Chancen der Unternehmung für eine erfolgreiche Anpassung an die Umwelt zu erhöhen. (2) *Reduzierung der Umweltkomplexität der Unternehmung*, um auf diese Weise den Selektionsdruck auf die Unternehmung zu verringern. Gerade die zweite Strategierichtung kann auch alle Formen wettbewerbsbeschränkender Praktiken umfassen, die ordnungspolitisch fragwürdig erscheinen. *Röpke* exemplifiziert die potentiell negativen Folgen einer derartigen Auslegung anhand der Problematik der Unternehmensfusionen, die nichts anderes darstellten, als die Reduzierung von Unternehmensdiversifität und somit die Zahl der kreativen Neuerungen und unabhängigen Problemlösungen tendenziell verringert.

Betrachtungszeitraums[211] bedeutet allenfalls einen graduellen, nicht jedoch einen erkenntnistheoretisch fundamentalen oder prinzipiellen Unterschied.

Die Fragestellung in diesem Abschnitt lautete: Wie kann eine „Theorie der Unternehmensinsolvenz" generiert und erkenntnistheoretisch charakterisiert werden? Als Ergebnis der Diskussion ist festhalten, daß es den Königsweg zur Genese einer Theorie der Unternehmensinsolvenz nicht gibt bzw. nicht geben kann.

Obwohl also alle genannten Methoden der Theoriegenese und deren jeweilige erkenntnistheoretische Einschätzung im Kontext der Unternehmensinsolvenz Mängel ans Licht gefördert haben, ist dennoch zu vermuten, daß eine erkenntnistheoretische Erklärung und Interpretation des Phänomens „Unternehmensinsolvenz" möglich und von Nutzen sein kann.

3.4.2. Die Fallibilität der Theorie „Unternehmung" als konstitutives Merkmal

Wenn man die Unternehmung als eine Theorie oder ein Hypothesenbündel auffaßt, dann liegt unter Anwendung des *Popper*schen erkenntnistheoretischen Ansatzes in seiner fallibilistischen Ausprägung die Interpretation nahe, daß die Theorie „Unternehmung" an der Realität scheitern kann, also prinzipiell falsifizierbar ist.

Für den hier interessierenden Problemzusammenhang bedeutet das folgendes: Da die Unternehmung in ihrer Grundstruktur aus miteinander verbundenen falliblen Hypothesen besteht, ist die Theorie „Unternehmung" in einem spezifischen Raum-Zeit-Kontext prinzipiell und endgültig falsifizierbar. Damit wird ein wesentlicher Unterschied zwischen der rein erkenntnistheoretischen Diskussion des Falsifikationsprinzips und seiner Anwendung im Unternehmensbereich deutlich. Die Kritiker des Falsifikationsprinzips weisen zu Recht darauf hin, daß die erst- und vielleicht einmalige Widersprüchlichkeit einer Theorie mit der Empirie möglicherweise auf Ursachen zurückgeführt werden kann, die nicht von der Formulierung der Theorie abhängt. Die Anwendung des Falsifikationsprinzips würde somit potentiell noch leistungsfähige, also erklärungskräftige Theorien ausscheiden. In diesem Sinne ist der Versuch von *Lakatos* zu verstehen, ein modifiziertes („raffiniertes") Falsifikationsprinzip zu entwerfen. Es stellt sich die Frage, welche Konsequenzen sich aus einer Adaption dieser Idee für die Theorie der Unternehmensinsolvenz ergeben.

Da Unternehmungen in dieser Untersuchung als Theorien interpretiert werden, ist es von entscheidender Bedeutung, nach welchen Kriterien deren Bewährung und vor allem, deren Nicht-Bewährung zu beurteilen ist und welche Schlußfolgerungen damit verbunden werden. Die Theorie „Unternehmung" wäre bei Anwendung des „naiven Falsifikationsprinzips" bei Nicht-Bewährung der relevanten „Primärhypothese(n)" zu verwerfen. Der freiwillige oder erzwungene Marktaustritt im Rahmen der rechtlich geregelten Unternehmensinsolvenz wäre die logische Konsequenz. Legt man dagegen den

[211] Dies wiederum ist eine Hypothese, die zwar plausibel, aber damit noch lange nicht als logisch oder gar dauerhaft bewährt gelten kann. Der entsprechende Test der Hypothese kann prinzipiell immer erst ex post, also nach (Nicht-)Eintritt des von der Hypothese vermuteten Ereignisses erfolgen.

*Lakatos*schen „raffinierten“ Falsifikationismus zugrunde, dann ist dem Unternehmen – verstanden als Forschungsprogramm – ein längerer Verbleib am Markt beschieden, da der Schutzgürtel der Hilfshypothesen den „harten Kern“ der Unternehmung – also beispielsweise die „Primärhypothese(n)“ – vor einer frühzeitigen Falsifikation bewahrt. Zumindest ein erzwungener Marktaustritt im Wege der Unternehmensinsolvenz wäre, aus dieser Perspektive betrachtet, ausgeschlossen. Doch ist dieses Vorgehen aus einer erkenntnistheoretischen Interpretation der Unternehmung heraus zu begründen? Dafür spricht die attraktiv erscheinende Option, ein Maximum an Problemlösungskapazität der Unternehmung nutzbar zu machen. Dieses Argument ist jedoch nicht stichhaltig, denn zum einen ist die Frage zu klären, wie denn eigentlich das Potential einer Unternehmung zur zukünftigen Problemlösung quantifiziert und bewertet werden soll. Zum anderen übersieht dieser Ansatz, daß die Unternehmung von Beginn ihrer Existenz an unter Selektionsdruck steht. Dieser wird entweder direkt über Wettbewerber einer ähnlichen Problemlösung[212] ausgeübt oder indirekt über Substitutionswettbewerb. In beiden – häufig simultan auftretenden – Fällen muß sich die Unternehmung im jeweiligen Selektionsumfeld bewähren.

Es gilt dabei zwei Konstellationen zu unterscheiden: Wenn sich die Problemlösung der Theorie „Unternehmung“ am Ende der ersten zu betrachtenden (Existenz-)Periode als nicht-bewährt herausstellt, ist die Frage zu stellen, inwieweit man zu der Annahme berechtigt ist, daß die gleiche Problemlösung in der folgenden Periode erfolgreich, also bewährt sein wird. Hier ist das ubiquitäre Problem der Ungewißheit der zukünftigen Entwicklung der entscheidende Faktor. Eine derartige Annahme läßt sich daher nicht mit Sicherheit treffen. Ist dagegen die Theorie „Unternehmung“ in den ersten Perioden ihrer Existenz erfolgreich und somit bewährt, und erst in einer späteren Periode nicht-bewährt, dann läßt sich mit dem *Lakatos*schen Ansatz in dieser Situation ebenfalls kein klares und plausibles Begründungsschema für die Unternehmensfortführung ableiten: Warum war das Unternehmen in den vorangegangenen Perioden erfolgreich und dann nicht mehr? Da in allen betrachteten Perioden die grundsätzlich hypothetische Struktur der Unternehmung vorlag, ist auch in diesem Fall eine unternehmensinterne Verursachung zu vermuten, da selbst exogene Schocks, die die Überlebensfähigkeit der Unternehmung bedrohen können, im Rahmen einer vorausschauenden Hypothesengenerierung in der Unternehmung mehr oder weniger erfolgreich absorbiert werden können.[213] Die Bewährung des „harten Kerns“ in früheren Perioden und die (vermeintlich) plötzli-

---

[212] Auch verschiedene Unternehmungen einer Branche bieten – wenn einmal von den „Unternehmen“ im Konzept des *Stackelberg*schen Punktmarkts abgesehen wird – niemals dieselbe Problemlösung an, da die Heterogenität der Inputfaktoren und hier insbesondere die Singularität des Humanvermögens einer Unternehmung die Outputidentität unwahrscheinlich, wenn nicht gar unmöglich erscheinen lassen: Die Unternehmensstrategie und Marktpositionierung sind zum Beispiel das Ergebnis von Hypothesen, die innerhalb der Unternehmungen erzeugt werden. Beispielsweise ‚lösen‘ Automobilhersteller alle das Problem der „Fortbewegung“, jedoch augenscheinlich in sehr differenzierter Form.

[213] Die Empirie stützt diese Einschätzung, denn in der Regel geraten nicht alle Unternehmen einer Branche gleichzeitig in wirtschaftliche Schwierigkeiten oder gar in die Nähe einer Insolvenz. Insoweit sind die jeweiligen Theorien „Unternehmungen“ augenscheinlich in unterschiedlichem Ausmaß bewährt. Vgl. *Röpke* (1977) zur Strategie der Erhöhung der Eigenkomplexität der Unternehmung.

che Nicht-Bewährung desselben zu einem späteren Zeitpunkt eröffnet im Hinblick auf die Fortführung des Unternehmens einen willkürlichen Spielraum, der nicht zu rechtfertigen ist, zumindest in erkenntnistheoretischer Perspektive nicht.

Daß Unternehmen – als Theorien und Hypothesenbündel verstanden – grundsätzlich fallibel sind und daher die Unternehmensinsolvenz als Ausdruck der Nicht-Bewährung einer Theorie oder eines Hypothesenbündels aufgefaßt werden kann, mag auf den ersten Blick trivial erscheinen. Wenn die Unternehmung als Hypothesenbündel als Hauptgegenstand der Theorie interpretiert wird und gleichzeitig die Fallibilität menschlicher Hypothesenbildung unterstellt wird, folgt die genannte Interpretation der Unternehmensinsolvenz logisch aus der Formulierung der Theorie „Unternehmung" sowie der Fallibilitätsrestriktion. Dem Eindruck der Trivialität ist aber folgendes entgegenzuhalten: Zum einen geht es bei der Anwendung des hier präferierten erkenntnistheoretischen Apparates auf die Phänomene „Unternehmung" und „Unternehmensinsolvenz" darum, die Grenzen menschlicher Gestaltbarkeit aufzuzeigen. Insoweit ist es aus dieser erkenntnistheoretischen Position heraus unmöglich, die Theorie „Unternehmung" ex ante endgültig zu verifizieren oder zu bewähren. Das Fallibilitätspostulat verhindert eine solche Vorabqualifizierung der jeweiligen Theorie „Unternehmung". Zum anderen erlaubt die hier vorgenommene Unternehmensbeschreibung und -erklärung die Integration unterschiedlichster Erklärungsansätze zur Theorie der Unternehmung und zur Theorie der Unternehmensinsolvenz. Dabei geht es weniger um die Frage, auf welchem Weg die jeweilige Theorie entstanden ist[214], als vielmehr darum, zu zeigen, wie die verschiedenen Ansätze miteinander verbunden werden können und welche theorieimmanenten Grenzen aus einer erkenntnistheoretischen Interpretation erwachsen.

Die grundsätzliche Fallibilität der Theorie „Unternehmung" läßt sich genauer begründen: Aufbauend auf dem ‚methodologischen Individualismus' ist davon auszugehen, daß „Wissen" ausschließlich von Individuen generiert werden kann. Insoweit ist die Analyse von der Vorstellung wissenerzeugender über-individueller Entitäten abzugrenzen. Zu einem anderen Verständnis kommt *Herrmann-Pillath* (2002, S. 51-103, insbesondere S. 52 sowie S. 80 ff.): Er unterscheidet „fundamentale" und „derivative Aktoren", wobei der theoretische Begriff „fundamentaler Aktor" mit einem Individuum übereinstimmen kann, aber nicht zwingend muß, während der theoretische Begriff „derivativer Aktor" beispielsweise Organisationen bzw. Unternehmungen umfaßt. Diese wiederum setzen sich aus „fundamentalen Aktoren" zusammen. *Herrmann-Pillath* sieht in dieser Begriffsbildung eine „klare Abweichung vom in der Ökonomie gewöhnlich vertretenen ‚methodologischen Individualismus'. Allerdings beruht der hervorgehobene Unterschied „nur" auf einer postulierten Nichtidentität von „fundamentalem Aktor" und Individuum. In Verbindung mit seiner Definition von „Aktor" als Handlungseinheit, die zielgerichtete Handlungen auf der Grundlage eines handlungsrelevanten Wissens ausführt, wobei die Zielorientierung durch kognitive Prozesse der Aktoren entsteht, ist dies jedoch nur unter einer Bedingung möglich, die *Herrmann-Pillath* scheinbar implizit voraussetzt: Kognitive Prozesse sind nicht an Individuen gebunden. Daraus folgt weiter,

---

[214] Vgl. hierzu die Ausführungen im Abschnitt 3.4.1 dieses Teils.

daß kognitive Prozesse und somit Fähigkeiten auch von Nicht-Individuen erbracht werden können. Damit ist die Tür zur über-individuellen Entitätsinterpretation aufgestoßen.

Es stellt sich dann aber die Frage der Konkretisierung derartiger nicht-individueller Artefakte kognitiver Prozesse. Die ‚Künstliche Intelligenz'-Forschung (KIF) ist dafür nicht geeignet, da die definitorische Abgrenzung des Begriffs „Aktor" die (potentielle) Reproduktionsfähigkeit voraussetzt. Diese ist – soweit dem Autor bekannt – nur Individuen gegeben. Das, was im Bereich der KIF geschieht, ist und bleibt vermutlich auf individuengestaltete Rahmenbedingungen angewiesen. Insofern ist das Konzept „nicht-individueller Aktoren" zumindest fragwürdig. Als interessant und fruchtbar – und der in dieser Untersuchung zugrundegelegten Interpretation nahestehend – ist der Versuch *Hermann-Pillath*s zu werten, das Phänomen des „Wissens" in den Mittelpunkt der ökonomischen Analysen zu rücken und damit einen Weg zur (völligen) (Neu-)Interpretation aufzuzeigen: „Das wirtschaftliche Grundproblem ist das Unwissen" (2002, S. 22). Das traditionelle Grundproblem in der Ökonomie, die Knappheit, ist damit jedoch nicht automatisch obsolet, denn möglicherweise ist es ja gerade die Knappheit an Ressourcen, die für einen Teil des Unwissens mitverantwortlich ist.

Die eingehend geführte Diskussion zur Methodenvielfalt bei der Genese neuer Theorien und Hypothesen impliziert auch, daß die dafür notwendigen individuellen Kognitionsprozesse auf ein materiales individuenumgebendes Kognitionsumfeld angewiesen sind. Das Verhältnis von „Unwissen" und „Knappheit" erinnert von daher an die „Henne-Ei-Problematik", wobei in dieser Beschreibung mit *Ahlert* ironisch, aber durchaus zu Recht zu fragen ist, welche Rolle denn der „Hahn" spielt. Könnte diese Rolle im Verhältnis von „Unwissen" und „Knappheit" zueinander vielleicht das „Individuum" einnehmen und somit die vermeintliche Ausschließlichkeit ‚traditioneller' und ‚evolutorischer Ökonomik' vermeiden? Dieser Fragestellung wird hier aus Raumgründen nicht weiter nachgegangen.

Im hier interessierenden Themenkontext werden die Unternehmenshypothesen also nicht von der ‚Unternehmung an sich', sondern von Individuen innerhalb der Unternehmung generiert. Die Unternehmung tritt als Träger der Hypothesen auf den Märkten in Erscheinung. Ob die unternehmerische Problemlösung als solche von den Adressaten – den Nachfragern – der Unternehmung anerkannt und folglich positiv sanktioniert wird, ist ex ante nicht feststellbar, also ungewiß. Diese Tatsache führt automatisch zum Postulat der „grundsätzlichen Fallibilität" der Theorie „Unternehmung".

Auch auf der Ebene der vorwiegend intra-unternehmerisch ausgerichteten Hypothesen – Sekundär- und Tertiärhypothesen in der erkenntnistheoretischen Interpretation der Unternehmung – gilt dieses Postulat. Über die Hypothesenverbundenheit (Unternehmung als Hypothesennetz) innerhalb der Theorie „Unternehmung" ergibt sich auch von diesem elementareren Ausgangspunkt betrachtet, die Fallibilität der ‚Unternehmung als Ganzes', als Theorie, bestehend aus einer Vielzahl an Einzelhypothesen.

Zusammenfassend ist daher zu konstatieren, daß die Fallibilität der Theorie „Unternehmung" als konstitutives Merkmal des theoretischen Bezugsobjektes „Unternehmung" bezeichnet werden kann. Dies impliziert im Hinblick auf den empirischen Tatbestand von „Unternehmensinsolvenzen" in erkenntnistheoretischer Perspektive die Vermutung, daß sich das Phänomen der „Unternehmensinsolvenz" – unter ganz bestimmten Bedingungen –[215] durch ubiquitäre Potentialität auszeichnet.

3.4.3. Die Unternehmensinsolvenz als Ausdruck der Nicht-Bewährung der Theorie „Unternehmung"

Unternehmungen als Theorien oder Hypothesenbündel agieren auf Märkten. Hier erfolgt der empirische Test hinsichtlich des Problemlösungsbeitrags der Unternehmung. Damit dieser Hypothesentest ablaufen kann, ist eine Reihe von Bedingungen an die Struktur der Märkte sowie an das Verhalten der Marktteilnehmer zu knüpfen. Das Ergebnis dieses Tests ist im vorhinein aus Unternehmenssicht nicht vorauszusagen.[216] Auch die Nicht-Bewährung der Theorie „Unternehmung" gehört zum Möglichkeitsraum des Wettbewerbs. Aus dieser Perspektive betrachtet, sind Unternehmensinsolvenzen als das Ergebnis eines wettbewerblichen Hypothesentests aufzufassen.

Die Integration der Wettbewerbsperspektive mit der Fallibilität des Wissens führt dazu, daß zu einem bestimmten Zeitpunkt immer nur von temporärer Bewährung der Theorie „Unternehmung" gesprochen werden kann. Dies resultiert sowohl aus der erkenntnistheoretischen Position *Popper*s als auch aus der evolutorischen Interpretation des Wettbewerbsgeschehens in Anlehnung an *Kerber* (1994; 1997): Die Offenheit der Generierung von (Vermutungs-)Wissen (*Popper*) und die Offenheit der Ergebnisse (evolutorischer) Wettbewerbsprozesse (*Kerber*) stellen einen probleminduzierten Isomorphismus dar, der den Schluß nahelegt, daß hier weitreichende Wechselbeziehungen zu vermuten sind.[217]

Bedeutet die maximal erreichbare temporäre Bewährung der Theorie „Unternehmung" nun im Umkehrschluß auch, daß nur eine temporäre Nicht-Bewährung der Theorie „Unternehmung" zu einem bestimmten Zeitpunkt konstatiert werden kann? Diese Frage ist aus erkenntnistheoretischer Sicht im Prinzip zu bejahen, da die Basissätze zur Prüfung der Theorien in letzter Konsequenz konventionalistischer Herkunft sind: „*Festsetzungen* sind es somit, die über das Schicksal der Theorie entscheiden" (*Popper* 2002, S. 73, H.i.O.). Angewandt auf den hier interessierenden Problemzusammenhang hieße dies, daß der Zustand einer Unternehmung als „insolvent" nicht von Dauer sein muß,

---

[215] Damit sind die verschiedenen Ordnungsbedingungen von Wirtschafts- und Gesellschaftssystemen angesprochen, die das Phänomen „Unternehmensinsolvenz" in unterschiedlicher Weise behandeln. Diese spielen im Rahmen der Theorie der Systemtransformation im vierten Teil der Arbeit sowie insbesondere im fünften Teil der Untersuchung noch eine Rolle, da davon ausgegangen wird, daß die Generierung von (Vermutungs-)Wissen ordnungsbedingt ist. Wenn dieses notwendigerweise als fallibel angesehen wird, ist somit auch die „Unternehmensinsolvenz" in ihren Ordnungsbezügen zu analysieren.

[216] Dies gilt selbstverständlich auch für alle Außenstehenden der Unternehmung. Es handelt sich damit um ein erkenntnistheoretisches Argument gegen wirtschaftspolitischen Punktualismus und Interventionismus, mithin gegen den Glauben direkter, diskretionärer politischer Steuerbarkeit ökonomischer Prozesse. Vgl. hierzu aus ordnungsökonomischer Sicht *Schüller* (1998).

[217] Die Vertreter der „Östereichischen Schule" der Nationalökonomie und hier insbesondere *Hayek* haben immer wieder auf die Bedeutung der Wissens und seiner Koordination hingewiesen.

und somit konsequenterweise auch nur von einer temporären Nicht-Bewährung der in Rede stehenden Theorie „Unternehmung" ausgegangen werden kann. Diese Interpretation geht aber an der *Popper*schen Idee vorbei. In Abgrenzung zum philosophischen Konventionalismus im Sinne *Poincarés* und *Duhems* bezieht sich der Begriff „Festsetzung" bei *Popper* (2002, S. 73) auf „die besonderen, die Basissätze" und nicht auf die „allgemeinen Sätze".[218] Überträgt man diese Konkretisierung auf den vorliegenden Insolvenzkontext, dann ergibt sich folgende Interpretation: Die Feststellung einer „Unternehmensinsolvenz" ist das Resultat einer konventionalistischen Übereinkunft darüber, wie ein konkreter Unternehmenszustand spezifiziert sein muß, um zu dem besagten Schluß „Unternehmensinsolvenz" zu kommen. Es handelt sich von daher immer um ein ex ante zu treffendes, interpretatives und somit ebenfalls fallibles Entscheidungsproblem. Die rechtliche Kodifizierung von Auslösetatbeständen im Rahmen einer Insolvenzordnung kann in diesem Sinne interpretiert werden. Ist diese Übereinkunft allerdings einmal getroffen, dann stellt sie für ihre Adressaten – die Theorien „Unternehmungen" – einen Bestandteil ihres Handlungsrahmens dar, der aus deren Sicht als gegeben anzusehen ist.[219]

Abschließend ist die Frage zu klären, wie es aus einer erkenntnistheoretischen Perspektive zu begründen ist, die von Insolvenz betroffene Theorie „Unternehmung" als Ganzes, also in Form des kompletten Hypothesenbündels als falsifiziert anzusehen. Hier tritt das Problem der Zurechnung der Wirkung – Unternehmensinsolvenz – auf die Ursache(n) in Erscheinung.[220] Gesetzt den Fall, zum Zeitpunkt t_1 sei eine Theorie „Unternehmung" nicht-bewährt im Sinne einer auf Konvention beruhenden Festsetzung im Rahmen einer Insolvenzordnung – „Zahlungsunfähigkeit" oder „Überschuldung" –, dann würde ein Weiterbestehen der Theorie „Unternehmung" nur unter der Voraussetzung erkenntnistheoretisch zu legitimieren sein, wenn ex post festgestellt werden könnte, daß die Ursache(n) der Insolvenz in der Vergangenheit t_{1-n} für den Zustand der Unternehmung in t_1 Kausalität besitzt(en) und darüber hinaus ex ante die Bewährung der nicht (!) modifizierten Theorie „Unternehmung" zum zukünftigen Zeitpunkt t_2 vorausgesagt werden könnte. Diese Bedingungskonstellation weist jedoch eine ganze Reihe von Ansatzpunkten der Kritik auf, die in der Folge skizziert werden sollen, um zu zeigen, daß es – aus erkenntnistheoretischer Perspektive betrachtet– keinen Grund gibt, von der Idee der Nicht-Bewährung der Theorie „Unternehmung" als Ausdruck der Un-

---

[218] Vgl. auch *Popper* (2002, S. 47 ff., insbesondere S. 50). Kritisch zu dieser Abgrenzung äußert sich *Andersson* (2002) und liefert eine interpretatorische Lösung, indem er darauf verweist, daß Basissätze nicht per Konvention, „sondern durch Vergleich mit der Erfahrung kritisch geprüft" (S. 158) werden. Gerade der Anwendungsfall „Unternehmensinsolvenz" zeigt aber, daß diese Kritik der *Popper*schen Interpretation des Konventionalismus ihrerseits Schwächen offenbart, denn die materiell-juristische Feststellung einer „Unternehmensinsolvenz" – durch Eröffnung des Verfahrens – führt, wie die Praxis zeigt, nicht automatisch zu einer übereinstimmenden Bewertung dieses empirischen Tatbestands, der hier als Basissatz im *Popper*schen Sinne zu interpretieren wäre. Insoweit scheint die vorgeschlagene Lösung von *Andersson* nicht hinreichend zu sein. In diesem Fall wäre auch die Normierung insolvenzrechtlicher Regelungen nicht mehr zu begründen.

[219] Vgl. hierzu im dritten Kapitel der Arbeit, Teil 2, Abschnitt 3.2.4.

[220] Vgl. hierzu die Ausführungen im zweiten Kapitel der Arbeit, Teil 2, Abschnitt 2.2.6. Siehe zu dieser Problemstellung auch *Popper* (2002, S. 44 ff.).

ternehmensinsolvenz abzuweichen. Ausgangspunkt der Überlegungen ist die Annahme, daß die Existenz von Theorien nur dann erkenntnistheoretisch von Interesse ist, wenn sie zum Erkenntnisfortschritt beitragen. Dieser resultiert durch den Prozeß der strengstmöglichen Prüfung der Theorien.[221] Insbesondere aus den Fehlern, also den nicht-bewährten Theorien gibt es viel zu lernen.[222]

Einerseits ist festzustellen, daß die konventionalistische Übereinkunft der Ausformung einer Insolvenzordnung inhaltlich häufig weniger ein erkenntnistheoretisches, denn ein ökonomisches und rechtliches Problem darstellt, das im politischen Entscheidungsprozeß Bedeutung erlangt. Dennoch ist es sinnvoll, mit einer erkenntnistheoretischen Perspektive die in Rede stehenden Kodifizierungen zu analysieren, um deren Kompatibilität mit einer evolutorischen Interpretation offenzulegen.[223] Für die konkrete Beurteilung der hier zu klärenden Fragestellung ist diese Festsetzung allerdings unerheblich. Die Normierungen einer Insolvenzordnung begründen keinen spezifischen Ursache(n)-Wirkungszusammenhang zwischen einer Unternehmensinsolvenz der Theorie „Unternehmung" als Ganzes und einer, mehrerer oder (aller-minus-eins) Hypothese(n) des zugrundeliegenden Hypothesenbündels „Unternehmung".

Andererseits ist die ursächliche Begründung eines Unternehmenszustandes in der Gegenwart – die Unternehmensinsolvenz – aus den Entscheidungen innerhalb der Unternehmung in der Vergangenheit nur sehr schwer, wenn überhaupt abzuleiten. Vermutlich dürften viele verschiedene Ursachen, die häufig nicht unabhängig voneinander sind, kausal für die aktuelle Situation der Unternehmung verantwortlich sein. Bei jeder dieser Ursachen handelt es sich – gemäß dem oben skizzierten Unternehmensmodell – um eine eigenständige Hypothese, die häufig allerdings erst im Verbund mit anderen Hypothesen im Sinne eines Hypothesenbündels Bedeutung in der Unternehmung erlangt. Insofern dürfte die Komplexität der Wechselwirkungen der einzelnen Hypothesen einer Hypothesenebene, zwischen den Hypothesenebenen und schließlich im Verhältnis zur Hypothesenbündelumwelt diesem Versuch der Zuordnung von Ursache(n) und Wirkung enge Grenzen ziehen.

Weiterhin ist hervorzuheben, daß selbst unter der Annahme, daß die vorgenannten Probleme gelöst werden könnten, eine unveränderte (!) Theorie „Unternehmung" den ungewissen zukünftigen Entwicklungen der Unternehmensumwelt auszusetzen wäre. Andernfalls handelte es sich um eine neue Theorie „Unternehmung". Nun ist es sicher realistisch, davon auszugehen, daß die Theorie „Unternehmung" zwischen zwei Betrachtungszeitpunkten t_1 und t_2 Veränderungen unterworfen ist.

Diese Sichtweise bedarf allerdings der weitergehenden Konkretisierung: Einerseits ergibt sich ein Abgrenzungsproblem hinsichtlich der Frage, wie das Verhältnis zwi-

---

[221] Die „strengstmögliche Prüfung" einer Theorie im erkenntnistheoretischen Sinn korrespondiert im Unternehmensbereich mit der externen Prüfung der Unternehmung unter Wettbewerbsbedingungen. Siehe zur *Popper*schen Perspektive: *Popper* (2000g, S. 350 f.) und *Popper* (2000h, S. 373).

[222] Vgl. *Popper* (1987/97d, S. 227 f.).

[223] Vgl. beispielsweise in diesem Zusammenhang die Diskussion zum „Insolvenzplan" weiter oben in diesem Kapitel der Arbeit, Teil 2, Abschnitt 3.2.2.

schen veränderten „Sekundär- und Tertiärhypothesen" und der/n „Primärhypothese(n)" aussehen darf, um noch begründet von einer unveränderten Theorie „Unternehmung" sprechen zu können. In einer puristisch angelegten erkenntnistheoretischen Interpretation könnte man nämlich zu der Auffassung gelangen, daß jede Veränderung der Theorie „Unternehmung" – also unabhängig von der zu betrachtenden Hypothesenebene – eine Modifizierung darstellt und daher mit Recht von einer neuen Theorie „Unternehmung" zu sprechen wäre. Dieser Interpretation ist zweierlei entgegenzuhalten: Zum einen setzt der Bewährungstest hinsichtlich des Problemlösungspotentials der Theorie „Unternehmung" in erster Linie bei der/n „Primärhypothese(n)" an. Die Nachfrager der Problemlösungen sanktionieren und selektieren mit ihren unabhängigen Entscheidungen die jeweilige(n) „Primärhypothese(n)" der Unternehmung. Inwieweit der Sanktionsprozeß der Nachfrager Rückwirkungen im Bereich der „Sekundär- und Tertiärhypothesen" bedingt, ist für diese Perspektive unerheblich. Die Nachfrager der unternehmerischen Problemlösung haben kein unmittelbares Interesse an der internen Hypothesenstruktur der Unternehmung.[224] Zum anderen lassen sich sowohl theoretisch als auch empirisch eine ganze Reihe von Veränderungen auf den Ebenen der „Sekundär- und Tertiärhypothesen" finden, die keinen Einfluß auf die „Primärhypothese(n)" einer Unternehmung ausüben. Dies dürfte insbesondere häufig dann der Fall sein, wenn die entsprechenden Modifizierungen die Ressourcen der Unternehmung besser als bisher einsetzen, denn es ist davon auszugehen, daß der verbesserte Ressourceneinsatz und die daraus möglicherweise resultierende günstigere Kostenstruktur der Leistungserzeugung innerhalb der Unternehmung erst dann auf die Ebene der „Primärhypothese(n)" durchschlägt, wenn die Wettbewerbsbedingungen dies erforderlich machen bzw. erzwingen. Ansonsten erhöht sie nämlich die Gewinnmarge der Unternehmung, sind also aus der Sicht der Unternehmung als Ausdruck der besseren Bewährung der Theorie „Unternehmung" interpretierbar.[225] Neben der extern – via Wettbewerbsdruck – verursachten „Weitergabe" von Änderungen auf der Ebene der „Sekundär- und Tertiärhypothesen" ist es auch vorstellbar, daß eine veränderte Unternehmensstrategie dies auslöst, beispielsweise im Rahmen einer aggressiveren Bearbeitung der Märkte mit den verschiedenen hierfür in Frage kommenden betriebswirtschaftlichen Instrumenten.

Die *Lakatos*sche Methodologie der Forschungsprogramme bietet für diese Problematik scheinbar auch keine hinreichende Lösung, denn das Abgrenzungsproblem resultiert dort aus der Diskriminierung zwischen „hartem Kern" und dem „Schutzgürtel der Hilfshypothesen". Dennoch könnte dieser Ansatz für die hier interessierende Fragestellung hilfreich sein, wenn es gelingt, die Theorie „Unternehmung" als „Forschungsprogramm" zu rekonstruieren. Dies soll nachfolgend kurz versucht und begründet werden: Wenn man ausschließlich die „Primärhypothese(n)" der Unternehmung als „harten Kern" der Theorie „Unternehmung" auffaßt und weiterhin die zu einem gegebenen Be-

---

[224] Diese Perspektive ändert sich sofort, wenn ein Nachfrager der Problemlösung gleichzeitig direkt oder indirekt an der Theorie oder dem Hypothesenbündel „Unternehmung" beteiligt ist, also selbst Bestandteil des Hypothesennetzes „Unternehmung" ist.

[225] Diese Sichtweise sieht für die Nachfrager natürlich anders aus. Auch hier wird nochmals die Bedeutung einer funktionierenden Wettbewerbsordnung – auch und gerade aus erkenntnistheoretischer Perspektive – klar.

trachtungszeitpunkt existierenden „Sekundär- und Tertiärhypothesen“ zum „Schutzgürtel der Hilfshypothesen“ rechnet, dann ließe sich begründen, warum das Variabilitätspotential des „Schutzgürtels der Hilfshypothesen“ zu einer längeren Testphase des „harten Kerns“ der Theorie „Unternehmung“ führen kann. Da die Generierung von Hypothesen als Investition interpretiert werden kann, die Kosten verursacht, könnte der Spezifitätsgrad der Investition (*Williamson*) und die mit ihr verbundenen Opportunitätskosten (‚sunk costs‘) eine Erklärung dafür sein, warum sich Veränderungen im Bereich des „Schutzgürtels der Hilfshypothesen“ unterschiedlich auf den „harten Kern“ auswirken. Sind die „Sekundär- und Tertiärhypothesen“ unimodal auf die Ebene der „Primärhypothese(n)“ ausgerichtet, dann resultieren aus Modifikationen vermutlich eher Anpassungsnotwendigkeiten der „Primärhypothese(n)“. Umgekehrt ist zu vermuten, daß eine multimodale Struktur der „Sekundär- und Tertiärhypothesen“ die Ebene der „Primärhypothese(n)“ länger vor Nicht-Bewährung – als solche ist auch die elementare Modifikation derselben zu interpretieren – zu ‚schützen‘ imstande sein dürfte, da die Flexibilität des „Schutzgürtels der Hilfshypothesen“ gleichsam eine ‚weichere Bettung‘ des „harten Kerns“ bedeutet.

Es besteht somit ein Konflikt zwischen dem erkenntnistheoretischen, methodologisch begründeten Anspruch der „strengstmöglichen Prüfung“ der Theorie „Unternehmung“ und dem Wunsch, daß „Problemlösungspotential“ der Theorie „Unternehmung“ größtmöglich auszureizen. *Popper* (2000g, S. 351) spricht davon, daß „eine oft wiederholte Prüfung nicht mehr viel bedeutet und nicht mehr als streng zu betrachten ist: es gibt so etwas wie ein Gesetz des abnehmenden Ertrags von wiederholten Prüfungen.“ Hinsichtlich der hier interessierenden Interpretation der Anwendung der *Lakatos*schen Methodologie ist dies leicht zu begründen: Entweder ist die ursprüngliche Theorie „Unternehmung“ derart stark modifiziert, daß die empirischen Prüfungen nicht mehr das prüfen, was sie prüfen sollten, nämlich die „alte“ Theorie „Unternehmung“ oder aber eine nicht modifizierte Theorie „Unternehmung“ wird möglicherweise sogar ad infinitum empirisch geprüft, ohne irgendwelche Schlußfolgerungen daraus zu ziehen. Dies ist sowohl in erkenntnistheoretischer Sicht unfruchtbar, als auch in ökonomischer Sicht irrational und schädlich, und zwar unabhängig davon, ob eine ordnungs- oder evolutionstheoretische Interpretation dieses Prozesses erfolgt. Irrational deshalb, weil damit den Individuen die Lernfähigkeit abgesprochen würde und ökonomisch schädlich, weil die gebundenen Ressourcen für möglicherweise ertrag- und erkenntnisreichere Verwendungen nicht zur Verfügung stehen könnten.

Ausschlaggebend für die Abgrenzungsentscheidung kann aus der hier begründeten erkenntnistheoretischen Perspektive nur die Ebene der „Primärhypothese(n)“ sein, da die ‚strengstmögliche Prüfung‘ der eigenen Theorie „Unternehmung“ von den Beteiligten der Unternehmung nicht zu erwarten sein dürfte. Die individuelle Interessenlage läßt eher die Präferenz für eine theoretische „Immunisierungsstrategie“ vermuten.

Andererseits ist abschließend auf das Abgrenzungsproblem bezüglich der Variation(en) der „Primärhypothese(n)“ einzugehen. Wenn die Unternehmung als Träger der Theorie aufgefaßt wird, und wenn außerdem unterstellt wird, daß sich die Problemlösung(en) in Form der „Primärhypothese(n)“ im Laufe des Problemlösungszyklus[226] ändern, dann liegt die Vermutung nahe, daß sich die Theorie „Unternehmung“ im erkenntnistheoretisch-materiellen Sinne gleichsam parallel mitverändert, also einer permanenten Modifikation unterworfen ist. Damit ergibt sich allerdings die Frage, wie die Unterscheidung zwischen „alter“ und „neuer“ Theorie „Unternehmung“ sinnvoll getroffen werden kann, um dem erkenntnistheoretischen Prüfungsanspruch zu genügen. Hierzu wird folgende „Festsetzung“[227] gemacht oder besser, folgendes Kriterium eingeführt: Die Modifikation der „Primärhypothese(n)“ einer Theorie „Unternehmung“ führt immer dann zu einer ‚neuen‘ Theorie „Unternehmung“, wenn sich das Bezugsobjekt der „Primärhypothese(n)“ – also das(die) Ausgangsproblem(e) – verändert.[228] Mit diesem Kriterium läßt sich die theoretische und empirische Interpretation der hier interessierenden Fragestellungen vollziehen.

---

[226] Die Analogie zum Konzept der Lebenszyklus-Modelle ist offensichtlich. Doch bereits in den Erläuterungen zu dieser Konzeption in Kapitel 3 wurde auf deren nichtdeterministischen Charakter hingewiesen. Insoweit ist die Offenheit der Entwicklung der Problemlösung(en) gewährleistet.

[227] Es handelt sich hier nicht um eine Festsetzung im methodologisch-*Popper*schen oder philosophisch-konventionalistischen Sinne. Die Festsetzung betrifft nicht primär die Ebene der „Basissätze“ (*Popper*) und nicht primär die Ebene der „Theorie“ (*Poincarè*; *Duhem*), sondern nimmt gleichsam eine „Zwitterstellung“ ein: Theoretisch ist die Festsetzung in bezug auf die Zuordnung einer Problemformulierung, empirisch in bezug auf die praktische, externe Kritisierbarkeit dieser Zuordnung.
Ein Beispiel soll diese Idee verdeutlichen: Das Problem sei die „Fortbewegung“. Eine Problemlösung ist die Individualverkehrslösung „Auto“. Jegliche Variation dieser Problemlösung „Auto“ (z.B. hinsichtlich Motorisierung, aktive und passive Sicherheitsvorkehrungen, Form, Farbe und Angebotspreisgestaltung) gilt nicht als „neue“ Problemlösung. Die Variation muß, um als „neue“ Problemlösung bezeichnet werden zu können, eine elementare Modifikation des Ursprungsproblems „Fortbewegung“ beinhalten. Mit dieser Idee erhalten z. B. unternehmenspolitische Maßnahmen der Produkt- und Leistungspolitik (z. B. „Differenzierung“, „Relaunch“ etc.) eine spezifische erkenntnistheoretische Interpretation. Sie unterstützen die Erhaltung und weitere Prüfung der Theorie „Unternehmung“ als Ganzes im Hinblick auf das konkrete Ausgangsproblem. Die Betriebswirtschaftslehre trägt auf diese Weise zum Erkenntnisfortschritt bei.

[228] In Fortführung der in der vorangegangenen Fußnote skizzierten Idee, heißt das konkret: Die Theorie „Unternehmung“ mit der „Primärhypothese“ der Individualverkehrslösung „Auto“ ist dann als eine ‚neue‘ Theorie „Unternehmung“ zu interpretieren, wenn das Problem „Fortbewegung“ nicht mehr Gegenstand der „Primärhypothese“ ist, also beispielsweise statt „Autos“ jetzt „Kühlschränke“ als neue Problemlösung der Theorie „Unternehmung“ angeboten und getestet werden. Daß dies eine legitime und ökonomisch rationale betriebswirtschaftliche Entscheidung sein kann, ist davon völlig unberührt. Es geht hier nur darum, sich zu vergegenwärtigen, daß es sich – aus erkenntnistheoretischer Sicht – um eine andere, elementar modifizierte und somit ‚neue‘ Theorie „Unternehmung“ handelt.
An dieser Stelle wird auch deutlich, warum die Mehrprodukt- oder Mehrleistungsunternehmung im Gegensatz zur Einprodukt- oder Einleistungsunternehmung nicht nur aus ökonomischer – Risikostreuung –, sondern auch aus erkenntnistheoretischer Sicht im Prozeß des Erkenntnisfortschritts potentiell komparative Vorteile aufweist. Falliert die einzige „Primärhypothese“ einer eindimensionalen Problemlösungstheorie „Unternehmung“, dann ‚stirbt‘ die Theorie „Unternehmung“ mit ihrer „Primärhypothese“. Bei einer mehrdimensional ausgerichteten Problemlösungstheorie „Unternehmung“ ist diese Konsequenz in Abhängigkeit von der relativen Gewichtung der „Primärhypothese(n)“ nicht notwendigerweise zwangsläufig.

Die Feststellung des Unternehmenszustandes „Insolvenz“ setzt mit Kriterien („Zahlungsunfähigkeit“ und „Überschuldung“) an, die als Ergebnis der Genese, der Veränderung und der Struktur des Hypothesenbündels Theorie „Unternehmung“ zu einem bestimmten Zeitpunkt interpretiert werden können. Dabei ist davon auszugehen, daß die in Betracht zu ziehende(n) „Primärhypothese(n)“ der Unternehmung als Ansatzpunkte der externen Hypothesenüberprüfung dienen und ihre Variabilität im Rahmen der zuvor skizzierten Grenzen insoweit nicht von Belang ist.

3.4.4. Zur Funktion der Insolvenzordnung als Kriterium eines Hypothesentests im Rahmen einer Wettbewerbsordnung

Die Argumentation konzentriert sich auf zwei Aspekte: Einerseits geht es um die Interpretation der Insolvenzordnung aus erkenntnistheoretischer Sicht. Dabei spielt die Frage ihres potentiellen „institutionellen Beitrags“ zum Erkenntnisfortschritt die entscheidende Rolle. Andererseits soll eine ordnungstheoretische Analyse verdeutlichen, welche Bedeutung einer Insolvenzordnung im Hinblick auf die Funktionsfähigkeit einer Wettbewerbsordnung zukommt.

Die Insolvenzordnung ist als Kriterium des Hypothesentests der Theorien „Unternehmungen“ in institutionalisierter Form aufzufassen. Sie gehört zur Kategorie der „gesetzten“ oder „geplanten“ Ordnungen im *Hayek*schen Sinn. Was ist mit dieser Interpretation aus erkenntnistheoretischer Perspektive gemeint? Einerseits ist mit der Formulierung einer Insolvenzordnung ein für alle Beteiligten ex ante bekannter Entscheidungs- und Handlungsrahmen gegeben. Dieser ist somit auch Bestandteil der unternehmerischen Selektionsumgebung. Die Theorien „Unternehmungen“ müssen bei ihren laufenden betriebswirtschaftlichen Entscheidungen von daher immer die potentiellen Wirkungen der normierten Insolvenzregelungen im Auge behalten. Die autonome Entscheidungsfreiheit innerhalb der Unternehmung über die Genese, die Veränderung und die Struktur der unternehmensbezogenen Hypothesen ist nur so lange gewährleistet, als es den Individuen innerhalb der Theorie „Unternehmung“ gelingt, sich in der wettbewerblichen Selektionsumgebung zu bewähren. Die Insolvenzordnung stellt somit aus der Sicht der Theorie „Unternehmung“ ein Stop-Schild dar: Die Unabhängigkeit und Autonomie der Entscheidung verliert ihre juristische Legitimation. Sobald über die Theorie „Unternehmung“ per Gerichtsbeschluß ein „Insolvenzverfahren“ eröffnet wird, ist – aus der in der Untersuchung abgeleiteten Interpretation – von der Falsifizierung der Theorie „Unternehmung“ auszugehen.[229] Die Regelungen der Insolvenzordnung sind von daher nicht als Auslöser oder Verursacher einer Unternehmensinsolvenz anzusehen, sondern sie ermöglichen die Feststellung schriftlich kodifizierter Tatbestände, die ihren Ursprung in der Vergangenheit der Theorie „Unternehmung“ haben.

Erkenntnistheoretisch ist von besonderem Interesse, daß die ex ante normierten „Auslösetatbestände“[230] als „Festsetzungen“ im *Popper*schen Sinn interpretiert werden können. Die Normierungen bilden gleichsam eine Brücke zwischen den Fakten der Em-

---

[229] Vgl. zur juristischen Diskussion und ihrer erkenntnistheoretischen Interpretation die Ausführungen in diesem Kapitel, Teil 2, insbesondere Abschnitt 3.2.4.

[230] Vgl. hierzu die Ausführungen in diesem Kapitel, Teil 2, Abschnitt 3.2.1.

pirie und der Theorie „Unternehmung". Unabhängig von der juristischen und ökonomischen Auslegung und Interpretation der kodifizierten „Auslösetatbestände" der Insolvenzordnung, ist nämlich folgender Wirkungsmechanismus für die erkenntnistheoretische Beurteilung relevant: Selbst wenn man konzediert, daß die juristische und ökonomische Auslegung und Interpretation nicht als die ‚Wahrheit' in einem absoluten Sinn[231] verstanden werden kann, so ist es doch möglich, das Ergebnis dieses Auslegungs- und Interpretationsprozesses gleichsam als ‚modifiziertes experimentum cruxis' zu interpretieren. Die Idee des „experimentum cruxis" (*Bacon*) strebt den Beweis oder die Verifizierung einer Theorie an. *Popper* (2000c, S. 163) dagegen kehrt die Zielrichtung um, indem er feststellt, „daß es [das „experimentum cruxis"; d. Verf.] bestenfalls eine Theorie widerlegen oder falsifizieren kann."

Im vorliegenden Fall ist diese falsifikationistisch interpretierte Idee weiter zu modifizieren, weil das Experiment oder genauer: die Experimente an sich im gerade beschriebenen Sinn im Wettbewerbsprozeß der Problemlösungen stattfinden. Insoweit unterliegt die Theorie „Unternehmung" in der Regel auch nicht nur einem einmaligen und von einer einzigen Person abhängendem Wettbewerbs- oder Problemlösungstest. Die insolvenzrechtlichen Normierungen der „Auslösetatbestände" und ihre gerichtliche Feststellung im Rahmen des „Eröffnungsbeschlusses" stellen somit eher „methodologische Regeln als Festsetzungen" (*Popper* 2002, S. 25) zur Definition einer theoretisch-empirischen Relationsbeziehung dar. Der Zustand einer Theorie „Unternehmung" zu einem Zeitpunkt t wird mit den empirischen Fakten hinsichtlich bestimmter, interpretativer und somit theoriegeleiteter „Auslösetatbestände" konfundiert. In diesem, und nur in diesem Sinn sind die Normierungen als Bestandteil eines ‚modifizierten experimentum cruxis' interpretierbar. Sie gehören zum institutionellen Umfeld der Theorien „Unternehmungen".

Allein die Tatsache, daß der hier skizzierte Auslegungs- und Interpretationsprozeß zur Feststellung der „Unternehmensinsolvenz" und zur Eröffnung eines Insolvenzverfahrens führen kann, begründet den appelativen und (hoffentlich) präventiven Charakter der Insolvenzordnung im Hinblick auf ihre Bezugsobjekte, die Theorien „Unternehmungen". Es resultiert vermutlich ein indirekter Einfluß hinsichtlich des Risikogehalts der generierten und der noch zu generierenden Hypothesen im Unternehmungskontext. Dieser Einfluß ist von ambivalentem Charakter: Entweder werden risikoreiche und damit für den Erkenntnisfortschritt möglicherweise interessantere Hypothesen aus Angst vor den potentiellen Konsequenzen (Insolvenz) erst gar nicht gebildet. Dann wäre die Insolvenzordnung – aus erkenntnistheoretischer Sicht – als erkenntnishemmend zu be-

---

231 Der philosophische Versuch zur Er- und Begründung letzter und absoluter Wahrheiten ist (und bleibt vermutlich) zum Scheitern verurteilt. *Popper* (2002, S. 85, H.i.O.) schreibt hierzu: „Das alte Wissenschaftsideal, das absolut gesicherte Wissen [epistēmē], hat sich als ein Idol erwiesen. Die Forderung der wissenschaftlichen Objektivität führt dazu, daß jeder wissenschaftliche Satz *vorläufig* ist. Er kann sich wohl bewähren – aber jede Bewährung ist relativ, eine Beziehung, eine Relation zu anderen, gleichfalls vorläufig festgesetzten Sätzen. Nur in unseren subjektiven Überzeugungserlebnissen, in unserem Glauben können wir ‚absolut sicher' sein."

urteilen, denn mit *Popper* sind die unwahrscheinlichsten und kühnsten Theorien die interessantesten, weil man aus ihnen am meisten lernen kann.

Oder aber, die vermeintlich letzte oder besser: nächste Chance, die dem Auslegungs- und Interpretationsprozeß im Rahmen eines Insolvenzverfahrens logisch inhärent ist, führt dazu, daß Hypothesen gebildet werden, deren Risiko oder Kühnheit die Grenzen des Vertretbaren überschreiten. Dies ist beispielsweise immer dann der Fall, wenn (grob) fahrlässig mit ökonomischen oder anderen Restriktionen des Entscheidungsraums umgegangen wird.

Von daher sind der Beitrag und die Funktion der Insolvenzordnung im Rahmen des Erkenntnisfortschritts auf der Ebene der Theorien „Unternehmungen" zusammenfassend folgendermaßen zu kennzeichnen: Die Insolvenzordnung liefert für den Fall der negativen Sanktionierung(en) der „Primärhypothese(n)" der Theorien „Unternehmungen" einen Kriterienkatalog zur Prüfung des Ausmaßes dieser Sanktionierungen im Verhältnis zur aktuellen Struktur des Hypothesenbündels. Somit sind die insolvenzrechtlichen Normierungen aus erkenntnistheoretischer Perspektive als institutionalisierter Bestandteil eines ‚modifizierten experimentum cruxis' zu betrachten. Da allen Beteiligten im Vorfeld ihrer Hypothesengenerierung die insolvenzrechtlichen Normierungen und ihre potentiellen Wirkungen und Rechtsfolgen bekannt sind, können sie ex ante in die Formulierung und Materialisierung der Hypothesen eingehen.

Wie ist eine Insolvenzordnung aus ordnungstheoretischer Perspektive zu begründen und zu beurteilen? Die Insolvenzordnung ist Ausdruck der von staatlicher Seite bereitgestellten Rahmenregelungen, innerhalb deren sich die Wirtschaftssubjekte bei ihren wechselseitigen Transaktionen bewegen. Im konkreten Fall eröffnet die Insolvenzordnung dem Gläubiger verschiedene Möglichkeiten, die gestörten Vertragsbeziehungen mit seinem Schuldner in geregelten Bahnen zu lösen.[232] Auf diese Weise trägt die Insolvenzordnung zur Senkung der Transaktionskosten der Wirtschaftssubjekte bei.

Darüber hinaus sichert die Insolvenzordnung – zumindest de lege lata – einige wesentliche Prinzipien marktwirtschaftlicher Ordnungen ab. Dazu zählen das Prinzip „pacta sunt servanda", das Prinzip der „Haftung" sowie, mit den beiden vorhergehenden korrespondierend, das Prinzip des „Privateigentums". Die Einhaltung vertraglich vereinbarter Rechte und Pflichten sind notwendige Voraussetzung dafür, daß aus der formalen Freiheit zum Abschluß von Verträgen auch eine materiale Freiheit für die vertragschließenden Parteien wird. Vertragsfreiheit an sich oder in einem absoluten Sinn interpretiert, ist daher nicht als hinreichende Bedingung einer Wettbewerbsordnung anzusehen.[233] Die Insolvenzordnung ist somit als ein Instrument aufzufassen, das die Rechte der Gläubiger und die Pflichten der Schuldner justiziabel und einklagbar macht und von daher zu einer materialen Konkretisierung der Vertragsfreiheit führt.

Weiterhin ist damit dem Haftungsprinzip Genüge getan, denn auf der Basis einer so interpretierten Vertragsfreiheit, ist davon auszugehen, daß die Entscheidungen und Verhaltensweisen der Wirtschaftssubjekte immer auch unter dem Gesichtspunkt der poten-

---

[232] Vgl. hierzu die ausführliche Diskussion in Teil 2 in diesem Kapitel der Arbeit.

[233] Die ausführliche Begründung erfolgt im vierten Kapitel der Arbeit, Teil 3, Abschnitt 4.3.2.

tiellen Haftung für vertragswidrige Praktiken erfolgen werden. Insoweit ist die Insolvenzordnung ein elementarer Baustein zur Absicherung von Verträgen durch die Haftbarmachung für (bewußtes) Fehlverhalten. Verträge begründen in dieser Perspektive automatisch Haftungsansprüche. Diese werden in bezug auf Unternehmungen in einer bestimmten Situation – der Insolvenz – mit Hilfe der Insolvenzordnung und der darin niedergelegten Sanktionierung durch Strafandrohung legitimiert und gesichert.[234] Die Frage der empirischen Bedeutung dieses Haftungsanspruchs ist davon völlig unberührt. Die Zahl der ‚masselosen Unternehmensinsolvenzen' spricht dafür, daß Theorie und Praxis hier weit voneinander entfernt sind. Mit anderen Worten: Die strafrechtliche Sanktionsandrohung ist zwar eine notwendige, aber keine hinreichende Bedingung, um eine frühzeitige Auslösung eines Insolvenzverfahrens zu gewährleisten.

Schließlich kann die Insolvenzordnung auch als Instrument zur Sicherung eigentumsrechtlicher Prinzipien aufgefaßt werden. Da sich die Verträge der Wirtschaftssubjekte unmittel- oder mittelbar immer auf Eigentumsrechte im Sinne von Property Rights beziehen, ist davon auszugehen, daß durch Implementierung einer Insolvenzordnung die kostensenkende Gestaltung von Transaktionen erleichtert bzw. überhaupt erst ermöglicht wird. Ohne insolvenzrechtliche Regelungen besteht die Gefahr, daß wirtschaftliche Transaktionen unterbleiben, weil der oder die Gläubiger in einer Transaktionsbeziehung nicht ausschließen können, daß ihre spezifischen Property Rights in einem Maße ‚ausgedünnt' werden und somit individuell zurechenbare Kosten entstehen, die in keinem Verhältnis mehr zum (potentiellen) Ertrag der Transaktion stehen. Unter Risikogesichtspunkten müßten derartige Transaktionen unterbleiben. Gerade die staatlicherseits abgesicherte Möglichkeit der Durchsetzung von kritischen Vertrags- und somit Property Rights-Relationen ist maßgeblich mit dafür verantwortlich, daß ökonomische Transaktionen getätigt werden, denn andernfalls müßten die Wirtschaftssubjekte alternativ nicht staatlich legitimierte und auf juristischem Wege durchsetzbare Sicherungsmaßnahmen ergreifen, um sich vor einem ‚Totalverlust' ihrer Property Rights zu schützen. Insofern kommt den rechtlichen Regelungen ein hohes Maß an verhaltensbeeinflußendem Potential zu. Neben den Kodifizierungen der Insolvenzordnung, die sich mit einer ganz spezi-

---

[234] Vgl. hierzu *Picot* und *Aleth* (1999, Rn. 636-663, S. 206-215) sowie *Uhlenbruck* (1988, S. 362-419), jeweils mit vielen weiteren Literaturverweisen. Die genannten Quellen legen die strafrechtlichen Wirkungen bei Verletzungen insolvenzrechtlicher Normierungen in Abhängigkeit der realisierten Unternehmensrechtsform dar.
Die Themenstellung bei *Picot* und *Aleth* – „Unternehmenskrise und Insolvenz: Vorbeugung, Turnaround, Sanierung" – führt dazu, daß auch ‚vor-insolvenzliche Maßnahmen' betrachtet werden. Sie verweisen (Rn. 218, S. 77 f.) auf die *„Sanierungsverantwortlichkeit"* von Geschäftsführern einer GmbH (§ 43 GmbHG) und Vorstandsmitgliedern einer AG (§ 93 AktG) und die möglicherweise resultierenden Schadenersatzpflichten im Innenverhältnis der Gesellschaften (Rn. 219, S. 78).
Im hier interessierenden Kontext ist zweierlei von Bedeutung: Zum einen ist festzuhalten, daß die insolvenzrechtlichen Normierungen strafrechtlich sanktioniert sind. Zum anderen ist aber auch festzustellen, daß die Mehrzahl der Sanktionierungen und hier insbesondere die Haftungsverpflichtung sich auf das Innenverhältnis der Gesellschaften bezieht und somit die Frage, ob auch Außenstehende wie Gläubiger – deren Ansprüche im Vordergrund der Insolvenzordnung stehen – damit hinreichend abgesichert sind, weitgehend offen bleibt. Vgl. zur Erläuterung einiger Ansatzpunkt zu den Pflichten im Außenverhältnis die Ausführungen bei *Picot* und *Aleth* (1999, Rn. 221-233, S. 79 ff.).

fischen Property Rights-Konstellation zwischen Schuldner(n) und Gläubiger(n) auseinandersetzt, sind in diesem Zusammenhang auch noch andere rechtliche Normierungen mit ähnlicher Zielrichtung zu nennen, beispielsweise die „Schadensersatzpflicht“ gemäß § 823 BGB.

Zusammenfassend ist aus ordnungstheoretischer Sicht hinsichtlich insolvenzrechtlicher Regelungen festzuhalten, daß sie einerseits als notwendig angesehen werden können, um elementare Prinzipien einer marktwirtschaftlichen Wettbewerbsordnung zu gewährleisten. Anderseits ist auf der Basis der der Untersuchung zugrundegelegten erkenntnistheoretischen Perspektive zu konstatieren, daß auch die Formulierung insolvenzrechtlicher Normierungen und somit die Setzung von Ordnungselementen dem Vorbehalt des Vermutungswissens und somit der Fallibilität unterworfen ist. Insoweit sind die entsprechenden Kodifizierungen als Problemlösungsversuch zu interpretieren. Die Bewährung oder Nicht-Bewährung der Regelungen in bezug auf ihren Zweck erfolgt in der Praxis.

4. Zur Theorie der Systemtransformation

4.1. Einleitung: Was kann die Ordnungsökonomik für die Problematik der Systemtransformation leisten?

4.1.1. Grundlagen der Ordnungsökonomik

Die Ordnungsökonomik befaßt sich nach *Streit* (1995) „mit dem Entstehen, der Durchsetzbarkeit und der Koordinationsqualität von Regeln und Regelsystemen vor allem im Hinblick auf den Prozeß des arbeitsteiligen Wirtschaftens". Dieses Verständnis von Ordnungsökonomik gilt für alle Wirtschaftsordnungen. Wie die individuellen Wirtschaftsaktivitäten in Unternehmen, in und zwischen Wirtschaftssektoren einer Volkswirtschaft oder zwischen Volkswirtschaften koordiniert werden, hängt vom jeweiligen Charakter der Gesamtordnung ab. Jedes Gesellschaftssystem läßt sich in die Teilsysteme der sittlich-kulturellen Verfassung, der Staatsverfassung und der Wirtschaftsverfassung gliedern. Jedes dieser Teilsysteme findet wiederum Ausdruck in einer spezifischen Form der jeweiligen Teilordnung. Aufgrund der individualistischen Fundierung der Ordnungsökonomik, die Ordnungen als das Zusammenwirken von individuellen Handlungen versteht, wird verständlich, warum die „Menschen" als originäres Teilsystem eines Gesellschaftssystems aufzufassen sind.[1] Auf dieser – im wahrsten Sinne des Wortes – ‚menschlichen Basis' beruhen letztlich alle anderen Teilsysteme mit ihren Ordnungsausprägungen. Insofern könnte man möglicherweise auch von derivativen Teilsystemen sprechen, was jedoch nicht bedeutet, daß diese Teilsysteme weniger wichtig wären; ganz im Gegenteil: Erst mit der Herausbildung einer kulturellen, politischen und wirtschaftlichen Ordnung wird es den Menschen ermöglicht, ihre Bedürfnisse zu artikulieren und ihre Fähigkeiten und Ressourcen in inter-individuelle Transaktionen oder Sozialbeziehungen einzubringen. Es bestehen somit Wechselwirkungen zwischen den Teilsystemen.

Im Hinblick auf wirtschaftliche Transaktionen der Individuen gilt es daher, die für ein Wirtschaftssystem charakteristische Wirtschaftsordnung zu spezifizieren (*Eucken* 1990, S. 183). Somit kann die Hauptaufgabe der Ordnungsökonomik darin gesehen werden, theoretisch fundierte Aussagen über die Entstehung, die Gestaltungsmöglichkeiten und die Wirkung von unterschiedlichen Wirtschaftsordnungen zu gewinnen. Der ordnungstheoretische und ordnungspolitische Schwerpunkt zusammen macht die ordnungsökonomische Sicht aus: Die Ordnungstheorie beschreibt, erklärt und prognostiziert die Entstehung und Wirkung von verschiedenen Ordnungsformen eines Wirtschaftssystems. Die Ordnungspolitik macht Aussagen über die „Möglichkeiten und Grenzen zielorientierter Gestaltung von Ordnungen, insbesondere von Ordnungen arbeitsteiligen Wirtschaftens" (*Streit* 1995, S. 4). Mit dem Gestaltungselement wird die politische Ordnung in die Betrachtung einbezogen (*Vanberg* 1995, S. 188).

---

[1] Für eine Darstellung siehe *Schüller* (2002).

4.1.2. Was bedeutet Systemtransformation?

Bei der Transformation werden „die rechtlich-institutionellen und lenkungstechnischen Bedingungen der geschlossenen Systemwelt von Zentralverwaltungswirtschaften durch den Ordnungsrahmen offener Systeme abgelöst" (*Schüller* 1992, S. 36). Im Kern geht es also um den Übergang „von sozialistischen Staatswirtschaften zu Marktwirtschaften" (*ebenda*, S. 35). Diese Fokussierung erscheint in Anbetracht der realen politischen und wirtschaftlichen Entwicklungen im ehemaligen Ostblock seit 1989/1990 durchaus legitim, auch wenn die Geschichte Beispiele für die umgekehrte Richtung kennt: die Tschechoslowakei, Polen, Ungarn, Bulgarien und nicht zuletzt die ehemalige DDR nach dem Zweiten Weltkrieg.

Auch *Brinkmann* (1995, S. 69) spricht beim Übergang von der Plan- zur Marktwirtschaft von der „Transformation eines ganzen Ordnungsgefüges mit allen Systemelementen und -strukturen", von einem „gesellschaftlichen Prozeß in einer komplexen Umwelt" (ebenda, S. 139).

Die Komplexität der zu betrachtenden Transformationsphänomene betonen *Streit* und *Mummert* (1996, S. 3), wenn sie auf die Interdependenzen „zwischen Regelwahl und den ökonomischen Wahlhandlungen im Rahmen von Regeln" hinweisen. Diese Erkenntnis korrespondiert mit der weiter oben skizzierten Auffassung, daß die Menschen und die von ihnen bewußt oder „spontan" geschaffenen Teilordnungen eines Gesellschaftssystems in einem komplementären Verhältnis zueinander stehen. Damit wird zum Ausdruck gebracht, daß insbesondere Transformationspolitik Wirtschafts*ordnungs*politik im Sinne von *Eucken* sein sollte. Schließlich geht es bei der Systemtransformation von einer Zentralverwaltungswirtschaft hin zu einer wettbewerblichen Marktwirtschaft in erster Linie um die Etablierung einer „Privatrechtsgesellschaft" (*Böhm* 1966), die die Grundlage für freie Sozialbeziehungen bildet.

4.1.3. Systemtransformation als ordnungsökonomische Herausforderung

Es lassen sich verschiedene Problemebenen der Transformation abgrenzen (*Schüller* 1992, S. 37): Zum einen geht es um die Analyse der Ursachen des Systemniedergangs bzw. des Systemübergangs. Zum anderen müssen Aussagen über die Wahl des Transformationsziels abgeleitet werden. Schließlich sind die Methoden und der Phasenverlauf der Transformation zu thematisieren.

Um Transformationsphänomene besser beschreiben, erklären und möglicherweise prognostizieren zu können, sollen drei Ansatzpunkte analytisch herausgearbeitet werden, um dann Zug um Zug ein in sich möglichst konsistentes Gesamtbild zu entwerfen. Die *Transformationsbasis* ist in diesem Ansatz das Ergebnis von Ordnungsbedingungen der Vergangenheit, das *Transformationsziel* das (erwünschte) Ergebnis der Ordnungsbedingungen der Zukunft. Die Transformation im engeren Sinne umfaßt den *Transformationsprozeß*, der die Verknüpfung von Transformationsbasis und Transformationsziel leisten soll/muß. Dabei steht die analytische Trennung in ‚Transformations*trichter*' und in ‚Transformations*kanal*' für die Hypothese, daß ein Transformationsziel nicht notwendigerweise erreicht werden muß; nämlich dann nicht, wenn im Rahmen der Transformation die Ordnungsbedingungen, die zu der konkreten Transformationsbasis geführt haben und die Ordnungsbedingungen, die (theoretisch) mit dem Transformationsziel verbunden sind, nicht adäquat berücksichtigt werden. Es kann also die Situation entstehen, daß die Anziehungskraft des neuen Ordnungsrahmens nicht ausreicht, um die Transformation auf dieses Ordnungsziel hin auszurichten (*Wentzel* 1992, S. 165). Somit wirken sowohl die Transformationsbasis als auch das Transformationsziel simultan auf den Transformationsprozeß ein.

Verbindet man ordnungstheoretische und transformationstheoretische Bezugselemente, so wird deutlich, daß insbesondere das „Wissen um das bisherige Institutionenset" (*Streit* und *Mummert* 1996, S. 22) ein wichtiger Bestandteil des skizzierten transformationstheoretischen Forschungsansatzes ist, konkret der Analyse von Transformationsbasis und Transformationsziel. Mit dem in Deutschland eingeschlagenen Transformationsweg der „Schocktherapie" können nach *Streit* und *Mummert* (1996, S. 32) aufgrund der Interdependenzbeziehungen zwischen externen und internen Institutionen vornehmlich zwei Konfliktbereiche entstehen: Einerseits ist die Kompatibilität zwischen tradierten internen Institutionen und neuem externen Institutionenset nicht gegeben, und andererseits ist festzustellen, daß eine Systemtransformation die Entwertung von Wissen bedeutet. Aus der Perspektive der Erkenntnistheorie von *Popper* könnte man sagen, daß ein Wirtschaftssystem mit spezifischen Ordnungsausprägungen einen Wissens- und Erkenntnishorizont präjudiziert, der insbesondere die Entstehung und Veränderung interner Institutionen in Form von Verhaltensweisen beeinflußt.

Im folgenden Kapitel wird die eingeführte Terminologie inhaltlich erläutert und zu einer ‚*tranformationstheoretischen Triade*‘[2] verknüpft.

4.2. Elemente einer Theorie der Systemtransformation

4.2.1. Die ‚transformationstheoretische Triade‘

4.2.1.1. Transformations*basis*

Die *Transformationsbasis* gründet auf Prozessen im „alten" Wirtschaftssystem. Insofern können die realwirtschaftlichen Ergebnisse der Transformationsbasis mit Ansätzen, die sich mit dem „alten" Wirtschaftssystem auseinandersetzen, erklärt werden. Hierbei wird in erster Linie auf Arbeiten *Hayek*s sowie *Eucken*s eingegangen. Mittels einer erkenntnistheoretischen Perspektive können beide ordnungstheoretischen Ansätze im Hinblick auf die Transformationsproblematik fruchtbar zusammengebracht werden, um eine Grundfrage der Systemtransformation zu formulieren: Was zeichnet die Ordnungsbedingungen aus, die zu einer Transformation und damit notwendigerweise auch zu einer Transformationsbasis führen? Hinter dieser Fragestellung verbirgt sich das *zentra-*

---

[2] Der Begriff ‚*transformationstheoretische Triade*‘ ist vom Autor an anderer Stelle (*Starke* 2002, S. 195) in die Diskussion eingeführt worden. Die dort vorgenommene Betonung der Wechselwirkungen zwischen den einzelnen, analytisch separierten theoretischen Ansatzpunkten des Phänomens „Systemtransformation" wird in der Folge aufgenommen und sowohl in bezug auf die ordnungsökonomische Dimension der Argumentation als auch hinsichtlich der erkenntnistheoretischen Implikationen ausführlich dargestellt und vertieft.

le Problem der weiteren Ausführungen, nämlich der *Umgang mit Wissen* in einem Wirtschaftssystem.

Im Teil 4 wird ein Wissensansatz abgeleitet, der die erkenntnistheoretischen Analysen auf das Transformationsproblem anwendet: In den Bedingungen der Entstehung und Verarbeitung von Wissen wird der wichtigste Unterschied zwischen Wirtschaftssystemen vermutet. Formal ausgedrückt läßt sich der Ansatz wie folgt schreiben:

Transformations*basis* = f (Wissen [Ordnungsbedingungen])

Bei dieser Funktion wird unterstellt, daß die kognitiven Dispositionen der Individuen in einen spezifischen Ordnungsrahmen eingebunden sind. Der Ordnungsrahmen spannt einen Möglichkeitsraum auf, in dem die Individuen „neues Wissen" generieren können. Es reicht dabei völlig aus, daß es sich „nur" um subjektiv empfunden „neues Wissen" handelt. Bei dem hier skizzierten Verständnis von Wissen als Vermutungswissen ist also eine gewisse Tendenz zum Subjektivismus inhärent angelegt. Aus der Generierung von „neuem Wissen" ergeben sich in Abhängigkeit vom Ordnungsrahmen Veränderungen der realwirtschaftlichen Ergebnisse. Unter ganz bestimmten Voraussetzungen manifestieren sich diese Resultate schließlich in einer Prozeßkonstellation, in der die Überlebensfähigkeit des Wirtschaftssystems verlorengeht.

Daher läßt sich die Transformationsbasis auch als Konsequenz der „Nicht-Bewährung der akkumulierten Wissenshypothesen einer Gesellschaft" umschreiben. Was ist mit dieser „Wissensperspektive" für die weiteren Ausführungen gewonnen? Erstens können die strukturellen Ausprägungen der Transformationsbasis als Ergebnis von dahinterstehenden Wissenshypothesen interpretiert werden. Der Rückgriff auf das Wissensproblem ermöglicht zweitens eine evolutorische Sichtweise der Transformationsproblematik. Gemeint ist damit die Erkenntnis, daß Wissen immer falliblen Charakter hat. Damit ist die Offenheit der zukünftigen Entwicklungen als Kernelement evolutionsökonomischer Interpretationen unausweichlich (*Witt* 1987, S. 25).

Ausgehend von der sozialtechnischen Wissensverarbeitung des überkommenen Wirtschaftssystems bedeutet dies: Es kann nicht davon ausgegangen werden, daß der Wissensbestand der Transformationsbasis kompatibel ist mit dem als notwendig erachteten Wissen für die Erreichung des Transformationsziels. Im Sinne des hier gewählten *Popper*schen Wissensansatzes handelt es sich bei dem Wissensbestand eines Transformationsziels ebenfalls um Vermutungswissen, denn eine endgültige Bewährung von Wissen kann nicht existieren. Insofern muß man sich damit zufrieden geben, daß die jeweils generierte Problemlösung zeit- und raumadäquat sein kann, aber eben nicht sein muß. Das ist der wesentliche Punkt der Analyse. Daher ist es nur konsequent, auch für die Bewährung des Wissens eine zeit- und raumrelative Einschränkung gelten zu lassen; das heißt es ist nicht im voraus möglich, diejenigen Bedingungen anzugeben, unter denen die Wissenshypothesen sich bewähren bzw. scheitern werden. Auch hier gilt es, sich darauf zu beschränken, Muster von Ordnungen zu erzeugen bzw. sich entwickeln zu lassen, die als Selektionsumgebung der Wissenshypothesen fungieren können. Dieser Ansatz geht auf die Idee der „Mustervoraussagen" *von Hayek*s (1972) zurück.

Eine „präventive oder prophylaktische Wissensbewährung" der Hypothesen ist von daher nicht möglich. Es kann mithin „nur" darum gehen, bisher bewährte Rahmen- und

Ordnungsbedingungen zu schaffen bzw. zu ermöglichen, um auf diese Weise Prozesse der Generierung von Wissen, also die Bildung von Vermutungswissen zu erleichtern.

Die Transformation eines Wirtschaftssystems erfordert elementare Veränderungen der politischen und wirtschaftlichen Ordnung. Deshalb ist es nicht möglich, Friktionen im Transformationsprozeß dadurch zu vermeiden, daß sich die Ableitung eines Transformationsziels am Wissensbestand der Transformationsbasis orientiert und gleichsam eine Minimierung der Wissensdiskrepanz zwischen Transformationsbasis und Transformationsziel anstrebt. Der essentielle Unterschied zwischen Transformationsbasis und Transformationsziel besteht ja gerade in der Divergenz der zugrundeliegenden Prozesse der Generierung von Wissen: Zentralisierung von Wissen in Zentralverwaltungswirtschaften einerseits und Dezentralisierung von Wissen in Marktwirtschaften andererseits. Diese Ansätze stehen sich diametral gegenüber.

Zusammengefaßt ist also die *Transformationsbasis* als Gesamtheit der realwirtschaftlichen Erscheinungen eines Wirtschaftssystems, insbesondere durch die in den Ordnungsbedingungen angelegten Mechanismen der Generierung von Wissen, zu kennzeichnen. Die Nichterfüllbarkeit der ordnungsbedingten Wissensanforderungen sind somit ursächlich für den Systemniedergang und damit Ausgangspunkt der Transformation im engeren Sinne.

4.2.1.2. Transformations*ziel*

Das *Transformationsziel* sei als Gesamtheit der angestrebten politischen und realwirtschaftlichen Systemzustände unter den relevanten Ordnungsbedingungen gekennzeichnet.

Mit dieser Formulierung wird der Hypothesencharakter der Transformationszielfindung unterstrichen. Die Erscheinungsformen der gewünschten politischen und wirtschaftlichen Ordnung können in Anlehnung an den *Popper*schen Wissensansatz als Vermutungswissen interpretiert werden. Hierbei sind zwei grundlegende Strategien zu unterscheiden: Zum einen kann sich die Ableitung des Transformationsziels auf theoretische Modelle stützen, die bisher in der politischen und/oder wirtschaftlichen Realität noch nicht getestet worden sind. In diesem Fall würde ihre Anwendung im Transformationszusammenhang den ersten „Bewährungstest“ darstellen. Aufgrund der katastrophalen Ausgangslage der Transformationsökonomien ist davon auszugehen, daß die Mehrzahl der betroffenen Menschen wenig Interesse an solchen Experimenten haben dürfte. Zum anderen können verschiedene ordnungspolitische Leitbilder als potentielle Ansatzpunkte der Formulierung eines Transformationsziels herangezogen werden, wobei im Unterschied zur ersten Strategie bereits praktische Erfahrungen und somit „Bewährungen“ der den Leitbildern zugrundeliegenden Theorien gesammelt werden konnten. Die Bandbreite ordnungspolitischer Leitbilder ist groß. Im Prinzip kommen alle ordnungspolitischen Leitbilder als Transformationsziel in Frage, die verschieden sind von den falsifizierten Leitbildern der Transformationsbasis. Betrachtet man ausschließlich die marktwirtschaftlich orientierten ordnungspolitischen Leitbilder als potentielle Transformationsziele, so gilt es zunächst herauszuarbeiten, welche grundlegenden Charakteristiken diesen Leitbildern zugeschrieben werden können.

Weiter oben wurde ausgeführt, inwiefern das Transformationsphänomen in evolutions- und ordnungsökonomischer Perspektive interpretiert werden kann. Vor diesem Hintergrund scheint es nur konsequent, auf das Leitbild des Ordoliberalismus abzuheben, wenn es darum geht, ein Transformationsziel zu konkretisieren. Das ordnungspolitische Leitbild findet seinen prominentesten Ausdruck im Postulat der Errichtung einer Wettbewerbsordnung, die nach *Eucken* mittels konstituierender Prinzipien zu schaffen und mittels regulierender Prinzipien zu erhalten ist. Als konstituierende Prinzipien nennt *Eucken* (1952/1990, S. 254 ff.) folgende:

- Primat der Währungspolitik
- Offene Märkte
- Privateigentum
- Vertragsfreiheit
- Haftung
- Konstanz der Wirtschaftspolitik

Diese sechs Prinzipien konstituieren nach *Eucken* eine Wettbewerbsordnung, die ihren gemeinsamen Fokus in einem funktionsfähigen Preismechanismus finden. Als regulierende Prinzipien leitet *Eucken* folgende ab (1952/1990, S. 291 ff.):

- Monopolkontrolle
- Einkommenspolitik
- Wirtschaftsrechnung
- Anomale Reaktion des Angebots

Die Berücksichtigung der aus den regulierenden Prinzipien resultierenden wirtschaftspolitischen Aufgaben des Staates dient dazu, die konstituierte Wettbewerbsordnung funktionsfähig zu halten. Charakteristisch für die Position des Ordoliberalismus ist weiterhin die Rolle eines „starken Staates", der, auf demokratischer Basis legitimiert, zur Durchsetzung der notwendigen Rahmenbedingungen befähigt sein muß, oder in der Frageform *Euckens* ausgedrückt (1952/1990, S. 327): „Wie kann der moderne Staat zu einer Potenz werden, die eine brauchbare Wirtschaftsordnung verwirklicht?". Wesentlich für einen ordnungsökonomischen Ansatz der Transformationsproblematik ist die Interdependenz der Ordnungen, hier konkret der Staats- und Wirtschaftsordnung.[3]

Die Umsetzung dieses ordnungspolitischen Leitbildes in der Bundesrepublik Deutschland nach dem Zweiten Weltkrieg kann als gesellschafts- und wirtschaftspolitischer Großversuch, mithin als „Bewährungstest" verstanden werden. Bis zum jetzigen Zeitpunkt kann eine „empirische Bewährung" konstatiert werden. Ob in einem Wettbewerb der Systeme, der in dieser Untersuchung als Wettbewerb von Hypothesenbündeln[4]

---

[3] *Euckens* Ordnungskonzeption wird weiter unten in Teil 3, Abschnitt 4.3.2 ausführlich diskutiert, wenn es um eine ordnungstheoretische Erklärung der Systemtransformation geht.

[4] Wenn man ein System als Institutionenset versteht, könnte man auch von einem Wettbewerb zwischen Institutionen sprechen. Institutionenwettbewerb kann dann auch als „Wettbewerb von Ideen" interpretiert werden (*Seliger* und *Herrmann-Pillath* 2000, S. 1153). Ideen sind wie Hypothesen dadurch gekennzeichnet, daß sie eine noch nicht existente Wirklichkeit zum Gegenstand haben, gleichsam ex ante „Realitäten denken". Es handelt sich um die Fähigkeit

auf der Makroebene aufgefaßt wird, dies auch für die Zukunft gilt, muß logischerweise offen bleiben. Das hierfür notwendige Wissen wird erst in einem evolutorischen Prozeß generiert. An dieser Stelle ist auf die Sonderposition Ostdeutschlands im Transformationszusammenhang hinzuweisen, denn von den ehemaligen Staaten des Ostblocks konnte bisher nur die DDR in ein wiedervereinigtes Staatsgebilde aufgehen. Bezieht man diesen „raumspezifischen" Aspekt der Transformation in die Betrachtung ein, so lassen sich die Transformationsländer des ehemaligen Ostblocks folgendermaßen systematisieren:

Schema 1: Verhältnis von Transformationsraum, Transformationsbasis und Transformationsziel

Raumverhältnis von Transformationsbasis (TFB) und Transformationsziel (TFZ)	**Transformationsländer**
Variante I: Raum (TFB) = Raum (TFZ)	Bulgarien, Polen, Rumänien, Ungarn
Variante II: Raum (TFB) > Raum (TFZ)	Slowakei, Tschechien; Bosnien-Herzogowina, Kroatien, Montenegro, Serbien, Slowenien; Estland, Lettland, Litauen, Rußland, Ukraine, Weißrußland usw.
Variante III: Raum (TFB) < Raum (TFZ)	DDR; potentiell: Nordkorea

Quelle: eigene Darstellung.

Für die konkrete Ableitung des Transformationsziels kristallisieren sich aus der Systematisierung einige Besonderheiten heraus. Geht man beispielsweise davon aus, daß die Transformationsbasis der jeweiligen Transformationsländer die regionale Wirtschaftsstruktur beeinflußt hat, so sind insbesondere die Varianten II und III interessant.

Die ehemalige Tschechoslowakei kann als Beispiel für die Variante II dienen. Die regionale Wirtschaftsstruktur der Tschechoslowakei war von der Schwerindustrie im slowakischen Teil geprägt. Mit Auflösung der Tschechoslowakei konnte sich Tschechien von dieser ‚Altlast' befreien und für den wirtschaftsstrukturellen Wandel einen größeren Spielraum gewinnen. Für die Slowakei gilt das eben Gesagte analog umgekehrt.

Die DDR ist ein Beispiel für die Variante III: Der Weg der Wiedervereinigung über die Schaffung einer Wirtschafts-, Währungs- und Sozialunion sowie die Vollendung der staatlichen Einheit Deutschlands mit dem Beitritt der DDR zur Bundesrepublik Deutschland am 3. Oktober 1990 haben insofern *ein* Transformationsziel präjudiziert.[5]

---

des Menschen zur Imagination oder Kreativität.

Vgl. zu dieser Konzeption die grundlegenden Arbeiten von *Kerber* (1994; 1997), der die Unternehmungen als „Hypothesenbündel" charakterisiert und den Wettbewerb als „Hypothesentest" interpretiert. Zur Anwendung und Spezifizierung dieser Idee siehe weiter oben die Ausführungen zur erkenntnistheoretischen Interpretation der Unternehmung im zweiten Kapitel, Teil 2, insbesondere Abschnitt 2.2.9.

5 Im Einigungsvertrag zwischen der DDR und der Bundesrepublik Deutschland heißt es im Artikel 1: „Die Bundesrepublik Deutschland ist eine Soziale Marktwirtschaft". In diesem

Für die ehemalige DDR resultiert daraus die Notwendigkeit einer umfassenden Integration in die gesamtdeutsche Arbeitsteilung.

Das vermeintlich einfache Problem der Ableitung eines Transformationsziels ist demnach hoch komplex. Die Abkehr von der politischen und wirtschaftlichen Diktatur sozialistischer Zentralverwaltungswirtschaft hin zu einer demokratisch verfaßten politischen Ordnung und Marktwirtschaft bedeutet in erster Linie einen andersgearteten Umgang mit dem Wissensproblem. Die Überlegenheit marktwirtschaftlich geprägter ordnungspolitischer Leitbilder, erkennbar an ihrer bisherigen Bewährung, gegenüber sozialistischen Leitbildern, die den Bewährungstest nicht bestanden haben und somit als falsifiziert betrachtet werden müssen, läßt es daher plausibel erscheinen, die den marktwirtschaftlich geprägten ordnungspolitischen Leitbildern zugrundeliegenden Wissenshypothesen als Maßstab für die Ableitung eines Transformationsziels heranzuziehen.

4.2.1.3. Transformations*prozeß*

Die Transformationsbasis ist das Ergebnis des gescheiterten Versuchs der zentralisierten Wissensverarbeitung sowohl auf politischer Ebene, in Form des „demokratischen Zentralismus“, als auch auf wirtschaftlicher Ebene, in der sozialtechnischen Ausprägung einer Zentralverwaltungswirtschaft. Das Transformationsziel ergibt sich aus dem Umkehrschluß – der Möglichkeit der Wissensdezentralisierung, die ihren Ausdruck in der parlamentarischen Demokratie und in der wettbewerblichen Marktwirtschaft findet. Transformationsbasis und Transformationsziel sind also das Ergebnis eines evolutorischen Prozesses innerhalb spezifischer Ordnungsbedingungen. Die Aufgabe einer Transformationstheorie wären somit schwerpunktmäßig darin zu sehen, den Transformations*prozeß* zu beschreiben, zu erklären und möglicherweise sogar – im Sinne von Mustervoraussagen – zu prognostizieren.

Für die Sicht der Transformation als prozessuales, also in der historischen Zeit ablaufendes Phänomen, ist die Konzeption der pfadabhängigen Entwicklung nach *North* ein fruchtbares Denk- und Orientierungsmuster. Die weiter oben eingeführten analytischen Figuren des ‚Transformationstrichters‘ und des ‚Transformationskanals‘ können also auch als spezifische Ausprägungen einer pfadabhängigen Entwicklung interpretiert werden. So muß man beispielsweise bei der Wahl der „Schocktherapie“ als transformationspolitischer Strategie davon ausgehen, daß die damit implizierten neuen Ordnungsbedingungen nicht über Nacht die intendierten Wirkungen entfalten können. Denn die Adressaten jeglicher transformationspolitischer Maßnahmen sind letztlich die Menschen, die nicht notwendigerweise und sofort auf die veränderten Systembedingungen reagieren werden/können. Der Aufbau der verhaltensbestimmenden marktwirtschaftlichen Institutionen erfordert Zeit, ebenso wie mit der Generierung und Verbreitung von neuem Vermutungswissen Lernprozesse verbunden sind, die bei den einzelnen Individuen zu lokalisieren sind. Schon von daher ist eine zeitlich indifferente oder ahistori-

---

Zusammenhang wäre es interessant, die Bedeutung dieses Artikels im Kontext der Rechtsprechung des Bundesverfassungsgerichts im Hinblick auf die in den 1950er Jahren postulierte „Wirtschaftspolitische Neutralität des Grundgesetzes“ bezüglich der realisierbaren Wirtschaftsverfassung zu analysieren. Aus Raumgründen wird hier darauf verzichtet.

sche Transformationstheorie zum Scheitern verurteilt, jedenfalls dann, wenn sie über Mustervoraussagen hinaus, Erklärungen und Prognosen zu entwickeln beansprucht.

Aus diesem Grund erscheint es sinnvoll zu sein, zwischen *formaler* und *materialer Transformation* zu unterscheiden. Material wird die Transformation der politischen Ordnung erst dann, wenn die Menschen am politischen Willensbildungsprozeß aktiv teilnehmen, wenn sich also Menschen finden, die Parteien gründen, sich Parteien anschließen und von ihrer neu gewonnenen Wahlfreiheit Gebrauch machen. Für die wirtschaftliche Ordnung kann die Insolvenzsanktion als Beispiel dienen. Auch in diesem Fall läßt sich eine Divergenz zwischen formaler und materialer Transformation aufzeigen. In Abhängigkeit von der Ausgestaltung der Wirtschaftordnung und ihrer Interdependenzen mit der politischen Ordnung kann die Insolvenzsanktion in rechtlich kodifizierter Form gegebenenfalls nur auf dem Papier stehen. Als Zwischenergebnis ist festzuhalten: Der *Transformationsprozeß* ist ein evolutorischer Vorgang, der aus transformations*politischer* Perspektive formalen und/oder materialen Charakter annehmen kann.

Um die evolutorische Interpretation der Elemente der transformationstheoretischen Triade zu vervollständigen, sind die spezifischen Besonderheiten des Wissensphänomens im Transformationsprozeß zu erörtern. Die „Wissenssituation" zu Beginn des Transformationsprozesses kann wie folgt beschrieben werden: Die ‚*Systeminsolvenz*' der Zentralverwaltungswirtschaft hat eine umfassende Entwertung des akkumulierten Wissens bewirkt, und zwar auf allen zu betrachtenden Ebenen, das heißt sowohl auf der Individualebene als auch auf der Ebene der Institutionen. Aus der Individualperspektive bedeutet der Beginn eines Transformationsprozesses nichts anderes als die potentielle Eröffnung von neuen Wissenshorizonten. Das bisherige Wissensbündel der Individuen ist nur bedingt oder gar nicht kompatibel mit den neuen Ordnungsbedingungen. Der neu zu erschließende Wissensraum bzw. -umfang öffnet sich trichterförmig, freilich begrenzt durch die institutionellen Rahmenbedingungen des Transformationsziels. Von daher kommt der Gestaltung der institutionellen Ordnungsbedingungen ein besonderes Gewicht zu: Je besser die Rahmensetzungen dazu beitragen, die individuelle Wissenserschließung zu erleichtern, umso eher ist zu erwarten, daß der Übergang von der Transformationsbasis zum Transformationsziel kanalisiert wird. Dadurch lassen sich vermutlich erhebliche Ressourcen und Kosten einsparen.

4.2.2. Interdependenzen der Elemente der ‚transformationstheoretischen Triade'

Die Bausteine eines transformationstheoretischen Forschungsprogramms sind nun mit ihren Wechselwirkungen zu untersuchen. Es wird angenommen, daß der Beginn eines Transformationsprozesses anhand des abgeleiteten Kriteriums der Ordnungsbedingungen zeitlich fixiert werden kann und daß die politischen und wirtschaftlichen Entscheidungsträger eine Vorstellung vom Transformationsziel besitzen. Entscheidend ist, wann und unter welchen Bedingungen dieses Vermutungswissen einem Bewährungstest unterzogen wird. Würde man an die ‚Transformationsbasis' und das ‚Transformationsziel' Zeitachsen anlegen, so könnte leicht der falsche Eindruck entstehen, daß es sich bei den Elementen der transformationstheoretischen Triade um einen deterministischen Erklärungsansatz handelte: Auf die Entstehung einer Transformationsbasis folgt demnach eine Phase des Transformationsprozesses, der in einem Transformationsziel mündet, das sich dann in der Zeit weiter verändert. Damit würde eine zeitliche Linearität postuliert, die der Transformationsrealität nicht angemessen erscheint. So kann es durchaus sein, daß Transformationsprozesse in Gang gesetzt werden, ohne sich über die konkreten Ausprägungen eines Transformationsziels im Klaren zu sein.

Inhaltlich ist als Ausgangspunkt der transformationstheoretischen Betrachtungen eine möglichst umfassende Beschreibung und Erklärung der Ausprägungen der Transformationsbasis vorzunehmen. Da jedes Transformationsland spezifische Besonderheiten aufweist, muß von der Singularität der jeweiligen Transformationsbasis ausgegangen werden (*Wiest* 2000 S. 35 ff.). Dies erklärt die Präferenz für Erklärungsansätze, die sich auf die Ableitung von Mustervoraussagen beschränken. Deshalb sollten alle als relevant erachteten politischen, rechtlichen, ökonomischen und kulturellen Teilordnungen einer Gesellschaft Berücksichtigung finden.[6] Außerdem ist die Erhebung und Interpretation überkommener statistischer Daten zu problematisieren. Grundsätzlich wird davon ausgegangen, daß alle Transformationsländer des ehemaligen Ostblocks eine Vielzahl von statistischen Daten erhoben haben, die im Rahmen der jeweiligen Ordnungsbedingungen als Basis zur Gestaltung der Gesellschaft genutzt wurden.

Als Beispiel kann die DDR dienen. Die Erhebung und Interpretation der Daten erfolgten nicht vor dem Hintergrund eines potentiellen Systemzusammenbruchs, sondern dienten vielfach als Beweis für die Überlebensfähigkeit, wenn nicht gar der Überlegenheit des Systems.[7] Dies bedeutet insbesondere in der Anfangsphase der Transformation, daß die Entscheidungsträger gleichsam im ‚statistischen Nebel' herumstochern müssen. Mit diesem Problem haben alle Transformationsländer zu kämpfen. Darüber hinaus muß für Deutschland der politische Kontext berücksichtigt werden, wenn es um die Frage geht, ob nicht eine aus dem Grundgesetz ableitbare Verpflichtung seitens der Bundesregierung bestanden hat, eine fortlaufende Analyse und Interpretation der Entwicklungen in der DDR vorzunehmen, um auf den Tag X, die Wiedervereinigung vorbereitet zu sein.

In diesem Zusammenhang ist beachtenswert, daß im Jahr 1969 der fünfte und letzte Tätigkeitsbericht des Forschungsbeirats für Fragen der Wiedervereinigung Deutschlands beim Bundesministerium für Gesamtdeutsche Fragen erschienen ist. Erst im Jahr 1987 wurde vom Bundesministerium für innerdeutsche Beziehungen mit dem *Bericht zur Lage der Nation im geteilten Deutschland 1987* wieder der Versuch einer Standortbestimmung gemacht, „ohne daß hier direkte transformationstheoretische Empfehlungen gegeben werden" (*Schulz* 1992, S. 234).

---

6 Zur Bedeutung der „Kultur" für die Entstehung von Institutionen und deren Veränderungen finden sich verschiedene Ansätze in der Literatur. Ganz allgemein werden dabei unter dem Begriff der „Kultur" in der Regel ethnologische und insbesondere religionssoziologische Merkmale unterschieden. Vgl. beispielsweise im Transformationszusammenhang die Sammelbände von *Höhmann* (1999; 2001). Für eine instruktive Systematisierung sei auf *Leipold* (2000) hingewiesen.

7 Vgl. hierzu *Schüller* (1991, S. 48 ff.).

Geht man von der Annahme aus, daß sich die Mehrzahl der politisch Verantwortlichen in der Bundesrepublik eine Vereinigung der deutschen Staaten wohl nur unter bundesrepublikanischen Ordnungsbedingungen vorstellte, kann der Umgang mit dem völlig anders strukturierten Ordnungsphänomen „DDR“ nur als fahrlässig bezeichnet werden. Aufgrund dieses verbreiteten politischen und ökonomischen Desinteresses an ordnungstheoretischen Fragestellungen sind dann auch einige gravierende Fehlinterpretationen der Umbruchsituation 1989/1990 zu erklären. Hierbei ist an erster Stelle die zu erwartende Transformationsdauer zu nennen. Auf die Idee, daß der Status Quo der Bundesrepublik Deutschland am Tag X aus ordnungsökonomischer Perspektive vielleicht gar kein anzustrebendes Transformationsziel sein könnte, ist wohl ernsthaft kein Politiker gekommen, und auch in der Zunft der Ökonomen hat die ordnungsökonomische Brille wohl mit der Zeit an Sehschärfe verloren.

Diese Versäumnisse mußten fast zwangsläufig zu einer Fehleinschätzung des ökonomischen Potentials der DDR führen und haben damit auch transformationspolitische Entscheidungen begünstigt, die sich im nachhinein als fatal erwiesen haben. Genannt sei nur der vielleicht politisch rationale, aber ökonomisch irrationale Umstellungskurs der DDR-Mark.[8] Quasi über Nacht hat die Wirtschaft der DDR eine Währungsaufwertung drastischen Ausmaßes verkraften müssen. Dies war eine Ursache für die abrupte Wettbewerbsunfähigkeit der bis dahin bestehenden ostdeutschen Betriebe. Des weiteren ist das Wegbrechen der Märkte mit den ehemaligen Wirtschaftspartnern des Ostblocks zu nennen: Zu ‚Westpreisen‘ präferierten diese Abnehmer auch ‚Westgüter‘.

Zusammengefaßt ist davon auszugehen, daß das Transformationsziel nicht losgelöst von den Gegebenheiten der Transformationsbasis zu finden ist. ‚Transformationsbasis‘ und ‚Transformationsziel‘ stehen demzufolge nicht zusammenhanglos nebeneinander, sondern wirken direkt aufeinander ein. Die mit Blick auf Deutschland vielzitierte ‚Mauer in den Köpfen der Menschen‘ ist daher für den Transformationsprozeß ein nicht zu unterschätzendes Problem.

Transformationsbasis und Transformationsziel beeinflussen über die Transformationspolitik den Transformationsprozeß. Dieser Zusammenhang ist im Hinblick auf die dargelegte wissensorientierte Interpretation zu verdeutlichen.[9] Die Transformationsbasis ist als Ergebnis der Nicht-Bewährung der Hypothese von der Zentralisierbarkeit des Wissens gekennzeichnet worden. Das Transformationsziel ist als ein Pool von Vermutungswissen charakterisiert worden, wobei die Bisher-Bewährung der Hypothese von der Nichtzentralisierbarkeit des Wissens im Vordergrund der Argumentation steht. Schließlich ist der Transformationsprozeß als evolutorischer Vorgang der Generierung von Wissen interpretiert worden.

---

8 Die Differenzierung zwischen ökonomischer und politischer Rationalität reflektiert die unterschiedlichen Ordnungsbedingungen, unter denen Politiker bzw. Wirtschaftsakteure agieren. Ohne eine solche analytische Trennung droht eine mangelnde Sensibilität für reale Ordnungsbedingungen, die eben dadurch gekennzeichnet sind, daß Interdependenzen zwischen den Teilordnungen einer Gesellschaft bestehen. Vgl. hierzu *Schüller* und *Weber* 1998.

9 Vgl. hierzu *Fehl* und *Schreiter* (2000).

Im Transformationsprozeß sind Bedingungen zu schaffen, die die Möglichkeit bieten, „nicht-bewährtes Wissen" in „bisher-bewährtes Wissen" zu transformieren. Dies geschieht durch Generierung von Vermutungswissen, das die Individuen im Transformationsprozeß erzeugen.

Dieser Prozeß wird einerseits von den überkommenen Strukturen der Transformationsbasis beeinflußt. Als Beispiel kann die Eigentumsordnung in den Transformationsländern dienen. In Abhängigkeit von den jeweiligen Ausprägungen der Eigentumsordnungen sind unterschiedliche Privatisierungsstrategien realisiert worden. Andererseits sollte der Transformationsprozeß kompatibel zum Transformationsziel ablaufen, das heißt es sind insbesondere diejenigen transformationspolitischen Maßnahmen zu ergreifen, die aus der Perspektive des abgeleiteten Transformationsziels als konstitutiv zu bezeichnen sind. Insofern wirkt also das Transformationsziel auch auf den Transformationsprozeß ein. Darüber hinaus ist im Sinne der Wirkungsinterdependenz davon auszugehen, daß der Transformationsprozeß sowohl auf die Transformationsbasis als auch auf das Transformationsziel zurückwirkt.

Der erste Fall ist trivial: Der Transformationsprozeß soll ja gerade das in der Transformationsbasis materialisierte nicht-bewährte Wissen neuen Prozessen der Generierung von Wissen und damit letztlich neuen Materialisierungen zugänglich machen. Die Erläuterung des zweiten Falls ist etwas komplizierter: Der Transformationsprozeß nimmt Zeit in Anspruch. Auftretende Friktionen im Transformationsprozeß können zu Modifikationen des Transformationsziels Anlaß geben. Dies ist insbesondere dann nicht verwunderlich, wenn man sich die Komplexität des Transformationsgeschehens vor Augen hält. Gleichzeitig hat die Konkretisierung des Transformationsziels einen entscheidenden Einfluß auf die Rückwirkungen des Transformationsprozesses auf das Transformationsziel: Je spezifischer das transformationszielbezogene Vermutungswissen, desto wahrscheinlicher sind Falsifikationen dieser Vermutungen im Transformationsprozeß, die wiederum die transformationspolitischen Entscheidungsträger (vermeintlich) zu Anpassungen des Transformationsziels zwingen.

Fazit: Die Elemente Transformationsbasis, Transformationsziel und Transformationsprozeß stehen in einem interdependenten Verhältnis zueinander und lassen sich erst im Wechselspiel der Wirkungen systematisch aufeinander beziehen.

4.3. Ordnungstheoretische Erklärungen der Systemtransformation

Die Elemente der Transformationstriade können mit Hilfe ordnungstheoretischer Argumente konkretisiert werden, wie sie etwa von *F. A. von Hayek* und *W. Eucken* entwickelt worden sind. Beide Autoren stellen den Wettbewerb ins Zentrum ihrer Analysen. Während *Hayek* das Verhältnis zwischen Wettbewerb und Wissensverarbeitung betont, steht bei *Eucken* die Beziehung zwischen Wettbewerb und Macht im Vordergrund.[10] Im Transformationskontext kommt allen drei Dimensionen – Wettbewerb, Wissen und Macht – eine herausragende Rolle zu. Deshalb interessieren hier die Verbindungslinien zwischen den einzelnen Elementen sowie eine Interpretation aus erkenntnistheoretischer

[10] Vgl. hierzu auch *Pies* (2000, S. 349 f.).

Sicht. Hierzu ist es notwendig, die wesentlichen Aspekte der jeweiligen Ordnungskonzeptionen herauszuarbeiten.

4.3.1. Zur Nicht-Zentralisierbarkeit von Wissen – *Hayek*s Ordnungskonzeption

Wesentliche Ansatzpunkte *Hayek*schen Denkens beziehen sich auf den Umgang mit dem *Wissen* in der Gesellschaft, auf den *Wettbewerb* in seiner Bedeutung für die Wissensentdeckung und -diffusion, schließlich auf die Charakterisierung der Ordnung als *Marktordnung* („Katallaxie"), die wiederum auf der Unterscheidung von „*Taxis*" und „*Kosmos*" beruht. Diese Gesichtspunkte werden zunächst einzeln diskutiert, dann im Sinne von *Hayek*s Ordnungskonzeption zusammengefaßt.

Hayek hat sich sehr früh und intensiv mit der Bedeutung des *Wissens* für Gesellschaft und Wirtschaft befaßt.[11] Dabei kommt er zu dem Ergebnis, daß das „Wissen" theoretisch ein Mauerblümchendasein fristet, obgleich es seiner Bedeutung nach in den Mittelpunkt der ökonomischen Analyse gehört.

> „Es gibt hier entschieden ein Problem der ‚Wissensteilung', das ganz analog und mindestens ebenso wichtig ist wie das Problem der Arbeitsteilung. Während aber das letztere seit den Anfängen unserer Wissenschaft eines ihrer Hauptuntersuchungsobjekte war, wurde das erstere völlig vernachlässigt, obwohl es mir als das zentrale Problem der Volkswirtschaftslehre als einer Sozialwissenschaft erscheint" (*Hayek* 1936/1976a, S. 70 f.).

Nach *Hayek* ist also ein wesentliches Charakteristikum ökonomischer Betätigung der Individuen darin zu sehen, daß die einzelnen Individuen nur über ein unvollkommenes Wissen verfügen[12] und daher ihre Entscheidungen und die daraus resultierenden Konsequenzen prinzipiell auch nicht ‚von oben' vollständig prognostizierbar sind. Individuen werden von daher bei *Hayek* nicht als allwissende Menschen modelliert.[13] Damit wird

---

[11] Wesentliche Arbeiten hierzu stammen aus den 30er und 40er Jahren des 20. Jahrhunderts. Vgl. *Hayek* (1935a; 1935b; 1935c; 1940; 1941a; 1941b; 1944). Aufbauend auf diesen Ausführungen hat *Hayek* später seine Vorstellungen zur Bedeutung des Wettbewerbs konkretisiert und eine eigenständige ordnungstheoretische Konzeption entwickelt, deren Kernelement die Unterscheidung verschiedener Arten von Ordnungen hinsichtlich ihrer Fähigkeit zur Genese und Nutzung von Wissen darstellt. Siehe *Hayek* (1963; 1980; 1994a; 1994b; 1994d; 1994f; 1994h). Die Hauptaussagen der genannten Arbeiten erscheinen geeignet, das „Wissen" als ein Grundproblem unserer Sicht der Transformationsproblematik zu fokussieren.

[12] Vgl. *Hayek* (1976c, S. 103 f.). *Hayek* distanziert sich hier vom Informationskonzept der neoklassischen Theorie, das zur Erklärung der für ihn relevanten Problemstellungen nicht geeignet erscheint. „*Wenn* wir alle erforderlichen Informationen besitzen, *wenn* wir von einem gegebenen System der Rangordnungen ausgehen können und *wenn* wir über eine vollständige Kenntnis der verfügbaren Mittel gebieten, dann ist das Problem, das übrig bleibt, lediglich ein Problem der Logik" (*Hayek* 1976c, S. 103; H.i.O.).

[13] An anderer Stelle heißt es dazu bei *Hayek* (1960/1971, S. 38; Herv. v. Verf.): „Wenn es allwissende Menschen *gäbe*, wenn wir nicht nur alles wissen können, wovon die Erfüllung unserer gegenwärtigen Wünsche abhängt, sondern auch alle unseren zukünftigen Bedürfnisse und Wünsche, gäbe es wenig zugunsten der Freiheit zu sagen."
In *Hayek* (1994b, S. 84; H.i.O.) heißt es: „Die entscheidende Tatsache unseres Lebens ist jedoch, daß wir *nicht* allwissend sind, daß wir uns nur von Augenblick zu Augenblick neuen Tatsachen anpassen müssen, die wir zuvor nicht gekannt haben, und daß wir deshalb unser Leben nicht nach einem vorgefaßten, detaillierten Plan einrichten können, in dem jede ein-

bereits ein wichtiges Element der Analyse deutlich: Wissen ist an Individuen gebunden, die aufgrund ihrer begrenzten kognitiven Fähigkeiten jeweils nur Teile des verfügbaren Wissens besitzen bzw. internalisieren können. Deshalb lautet die Frage, die für *Hayek* im Mittelpunkt der theoretischen Analysen zu stehen hat: Wie kann es gelingen, dieses individuelle Wissen im Wirtschaftsprozeß zu mobilisieren und zu koordinieren.[14] *Hayek* präzisiert seinen personalen Wissensbegriff, indem er „die Kenntnis der besonderen Umstände von Ort und Zeit" (*Hayek* 1976c, S. 107) als wesentliches Kennzeichen herausstellt.

Diese Interpretation fügt sich nahtlos in die Vorstellung einer von subjektiven Perzeptionen getragenen Handlungskonzeption ein. Die Raum-Zeit-Gebundenheit der Individuen macht eine übereinstimmende Kenntnis der raum- und zeitspezifischen Besonderheiten bereits aus logischen Gründen unmöglich. Und selbst für den hypothetischen Fall, daß diese physikalische Restriktion nicht gegeben wäre, könnte man nicht vereinfachend davon ausgehen, daß zwei Individuen vollständig identische Erkenntnisse erlangen würden. Aus diesem Grund kann „die Kenntnis der besonderen Umstände von Ort und Zeit" auch als ein Wesensmerkmal der ubiquitären Fallibilität individuellen Wissens angesehen werden.[15]

Zur Ungewißheit zukünftiger Entwicklungen als anthropologischer Konstante kommt somit hinzu, daß die Quantität und Qualität des individuellen Wissens ebenfalls ungewiß sind, wenn es darum geht, Probleme zu lösen. Während die Ursache der Ungewißheit im ersten Fall unabhängig von den Menschen ist, liegt im zweiten Fall eine individuenbezogene und daher abhängige Verursachung vor. Diese resultiert aus zwei Gründen: Zum einen handelt es sich bei den Problemstellungen um individuelle Interpretationen der ‚Realitäten'. Von daher dürften die Ergebnisse der Interpretation und die daraus abgeleiteten Hypothesen oder Problemlösungen unterschiedlich ausfallen. Es ist somit eine Relativität individueller Ziel zu konstatieren.[16] Zum anderen ist neben der Relativität der Ziele auch die Relativität der Mittel zur Erreichung der Ziele festzustellen.

---

zelne Handlung im voraus jeder anderen rational angepaßt ist."
Auch diese Textstellen unterstreichen somit die realitätsnahe Einschätzung menschlicher Fähigkeiten. Gerade weil der Mensch nicht allwissend ist, macht es wenig Sinn, ihn in Theorien gleichsam als ‚allwissend' zu modellieren. Eine Abkehr von neoklassischen Modellannahmen der Kenntnis aller Tatsachen bzw. der unendlich schnellen Anpassung an diese, ist daher unausweichlich, um zu empirisch prüfbaren Theorieaussagen zu gelangen. Sonst droht der von *Albert* beschriebene „Modellplatonismus".

14 Vgl. *Hayek* (1976c, S. 108).

15 Vgl. hierzu auch *Hayek* (1963/1994a, S. 45): „Es ist mit anderen Worten der begrenzte Horizont unserer Kenntnis der konkreten Tatsachen, der es notwendig macht, unsere Handlungen dadurch zu koordinieren, daß wir uns abstrakten Regeln unterwerfen und nicht versuchen, jeden Einzelfall allein auf Grund der beschränkten Zahl relevanter Einzelfakten zu entscheiden, die wir zufällig kennen."

16 ‚Relativität der Ziele' bezieht sich nicht darauf, daß die Individuen ‚nicht wissen, was sie wollen', sondern rückt die Individualität und Personalität der Zielgenese und -formulierung in den Mittelpunkt, und zwar gerade weil die Individuen über ihre eigenen Problemstellungen am besten informiert sind, aufgrund ihrer „besonderen Kenntnisse von Ort und Zeit" (*Hayek*).

Aus erkenntnistheoretischer Perspektive bedeutet die Relativität der individuellen Ziel- und Hypothesengenese sowie die Relativität der zur Umsetzung eingesetzten Mittel und Instrumente nichts anderes, als daß sich die Individuen auf allen Ebenen mit „Vermutungswissen" im *Popper*schen Sinne begnügen müssen. So wie es kein absolutes und wahres Wissen über Ziele geben kann, so ist auch die Annahme der Kenntnis oder der Wahrheit von Instrumenten und Mitteln zur Erreichung dieser Ziele heroisch und nicht zu legitimieren. Ziele, Instrumente und Mittel sind das Ergebnis der Genese von falliblem Vermutungswissen.

Neben der erkenntnistheoretischen Einordnung des *Hayek*schen Wissenskonzepts ist ein weiterer Aspekt, der sich logisch aus den vorhergehenden Erläuterungen ergibt, für das Verständnis der *Hayek*schen Ordnungsvorstellungen zu betonen: Wenn das Wissen der einzelnen Individuen unvollständig (und fallibel) ist, folgt daraus automatisch, daß sich alles Wissen auf Individuen verteilt. Oder: „Je mehr die Menschen wissen, desto geringer wird der Anteil an all dem Wissen, den ein einzelner Verstand aufnehmen kann. (...) Gerade die Teilung des Wissens erhöht die notwendige Unkenntnis des Individuums vom größten Teil dieses Wissens" (*Hayek* 1960/1971, S. 35). Daran schließt sich mithin das Problem „der Verwertung von Wissen, das niemandem in seiner Gesamtheit gegeben ist" (*Hayek* 1976c, S. 104) an. Weiter konstatiert *Hayek* (1976c, S. 105):

> „(D)as Problem, die beste Methode zu finden, durch die die Kenntnisse, die ursprünglich unter alle Menschen verteilt sind, nutzbar gemacht werden können, ist zudem mindestens eines der Hauptprobleme in der Wirtschaftspolitik – oder im Entwurf eines zweckmäßigen Wirtschaftssystems."

Die letzte Aussage verdeutlicht die Bedeutung, die *Hayek* der Analyse von Wirtschaftssystemen im Hinblick auf die Verwertung von Wissen beimißt. Damit eröffnet sich gleichzeitig die Möglichkeit, unterschiedliche Wirtschaftssysteme in bezug auf ihren Umgang mit Wissen zu typisieren und auf dieser Basis möglicherweise eine Begründung für differierende Entwicklungspfade von Wirtschaftssystemen zu geben.

Festzuhalten bleibt, daß die *Hayek*sche Analyse der Kategorie „Wissen" drei wesentliche Argumentationsrichtungen beinhaltet. Zum einen ist das „Wissen" der Individuen notwendig unvollständig. Dies ist die erkenntnistheoretische Basis.

Zum anderen ist das „Wissen" zur Lösung von Problemen auf eine Vielzahl von Individuen in einer Gesellschaft verstreut, so daß sich als Folgeproblem die Frage der Koordination dieser Wissensbruchstücke der Individuen einer Gesellschaft ergibt. Damit ist implizit eine „Wendung zu einer ökonomischen Soziologie des Wissens" (*Engel* 2000, S. 292, Fn. 25) verbunden, denn das Wissens-Koordinationsproblem im gesellschaftlichen Kontext wird auch und gerade von der Gestalt des Umgangs mit Wissen im Bereich der Ökonomie entscheidend geprägt. Die zentrale Frage aller Sozialwissenschaften lautet gemäß *Hayek* (1976c, S. 75) daher:

> „Wie kann das Zusammenwirken von Bruchstücken von Wissen, das in den verschiedene Menschen existiert, Resultate hervorbringen, die, wenn sie bewußt vollbracht werden sollten, auf seiten des lenkenden Verstandes ein Wissen erfordern würde, das kein einzelner Mensch besitzen kann?".

Schließlich ist eine dritte Implikation der *Hayek*schen Wissensinterpretation hervorzuheben. Wenn das Wissen der Individuen unvollständig und verstreut ist, stellt sich die Frage, wie und warum menschliches Zusammenleben und individuelle Interaktion trotzdem funktioniert – zumindest in den meisten Fällen? Diese Frage führt zum Problem der Rolle und der Funktion des „*Wettbewerbs*“ im Zusammenhang mit der Nutzung des unter die Individuen verstreuten und unvollständigen Wissens.

Das *Hayek*sche Wettbewerbsverständnis kulminiert in seiner Formulierung vom „Wettbewerb als Entdeckungsverfahren“, das sich darin äußert, daß „ohne sein Bestehen [Tatsachen] entweder unbekannt bleiben oder doch zumindest nicht genutzt werden würden“ (*Hayek* 1994h, S. 249). Bevor jedoch diese Einschätzung beurteilt werden kann, erscheint es hilfreich zu sein, die *Hayek*schen Gedanken zum „Wettbewerb“ eingehender zu diskutieren. Den Ausgangspunkt bildet die These von der Dezentralität des Wissens in einer Gesellschaft mit einem hohen Grad an Arbeitsteilung.[17] Damit die einzelnen Individuen ihre Probleme lösen können, ist es unabdingbar, daß sie auf das Wissen anderer Individuen zurückgreifen. In welcher Form geschieht das?

Die Wissenskoordination der Individuen entfaltet sich entlang von Wettbewerbsprozessen. Die Lösung individueller Probleme ist dabei der motivationale Antrieb; zusätzlich wird offenbar, „welche Güter knapp oder welche Dinge Güter sind, oder wie knapp oder wertvoll sie sind“ (*Hayek* 1994h, S. 253). Die variierenden Preise der Güter dienen in diesem Entdeckungsverfahren als Gradmesser für das Wissen, welche Güter wichtig sind und welche weniger.

Damit die Marktprozesse allerdings die hier angedeuteten Funktionen erfüllen können, bedarf es eines wettbewerblichen Umfeldes; nur dann können die Individuen ihr Wissen in den Wettbewerbsprozeß einbringen und über positive oder negative Rückkopplungen Informationen über die aktuelle Qualität ihres Wissens erlangen. *Hayek* (1976d, S. 139 f.; H.i.O.) bringt diese Zusammenhänge wie folgt zum Ausdruck:

> „Der Wettbewerb ist im wesentlichen ein Prozeß der Meinungsbildung: Indem er Informationen verbreitet, schafft er jene Einheit und jenen Zusammenhang des Wirtschaftssystems, den wir voraussetzen, wenn wir es uns als *einen* Markt denken. Er schafft die Ansichten, die die Leute darüber haben, was am besten und billigsten ist; was die Menschen über Möglichkeiten und Gelegenheiten wissen, das erfahren sie durch ihn.“

Diese Aussage impliziert zweierlei: Zum einen wird deutlich, daß die informatorischen Inhalte, die im Wettbewerb transportiert werden, alles andere als ‚Wahrheiten‘ im erkenntnistheoretischen Sinne sind. Deshalb spricht *Hayek* von „Meinungsbildung“ und „Ansichten“. Die subjektivistische Sichtweise *Hayek*s scheint hier durch. Zum anderen wird der Wettbewerb hier als Quelle von Wissen interpretiert, denn erst durch den Wettbewerb gelangen die Individuen zur Kenntnis von neuen Möglichkeiten und Gelegenheiten, ihre individuellen Wissensbruchstücke zu nutzen.

An anderer Stelle äußert sich *Hayek* (1994h, S. 250; H.i.O.) zum Sanktionscharakter wettbewerblicher Marktprozesse.

---

[17] Vgl. zur Arbeits- und Wissensteilung *Hayek* (1976a, S. 70 f.).

„Wettbewerb (ist) *nur* deshalb und insoweit wichtig (...), als seine Ergebnisse unvoraussagbar und im ganzen verschieden von jenen sind, die irgendjemand bewußt hätte anstreben können sowie auch, daß sich seine wohltätige Wirkung darin zeigen muß, daß er gewisse Absichten vereitelt und gewisse Erwartungen enttäuscht."

Die Individuen müssen folglich immer wieder erfahren, daß ihre Wissens- und Leistungsbeiträge nicht in der von ihnen erhofften Art und Weise belohnt werden; denn „die Anpassung der ganzen Ordnung menschlichen Handelns an die sich verändernden Umstände beruht darauf, daß sich die Entlohnung der verschiedenen Leistungen ändert, ohne auf die Verdienste oder Mängel der Betroffenen Rücksicht zu nehmen" (*Hayek* 1994h, S. 258). Die Unvoraussagbarkeit wettbewerblicher Ergebnisse ist ein wesentlicher Aspekt einer evolutorischen Interpretation des Wettbewerbs, da damit der Forderung nach Offenheit der wirtschaftlichen Entwicklung und deren Resultate Rechnung getragen wird. Gleichzeitig bietet diese Interpretation die Anschlußmöglichkeit an die *Popper*sche Methodologie und evolutionäre Erkenntnistheorie, so daß die *Hayek*schen Gedanken zu den Phänomenen „Wissen" und „Wettbewerb" sowie deren Verhältnis zueinander als ein Anwendungsfall derselben aufgefaßt werden können.[18]

Auf der Grundlage dieser Überlegungen gelangt *Hayek* zu einigen bedeutsamen Vorstellungen, die auch im Hinblick auf ihre wirtschaftspolitischen Konsequenzen von Interesse sind. Wichtiger als die Frage, ob ein Wettbewerb vollkommen oder nicht ist, ist die für eine Gesellschaft praktische Frage, „ob es überhaupt Wettbewerb gibt" (*Hayek* 1976d, S. 139). Überspitzt formuliert, impliziert diese Aussage die These, daß es besser ist, ‚schlechten Wettbewerb als gar keinen Wettbewerb zu haben'. Weiterhin vertritt *Hayek* (1976e, S. 145) die These, „daß der Wettbewerb durch bestimmte staatliche Maßnahmen wirksamer gemacht werden kann, als er ohne sie wäre." Damit schließt die *Hayek*sche Sichtweise die *Eucken*sche Interpretation des Ordnungsproblems und der Rolle, die der Staat in diesem Zusammenhang spielt, keineswegs per se aus.

Insofern kommt *Hayek* zu einer Beurteilung der Wettbewerbsordnung, die in dieser Formulierung auch von *Eucken* stammen könnte. „Der Zweck der Wettbewerbsordnung ist, den Wettbewerb wirksam zu machen" (*Hayek* 1976e, S. 146). Die Ausgestaltung einer Wettbewerbsordnung und die Feststellung der Wirksamkeit des Wettbewerbs bedürfen der Konkretisierung, die allerdings in den Schriften *Hayek*s kaum zu finden sind. *Hayek* beschränkt sich vielmehr auf abstrakte Hinweise. So schreibt er in bezug auf die Funktionsfähigkeit des Wettbewerbs, „daß die Beteiligten sich an Regeln halten [müssen], statt Gewalt anzuwenden. Regeln allein können eine erweiterte Ordnung zusammenhalten" (*Hayek* 1996, S. 16). Nötig ist daher ein individueller Verzicht auf die Durchsetzung von Eigeninteressen auf der Basis des Rechts des Stärkeren. Stattdessen ist ein unabhängiges Regime des gleichen Rechts für alle zu institutionalisieren. An anderer Stelle betont *Hayek* die Bedeutung eines Rechtssystems, das auch Eigentumsrechte präzisiert und die bürgerlichen Rechte regelt für das Funktionieren einer Marktwirtschaft.[19] Diese Aussage bestätigt, daß *Hayek* keinesfalls als Verfechter eines

---

[18] Eine Erläuterung dieser These findet sich weiter unten in diesem Kapitel, Teil 4, Abschnitt 4.4.1.

[19] Vgl. *Hayek* (1976e, S. 151).

'Nachtwächterstaates' angesehen werden darf. Viele (eindeutige) Fundstellen und Belege aus seinen Schriften sprechen gegen eine solche (verkürzte) Darstellung.

Faßt man die *Hayek*schen Überlegungen zum Phänomen „*Wettbewerb*" zusammen, so sind für den weiteren Gang der Untersuchung drei Aspekte wesentlich: Erstens: Der Wettbewerb ist in seiner Prozessualität bei unvollständigem Wissen der Beteiligten in der Lage, Wissen hervorzubringen, daß auf andere Weise verschlossen bliebe. An dieser Stelle ist jedoch eine kritische Anmerkung angebracht. Das Bild vom „Wettbewerb als Entdeckungsverfahren" leidet aus erkenntnistheoretischer Perspektive an der (sprach-) logischen Tatsache, daß nur Dinge oder Wissen „entdeckt" werden können, die bereits existieren. Nun ist dieser Beitrag des *Hayek*schen Wettbewerbs sicher nicht gering zu schätzen, gleichwohl ist damit die *Hayek*sche Wettbewerbsinterpretation ergänzungsbedürftig, um der Anforderung einer evolutorischen Interpretation voll und ganz zu genügen. Dies ergibt sich daraus, daß ein wesentliches Kennzeichen evolutorisch interpretierter Wettbewerbsprozesse die Generierung von neuem Vermutungswissen darstellt, wobei die Fähigkeit der Individuen zur Kreativität das entscheidende analytische Argumentationsglied bildet. Individuen „entdecken" nicht nur existentes Wissen, sie „kreieren" vielmehr neues Wissen.[20] Die 'Wissensakkumulationsthese' basiert aus diesem Grund letztlich auf der Annahme eines gegebenen und vor allem endlichen Umfangs an 'Entdeckbarem', hier in der allgemeinsten Form: an Wissen. Für diese Annahme gibt es jedoch keine zureichende Begründung; allenfalls ließe sich aus der Begrenztheit der kognitiven menschlichen Fähigkeiten aus pragmatischen Gründen eine derartige Prämisse rechtfertigen.

Zweitens: Die Ergebnisse wettbewerblicher Prozesse sind notwendig unvoraussagbar.[21] Damit ist die evolutorische Offenheit von Wettbewerbsprozessen gewährleistet. Im Wettbewerb ist eine Vielzahl spezifischer „Kenntnisse der besonderen Umstände von Ort und Zeit" miteinander verwoben; diese Spezialkenntnisse sind an die Individuen gebunden. Deshalb bleibt für die Vorhersage von konkreten Ergebnissen des Wettbewerbsprozesses wenig Raum. Dies ist auch insofern von Bedeutung, als der Wettbewerb gerade dort das Wissen bereichert, „wo es die Natur der Güter oder Dienstleistungen unmöglich macht, daß je ein vollkommener Markt im theoretischen Sinn entsteht" (*Hayek* 1976d, S. 137). Anders gewendet: Je komplexer, diffuser und unstrukturierter das Ordnungsumfeld der Individuen ist, desto mehr ist es für die Koordination der Wissensbruchstücke der Individuen von Bedeutung, daß wettbewerbliche Verfahren sowohl auf der Ebene der ökonomischen als auch der Ebene der politischen Entscheidungsprozesse Anwendung finden. Verbunden mit dem Anstieg der Komplexität der zu lösenden Probleme ist daher vermutlich auch die Komplexität der theoretischen Erklärung der zugrundeliegenden Probleme. Gleichzeitig folgt daraus auch die Erkenntnis, daß die Theorie in vielen Fällen nicht zur Prognose von singulären Ereignissen geeignet sein kann, sondern sich ganz auf die Ableitung von Musteraussagen konzentrieren sollte.

---

[20] Mit der 'Kreation neuen Wissens' ist ein allgemeiner Oberbegriff für eine Vielzahl von nicht voraussagbaren Erscheinungen gefunden. Die *Heuß*sche „Nachfragekreierung" kann beispielsweise als ein Unterfall dieser Interpretation aufgefaßt werden.

[21] Vgl. *Hayek* (1994h, S. 255).

In *Hayeks* „Theorie komplexer Phänomene" (1972, S. 16) heißt es dazu:

> „Aber eine einfache Theorie über komplexe Phänomene, die ihrer Natur nach komplex sind (...), ist wahrscheinlich notwendigerweise falsch – jedenfalls ohne eine spezifizierte ceteris-paribus-Annahme, nach deren vollständiger Formulierung die Theorie jedoch nicht mehr einfach wäre",

und weiter argumentiert *Hayek* (ebenda), daß

> „unser Interesse (...) indessen nicht nur individuellen Ereignissen und nicht nur empirisch testbaren Voraussagen über individuelle Ereignisse (gilt). Gleichermaßen gilt unser Interesse der Wiederkehr abstrakter Muster als solchen; und die Voraussage, daß unter genau umrissenen Umständen das Muster einer bestimmten Art erscheinen wird, ist eine falsifizierbare (und deshalb empirische) Aussage. Die Kenntnis der Bedingungen, unter denen ein bestimmtes Muster erscheint, und die Kenntnis dessen, wovon das Bestehenbleiben dieses Musters abhängt, können große praktische Bedeutung haben."

In den Passagen wird deutlich, daß die umfassende Analyse und Interpretation des Wettbewerbsumfelds in individueller und institutioneller Ausrichtung wichtig ist für die Genese von Vermutungen über die Gestaltung einer gesellschaftlichen Ordnung im allgemeinen und einer Wettbewerbsordnung im besonderen.[22]

Drittens: Der Wettbewerb ist als marktliches Kommunikationssystem zu interpretieren, das die individuellen Beiträge aufeinander bezieht. Erst durch diesen Vorgang der Vernetzung von individuellem Wissen im Rahmen der vom Wettbewerb ausgehenden Anreiz- und Sanktionswirkungen auf Märkten ist gewährleistet, daß die einzelnen Individuen einerseits von Komplexität entlastet werden, da sie nicht mehr alles für ihre Problemlösung als relevant erachtete Wissen ‚wissen müssen', sondern die Wissensbruchstücke der anderen Markt- und Wettbewerbsteilnehmer nutzen können und andererseits mit ihren spezifischen Problemlösungen gleichzeitig die Komplexität steigern, da die konkurrierenden Problemlösungen im Wege negativer Rückkopplung die Markt- und Wettbewerbsteilnehmer zur Revidierung von Erwartungen und Hypothesen zwingen.

Nachdem die *Hayek*schen Analysekategorien „Wissen" und „Wettbewerb" ausführlich dargestellt worden sind, geht es in der Folge darum, den Begriff der Marktordnung („*Katallaxie*") und seine Einbettung in die Diskussion der Begriffe „*Taxis*" und „*Kosmos*" vorzunehmen. Da die „*Katallaxie*" Ausprägung einer ‚kosmischen Ordnung' ist, werden zunächst die Ordnungen „Taxis" und „Kosmos" erläutert. Auf dieser Basis ist es dann möglich, die Systemtransformation im weiter oben beschriebenen Sinn zu erklären – hinsichtlich ihrer Ursachen, ihrer zu erwartenden prozessualen Abläufe und der Ableitung von Musteraussagen zum Einfluß eines ‚*hayek*ianisch geprägten Transformationsziels'.

Hayek versteht unter „*Taxis*" eine gemachte, geplante, konstruierte oder gesetzte Ordnung[23], wobei das Vorliegen einer „Ordnung" das „Bestehen von Beziehungen zwischen wiederkehrenden Elementen [voraussetzt], die es möglich macht, aufgrund der

---

[22] Die Anschlußmöglichkeit an *Euckens*che Ordnungsvorstellungen erscheint somit evident. Vgl. hierzu den Abschnitt 4.3.2 in diesem Teil der Untersuchung.

[23] Vgl. beispielsweise *Hayek* (1963/1994a) sowie *Hayek* (1973/1980, S. 59). Für eine kurze Zusammenfassung siehe *Leipold* (2002, S. 57).

Kenntnis eines (räumlich oder zeitlich) begrenzten Teils eines Ganzen Erwartungen bezüglich des Restes zu bilden, die gute Aussicht auf Erfüllung haben" (*Hayek* 1994f, S. 164).[24] Hierbei wird der Aspekt der Genese der jeweiligen Ordnung betont. Hinter einer „Taxis" verbirgt sich somit mindestens ein ‚machendes', ‚planendes', ‚konstruierendes' oder ‚setzendes' Individuum. „Eine Taxis (...) wird durch eine außerhalb der Ordnung stehende Wirkungskraft bestimmt und ist in demselben Sinne exogen oder auferlegt" (*Hayek* 1994g, S. 209).

Diese Interpretation ist nach *Hayek* (1963/1994a, S. 32 f.) typisch für das Alltagsverständnis des Begriffs „Ordnung", denn „Ordnung ist für einfach denkende Menschen das Ergebnis der ordnenden Tätigkeit eines ordnenden Wesens".[25] Dieser konstruktivistische Aspekt spielt bei der Beurteilung der weiteren Merkmale einer „Taxis" durchgehend eine wichtige Rolle, da damit auch die Verbindung zu einer erkenntnistheoretischen Interpretation des Ordnungsbegriffs erleichtert[26] und seine Anwendung auf die Systemtransformation vorbereitet werden. Was sind nun neben der bewußten Entstehung die charakteristischen Merkmale einer „Taxis"?

Eine „Taxis" funktioniert nur, wenn das Ziel der „Taxis" von den Menschen, die in ihr agieren, geteilt wird und sie somit vorgegebenen Zwecken dienen.[27] Damit sind bereits zwei wichtige Aspekte angesprochen: Eine „Taxis" hat ein Ziel, und dieses Ziel machen sich die Beteiligten der „Taxis" zu eigen. „Eine Taxis ist notwendigerweise dazu da, bestimmte Ziele oder Zielhierarchien zu erreichen" (*Hayek* 1994g, S. 210). Aus dieser Überlegung ergibt sich weiter, daß die „Taxis" in ihrer verhaltenssteuernden Kapazität „durch das Wissen und die Zwecke des Organisators bestimmt wird" (*Hayek* 1994g, 209 f.), da nur der Organisator für die Genese von Zielen und Zielhierarchien verantwortlich ist. In Verbindung mit dem diskutierten Problem der allgemeinen Wissensstreuung läßt sich daher der Schluß ziehen, daß „das Wissen, das in einer solchen Ordnung genutzt werden kann, (...) deshalb immer beschränkter sein [wird] als in einer spontanen Ordnung, in der alles Wissen, über das die Elemente verfügen, zur Bildung der Ordnung herangezogen werden kann, ohne daß dieses Wissen erst einem zentralen

---

[24] Eine etwas anders formulierte Definition von „Ordnung" bei *Hayek* (1973/1980, S. 57) lautet: „Sachverhalt, in dem eine Vielzahl von Elementen verschiedener Art in solcher Beziehung zueinander stehen, daß wir aus unserer Bekanntschaft mit einem räumlichen oder zeitlichen Teil des Ganzen lernen können, richtige Erwartungen bezüglich des Restes zu bilden, oder doch zumindest Erwartungen, die sich sehr wahrscheinlich als richtig erweisen werden."
Positiv bei dieser Definition ist, daß explizit auf das einer Ordnung inhärente Lernpotential hingewiesen wird. Negativ zu vermerken ist allerdings, daß *Hayek* scheinbar glaubt, daß sich das Lernpotential einer Ordnung insbesondere durch positive Erfahrungen im Sinne der Bewährung von Erwartungen der Individuen manifestiert. Diese Positionen werden weiter unten wieder aufgegriffen und aus erkenntnistheoretischer Perspektive beurteilt. Siehe hierzu Kapitel 4 in diesem Teil der Untersuchung.

[25] Vgl. hierzu auch *Hayek* (1994g, S. 207).

[26] *Hayek* spricht an anderer Stelle (1994b, S. 87) von „konstruktivistischen Rationalisten", die an die Allmacht der menschlichen Vernunft bei der Gestaltung von „Ordnung" im Sinne der „Taxis" glauben.

[27] Vgl. *Hayek* (1994g, S. 209). Unter den Begriff „Taxis" fallen auch Anordnungen und Organisationen.

Organisator zugeleitet werden muß" (ebenda). Damit zieht *Hayek* eine für die wirtschaftspolitische Diskussion weitreichende Schlußfolgerung, nämlich überspitzt ausgedrückt die, daß ganz allgemein die Problemlösungskapazität gesetzter Ordnungen im Sinne der „Taxis" pareto-inferior ist oder anders formuliert: Geplante Ordnungen können letztlich das Wissensproblem nicht lösen.[28] Organisationen – beispielsweise Unternehmungen – sind allenfalls ein Mittel, um spezifische Wissensprobleme zu lösen. Das Grundproblem der Fallibilität allen Wissens bleibt auch hier weiter bestehen.

Schließlich erläutert *Hayek* die Struktur und die Funktion von Regeln, die eine „Taxis" konstituieren. Damit eine „Taxis" erzeugt werden kann, müssen sich die Beteiligten – als Elemente der Ordnung – an bestimmte Regeln halten. Regelkonformes Verhalten ist somit eine Ausdrucksform der Übereinstimmung der Individuen mit den ihnen vorgegebenen Zielen bzw. Zielhierarchien. Dazu gehört in erster Linie jede Art von Regel, „die nur auf bestimmte Personen anwendbar ist oder den Zwecken der Herrschenden dient" (*Hayek* 1994g, S. 212). Solche Regeln nennt *Hayek* „Thesis". „Sie sind ein notwendiges Instrument zur Führung einer Organisation oder Taxis" (ebenda). Dieser Zusammenhang ist insofern einleuchtend, als die Überlebensfähigkeit einer Organisation oder Taxis davon abhängt. Die intra-organisationalen oder intra-taxischen Regeln und ihre Akzeptanz sowie die daraus resultierenden Handlungs- und Wissensbeiträge der Beteiligten ermöglichen eine zentripetale, auf den Organisations- oder Ordnungszweck ausgerichtete Entwicklung der Organisation oder Ordnung.[29]

---

[28] *Hayek* (1994g, S. 210) betont zwar, daß die Taxis als Problemlösungsinstitution auch überlegen bzw. leistungsfähiger als eine spontane Ordnung sein kann, nämlich dann, „wenn es darum geht, begrenzte, dem Organisator bekannte Mittel im Dienste einer eindeutigen Zielhierarchie einzusetzen", doch erweist sich dieses Argument als nicht stichhaltig, da auch der „Organisator" selbst nur über fallibles Vermutungswissen in bezug auf die Zielhierarchie und die zielfördernde Wirkung der eingesetzten Mittel verfügen kann. Mit dieser erkenntnistheoretisch begründeten Kritik soll das Verständnis für die Konsequenzen einer kritizistischen Grundeinstellung gegenüber vernunftinduzierten Hypothesen und deren Folgen geschärft werden. Eine Absicht, der sich auch *Hayek* selbst verpflichtet gefühlt hat. Insoweit besteht eine Verbindungslinie zum *Popper*schen Gedankengut.
An anderer Stelle äußert sich *Hayek* (1994f, S. 170) in dieser Richtung, wenn er schreibt: „Diese Erkenntnis [das eine abstrakte Ordnung keinem konkreten Ziel verpflichtet sein kann; der Verf.] steht so sehr im Widerspruch zu dem seit *Descartes* das europäische Denken beherrschenden konstruktivistischen Rationalismus, daß sie sich erst mit dem Vordringen eines weiseren kritischen Rationalismus durchsetzen kann, der nicht nur die Macht, sondern auch die Grenzen der Vernunft sieht".

[29] An dieser Stelle ist kritisch anzumerken, daß *Hayek* mit seinem Fokus auf die formalen Regeln einer Organisation oder Ordnung das Erklärungspotential informaler Regeln für die Entwicklung derselben unterschätzt. Selbst wenn man konzediert, daß gerade Organisationen wie beispielsweise Unternehmen oder Verbände in hohem Maße von formalen, häufig auch schriftlich fixierten Regeln geprägt sind, so bleibt doch auch festzustellen, daß eine umfassende Erklärung allein auf dieser Basis nicht zu gelingen scheint. In seiner späteren Trilogie „Law, Legislation, and Liberty" (1973/1980) widmet *Hayek* dem Thema von Regeln und Ordnung einen eigenen Band und kommt dabei zu einer sehr differenzierten Betrachtungsweise, die diesen Mangel beseitigt.
So heißt es dort bei *Hayek* (1973/1980, S. 26): „Es ist einfach nicht wahr, daß unsere Handlungen ihre Wirksamkeit einzig oder hauptsächlich einem Wissen verdanken, das wir in Worten formulieren können und das deshalb die expliziten Prämissen eines Syllogismus darstellen kann. Viele der Institutionen der Gesellschaft, die unentbehrliche Bedingungen für

„*Kosmos*" bezeichnet eine Ordnung, die als spontane oder gewachsene Ordnung zu charakterisieren ist.[30] Damit bringt *Hayek* zum Ausdruck, daß die Struktur der spontanen Ordnung auf den individuellen Handlungen ihrer Elemente beruht, der Menschen. „Ein Kosmos entsteht durch die Regelmäßigkeiten im Verhalten der Elemente, aus denen er sich zusammensetzt" (*Hayek* 1994g, S. 209). Somit unterscheidet sie sich von der Ordnung der „Taxis" dadurch, daß sie mit *Hayek* in Anlehnung an *Ferguson* als „Ergebnis menschlichen Handelns, aber nicht menschlichen Entwurfs" aufgefaßt werden kann.[31] Die Genese der beiden Ordnungsideen ist somit fundamental unterschiedlich. Ein weiteres Kennzeichen eines „Kosmos" ergibt sich aus der Tatsache, daß die Individuen in einer solchen Ordnung frei über ihre Ziele und ihren Mitteleinsatz entscheiden können. Aus der Unterschiedlichkeit der individuellen Interessen läßt sich in einer spontanen Ordnung daher keine einheitliche Ziel- oder Mittelhierarchie ableiten. Von daher sind die konkreten Ausprägungen einer spontanen Ordnung auch nur in ihren grundlegenden und abstrakten Zügen charakterisierbar.[32]

Indem in einem „Kosmos" das verstreute individuelle Wissen der Menschen einer Gesellschaft genutzt wird, ist diese Ordnung eher geeignet, Komplexität zu internalisieren; diese resultiert aus der Veränderung äußerer Umstände, die auf den „Kosmos" einwirken. Die Einbringung der spezifischen Kenntnisse von Ort und Zeit durch die Individuen in einem „Kosmos" erhöht dessen Problemverarbeitungskapazität. Das Wissen, das in einer spontanen Ordnung genutzt werden kann, ist letztlich also „alles Wissen, über das die Elemente verfügen" (*Hayek* 1994g, S. 210). Es kommt in bezug auf das individuelle Wissen zu einer Externalisierung von Internalitäten. Diese führen in wissenschaffenden Markt- und Wettbewerbsprozessen zu elementaren Kommunikationsverknüpfungen, die sich hier in Form von Überlappungswissen manifestieren.[33] Die Interaktion zweier Individuen im Rahmen einer Ordnung des „Kosmos" führt dazu, daß bereits hier die jeweils spezifischen Kenntnisse von Ort und Zeit miteinander verknüpft werden. Agieren diese beiden Individuen mit weiteren Individuen innerhalb einer solchen Ordnung, dann diffundiert dieses Spezialwissen im Laufe der Zeit durch die gesamte Ordnung oder genauer: es wird für alle an der Ordnung beteiligten Individuen

---

die erfolgreiche Verfolgung unserer bewußten Ziele sind, sind in der Tat das Ergebnis von Bräuchen, Gewohnheiten oder Praktiken, die weder erfunden worden sind, noch mit irgendeiner Absicht vor Augen eingehalten werden."
Für den Versuch einer Typologisierung formaler und informaler Institutionen bzw. Regeln vergleiche *Leipold* (2000).

30 Vgl. *Hayek* (1994d, S. 110; 1994f, S. 167; 1994g, S. 209; und insbesondere *Hayek* 1994a). Für eine kurze Zusammenfassung siehe *Leipold* (2002, S. 57).

31 *Hayek* (1994c). Siehe hierzu auch *Hayek* (1994a, S. 33): „Es ist ferner eine sehr komplexe Ordnung, die – obzwar das Ergebnis der Tätigkeit der Menschen – nicht in dem Sinn von Menschen geschaffen worden ist, daß sie die Elemente nach einem vorgefaßten Plan bewußt angeordnet hätten."

32 Vgl. zu den vorangegangenen Erläuterungen *Hayek* (1994g, S. 209 f.). Vgl. hierzu auch *Hayek* (1994a, S. 35).

33 Zu einer Diskussion dieser *Hayek*schen Vorstellung siehe die Untersuchung von *Schreiter* (1993).

nutzbar. Dieser Gedankengang stellt die Begründung für die Annahme der höheren Wissensverarbeitungskapazität der Ordnung des „Kosmos" dar.

Bezüglich der den „Kosmos" konstituierenden Regelausprägung hebt *Hayek* deren Verfahrensorientierung hervor. Eine allgemeine Regel („Nomos") ist dadurch zu kennzeichnen, daß sie „für eine unbekannte Zahl zukünftiger Fälle und gleichermaßen für alle Personen gilt, auf welche die in der Regel beschriebenen objektiven Umstände zutreffen, ungeachtet der Folgen, welche die Befolgung der Regel in einer speziellen Situation auslösen mag" (*Hayek* 1994g, S. 211).[34] Entscheidend ist daher, daß die Regeln die individuellen Sphären der an der Ordnung Beteiligten voneinander abgrenzen. Somit dürfen die Individuen zur Erreichung ihrer spezifischen Ziele nur diejenigen Mittel einsetzen, die gewährleisten, daß „die Handlungen der verschiedenen Personen [nicht] miteinander in Konflikt geraten" (ebenda). *Hayek* (1994g, S. 218) verbindet dieses Regelverständnis mit seiner Wissenskonzeption und kommt zu dem Schluß, daß das positive Wissen nur deshalb zur Lösung von Problemen beitragen kann, weil die „Regeln, die unser Handeln auf einen bestimmten Rahmen beschränken, innerhalb dessen wir in der Lage sind, die relevanten Wirkungen vorauszusehen."

Damit werden zwei Implikationen deutlich: Zum einen haben Regeln eine komplexitätsreduzierende Wirkung. Nur deshalb sind die Individuen fähig, aus der Vielfalt der potentiell relevanten Wissensbruchstücke diejenigen herauszufiltern, die vermutlich zur Lösung ihrer Probleme geeignet sind. Insofern leisten Regeln eine Strukturierungsfunktion für das Handeln der Individuen.[35] Zum anderen bewirkt die Struktur der Regeln der spontanen Ordnung jedoch auch eine Unvoraussagbarkeit des konkreten Inhalts einer solchen Ordnung, und damit resultiert aus der Veränderlichkeit der intrasystemischen Ergebnisse individueller Handlungen paradoxerweise eine Zunahme an Komplexität. Dieser scheinbare Widerspruch löst sich jedoch auf, wenn man berücksichtigt, daß es nicht die eine, universelle Ordnung – hier speziell spontane Ordnung – gibt, sondern jede Ordnung selbst wieder in eine Ordnung ‚höherer Ebene' eingebettet ist und gleichzeitig verschiedene Ordnungen parallel existieren.[36] Eine spontane Ordnung ist dann eher als Ausdruck hoher „Eigenkomplexität" zu interpretieren, die gerade zur Absorption von „Umweltkomplexität" geeignet erscheint.[37] Erzeugung von Komplexität inner-

---

[34] Vgl. hierzu auch *Hayek* (1994d, S. 110 f.), *Hayek* (1994f, S. 169) sowie *Hayek* (1994g, S. 213).

[35] Diese Interpretation gilt sowohl für abstrakte Regeln eines „Kosmos" als auch für konkrete Regeln einer „Taxis". Der Unterschied zwischen den verschiedenen Regeltypen besteht allerdings darin, daß für die Konstruktion von konkreten Regeln ex ante mehr ‚gewußt' werden muß, um die Ziele im Wege einer Verhaltenssteuerung der Elemente der Ordnung erreichen zu können.

[36] Dieser Aspekt einer ‚multiplen Ordnungsstruktur' ist für die ordnungs- und erkenntnistheoretische Interpretation der Transformationsproblematik wesentlich. Für die Ordnungstheorie stellen ‚multiple Ordnungsstrukturen' unterschiedliche Analysebezugspunkte dar, für eine Erkenntnistheorie der Systemtransformation bilden sie ein systematisches Kritisierbarkeitskriterium.

[37] Diese Konzeptualisierung des Verhältnisses von „Eigen- und Umweltkomplexität" geht auf *Ashby* (1973) zurück. *Röpke* (1977) greift dieses Konzept auf und entwickelt es im Rahmen seiner innovationstheoretischen Überlegungen weiter.

halb einer spontanen Ordnung ist somit Voraussetzung für die Perpetuierung der Ordnung. Um diese Komplexität generieren zu können, ist die komplexitätsvermindernde Kraft abstrakter Regeln der spontanen Ordnung notwendig.

Die Ordnungen der „*Taxis*" und des „*Kosmos*" scheinen sich nach den vorangegangenen Ausführungen diametral gegenüberzustehen. Im Prinzip ist nämlich die eine Ordnung aus der Negation der Charakteristika der anderen Ordnung ableitbar und umgekehrt. Dies ist jedoch nur ein theoretischer oder genauer: sprachlogischer Befund. Es handelt sich somit bei diesen Ordnungen eher um analytische ‚Idealtypen'. Aus empirischer Sicht ist zu konstatieren, daß zwischen den beiden Ordnungstypen durchaus Wechselwirkungen bestehen können und zwar in dem Sinn, daß in einer realen Ordnungsausprägung Elemente beider ‚reinen' Ordnungstypen zu finden sein können. Dies hat *Hayek* (1994a, S. 43) explizit zum Ausdruck gebracht:

> „Jede einigermaßen komplexe Gesellschaft muß von beiden besprochenen Ordnungsprinzipien Gebrauch machen. (...) Es ist die Art und Weise, in der die beiden Prinzipien kombiniert werden, die das Wesen der verschiedenen sozialen und wirtschaftlichen Systeme bestimmt."[38]

Damit wird deutlich, daß Analysekategorien wie „Taxis" und „Kosmos" eben nicht vereinfachend auf alle realen Phänomene angewandt werden können. Vielmehr erfordern die „besonderen Umstände von Ort und Zeit", die eine reale Ordnung beeinflussen können, deren kreative Verknüpfung, womit ein neues theoretisches und praktisches Problem resultiert: Welche Ordnungsverknüpfungen sind in bezug auf die jeweils interessierenden Problemstellungen opportun?

Neben der Kombination der Ordnungsprinzipien weist *Hayek* (1994g, S. 209) noch auf ein weiteres mögliches Verknüpfungselement hin:

> „Eine solche außenstehende Kraft kann auch die Bildung einer spontanen Ordnung anregen, indem sie ihren Elementen vorschreibt, mit solcher Regelmäßigkeit auf die Tatsachen ihrer Umgebung zu reagieren, daß sich von selbst eine spontane Ordnung bildet. (...) Es ist also wichtig, klar zu unterscheiden zwischen der Spontaneität der Ordnung und dem spontanen Ursprung der Regelmäßigkeiten im Verhalten der sie bestimmenden Elemente. Eine spontane Ordnung kann sich zum Teil auf Regelmäßigkeiten stützen, die nicht spontan, sondern befohlen sind."

Mit dieser Interpretation öffnet sich die *Hayek*sche Konzeption letztlich für ‚konstruktivistische Ansätze'. Deren Beurteilung in ordnungs- und erkenntnistheoretischer Perspektive ist primär daran festzumachen, inwieweit durch sie die individuelle Freiheit der Beteiligten (oder Betroffenen) eingeschränkt wird.[39] Diese ist notwendig, um die wissenschaffenden Lernprozesse der Individuen zum eigenen und zum Nutzen der Gesellschaft zu ermöglichen.

---

[38] Bei *Eucken* ist ein analoges analytisches Vorgehen festzustellen. Auch er arbeitet bestimmte ‚Ordnungsformen' heraus, deren Kombination zur Beschreibung und Analyse realer Ordnungsausprägungen geeignet erscheint.

[39] Genau an dieser Stelle bietet sich die Möglichkeit der ‚Versöhnung' *Hayek*scher antikonstruktivistischer Ordnungsvorstellungen bzw. -präferenzen und der in dieser Sicht konstruktivistisch erscheinenden *Eucken*schen Ordnungskonzeption. In Abschnitt 4.3.3 geschieht das mit der *Vanberg*schen Argumentationsfigur der ‚gehegten Evolution'.

Markt- und Wettbewerbsprozesse lassen sich ohne weiteres als Muster einer ‚kosmischen Ordnung' interpretieren. *Hayek* (1994d, S. 112) bezeichnet dieses Muster als *„Katallaxie"*. Die katallaktische Ordnung der Markt- und Wettbewerbsprozesse wird gerade durch die Nicht-Ausrichtung auf ein bestimmtes Ziel charakterisiert. Gleichzeitig gewährleisten die allgemeinen (Spiel-)Regeln dieser Ordnung auch ein hohes Maß an individueller Freiheit, da es die die Ordnung konstituierenden abstrakten (Verhaltens-) Regeln ermöglichen, daß die Menschen unterschiedliche Ziele verfolgen und auch differierende Wertvorstellungen in den Markt- und Wettbewerbsprozeß einbringen können.[40] „Freie Menschen, denen erlaubt sein soll, ihre Mittel und Kenntnisse für ihre persönlichen Ziele einzusetzen, dürfen keinen Regeln unterworfen werden, die ihnen sagen, was sie tun sollen, sondern nur Regeln, die ihnen sagen, was sie nicht dürfen" (*Hayek* 1994d, S. 115; H.i.O.). Die Verhaltensregeln sind daher in den meisten Fällen negativ formuliert bzw. zu formulieren.[41] Im Rahmen der verbotenen Verhaltensausprägungen ist der Kreativität der Individuen keine Beschränkung mehr aufzuerlegen, um die Kraft der wissenschaffenden Kommunikationsprozesse innerhalb der Ordnung nicht zu lähmen. „Verhaltensregeln determinieren nur dann eine Ordnung der Handlungen, wenn sie mit dem speziellen Wissen und den Zielen der handelnden Individuen kombiniert werden" (*Hayek* 1994d, S. 117). Die Quellen der Kreativität der Individuen umfassen somit sowohl die Ebene der Verhaltensregeln als auch die Kenntnis der besonderen Umstände von Ort und Zeit.[42]

Bevor die *Hayek*schen Analysekategorien „Wissen", „Wettbewerb" sowie „Taxis" und „Kosmos" inklusive „Katallaxie" zur Erklärung der Systemtransformation herangezogen werden, sollen als Zwischenergebnis einige der diskutierten Aspekte thesenartig zusammengefaßt werden:

- Das „Wissen" der Individuen ist notwendig unvollständig
- Es ist über die Individuen einer Gesellschaft verstreut
- Das „Wissen" über die besonderen Umstände von Ort und Zeit ist nicht zentralisierbar
- Der „Wettbewerb ist ein Entdeckungsverfahren" von Tatsachen, die sonst unbekannt geblieben wären

---

[40] Vgl. hierzu *Hayek* (1994d, S. 113; H.i.O.): „Diese abstrakten Verhaltensregeln *erzwingen keine bestimmte Handlungen* (was immer ein konkretes *Ziel* voraussetzt), sondern verbieten lediglich, die geschützte Sphäre des Individuums zu verletzen, die durch eben diese Regeln abgesteckt wird". Zum systematischen Verhältnis von Handlungen und Zielen siehe *Hayek* (1996d, S. 115).

[41] Bereits im Dekalog sind acht der zehn Gebote negativ formuliert („Du sollst nicht..."). Nur das dritte Gebot („Gedenke des Sabbattages, daß du ihn heiligst") und das vierte Gebot („Du sollst deinen Vater und deine Mutter ehren, auf daß du lange lebest in dem Lande, das die der HERR, dein Gott, geben wird") sind positiv formuliert. Siehe *Deutsche Bibelstiftung* (1978, S. 87).

[42] Darüber hinaus ist „Kreativität" eine Fähigkeit der Individuen, die auch und gerade vom intra-individuellen Bezugssystem der Individuen abhängt. Die Fähigkeit, „Neues" zu kreieren hinsichtlich einer Problemstellung, ist somit nicht nur von empirischen Tatsachen, sondern auch von Theorien abhängig, die die Individuen zur Strukturierung und Lösung von Problemen entwerfen.

- Der „Wettbewerb“ ist als Kommunikationsprozeß von Wissensbruchstücken aufzufassen
- Er führt zu unvoraussagbaren Ergebnissen
- Die Ordnung der „Taxis“ ist geplant
- Sie hat ein Ziel, das von den Beteiligten geteilt werden muß
- Die „Taxis“ wird in der Regel durch positiv formulierte Verhaltensanordnungen konstituiert
- Die Ordnung des „Kosmos“ ist ungeplant
- Sie benötigt weder ein Ziel, noch sind die Beteiligten in ihrer Ziel-Mittel-Zuordnung durch Vorgaben eingeschränkt
- Die Ordnung des „Kosmos“ beruht auf abstrakt (und häufig negativ) formulierten Regeln, die die Verhaltensweisen der Beteiligten zur konfliktfreien Interaktion einrahmen
- Die „Katallaxie“ ist als ‚kosmische Ordnung‘ im Bereich der Markt- und Wettbewerbsordnung aufzufassen: Sie wird von den Prinzipien der Ordnung des „Kosmos“ geprägt

Welchen Beitrag leisten die voranstehenden Ausführungen für die Erklärung des Phänomens „Systemtransformation“? Diese Frage wird entlang der ‚transformationstheoretischen Triade‘ diskutiert.

Die Ordnungsbedingungen der Transformationsländer am Anfang der Systemtransformation waren von einer Dominanz des Ordnungsprinzips der „Taxis“ gekennzeichnet. Insbesondere galt dies für die in dieser Untersuchung besonders relevanten Teilordnungen von Wirtschaft und Politik. In beiden Gesellschaftsbereichen existierten ausgefeilte Mechanismen zur Steuerung der Individuen bzw. der relevanten Elemente, wie beispielsweise der Unternehmen. Anders formuliert: Die die *Transformationsbasis* charakterisierenden Ordnungsmerkmale entsprechen in ihren wesentlichen Zügen der Ordnung einer „*Taxis*“. Das Prinzip des ‚demokratischen Zentralismus‘ auf der Ebene der politischen Ordnung korrespondiert auf der Ebene der Wirtschaftsordnung mit dem Prinzip der ‚zentralverwaltungswirtschaftlichen Lenkung‘ der Wirtschaftsprozesse.[43] In beiden Teilordnungen wird somit der Versuch unternommen, das in der Gesellschaft unter den Individuen verstreute Wissen, und hier insbesondere die „Kenntnisse von Ort und Zeit“ zusammenzufassen und so weit wie möglich zu zentralisieren, um die Wissenspotentiale in einer Gesellschaft (optimal) auszunutzen. Dahinter verbirgt sich der Gedanke, daß die Gesellschaft als Ganzes – im Sinne einer Entität – und folglich auch in seinen strukturbildenden Teilsystemen – die wiederum als Entitäten aufgefaßt werden – einer rationalen Rekonstruktion und Erklärung zugänglich seien. Mit *Hayek* (1994b, S. 87) liegt hier ein Fall von „konstruktivistischem Rationalismus“ vor[44], der jedoch

---

[43] Die damit verbundenen erkenntnistheoretischen Implikationen werden in diesem Kapitel in Teil 4, Abschnitt 4.4.1 und im fünften Kapitel der Arbeit, Teil 1 ausgeführt.

[44] Sowohl *Hayek* (Economica, Bd. 9, S. 269.) als auch *Popper* (1987, S. 83 sowie zur Analyse S. 33-42) sprechen in diesem gesellschaftstheoretischen Kontext auch von einem „szientistischen“ Verständnis. Der „Szientist“ ist davon überzeugt, daß sich alle gesellschaftlichen Re-

übersieht, daß die Vernunft eines einzelnen Menschen bzw. einer Gruppe von Menschen nicht ausreicht und somit auch gar nicht in der Lage sein kann, diese Aufgabe zu bewältigen. Bei *Hayek* (1994a, S. 41) heißt es dazu:

„In keiner außer der allereinfachsten Art von sozialer Ordnung ist es vorstellbar, daß alle Tätigkeiten durch einen einzigen Kopf gelenkt werden; (...) etwas wie eine voll geplante Gesellschaft von auch nur etwas höherem Grad an Komplexität gibt es nicht. Wenn es irgend jemand zustande brächte, eine solche Gesellschaft zu organisieren, dann würde diese Gesellschaft keinen Gebrauch vom Denken vieler machen, sondern vollkommen von einem einzelnen Verstand abhängig sein; (...) Die Tatsachen, die in die Planung einer solchen Ordnung eingehen, könnten nur die sein, welche von diesem Verstand erfaßt und verarbeitet werden können, und da er allein über die Tätigkeiten entscheiden und damit Erfahrungen sammeln könnte, gäbe es nicht jenes Zusammenspiel vieler Meinungen, in dem allein der Verstand sich entwickeln kann."

Was folgt daraus für die Erklärung des Zustandekommens einer Transformationsbasis? Zum einen ist die Entwicklung einer Gesellschaft aus dieser Perspektive davon abhängig, inwieweit es ihr gelingt, das Wissen ihrer Mitglieder zu mobilisieren. Dafür kommt es entscheidend auf die spezifischen Ordnungsbedingungen der Gesellschaft an, welche dem einzelnen Individuum die Möglichkeiten zur freiwilligen Einbringung seiner spezifischen „Kenntnisse von Ort und Zeit" bieten. Für die Transformationsländer ist vor diesem analytischen Hintergrund zu konstatieren, daß der präferierte Mechanismus der ‚Zentralisation von Wissen' diesen Anforderungen nicht genügt hat und aus ordnungstheoretischer Sicht auch gar nicht genügen konnte.[45]

Gleichzeitig schließt eine derartige Ordnungskonzeption auch den wissensfördernden Einsatz wettbewerblicher Prozesse auf allen Ebenen gesellschaftlicher Ordnung aus, da der Wettbewerb und die ihn konstituierenden Bedingungen dem Zentralisierungspostulat zuwiderlaufen. Wettbewerb setzt nämlich die Freiheit der Träger des im Wettbewerb stehenden Wissens voraus. Dies gilt unabhängig davon, ob man nur einzelne Individuen als Träger von Wissen betrachtet oder auch die von Individuen geschaffenen Regeln, Organisationen und Institutionen. Der Wettbewerbsprozeß ist somit aus einer zentralistischen Perspektive als systemdestabilisierend aufzufassen und daher nach Möglichkeit

---

alitäten auf naturgesetzliche Ursache-Wirkungs-Zusammenhänge zurückführen lassen. Aus der Erkenntnis von Naturgesetzen wird daher auf die Erkenntnis von ‚Gesellschaftsgesetzen' geschlossen. Um die Geschlossenheit des Ansatzes zu gewährleisten, ist daher eine holistische Interpretation der in der Gesellschaft wirkenden ‚Gesetzmäßigkeiten' nötig. Im Rahmen der erkenntnistheoretischen Erklärung der Systemtransformation wird dieser Aspekt wieder aufgenommen. Vgl. auch *Gutmann* (1983, S. 17 f.).

45 Der Vorwurf einer ‚ad hoc-ex post-Erklärung' der Systemtransformation, die sich die empirischen Daten zurechtinterpretiert, läuft für die *Hayek*sche Ordnungskonzeption – und, wie später zu sehen sein wird, auch für die *Eucken*sche Position – ins Leere. Die *Hayek*sche Ordnungskonzeption datiert aus einer Zeit, wo noch lange nicht absehbar war, wann die analysierten Wirtschafts- und Gesellschaftssysteme ihren Offenbarungseid würden leisten müssen. Die Frage, die sich *Hayek* – aber auch bereits *Mises* (1927) und *Eucken* (1939) – gestellt hat, ist nicht primär die nach der detaillierten Vorhersage zukünftiger Gesellschaftszusammenbrüche, sondern die nach den grundsätzlichen Möglichkeiten der (Selbst-) Organisation einer Gesellschaft. Auch *Popper* (1944/1980) hat sich ausführlich mit den philosophischen Grundlagen der sozialistischen Gesellschaftsidee auseinandergesetzt sowie deren ‚prophetischen Historizismus' kritisiert. Vgl. zum letzteren insbesondere *Popper* (1965/1987).

weitestgehend zu verhindern. Alternativ bleibt daher nur der Versuch, das Wissen der Individuen im Wege ‚zentralisierender (Um-)Wege' für die Ausgestaltung gesellschaftlicher Teilordnungen und der Gesellschaft als Ganzes zu koordinieren.

Die *Transformationsbasis* ist folglich aus *Hayek*scher Sicht das Ergebnis des in den Gesellschaften der Transformationsländer erlaubten oder besser: nicht erlaubten Umgangs mit den individuellen Kenntnissen von Ort und Zeit. Die Strategie der Zentralisation des verstreut in einer Gesellschaft vorhandenen Wissens führt somit (notwendigerweise) zum Zustand oder in die Nähe einer ‚Transformationsbasis'.[46] Diese Situation ist deshalb instabil, weil die Kongruenz zwischen systemspezifischen Ordnungsbedingungen und den damit verbundenen (erwarteten) Ordnungsergebnissen sowie den in der Realität vorliegenden Ergebnissen innerhalb der Ordnungsbedingungen aufgehoben ist. Mit anderen Worten: Eine Gesellschaftsordnung kann nur begrenzt den Widerspruch zwischen Theorie oder eigenem Anspruch und Praxis absorbieren.[47] Befindet sich eine Gesellschaft im Bereich der ‚Transformationsbasis', ist eine Rückkehr zu den ursprünglichen Ordnungsbedingungen nahezu ausgeschlossen, da die negativen Erfahrungen der Individuen mit den ‚alten Ordnungsbedingungen' diesem Ent- oder besser: Rückwicklungspfad entgegenstehen. Diese Sichtweise setzt allerdings voraus, daß die Individuen im Rahmen individueller Lernprozesse die Ordnungsbedingtheit der gesellschaftlichen Wissensentwicklung internalisieren. Von daher stellt sich die Frage, welche Ordnungsbedingungen die Zukunft der Gesellschaft prägen sollen. Damit ist das Problem des angestrebten ‚Transformationsziels' angesprochen.

Das *Transformationsziel* besteht für die Mehrzahl der Transformationsländer aus einer Kombination politischer Demokratie mit einer Marktwirtschaft. Sowohl die „Demokratie" als auch die „Marktwirtschaft" bedienen sich des Wettbewerbs als Entdeckungsverfahren. Von daher läßt sich das *Transformationsziel* „Demokratie *und* Marktwirtschaft" schlüssig aus der *Hayek*schen Ordnungskonzeption ableiten. Über die Anwendung von Wettbewerbsmechanismen auf der Basis individueller Freiheitsrechte kommt es zur Schaffung und Verbreitung von Wissen, das unter den Individuen der Gesellschaft verstreut ist. Nicht ‚Zentralisation von dezentralem Wissen', sondern ‚Koordination von dezentralem Wissen durch Wettbewerb' ist somit der *Hayek*sche Schlüssel zur Lösung der Frage des Verhältnisses von Ordnungsbedingungen und Wissen.

Der *Transformationsprozeß* als das theoretische und empirische Bindeglied der Elemente der ‚transformationstheoretischen Triade' läßt sich aus *Hayek*scher Sicht folgen-

---

[46] Diese Aussage ist als ‚Musteraussage' zu interpretieren: Da der Zentralisation von Wissen natürliche Grenzen gezogen sind, dürfte jede Gesellschaftsordnung, die sich ausschließlich auf diesen Weg zur Lösung von Problemen einläßt, früher oder später in Schwierigkeiten geraten. Eine konkrete Prognose, wann eine Gesellschaft derartiger Ausprägung zusammenbricht, ist allerdings nicht möglich, da eine Vielzahl von Einflüssen die Degeneration der Ordnung verzögern kann. Zu denken ist dabei insbesondere an die Struktur der politischen Ordnung sowie die sie stützenden (z.B. militärischen) Kräfte.

[47] Im fünften Kapitell werden deshalb die verschiedenen Reformbemühungen innerhalb des Systems der zentralverwaltungswirtschaftlichen Ordnungsbedingungen als ex post-Anpassungen der Theorie an die Empirie interpretiert. Das dies einer unzulässigen ad hoc-Immunisierung der Theorien „Zentralverwaltungswirtschaft" und „Demokratischer Zentralismus" gleichkommt, dürfte einleuchten.

dermaßen interpretieren: Der ‚Transformationsprozeß' ist im wesentlichen als ein Prozeß der Generierung und der Verbreitung von Wissen aufzufassen. Im Zusammenhang mit den dabei gemachten Erfahrungen – im positiven wie im negativen Sinne –, sind Lernprozesse der Individuen in der Transformationsphase ein wichtiger Motor für den Verlauf der Geschehnisse. Es kann deshalb nicht vereinfachend angenommen werden, daß die Individuen das notwendige Wissen zur Bewältigung der Herausforderungen im Transformationsprozeß gleichsam über Nacht bilden können.[48] Gleichzeitig ist aber auch festzustellen, daß die hier angedeuteten Lernprozesse realiter in einem spezifischen Ordnungsrahmen ablaufen.

Somit ergeben sich im Hinblick auf die *Hayek*sche Kategorie des „Wissens" im Transformationszusammenhang zwei Betrachtungsebenen: Zum einen müssen die Individuen Wissen in bezug auf die neuen Ordnungsbedingungen erzeugen. Die Kardinalfrage aus *Hayek*scher Sicht lautet hierbei: Sollen die Ordnungsbedingungen, die den Rahmen für die individuelle Wissensgenese und -verbreitung bilden, gleichsam ‚von oben' gesetzt werden oder sind diese Ordnungsbedingungen im Wege einer spontanen und evolutionären Entwicklung gleichsam ‚von unten' zu erwarten bzw. abzuwarten. Die *Hayek*sche Skepsis gegenüber gesellschaftlichen Großversuchen konstruktivistischer Prägung spricht für die zweite Variante transformationspolitischer Gestaltung.[49] Diese Interpretation ist aus der *Hayek*schen Ordnungstheorie ableitbar. Da die Ordnung des „Kosmos" aufgrund ihrer Fähigkeit zur Aktualisierung verstreuten Wissens mehr Komplexität absorbieren kann als die Ordnung der „Taxis", ist diese, ihrer Entstehung

---

[48] Zu dieser Einschätzung und den damit verbundenen ordnungspolitischen Implikationen siehe auch *Starke* (2002, S. 199).

[49] Bei *Hayek* (1994a, S. 42) heißt es dazu: „Wenn wir von den größten Organisationen, die bestimmten Aufgaben dienen, zur Ordnung der gesamten Gesellschaft übergehen, die die Beziehungen zwischen jenen Organisationen ebenso wie die Beziehungen zwischen diesen und den einzelnen und zwischen den einzelnen umfaßt, finden wir, daß diese Gesamtordnung völlig auf Regeln beruht, d.h. ihr Charakter völlig spontan ist und nicht einmal das Gerüst durch Befehle bestimmt wird."
An anderer Stelle äußert *Hayek* (1994b, S. 89) die Sorge, daß „bis wir die eigentlichen Grenzen der Vernunft bei der Regelung unserer gesellschaftlichen Angelegenheiten erkennen gelernt haben, besteht in der tat die Gefahr, daß wir bei dem Versuch, der Gesellschaft einen, wie wir denken, rationalen Plan aufzuzwingen, jene Freiheit ersticken, die die wesentliche Bedingung für eine graduelle Entwicklung bildet".
Diese beiden Zitate belegen zum einen die im Text vorgetragene Vermutung einer *Hayek*schen Präferenz für die Vorstellung von der spontanen und evolutorisch gewachsenen Ordnung. Es gilt allerdings zu beachten, daß damit keineswegs eine völlige Ablehnung von Rahmensetzungen einhergeht. *Hayek* geht es vielmehr primär um den Prozeß der Evolution von Regeln einer „Katallaxie"; sind diese einmal bekannt oder gefunden, können sie auch imitiert werden. In diesem Sinn ist eine Verbindung zum *Eucken*schen Ordnungsdenken möglich.
Zum anderen wird eine inhaltliche Verbindung zur *Popper*schen Idee der sog. „Stückwerk-Technologie" oder des „piece meal-engineering" deutlich. Vgl. hierzu *Popper* (1944/1980, S. 215). *Popper* (ebenda, S. 388-390) selbst setzt sich in seinen Anmerkungen dezidiert mit der *Hayek*interpretation auseinander und kommt zu dem Ergebnis, „daß sich Hayeks Ideen so deuten lassen, daß sie jenem Vorgehen positiv gegenüberstehen, das ich ‚Sozialtechnik der Einzelprobleme' genannt habe" (S. 390). Auch bei *Popper* wird also das Rad nicht immer wieder neu erfunden, sondern in kleinen Schritten fortentwickelt.

nach spontane Ordnung, besser zur Bewältigung der Herausforderungen im Transformationsprozeß geeignet. Das *Hayek*sche Argument für einen spontan gewachsenen Ordnungsrahmen ist daher letztlich auf seine individualistische Wissensinterpretation rückführbar.

Mit dieser Interpretation sind allerdings zwei Schwierigkeiten verbunden: Einerseits stellt sich die Frage, ob es wirklich zwingend notwendig oder genauer: besser ist, die Räder, mit und auf denen die Entwicklungen im Transformationsprozeß laufen sollen, neu zu erfinden? Ist es nicht auch denkbar und vielleicht sogar im Hinblick auf die zu erwartenden Lernprozesse vorteilhafter, Erfahrungen in anderen Ländern als Muster für die Gestaltung der Ordnungsbedingungen in den Transformationsländern heranzuziehen, denn die Lernprozesse in der Systemtransformation hängen entscheidend von der Güte der Ordnungsbedingungen des ‚Transformationsziels' als relevantem Referenzmuster ab. Ohne eine verläßliche Bezugs- oder Orientierungsgröße steht das individuelle Lernen vor dem Problem des überbordenden Relativismus: Was ist das neu Gelernte wert und warum? Diese Frage ist für die Motivation der lernenden Individuen gerade in Umbruchzeiten wie der Systemtransformation von elementarer Bedeutung, da die positiven oder negativen Rückkopplungen über das Gelernte zu selbstverstärkenden Effekten führen dürften. Erfolgreiches Lernen in bezug auf die Anforderungen des Transformationsumfelds fördert die Akzeptanz der transformationspolitischen Maßnahmen, erfolgloses Lernen führt vermutlich zu Aversionen gegen transformationspolitische Maßnahmen oder gar gegen die Systemtransformation als solche. Somit können aus einem fehlenden ‚Lernmaßstab' im Transformationsprozeß Lern- und Transformationsblockaden resultieren. Die *Hayek*sche Zeitachse hinsichtlich der Evolution von Regeln ist lang. Für die drängenden (Lern-)Probleme in der Systemtransformation ist daher eine kurzfristig implementierbare Lernumgebung als förderlich anzusehen.

Anders formuliert ist damit die Hypothese verbunden, daß Lernprozesse von Individuen in der Systemtransformation selbst wiederum nicht unabhängig vom Ordnungsumfeld gedacht werden können oder genauer: Lernprozesse sind zielgerichtete Prozesse, und somit ist die Zielspezifikation als Lernreferenz ex ante zu leisten. Andernfalls wären logisch keinerlei sinnvolle Aussagen über Lernerfolge oder -mißerfolge im Transformationsprozeß zu treffen. An diesem Beispiel zeigt sich der weiter oben begründete innere Zusammenhang der verschiedenen Elemente der transformationstheoretischen Triade, hier zwischen Transformationsziel und Transformationsprozeß. In diesem konkreten Fall wirkt die faktische Kraft des Normativen: Der normative ordnungspolitische Soll-Zustand des ‚Transformationsziels' intendiert positive Lernprozesse in den jeweiligen Ist-Zuständen des ‚Transformationsprozesses'.

Andererseits ist das Lernen der Individuen in der Transformation selbst unter Berücksichtigung eines vorhandenen und akzeptierten Transformationsziels als Lernreferenz ein zeitaufwendiger Prozeß, der einem Versuchs- und Irrtums-Verfahren ähnelt. Dies ergibt sich aus der Komplexität der die Systemtransformation begleitenden institutionellen Veränderungen, die jeweils spezifische Anreiz- und Sanktionswirkungen entfalten. Wie die Anreize von den einzelnen Individuen umgesetzt und welche Strategien zur Vermeidung von Sanktionen die Individuen entwickeln werden, ist schwer vorherzusagen. Feststehen dürfte jedoch, daß hier wie immer die notwendigen Verhaltensanpassungen der Individuen vermutlich über Lernprozesse internalisiert werden. Gerade weil die Ordnungsbedingungen des Transformationsziels nur als (grobes) Muster bekannt sein dürften, ist davon auszugehen, daß die Individuen im Transformationsprozeß eine Vielzahl von Lernversuchen benötigen. Somit impliziert die relative Unschärfe der Lernreferenz ‚Transformationsziel' in Verbindung mit der Vielfalt und der Komplexität des im Transformationsprozeß neu zu Lernenden einen permanenten Lernprozeß, in dem die Konturen des Transformationsziels für die einzelnen Individuen deutlicher erkennbar werden und damit die Bedeutung des neu Gelernten im Transformationsprozeß an Stellenwert gewinnt.

Folglich ist festzuhalten: Transformationsprozesse sind in erster Linie Lernprozesse. Dabei wird das ordnungsbedingte Wissen entsprechend der Diskrepanz zwischen ‚Transformationsbasis' und ‚Transformationsziel' neu gewichtet und justiert. Da die Unterschiedlichkeit hinsichtlich des Umgangs mit dem Wissen der Individuen zwischen taxischer Ordnungsausprägung im Fall von Zentralverwaltungswirtschaften einerseits und kosmischer Ordnungsausprägung im Fall von wettbewerblichen Marktwirtschaften andererseits besonders groß ist, ist zu vermuten, daß nur wenig des auf das überkommene System bezogenen Wissens der Individuen seine Problemlösungsfähigkeit konservieren kann.[50] Diese Einschätzung korrespondiert mit der These der Ordnungsbedingtheit allen Wissens.

Im Ergebnis sind im Transformationsprozeß diejenigen Kenntnisse zu erzeugen, die im Hinblick auf die Ordnungsbedingungen des Transformationsziels erfolgreich zu sein scheinen.

Doch nicht nur Wissen über „neue Ordnungsbedingungen" ist von den Individuen im Transformationsprozeß zu bilden. Die Individuen sind hierbei auch darauf angewiesen, ihre eigenen Problemlösungen zu finden. Da mit *Popper* (1994/1997, S. 257) „alles Leben [als] Problemlösen" aufgefaßt werden kann, sind im Transformationsprozeß beide Ebenen der Wissenserneuerung (die Ebene des Ordnungs- und die Ebene des Prozeßwissens) simultan in einem von Mühen und Mißerfolgen begleiteten Lernprozeß zu bewältigen.

Die *Hayek*sche Ordnungskonzeption vermag das Transformationsgeschehen in seiner theoretischen und praktischen Dimension zu verdeutlichen – einmal im Hinblick auf den Wissensaspekt, zum anderen auf den Wettbewerbsgedanken. Mit diesen beiden Kategorien und den sich daraus schlüssig ergebenden Ordnungskonzeptionen von „Taxis" und „Kosmos" gelingt es, hinreichend allgemeine Musteraussagen zur Wissens- und Wettbewerbsstruktur der ‚Transformationsbasis' und des ‚Transformationsziels' abzuleiten. Für den ‚Transformationsprozeß' führt der Ordnungsansatz *Hayeks* zur Betonung (individueller) Lernprozesse im Rahmen der Wissensgenese und -verbreitung. Dabei bleibt allerdings die faktische Bedeutung normativer Soll-Vorstellungen hinsichtlich des Transformationsziels für den Transformationsprozeß selbst eher unterbelichtet. Diese Aussage gilt nicht absolut, da *Hayek* durchaus nicht ausschließlich auf die spon-

---

[50] Vgl. hierzu *Schüller* (1992).

tane Ordnungsgenese vertraut.[51] *Popper* (1963/2000i, S. 498; H.i.O.) formuliert das sich dahinter verbergende Problem folgendermaßen: „Eine (l)iberale Utopie – das heißt ein auf einer traditionslosen *tabula rasa* rational geplanter Staat – ist eine Unmöglichkeit". Wie leicht ersichtlich, stimmen *Popper* und *Hayek* in ihrer skeptischen Grundeinschätzung der ‚aktiven Gestaltbarkeit gesellschaftlicher Rahmenbedingungen aus einem Guß' überein. Das bedeutet jedoch nicht, daß eine Gestaltung gesellschaftlicher Ordnungsbedingungen logisch per se ausgeschlossen werden kann oder muß. *Hayek* und *Popper* betonen ‚nur' mit unterschiedlicher Akzentuierung die Grenzen der menschlichen Vernunft im Kontext gesellschaftlicher Entwicklungen.[52]

Im Ergebnis ist festzuhalten: Die *Hayek*sche Ordnungskonzeption ist zur wissensbasierten Analyse der drei Elemente der ‚transformationstheoretischen Triade' gut geeignet. Für die Formulierung von normativen Vorstellungen über das anzustrebende ‚Transformationsziel' und dessen konkrete ordnungspolitische Ausgestaltung sowie die sich daraus ableitenden Anforderungen im ‚Transformationsprozeß' sind allerdings nur sehr allgemeine Aussagen möglich, im Gegensatz zu *Euckens* Ordnungskonzeption.

---

[51] Der Vorwurf, darin müsse ein Aufweichen oder gar Abrücken von seiner ordnungstheoretischen und vor allem ordnungspolitischen Grundlinie gesehen werden, ist nicht stichhaltig; denn die Vorstellung, daß die Menschen ihr Wissen, Denken und Handeln immer und überall bei Null beginnen, ist aus Sicht der evolutionären Erkenntnistheorie *Poppers* nicht zu halten. *Popper* (1963/2000a, S. 41; H.i.O.) spricht in diesem Kontext von einer ‚tabula rasa-Vorstellung' menschlicher Erkenntnisgewinnung: „Erkenntnis kann nicht mit nichts beginnen – mit der *tabula-rasa* – aber sie kann auch nicht von der Beobachtung ausgehen." Der zweite Teil der *Popper*schen Aussage wendet sich gegen den Empirismus. Vgl. auch *Popper* (1984/1997c, S. 62).

[52] Vgl. hierzu Hayek (1960/1971, S. 70): „Diese Idee, daß vernunftbegabte Menschen sich zusammensetzen und überlegen, wie die Welt neu gestaltet werden kann, ist vielleicht das charakteristischste Ergebnis dieser Plan-Theorien". Etwas später (ebenda, S. 86) heißt es: „Die Vernunft ist zweifellos des Menschen wertvollster Besitz. Unser Argument sollte bloß zeigen, daß sie nicht allmächtig ist (...)". Schließlich kommt *Hayek* (ebenda, S. 88) zu dem Schluß, daß die *Popper*sche Vorgehensweise der schrittweisen Verbesserung die angemessene Umsetzung seines Vernunftkonzeptes in der gesellschaftlichen Realität bedeutet. *Hayeks* Argumentation richtet sich somit nicht per se gegen „Experimente, sondern (…) gegen jede ausschließliche monopolistische Macht, auf einem Gebiet zu experimentieren – Macht, die keine Alternative verträgt und den Anspruch erhebt, überlegenes Wissen zu besitzen – und gegen die daraus folgende Ausschließung von Lösungen, die besser sind als die, auf die sich die an der Macht befindlichen festgelegt haben" (ebenda, S. 88).
Popper (1963/1994a, S. 41 f.) schreibt dazu: „Weder die Beobachtung noch die Vernunft sind Autoritäten. Intellektuelle Intuition und intellektuelle Einbildungskraft sind von größter Bedeutung, aber sie sind unverläßlich: Sie mögen uns die Dinge mit größter Klarheit zeigen und uns dennoch in die Irre führen. Sie sind die Hauptquellen unserer Theorien und als solche unersetzlich; aber die meisten unserer Theorien sind ja doch falsch. Die wichtigste Funktion von Beobachtung und logischem Denken, aber auch von intellektueller Intuition und Einbildungskraft liegt darin, daß sie uns bei der kritischen Prüfung jener kühnen Ideen helfen, die wir brauchen, um ins Unbekannte vorzudringen".

4.3.2. Zum Verhältnis von Macht und Wettbewerb – *Euckens* Ordnungskonzeption

*Eucken*s Ordnungsvorstellungen gründen in der Hauptsache auf zwei Werken: „Die Grundlagen der Nationalökonomie" (1939/1989) und die „Grundsätze der Wirtschaftspolitik" (1952/1990). In den ‚Grundlagen' erläutert *Eucken* die Methode seiner Vorgehensweise und entwickelt eine Theorie der Wirtschaftssysteme, die auf einigen wenigen Ordnungsformen und ihrer spezifischen Kombination beruhen. In den ‚Grundsätzen' differenziert *Eucken* seine Vorstellungen insbesondere im Bereich der ordnungspolitischen (Staats-) Aufgaben im Sinne einer „Wirtschaftsordnungspolitik" aus.[53]

Hier interessiert jedoch vor allem *Eucken*s Erklärungsbeitrag zu den Elementen der ‚transformationstheoretischen Triade'. Bevor die einzelnen Bezugspunkte mit den *Eukken*schen Erklärungselementen verbunden werden, ist es sinnvoll, diese losgelöst von den transformationsspezifischen Detailproblemen zu diskutieren.

Was sind die wesentlichen Gedankengänge seiner ordnungstheoretischen und politischen Analyse?

Unabhängig vom konkreten Wirtschaftssystem werden der „Plan" und die damit verbundene Tätigkeit des „Planens" als eine handlungsleitende Größe der Individuen aufgefaßt. „Zu allen Zeiten und überall vollzieht sich das menschliche Wirtschaften in Aufstellung und Durchführung von Wirtschaftsplänen. Auf Plänen beruht also alles wirtschaftliche Handeln" (*Eucken* 1939/1989, S. 78).[54] Die „Pläne" und ihr unterschiedliches Zustandekommen sind von daher wesentlicher Ansatzpunkt der *Eucken*schen Analyse. Am Ende dieses Abschnitts wird die Rolle und Bedeutung von „Plänen" aus erkenntnistheoretischer Perspektive interpretiert. Dabei wird sichtbar, welche Verbindungslinien zwischen dem *Hayek*schen ‚Wissensansatz' und dem *Eucken*schen ‚Planansatz' bestehen.

Eucken zieht aus den im einzelnen dargelegten Problemen der „Zentralverwaltungswirtschaft" einige Konsequenzen, die in der Folge im Hinblick auf die hier interessierende Fragestellung thesenartig zusammengefaßt werden:[55]

- Zentrale Planung bedingt die Tendenz zur Vereinheitlichung der Produkte
- Konsumentenpräferenzen sind von nachrangiger Bedeutung
- Tendenz zum Großbetrieb
- Eigeninteressen der verschiedenen Planträger sind virulent
- Technisches statt ökonomisches (knappheitsorientiertes) Denken tritt in den Vordergrund

Diese Teilaspekte resultieren automatisch aus der Festlegung des Lenkungssystems der zentralen Planung. Unterschiedlichkeit und Vielzahl der Güter und Präferenzen der Individuen erschweren die Planung. Ebenso läßt sich eine geringe Zahl großer Unter-

---

[53] Vgl. *Eucken* (1952/1990, S. 242 sowie insbesondere S. 304 ff.).

[54] Vgl. hierzu auch *Eucken* (1952/1990, S. 20).

[55] Vgl. *Eucken* (1952/1990, S. 77-84).

nehmen (vermeintlich) besser planungsmäßig steuern, als eine große Zahl kleiner und mittlerer Unternehmensgrößen.[56] Die Vielzahl von Planungsträgern induziert realiter potentiell Reibungsverluste der Planung. Schließlich steht dem Planungsgedanken ein technokratisches und eher komparativ-statisches Verständnis von Prozessen nahe.

Die Grundlagen der Planungskompetenz oder -befugnis hängen eng mit der Frage der „Macht" zusammen.[57] Anders ausgedrückt: Wer hat in einer „Zentralverwaltungswirtschaft" das Recht zu „Planen" und warum? Die ‚Macht zur Planung' berührt elementar die Frage nach der Freiheit aller Individuen eines Gemeinwesens. Die totale Abstimmung der Teilpläne der Individuen im Hinblick auf einen Gesamtplan bedingt entweder die freiwillige Anpassung der individuellen Teilpläne an den Gesamtplan oder aber deren Unterdrückung, denn „um die Planziele zu erreichen, ist es nötig, die Kräfte der Menschen auf diese Planziele zu richten" (*Eucken* 1952/1990, S. 131). Für individuelle Planaufstellung und -durchführung ist unter diesen Ordnungsbedingungen kein Platz.[58] Individuelle Freiheit in bezug auf das Recht zur Planung ist insofern als ein systemfremdes Element zu charakterisieren.[59]

Um die Funktionsfähigkeit zentralverwaltungswirtschaftlicher Ordnungen zu gewährleisten, muß daher die individuelle Freiheit eingeschränkt werden.[60] In der „Zentralverwaltungswirtschaft" ist somit „die größte Zusammenballung wirtschaftlicher Macht" zu finden. „Alle Macht konzentriert sich hier in der Zentralstelle, die allein Wirtschaftspläne entwirft und die Handlungen aller Mitglieder des Gemeinwesens – die ihrerseits entmachtet und unfrei sind – lenkt." (*Eucken* 1939/1989, S. 198). Im Rahmen öffentlicher Rechtsetzung wird dieser Anspruch auf Planungsmacht legitimiert.[61]

„Diese Konzentration staatlicher Macht in der Verwaltung (...) ist nicht zufällig und ergibt sich aus dem Charakter des ökonomischen Lenkungsproblems" (*Eucken*

---

[56] *Thalheim* (1970) hat in diesem Kontext von einer systeminhärenten „Konzentrationstendenz in der Zentralverwaltungswirtschaft" gesprochen.

[57] *Eucken* (1952/1990, S. 128) sieht das Problem darin, daß es zu einer Konzentration wirtschaftlicher, gesellschaftlicher und politischer Macht in der Führerschicht kommt, die wiederum „auch die zentralen Planstellen beherrscht".

[58] Bei *Hayek* (1944/1991, S. 186 f.) heißt es dazu: „Die beiden Brennpunkte jedes kollektivistischen Systems sind das Bedürfnis nach einem allgemein angenommenen Zielsystem der dominierenden Gruppe und der alles beherrschende Wunsch, dieser Gruppe zur Erreichung ihrer Ziele die größtmögliche Macht zu verschaffen".

[59] „Die Menschen müssen also dauernd davon überzeugt werden, daß es richtig ist, den Planzielen mit allen Kräften zu dienen und individuelle Pläne fallen zu lassen" (*Eucken* 1952/1990, S. 131).

[60] Vgl. hierzu *Eucken* (1952/1990, S. 127-133, insbesondere S. 133) Die damit verbundenen Implikationen der unzureichenden Nutzung des Wissens der Individuen sowie die daraus folgende erkenntnistheoretische Interpretation wird am Ende dieses Abschnittes skizziert. *Maier* (1950, S. 19) formuliert diesen Zusammenhang und seine Konsequenzen so: „Keine Wirtschaftsordnung versteht es so gut, die persönlichen Rechte des Einzelnen einzusammeln und umzumünzen in geballte Macht wie die Zentralverwaltung, wobei sie gleichzeitig den Massen des Volkes Freiheit und Sicherheit verspricht und einen hohen Stand der Versorgung mit dem Hinweis auf rationale Planung und ‚gerechte' Verteilung des Volkseinkommens."

[61] Darin ist ein wesentlicher Unterschied zur Ausübung privater wirtschaftlicher Macht zu sehen. Vgl. auch *Eucken* (1939/1989, S. 199).

1952/1990, S. 127 f.).[62] Aus dem Versuch, alle wirtschaftlichen Größen vorab zu planen, resultiert aufgrund der Planinterdependenzen und der Pyramidenstruktur der Teilpläne und des Gesamtplanes mit Notwendigkeit die ‚Konzentration der Planungsmacht'. Zu Ende gedacht müßte, um alle potentiellen inter-individuellen Fehlerquellen der Planerstellung auszuschalten, die Planungsbefugnis bei einem einzigen Individuum angesiedelt sein. Dieser ‚omnipotente Planer' stünde allerdings vor zwei Problemen: Wie gelangt er an die relevanten Informationen zur Planaufstellung und wie kann er ‚seine Pläne' durchsetzen. Demokratie als Form politischer Ordnung und Zentralverwaltungswirtschaft sind nicht kongruent.[63] Vielmehr ist davon auszugehen, daß eine zentralverwaltungswirtschaftliche Ordnung mit totalitären politischen Systemen korrespondiert.[64]

Die Interdependenz der Ordnungen im Zusammenhang mit dem Wirtschaftssystem einer „Zentralverwaltungswirtschaft" erweist sich als eine Dependenz. Damit die Zentralverwaltungswirtschaft – zumindest theoretisch – die in sie gesetzten Erwartungen erfüllen kann, ist es notwendig, die anderen Teilordnungen des Gemeinwesens auf die spezifischen Ordnungsanforderungen der zentralveraltungswirtschaftlichen Wirtschaftsordnung hin auszurichten.

Das entscheidende Kennzeichen einer „Zentralverwaltungswirtschaft" ist von daher darin zu sehen, daß im Prinzip „*ein* Wille und *ein* Plan unter Ausschließung aller anderen (entscheidet)" (*Eucken* 1939/1989, S. 155; H.i.O.). Damit sind die Aspekte des „Plans" und der „Macht" simultan angesprochen, die beide in einer Zentralverwaltungswirtschaft nicht wettbewerblich organisiert sein können, um die Funktionsfähigkeit des Systems nicht zu gefährden.

In der „Verkehrswirtschaft" werden die individuellen Teilpläne nicht zentralisiert bzw. subordiniert, sondern durch den Preismechanismus koordiniert.[65] Die Verschiedenheit und Gegensätzlichkeit der individuellen Teilpläne führt automatisch zu Konkurrenzbeziehungen zwischen den planenden Individuen, da die Realisierung der Pläne vom Einsatz von Ressourcen abhängt, die der Knappheit unterliegen. Es ergibt sich daher aus der ‚Planautonomie' der Individuen ein Konkurrenz- oder Wettbewerbsproblem. Wie dieses zu lösen ist, und damit die Funktionsfähigkeit einer wettbewerblichen Verkehrswirtschaft hergestellt und erhalten wird, ist Gegenstand der weiteren Betrachtungen. *Euckens* Idee einer „Wettbewerbsordnung" ist somit als ordnungspolitische Konsequenz seiner (ordnungs-)theoretischen Analysen aufzufassen.

---

[62] *Eucken* verweist an dieser Stelle explizit auf *Hayek*s „Der Weg zur Knechtschaft" aus dem Jahr 1944/1991. Dies kann als Beleg dafür gewertet werden, daß *Eucken* die *Hayek*schen Gedankengänge und seine wissensbasierte Argumentation durchaus zur Kenntnis genommen hat. Gleichwohl steht bei *Eucken* das Machtproblem im Zentrum seiner Überlegungen; das Machtproblem ist dem Wissensproblem insoweit vorgelagert, als über die Formen der Machtausübung das Wissen reguliert, ermöglicht oder blockiert wird.

[63] Dieses *Eucken*sche Analyseergebnis gilt auch für das Verhältnis von Rechtsstaat und Zentralverwaltungswirtschaft sowie für das Verhältnis der Bereiche Religion/Kultur und Zentralverwaltungswirtschaft. Siehe hierzu *Eucken* (1952/1990, S. 130 sowie S. 132.).

[64] Diese Interpretation hat insbesondere *Hayek* immer wieder betont. Vgl. beispielsweise *Derselbe* (1944/1991; 1996).

[65] Vgl. *Eucken* (1939/1989, S. 88).

Das *Eucken*sche Konzept der „Wettbewerbsordnung“ (*Eucken*, 1952/1990, S. 241-324) ist als ein Versuch zu kennzeichnen, „eine funktionsfähige und menschenwürdige Ordnung“[66] auf der Basis verschiedener ineinandergreifender Prinzipien zu entwickeln. Dazu ist es jedoch notwendig, daß eine ganze Reihe von Ordnungsbedingungen simultan vorliegen, um das Recht zur individuellen Plangestaltung auch nutzen zu können, denn „jedes einzelne Prinzip erhält nur im Rahmen des allgemeinen Bauplanes der Wettbewerbsordnung seinen Sinn“ (*Eucken* 1952/1990, S. 304). Damit ist insbesondere die Frage der „Macht“ innerhalb einer „Verkehrswirtschaft“ angesprochen, hier konkret in Form der Ausübung des individuellen Rechts zur Planaufstellung und -durchführung. Das Verhältnis zwischen „Macht“ und „Wettbewerb“ bzw. der „Wettbewerbsordnung“ ist für *Eucken* eine essentielle Fragestellung, da die Wettbewerbsordnung sowohl von privaten als auch von staatlichen Machtgebilden bedroht ist.[67] Die „Wettbewerbsordnung“ im *Eucken*schen Sinne ist daher auch als ein Lösungsvorschlag zum Umgang mit „privater“ und „staatlicher“ Macht anzusehen. Die „Wettbewerbsordnung“ ist also diejenige Ordnung, die sowohl die Macht des einzelnen Individuums als auch die Macht des Staates begrenzt, um auf diese Weise die Vorzüge der „Wettbewerbsordnung“ zur Geltung bringen zu können. Welche Prinzipien im einzelnen charakterisieren eine „Wettbewerbsordnung“?

Eucken unterscheidet „konstituierende“ und „regulierende“ Prinzipien.[68] Alle Prinzipien sind darauf auszurichten, dem „wirtschaftsverfassungsrechtlichen Grundprinzip“, nämlich der „Herstellung eines funktionsfähigen Preissystems vollständiger Konkurrenz“ zum Durchbruch zu verhelfen (*Eucken* 1952/1990, S. 254).[69] Nur ein funktionsfähiges Preissystem kann die komplexe Aufgabe der Lenkung aller Ressourcen, Güter und Dienstleistungen ohne die Inkaufnahme privater oder staatlicher Machtpositionen im Wirtschaftsprozeß gewährleisten.

Die „*konstituierenden Prinzipien*“ dienen der Herstellung der Wettbewerbsordnung.[70] Im einzelnen unterscheidet *Eucken* folgende Prinzipen: Im „*Primat der Währungspolitik*“ verdeutlicht *Eucken* die Wichtigkeit wertstabilen Geldes für die Funktionsfähigkeit

---

66 *Eucken* (1952/1990, S. 369).

67 Vgl. hierzu *Eucken* (1939/1989, S. 199-205; 1952/1990, S. 334-337.) und bereits früher: *Eucken* (1932, S. 301-311). Dort schreibt *Eucken* (S. 307) im Hinblick auf die staatliche Befriedigung von (privaten) Gruppeninteressen: „Viel folgenschwerer ist es jedoch, daß ganz allgemein gerade durch die enge Verflechtung mit der Wirtschaft die Selbständigkeit des Staates unterhöhlt wird, auf der seine Existenz beruht. Seine Handlungen werden abhängig von dem Willen der wirtschaftlichen Gruppen, denen er mehr und mehr als Werkzeug dient“.

68 Zu den „konstituierenden Prinzipien“ siehe *Eucken* (1952/1990, S. 254-291). Zu den „regulierenden Prinzipien“ siehe ebenda, S. 291-304. Wesentliche Teile seiner ordnungspolitischen Konzeption entwickelt *Eucken* bereits früher. Vgl. hierzu *Eucken* (1949, S. 32-93).

69 Etwas später schreibt *Eucken* (1952/1990, S. 255): „Die Hauptsache ist es, den Preismechanismus funktionsfähig zu machen. Jede Wirtschaftspolitik scheitert, der dies nicht gelingt. Das ist der strategische Punkt, von dem aus man das Ganze beherrscht und auf den deshalb alle Kräfte zu konzentrieren sind“.

70 Vgl. *Eucken* (1952/1990, S. 255). Siehe für eine Darstellung der *Eucken*schen Prinzipien die Arbeit von *Schüller* (2002).

der Wirtschaftsordnung.[71] Erst auf der Basis einer Geldwertstabilisierung wird es überhaupt möglich, „in den Wirtschaftsprozeß ein brauchbares Lenkungsinstrument einzubauen“ (*Eucken* 1952/1990, S. 257). Dies ist sofort einleuchtend, wenn man bedenkt, daß der Preismechanismus als Koordinationsinstrument nur dann seine Lenkungsaufgaben erfüllen kann, wenn das Verhältnis zwischen Gütern und Geldmitteln nicht durch erratische – und hier insbesondere politisch motivierte – Schwankungen des Geldmittelvolumens gestört wird. Somit ist in Zeiten von offener oder versteckter Inflation sowie in Zeiten der Deflation keine hinreichende Lenkung durch die Preise mehr möglich.[72] Um die Geldwertstabilisierung auf Dauer als geldpolitisches Ziel zu gewährleisten, plädiert *Eucken* für eine regelgebundene Regulierung der Geldmenge, die der Intervention politischer oder sonstiger Interessengruppen keine Ansatzpunkte bietet.[73]

Als zweites konstituierendes Prinzip sind „*Offene Märkte*“ zu sichern. Damit ist die Offenhaltung der Märkte auf der Angebots- und Nachfrageseite gemeint. Nur mit offenen Märkten kann gemäß *Eucken* der Konzentrationstendenz und damit der Vermachtung in einer Wirtschaftsordnung Einhalt geboten werden. Aus diesem Grund sind sowohl staatliche als auch private Marktschließungsmaßnahmen zu unterlassen bzw. zu unterbinden.[74] Im Kern begründet sich die Forderung nach offenen Märkten aus der Präferenz für die Marktform der vollständigen Konkurrenz, die, so die Vermutung, sich bei offenen Märkten über kurz oder lang automatisch durchsetzen dürfte.[75] „Wo die Schließung der Märkte fehlt, (...) ist es oft schwer, Monopole zu halten, und Oligopole gehen in Konkurrenz über“ (*Eucken* 1952/1990, S. 266).

---

[71] „Alle Bemühungen, eine Wettbewerbsordnung zu verwirklichen, sind umsonst, solange eine gewisse Stabilität des Geldwertes nicht gesichert ist. Die Währungspolitik besitzt daher für die Wettbewerbsordnung ein Primat“ (*Eucken* 1952/1990, S. 256).

[72] Vgl. hierzu die Erläuterungen von *Eucken* (1952/1990, S. 256 f.).

[73] Vgl. auch *Schüller* (2002, S. 51).

[74] Als Beispiele für staatliche Marktabschließung nennt *Eucken* (1952/1990, S. 264 f.) auf der Angebotsseite: Einfuhrverbote, Prohibitivzölle und Außenhandelsmonopole. Im Binnenbereich wirken in dieser Richtung: Investitionsverbote, Anbaubeschränkungen, Errichtungsverbote usw.

[75] Aus der Sichtweise *Euckens*, der dem Machtproblem besondere Aufmerksamkeit gewidmet hat, ist es verständlich, die Analyse der „offenen Märkte“ augenscheinlich auf die Marktzutrittsbarrieren zu fokussieren. In der Tat sind bestehende Machtpositionen besonders gut durch erfolgreiche Marktzutritte zu unterminieren. Aber darüber darf nicht in Vergessenheit geraten, daß das Prinzip der „offenen Märkte“ von ‚Dualität‘ gekennzeichnet ist: Nicht nur der Zutritt auf der Angebots- und Nachfrageseite gehört hierher, sondern ebenso der Austritt aus der Angebots- und Nachfrageposition. Erst wenn alle vier Optionen immer und überall gewährleistet sind, also weder staatlicherseits, noch von privater Seite beschränkt wird, kann mit Recht von „offenen Märkten“ gesprochen werden.
Diese Interpretation ist im Kontext der „Unternehmensinsolvenz“ von besonderer Bedeutung, denn – zumindest im politischen Bereich – scheint diese systematische Gleichwertigkeit der jeweiligen Optionen verkannt zu werden. Marktaustritte mit ihren negativen Beschäftigungswirkungen führen potentiell zu einer geringeren Chance auf Wiederwahl der amtierenden Politiker. Insofern ist die asymmetrische Wahrnehmung der verschiedenen Optionen mit Ansätzen der Neuen Politischen Ökonomie gut zu erklären. Vgl. beispielsweise den Ansatz von *Downs* (1957).

Das „*Privateigentum*“ stellt ein weiteres konstituierendes Prinzip dar. *Eucken* bringt klar zum Ausdruck, daß das Privateigentum immer im Zusammenhang mit der jeweiligen Marktform zu betrachten ist, da der Charakter des Privateigentums mit dieser variiert. Somit verändert sich die Funktion des Eigentumsrechts in Abhängigkeit von den konkret realisierten Marktformen.[76] „Nur im Rahmen der Wettbewerbsordnung gilt der vielgenannte Satz, daß Privateigentum nicht nur dem Eigentümer, sondern auch dem Nichteigentümer Nutzen bringe“ (*Eucken* 1952/1990, S. 274). Von daher ist es für eine wettbewerbskonforme Ausprägung von Privateigentum notwendig, daß „das Privateigentum an Produktionsmitteln (...) der Kontrolle durch die Konkurrenz“ unterworfen ist und bleibt.[77] Andererseits ist die Institution des „Privateigentums“ aber auch als Voraussetzung für eine freie Staats- und Gesellschaftsordnung anzusehen.

Als weiteres konstituierendes Prinzip ist die „*Vertragsfreiheit*“ zu betrachten. Ohne die Möglichkeit der Individuen, Verträge abzuschließen und somit ihre Pläne zu realisieren und abzusichern, kann es nicht zu Konkurrenzbeziehungen in einer Wirtschaftsordnung kommen.[78] Aber auch für die Vertragsfreiheit gilt analog zum Privateigentum, daß die konkrete Wirkung der formalen Vertragsfreiheit durch die Ausprägung der jeweiligen Wirtschaftsformen oder Marktformen determiniert wird. Von daher ist die Beurteilung der Vertragsfreiheit der Individuen nicht losgelöst von der konkreten Wirtschaftsordnung möglich. Allgemein gilt, daß die Vertragsfreiheit nicht verabsolutiert werden darf, und zwar aus zweierlei Gründen: Zum einen findet nach rechtsstaatlichen Prinzipien die Freiheit des einen Individuums seine Grenzen da, wo die Freiheit eines anderen Individuums beginnt. Insoweit ist das Freiheitsrecht – wie jedes andere Recht auch – ein relatives Recht. Für die Vertragsfreiheit bedeutet dies, daß sie „nicht zu dem Zweck gewährt werden (darf), um Verträge zu schließen, welche die Vertragsfreiheit beschränken oder beseitigen“ (*Eucken* 1952/1990, S. 278). Damit bewirkt und erhält die Einschränkung des Umfangs der individuellen Vertragsfreiheit gerade deren Existenz.

Aber auch für die gesamte Ordnung des Gemeinwesens ergeben sich Konsequenzen, denn eine schrankenlose Vertragsfreiheit würde unweigerlich zu einer Erosion der wirtschaftsverfassungsrechtlichen Grundentscheidung führen. Dies bedeutet aber nichts anderes, als daß diejenigen Prinzipien, die zur Herstellung und Aufrechterhaltung der aus der Grundsatzentscheidung erwachsenden Ordnung notwendig sind, in ihrem Gehalt konterkariert werden. Beispielsweise könnten die mit dem Eigentumsrecht verbundenen Handlungs- und Verfügungsrechte dermaßen eingeschränkt werden, daß das „Privateigentum“ seine Funktion im Rahmen der Wettbewerbsordnung völlig verlieren würde. Selbiges gilt für Verträge zur Marktabschottung in bezug auf die Offenheit der Märkte usw. *Eucken* sieht allerdings auch das Problem, was die „Vertragsfreiheit“ für Nicht-Wettbewerbsordnungen bedeutet. In diesen Fällen muß zur Verhinderung der mißbräuchlichen Ausnutzung wirtschaftlicher Macht die „Vertragsfreiheit“ staatlicherseits eingeschränkt werden, indem etwa eine Monopolkontrolle mittels Kontrahierungszwang

[76] Vgl. hierzu *Eucken* (1952/1990, S. 272).

[77] Vgl. *Eucken* (1952/1990, S. 275).

[78] Vgl. *Eucken* (1952/1990, S. 275).

oder ähnlichen Maßnahmen aktiv den Entscheidungsspielraum von Wirtschaftssubjekten begrenzt.[79]

Mit der „*Haftung*" wird ein weiteres wesentliches konstituierendes Prinzip der Wettbewerbsordnung angesprochen. Nach *Eucken* (1952/1990, S. 279) besteht Haftung in der „Zugriffsmöglichkeit in das Vermögen des Schuldners".[80] Die konkrete Wirkung des Prinzips „Haftung" hängt wiederum entscheidend von der realisierten Wirtschaftsordnung ab. Um beispielsweise in einer Wettbewerbsordnung überhaupt als Individuum für Handlungen und deren Folgen haften zu können, ist es notwendig, Eigentumstitel begründen und erhalten zu können, damit aus deren Ertrag oder gegebenenfalls Veräußerung ein entstandener Schaden reguliert werden kann. Andernfalls bliebe als Schadensersatz nur das Angebot der ‚individuellen Versklavung', um den Schaden ‚abzuarbeiten'. Dies ist jedoch mit einer auf Freiheit und Selbstverantwortung gegründeten Gesellschaftsordnung nicht vereinbar. Ohne Privateigentum ist dem Prinzip der „Haftung" daher die Grundlage entzogen. Die Funktion der „Haftung" erstreckt sich auf drei Bereiche: Erstens, „soll sie die Auslese der Betriebe und leitenden Persönlichkeiten ermöglichen oder erleichtern" (*Eucken* 1952/1990, S. 280). Zweitens, geht es darum, den Einsatz knappen Kapitals möglichst vorsichtig zu tätigen, um Fehlinvestitionen zu vermeiden. Drittens schließlich, wirkt das Haftungsprinzip der Konzentration in der Wirtschaft entgegen, weil die betriebliche Strategie der Konzernierung an Attraktivität einbüßt. In der „Wettbewerbsordnung" bedeutet „Haftung" daher, daß Chancen und Risiken einer Entscheidung nicht voneinander getrennt werden.[81]

Schließlich ist die „*Konstanz der Wirtschaftspolitik*" als ein konstituierendes Prinzip der Wettbewerbsordnung anzusehen. Die Kontinuität wirtschaftspolitischer Maßnahmen beeinflußt die individuellen Investitionsentscheidungen der Wirtschaftssubjekte. Dies läßt sich damit erklären, daß gerade volumenmäßig große Investitionen, die sich erst über einen längeren Zeitraum amortisieren, auf eine gewisse Konstanz wichtiger Investitionsparameter angewiesen sind, um rentabel sein zu können. Als Beispiel kann die Steuerpolitik gelten.[82] Jede sprunghafte Veränderung der wirtschaftspolitischen Rahmenbedingungen erschwert somit Investitionsentscheidungen, da die Investoren keine verläßlichen Erwartungen hinsichtlich der Entwicklung dieser Rahmenbedingungen bilden können. Damit aber werden die in einer Wettbewerbsordnung vorliegenden

---

79 Vgl. *Eucken* (1952/1990, S. 279).

80 An späterer Stelle formuliert *Eucken* (ebenda, S. 281; im Original hervorgehoben) so: „Wer für Pläne und Handlungen der Unternehmen (Betriebe) und Haushalte verantwortlich ist, haftet".

81 Bei *Röpke* (1937/1954, S. 284; H.i.O.) heißt es dazu: „Die Herrschaft der Rentabilität bewirkt, daß ein Unternehmer, der sich einfügt, vom Markte belohnt, und ein Unternehmer, der sich nicht einfügt, vom Markte bestraft wird. Die Belohnung ist ebenso hoch, wie die Bestrafung hart ist, aber gerade dadurch wird eine besonders wirksame Auslese der Leiter des Produktionsprozesses bewirkt. Da nun wahrscheinlich die Furcht vor Verlust immer größer ist als das Streben nach Gewinn, kann man sagen, daß unser Wirtschaftssystem letzten Endes durch den *Konkurs* reguliert wird." Um diesen Mechanismus zu sichern, gilt es, „daß Verantwortlichkeit und Risiko (Erfolgs- und Verlustchance) aufs engste miteinander verkoppelt werden" (ebenda, S. 285).

82 Vgl. *Eucken* (1952/1990, S. 287 f.).

Preis- und Einkommensunsicherheiten zusätzlich erhöht.[83] Die Wahrscheinlichkeit, daß die Plandaten der Investoren, die nichts anderes als Erwartungen reflektieren, von den faktischen Daten abweichen werden, steigt unter diesen Bedingungen. „Eine Distanz von Plandaten und faktischen Daten entsteht stets, solange sich die Wirtschaft entwickelt. Aber diese Distanz sollte nicht durch rasche und vielfältige Änderungen der Wirtschaftspolitik so vergrößert werden, daß Investitionen unterbleiben, die sich erst nach vielen Jahren rentieren können" (*Eucken* 1952/1990, S. 289). Im Umkehrschluß ist daher zu vermuten, daß die Investitionstätigkeit der Wirtschaftssubjekte und damit die wirtschaftliche Entwicklung des Gemeinwesens bei Konstanz der Wirtschaftspolitik und somit verläßlicherer Erwartungsbasis für die Investoren in der Wettbewerbsordnung reibungsloser funktioniert.

Alle *„konstituierenden Prinzipien"* einer Wettbewerbsordnung gehören notwendig zusammen. Sie sind im Rahmen einer wirtschaftspolitischen Gesamtentscheidung als Instrumente zur Durchsetzung einer „gewollten Wirtschaftsordnung" im Sinne der Wettbewerbsordnung zu verstehen.[84] Anders ausgedrückt: Ist die wirtschaftsverfassungsrechtliche Grundsatzentscheidung zugunsten einer auf dem Preismechanismus der (vollständigen) Konkurrenz basierenden Lenkungsmethode des Wirtschaftsprozesses gefallen, dann kann nur die vollständige und simultane Umsetzung der konstituierenden Prinzipien eine derartige Wirtschaftsordnung begründen. Jedes einzelne Prinzip ist somit im positiven Sinne Mittel zum Zweck. Die inhaltliche Zusammengehörigkeit der Prinzipien führt nach *Eucken* (1952/1990, S. 291) dazu, „daß einzelne von ihnen bei isolierter Anwendung ihren Zweck völlig verfehlen".

Die *Eucken*sche Wettbewerbsordnung bedarf zu ihrer Erhaltung einer Reihe weiterer Prinzipien, um die Funktionsfähigkeit der Ordnung dauerhaft zu gewährleisten. Damit rücken die *„regulierenden Prinzipien"* ins Blickfeld. Einerseits sollen die Prinzipien „systemfremde Ordnungsformen" kontrollieren und andererseits bestimmte „Schwächen und Mängel" der Wettbewerbsordnung korrigieren.[85] Im einzelnen handelt es sich um folgende Prinzipien: Die negativen Wirkungen wirtschaftlicher Machtballungen führen zu der Forderung nach einer *„Monopolkontrolle"*. Diese stellt somit ein erstes regulierendes Prinzip dar. Im Kern besteht die Idee der Wettbewerbsordnung darin, wirtschaftliche Monopolstellungen erst gar nicht aufkommen zu lassen. Gleichwohl konzediert *Eucken* (1952/1990, S. 291), daß „gewisse Machtpositionen (...) auch bei vollständiger Anwendung der Prinzipien (entstehen)". Solange diese auf Wettbewerbs- und Kostenvorteilen der Leistungserstellung beruhen, sind sie „systemgerecht" und daher kein ordnungstheoretisches Problem. Dennoch ist es zur Sicherung der Wettbewerbsordnung notwendig, den ‚systemgerechten Monopolen' ihr Gefährdungspotential im Blick auf

---

[83] Vgl. *Schüller* (2002, S. 52).

[84] Vgl. *Eucken* (1952/1990, S. 289).

[85] Vgl. *Eucken* (1952/1990, S. 291) sowie die folgenden Erläuterungen (*Eucken* 1952/1990, S. 291-299).

die Gesamtordnung zu nehmen. Dies hat durch eine institutionalisierte Monopolaufsicht zu geschehen, die vom Staat getragen und nur dem Gesetz verpflichtet ist.[86]

Die „*Einkommenspolitik*" oder besser: Einkommensumverteilungspolitik ist als regulierendes Prinzip einer Wettbewerbsordnung zu institutionalisieren, damit „die Ungleichheit der Einkommen [nicht] (dahin) führt (...), daß die Produktion von Luxusgütern bereits erfolgt, wenn dringende Bedürfnisse von Haushalten mit geringem Einkommen noch Befriedigung verlangen" (*Eucken* 1952/1990, S. 300). Hierfür empfiehlt sich eine progressive Einkommensbesteuerung, die entsprechend der Leistungsfähigkeit der Besteuerten ausgestaltet ist.[87] Die Grenze der Steuerpolitik einer Einkommensumverteilung sieht *Eucken* (1952/1990, S. 301) dann erreicht, wenn „die Neigung zu investieren nachläßt".[88]

Als weiteres regulierendes Prinzip ist die „*Wirtschaftsrechnung*" oder, um es moderner auszudrücken, die Frage der ‚negativen externen Effekte' zu berücksichtigen. Das Preissystem der Wettbewerbsordnung kann zu einer sinnvollen Abstimmung der individuellen Teilpläne der Wirtschaftssubjekte und damit „zu einer zureichenden Lenkung des Gesamtprozesses führen" (*Eucken* 1952/1990, S. 301). Schwierigkeiten aus gesamtwirtschaftlicher Sicht treten jedoch immer dann auf, wenn die Wirkungen der einzelwirtschaftlichen Planaufstellung und -durchführung auf die gesamtwirtschaftlichen Daten nicht über den Preismechanismus rückgekoppelt werden.[89] Das Prinzip der Haftung für die Folgen individuellen Handelns ist demnach nur unzureichend verwirklicht. Da aus dieser mangelnden Haftung und der mit ihr verbundenen fehlenden Berücksichtigung im Rahmen des betrieblichen Rechnungszusammenhangs eine Fehlallokation von Ressourcen folgt, ist eine staatliche Korrektur angezeigt, um die Wettbewerbsordnung auf Dauer zu bewahren. „Deshalb ist es auch in der Wettbewerbsordnung notwendig, in solch exakt feststellbaren Fällen die Planungsfreiheit der Betriebe zu begrenzen"

---

86 Vgl. *Eucken* (1952/1990, S. 294). Damit hofft *Eucken*, den Einfluß von Interessengruppen zurückdrängen bzw. ganz abwehren zu können. *Eucken* deutet zwar die weit über die Wirtschaftsordnung reichende Bedeutung eines derartigen Monopolamtes an, wenn er schreibt: „Im Bilde des modernen, industriellen Staates hat diese große, zentrale Figur des Monopolamtes zu erscheinen. Ohne sie ist die Wettbewerbsordnung und mit ihr der Rechtsstaat bedroht. Das Monopolamt ist ebenso unentbehrlich wie der Oberste Gerichtshof" (ebenda), doch ist die herausgehobene Rolle der Monopolaufsicht auf ‚Gesetzesebene' damit nicht zu sichern. Man denke nur an die Möglichkeit der „Ministerialklausel" im GWB. Diese widerspricht eindeutig der *Eucken*schen Vorstellung von Unabhängigkeit der Monopolkontrolle.

87 „Sie soll den Verteilungsprozeß im Rahmen der Wettbewerbsordnung korrigieren" (*Eucken* 1952/1990, S. 301).

88 Im Falle einer negativen Auswirkung auf die Investitionstätigkeit führt die Umverteilungspolitik in der Gegenwart nämlich zu einer Verkleinerung der sonst möglichen, zukünftigen steuerlichen Umverteilungsbasis.

89 Es geht hier also nicht darum, die aus wettbewerblichem Verhalten resultierenden Veränderungen der Einkommens- und Vermögenspositionen der Wettbewerber zu unterbinden. Diese sind aus motivationaler Pespektive betrachtet eher als ‚positive externe Effekte' einer Wettbewerbsordnung anzusehen. Auch wenn es im ersten Moment paradox klingen mag, daß negative Rückkopplungen positive Wirkungen entfalten sollen, so ist im Wettbewerbszusammenhang gerade dieser (potentielle) Sanktionsmechanismus als Auslöser von Wettbewerbsvorstößen im Sinne einer ‚Flucht-nach-vorne-Strategie' bedeutsam.

(*Eucken* 1952/1990, S. 302). Als Beispiele nennt *Eucken* den Umweltschutz und Regulierungen auf dem Arbeitsmarkt.[90]

Schließlich muß die Wettbewerbsordnung durch die Verhinderung einer *„anomalen Angebotsreaktion"* der Wirtschaftssubjekte gestützt werden.[91] *Eucken* bezieht sich dabei insbesondere auf die Arbeitsmärkte. Indem eine Politik der Wettbewerbsordnung betrieben und der Schutz der Arbeitnehmer – z.B. Verbot von Kinderarbeit oder Arbeitszeitbegrenzungen – gewährleistet wird, ist zumindest die Voraussetzung für ordnungskonforme Entwicklungen auf den Arbeitsmärkten gegeben. Dennoch ist *Eucken* auch bereit, interventionistische Maßnahmen wie Minimallöhne – also Höchstpreise – zu tolerieren, wenn damit ein dauerhaft anomales Angebotsverhalten in seinen schädlichen Auswirkungen gemildert wird.[92]

Auf die Interdependenz der „konstituierenden Prinzipien" ist bereits hingewiesen worden. Diese Feststellung ist auch auf die „regulierenden Prinzipien" auszudehnen. Und weiter: „Alle Prinzipien – die konstituierenden und die regulierenden – gehören zusammen" (*Eucken* 1952/1990, S. 304). Somit besteht nicht nur eine Interdependenzbeziehung zwischen den einzelnen Prinzipien einer Ebene, sondern auch zwischen der konstituierenden und regulierenden Ebene, denn „jedes einzelne Prinzip erhält nur im Rahmen des allgemeinen Bauplanes der Wettbewerbsordnung seinen Sinn" (ebenda).[93] Die Wirkung der auf den dargestellten Prinzipien beruhenden Wettbewerbsordnung geht jedoch weit über die Lösung wesentlicher ökonomischer Problemstellungen hinaus. Die an verschiedenen Stellen der Diskussion bereits aufscheinende Interdependenz der Teilordnungen eines Gemeinwesens führt nach *Eucken* zu der Konsequenz, daß die Rechtsordnung, die politische Ordnung inklusive der Exekutive und auch die kulturelle Ordnung eines Gemeinwesens mit den Grundprinzipien einer Wirtschaftsordnung kom-

---

90 Vgl. *Eucken* (1952/1990, S. 302 f.). An diesem Beispiel wird auch nochmals deutlich, daß der *Eucken*sche Ordnungsansatz einer Verabsolutierung von (individuellen) Rechten sehr kritisch gegenübersteht. Auf die in dieser Richtung in der Sekundärliteratur zu *Eucken* argumentierenden Autoren kann mit *Engel* (2000, S. 288) nur geantwortet werden: „Daher ist es hermeneutisch mehr als zweifelhaft, ob bei *Eucken* von einer ‚Verabsolutierung der Freiheit' die Rede sein kann (...)". Siehe hierzu auch nochmals *Eucken* (1952/1990, S. 175-179, insbesondere S. 179).

91 Vgl. hierzu und den folgenden Erläuterungen *Eucken* (1952/1990, S. 303 f.).

92 Inwieweit diese hehre Absicht in von Interessengruppen vermachteten Wirtschaftsordnungen realisierbar ist, muß eher skeptisch beurteilt werden. Statt „Höchstpreise" dürften vermutlich eher „Mindestpreise" auf der tagespolitischen Agenda stehen. In bezug auf die „Höchstpreise" auf Arbeits- und Agrarmärkten weist *Schüller* (2002, S. 53) mit Recht darauf hin, daß „solche Fälle unter dem Einfluß der Gewerkschaften und Agrarverbände völlig irrelevant (sind)".

93 Die Interdependenz der einzelnen Prinzipien führt zu einigen methodologisch und erkenntnistheoretisch interessanten Problemen: Wenn der Referenzpunkt der Prinzipien erst aus der Umsetzung der Prinzipien selbst erwächst, welchen positiven oder normativen Gehalt können dann die Prinzipien überhaupt für sich in Anspruch nehmen? Ist der Referenzpunkt der „wirtschaftsverfassungsrechtlichen Gesamtentscheidung" ein theoretisches Konstrukt oder eine empirische Konsequenz? Und welche Implikationen ergeben sich aus der Interdependenz der Prinzipien und ihrem Verhältnis zum Referenzpunkt aus erkenntnistheoretischer Sicht?

plementär sein muß, damit diese in ihrer Funktionsfähigkeit nicht eingeschränkt ist.[94] Alle Lebensbereiche hängen somit ordnungsbedingt zusammen und können daher auch nur in ihrer Wirkungsinterdependenz verstanden werden. Insoweit kommt der Wettbewerbsordnung eine über die ökonomische Sphäre hinausreichende Bedeutung zu: „Eine gut funktionierende Wettbewerbsordnung vermag den Menschen nicht bloß vor wirtschaftlicher Not zu bewahren. Sie allein schützt ihn auch vor der Gefahr des Totalitarismus" (*Eucken* 1952/1990, S. 318).[95]

Wie läßt sich nun diese ordnungspolitische Konzeption der „Wettbewerbsordnung" verwirklichen? Diese Frage hat am Ende der Darstellung des *Eucken*schen Ordnungsansatzes zu stehen. Ohne ihre Beantwortung bliebe die positive Kraft der normativen Vorstellungen verborgen. Nach *Eucken* kommen verschiedene „ordnende Potenzen" für die Unterstützung und Etablierung der Wettbewerbsordnung in Frage: der Staat, die Wissenschaft und die Kirchen.[96] Der „Staat" kann nur dann als ordnende Potenz zur Herstellung und Bewahrung der Wettbewerbsordnung beitragen, wenn er sich frei machen kann von den Machtinteressen der Wirtschaftssubjekte. Daher „(sollte) die Politik des Staates (...) darauf gerichtet sein, wirtschaftliche Machtgruppen aufzulösen oder ihre Funktionen zu begrenzen" (*Eucken* 1952/1990, S. 334). Damit ist der erste staatspolitische Grundsatz formuliert. Im Kern geht es darum, die Unabhängigkeit des Staates gegenüber Interessengruppen zu sichern, da eine Vermachtung der Gesellschaft die Aktionsfähigkeit des Staates nachhaltig einschränkt. Insofern ist eine prophylaktische, ‚entmachtende Wirtschaftsordnungspolitik' angezeigt.[97] Der zweite staatspolitische Grund-

---

[94] Vgl. hierzu *Eucken* (1952/1990, S. 306 ff.).

[95] Vgl. zur Verbindung von ökonomischen und politischen Systemen auch *Hayek* (1944/1991). Siehe auch *Eucken* (1952/1990, S. 306).

[96] Vgl. hierzu ausführlich *Eucken* (1952/1990, S. 325-350). Die weiteren Erläuterungen beschränken sich auf die Rolle des Staates in diesem Zusammenhang, da die Bedeutung der wissenschaftlichen Fundierung ordnungspolitischer Konzepte aus erkenntnistheoretischer Perspektive den wesentlichen Ansatz der vorliegenden Untersuchung darstellt. Insofern sind die diesbezüglichen Ausführungen und Interpretationen an verschiedenen Stellen der Arbeit bereits aufgetaucht bzw. werden auch in den nachfolgenden Diskussionen immer wieder zur Geltung kommen.
Zur Rolle der Kirchen mag folgende Anmerkung *Euckens* (1952/1990, S. 350) genügen: „Der religiöse und sittliche Zweck der Kirchen selber kann ja nicht erreicht werden, wenn die Sachgesetzlichkeit, in diesem Fall die ökonomische Interdependenz, aber auch die Interdependenz der Ordnungen vernachlässigt wird". Vgl. auch *Eucken* (1952/1990, S. 352-354).

[97] Sind die gesellschaftlichen Strukturen erst einmal vermachtet, kostet es erheblich mehr Anstrengungen und Courage, die notwendige ‚Entmachtung der Interessengruppen' in Angriff zu nehmen. „Es ist schwierig, in einer Situation, in der die wirtschaftlichen und sozialen Machtgruppen bereits eine starke Position errungen haben und mit staatlichen Privilegien ausgerüstet sind, ihre Lockerung oder Auflösung durchzusetzen. Aber die Geschichte bringt genügend Beispiele, die zeigen, daß es im Gegeneinander der Machtgruppen einer entschlossenen Staatsführung gelingen kann, sich durchzusetzen" (*Eucken* 1952/1990, S. 336). So sehr also die *Eucken*sche Diagnose auch nach 50 Jahren nichts an ihrer aktuellen Bedeutung verloren hat, so ist leider auch zu konzedieren, daß *Euckens* Hoffnung auf die gegenseitige Blockade der Interessengruppen und damit die Voraussetzung politischer Ordnungsgestaltung den Realitäten in keiner Weise entspricht. Vielmehr ist es eher so, daß die Interessengruppen im Ganzen gesehen, sich einig sind in der selbsterhaltenden Praxis der Politik- und Ordnungsblockade. Somit nimmt aber auch die Wahrscheinlichkeit einer politischen Ord-

satz lautet. „Die wirtschaftliche Tätigkeit des Staates sollte auf die Gestaltung der Ordnungsformen der Wirtschaft gerichtet sein, nicht auf die Lenkung des Wirtschaftsprozesses" (*Eucken* 1952/1990, S. 336). Damit verbindet sich die Feststellung, daß es nicht um die Frage ‚Staatstätigkeit – ja oder nein?' geht, sondern darum, zu erkennen, daß es „sich nicht um ein quantitatives, sondern um ein qualitatives Problem (handelt)" (ebenda).[98] Die vorangegangen Analysen haben deutlich gemacht, daß der Staat oder allgemeiner, zentrale Stellen nicht in der Lage sind, ja nicht sein können, den Wirtschaftsprozeß hinreichend zu lenken. Dem Staat bzw. den zentralen Stellen fehlt es an dem hierfür notwendigen Wissen.[99]

Nachdem die *Eucken*sche Ordnungskonzeption in seinem ordnungstheoretischen und -politischen Gehalt ausführlich diskutiert wurde, geht es abschließend darum, die Erklärungsbeiträge für eine Theorie der Systemtransformation fruchtbar zu machen. *Eucken* selbst verwendet den Begriff der „Transformation", um seine These von der Dualität wirtschaftsverfassungsrechtlicher Grundprinzipien in den konkreten Ausprägungen der Wirtschaftsordnungen „Zentralverwaltungswirtschaft" und „Wettbewerbsordnung" bzw. „Verkehrswirtschaft" zu untermauern.[100] *Eucken* behauptet nämlich die Instabilität aller Zwischenlösungen, die nicht primär ‚zentralverwaltungswirtschaftlich' oder ‚verkehrswirtschaftlich' aufgebaut sind, „denn es sind, wie sich gezeigt hat, Ordnungen mit der ‚Tendenz zur Transformation'" (*Eucken*, 1952/1990, S. 198).

Zunächst ist festzustellen, daß die *Transformationsbasis* als Ordnungsgefüge zentralverwaltungswirtschaftlicher Provenienz gekennzeichnet werden kann. Das Hauptaugenmerk der ordnungstheoretischen Erklärung der ‚Transformationsbasis' aus *Eucken*scher Sicht liegt analytisch auf der Ebene der „Pläne", ihrer Genese sowie ihrer Durchführung. „Pläne" werden in der Zentralverwaltungswirtschaft als Herrschaftsinstrument eingesetzt. Ihre Ausrichtung auf die Ziele der Zentrale führt dazu, daß alle Teilpläne innerhalb der Zentralverwaltungswirtschaft mehr oder weniger direkt voneinander ab-

---

nungsgestaltung im *Eucken*schen Ordnungssinne rapide ab. Theoretisch sind dieser Erscheinungen mit Ansätzen der Neuen Politischen Ökonomie zu erklären. Vgl. hierzu etwa die Ansätze von *Downs* (1957); *Olson* (1965); *Buchanan* und *Tolluck* (1967); *Niskanen* (1973) oder auch grundlegender *Hayek* (1960/1971; 1980; 1981a; 1981b). Siehe zur Frage der ‚Vermachtung' auch *Schüller* (1967).

98 „Mit anderen Worten: das Wichtige ist die Art und Weise und nicht das Ausmaß der Staatstätigkeit" (*Hayek* 1960/1971, S. 287).

99 Vgl. *Eucken* (1952/1990, S. 338). Bei *Eucken* erfolgt diese Argumentation über die Schwierigkeit der Koordination der Teilpläne, bei *Hayek* über die fundamentalere Dimension des individuellen Wissens und dessen Verstreutheit in der Gesellschaft.

100 Vgl. *Eucken* (1952/1990, S. 54 und insbesondere S. 198). Siehe aber auch aus theoretischer Sicht *Eucken* (1939/1989, S. 79): „Spuren anderer Wirtschaftssysteme – neben diesen beiden – lassen sich in der wirtschaftlichen Wirklichkeit der Gegenwart und der Vergangenheit nicht finden; es ist auch nicht wohl vorstellbar, daß sich andere finden werden". Hierbei handelt es sich um ‚Idealtypen' der Analyse. In der Realität der „Wirtschaftsordnungen" werden sich gleichwohl immer Elemente beider Idealtypen finden, die sich somit als ‚Realtypen' kennzeichnen lassen.
Vgl. hierzu *Eucken* (1939/1989, S. 168; S. 171 und S. 226 f. sowie die Anmerkungen 66 und 66a, ebenda, S. 268-270). Kritisch zur *Eucken*schen ‚Typenlehre' äußern sich *Machlup* (1960/1978, S. 223 ff., insbesondere S. 247-255) und *Herrmann-Pillath* (1987, S. 62-65).

hängen. Die ‚Planpyramide‘ für einen bestimmten Geltungszeitraum ist somit im Hinblick auf ihre Standfestigkeit wesentlich darauf angewiesen, daß zum einen die Zentrale die ‚richtigen Pläne‘ als Bezugspunkte der anderen Teilpläne formuliert und, daß zum anderen die Teilpläne voll und ganz realisiert werden, um die vorgegebenen übergeordneten Ziele zu erreichen. Aus dieser wechselseitigen Abhängigkeit zwischen Gesamtplan und Teilplänen resultieren verschiedene Schwierigkeiten, die innerhalb der zentralverwaltungswirtschaftlichen Ordnungsbedingungen nicht hinreichend zu lösen sind. So ist beispielsweise das Phänomen der „weichen Pläne“ (*Wagner*) zu erklären. Dieses bezeichnet die Tatsache, daß bei der Entstehung der einzelnen Pläne und somit der Genese der ‚Planpyramide‘ die Motivation der Planträger dahingehend wirkt, daß sie versuchen werden, die für sie geltenden (Plan-)Zielvorgaben möglichst niedrig anzusetzen und/oder möglichst umfangreiche (Plan-)Ressourcenvolumina zugewiesen zu bekommen. Unter den gegebenen Ordnungsbedingungen der zentralplangesteuerten Lenkung des Wirtschaftsprozesses ist dieses Vorgehen ökonomisch rational, da auf diese Weise die Planerfüllung mit größerer Wahrscheinlichkeit gelingt, als mit einer ‚realitätsnäheren‘ Planung.[101] Das „Planerfüllungsprinzip“ hat somit bereits bei der Entstehung der verschiedenen Pläne einen entscheidenden Einfluß auf den Inhalt der Pläne.

Aber auch die Durchführung der Pläne in einer Zentralverwaltungswirtschaft ist mit systemimmanenten Schwierigkeiten behaftet. Aufgrund der dargelegten Planinterdependenz folgt aus dem Faktum der Diskrepanz zwischen ‚Plandaten‘ und ‚faktischen Daten‘ ein permanenter Anpassungsbedarf der Pläne. In einem hierarchisch ausgerichteten Plannetzwerk führt nämlich die Veränderung eines einzigen Planes wiederum zur Anpassungsnotwendigkeit mindestens eines weiteren Planes und so fort. Mit anderen Worten: Es entsteht eine Kaskade von Planänderungen. Damit aber vervielfacht sich die Komplexität der Pläne und ihrer Durchführung. Die Steuerbarkeit des Gesamtsystems nimmt daher ab.

Berücksichtigt man diese auf den zugrundeliegenden Lenkungsmechanismus zurückgehenden Probleme in einer Zentralverwaltungswirtschaft, dann folgt daraus für die Theorie der Systemtransformation, daß als Erklärung für das Zustandekommen einer *Transformationsbasis* die nicht zentral steuerbare Genese und Abstimmung der unzähligen Pläne in einem Gemeinwesen im Vordergrund steht. Damit aber kommt *Eucken* exakt zu dem Ergebnis, das auch *Hayek* auf der Basis seiner ‚Wissensargumentation‘ ableitet: Während bei *Eucken* analytisch die Unterschiedlichkeit der Pläne der Individuen das (Koordinations-)Problem darstellt, ist es bei *Hayek* die Unterschiedlichkeit des

---

[101] Vgl. zu den vorangegangenen Ausführungen *Hensel* (1954/1979). In diesem Kontext wird damit auch deutlich, daß ‚ökonomische Rationalität‘ immer nur im Zusammenhang mit konkreten Wirtschaftsordnungen sinnvoll betrachtet werden kann. Unabhängig von der theoretischen Frage, was man unter ‚ökonomischer Rationalität‘ oder ‚rationalem Verhalten‘ der Individuen verstehen will, gewinnt die Analyse mit einem derartigen theoretischen Konstrukt erst dann empirische Relevanz, wenn die Anwendungsbedingungen hinreichend genau spezifiziert sind. Dafür liefert die *Eucken*sche Ordnungstheorie eine tragfähige Grundlage.

Wissens der Individuen.[102] Überspitzt formuliert: Zentralisiertes Planen ist auf Dauer genauso zum Scheitern verurteilt, wie zentralisierte Wissensnutzung.

Darüber hinaus thematisiert *Eucken* allerdings explizit die mit der ‚Planzentralität' notwendigerweise verbundene Anhäufung von Macht. Erweitert man die Erklärung der ‚Transformationsbasis' um diesen Gesichtspunkt, so läßt sich folgern: Nicht nur die Planzentralisierung, sondern auch die Kumulation von Macht in den Händen einiger weniger ist als Ursache ordnungsbedingter Ineffizienzen anzusehen. Zentralisierung von Macht – insbesondere wenn ihre Funktion im Ordnungszusammenhang nicht kritisierbar ist – verringert die Problemlösungskapazität des Systems, da die Machtausübenden systemlogisch auf problemlösende Wissenspotentiale verzichten müssen und über keine Anreize und Möglichkeit verfügen, diese Potentiale für die Dienste der Zentrale zu mobilisieren.

Im Hinblick auf das *Transformationsziel* ist die angestrebte Marktwirtschaft in ihrem Ordnungsgefüge mit *Euckens* „Verkehrswirtschaft" zu identifizieren. Als wesentliches Kennzeichen der „Verkehrswirtschaft" hat sich die auf Märkten stattfindende dezentrale Koordination der individuellen Pläne mit Hilfe des Preismechanismus herausgestellt.

Zur Funktionsfähigkeit einer verkehrswirtschaftlichen Ordnung sind ganz bestimmte Voraussetzungen zu erfüllen. Bei *Eucken* werden diese in den „konstituierenden" und „regulierenden Prinzipien" gesehen. Darin kommt ein Referenzmaßstab für Maßnahmen im *Transformationsprozeß* zum Ausdruck. *Euckens* Idee der „Wettbewerbsordnung" ist somit ordnungspolitische Konkretisierung des *Transformationszieles* als auch Kompaß im *Transformationsprozeß*.

Indem die „Wettbewerbsordnung" aus den (Ordnungs-)Erfordernissen der „Verkehrswirtschaft" abgeleitet ist, bietet sie Ansatzpunkte zur Überprüfung des ordnungspolitischen Fortschritts im ‚Transformationsprozeß'. Das entspricht dem normativen Element der Konzeption „Wettbewerbsordnung". Zugleich lassen sich aus der Diskrepanz zwischen überkommenen Ordnungsausprägungen der ‚Transformationsbasis' und den Ordnungsbedingungen der „Wettbewerbsordnung" Aussagen darüber treffen, welche ordnungspolitischen Aufgaben auf dem Weg hin zu einer wettbewerblichen Marktwirtschaft noch auf der tagespolitischen Agenda stehen. Damit ist das positive Element der Konzeption „Wettbewerbsordnung" angesprochen. Insofern liefert *Euckens* Idee der „Wettbewerbsordnung" einen Leitfaden zur Bewältigung der vielfältigen Aufgaben der Transformation einer Wirtschaftsordnung von einer „Zentralverwaltungswirtschaft" hin zu einer „Marktwirtschaft".[103]

---

[102] Bei beiden Autoren löst der Wettbewerbsprozeß das jeweilige spezifische Koordinationsproblem.

[103] In der Literatur findet sich eine Reihe von Arbeiten, die die *Eucken*schen Ordnungsvorstellungen zum Ausgangspunkt ihrer transformationstheoretischen und -politischen Überlegungen machen. *Propp* (1964/1990) stellt in dieser Hinsicht den ersten Versuch dar, der insofern bemerkenswert ist, als er in einer Zeit entstanden ist, in der der ‚kalte Krieg' zwischen West und Ost in vollem Gange war. Erst nach 1989/1990 wurden weitere Versuche in dieser Richtung unternommen. Vgl. beispielsweise die umfassende Studie von *Keilhofer* (1995), der die *Eucken*schen Ideen für die Analyse der Transformation in der Tschechischen und Slowakischen Republik als Ausgangspunkt benutzt. Siehe auch die Studie von *Lohmann* (1997).

Für die weiteren Ausführungen sind in diesem Zusammenhang zwei Aspekte von Bedeutung: Zum einen resultiert aus der Interdependenz aller konstituierenden und regulierenden Prinzipien einer Wettbewerbsordnung die Notwendigkeit, alle transformationspolitischen Maßnahmen im Einklang mit diesen Prinzipien zu treffen. Andernfalls droht ein Scheitern der ordnungspolitischen Bemühungen zur Gestaltung einer Wettbewerbsordnung, da die isolierte und vor allem nicht aufeinander abgestimmte Implementierung von einzelnen Prinzipien nach *Eucken* nicht direkt zum Ziel der gewollten Wettbewerbsordnung führen kann.[104] Somit sind die Prinzipien untereinander und im Hinblick auf das Ziel der „Wettbewerbsordnung" permanent auf ihre Ordnungskompatibilität hin zu prüfen. Damit ist die Frage der Ordnungskonformität wirtschaftspolitischer Maßnahmen berührt.[105] Transformationspolitische Entscheidungen im Transformationsprozeß erfordern demnach sowohl die Kenntnis und das Verständnis der Ordnungsbedingungen des Transformationsziels, um die Maßnahmen entsprechend auszurichten, als auch die politische Kraft, die als richtig erachteten ordnungspolitischen Entscheidungen gegen Widerstände durchzusetzen.

Zum anderen ergeben sich aus der Interdependenz der *Eucken*schen Prinzipien für den Transformationsprozeß zwei weitere Problemfelder, die eng miteinander verknüpft sind und daher im Zusammenhang diskutiert werden: Die *Eucken*sche „Wettbewerbsordnung" ist das Ergebnis bewußter Gestaltung. Es handelt sich dem Prinzip nach um eine ‚gesetzte Ordnung' im *Hayek*schen Sinne. Wer soll die Setzung der Ordnungsbedingungen vornehmen und welcher Zeithorizont ist hierfür vorzusehen? Damit stellen sich die Fragen der Macht und Legitimation der ordnungspolitischen Entscheidungsträger sowie der von ihnen zu wählenden transformationspolitischen Grundsatzstrategie: umfassendes oder graduelles Vorgehen bei der Implementierung der Prinzipien einer Wettbewerbsordnung. „Ohne eine Wettbewerbsordnung kann kein aktionsfähiger Staat entstehen und ohne einen aktionsfähigen Staat keine Wirtschaftsordnung".[106] An dieser Stelle interessieren vornehmlich die damit verbundenen ordnungspolitischen Implikationen.

Im Transformationszusammenhang folgt aus der Erkenntnis umfangreicher Interdependenzen der einzelnen Teilordnungen somit ein weiteres transformationspolitisches Erfordernis: Nicht nur die Wirtschaftsordnung ist zu transformieren, sondern insbesondere auch die Staatsordnung und die von ihr maßgeblich ausgestaltete Rechtsordnung.

---

104 Vgl. *Eucken* (1952/1990, S. 289 und S. 291).

105 Die Begrifflichkeit der „Konformität" wirtschaftspolitischer Maßnahmen geht auf *Röpke* (1942) zurück. Da der Begriff der „Konformität" unabhängig von der jeweiligen Wirtschaftsordnung gebraucht werden kann, wendet ihn *Eucken* (1952/1990, S. 305 f.) auch im Kontext der „Zentralverwaltungswirtschaft" an.

106 *Eucken* (1952/1990, S. 338). „Die Interdependenz von Staatsordnung und Wirtschaftsordnung zwingt dazu, den Ordnungsaufbau von beiden Seiten in einem Zuge in Angriff zu nehmen" (ebenda). Bei *Röpke* (1937/1954, S. 293) kommt die Interdependenz der Ordnungen und ihre Konsequenzen für den bewußten Aufbau einer funktionsfähigen Ordnung marktwirtschaftlicher Prägung in allgemeinerer Form zum Ausdruck. „Ihr Funktionieren hängt, wie wir heute wissen, von einer Reihe von Voraussetzungen wirtschaftlicher, rechtlicher, sittlicher, psychologischer und politischer Art ab, die nicht von selbst gegeben sind und heute weitgehend neu und in zeitgemäßen Formen geschaffen werden müssen."

Hierbei spielt die Gestaltung der Rechtsordnung insofern eine bedeutende Rolle, als sie wesentliche Entscheidungs- und Handlungsrestriktionen der Individuen in den anderen Teilordnungen des Gemeinwesens erzeugt. *Böhm* spricht im Zusammenhang mit der Charakterisierung der Genese der Wirtschaftsordnung deshalb auch zu Recht von einer „rechtsschöpferischen Leistung". Erst wenn alle hier genannten Teilordnungen im Sinne einer „ordnungspolitischen Gesamtentscheidung"[107] zugunsten der Freiheitssphäre der Individuen ausgerichtet und aufeinander bezogen sind, kann das Ordnungsgefüge des Gesamtsystems einer Gesellschaft im Sinne der „Wettbewerbsordnung" eine innere Logik aufweisen.[108] Auf dieser prinzipienfundierten Basis kann dann die „Logik der Systementfaltung" zur Geltung kommen.[109] Die Prinzipien der jeweiligen Teilordnungen bilden den Entscheidungs- und Handlungsrahmen der Individuen und aus ihren Aktivitäten erwächst das Potential der jeweiligen Rahmenordnung zur Problemlösung. (Rahmen-)Ordnungen allein reichen daher nicht aus; sie stellen eine notwendige, aber keine hinreichende Bedingung zur Genese von Problemlösungen dar: In Abwandlung von *Popper* kommt es daher entscheidend auf die ordnungsbedingten Aktivitäten der Individuen zur Problemlösung an, also letztlich auf die konkrete ‚Bemannung der Ordnungsfestungen'. Damit wird die vorgenommene Diagnose des mangelnden Problemlösungspotentials der Ordnungsbedingungen der überkommenen Gesellschaftssysteme als Verursachung der ‚Transformationsbasis' in verallgemeinerter Form präzisiert.

Wenn von daher die Aufgabe der Systemtransformation sich auf alle Teilordnungen eines Gemeinwesens beziehen muß, um erfolgreich sein zu können, stellt sich im Anschluß sofort die Frage, ob damit automatisch im Bereich der Wirtschaftsordnung eine umfassende und schlagartige Einführung und Umsetzung der Prinzipien der Wettbewerbsordnung vonnöten ist. Es geht um die qualitative und zeitlich-quantitative Ausdehnung des Transformationsprozesses.[110] *Eucken* (1952/1990, S. 252) vertritt in diesem Zusammenhang eine Auffassung, die auf der Basis seiner Unterscheidung zwischen „Prinzip" und „Moment" beruht.[111] Im Ergebnis ist die Realisierung der „Wettbewerbs-

---

[107] *Eucken, Böhm* und *Großmann-Doerth* (1937, S. XIX).

[108] Hierzu bemerkt *Eucken* (1952/1990, S. 250): „Wie der Rechtsstaat, so soll auch die Wettbewerbsordnung einen Rahmen schaffen, in dem die freie Betätigung des einzelnen durch die Freiheitssphäre des anderen begrenzt wird und so die menschlichen Freiheitsbereiche ins Gleichgewicht gelangen. – In der Tat ist der Wille zur Wettbewerbsordnung mit dem Willen zur Freiheit eng verbunden".

[109] Vgl. *Hensel* (1975, S. 29 ff.).

[110] In der Literatur spricht man in bezug auf die inhaltliche und somit qualitative Ausgestaltung des Transformationsprozesses häufig von „big bang" oder „Schocktherapie" einerseits und „gradualism" bzw. „Gradualismus" andererseits. Hinsichtlich der zeitliche Ausdehnung und Abfolge der transformationspolitischen Maßnahmen wird der Begriff des „sequencing" gebraucht. Vgl. zu den damit diskutierten Problemen beispielsweise die Arbeit von *Delhaes* und *Fehl* (1991).

[111] Wirtschafts(ordnungs-)politische Maßnahmen – zu denen gerade die transformationspolitischen Aktivitäten gehören – haben sich im Hinblick auf ihre Ausrichtung und damit Ordnungskonformität nach dem „Prinzip" im Sinn der jeweiligen ordnungspolitischen Zielvorstellung zu orientieren. Die konkrete Ausgestaltung dieser prinzipienkonformen Maßnahmen in bezug auf ihre qualitative und zeitlich-quantitative Dimension hängt vom „Moment" der historischen Situation ab.
Dazu *Eucken* (1952/1990, S. 251): „Die Wirtschaftspolitik kann nicht von der jeweiligen ge-

ordnung" bei *Eucken* als Prozeß in der historischen Zeit aufzufassen. Insofern ist lediglich im Hinblick auf die zugrundeliegende „ordnungspolitische Gesamtentscheidung" am Beginn des Transformationsprozesses von einem schlagartigen Vorgehen auszugehen. Die Konkretisierung der „Wettbewerbsordnung" im Rahmen der Umsetzung der „konstituierenden" und „regulierenden Prinzipien" ist dagegen eher einer gradualistischen Vorgehensweise im ‚Transformationsprozeß' zuzuordnen. Dies ergibt sich schon allein aus der Notwendigkeit der genauen Analyse der Bedingungen der ‚Transformationsbasis', die als spezifische Ausformung des „Moments" interpretiert werden können. Entscheidend für den Erfolg der hier gradualistisch interpretierten *Eucken*schen Ordnungskonzeption im transformationspolitischen Alltag ist daher dessen Angepaßtheit an die Anforderungen des „Moments" bei gleichzeitiger Orientierung der Maßnahmen an den Erfordernissen der „Prinzipien".

Läßt man die Ausführungen zur *Eucken*schen Ordnungskonzeption Revue passieren, so sind für die vorliegende Untersuchung folgende Ergebnisse festzuhalten:

- Der systembedingt defekte Koordinationsmechanismus der „Zentralverwaltungswirtschaft" führt zur ‚Transformationsbasis'
- Der Lenkungsmechanismus der „Verkehrswirtschaft" in seiner Konkretisierung einer „Wettbewerbsordnung" kann als ‚Transformationsziel' dienen
- Wird die „Wettbewerbsordnung" als ‚Transformationsziel' angestrebt, kann der ‚Transformationsprozeß' als Phase der Implementierung der „konstituierenden" und „regulierenden Prinzipien" aufgefaßt werden
- Die Durchsetzung der „Wettbewerbsordnung" folgt einer bewußten Setzung[112]
- Dem Staat kommt als Gesetzgeber eine entscheidende Rolle zu

Als Fazit ist im Spannungsfeld von Macht und Wettbewerb mit *Eucken* (1952/1990, S. 376) festzuhalten:

> „Um das Dilemma der wirtschaftlichen Macht zu überwinden, ist es notwendig, Macht und Ordnung zusammen zu sehen. Wirtschaftliche Macht ist nur soweit gerechtfertigt, wie sie dem Aufbau und der Erhaltung einer Wettbewerbsordnung dient. (...) Niemand darf mehr und darf weniger wirtschaftliche Macht besitzen als notwendig ist, um eine Wettbewerbsordnung zu verwirklichen".

---

schichtlichen Situation der einzelnen Länder losgelöst werden. (...) Die Verwirklichung und Erhaltung der Wettbewerbsordnung verlangt also je nach dem historischen ‚Moment' verschieden geartete wirtschaftspolitische Maßnahmen". Etwas später heißt es weiter: „Zur Realisierung der gewollten Ordnung bedürfen diese Prinzipien im konkreten historischen Moment der *Anwendung*. Die Anwendung stellt eine besondere Leistung dar, und sie bedarf jeweils von Fall zu Fall der Durchdenkung. In welcher Reihenfolge und wie etwa im Deutschland von 1948 die währungspolitischen, außenhandelspolitischen, bankpolitischen, monopolpolitischen Maßnahmen stattzufinden hatten, um die Preismechanik in Gang zu setzen, war eine besondere Frage, welche die Anwendung dieser Prinzipien auf die konkrete Situation erforderte. In der Anwendung auf den historischen Moment vollzieht sich die Anpassung an die Verschiedenartigkeit und Beweglichkeit der Dinge" (*Eucken* 1952/1990, S. 252; H.i.O.).

[112] „Inzwischen ist aber erkannt, daß die moderne industrialisierte Welt im Zuge ihrer Entwicklung nicht von selbst brauchbare Wirtschaftsordnungen erzeugt, daß sie also gewisser Ordnungsgrundsätze oder einer Wirtschaftsverfassung bedarf" (*Eucken* 1939/1989, S. 241).

Euckens ‚Machtproblem' und *Hayeks* ‚Wissensproblem' berühren sich insbesondere in der Bedeutung des Wettbewerbs, dem beide Autoren eine wesentliche Rolle bei der Lösung der genannten Probleme zumessen. Gleichzeitig haben die Ausführungen auch gezeigt, wo die entscheidenden Unterschiede beider Ordnungskonzeptionen liegen. Während *Hayek* eine Präferenz für gewachsene Ordnungsstrukturen hat, ist bei *Eucken* die ordnungspolitische Verwirklichung der Wettbewerbsordnung maßgeblich von der politischen Bereitschaft bestimmt, Ordnungsstrukturen zu sehen. Der nächste Abschnitt zeigt, daß eine Synthese beider Positionen möglich ist.

4.3.3. Zur Integration der Ordnungskonzeptionen von *Hayek* und *Eucken* – *Vanbergs* Idee einer „gehegten Evolution"

Ausgangsthese ist, daß beide Ansätze im Hinblick auf ihre Erkenntnisobjekte weitgehend übereinstimmen. Als analytisches Bindeglied der beiden ordnungstheoretischen Ansätze kann *Vanbergs* Vorstellung einer „gehegten Evolution" angesehen werden.

Bei *Hayek* finden sich hinsichtlich der Frage der in der Realität vorzufindenden Ordnungsgenese bzw. Ordnungsstrukturen sowie deren Gestaltung eine ganze Reihe von konkretisierenden Ausführungen.[113] Sie leiten sich im Prinzip alle aus der Annahme einer „konstitutionellen Unwissenheit" der Individuen ab.[114] Als Ausgangspunkt der *Hayek*schen Gedanken zu diesem Problemkreis kann folgende Passage aus einem seiner Beiträge zur ‚Wirtschaftsrechnungsdebatte' der 1930er Jahre dienen: „Aber in dem einen Fall [*Hayek* bezieht sich hier auf nichtsozialistische Gesellschaftsordnungen; d. Verf.] befaßt sich die *Planung* nur mit dem bleibenden Rahmenwerk der Institutionen und *kann entbehrt werden*, wenn man gewillt ist, die Institutionen hinzunehmen, die in einem langsamen geschichtlichen Prozeß geworden sind" (*Hayek* 1935/1976, S. 176; Herv. v. Verf.). Mit anderen Worten: *Hayek* postuliert, daß auch die Planung oder Gestaltung der Rahmenordnung spontanen Kräften der Genese überlassen bleiben könnte. Es handelt sich also jeweils um eine bewußte Entscheidung für oder gegen spontane Regel-, Institutionen- oder Ordnungsgenese.

Die weiteren Zitate aus *Hayeks* Schriften machen allerdings deutlich, daß das soeben formulierte Postulat eher einen Vergangenheitsbezug zum Ausdruck bringt, denn natürlich ist es richtig, daß ein zu einem bestimmten Zeitpunkt gegebener Ordnungsrahmen sich zukünftig selbst überlassen bleiben könnte. Doch ist damit allerdings für die Analy-

---

[113] Es werden an dieser Stelle nur einige wenige Textpassagen zitiert, um zu verdeutlichen, daß die Behauptung bzw. These, daß der *Hayek*sche und der *Eucken*sche Ordnungsansatz prinzipiell inkompatibel seien, nicht haltbar ist.

[114] Vgl. hierzu *Hayek* (1994f, S. 171; 1980, S. 28; 1981a, S. 23). An anderer Stelle schreibt *Hayek* (1972, S. 32): „Während die Annahme einer hinreichenden Kenntnis der konkreten Tatsachen im allgemeinen eine Art intellektueller Hybris hervorruft, die sich der Illusion hingibt, der Verstand könne über alle Werte ein Urteil abgeben, erzeugt die Einsicht in die Unmöglichkeit eines solchen vollständigen Wissens eine demütige und ehrfürchtige Haltung gegenüber jener Erfahrung der Menschheit als einer Gesamtheit, die in die Werte und die Institutionen der bestehenden Gesellschaft eingegangen ist". Ausführlich und zusammenfassend zum Problem des Wissens und der Unwissenheit der Individuen siehe *Hayek* (1960/1971, S. 30-48).

se der Gegenwart und insbesondere für die Gestaltung der Zukunft nicht viel gewonnen, außer der trivialen Erkenntnis, daß im Prinzip in der Zukunft alle Entwicklungen möglich sind.[115] Insofern sind die folgenden *Hayek*schen Äußerungen, die in chronologischer Abfolge ihrer Entstehung zitiert werden, durchaus zum Verständnis und zur Interpretation seiner ordnungspolitischen Vorstellungen hilfreich:

- „Das Funktionieren des Wettbewerbs setzt nicht nur eine zweckmäßige Organisation bestimmter Institutionen wie z.B. des Geldes, der Märkte und der Informationsquellen voraus – wofür wir uns niemals in vollem Umfang auf die Privatinitiative verlassen können –, sondern es hängt vor allem von der Existenz eines entsprechenden Rechtssystems ab, das die doppelte Aufgabe hat, den Wettbewerb aufrechtzuerhalten und ihn mit einem Maximum an Nutzen arbeiten zu lassen" (*Hayek* 1944/1991, S. 60).
- „Kein vernünftiger Mensch kann sich ein Wirtschaftssystem vorstellen, in dem der Staat ganz unnötig ist" (*Hayek* 1944/1991, S. 62).
- „Planwirtschafts- und Wettbewerbsprinzip können nur in einer Planung zum Zwecke des Wettbewerbs, nicht aber in einer Planung gegen den Wettbewerb miteinander kombiniert werden" (*Hayek* 1944/1991, S. 66).
- „Ein Rechtssystem, das die Art der vertraglichen Verpflichtungen, auf denen die Gesellschaftsordnung beruht, völlig der immer neuen Entscheidung der vertragschließenden Parteien überläßt, hat es nicht gegeben und kann es wahrscheinlich nicht geben. Hier wie beim Eigentumsrecht ist der präzise Inhalt des gesetzlichen Rahmenwerkes, die Gesetze des bürgerlichen Rechts, von der größten Bedeutung für das Funktionieren der Marktwirtschaft" (*Hayek* 1947/1976e, S. 151).
- „Ebenso können wir die Bedingungen für die Bildung einer Ordnung in der Gesellschaft schaffen, aber wir können die Art und Weise nicht festlegen, in der sich die Elemente unter geeigneten Bedingungen zu einer Ordnung finden werden. In diesem Sinn ist die Aufgabe des Gesetzgebers nicht, eine bestimmte Ordnung herzustellen, sondern nur Bedingungen zu schaffen, unter denen sich eine solche Ordnung bilden und immer wieder erneuern kann" (*Hayek* 1960/1971, S. 194).
- „Eine funktionierende Marktwirtschaft setzt gewisse Tätigkeiten des Staates voraus; manche andere Tätigkeiten werden ihr Funktionieren unterstützen" (*Hayek* 1960/1971, S. 287).
- „Obwohl das Verhalten der Individuen, das die soziale Ordnung schafft, zum Teil durch Regeln geleitet ist, deren Befolgung bewußt erzwungen wird, ist die daraus entstehende Ordnung doch eine spontane Ordnung und eher mit einem Organismus als mit einer Organisation zu vergleichen. (...) Die Erzwingung der zur Befolgung dieser spontanen Ordnung erforderlichen Regeln verlangt aber auch eine Ordnung der anderen Art, nämlich eine Organisation" (*Hayek* 1963/1994a, S. 40).

---

[115] Möglicherweise ist das zukünftige Geschehen aufgrund einer potentiellen institutionellen Pfadabhängigkeit im *North*schen Sinne nicht völlig indeterminiert, doch auch hier würde sich für die einzelnen Individuen des Gemeinwesens aufgrund ihrer konstitutionellen Unwissenheit kein essentieller Unterschied im Hinblick auf ihre Problemlösungsfähigkeiten ergeben.

- „Es ist die Art und Weise, in der die beiden Prinzipien kombiniert werden, die das Wesen der verschiedenen sozialen und wirtschaftlichen Systeme bestimmt“ (*Hayek* 1963/1994a, S. 43).
- „Die Besonderheit, die die Rechtsregeln von anderen Verhaltensregeln unterscheidet, ist hauptsächlich, daß wir sie in einem gewissen Grade bewußt so gestalten können, daß sie in Verbindung mit den anderen Regeln und in den zu erwartenden Umständen zur Bildung einer Gesamtordnung führen“ (*Hayek* 1967/1994f, S. 176).
- „Eine solche außenstehende Kraft kann auch die Bildung einer spontanen Ordnung anregen, indem sie ihren Elementen vorschreibt, mit solcher Regelmäßigkeit auf die Tatsachen ihrer Umgebung zu reagieren, daß sich von selbst eine spontane Ordnung bildet. (...) Es ist also wichtig, klar zu unterscheiden zwischen der Spontaneität der Ordnung und dem spontanen Ursprung der Regelmäßigkeiten im Verhalten der sie bestimmenden Elemente. Eine spontane Ordnung kann sich zum Teil auf Regelmäßigkeiten stützen, die nicht spontan, sondern befohlen sind“ (*Hayek* 1968/1994g, S. 209).
- „In jeder Gruppe von Menschen außer den allerkleinsten beruht die Zusammenarbeit stets sowohl auf spontaner Ordnung als auch auf bewußter Organisation“ (*Hayek* 1980, S. 69).
- „Die Elemente der spontanen Makroordnung sind die jeweiligen wirtschaftlichen Arrangements sowohl der Einzelpersonen *als auch* vorsätzlich geschaffener Organisationen“ (*Hayek* 1996, S. 36; H.i.O.).

Welche ordnungspolitischen Schlüsse sind aus diesen verschiedenen Äußerungen *Hayeks* zum Verhältnis von ‚spontaner‘ und ‚gesetzter Ordnung‘ zu ziehen? Erstens ist festzuhalten: *Hayek* unterstellt sehr wohl eine Interdependenzbeziehung zwischen Elementen einer ‚spontanen‘ und einer ‚gesetzten Ordnung‘. Damit kommt eine ‚spontane Ordnung‘ nicht ohne Ausprägungen einer ‚gesetzten Ordnung‘ aus und umgekehrt. Die Interdependenz resultiert, wie die vorangegangenen Zitate belegen, aus der Tatsache, daß das Handeln der Individuen selbst unter den Bedingungen einer spontanen Ordnung, die ein Maximum an individueller Freiheit zur Nutzung des individuellen Wissens ermöglicht, gleichwohl nicht ‚regelfrei‘ abläuft.

Vielmehr ergibt sich die grundlegende Frage: Muß es sich bei der analytischen Differenzierung der verschiedenen Ordnungen auf der einen und der ordnungspolitischen Gestaltung auf der anderen Seite nicht um zwei strikt voneinander zu trennende Bereiche handeln? Würde die theoretisch abgeleitete Vorteilhaftigkeit ‚spontaner Ordnungen‘, Komplexität durch Wissensnutzung zu erzeugen und gleichzeitig Komplexität zu absorbieren, für die ordnungspolitische Gestaltung zugrundegelegt, so wäre ein Verzicht auf ordnungspolitisches Handeln die logische Konsequenz. Der Versuch einer Ordnungssetzung unterbliebe und darüber hinaus müßten die Ordnungsbedingungen zu einem bestimmten Zeitpunkt an einem bestimmten Ort unabhängig von ihrer konkreten Ausprägung als ‚spontan gewachsen‘ interpretiert werden.

Während die erste Strategie prinzipiell kritisierbar erscheint – jedenfalls wenn es mindestens eine Ordnungsalternative gibt –, ist die zweite Interpretationsweise willkürlich, da sie einer Kritik aus der Ordnungskonzeption selbst heraus verschlossen ist. Sie ist „immunisiert“ (*Albert*) und daher erkenntnistheoretisch fragwürdig.

Die Regeln der ‚spontanen Ordnung‘ weisen lediglich eine gewisse Struktur auf, die sie von den Regeln der ‚gesetzten Ordnung‘ abgrenzt. Im Kern sind sie negativ formuliert, verbieten somit bestimmte Verhaltensweisen, wohingegen die positiv formulierten Regeln der ‚gesetzten Ordnung‘ bestimmte Verhaltensweisen vorschreiben.[116] Die unterschiedliche Ausrichtung der Regeln ist die logische Konsequenz aus der angenommenen konstitutionellen Unwissenheit der Menschen einerseits und der ubiquitären Handlungs- und Problemlösungsnotwendigkeit andererseits. Während das Wissen um die Beschränktheit menschlichen Wissens dazu führt, daß Verhaltensregeln sinnvollerweise auf die Vorgabe wissensabhängiger Handlungen verzichten, folgt aus dem dem Menschen entgegentretenden Handlungszwang heraus die Notwendigkeit, das ‚Meer des Unwissens‘ mit ‚(Organisations-)Schiffen‘ zu befahren, um nicht darin zu versinken. Beide Regelausprägungen lassen sich demnach auf die unvollständige Wissensbasis der Menschen zurückführen.

Ergeben sich aus der (erkenntnis-)theoretischen Abhängigkeit der Elemente der ‚spontanen‘ und der ‚gesetzten Ordnung‘ nicht auch Ansatzpunkte für eine ordnungspolitische Gestaltung? Diese Frage deckt jedoch keinen Widerspruch in *Hayek*s Ordnungskonzeption auf, sondern ist vielmehr als Ausdruck der Anwendung des theoretischen Instrumentariums auf die Gegebenheiten der Realität zu verstehen. Die entscheidende Frage ist, auf welcher Ebene und mit welcher inhaltlichen Ausrichtung die ordnungspolitischen Maßnahmen im Rahmen der *Hayek*schen Ordnungskonzeption zu erfolgen haben. Die Beantwortung dieser Frage hängt im wesentlichen von der *Hayek*schen Wissensinterpretation ab.

Deshalb ist es die wesentliche Funktion der jeweils realisierten Ordnungsbedingungen, das Problem zu lösen, „wie alle von diesem Wissen profitieren können, das nur verstreut als getrennte, partielle, und manchmal widersprüchliche Meinung aller Menschen existiert“ (*Hayek* 1960/1971, S. 33). Um dieses Problem zu bewältigen, konzediert *Hayek* bestimmten Ausprägungen einer ‚gesetzten Ordnung‘ zumindest einen Voraussetzungscharakter. Auch wenn im Kern die bestmögliche Nutzung des individuellen Wissens in einer Gesellschaft im Rahmen einer ‚spontanen Ordnung‘ abläuft, ist diese wiederum auf spezifische und bewußte, das heißt gewollte und gesetzte Ordnungsbedingungen angewiesen. Die *Hayek*sche Argumentation für die ‚spontane Ordnung‘ bezieht sich demnach in erster Linie auf die dominanten Ordnungsbedingungen in einer Großgesellschaft, in der aufgrund komparativer (Wissens-)Vorteile derselben auch Organisationen und somit ‚gesetzte Ordnungen‘ zu finden sein werden.[117]

---

[116] Vgl. hierzu *Hayek* (1980, S. 133). Zur Abgrenzung zwischen Regeln des Nomos und der Thesis vergleiche *Derselbe* (1980, S. 166).

[117] Vgl. hierzu *Hayek* (1960/1971, S. 46 f.). Dort heißt es unter anderem: „Das Bemühen, gewisse Ergebnisse durch Kooperation und Organisation zu erreichen, gehört ebenso zum Wettbewerb wie die Bemühungen der Einzelnen“ (ebenda, S. 46). Und weiter schreibt *Hayek* (ebenda, S. 47): „Die Argumente für die Freiheit sind daher nicht Argumente gegen Organisation, die eines der mächtigsten Mittel ist, deren sich der menschliche Verstand bedienen kann, sondern Argumente gegen jede ausschließliche, privilegierte oder monopolistische Or-

Zusammenfassend ist festzustellen, daß die *Hayek*sche Ordnungskonzeption weder die Existenz ‚gesetzter Ordnungen' negiert, noch deren Bedeutung für die Funktion einer auf ‚spontanen Ordnungen' basierenden Großgesellschaft leugnet. Im Gegenteil: Gerade weil die Individuen mit Handlungs- und Problemlösungsnotwendigkeiten konfrontiert sind, ergeben sich in Verbindung mit der konstitutionellen Beschränktheit der menschlichen Vernunft gute Gründe, sich mit Ausprägungen ‚gesetzter Ordnungen' der Ungewißheit zu stellen, da auf diese Weise ‚kleinere Einheiten' oder Elemente der Gesamtordnung einem (Bewährungs-)Test unterzogen werden.

Die Gesamtordnung als Ganzes, die aufgrund ihrer unüberschaubaren Komplexität nur mit Hilfe spontaner Ordnungsgenese und -veränderung funktionieren kann, ist deshalb von innen heraus vor einem ‚Totaltest' geschützt. Gleichwohl kann man nicht von einer „Immunisierung" der Gesamtordnung sprechen, da sich ja auch die Regeln der ‚spontanen Ordnung' einer Großgesellschaft andauernd – wenn auch häufig über sehr lange Zeiträume und daher nur sehr schwer wahrnehmbar – ändern. Diese Änderungen selbst sind Ausdruck von Bewährungstests auf der Regelebene ‚spontaner Ordnungen'. Sie können somit als Konsequenzen einer Nicht-Bewährung bisher geltender Regeln interpretiert werden. Kritik oder Test der Regeln ‚spontaner Ordnungen' beruhen allerdings auf keinem bewußt geplanten Verfahren, sondern sind eher als die „Ergebnisse menschlichen Handelns, aber nicht menschlichen Entwurfs" (*Hayek* 1967/1994c, S. 97) zu interpretieren. Dies liegt daran, daß ein permanenter Test der in der spontanen Gesamtordnung eingebetteten ‚gesetzten Ordnungen' erfolgt; deshalb kommt es nicht zu einer ‚Implosion der Gesamtordnung'[118], da gleichsam im Vorfeld der Gesamtordnung Gefährdungen offengelegt und abgewendet werden. *Hayek* weist explizit darauf hin, daß ‚gesetzte Ordnungen' letztlich nur in einer ‚spontanen Ordnungsumgebung' ihren komparativen Wissensvorsprung sinnvoll einzubringen in der Lage sind.[119] Es werden die

---

ganisation, gegen die Anwendung von Zwang, um andere zu verhindern, es besser zu versuchen".

[118] Mit ‚Implosion der Gesamtordnung' ist zweierlei gemeint: Zum einen soll verdeutlicht werden, daß die gesamte Ordnung eines Gemeinwesens und die sie tragenden oder dominierenden Ordnungsformen und Lenkungsmechanismen ihre Funktionalität einbüßen. Zum anderen legt der Implosionsbegriff nahe, daß die systembedingt notwendigerweise fehlende Kritik im Inneren einer Gesamtordnung – hier gleichzusetzen mit dem Vakuum im Inneren eines implodierenden Systems – dazu führen kann, daß eine Veränderung des Gesamtsystems schließlich in einem explosionsartigen Schritt erfolgen wird, nämlich dann, wenn die mangelnde Funktionsfähigkeit des Gesamtsystems im Wettbewerb mit anderen Ordnungssystemen offenbar wird bzw. eine umfassende physische Durchlässigkeit (Migrationsmöglichkeit) im Sinne einer ‚Exit-Option' besteht. Dabei steht am Anfang das ‚zerstörerische Element' im Vordergrund, ohne daß das ‚schöpferische Element' dieses Vorgangs klar zu Tage treten müßte: Mit der ‚Kritikleere' im Inneren eines Systems korrespondiert daher die ‚Total- oder Fundamentalrevision' der Ordnungsbedingungen des Gesamtsystems.

[119] *Hayek* (1996, S. 36): „Aber ebenso wie die spontane Gesamtordnung sich ausweitet, werden auch die Einheiten größer, aus denen sie sich zusammensetzt. In steigendem Maße werden die Elemente nicht Einzelwirtschaften sein, sondern Organisationen wie Unternehmen und Verbände sowie Körperschaften öffentlichen Rechts. (...) Dabei ist für viele dieser verschiedenen Arten einigermaßen umfassender vorsätzlicher Organisation tatsächlich nur im Rahmen einer umfassenderen spontanen Ordnung Raum; sie wären fehl am Platze in einer Ordnung, die selbst vorsätzlich organisiert ist".

Elemente in einer ‚spontanen Ordnung', hier insbesondere die ‚gesetzten Ordnungen' fortwährend getestet. Dies wiederum ergibt sich aus den unterschiedlichen Wissensanforderungen, die mit der einen oder anderen Ordnungsausprägung verbunden sind. Da in ‚spontanen Ordnungen' mehr Wissen integriert wird und dieses Wissen erst aus der Kommunikation der Individuen untereinander resultiert, ist ein umfassender ‚Systemtest' nur schwer vorstellbar. Allenfalls können sich die inkrementellen Veränderungen auf der Regelebene mit anderen Regelsystemen ‚spontaner Ordnung' vergleichen lassen.[120] Von daher kann man die so verstandenen und integrierten ‚gesetzten Ordnungen' als Versuche interpretieren, mit Ungewißheit umzugehen.

Im Ergebnis legt *Hayek* infolgedessen sowohl die Begrenztheit der menschlichen Vernunft und seiner Produkte – hier der ‚gesetzten Ordnungen' – als auch gleichzeitig die Kraft, die aus diesen Produkten menschlicher Vernunft – meist unbeabsichtigt – in einer ‚spontanen Ordnung' erwächst, offen. Die bewußte ordnungspolitische Gestaltung von Rahmenbedingungen im Sinne ‚gesetzter Ordnungen' ist daher mit dem *Hayek*schen Ordnungsverständnis kompatibel.

Als nächstes ist anhand ausgewählter Literaturnachweise bei *Eucken* zu klären, ob die Konzeption der „Wettbewerbsordnung" ausschließlich im Wege der bewußten Gestaltung zu implementieren ist. Darüber hinaus gilt es zu prüfen, ob und inwieweit bei *Eucken* spontane und daher ungeplante Prozesse *Hayek*scher Prägung eine Rolle spielen. Einige Zitate aus den Schriften *Eucken*s dienen als Argumentationsgrundlage:

- „Alles in allem sind also – ihrer Entstehung nach – zwei Arten von Wirtschaftsordnungen zu unterscheiden: ‚gewachsene' und ‚gesetzte'. Wenn auch die erstere in der Vergangenheit durchaus vorherrschte, so schiebt sich doch in der neueren Zeit die zweitgenannte Art stärker in den Vordergrund. Denn die moderne industrialisierte Welt läßt das Wachsenlassen ihrer Ordnungen nicht mehr zu" (*Eucken* 1939/1989, S. 53).
- „Auch die Bemühungen der Wissenschaft, die Schaffung einer funktionsfähigen Wirtschaftsverfassung gedanklich vorzubereiten, zielen darauf ab, das Datum der rechtlich-sozialen Organisation in bestimmter Weise zu gestalten" (*Eucken* 1939/1989, S. 158).
- „Denkende Gestaltung der Ordnung ist nötig. Die wirtschaftspolitischen Einzelfragen (...) sind Teilfragen der großen Frage, wie die wirtschaftliche *Gesamtordnung*, und zwar die nationale und internationale Ordnung und ihre Spielregeln zu gestalten sind." (*Eucken* 1939/1989, S. 240; H.i.O.).
- „Sie [*Eucken* bezieht sich hierbei auf die wirtschaftliche Umstellungsaufgabe in Deutschland nach dem Zweiten Weltkrieg; d. Verf.] könne nur dadurch gelöst werden, daß die Kräfte der einzelnen sich spontan betätigen. Dies zu ermöglichen und zugleich die Produktion sinnvoll zu lenken, vermag die Wettbewerbsordnung" (*Eucken* 1946/1999, S. 34).

---

[120] Siehe zu diesem Argument die Erläuterungen zum „Wettbewerb der Ordnungen" im Rahmen einer erkenntnistheoretischen Erklärung der Systemtransformation in Teil 4, Abschnitt 4.4.5.

- „Damit diese Wirtschaftsordnung zureicht, und den gesamten Wirtschaftsprozeß vernünftig lenkt, ist es nötig, daß alle einzelnen Ordnungsformen – mag es sich um staatlich gesetzte, etwa handelspolitische, preispolitische , kreditpolitische oder um gewohnheitsmäßig gewordene Formen handeln – einander ergänzen“ (*Eucken* 1952/1990, S. 9).
- „Freilich – zum Gedanken der Freiheit gehört es ebenso wie zur Idee der Ordnung, daß die Freiheit ihre Grenzen hat, und zwar da, wo die Ordnung selber durch sie bedroht wird. Zwischen Freiheit und Ordnung besteht auch noch eine weitere Beziehung: Aus der Freiheit heraus entstehen spontane Ordnungsformen. Sie sind insoweit gerechtfertigt, als sie wettbewerbskonform sind“ (*Eucken* 1952/1990, S. 179).
- „Sie [Die Ordnungspolitik; d. Verf.] sucht die Formen des Wirtschaftens zu gestalten oder die Bedingungen zu beeinflussen, unter denen sie entstehen. Aber sie läßt in diesen Formen Planen und Handeln der Haushalte und Betriebe frei“ (*Eucken* 1952/1990, S. 242).
- „Der Grundgedanke dieser Wirtschaftspolitik ist *einfach*, und alle Prinzipien dienen seiner Verwirklichung. Er beruht auf der fundamentalen Scheidung von *Form* und alltäglichem *Prozeß* des Wirtschaftens“ (*Eucken* 1952/1990, S. 308; H.i.O.).[121]
- „Die wirtschaftspolitische Tätigkeit des Staates sollte auf die Gestaltung der Ordnungsformen der Wirtschaft gerichtet sein, nicht auf die Lenkung des Wirtschaftsprozesses“ (*Eucken* 1952/1990, S. 336; im Original hervorgehoben).
- „Die Wettbewerbsordnung verwirklicht sich nicht von selbst. Sie ist in diesem Sinne keine natürliche Ordnung, kein ordre naturel. Es genügt nicht, gewisse Prinzipien des Rechts zu verwirklichen und im übrigen die Entwicklung der Wirtschaftsordnung sich selbst zu überlassen“ (*Eucken* 1952/1990, S. 373).
- „Wo die Wettbewerbsordnung realisiert sein wird, sind spontane Bildungen z.B. von Genossenschaften, Veränderungen der Betriebsgrößen usw. von unten her möglich und sollen stattfinden. (...) Ganz aber wie in den gesetzten Ordnungen zentralverwaltungswirtschaftlichen Typs werden solche spontanen Bildungen nicht von oben angeordnet, sonder von den einzelnen frei vollzogen“ (*Eucken* 1952/1990, S. 374).

Die vorangegangenen Zitate aus *Eucken*s Werk belegen, daß seine Ordnungskonzeption sowohl ‚konstruktivistische‘, als auch ‚spontan gewachsene Elemente‘ enthält. Von daher ist *Eucken*s Ansatz – ebenso wie der *Hayek*s – nicht auf eine eindimensionale Ordnungsbetrachtung reduzierbar. Im Hinblick auf die Genese der Ordnungsbedingungen ist *Eucken* einer ‚konstruktivistisch geprägten Vorstellung‘ nicht abgeneigt: Auf der

[121] Bei *Eucken* (1949, S. 87) heißt es statt „dienen seiner *Verwirklichung*“ noch „dienen einfachen *Grundgedanken*“ (Hervorhebung v. Verf.): Möglicherweise läßt sich diese Veränderung damit erklären, daß *Eucken* in der konkreten Nachkriegsphase in Deutschland (‚dem historischen Moment‘) den ordnungspolitischen und potentiell handlungsleitenden Aspekt seiner Ordnungskonzeption stärker in den Mittelpunkt rücken wollte. Jedenfalls bringt die Formulierung „Verwirklichung“ einen entschieden aktiveren ordnungspolitischen Bezug zum Ausdruck. Vielleicht sogar im Sinne einer Agenda zur Implementierung seiner Ordnungsidee der „Wettbewerbsordnung“?

Basis seiner ordnungstheoretischen Analyse und unter Berücksichtigung des ‚Momentums' der Herausforderungen industrialisierter Großgesellschaften plädiert er entschieden für eine theoretisch durchdachte, politisch gewollte und insbesondere rechtlich umgesetzte Herstellung der „Wettbewerbsordnung".

Gleichzeitig sind *Eucken*s Gedanken zur „Wettbewerbsordnung" von ‚spontanen' Handlungsmustern gekennzeichnet. Die inhaltliche Abgrenzung von ‚Wirtschaftsordnung' und ‚Wirtschaftsprozeß' sowie die sich daran orientierende ordnungspolitische Ausrichtung sprechen in diesem Zusammenhang für sich: Ordnungspolitisches Handeln im Sinne der „Wettbewerbsordnung" manifestiert sich nach *Eucken* darin, daß auf eine direkte Lenkung der Wirtschaftsprozesses und damit letztlich der Planungen und Handlungen der Individuen selbst, verzichtet wird. Wirtschaftspolitik hat „Wirtschaftsordnungspolitik"[122] zu sein. Diese beschränkt sich bewußt auf die Herstellung einer Rahmenordnung, innerhalb derer sich die Individuen frei betätigen können, denn die „Wettbewerbsordnung" dient – in einem größeren Zusammenhang betrachtet – als Instrument zur Sicherung der wirtschaftlichen Freiheitssphäre der Individuen einerseits und der politischen Handlungsfähigkeit des Staates andererseits. In Verbindung mit dem analytischen Konstrukt der ‚Interdependenz der Ordnungen' und somit auch der Wirtschaftsordnung mit der Staats-, Rechts- und Gesellschaftsordnung läßt sich folglich die Idee der „Wettbewerbsordnung" auch umfassender, als ein wesentliches Element freiheitlichen Ordnungsdenkens, interpretieren.[123]

Im Ergebnis ist *Eucken*s Ordnungsansatz daher nicht pauschal als ‚konstruktivistisch' zu bezeichnen. Selbst wenn die Ordnungsentstehung nicht sich selbst überlassen wird, so ist doch gleichfalls nicht zu verkennen, daß damit nur die Spielregeln eines ansonsten spontan ablaufenden Spiels ‚konstruiert' werden. Die Spielzüge der Individuen innerhalb der „Wettbewerbsordnung" sind nicht Gegenstand wirtschaftspolitischer Interventionen, sondern ausdrücklich als Resultat ihrer Plan- und Handlungsautonomie aufzufassen.

Die gegenüberstellende Literaturdiskussion hat gezeigt, daß *Hayek*s und *Eucken*s Ordnungsansatz sich nicht ausschließen: Beide Autoren konzedieren in der Realität eine Mischung aus ‚spontanen' und ‚gesetzten' Ordnungselementen. Damit existiert ordnungstheoretisch eine Basis, die einen Brückenschlag zwischen beiden Ansätzen erlaubt und somit eine integrative Ordnungsvorstellung ermöglicht. Der zweite Argumentationsschritt bemüht sich daher um eine Integration aus der Sicht einer erkenntnistheoreti-

---

[122] Vgl. zum Begriff und seiner Interpretation *Eucken* (1952/1990, S. 304 ff., S. 334 und S. 345). An letztgenannter Stelle heißt es: „Eine selbständige Währungspolitik oder Agrarpolitik oder Staatsfinanzpolitik sollte es nicht mehr geben. Sie alle sollten nur Teile der Wirtschaftsordnungspolitik sein".

[123] *Eucken* selbst verweist in seinen ‚Grundsätzen' (1952/1990, S. 179) auf die Position von *Miksch*, für den, genauso wie für *Eucken* selbst, Freiheit und Ordnung keinen Widerspruch bedeuten, sondern im Gegenteil: „Sie bedingen einander" (*Eucken* 1952/1990, S. 179). Vgl. hierzu auch *Eucken* (1952/1990, S. 370): „Demgegenüber ist das Anliegen der Wettbewerbsordnung, die soziale Frage im Geiste der Freiheit zu lösen und dadurch die Freiheit überhaupt zu retten". Wie man aus diesen wenigen Hinweisen erkennt, geht es *Eucken* um die Freiheits- und damit letztlich auch die Machtfrage in einer Gesellschaftsordnung.

schen Interpretation beider Ansätze. *Vanberg*s Lösung der Interpretation des institutionalistischen Ansatzes von *Commons* zur Integration der (vermeintlich) widerstreitenden ordnungstheoretischen Überlegungen *Hayek*s und *Eucken*s wird dabei auf verallgemeinerter erkenntnistheoretischer Basis vertieft.

Vanberg (1995, S. 88) umschreibt seine Interpretation der *Commons*schen Institutionenlehre mit dem Begriff der „gehegten Evolution". Damit sind zwei inhaltliche Teilaspekte angesprochen: Zum einen deutet das Verbum ‚hegen' auf eine bewußte menschliche Handlung oder Steuerung hin. Zum anderen ist das Element der ‚Evolution', das von seiner Bedeutung her eine Zukunftsoffenheit und damit Nichtsteuerbarkeit nahelegt, Bestandteil des Interpretationsbegriffs. Wie läßt sich diese, scheinbar paradoxe und sich ausschließende Verbindung der Erklärungselemente verstehen?

Zunächst ist festzustellen, daß der verwendete Evolutionsbegriff sich nicht auf die ‚natürliche Selektion', sondern auf die ‚künstliche Selektion' *Darwin*s bezieht.[124] Somit ist der Evolutionsbegriff zwar hinsichtlich seiner Selektionsverbundenheit und -wirkung offen, gleichwohl ist der Selektionsrahmen selbst nicht notwendigerweise das Ergebnis eines natürlichen Variations-Selektions-Prozesses. Im Gegenteil: Die bewußte Gestaltung des Selektionsrahmens ist das wesentliche Kennzeichen einer absichtsvollen und damit „gehegten Evolution". Daher kommt die ‚Hege' gerade durch die unter normativen Gesichtspunkten stattfindende Konkretisierung des Selektionsrahmens zum Ausdruck. Es geht also nicht darum, dem evolutionären Prozeß bestimmte inhaltliche Prozeßergebnisse (Spielergebnisse) vorzuschreiben – was aus logischen Gründen auch gar nicht geht[125] –, sondern darum, sich für den evolutionären Prozeß Spielregeln auszudenken, die geeignet sind, „ihn (...) in eine Richtung zu lenken, die unter menschlichen Wertgesichtspunkten wünschenswert erscheint" (*Vanberg* 1995, S. 87). Das ändert jedoch nichts am materiell evolutionären Charakter einer ‚gehegten Evolutionsordnung'. Insoweit „kann die *Common*sche Vorstellung von institutioneller Evolution durch absichtsvolle Selektion den Gedanken planvoller Gestaltung und bewußter Wahl von Regeln verbinden mit dem Gedanken eines in seiner Gesamtheit evolutionären Prozesses" (*Vanberg* 1995, S. 84 f.).

Das folgende resümierende Zitat *Vanberg*s (S. 87; H.i.O.) leitet zur Verbindung der *Hayek*schen und *Eucken*schen Ordnungskonzeption über:

> „Indem man den evolutionären Prozeß in einem solchen Sinne zu ‚hegen' sucht, will man seine *allgemeinen Funktionseigenschaften* beeinflussen, nicht seine *konkreten Ergebnisse* vorweg festlegen."

Vanberg (1995, S. 88) weist mit Recht darauf hin, daß *Hayek* in seiner Ordnungskonzeption und dessen evolutionären Konsequenzen zum Beispiel für den „Wettbewerb" nicht monistisch auf spontane Prozesse vertraut, sondern auch auf die Notwen-

---

[124] „Der Gedanke der absichtsvollen Selektion und die Analogie zum Prozeß planvoller Züchtung weisen darauf hin, daß man einen evolutorischen Prozeß ‚steuern' kann, ohne ihn auf ein vorherbestimmtes Ziel hin lenken zu wollen" (*Vanberg* 1995, S. 87).

[125] Aus erkenntnistheoretischer Perspektive bedeutet ‚Evolution' insbesondere, Zukunftsoffenheit, Unvoraussagbarkeit der Ereignisse und somit für die Individuen in ganz allgemeiner Form: Ungewißheit.

digkeit ‚geeigneter Regeln' rekurriert. Damit ist *Hayek*s Position mit der Idee der ‚gehegten Evolution' ohne weiteres zu vereinbaren. Während die spontanen Ordnungsprozesse auch in dieser Konzeption die nicht voraussagbaren Ergebnisse erzeugen, können die von *Hayek* in den Blickpunkt genommenen grundsätzlichen und abstrakten Regelungen des Ordnungsumfelds „spontaner Prozesse" als Ausdruck der ‚Hege' zur Generierung und Erhaltung der ‚allgemeinen Funktionseigenschaften' angesehen werden.

Der Schwerpunkt in *Hayek*s Ordnungskonzeption liegt von daher auf der Betonung der evolutionären Komponente menschlicher Aktivitäten im Ordnungszusammenhang. Insoweit kann man durchaus von einer Dominanz evolutionären und spontanen Ordnungsdenkens sprechen. Dominanz bedeutet in diesem Kontext jedoch nicht, daß nicht-evolutionäre und somit konstruktivistische Ordnungsvorstellungen *Hayek* völlig fremd sind, sondern nur, daß sie aufgrund ihrer potentiell geringeren Wissensverarbeitungskapazität für die Funktionsfähigkeit und Lösung der Probleme von Großgesellschaften weniger geeignet erscheinen. *Hayek*s Anschlußmöglichkeit besteht im Hinblick auf die Idee der ‚gehegten Evolution' darin, daß er die ordnungstheoretische Analyse und die sich daraus ergebenden ordnungspolitischen Implikationen vom Ausgangspunkt einer individualistischen und sich evolutionär verändernden Wissensbasis in Angriff genommen hat. Der Faktor und die Bedeutung institutioneller Vorbedingungen der *Hayek*schen Wissensprozesse bleiben dabei allerdings unterbelichtet.[126]

Genau an dieser Stelle setzt die Analyse der ORDO-Liberalen und insbesondere *Eucken*s an.[127] Für *Eucken* ist der Prozeß der wirtschaftlichen Aktivitäten der Individuen nicht voraussetzungslos. Nur die Abwesenheit freiheitsbeschränkender Machtstellungen privater und/oder öffentlicher Macht und Gewalt kann dem einzelnen Individuum die Ausübung seiner Freiheitsrechte im allgemeinen und damit seiner wirtschaftlichen Freiheitsrechte im besonderen garantieren. Nur auf dieser Basis sind wissenschaffende Wettbewerbsprozesse überhaupt denkbar bzw. zu erwarten.[128] *Eucken*s Lösung dieses Problems besteht in der „Wettbewerbsordnung": ihrer Etablierung und Erhaltung durch geeignete ordnungspolitische Maßnahmen.

*Eucken*s Konzept ist mit *Vanberg*s Idee der ‚gehegten Evolution' in hohem Maße kompatibel. Im Unterschied zu *Hayek*s Schwerpunkt, ist hier das ‚konstruktivistische Element' der ‚Hege' im Fokus der Betrachtung. Die „Wettbewerbsordnung" und ihre konstituierenden und regulierenden Prinzipien sowie die im Rahmen der Interdependenzanalyse abgeleiteten beiden staatspolitischen Grundsätze lassen sich somit als Ausdruck des ‚hegenden' Umgangs mit spontanen Markt- und Wettbewerbsprozessen interpretieren. Entscheidend ist in diesem Kontext, daß aus Sicht *Eucken*s und der ORDO-Liberalen diese ‚hegenden Elemente' vorher gesetzt werden müssen, um überhaupt eine realistische Chance auf die positiven Wirkungen spontaner Prozesse innerhalb der konstituierten Ordnung – also der ‚evolutiven Komponente' – zu erhalten. Gleichwohl ist auch das evolutorische Element in *Eucken*s Ordnungskonzeption integraler Bestandteil:

---

126 In diesem Sinne äußert sich auch *Vanberg* (1995, S. 88).

127 Vgl. *Vanberg* (1995, S. 71 und S. 77 f.).

128 Siehe zu einer ähnlichen ersten Einschätzung des Verhältnisses des *Hayek*schen und *Eucken*schen Erklärungsschwerpunktes auch den Hinweis des Verfassers in *Starke* (2002, S. 199).

Die „Wettbewerbsordnung“, die bewußt geplant als freiheitssicherndes Ordnungsgefüge konzipiert wurde, intendiert somit aus ihren Funktionseigenschaften heraus, gleichsam spontan, evolutorische Prozesse.

Führt man die bisher getrennt geführte Argumentation der *Hayek*schen und der *Eucken*schen Ordnungskonzeptionen im Kontext der Idee einer „gehegten Evolution“ zusammen, so ergeben sich folgende ordnungstheoretischen Konsequenzen:

Beide Ansätze sind miteinander nicht nur vereinbar, sondern darüber hinaus auch integrierbar. Während *Hayek* mit seinen Analysen die ‚evolutorische Komponente‘ der Idee einer „gehegten Evolution“ theoretisch untermauert, besteht *Euckens* Beitrag darin, mit seinem Analyseschwerpunkt die ‚hegende Komponente‘ der Idee einer „gehegten Evolution“ hervorgehoben zu haben. Erst wenn man die Arbeiten *Hayeks* und *Euckens* nicht als sich ausschließende, sondern als komplementäre ordnungstheoretische Erklärungsansätze erkennt, kann das ordnungsökonomische Potential der Idee einer „gehegten Evolution“ voll zum Tragen kommen.[129]

Die Idee einer „gehegten Evolution“ bezieht sich in unterschiedlicher Intensität auf die verschiedenen Elemente der ‚transformationstheoretischen Triade‘.

Die ‚Transformations*basis*‘ ist in dieser Perspektive aus einer doppelten und interdependenten Verursachung zu erklären. Die ‚hegenden Komponenten‘ in bezug auf die Ordnungsbedingungen in den Transformationsländern waren nicht geeignet, die ‚evolutorischen Komponenten‘ des Ordnungsgeschehens zu initiieren und zu erhalten. Und umgekehrt: Die ‚evolutorischen Komponenten‘ des Ordnungsgeschehens haben die ‚hegenden Maßnahmen‘ größtenteils ins Leere laufen lassen.[130] Es zeigt sich aus dieser integrativen Sichtweise, daß die ‚Ordnungsbedingtheit des Wissens‘ und die ‚Wissensbedingtheit von Ordnungen‘[131] zwei Seiten derselben Medaille sind: die Medaille heißt „Problemlösen“ und ist von den Menschen unter allen Ordnungsbedingungen zu ‚prägen‘.

Das ‚Transformations*ziel*‘ kann ebenfalls mit der Idee einer „gehegten Evolution“ spezifiziert werden. Unter der Prämisse, das evolutorischen Prozessen zur Lösung der individuellen und gesellschaftlichen Herausforderungen in den verschiedenen Teilordnungen eine größere Problemlösungskapazität zugebilligt wird, und sie deshalb als

---

[129] Zur Frage eines potentiellen Dilemmas zwischen konstruktivistischer Gestaltung und spontaner Entwicklung im Transformationsprozeß siehe *Delhaes* (1993).

[130] In diesem Zusammenhang lassen sich die verschiedenen Reformbemühungen innerhalb des zentralverwaltungswirtschaftlichen Lenkungsapparates als, wenn auch letztlich gescheiterte Maßnahmen der ‚Hege‘ zentralverwaltungswirtschaftlicher Ordnungsbedingungen begreifen. Vgl. zu den Reformen in sozialistischen Wirtschaftssystemen und ihrem ordnungsökonomischen Status die Studien von *Hensel* (1970/1977a); *Hensel* (1969/1977b); *Gutmann* (1983); *Hamel* (1983) und *Schüller* (1983).

[131] Der Verfasser wurde durch den Beitrag von *Engel* (2000, S. 277-302, hier: S. 277 sowie S. 281, S. 286 und S. 291) zu dieser Terminologie inspiriert. In seiner vergleichenden Studie zur „Überwindung von Normativität durch Theoriebildung“ verwendet *Engel* unter anderem folgende Kapitelüberschriften: „*Karl R. Popper*: Die Ordnung des Wissens“ (S. 281), „*Walter Eucken*: Das Wissen um Ordnungen“ (S. 286) und „*Friedrich August von Hayek*: Wissen und Ordnung“ (S. 291).

'Ziel(charakterisierung)' herangezogen werden, ist damit in diesem Konzept aufgrund des 'Zwillingscharakters'[132] von 'Evolution' und 'Hege' die 'hegende Gestaltung' notwendig impliziert. Von daher führt die integrative Sichtweise hinsichtlich des 'Transformationsziels' automatisch zur Frage der inhaltlichen Ausgestaltung und zeitlichen Implementierung der 'hegenden Komponenten' im 'Transformationsprozeß'.

Für den 'Transformations*prozeß*' resultieren aus der Idee einer „gehegten Evolution" verschiedene Konsequenzen: Ausgangspunkt der weiteren Überlegungen ist die Erkenntnis, daß das 'Transformationsziel' nur erreicht werden kann, wenn im 'Transformationsprozeß' transformationspolitische Maßnahmen ergriffen werden. Die Konstatierung der 'Ordnungsbedingtheit evolutorischer Wissensprozesse' heißt nichts anderes, als daß die jeweiligen Rahmenbedingungen restriktiv oder selektionierend wirken. Individuen können sich diesem Einfluß nicht entziehen.[133] Nach *Vanberg* (1995, S. 88) existiert das Element der „passiven Wahl", das heißt die Individuen können „nicht vermeiden, einen Rahmen zu wählen. Wir würden uns damit lediglich dazu entscheiden, den gerade existierenden Rahmen, so zu akzeptieren, wie er ist." Schon diese Interpretation liefert einen normativen Bezugsrahmen zur Beurteilung transformationspolitischer Strategien. So scheidet ein sich selbst überlassener 'Transformationsprozeß' vor dem Hintergrund der 'Hege-Notwendigkeit' in der Konzeption von vornherein aus.[134]

Wenn es richtig ist, daß die 'Evolution' in dieser Konzeption der 'Hege' bedarf, dann folgt daraus für den 'Transformationsprozeß', daß eine positiv formulierte Ausgestaltungs- und Umsetzungsvorstellung nötig ist. In diesem Sinne kann *Eucken*s Konzeption der „Wettbewerbsordnung" als ein umfassender Versuch der 'Hege' evolutorischer Markt- und Wettbewerbsprozesse interpretiert werden. Diese wiederum sind als inhaltliche Konkretisierung des 'Transformationsziels' ihr normativer Referenzpunkt.

---

[132] *Hayek* (1969/1996, S. 128) spricht im Hinblick auf das Verhältnis von 'Evolution' und 'spontaner Bildung einer Ordnung' von einer „Zwillingsidee". Im Konzept der 'gehegten Evolution' bezieht sich die 'Zwillingsidee' auf die Komplementarität 'gesetzter' und 'spontaner Ordnungselemente'.
Vgl. zu diesem Problemkreis auch *Fehl* und *Schreiter* (2000). In ihrer Studie diskutieren die Autoren insbesondere „'spontane' und 'konstruktivistische' Regeländerungen und die Effizienz der Handelnsordnung" (ebenda, S. 119-123). Dabei stellen sie fest, daß die *Hayek*schen Gedanken in Abhängigkeit der inhaltlichen Interpretation der Begriffe 'spontan' und 'konstruktivistisch' durchaus mit Ordnungsvorstellungen oder besser: ordnenden Vorstellungen vereinbar sind.

[133] „In der Tat ist es durchaus nicht klar, was es bedeuten würde, dem Prozeß kultureller Evolution 'seinen Gang zu lassen'. Wo immer solche Prozesse ablaufen, geschieht dies zwangsläufig im Rahmen gewisser Bedingungsfaktoren, die den Selektionsprozeß konditionieren" (*Vanberg* 1995, S. 88).
Zur Selektionswirkung institutioneller Arrangements bezüglich des Markt- und Wettbewerbsprozesses siehe *Fehl* und *Schreiter* (2000, S. 117-119).

[134] Der logisch mögliche Entscheidungs- und Handlungsspielraum, der auch die 'passive Wahl' einer Rahmenordnung – hier der 'Transformations*basis*' – und die sich daran anschließenden 'un-gehegten' Prozesse einschließt, wird mit dieser Konzeption von daher bewußt verkleinert.

Mit *Vanberg*s Idee einer „gehegten Evolution" ist es möglich, die Ordnungsvorstellungen *Hayek*s und *Eucken*s konstruktiv miteinander zu verbinden.[135] Das Anwendungsbeispiel der Systemtransformation hat die Fruchtbarkeit der damit verbundenen integrativen Perspektive – zumindest in Ansätzen – gezeigt. Von daher scheint es durchaus hilfreich zu sein, im Rahmen der Diskussion transformationsspezifischer Problemstellungen auf die hier vorgetragene ordnungsökonomische Synthese *Hayek*scher und *Eucken*scher Gedanken zurückzugreifen.

Als Ergebnis ist festzustellen: Die Idee einer „gehegten Evolution" kann ex post zur Erklärung der ‚Transformations*basis*' und ex ante zur Bewertung und Gestaltung von ‚Transformations*ziel*' und ‚Transformations*prozeß*' dienen.

4.4. Versuch einer erkenntnistheoretischen Erklärung der Systemtransformation

Die Komplexität des Phänomens „Systemtransformation" erfordert eine analytische Fokussierung auf als wesentlich erachtete Erklärungstatbestände, um nicht im Dickicht der Detailprobleme zu versinken. Mit der Betrachtung der ‚Wissenskomponente' und seiner erkenntnistheoretischen Interpretation ist ein sehr abstrakter Zugang zu transformationstheoretischen und -politischen Gesichtspunkten gewährleistet. Damit steht die nachfolgend präsentierte Interpretation in der Tradition *Hayek*scher Gedankengänge. Aber auch die Ordnungsvorstellungen von *Eucken* werden in einer erkenntnistheoretisch angelegten Interpretation in die Betrachtung integriert. Das analytische Bindeglied ist die soeben skizzierte Vorstellung einer „gehegten Evolution"

4.4.1. Zur Bedeutung von nicht-zentralisierbarem Vermutungswissen und Macht im Wettbewerbszusammenhang

Das handlungsleitende Wissen der Individuen ist nach *Hayek* notwendig unvollständig. Es herrscht somit „konstitutionelle Unwissenheit". Gleichzeitig ergibt sich aus der jeweils nur individuell existierenden Kenntnis der spezifischen Umstände von Ort und Zeit ein Koordinationsproblem des Wissens der Individuen. Dieses löst ein auf subjektiven Bewertungen und Handlungen sowie auf Dezentralität beruhender Wettbewerbsprozeß, der als ‚Entdeckungsverfahren' zur Akkumulation von Wissen beiträgt.

*Hayek*s Beitrag zu einer Erklärung der Systemtransformation besteht im wesentlichen aus drei Aspekten: Erstens, rückt er die Bedeutung des „Wissens" in den Mittelpunkt der Betrachtungen. Individuenbasierte konstitutionelle Unwissenheit führt dazu, daß alle Handlungen der Menschen in den verschiedenen Bereichen gesellschaftlicher Ordnungen prinzipiell fehlbar sind bzw. hinsichtlich der erwarteten Ergebnisse scheitern können. Aus der erkenntnistheoretischen Fallibilität des individuellen Wissens ergibt sich somit logisch eine individuelle ‚Handlungsfallibilität'. Nur allwissende Menschen könnten ihre Handlungen davor schützen, doch verbietet die ‚anthropologische Konstante' eine derartige Modellierung der Individuen.

---

[135] Diese Zielsetzung wird auch von *Vanberg* (1995, S. 86 f.) explizit zum Ausdruck gebracht.

Zweitens, folgt aus der Notwendigkeit der Koordination der individuellen Wissensbruchstücke in einer Gesellschaft die Frage nach den hierfür geeigneten Koordinationsmechanismen. In dieser Hinsicht ist das *Hayek*sche Plädoyer für einen wettbewerblichen Preismechanismus zu verstehen, der vermittelt, welche Aktivitäten überhaupt von den Individuen in Angriff genommen werden sollten, ohne daß damit eine individuelle Erfolgsgarantie verbunden werden könnte. Diese Interpretation wiederum ist ebenfalls Ausdruck des erkenntnistheoretischen Fallibilitätspostulates, da die Ergebnisse des Wettbewerbsprozesses offen und somit auch für das einzelne Individuum nicht voraussagbar sind.

Drittens, kann die *Hayek*sche Begründung und das Plädoyer für die Vorteilhaftigkeit ‚spontaner Ordnungen‘ bei gleichzeitiger Berücksichtigung der Bedeutung ‚gesetzter Ordnungen‘ aus erkenntnistheoretischem Blickwinkel dahingehend interpretiert werden, daß sowohl die individuellen Handlungen im Rahmen ‚spontaner Ordnungen‘ als auch die im Rahmen ‚gesetzter Ordnungen‘ grundsätzlich fallibel sind. Darüber hinaus ist nicht nur das Handeln der Individuen innerhalb der Ordnungen, sondern auch die Genese der Ordnungen – ob ‚spontan‘ oder ‚gesetzt‘ – selbst ein Vorgang, der aufgrund seiner individuellen Wissensbasierung notwendigerweise falliblen Charakter aufweisen muß.

Im Ergebnis sind von daher die Individualität und insofern Nicht-Zentralisierbarkeit von Wissen sowie die in Wettbewerbsprozessen stattfindende Koordination und Überprüfung individueller Wissensbruchstücke aus erkenntnistheoretischer Sicht die wesentlichen Ansatzpunkte der *Hayek*schen Gedanken. Im Kern ist auf allen betrachteten Ebenen die „konstitutionelle Unwissenheit“ der Individuen der bestimmende Erklärungsfaktor. Dieser Ansatz ist somit voll und ganz mit der *Popper*schen Methodologie und evolutionären Erkenntnistheorie zu vereinbaren, da sowohl die theoretische als auch die empirische Kritisierbarkeit der *Hayek*schen Vorstellungen konstatiert werden kann. Die Bedeutung des individuellen Wissens für den Wettbewerb und die Rolle des Wettbewerbs für das individuelle Wissen sind nicht voneinander zu trennende Perspektiven: Das eine Phänomen ist ohne das andere nicht zu verstehen und umgekehrt. Diese Feststellung gilt sowohl für die ordnungsökonomische als auch die erkenntnistheoretische Interpretation der Phänomene „Wissen“ und „Wettbewerb“.

Die ordnungstheoretische Analyse und die ordnungspolitische Konzeption *Eucken*s bieten aus erkenntnistheoretischer Perspektive betrachtet ebenfalls eine Reihe von Gesichtspunkten, die für das Verständnis der hier interessierenden Fragestellung von Bedeutung sind. Aus theoretischer Sicht hervorzuheben sind zwei wesentliche Elemente. Zum einen die analytische Figur des „Planes“, der für alle menschlichen Handlungen konstitutiv ist. Damit verbunden ist die Unterscheidung von „Plandaten“ und „faktischen Daten“, was nichts anderes zum Ausdruck bringt als die Tatsache, daß die Individuen bei ihren ‚Planungen‘ mit Ungewißheit konfrontiert sind. Diese resultiert aus der Unvoraussagbarkeit der realen Veränderungen der ‚geplanten Veränderungen‘ spezifischer Plangrößen. Der „Plan“ ist somit nichts anderes als ein Instrument, das eine sich dahinter verbergende Hypothese offenlegt. Er selbst hat folglich Hypothesencharakter und ist daher grundsätzlich fallibel.

Zum anderen leitet *Eucken* über die Notwendigkeit der Plankoordination verschiedene Lenkungsmechanismen ab, die hinsichtlich ihrer erkenntnistheoretischen Einordnung diametral auseinanderfallen: Die zentrale Koordination aller „Pläne“ im Rahmen zentralverwaltungswirtschaftlicher Ordnungen ist mit fundamentalen Lenkungsproblemen behaftet, die letztlich darauf zurückzuführen sind, daß das notwendige Wissen, um diese unzähligen Teilpläne konsistent aufeinander zu beziehen nicht vorhanden ist bzw. – aus *Hayek*scher und erkenntnistheoretischer Sicht – nicht vorhanden sein kann. Von daher erfolgt die Lösung dieses Problems bei *Eucken* im Rahmen eines im Wettbewerb funktionierenden Preismechanismus. Voraussetzung hierfür ist der von privaten und/oder öffentlichen Machteinflüssen freie Wettbewerbsprozeß, dessen Resultate *Eucken* – wie *Hayek* – als nicht voraussagbar einschätzt.

Die Machtfrage in ihrer Bedeutung für den Wettbewerb und damit für ein Grundprinzip seines gesamten Ordnungsdenkens, führt *Eucken* zur positiven Formulierung der Konzeption der „Wettbewerbsordnung“, die von oben ‚gesetzt‘ und bewahrt werden muß. Dafür ist es notwendig, daß der Staat zu einer ordnenden Potenz wird. Dies wiederum setzt voraus, daß der Staat aus dem Verzicht auf Machtausübung im Sinne der Bedienung partikularer Interessen an Macht zur Setzung und Erhaltung der Ordnungsbedingungen im Ganzen gewinnt. Die Machtausübung des Staates ist somit einem umfassenderen Ordnungsprinzip, dem Wettbewerb im Rahmen einer „Wettbewerbsordnung“ untergeordnet; das allerdings setzt eine glaubhafte Selbstbindung des Staates bzw. seiner Agenten, also aller legislativen und exekutiven Gewalten voraus. Und auch die dritte staatliche Gewalt, die Judikative, ist dem Ordnungsprimat zu unterwerfen.

Die „Wettbewerbsordnung“ ist aus erkenntnistheoretischer Sicht nichts anderes als eine Theorie, bestehend aus einer Reihe von Einzelhypothesen, die sie konstituieren. Die Einzelhypothesen entsprechen den *Eucken*schen Prinzipien, die in ihrer Gesamtheit die Theorie „Wettbewerbsordnung“ mit ihrem empirisch prüfbaren (harten) Kern, dem funktionierenden Preismechanismus, bilden. Bei Bewährung dieser Theorie leistet sie dann einen entscheidenden Beitrag zur Lösung des Machtproblems. Insofern ist die Konzeption „Wettbewerbsordnung“ wie jede andere Theorie auch fallibel. Aus der Tatsache nämlich, daß sich in der Realität wettbewerblich organisierte Gesellschaftsordnungen vergleichsweise besser als anders organisierte Gesellschaftsordnungen entwickelt haben bzw. entwickeln, kann zumindest theoretisch nicht auf die Wahrheit der Theorie „Wettbewerbsordnung“ geschlossen werden. Auch hier kann allenfalls eine Bisher-Bewährung der Theorie „Wettbewerbsordnung“ konstatiert werden. Da aus erkenntnistheoretischer Sicht ein anderer Status sowieso nicht erreicht werden kann, ist es zumindest überlegenswert, die empirischen Erfahrungen der Kritik und der Tests dieser Theorie im Kontext der Systemtransformation zu nutzen.

Faßt man die *Eucken*schen Erklärungselemente unter erkenntnistheoretischen Gesichtspunkten zusammen, so ist folgendes festzuhalten: Die „Pläne“ der Individuen sind notwendig fallibel und die „Wettbewerbsordnung“ ist als eine Theorie zu interpretieren, die ihre Bewährung permanent unter Beweis stellen muß. Von daher ist der Vorwurf einer ‚konstruktivistischen‘ Gesellschaftsplanung verfehlt. Richtig ist, daß die „Wettbewerbsordnung“ eine ‚konstruierte Ordnung‘ darstellt. Doch solange diese Ordnung fortwährend getestet wird und die Individuen, die innerhalb dieser Ordnung agieren, unabhängig und frei von Vorgaben ihr Wissen zur Erreichung ihrer Ziele einsetzen dürfen, ist aus erkenntnistheoretischer Perspektive dieses Vorgehen nicht fragwürdig.

„Wissen“, „Macht“ und „Wettbewerb“ sind im Ergebnis aus erkenntnistheoretischer Sicht miteinander zu integrieren: Individuelles, nicht-zentralisierbares Wissen wird nur in einem von ungerechtfertigten Machtpositionen freiem Wettbewerbsprozeß zu einer Zunahme an Wissen führen können. Die Fallibilität individueller Handlungen auf Grund der ihnen zugrundeliegenden Fallibilität menschlichen Wissens erfordert einen Ordnungsrahmen, der diese Fallibilität nicht nur als Restriktion, sondern als eigentliche Voraussetzung seiner Existenz begreift. Gleichzeitig ist die Fallibilität der machtinduzierten Ordnungsgestaltung zu beachten.

Individuelles Wissen ist hinsichtlich der Ziele und des Mitteleinsatzes der Menschen fallibel. Macht und deren Ausübung in Form von politischen Maßnahmen jeglicher Art sind hinsichtlich ihrer Ziele und des dafür als notwendig erachteten Instrumenteneinsatzes fallibel. Der Wettbewerb als evolutorischer Prozeß ist insofern ‚blind‘, als er die Fallibilität der Wissens- und Machthypothesen nur offen zu Tage fördert, ohne es ex ante zu erlauben, konkrete Ergebnisse des Wettbewerbsprozesses als maßgeblichen Referenzmaßstab der verschiedenen Hypothesen zu fixieren. Gerade deshalb kann der „Wettbewerb“ als wissenschaffender und wissenverbreitender Prozeß aufgefaßt werden und nur aus diesem Grund leistet er einen Beitrag zum Erkenntnisfortschritt. Gerade weil im Wettbewerbsprozeß eine Vielzahl unterschiedlichster Hypothesen ausprobiert wird, können die Individuen aus den Erfahrungen des Wettbewerbs in Form von Bewährungen oder Nicht-Bewährungen ihrer Hypothesen etwas lernen. Die wettbewerbsimmanente Prüf-, Kritik- und Sanktionsfunktion ist der hierbei wirkende, entscheidende erkenntnisfördernde Mechanismus. Damit aber können „Wettbewerbsprozesse“ und die sie ‚hegende‘ „Wettbewerbsordnung“ als Mittel zur (besseren) Nutzung des individuellen Wissens interpretiert werden.

Für die hier interessierende erkenntnistheoretische Erklärung der Systemtransformation resultieren aus der *Hayek*schen und *Eucken*schen Analyse und ihrer ordnungsökonomischen Zusammenführung im Sinne einer „gehegten Evolution“ verschiedene Schlußfolgerungen, die in der Folge entlang der Elemente der ‚transformationstheoretischen Triade‘ dargestellt werden. Für alle drei voneinander abgegrenzten Elemente gilt: Die Genese und Nutzung des Wissens der Individuen erfolgt unter bestimmten Ordnungsbedingungen. Eine Gesellschaft ohne Ordnungsbedingungen ist nicht denkbar.[136] Jedes Gesellschaftssystem läßt sich von daher im Hinblick auf die Art der Wissensverarbeitung beschreiben.

---

[136] Wenn man sich von der Vorstellung gelöst hat, daß Ordnung scheinbar eine ordnende Hand oder Macht voraussetzt, dann ist der Schluß naheliegend, allen denkbaren oder realiter existierenden Ordnungen die Qualität denk- und handlungsleitender Wirkungen für die Individuen zuzubilligen. Siehe zur Kritik der ‚irrigen‘ Vorstellung einer notwendig vorhandenen Ordnungsmacht *Hayek* (1963/1994a, S. 32 f.): „Ordnung ist für einfach denkende Menschen das Ergebnis der ordnenden Tätigkeit eines ordnenden Wesens. Ein Großteil der Ordnung der Gesellschaft (...) ist aber nicht von dieser Art.“

4.4.2. Die Transformationsbasis aus erkenntnistheoretischer Sicht

Die realisierten Ordnungsbedingungen der vorangegangenen Gesellschaftssysteme sind als wesentliches Erklärungsmoment des Zustandekommens der ‚Transformationsbasis' anzusehen. Das Ordnungsgefüge zentralverwaltungswirtschaftlicher Lenkung im ökonomischen Bereich, verbunden mit zentralistisch organisierten Einparteiensystemen im politischen Bereich, ist aus erkenntnistheoretischer Perspektive mit zwei wesentlichen Problemfeldern konfrontiert: Zum einen den Bedingungen, unter denen die Individuen ‚Wissen' erzeugen und nutzen können und zum anderen mit dem sich mit dem Lenkungsmechanismus und seiner Funktionsweise verbindenden negativ wirkenden ‚Gesetz der kleinen Zahl'.

Das Wissen in einer Gesellschaft ist nicht als Ganzes vorhanden, sondern in den Köpfen der Menschen gespeichert.[137] Die Ordnungsbedingungen zentralistisch organisierter Gesellschaftssysteme können als Ausdruck einer Theorie verstanden werden, die folgende Hypothese impliziert: ‚Das Überleben der Menschen unter Bedingungen, die als lebenswert erachtet werden, ist nur möglich, wenn das Leben des Menschen in allen seinen gesellschaftlichen Bezügen geplant und organisiert wird'. Dahinter verbirgt sich die Vorstellung der umfassenden Kraft menschlicher Vernunft, die in der Lage ist, die sich daraus ergebenden Probleme vollständig und abschließend zu bewältigen. Erkenntnistheoretisch bedeutet das nichts anderes, als den Anspruch auf die Möglichkeit von ‚absoluter Wahrheit', die raum- und zeitunabhängig ist.

Der menschliche Verstand ist aus dieser Perspektive befähigt, sich von den Restriktionen der ubiquitären Ungewißheit mit der daraus resultierenden Konsequenz der Fallibilität menschlichen Denkens und Handelns zu befreien. Von daher ist es unter dieser Prämisse einer vermeintlichen ‚Allwissenheit' auch nur folgerichtig, diese ‚rationale und unfehlbare Kraftquelle' aktiv zur Gestaltung der Gesellschaft und der sie bestimmenden Prozesse in den verschiedenen Teilordnungen einzusetzen. Mit der erkenntnis-

[137] Darüber hinaus korrespondiert diese These mit *Popper*s evolutionärer Erkenntnistheorie. Natürlich gibt es auch ‚Kenntnisse' und ‚Wissen', das nicht an Individuen gebunden ist. Diese Art von Wissen, zu dem unter anderem Theorien gehören, ist auch auf einer Vielzahl weiterer Speichermedien vorhanden (Bibliotheken, elektronische Datenträger usw.). *Popper* (1972/1993d, S. 158-197; 1977/2000, S. 61-77; 1987/1997a, S. 11-40; 1994/1997b, S. 47-92) spricht in Rahmen seiner evolutionären Erkenntnistheorie von ‚drei Welten': Welt 1 umschließt alle physischen Gegenstände oder kurz: das materielle ‚Sein'. Welt 2 beinhaltet die Erlebnisse und Erfahrungen der Menschen oder „die Welt psychischer Zustände, einschließlich der Bewußtseinszustände, der psychischen Dispositionen und unbewußten Zustände" (*Popper* 1977/2000, S. 63). Mit Welt 3 umschreibt *Popper* (ebenda, S. 64) die geistigen Produkte der Menschen oder „die Welt der Erzeugnisse des menschlichen Geistes, wie Erzählungen, erklärende Mythen, Werkzeuge, wissenschaftliche Theorien (wahre wie falsche), wissenschaftliche Probleme, soziale Einrichtungen und Kunstwerke". Für *Popper* (ebenda, S. 68 f.) ist entscheidend, daß die nichtmaterialisierten Gegenstände der Welt 3 auf das Bewußtsein der Menschen – also die Welt 2 – Einfluß nehmen können, ohne daß sie an die physikalischen Verkörperungen der Welt 1 gebunden sein müßten. Anders formuliert: Die ‚drei Welten' stehen in Wechselwirkung zueinander. Vgl. hierzu *Popper* 1987/1997a, S. 17). Für ein auf dieser Vorstellung basierendes Handlungsmodell im Transformationszusammenhang siehe die Studie von *Wiest* (2000, S. 16-21). Dort heißt es: „Menschliches Lernen ist ein Produkt der Wechselwirkungen zwischen den drei Welten" (*Wiest* 2000, S. 20).

theoretischen Position *Popper*s ist dieser Ansatz nicht zu vereinbaren: Weder können Theorien als endgültig „wahr“ apostrophiert werden, noch besitzen die Menschen die ihnen von den ‚Radikal-Rationalisten‘ zugeschriebenen kognitiven Fähigkeiten, um auch nur näherungsweise die Komplexität der gesellschaftlichen Prozesse zu verstehen, geschweige denn, diese ohne Fehler zu gestalten und zu steuern. Vielmehr gilt mit *Popper* (1963/2000a, S. 42):

> „Je mehr wir über die Welt erfahren, je mehr wir unser Wissen vertiefen, desto bewußter, klarer und fester umrissener wird unser Wissen über das, was wir nicht wissen, unser Wissen über unsere Unwissenheit. Denn die Hauptquelle unserer Unwissenheit liegt ja darin, daß unser Wissen nur begrenzt sein kann, während unsere Unwissenheit notwendigerweise grenzenlos ist.“

In bezug auf die Ordnungsbedingungen der Gesellschaftssysteme in der Prä-Transformationsphase ergeben sich weitreichende Konsequenzen aus den ‚rationalistischen‘ Grundannahmen menschlicher Fähigkeiten. Auf eine programmatische Kurzform gebracht, lauten sie: Die Gesellschaft ist in ihrer Struktur und ihrem Aufbau sowie in ihren Abläufen plan- und steuerbar, also folglich beherrschbar. Darüber hinaus ist es möglich die einzelnen Menschen der Gesellschaft in ihrer Verschiedenartigkeit entsprechend den vorab geplanten Vorgängen konsistent in das Ordnungsgefüge zu integrieren. Es erhebt sich jedoch die Frage, wer die ‚Macht‘ für diese weitreichenden Befugnisse hat und mit welcher Begründung. Drei Detailfragen sind in diesem Kontext zu beantworten: Erstens, „Wer kann ‚wissen‘?“ Zweitens, „Wer soll ‚planen‘?“ und drittens, „Wer oder was soll über das ‚wissen‘ und ‚planen‘ entscheiden und nach welchen Kriterien?“. Die zweite und die dritte Frage werden für die ökonomische und die politische Ordnung separat diskutiert.

Zuvor ist jedoch die erste Frage in allgemeiner Form zu betrachten, da die erkenntnistheoretische Interpretation des Phänomens „Wissen“ die Grundlage für die Beantwortung der weiteren Fragen liefert. „Wissen“ in welchen Manifestationen auch immer, ist gemäß *Popper* fallibel und hat Vermutungscharakter.[138] Die Individuen erfinden Theorien, die Erklärungen liefern sollen. Ob sie diesem Ziel letztlich dienen werden, ist ex ante nicht vorherzusagen. Von daher gilt, daß ‚im Prinzip jedes Individuum wissen kann‘.[139] Auch die individuellen Handlungen lassen sich als Theorien oder Hypothesen interpretieren, die in doppelter Hinsicht der Fallibilität unterworfen sind: Das Handlungsziel kann sich als falsch herausstellen; die Instrumente, die zum Ziel hinführen sollen, können sich als ungeeignet erweisen. Auch dies ist erst nach Durchführung der Handlung feststellbar.

Zusammengefaßt ist auf die Frage, wer wissen kann, zu antworten: ‚Jeder kann Vermutungen wissen‘. Nicht mehr, aber auch nicht weniger.

---

[138] Vgl. *Popper* (1973/1993a, S. 1-31).

[139] Es dürfte deshalb zum einen keinen Königsweg zur Formulierung einer Theorie geben und zum anderen ist es nur sehr schwer – wenn überhaupt – zu begründen, warum nicht alle existierenden Individuen an der Formulierung von Theorien beteiligt werden sollten. Das individuelle Wissen stellt in seinem Vermutungscharakter nichts anderes dar als eine Anhäufung von Theorien, die in unterschiedlicher Art und Weise bewährt sind.

Das grundlegende Problem zentralverwaltungswirtschaftlicher Ordnungsgestaltung besteht aus erkenntnistheoretischer Perspektive darin, daß in erster Linie die Unwissenheit der Individuen über den Lenkungsmechanismus zwangsweise miteinander verbunden wird, wohingegen die spezifischen Kenntnisse der Individuen, also das positive Vermutungswissen der Menschen, von der Lenkungsmechanik nur unzureichend integriert werden kann. Anders ausgedrückt: Die zentralistische Plankoordination muß letztlich an der paradoxen Gegenüberstellung von individuellem Wissen der Gesellschaftsmitglieder und der der Systemlogik entsprechenden Unterdrückung dieses Wissens scheitern.

Auf der Basis von (falliblem) Vermutungswissen der Elemente einer Ordnung ist keine auf Wissenszentralisation gründende Gestaltung und Steuerung der Gesellschaft möglich. Die (unüberbrückbare) Diskrepanz zwischen dem ‚Wissensstatus der Ordnungsbedingungen' und dem ‚Wissensstatus der Ordnungselemente' führt zu einer ordnungsimmanenten ‚Wissenskrise', die zu dessen Degeneration und schließlich Auflösung führt. Der Lenkungsmechanismus der ‚Planung' kann aus der Fallibilität des Vermutungswissens der Individuen kein ‚wahres Planwissen' generieren. Im Gegenteil: Das individuelle Vermutungswissen ist aus Sicht der Planlogik ein Störfaktor, der die Planungen erschwert, da es als Ausdruck individueller Freiheit der kollektivistischen oder holistischen Zielsetzung zuwiderläuft. Diese Konsequenzen einer zentralplanbasierten Koordination des Wissens der Mitglieder einer Gesellschaft haben *Hayek*, *Popper* und *Eucken* klar herausgestellt.[140]

Somit ist festzuhalten: In Wirtschaftssystemen zentralverwaltungswirtschaftlicher Ausprägung kann das „Wissensproblem" nicht nur nicht hinreichend gelöst werden, sondern darüber hinaus untergräbt gerade das individuelle Wissen der Menschen permanent das Lenkungssystem in seiner Funktionsfähigkeit. *Hayek* und *Popper* kommen deshalb übereinstimmend zu der Auffassung, daß ein ‚kollektivistischer' oder ‚holistischer' Gesellschaftsentwurf nur in Verbindung mit einer ‚totalitären Machtstruktur' einhergehen kann.[141] Damit jedoch ist ein wesentliches Element gesellschaftlicher Ent-

---

[140] Vgl. zu dieser Einschätzung folgende Zitate: „Wirtschaftliches Kommando ist nicht nur das Kommando über einen Sektor menschlichen Lebens, der von den übrigen getrennt werden kann; es ist die Herrschaft über die Mittel für alle unsere Ziele. Wer die alleinige Verfügung über die Mittel hat, muß auch bestimmen, welchen Zielen sie dienen sollen, welche Werte höher und welche niedriger veranschlagt werden müssen, kurz, was die Menschen glauben und wonach sie streben sollen" (*Hayek* 1944/1991, S. 123).
„Da der holistische Planer nicht imstande ist festzustellen, was in so vielen Menschen vorgeht, muß er versuchen, durch Eliminierung individueller Unterschiede seine Probleme zu vereinfachen: er muß versuchen, die Interessen und Ansichten der Menschen durch Schulung und Propaganda zu lenken und stereotyp zu machen." (*Popper* 1965/1987, S. 71).
„[Ein fundamentaler Mangel der Zentralverwaltungswirtschaft] besteht darin, daß die wesentliche Kraft, die dem Gesamtinteresse dient, nämlich das Einzelinteresse und die Selbstverantwortung der Menschen, durch die Zentralverwaltungswirtschaft ausgeschaltet wird" (*Eucken* 1952/1990, S. 362).

[141] Vgl. hierzu *Hayek* (1944/1991) sowie *Popper* (1957/1980, S. 217). Im Rahmen seiner ordnungstheoretischen Analyse kommt auch *Eucken* (1939/1989, S. 86 f., S. 198; 1952/1990, S. 102) zu einer ähnlichen Feststellung, wenn er davon spricht, daß die zentralverwaltungswirtschaftliche Ordnung und sein Lenkungsmechanismus letztlich „ein Werkzeug zur Durchset-

wicklung nicht mehr nutzbar: die Kritik. Mit der Kritik verschwindet auch das entscheidende Regulativ zur Überprüfung von auf Vermutungswissen basierenden Theorien, ‚Plänen' usw. Da alle Theorien und ‚Pläne' grundsätzlich fallibel sind, kommt der kritischen Diskussion und Überprüfung der Theorien und ‚Pläne' eine herausragende Stellung im Prozeß des Erkenntnisfortschritts zu. Nur wenn es den Menschen in einem Ordnungsgefüge erlaubt ist, ihrer Kritik an Bestehendem Ausdruck zu verleihen, kann das Wissenspotential der Individuen in das Ordnungssystem einfließen. Gerade die kritische Auseinandersetzung der Individuen mit den ihr Verhalten beeinflussenden Ordnungsbedingungen kann zu einer inkrementellen Veränderung der Ordnungsbedingungen führen. Wird dieser fortwährende ‚positive Druck' von innen aus der Systemlogik heraus unterdrückt, ist zu erwarten, daß sich ein ‚negativer Druck' aufbaut, der das gesamte Ordnungsgefüge zum Einsturz bringt.

Ohne Kritik oder – wie *Popper* sagen würde – eine kritizistische Haltung der Menschen ist Erkenntnisfortschritt nicht denkbar. Das ordnungsbedingte erkenntnistheoretische Problem eines zentralverwaltungswirtschaftlichen Wirtschaftssystems besteht von daher in seiner immanenten Kritiklosigkeit.

Die Zentralisation der Macht im politischen Bereich kann ebenfalls als ein Charakteristikum der Ordnungsbedingungen in Zentralverwaltungswirtschaften angesehen werden. Eine hierarchische Planung aller gesellschaftlichen Teilordnungen ist nur denk- und durchführbar, wenn die Kompetenzen hierzu ebenfalls hierarchisch strukturiert sind. Letztlich ist der politische Führer oder die politische Führung zentralverwaltungswirtschaftlicher Staaten allein maßgeblich für die Definition gesellschaftlicher Ziele sowie die zu deren Erreichung einzusetzenden Mittel.

Dieser politische Ansatz ist aus erkenntnistheoretischer Perspektive kritisch zu beurteilen. Wenn es richtig ist, daß ‚jedes Individuum Vermutungen wissen kann', dann ergeben sich daraus für die Bewertung politischer Machtzusammenballung in Zentralverwaltungswirtschaften zwei grundlegende Probleme. Zum einen ist nicht plausibel, warum nur eine geringe Zahl von Individuen bis hin zu einem einzigen Individuum – dem Diktator – in der Lage sein sollen, das notwendige Wissen zur Aufstellung von Zielgrößen und deren Verhältnis untereinander sowie den Einsatz der für die Umsetzung notwendigen Ressourcen zu besitzen. Entscheidender als dieses an den jeweiligen Personen ansetzende ‚stationäre Wissensproblem' ist allerdings, daß zum anderen die Individuen der politischen Führung keiner unabhängigen Kritik oder keinem kritischen Test unterworfen sind. Auch hier ist das Verfahrensmoment einer fehlenden institutionalisierten und ordnungsimmanenten Kritikmöglichkeit an aus Vermutungswissen gebildeten Hypothesen wesentlich für das ‚dynamische Wissensproblem'. Weil die politische Führung aus der Systemlogik heraus im Endeffekt nicht kritisierbar ist, bleibt ihr als Konsequenz auch das wissen- und erkenntniserweiternde Potential eines kritischen Diskurses verschlossen.[142] Insofern ist das politische Ordnungsgefüge zentralverwal-

---

zung von Macht" ist (*Eucken* 1952/1990, S. 376). Vgl. zur Bedeutung von Kritik im System auch *Eucken* (1952/1990, S. 130-133).

[142] Die (teilweise erzwungenermaßen) hohen Wahlbeteiligungen und die nahezu einstimmigen Wahlergebnisse in den ehemals zentralverwaltungswirtschaftlichen Staaten dürfen darüber

tungswirtschaftlicher Staaten ein weiterer Grund für die Entstehung einer ‚Transformationsbasis'.[143]

Faßt man die Ausführungen zu den gestellten Fragen zusammen, so sind folgende Diskussionsergebnisse festzuhalten:

- Jedes Individuum kann Vermutungswissen erzeugen
- ‚Planen' ist eine Funktion des (Vermutungs-)Wissens
- Da das Vermutungswissen an Individuen gebunden ist, folgt daraus auch die Gebundenheit der ‚Planungen' an die Individuen
- Aus der ubiquitären Fallibilität des (Vermutungs-)Wissens und der ‚Pläne' resultiert die Bedeutung der regulativen Idee der Kritik
- Kritiklosigkeit führt zu einem Verlust an Erkenntnisfortschritt und damit zu einer Bedrohung der Ordnung selbst

Für die erkenntnistheoretische Interpretation und Erklärung der Staats- und Wirtschaftssysteme zentralverwaltungswirtschaftlicher Prägung als Ausgangspunkte einer ‚Transformationsbasis' ergeben sich folgende Konsequenzen: In einer Zentralverwaltungswirtschaft kann das Problem des in der Gesellschaft unter die Individuen verstreuten Wissens nicht gelöst werden, weil die Ordnungsbedingungen weder dazu geeignet sind, das individuelle Vermutungswissen zu integrieren, noch die Möglichkeit bieten, über qualifizierte Kritikverfahren im ökonomischen und politischen Bereich eine Rückkopplung der jeweiligen Hypothesen zu gewährleisten. Außerdem führt die idealisierte und verabsolutierte Vorstellung einer Steuer- und Planbarkeit gesellschaftlicher Prozesse dazu, daß die Gesamtordnung an sich nicht hinterfragt werden kann. Es liegt somit eine „immunisierte Ordnung" vor, da das von der Führung ‚angemaßte Wissen' in bezug auf die Gestaltung und Steuerung der Ordnung nur dann erfolgreich im Sinne der Ordnungsbedingungen sein kann, wenn es als ‚wahr' angenommen wird. Dafür gibt es aus erkenntnistheoretischer Sicht jedoch aufgrund der Fallibilität allen menschlichen Wissens keine hinreichende Begründung. Insofern hat *Hayek* (1996, S. 91) mit seiner Feststellung recht, daß „man nicht planen kann, was man nicht wissen kann".

Die ‚Transformationsbasis' ist daher als das Ergebnis des durch die spezifischen Ordnungsbedingungen gekennzeichneten Umgangs mit dem Wissen der Individuen zu interpretieren.

Das ist der Grund, warum am Anfang dieses Abschnitts vom erkenntnistheoretischen Problem des ‚Gesetzes der kleinen Zahl' gesprochen wurde. Die mangelnde Integration des verstreuten Wissens der Individuen sowie vor allem die systembedingt unzureichenden Kritikmöglichkeiten in den verschiedenen Teilordnungen führen dazu, daß für

---

nicht hinwegtäuschen. Im Gegenteil: Aus erkenntnistheoretischer Sicht sind derartige Ergebnisse völlig irrelevant, da sie die zu erwartenden unterschiedlichen individuellen Präferenzen in keiner Weise widerspiegeln.

[143] *Popper* (1965/1987, S. 72) kommt im Hinblick auf den Versuch einer holistischen Gesamtplanung zu folgendem, insbesondere aus erkenntnistheoretischer Sicht interessanten, Ergebnis: „Letzten Endes muß ein solcher Versuch die Erkenntnis und das Wissen vernichten, und je größer der Gewinn an Macht ist, desto größer wird der Verlust an Wissen sein."

den Erkenntnisfortschritt und damit für das Entwicklungspotential einer Gesellschaft nicht alle Quellen ausgeschöpft werden (können). Die Zahl der zur Lenkung der gesellschaftlichen Prozesse generierten Hypothesen ist deshalb geringer. Nur unter der erkenntnistheoretisch fragwürdigen Prämisse, daß einige Individuen besser als andere zur Generierung der ‚richtigen Hypothesen' in der Lage sind und diese auch an den entsprechenden Entscheidungspositionen innerhalb einer Gesellschaftsordnung stehen, würde aus dieser Tatsache kein Problem erwachsen. Dies ist zwar kein logischer Beweis für die Nichtlebensfähigkeit einer Gesellschaftsordnung, läßt aber die Vermutung zu, daß die Chancen einer Bewährung der Ordnungsbedingungen sinken.[144]

Für die Ordnungsbedingungen der ‚Transformationsbasis' gilt zusammenfassend: Sowohl die Hypothesengenerierung als auch die Hypothesenüberprüfung in den verschiedenen gesellschaftlichen Teilordnungen genügen nicht den erkenntnistheoretischen Anforderungen; deshalb kann die ‚Transformationsbasis' in ihrer zentralverwaltungswirtschaftlichen Ausprägung aus erkenntnistheoretischer Perspektive als nicht-bewährtes Ordnungsgefüge charakterisiert werden.

4.4.3. Das Transformationsziel aus erkenntnistheoretischer Sicht

Das ‚Transformationsziel' ist in unserer Sicht ein Versuch, Ordnungsbedingungen zu formulieren, die geeignet erscheinen, die zuvor diskutierten Probleme der Nutzung des Wissens in einer Gesellschaft zu lösen. Insofern ist auch das ‚Transformationsziel' als eine fallible Theorie zu kennzeichnen. Im Kern besteht die erkenntnistheoretische Funktion der Formulierung der Theorie ‚Transformationsziel' darin, sie der theoretischen und vor allem empirischen Kritik auszusetzen. Gerade die empirische Bewährung der Ordnungsbedingungen, die eine Theorie ‚Transformationsziel' impliziert, ist auf ein ex ante festgelegtes Referenzsystem angewiesen, damit die Verfahren der Kritik nicht willkürlich werden.[145] Von daher erfolgt die Prüfung der Hypothesen, die im ‚Transformationsprozeß' zur Umsetzung der ordnungspolitischen Vorstellungen des ‚Transformationsziels' durchgeführt werden, anhand ihrer Ziel- und somit Ordnungskonformität. Nur transformationspolitische Maßnahmen, die nicht mit den Ordnungsbedingungen des ‚Transformationsziels' kollidieren, können zu einer umfassenden Implementierung derselben führen. Es gibt zumindest keine hinreichend guten Gründe, davon auszugehen, daß zielwidrige Maßnahmen die Implementierung der Ordnungsbedingungen nicht behindern oder gar verhindern.

Die in einer Theorie ‚Transformationsziel' enthaltenen oder postulierten Ordnungsbedingungen beeinflussen die Nutzung des Wissens der Individuen in Transformations-

---

[144] Der Umkehrschluß dieser Argumentation gilt natürlich ebensowenig. Allein aus der Tatsache, daß quantitativ viele Hypothesen generiert werden, ist noch keinerlei Aussage darüber möglich, ob dieses Faktum vorteilhaft für eine Gesellschaftsordnung ist. Aber auch hier ist die Vermutung naheliegend, daß sich die Chancen für die Aufstellung von sich bewährenden Hypothesen erhöhen.

[145] Im zweiten Kapitel der Untersuchung wurde auf eine ‚erkenntnistheoretische Asymmetrie' hingewiesen: So sehr die Methodenvielfalt für die Theoriegenese aus erkenntnistheoretischer Sicht positiv bewertet werden kann, so sehr ist die Vielfältigkeit und häufig Willkürlichkeit der Prüfung von Theorien aus erkenntnistheoretischer Sicht fragwürdig.

gesellschaften. Dies ergibt sich aus der Ordnungsbedingtheit allen Wissens. Von daher kommt es darauf an, daß verstreute und fallible Wissen der Individuen durch eine geeignete Ordnungsgestaltung aufeinander zu beziehen, um so das Entwicklungspotential der Gesamtordnung zu verbessern. Genau hierin besteht die ordnungs- und erkenntnistheoretische Herausforderung der Systemtransformation.

Der Nicht-Bewährung der Ordnungsbedingungen der ‚Transformationsbasis' steht eine Bisher-Bewährung der Ordnungsbedingungen des ‚Transformationsziels' gegenüber. Dabei bezieht sich die ‚Bewährtheit' auf den grundlegend unterschiedlichen Umgang mit dem Phänomen „Wissen" in den jeweiligen Ordnungsgefügen. Damit ist auch klar, daß es ‚das Transformationsziel' im Sinne einer *konkreten* Ausgestaltung der *Prozeßabläufe* innerhalb der Teilordnungen nicht gibt, ja nicht geben kann. Die Komplexität und Ungewißheit gesellschaftlicher Prozesse kann nicht durch ex ante-Wissen überwunden werden. Vielmehr dienen die Vermutungen und Hypothesen der Individuen dazu, ihren Handlungen innerhalb der Rahmenordnungen einen individuellen Bezugspunkt zur (Selbst-)Kritik zu bieten. Dies ist als ein wesentliches Kennzeichen bewußter Denk- und Handlungsschemata aufzufassen.

Die Rahmenordnungen haben in diesem Kontext eine doppelte Funktion: Zum einen reduzieren sie die von den Individuen zu verarbeitende Komplexität, indem sie aus dem Möglichkeitsraum individueller Handlungen einige ausschließen. Dies geschieht in erster Linie durch die Vorabfestlegung bestimmter Spielregeln, die für alle Individuen einer Gesellschaft gleichermaßen gelten. Sie erleichtern dem einzelnen seine Erwartungen im Hinblick auf das Verhalten anderer Individuen zu stabilisieren.[146] Zum anderen ermöglicht erst die Existenz bestimmter Ordnungsbedingungen eine Objektivierung der individuellen Hypothesen, da die jeweiligen Ausprägungen der Rahmenordnung als Kritik-, Test- oder Selektionsumgebung interpretiert werden können. Welche Konsequenzen ergeben sich daraus sowohl für die Beurteilung von ‚Transformationszielen' als auch für die Beurteilung der zu überwindenden Bedingungen der ‚Transformationsbasis'?

Unter den Ordnungsbedingungen der ‚Transformationsbasis' und ihrer Wirkungen auf die Hypothesenüberprüfung werden die subjektiven individuellen Vermutungen anhand subjektiver kollektiver Vermutungen ‚getestet'. Ein erkenntnistheoretisches Problem erwächst hierbei daraus, daß sich die subjektiven kollektiven Vermutungen nicht auf die Spielregelebene beschränken, sondern auch und gerade auf die Ebene der Spielergebnisse erstrecken. Insofern erfolgt keine zweckfreie und objektive Überprüfung der jeweiligen Hypothesen. Objektiv mag die Überprüfung im Hinblick auf die subjektiven kollektiven Vermutungen – also die Ordnungsbedingungen bzw. -anforderungen – sein. Objektiv im Sinne einer Ergebnisoffenheit der Kritik sind sie damit allerdings nicht. Dies ist der eigentliche Grund, warum die Ordnungsbedingungen

[146] Vgl. hierzu beispielsweise *Hayek* (1968/1994h, S. 255). *Hayek* sieht den Vorteil abstrakter Regeln gerade darin, daß sie ohne Ansicht der Person auf diese wirken und nur deshalb zu einer Integration des individuellen Wissens und der individuellen Fähigkeiten beitragen. „Es ist die Vorbedingung für die Bildung dieser abstrakten Ordnung, daß wir die konkreten und individuellen Einzelheiten den einzelnen Individuen überlassen und diese nur durch allgemein abstrakte Regeln binden" (*Hayek* 1963/1994a, S. 44).

für die Hypothesenüberprüfung und damit für den Erkenntnisprozeß *Popper*scher Prägung von besonderer Bedeutung sind.

Im Gegensatz dazu, ist unter den Ordnungsbedingungen des ‚Transformationsziels' die Wechselwirkung zwischen Spielregel- und Spielebene eine völlig andere. Die Genese individueller Hypothesen ist gerade der ‚Treibstoff', der den ‚Motor' der wettbewerblichen Koordination am Laufen hält. Die Vorteilhaftigkeit des Konstruktionsprinzips des ‚Motors' beruht darauf, daß die Art des ‚Treibstoffs', das heißt der Inhalt der individuellen Hypothesen, für die Funktionsfähigkeit des ‚Motors' nahezu belanglos ist. Der ‚Motor' verarbeitet somit im Prinzip jeglichen ‚Treibstoff'.[147] Basierend auf dieser Methaphorik, ergeben sich aus erkenntnistheoretischer Sicht einige Konsequenzen für die Beurteilung der Ordnungsbedingungen des ‚Transformationsziels'. Eine auf Wettbewerbsprozessen beruhende Koordination des in der Gesamtordnung unter die Individuen verstreuten Wissens mittels Preislenkung – also einer „Wettbewerbsordnung" im *Eucken*schen Sinne – führt im Hinblick auf die Genese und Überprüfung von individuellen Hypothesen zu zwei wesentlichen Wirkungen.

Zum einen sind der Denk- und Handlungsspielraum der Individuen und damit überhaupt erst die Möglichkeit zur Erzeugung individueller Vermutungen ordnungsbedingt sehr viel größer als unter anderen Ordnungsbedingungen. Dies resultiert aus der in weiten Teilen ‚kosmischen Prägung' oder ‚Wirkung' der relevanten Rahmenbedingungen oder Regelungen. Die eher abstrakten Regelungen geben keine spezifischen Spielergebnisse vor, sondern grenzen in der Regel nur die Sphären individuellen Handelns voneinander ab. Dies führt in ihrer Wirkung dazu, daß die Individuen weitestgehend im Sinne ihrer eigenen Interessen denken und handeln können.

In dieser Hinsicht erweist sich das Ordnungsgefüge einer „Wettbewerbsordnung" deshalb aus erkenntnistheoretischer Perspektive als vorteilhaft: Systembedingt können mehr voneinander unabhängige individuelle Hypothesen in den Ordnungsprozessen gebildet und verarbeitet werden. Gleichzeitig kann jedes einzelne Individuum von der Einspeisung des Wissens anderer Individuen in das Ordnungssystem profitieren. Der ordnungsbedingt erzwungenen Externalisierung von Internalitäten steht somit als Korrelat das individuelle Potential zur Internalisierung von Externalitäten gegenüber. Dieser *Hayek*sche Gedanke charakterisiert einen wesentlichen Vorteil ‚kosmisch wirkender Ordnungen'.[148]

---

[147] Allerdings ist aus *Eucken*scher Sicht folgende Einschränkung notwendig. Da der ‚Motor' nicht von selbst entsteht, einfach ‚da ist' oder ‚verunreinigter Treibstoff' dessen Funktionsfähigkeit gefährdet, kommt es darauf an, einerseits bei der Konstruktion Prinzipien zu berücksichtigen, die die Manipulationsmöglichkeiten am Getriebe reduzieren oder verhindern und andererseits Vorkehrungen zu treffen, wie der ‚Motor' mit ‚verunreinigtem Treibstoff' – also Hypothesen, die auf die Ausnutzung privater Macht zielen – umgehen kann.

[148] Vgl. hierzu beispielsweise *Hayek* (1980, S. 30): „In einer zivilisierten Gesellschaft ist es in der Tat nicht so sehr das größere Wissen, das das Individuum erwerben kann, als vielmehr der größere Nutzen, den er aus dem Wissen ziehen kann, das andere besitzen, das die Ursache seiner Fähigkeit ist, einen unendlich weiteren Bereich von Zwecken zu verfolgen als bloß die Befriedigung seiner drückendsten physischen Bedürfnisse."

Zum anderen ist aber ein weiterer Aspekt für das erkenntnissteigernde Potential einer auf abstrakten Regeln basierenden „Wettbewerbsordnung" relevant. Die Überprüfung der unter diesen Ordnungsbedingungen generierten subjektiven individuellen Hypothesen erfolgt nicht in bezug auf eine subjektive kollektive Referenzvermutung, die sich auf konkrete Wettbewerbsergebnisse bezieht, sondern in bezug auf die Konformität der Hypothesen mit den Spielregeln des Wettbewerbsprozesses. Gerade weil die individuellen Hypothesen keinen konkreten überindividuellen Ergebnisvorstellungen Rechnung tragen müssen, können sie einerseits eine größere Gegenstandsbreite annehmen, andererseits sind sie aufgrund der ‚Inhaltsblindheit' oder besser ‚-neutralität' der Selektionsumgebung „Wettbewerbsordnung" einer objektiven Kritik ausgesetzt. Die ‚Objektivität' der wettbewerblichen Hypothesentests ist somit als Ergebnis einer regelgebundenen, institutionalisierten Verfahrensweise der Kritik aufzufassen. Der Kritik obliegt in diesem Kontext insoweit ein methodologischer Zweck: Die aus erkenntnistheoretischer Sicht vorteilhafte kritizistische Einstellung von Individuen – die Selbstkritik gegenüber den eigenen Vermutungen – wird im Rahmen einer „Wettbewerbsordnung" auf die Ebene der inter-individuellen Transaktionen emporgehoben; somit resultiert aus dieser Interpretation eine kritizistisch ausgeformte Selektionsumgebung. Entscheidend für die Unabhängigkeit und Objektivität dieses Tests durch Dritte ist, daß diese selbst nicht in eine von außen vorgegebene Hypothesenhierarchie eingebunden sind, sondern im Rahmen ihrer eigenen Hypothesen die Bedeutung anderer Vermutungen einordnen und damit beurteilen. Über den dem Ordnungssystem inhärenten Lenkungsmechanismus der Preise erfolgt die konkrete positive oder negative Rückkopplung.

Hayek hat auf die Bedeutung verfahrensimmanenter Neutralität immer wieder hingewiesen. Die Verfahrensgerechtigkeit eines Wettbewerbsprozesses zeigt sich eben gerade darin, daß das Verfahren selbst keinerlei Rücksicht auf die besonderen Leistungen und Fähigkeiten oder aber Schwierigkeiten der Individuen nimmt, die die zum Test anstehenden Hypothesen generiert haben.[149] Der Wettbewerbstest ist primär ein Test

[149] „Es sollte freimütig zugegeben werden, daß die Marktordnung keinen engen Zusammenhang zwischen subjektivem Verdienst oder individuellen Bedürfnissen und Belohnungen zustande bringt. Sie arbeitet nach dem Prinzip eines Spiels, in dem Geschicklichkeit und Chancen kombiniert werden und bei dem das Ergebnis für jeden einzelnen genausogut von völlig außerhalb seiner Kontrolle liegenden Umständen abhängen kann wie von seiner Geschicklichkeit oder Anstrengung" (*Hayek* 1966/1994d, S. 120). Damit bringt *Hayek*, übertragen auf die Fallibilität menschlicher Hypothesen, nichts anderes zum Ausdruck, als daß eine ex ante-Feststellung der Bewährung von Vermutungen nicht möglich ist.
Der Vorteil spontaner Markt- und Wettbewerbsordnungen besteht darin, daß sie „die Chancen für unbekannte Personen vergrößern (...), aber nicht irgendwelche bestimmte Ergebnisse für bestimmte Personen" (*Hayek* 1968/1994h, S. 255). Nichts anderes verbirgt sich hinter dem Begriff der ‚Verfahrensgerechtigkeit'. Entscheidend für die Funktionsfähigkeit eines solchen Prinzips ist allerdings, daß die Individuen bereit sind, sich einem derartigen, anonymen Verfahren zu unterwerfen, was in Anbetracht der Bedeutung, die der menschlichen Vernunft seit der Aufklärung zugebilligt wird, nicht leicht fallen dürfte, geschweige denn als selbstverständlich akzeptiert werden dürfte.
Vgl. zu dieser pessimistischen Einschätzung folgende Passage bei *Hayek* (1944/1991, S. 254 f.): „Die Weigerung, uns Kräften unterzuordnen, die wir weder verstehn noch als bewußte Entscheidungen eines vernunftbegabten Wesens anerkennen, ist die Folge eines unvollständigen und daher in die Irre gehenden Rationalismus. Er ist unvollständig, da er nicht einsieht, daß die Abstimmung der mannigfaltigen Wirtschaftsakte der Individuen in einer komplexen

von außen; keine Selbstkritik, sondern Kritik Dritter. Da die Kritik Dritter, die in einem komplexen Markt- und Wettbewerbssystem häufig von Anonymität gekennzeichnet ist, nicht durch kognitive und/oder emotionale Voreingenommenheit bezüglich der Hypothesen beeinträchtigt ist, liegt die Vermutung nahe, daß die Qualität der Kritik aufgrund der nicht vorhandenen ‚Scheuklappen' besser im Sinne von ‚objektiver' ist. *Hayek* (1963/1994a, S. 43) zieht im Hinblick auf die Relation zwischen ‚gesetzten' und ‚gewachsenen' Ordnungen daraus eine wichtige ordnungstheoretische Schlußfolgerung:

> „Wenn der Gesamtcharakter der Ordnung ein spontaner sein soll, können wir diese nicht verbessern, indem wir den Gliedern der Ordnung Befehle geben: denn nur diese Individuen und keine zentrale Behörde kann alle Umstände kennen, die die Individuen veranlaßt, in eben dieser oder jener Weise zu handeln."

Aus ordnungsökonomischer Sicht ist damit ein weiteres Argument für die Idee der ‚Ordnungskonformität' von wirtschafts- oder allgemeiner: gesellschaftspolitischen Maßnahmen verbunden. Die *Eucken*sche ‚Interdependenz der Ordnungen' und die mit ihr implizierte Ordnungsausrichtung aller wirtschaftspolitischen Maßnahmen kommen hier wieder zum Vorschein.

Ordnungsbedingungen, die auf die Generierung von Vermutungswissen ihrer Ordnungsglieder, also in erster Linie der Individuen, hin ausgelegt sein sollen, sind im Rahmen ihrer elementaren Lenkungsmechanismen auf Wettbewerbsprozesse angewiesen.

Je schneller und gründlicher die Hypothesen der Individuen getestet werden und je ‚kleiner' dabei die hypothesenbildenden Einheiten sind, desto geringer sind die Auswirkungen auf die Ordnungsbedingungen bei einer Nicht-Bewährung der jeweiligen Hypothesen. Von daher ist es im Interesse der Stabilität der Ordnungsbedingungen, daß die potentiellen Fehler der Glieder so früh wie möglich durch Kritik, also durch Wettbewerbsprozesse aufgedeckt werden. Anders gewendet: Je länger die Offenlegung von Fehlern bewußt unterdrückt wird, umso eher besteht die Gefahr, daß die Perpetuierung prinzipiell nicht-bewährter Hypothesen zur Kumulation und Aufstauung von ordnungsdestabilisierenden Wirkungen führt, die sich dann in geballter Form entladen.

Der ordnungsökonomische und erkenntnistheoretische Vorteil einer „Wettbewerbsordnung" besteht deshalb gerade darin, daß die Fehler, die im System gemacht werden (können), soweit wie möglich dezentralisiert sind. So wie die dezentrale Nutzung des individuellen Wissens zur Hypothesenaufstellung animiert und somit das Ordnungsgefüge permanent von innen heraus an veränderte Bedingungen angepaßt wird, so führt die dezentrale Zuordnung von nicht-bewährten Hypothesen dazu, daß einerseits die Individuen aus ihren Fehlern lernen können und andererseits, daß die Wettbewerbsordnung selbst in ihrem Funktionsmechanismus nicht beeinträchtigt wird.

Gesellschaft Tatsachen berücksichtigen muß, über die kein Einzelwesen einen vollkommenen Überblick hat. Ebensowenig erkennt dieser Rationalismus, daß es, wenn unsere komplexe Gesellschaft nicht untergehn soll, keine andere Möglichkeit gibt, als sich entweder den anonymen und anscheinend irrationalen Kräften des Marktes zu unterwerfen oder aber einer ebenso unkontrollierbaren und deshalb willkürlichen Macht anderer Menschen."

Als Ergebnis der erkenntnistheoretischen Interpretation des ‚Transformationsziels' ist somit festzuhalten: Das gewählte ‚Transformationsziel' ist als Hypothese über ein Ordnungsgefüge aufzufassen. Damit ist es grundsätzlich dem Fallibilitätspostulat unterworfen. Die Ordnungsbedingungen haben sich von daher im realen Wirtschafts- und Sozialgeschehen fortwährend zu bewähren. Das dieser Untersuchung zugrundegelegte ‚Transformationsziel' einer *Hayek*ianisch interpretierten „Wettbewerbsordnung" *Eucken*scher Prägung bietet dabei folgende Vorzüge: Wettbewerbsprozesse implizieren Hypothesenaufstellung und Hypothesentests. Die Ordnungsbedingungen der „Wettbewerbsordnung" stimulieren und erzwingen deshalb permanentes individuelles Lernen. Die Versuch-und-Irrtum-Methode individuellen Erkenntnisfortschritts wird gleichsam institutionalisiert und objektiviert. Als unbeabsichtigtes Nebenprodukt des individuellen Lernens befindet sich die gesamte Ordnung in einem Lernprozeß, in dem Wissens- und Lernüberlappungen der Individuen zu einer Ausbreitung des Gewußten und Gelernten führen.[150]

Die Kreation der Ordnungsbedingungen ist als Maßnahme im Rahmen der Konzeption einer „gehegten Evolution" aufzufassen. Es existieren von daher erkenntnisfördernde und erkenntnishemmende Ordnungsstrukturen. Der Unterschied resultiert aus der Kompatibilität der jeweiligen Ordnungsbedingungen mit evolutorischen Wissensprozessen. Das ‚Transformationsziel' einer „Wettbewerbsordnung" ist somit aus erkenntnistheoretischen Überlegungen zu deduzieren. Was ist mit dieser Interpretationsweise für den theoretischen Zugang zur Transformation im engeren Sinne, dem ‚Transformationsprozeß', gewonnen?

4.4.4. Der Transformationsprozeß aus erkenntnistheoretischer Sicht

Zwei Überlegungen oder Ergebnisse der bisherigen Diskussion stehen am Anfang: Die ‚alten Ordnungsbedingungen' sind zu überwinden, das heißt konkret, sie müssen in ihrer denk- und handlungsleitenden Wirkung abgeschafft werden. Die ‚neuen Ordnungsbedingungen' sind zu etablieren, das heißt, neue denk- und handlungsleitende Institutionen und Regeln müssen aufgebaut werden. Es sind zwei Ebenen des Transformationsprozesses zu differenzieren. Einerseits geht es im ‚Transformationsprozeß' darum, Vermutungswissen über Ordnungsbedingungen zu erzeugen.[151] Andererseits geht es gleichzeitig für die Menschen in Transformationsprozessen darum, aus der Verbindung der realen Umstände – dem Tatsachenwissen von Ort und Zeit im *Hayek*schen Sinn – und den ‚neuen Ordnungsbedingungen' individuelle Lernvorgänge anzustoßen. Der ‚Transformationsprozeß' ist somit als umfassender Lernprozeß auf institutioneller und individueller Ebene zu interpretieren.[152]

---

[150] Vgl. zur Idee und Bedeutung des ‚überlappenden Wissens' im wettbewerblichen Kommunikationsprozeß *Schreiter* (1994, S. 248 f.).

[151] *Schüller* (2002) spricht im Hinblick auf die Bedeutung der Ordnungsbedingungen für die Lernprozesse im Transformationsprozeß vom „Systemwissen als Entwicklungsfaktor". Damit ist die ordnungsökonomische Erkenntnis umschrieben, daß eine Ordnungsbedingtheit der Genese individuellen Wissens existiert und von daher für eine ordnungspolitische Gestaltung offensteht.

[152] Vgl. hierzu beispielsweise *Brockmeier* (1998, S. 14).

Der ‚Transformationsprozeß' ist aus dieser Sichtweise betrachtet deshalb nicht nur ein umfassender Lernprozeß, sondern konkreter: ein Prozeß zur Generierung von Vermutungswissen über Ordnungen und in Ordnungen.

Nun ist es zwar richtig, daß aus der Bisher-Bewährung theoretischer (Ordnungs-) Versuche keinerlei Voraussagen erkenntnislogischer Art möglich sind, ob und wie sich diese (Ordnungs-)Versuche zukünftig bewähren werden, doch ist es nach *Popper* durchaus vernünftig, diejenigen Theorien zu bevorzugen, die bereits kritisiert worden sind. Im Kontext der Ordnungsgestaltung von Wirtschafts- und Gesellschaftssystemen ist an dieser Stelle ein weiteres Argument in dieser Richtung anzuführen. In der konkreten historischen Transformationssituation, also bei abruptem Wegbrechen der ‚alten Ordnungsbedingungen' und der noch Nichtexistenz der ‚neuen Ordnungsbedingungen' ist es aus rein pragmatischen Gründen sinnvoll und aufgrund des Zwangs der Individuen zur permanenten Problemlösung auch anders kaum zu bewerkstelligen, daß die Phase eines ‚Ordnungsvakuums' möglichst kurz gehalten wird, um die ordnungsbedingten Lernprozesse nicht ins Leere laufen zu lassen.[153]

Die zeitliche Ausdehnung zwischen dem ordnungsökonomischen Startpunkt des ‚Transformationsprozesses', der ‚Transformationsbasis' und dem ordnungsökonomischen Zielpunkt, dem ‚Transformationsziel' ist von daher nach Möglichkeit zu minimieren. Im Hinblick auf die Genese der Ordnungsbedingungen und ihrer Bedeutung für die Lernprozesse der Individuen folgt daraus, daß es aus ordnungstheoretischer Sicht notwendige und aus erkenntnistheoretischer Sicht hinreichende Gründe dafür gibt, eine Ordnungskonzeption als ‚Transformationsziel' zu wählen, die in ihrem theoretischen Grundgerüst bereits existiert. Ein Zuwarten auf die spontane Genese derartiger Ordnungsbedingungen scheint, wenn man sich der Fallibilität auch dieser bisher bewährten Ordnungsgefüge bewußt bleibt, aus erkenntnistheoretischer Perspektive nicht notwendig zu sein.

Faßt man die Argumente zusammen, so kann der ‚Transformationsprozeß' als ein Lernprozeß der Individuen in den Transformationsländern interpretiert werden, der sich im ersten Schritt auf die Genese und Etablierung eines denk- und handlungsbestimmenden Ordnungsrahmens und im zweiten Schritt auf den Umgang mit den dann realisierten neuen Ordnungsbedingungen bezieht. Dabei gilt für beide Ebenen des individuellen

---

[153] *Brockmeier* (1998, S. 11 f.) spricht in diesem Zusammenhang treffend von einem „institutionellen Interregnum". Damit bringt er zum Ausdruck, daß „die Institutionen des alten Systems (...) *nicht mehr* und die des neuen Systems *noch nicht* gültig bzw. wirksan (sind)" (S. 12; H.i.O.).
Der Begriff ‚Ordnungsvakuum' bedeutet nicht, daß es per se keine denk- und handlungsbeeinflussenden Ordnungsbedingungen gibt. Darauf wurde bereits hingewiesen. Er soll vielmehr – in zugegebenermaßen drastischer Form – verdeutlichen, daß die Individuen innerhalb derartiger Ordnungsbedingungen aufgrund ihrer potentiell fehlenden Kohärenz von einer gewissen ‚Schwerelosigkeit' betroffen sind, die zwar emotional und kognitiv – zumindest kurzfristig – durchaus angenehm sein mag, jedoch auf längere Sicht zu physischen und psychischen Problemen führt, wie sie aus der Weltraumfahrt bekannt sind. Für individuelle Lernprozesse innerhalb von Ordnungsbedingungen resultiert daher die Schlußfolgerung, daß die ‚Lernqualität' der Ordnungsbedingungen nicht beliebig ist, weil individuelles Lernen ohne eine gewisse Stabilität an Referenzmustern oder -ordnungen nur schwer vorstellbar ist.

Lernprozesses, daß der Lern- und Erkenntnisfortschritt aus der Methode von Versuch und Irrtum resultiert.

Am Anfang dieses Teils der Arbeit wurde zwischen ‚formaler‘ und ‚materialer Transformation‘ unterschieden. Greift man diese Begrifflichkeit auf und verbindet sie mit den hier erarbeiteten erkenntnistheoretischen Positionen, so kann die ‚formale Transformation‘ mit der Implementierung der Ordnungsbedingungen gleichgesetzt werden. Die elementaren Charakteristika der neuen Ordnungsbedingungen lassen sich vergleichsweise einfach herausfiltern und dementsprechend in ordnungskonforme transformationspolitische Maßnahmen umsetzen. Beispiele können hier die Garantie des Eigentums, der Vertragsfreiheit und der über Preise ablaufende Koordinationsmechanismus sein.[154] Worauf es ankommt, ist die Kohärenz der ordnungspolitischen Maßnahmen. Als ‚materiale Transformation‘ ist demnach der Lernprozeß der Individuen unter den neuen Ordnungsbedingungen aufzufassen. Dies dürfte Zeit in Anspruch nehmen, der im Rahmen individueller Versuch-und-Irrtums-Prozesse seinen Ausdruck findet. Ohne die Lernprozesse in der ‚materialen Transformation‘ läuft die ‚formale Transformation‘ ins Leere.[155] Umgekehrt gilt: Findet keine ‚formale Transformation‘ statt, so sind die Lernprozesse der wesentlichen Orientierungs- und Objektivierungsumgebung beraubt. Sie verlieren sich in Beliebigkeit, Relativität und möglicherweise Willkürlichkeit.

Im Ergebnis besteht die Hauptaufgabe für die Individuen im ‚Transformationsprozeß‘ somit darin, Vermutungswissen zu generieren, das daß Problem der Ordnungsent-

---

[154] Hierbei kommt es weniger darauf an, daß die entsprechenden institutionellen Vorkehrungen gleichsam über Nacht entstehen. Dies dürfte aus der Natur der Sache heraus unmöglich sein. Dennoch kann von einer umfassenden und zeitnahen Implementierung einer als richtig vermuteten Ordnungskonzeption gesprochen werden, solange den Menschen in den Transformationsländern die ‚ordnungspolitische Grundsatzentscheidung‘ kommuniziert wird, an denen sich alle weiteren konkreten transformationspolitischen Maßnahmen orientieren. In diesem Fall wird von den Entscheidungsträgern im Transformationsprozeß, die aus ordnungsökonomischer Sicht insbesondere als politische Unternehmer aufzufassen sind, den Individuen eine zwar noch ‚virtuelle‘, aber deshalb nicht weniger denk- und handlungsleitende Ordnungsausgestaltung vermittelt.
Dies ist ein Anwendungsbeispiel für die These, daß Menschen auch und gerade aus Theorien oder hier konkreter: an und aus Ordnungskonzeptionen lernen können. Obwohl also die Ordnungsbedingungen realiter noch gar nicht existent sind bzw. sein können, ist es den Individuen dennoch möglich, aufgrund ihrer Kreativität die Wirkungen der noch imaginären neuen Entscheidungsumstände zu antizipieren. Das auch dieser versuchsweise Vorgang zu Fehlern und Irrtümern führen wird, ist davon unbenommen, spielt jedoch für die erkenntnissteigernde Wirkung der ‚ordnungspolitischen Grundsatzentscheidung‘ am Anfang des ‚Transformationsprozesses‘ keine Rolle.

[155] *Brockmeier* (1998, S. 13) gebraucht für diesen Sachverhalt das Bild von neuen Schuhen, die noch eingelaufen werden müssen, damit sie keine Blasen mehr verursachen: „Das Gehen in neuen Schuhen will gelernt sein; bis sie eingelaufen sind, wird noch so manche Blase an den Füßen zu verschmerzen sein.“ Anzumerken ist aus der hier zugrundegelegten erkenntnistheoretischen Blickrichtung, daß – um im Bild zu bleiben – der Erkenntnisfortschritt fortdauernd mit Schmerzen beim Gehen verbunden sein wird, da zum einen ‚ausgetretene‘ Schuhe keinen Halt mehr bieten können und zum anderen auch ‚paßgenaue‘ Schuhe durchaus an Steinen ins Stolpern geraten können. Wie man sieht, ist der Lernprozeß unter allen Umständen mit schmerzhaften Fehler- oder Irrtumserfahrungen verbunden.

stehung einerseits und die Problemstellungen innerhalb der Ordnungsbedingungen andererseits zufriedenstellend löst. Da die Genese der Ordnungsbedingungen sowie das Denken und Handeln der Individuen innerhalb dieser Ordnungsbedingungen aus erkenntnistheoretischer Sicht nicht unabhängig voneinander sind, spricht vieles dafür, im ‚Transformationsprozeß‘ beide Herausforderungen simultan in Angriff zu nehmen.[156]

Es bleibt abschließend die Frage zu klären, woran die Bewährung oder Nicht-Bewährung des ‚stimulierenden und sanktionierenden Ordnungsumfelds‘ selbst festgemacht werden kann bzw. soll. Einige Ausführungen hierzu runden die erkenntnistheoretische Interpretation des Transformationsproblems ab

4.4.5. Zur Fallibilität von Ordnungskonzeptionen im Wettbewerb der Ordnungen

In diesem Abschnitt geht es nicht primär um die Diskussion der wirtschafts- bzw. wettbewerbspolitischen Vorzugswürdigkeit des Wettbewerbs zwischen Ordnungen oder Systemen bzw. den Wettbewerb zwischen Jurisdiktionen[157], sondern um die grundsätzlichere Fragestellung, inwieweit die prinzipielle Fallibilität von Ordnungen in einem solchen Wettbewerbsansatz eine Rolle spielt, wie diese Rolle aussieht und welche Konsequenzen hieraus wiederum für die Gestaltung von Transformationsprozessen abzuleiten sind.

Der Hypothesentest, dem die Individuen in einem Ordnungsgefüge unterworfen sind, ist immer ‚ordnungsrelativ‘, da sich ein und dieselbe Hypothese unter Ordnungsbedingungen A bewähren und unter Ordnungsbedingungen B nicht-bewähren kann. Insofern ist hier kein ‚naiver‘ oder ‚raffinierter Falsifikationismus‘ (*Lakatos*) am Werk, sondern ein ‚ordnungsbedingter Falsifikationismus‘. Geht man davon aus, daß es in jedem Ordnungsgefüge Sanktionsmechanismen gibt, dann zeigt sich – wie bereits in der erkenntnistheoretischen Interpretation von *Andersson* dargelegt –, daß es sich zwar, logisch betrachtet, um ‚bedingte Falsifikationen‘ handelt (bzw. auch nur um solche handeln kann), gleichwohl diese allerdings im konkreten Anwendungsfall ‚unbedingte Wirkungen‘ entfalten. Von daher liefert die Ordnungsökonomik positive Argumente für eine ‚ultimative Anerkennung‘ von Hypothesentests.[158] Aus dem grundlegenden Problem der

---

[156] Damit zeigt sich, daß die ‚erkenntnistheoretische Interdependenz‘ der Ordnungsbedingungen und der Ordnungsglieder mit der ordnungsökonomischen Interdependenz verschiedener Ordnungs- oder Institutionenebenen in Einklang steht. Sowohl die Unterscheidung in „innere“ und „äußere Institutionen“ von *Lachmann* (1963) als auch die umfassenderen Differenzierungen in „formgebundene“ und „formlose Institutionen“ bei *North* (1990/1992) bzw. in „formale“ und „informale Institutionen“ bei *Leipold* (2000) lassen sich in diese Interpretation integrieren.

[157] Im Rahmen zunehmender Internationalisierung bzw. Globalisierung von Wirtschaft und Politik einerseits und der aufgrund der Ausdehnung freiheitlicher Prinzipien der Staats- und Wirtschaftsführung umfassenderen Freizügigkeit von Menschen, Gütern, Dienstleistungen, Kapital und Informationen andererseits, ist die Frage einer Ordnungsgestaltung der damit verbundenen Prozesse auf die wissenschaftliche und politische Agenda gekommen. Für einen Überblick über verschiedene Aspekte in diesem Kontext siehe die Beiträge im *Jahrbuch für Neue Politische Ökonomie* (1999).

[158] Hierbei könnte man sich mit dem methodologischen Status der *Popper*schen „Festsetzungen“ in bezug auf seine „Basissätze“ zufriedengeben. Entscheidend ist, daß die Kriterien der

Knappheit, das neben dem Wissensmangel für die Materialisierung der Hypothesen als wesentliche Restriktion wirkt, resultiert ein Wettbewerb um knappe Ressourcen. Somit kann eine einzelne Hypothese oder ein einzelner Problemlösungsversuch nicht fortgeführt werden, ohne die Ressourcenbasis für alternative Hypothesen und Problemlösungen zu schmälern. Da aber prinzipiell alle Hypothesen fallibel sind, ist es aus erkenntnistheoretischer Sicht nicht zu legitimieren, daß eine hypothesenbasierte Verteilung der Materialisierungschancen perpetuiert wird, ohne daß die jeweiligen, verschiedenen konkurrierenden Hypothesen einem sanktionierenden Kritik-, Prüf- oder Testverfahren unterworfen werden.

Dieser Funktion dient der Wettbewerb. Im Wettbewerb werden die verschiedenen Hypothesen der Individuen über Problemlösungen getestet. Der Wettbewerbsprozeß selbst wiederum bedarf einer institutionellen Einfriedung, um die ihm potentiell immanenten positiven Effekte der Erweiterung des Wissens in einer Gesellschaft auch zur Entfaltung bringen zu können. Doch auch die damit angesprochenen Ordnungsbedingungen in einer Gesellschaft sind fallible Hypothesen, so daß es aus dieser Perspektive darauf ankommt, daß auch diese (Ordnungs-)Versuche kritisch getestet werden können. Dazu ist es notwendig, daß entweder im vorhinein ganz klare Kriterien festgelegt werden, die als Referenzmaßstab für die Prozeßergebnisse innerhalb des betrachteten Ordnungsgefüges dienen oder, daß weitere Ordnungskonzeptionen realisiert sind, die einen Leistungs- oder besser: Bewährungsvergleich der Ordnungen erlauben. Im ersten Fall würden die Ordnungsbedingungen von innen getestet, im zweiten Fall von außen. Welche dieser beiden Varianten ist aus erkenntnistheoretischer Sicht vorzuziehen?

Für den hier interessierenden Wettbewerb der Ordnungen ist eindeutig die zweite Variante zu präferieren. Die ordnungsinternen Tests spiegeln nämlich nur die Interdependenzen zwischen Spielregelebene und Spielzügen der Individuen wider. Da diese wechselseitig aufeinander einwirken, ist zwar eine Überprüfung der Ordnungsbedingungen gewährleistet, jedoch „nur“ im Hinblick auf die mit dem Ordnungsgefüge kompatiblen Referenzmuster. Ob die realisierten Ordnungsbedingungen ganz allgemein und umfassend für die Lösung von Problemstellungen geeignet sind, das heißt insbesondere für solche, die sich aus der Konkurrenz mit anderen Ordnungskonzeptionen ergeben bzw. aus der Einbettung der Ordnung in sein Umweltsystem, ist mit diesen internen Tests allerdings nicht direkt zu überprüfen. Solange die Individuen innerhalb einer Ordnung keine realisierbare Ordnungsalternative besitzen, ist ein Wettbewerb der Ordnungen nur bedingt möglich. Nicht von ungefähr sind den Transformationsprozessen im ehemaligen Ostblock systematische Grenzöffnungen – hier Ungarns oder der DDR – vorausgegangen. Damit konnte der von den Individuen empfundenen Nicht-Bewährung der Ordnungsbedingungen mittels Wahrnehmung der ‚exit-option‘ (*Hirschman*) und damit Wahl neuer Ordnungsbedingungen Ausdruck verliehen werden.

Wettbewerb der Ordnungen setzt also voraus, daß die Individuen der an diesem Wettbewerb beteiligten Ordnungen die Möglichkeit haben, sich frei für oder gegen ein Leben unter bestimmten Ordnungsbedingungen entscheiden zu können. Die unter-

---

Falsifikation, also bestimmte Ergebnisausprägungen von Hypothesentests, im vorhinein festgelegt werden.

schiedliche Attraktivität von Ordnungsbedingungen für Individuen und die mit ihr verbundenen variierenden Potentiale des Erkenntnisfortschritts führen vermutlich zu einer permanenten Differenzierung der Ordnungen. Aus der Fallibilität aller Ordnungskonzeptionen folgt, daß je größer und divergenter die Zahl der Ordnungsalternativen ist, desto härter fallen die jeweiligen Bewährungstests aus. Da die Ordnungsgefüge im Wettbewerb um Ressourcen zur internen Materialisierung von Hypothesen stehen, ist somit auch auf dieser Ebene ein wissenschaffender und wissenverbreitender Wettbewerbsprozeß zu konstatieren. Dies ist aus erkenntnistheoretischer Perspektive positiv zu beurteilen. Gleichzeitig kann dieses Argument gegen eine Politik der Vereinheitlichung und Harmonisierung von Lebensverhältnissen um jeden Preis gewendet werden.

Was folgt aus alledem für die Problematik der Systemtransformation? Zum einen verdeutlicht die vorangegangene Diskussion, daß jedes ,Transformationsziel' als fallible Ordnungskonzeption aufgefaßt werden muß, die beispielsweise in Abhängigkeit länderspezifischer Besonderheiten zu unterschiedlichen und im Wettbewerb miteinander stehenden Ordnungsgefügen führt. Es gibt somit nicht die paßgenaue Ordnungskonzeption. Allenfalls lassen sich bestimmte Ordnungsgrundmuster etablieren, die dann in spontanen und evolutionären Prozessen ihre Überlebensfähigkeit unter Beweis stellen müssen. Zum anderen ist der ,Transformationsprozeß' dahingehend zu konkretisieren, daß die in dieser Phase generierten Hypothesen über Ordnungen und in Ordnungen von Anfang an mit anderen Ordnungskonzeptionen im Wettbewerb stehen. Somit ist den transformationspolitischen Maßnahmen in dieser Phase besondere Aufmerksamkeit zu widmen, um die Individuen vom Chancenreichtum der neuen Ordnungsbedingungen zu überzeugen. Andernfalls droht ein Exodus gerade derjenigen Individuen, die für den ,Transformationsprozeß' und dessen erfolgreiche Gestaltung besonders wichtig erscheinen.

Die Systemtransformation und die mit ihr verbundenen Herausforderungen sind von daher als ein Spezialfall des allgemeinen Wettbewerbs zwischen Ordnungen zu interpretieren.

5. Unternehmensinsolvenzen in der Systemtransformation

5.1. Transformationsbasis und Unternehmensinsolvenzen: ‚Insolvenz*losigkeit*' als Kennzeichen einer Zentralverwaltungswirtschaft

5.1.1. Zur ökonomischen Insolvenz*unfähigkeit* und politischen Insolvenz*unwilligkeit* in Zentralverwaltungswirtschaften

Betrachtet man die Entwicklung der Zahl der Betriebe in der Industrie der DDR, so lassen sich folgende quantitativen Veränderungen zwischen 1970 und 1989 feststellen: Die Gesamtzahl der Betriebe ist in den zehn Industriebereichen von 11.564 Betrieben im Jahr 1970 auf 3.374 Betriebe im Jahr 1989, also um 70,8 Prozent zurückgegangen.

Tabelle 6: Betriebe nach Industriebereichen in der DDR 1970-1989

Industriezweig	1970	1975	1980	1985	1987	1988	1989
Energie; Brennstoffindustrie	52	45	51	49	49	50	50
Chemie	876	611	357	260	242	236	231
Metallurgie	31	42	38	43	42	43	43
Baumaterial	546	363	246	145	136	132	130
Wasserwirtschaft	16	16	16	16	16	16	16
Maschinen; Fahrzeugbau	2.589	2.332	1.562	1.193	1.163	1.157	1.152
Elektrotechnik, Elektronik, Gerätebau	688	632	388	315	306	298	296
Leichtindustrie	3.903	2.685	1.401	774	743	733	715
Textilien	1.369	786	332	174	168	166	162
Lebensmittel	1.494	965	640	557	558	577	579
Summe	**11.564**	**8.477**	**5.031**	**3.526**	**3.423**	**3.408**	**3.374**

Quelle: *Statistisches Bundesamt* (1990).

Dieser Rückgang der Betriebszahlen in den verschiedenen Industriebereichen resultiert vornehmlich aus der Zeit vor 1985. Seitdem hat sich der Rückgang der Betriebszahlen stark abgeschwächt; für den Bereich der Lebensmittelindustrie ist sogar eine Zunahme festzustellen. Wie sind diese Veränderungen zu interpretieren?

Die Veränderung der absoluten Betriebszahlen kann verschiedene Ursachen haben: Zum einen würde aus einem dauerhaft negativen Saldo von Betriebsgründungen und Betriebsstillegungen ein absoluter Rückgang der Betriebszahl der Industriebetriebe folgen. Diese Erklärung kann jedoch für die Entwicklung der Betriebszahlen in der DDR-Industrie nicht herangezogen werden, da dies bedeuten würde, daß in nahezu allen Industriebereichen der DDR-Wirtschaft ein Negativsaldo vorliegen müßte. Dies wiederum hätte die Konsequenz, daß die Zahl der Beschäftigten in der Industrie der DDR tendenziell abgenommen haben müßte, und zwar wenn man davon ausgeht, daß die Zahl der Beschäftigten in Betriebsneugründungen geringer ist als die Zahl der Beschäftigten, die von Betriebsstillegungen betroffen sind. Betrachtet man aber die Zahl der Erwerbstätigen nach Wirtschaftsbereichen, so ist festzustellen, daß die Zahl der Erwerbstätigen in der Industrie der DDR zwischen 1980 und 1985 von 3,387 Mio. auf 3,5 Mio. gestiegen ist, obwohl im gleichen Zeitraum die Betriebszahl von 5.031 Betrieben auf 3.526 Betriebe gesunken ist. Dies ist gleichbedeutend mit einem Anstieg der durchschnittlichen Erwerbstätigenzahl pro Industriebetrieb von 673 im Jahr 1980 auf 993 im Jahr 1985. In den anderen Wirtschaftsbereichen der DDR sieht die Entwicklung der Erwerbstätigenzahlen ähnlich aus, wie die folgende Tabelle zeigt:

Tabelle 7: Erwerbstätige nach Wirtschaftsbereichen in der DDR 1980-1989 (in 1.000 zum 30.09. des jeweiligen Jahres)

Wirtschaftsbereich	**1980**	**1985**	**1986**	**1987**	**1988**	**1989**
Land-/Forstwirtschaft	878	922	927	929	928	923
Bergbau, Energie, Verarbeitung	3.387	3.500	3.485	3.479	3.483	3.453
Baugewerbe	583	578	574	569	567	560
Handel, Gaststättengewerbe	850	869	878	881	883	877
Verkehr/Nachrichtenübermittlung	613	630	627	633	636	639
Sonstige Wirtschaftsbereiche	1.914	2.041	2.057	2.080	2.098	2.095
Summe	**8.225**	**8.539**	**8.548**	**8.571**	**8.594**	**8.574**

Quelle: *Statistisches Bundesamt* (1990).

In der Zeit nach 1985 hat sich die Zahl der Erwerbstätigen in den verschiedenen Wirtschaftsbereichen nur geringfügig verändert, insbesondere wenn man berücksichtigt, daß die größten Veränderungen in einer Zunahme der Erwerbstätigkeit um 54.000 Personen in den sonstigen Wirtschaftsbereichen und einem Rückgang um 47.000 Erwerbstätige im Bereich Bergbau, Energiewirtschaft und verarbeitendem Gewerbe bestehen. Noch deutlicher wird die statistische ‚Stabilität' der Wirtschaftsstruktur der DDR, wenn die relativen Anteile der Wirtschaftsbereiche an der Erwerbstätigenzahl und deren Veränderung betrachtet werden. Es ergibt sich dann folgendes Bild:

Tabelle 8: Anteil der Erwerbstätigen nach Wirtschaftsbereichen in der DDR 1980-1989 (in Prozent zum 30.09. des jeweiligen Jahres)

Wirtschaftsbereich	**1980**	**1985**	**1986**	**1987**	**1988**	**1989**
Land-/Forstwirtschaft	10,7	10,8	10,8	10,8	10,8	10,8
Bergbau, Energie, Verarbeitung	41,2	41,0	40,8	40,6	40,5	40,4
Baugewerbe	7,1	6,8	6,7	6,6	6,6	6,6
Handel, Gaststättengewerbe	10,3	10,2	10,3	10,3	10,3	10,3
Verkehr/Nachrichtenübermittlung	7,5	7,4	7,3	7,4	7,4	7,5
Sonstige Wirtschaftsbereiche	23,3	23,9	24,1	24,3	24,4	24,5

Quelle: *Statistisches Bundesamt (1990); eigene Berechnungen*

Diese Zahlen verdeutlichen eindrucksvoll den fehlenden Strukturwandel in der DDR-Wirtschaft der 1980er Jahre. Im Hinblick auf die Wirtschaftsstruktur der Transformationsbasis des Jahres 1989 bedeutet die Strukturpersistenz eine zunehmende Verschlechterung der Ausgangsposition für den Transformationsprozeß, da im gleichen Zeitraum das potentielle Transformationsziel, nämlich die Wirtschaftsstruktur der Bundesrepublik Deutschland, einen erheblichen Strukturwandel durchgemacht hat. Demzufolge haben sich Transformationsbasis und Transformationsziel im Hinblick auf die Wirtschaftsstruktur voneinander entfernt; allein von daher konnten zusätzliche Friktionen im Transformationsprozeß erwartet werden.

Der Rückgang der Betriebszahlen im Industriebereich der DDR ist auf die systemimmanente Tendenz zu einer fortschreitenden Konzentration der Wirtschaft zurückzuführen. Anders formuliert: Eine zentralverwaltungswirtschaftliche Organisation der Wirtschaft bedingt einen hohen Grad der Konzentration innerhalb der Wirtschaft, denn der Plan als Koordinationsinstrument einer zentralgeleiteten Wirtschaft impliziert eine Tendenz zur Konzentration der Wirtschaft, weil mit zunehmender Betriebskonzentration der inter-betriebliche Koordinationsbedarf sinkt. „Insgesamt besteht eine vertikal-hierarchische Struktur der Wirtschaftsorganisation, eine notwendige Bedingung für ein System zentraler Planung" (*Leipold* 1988, S. 203).

Die Kombinatsreform der DDR in den 1970er Jahren kann vor diesem Hintergrund interpretiert werden. Durch Zusammenschluß von ehemals eigenständigen Betrieben wurde versucht, den planungsmäßigen Organisationsaufwand, quantitativ betrachtet, zu reduzieren. Die ökonomische Begründung kann in der Senkung von Transaktionskosten gesehen werden: In der Ausgangssituation muß jeder Betrieb einen Plan aufstellen, der den Vorgaben der übergeordneten Instanz entspricht, das heißt das Ministerium eines Industriebereichs muß jeden einzelnen Betrieb hinsichtlich der Planaufstellung, der Plandurchführung und der Planerfüllung kontrollieren. Mit zunehmender Arbeitsteilung in der Industrie resultiert daraus ein steigender Planungsbedarf für die verantwortlichen Ministerien. Die Einrichtung von Kombinaten verspricht aus Sicht der obersten Planbehörde eine erhebliche Reduktion dieses Planungsbedarfs.[1] Aufgrund der uneingeschränkten Macht der SED im Rahmen der politischen Ordnung der DDR war es deshalb möglich, daß Anfang der 1980er Jahre annähernd 98 Prozent der industriellen Warenproduktion in Kombinaten hergestellt wurden. Hierauf sind die rückläufigen Betriebszahlen in der DDR zurückzuführen.

Zentrale Planung der wirtschaftlichen Abläufe legt systemlogisch den Grundstein für eine Konzentrationstendenz in der Wirtschaft.[2] Wie lassen sich die empirischen Daten in den skizzierten wissensorientierten Interpretationsansatz einbinden?

Ausgangspunkt der Argumentation ist die Hypothese von der Zentralisierbarkeit des Wissens. Unter ordnungstheoretischen Aspekten bedeutet die Zentralisierung von Wissen nichts anderes als die ‚Vorgabe konstitutioneller Wissenheit'. Dahinter verbirgt sich eine mechanistisch und deterministisch geprägte Auffassung der Entstehung und der Nutzung von Wissen. Der Marxismus-Leninismus als entwicklungsgeschichtliches Leitbild mit einem nicht-offenen, sondern determinierten Endzustand der Gesellschaft, legt quasi eine Wissensgrenze fest, da nur Wissen von Bedeutung ist, das mit dem vorab fixierten Endzustand der Gesellschaft kompatibel ist. Das Wissen in der angestrebten

---

[1] Ein Zahlenbeispiel soll dies verdeutlichen: Existieren in einem Industriebereich 1000 Betriebe, so muß die oberste Planbehörde 1000 Planvorgaben entwickeln sowie ihre Umsetzung und Erfüllung überwachen. Bei Zusammenfassung von jeweils nur 2 Betrieben zu einem „Kombinat" halbiert sich bereits der Planbedarf. Zu Ende gedacht, folgt daraus ein starker Anreiz, die Wirtschaftsorganisation in die skizzierte Richtung zu lenken.

[2] Vgl. hierzu *Eucken* (1952/1990) und *Thalheim* (1971).

Zielgesellschaft – der kommunistischen Gesellschaft – ist stationär, da aufgrund der zielidentischen Nutzung des Wissens im Endzustand keine Notwendigkeit mehr besteht, neues Wissen zu generieren. Mit diesen Annahmen sind zwei Konsequenzen verbunden: Die Nutzung des Wissens hat einem vorgegebenen Ziel zu dienen; die Zielgebundenheit des Wissens erfordert die zentrale Beeinflussung der Wissensentstehung und -nutzung. Beide Aspekte sind Ausdruck einer langen philosophischen Tradition, die bis *Platon* zurückreicht, bei dem es heißt: „Der Weise soll führen und herrschen und der Unwissende soll ihm folgen". Überträgt man dieses politisch-philosophische Postulat auf die Betrachtung der Wirtschaftsordnung eines Staates, so könnte man sagen: ‚Der Weise (Wissende) soll planen, entscheiden und führen, und der Unwissende soll ausführen'. Diese These hat weitreichende Folgen für die Struktur einer Zentralverwaltungswirtschaft. Es ergeben sich beispielsweise folgende Fragen:

- Wer ist wissend oder unwissend und worin manifestiert sich diese Wissenheit oder Unwissenheit?
- Warum wird die Hierarchie als ein probates Mittel zur Erreichung eines Ziels bzw. des Ziels verstanden?
- Warum sind Unternehmen als hierarchische Gebilde institutionelle Ausprägungen von Wissenheit und wie kommt unternehmensbezogene Unwissenheit zum Ausdruck? Kann bzw. darf es diesen Sachverhalt in einer Zentralverwaltungswirtschaft überhaupt geben?

Die *erste* Frage kann mit dem Hinweis auf die theoretische Fundierung des Marxismus-Leninismus beantwortet werden. ‚Wissend' sind demnach alle Menschen, die die Prophezeiung des Kommunismus als finales und absolutes Ziel der menschlichen Entwicklung und damit auch menschlicher Aktivität verstehen. Daraus folgt als Konsequenz die Erkenntnis, daß Wissenheit bzw. Unwissenheit sich immer an diesem Absolutheitsmaßstab messen lassen müssen. Alle Menschen, die die zugrundeliegende Philosophie nicht akzeptieren, müssen als unwissend im Sinne der postulierten Zielsetzung angesehen werden. Wie leicht ersichtlich ist, liegt hier ein tautologischer Schluß vor: Wissend ist, wer wissend und unwissend ist, wer unwissend im Hinblick auf das Wissensziel ist. Es wird so getan, als gäbe es ein vorgegebenes Idealwissen, an dem alles auszurichten sei bzw. an dem alles ausgerichtet werden könnte. Mit der Berufung auf das Idealwissen in einem bestimmten Raum-Zeit-Zusammenhang ist dieses absolut gesetzt; damit wird die Wissensgrenze vorgegeben.

Mit dieser marxistisch-leninistischen Interpretation des Wissensphänomens ist der hier gewählte *Popper*sche Wissensansatz nicht kompatibel, da es Idealwissen, verstanden als endgültig bewährtes, absolutes und wahres Wissen, aus theoretisch-methodologischen Gründen niemals geben kann.

Als *zweites* muß die Frage beantwortet werden: Welche Rolle spielen Hierarchien im hier interessierenden Zusammenhang? Es wurde unterstellt, daß der „Weise" oder „Wissende" planen, entscheiden und führen, der „Unwissende" ausführen soll. Diese Aussage läßt sich retrograd begründen: Da nur der „Weise" oder „Wissende" über das postulierte Idealwissen verfügt oder zumindest vorgibt, dieses Idealwissen zu besitzen, ist die „Klasse der Wissenden" imstande und gleichzeitig qua Ideologie befugt, die

„Klasse der Unwissenden" im Hinblick auf das Ziel der kommunistischen Gesellschaft zu instrumentalisieren. Dem Anspruch des ‚jedem nach seinen Fähigkeiten und seinen Bedürfnissen' ist die Wirklichkeit des ‚jeder an der geplanten Stelle mit dem geplanten Ergebnis' vorgeschaltet. Anders formuliert: Nur die „Wissenden" sind in der Lage, die Fähigkeiten und Bedürfnisse der Individuen zu kennen, zu artikulieren und auf das Idealwissen hin auszurichten. Diese unterstellte Befähigung legitimiert die „Wissenden" in ihrer hierarchischen Spitzenstellung und erlaubt ihnen weitreichende meritorische Eingriffe.

Aus dem materialistisch geprägten Klassengegensatz „Produktionsmitteleigentümer" und „Produktionsmittellose" wird somit in einer evolutorischen Interpretation die „Klasse der Wissenden" und die „Klasse der Unwissenden". Da diese Klassifizierung des Wissens originär nichts mit dem vorhandenen oder nicht vorhandenen Eigentum an Produktionsmitteln zu tun hat, leuchtet unmittelbar ein, warum die Hierarchie als Organisationsform des Wissens präferiert wird. Hierarchie, abgeleitet aus einem (scheinbar) exogen vorgegebenen Idealzustand, bedeutet formale Chancengleichheit sowohl für die „Wissenden" als auch für die „Unwissenden": Jedes Individuum findet in diesem hierarchischen System einen Platz, unabhängig von der Frage, ob Produktionsmitteleigentum vorliegt oder nicht. Das Entscheidende ist jedoch, daß einige Individuen zu wissen glauben, wie die hierarchische Struktur auszusehen hat und an welchen Stellen der Hierarchie die anderen Individuen – die Mehrzahl der Unwissenden – einzusetzen ist, um dem Ziel der kommunistischen Gesellschaft im Sinne des Marxismus-Leninismus näherzukommen. Das Ideal einer klassenlosen Gesellschaft ist insoweit hinfällig. Immer wird die „Klasse der Wissenden" die „Klasse der Unwissenden" dominieren bzw. beherrschen können, denn schließlich kann die „Klasse der Wissenden" selbst festlegen, was Wissenheit von Unwissenheit unterscheidet und welche Individuen den jeweiligen „Klassen" demzufolge zuzuordnen sind. Es handelt sich daher um eine im Höchstmaß manipulierbare, das heißt steuerbare Gesellschaftsordnung.

Die Unterscheidung bzw. Klassifizierung in „Wissende" und „Unwissende" führt somit zwangsläufig zu einer hierarchischen Organisation der Gesellschaft und damit auch der Wirtschaft; nur wenn die „Wissenden" an der Spitze der Hierarchie(en) stehen, kann verhindert werden, daß die „Unwissenden" Schaden anrichten – insbesondere im Hinblick auf die Stellung der „Wissenden".

Es bleibt die *dritte* Frage: Welche Rolle spielen Unternehmen in diesen ordnungstheoretischen Zusammenhängen? Die Phänomene der Arbeitsteilung und Spezialisierung sind wirtschaftssystemindifferent. Für ein marktwirtschaftliches System läßt sich zeigen, daß Unternehmen Märkte nicht ersetzen, sondern die Institutionen „Unternehmung" und „Markt" in einem komplementären Verhältnis zueinander stehen (*Schüller* 1978; *Krüsselberg* 1986). Theoretisch kann in einer Zentralverwaltungswirtschaft diese Komplementarität aufgehoben werden, denn im Extremfall funktioniert die gesamte Volkswirtschaft (die gesamte Gesellschaft) wie eine einzige Unternehmung. Ausgehend von dieser *Lenin*schen politischen und/oder ökonomischen Vision, ist erklärbar, warum in Zentralverwaltungswirtschaften eine ‚Dominanz der Hierarchie' existiert. Mit der Umschreibung ‚Dominanz der Hierarchie' soll das Charakteristikum der Subordination im Innen- und Außenverhältnis der Unternehmen zum Ausdruck gebracht werden. Subordination im Innenverhältnis ist gleichbedeutend mit einer extrem hierarchischen Organisationsstruktur der Unternehmen. Im Außenverhältnis der Unternehmen kommt der Subordination die entscheidende ordnungstheoretische Bedeutung zu. Eine Zentralverwaltungswirtschaft ist hinsichtlich des Lenkungssystems nach *Hensel* (1979, S. 113) wie folgt zu kennzeichnen:

> „Außer der art- und mengenmäßigen Erfassung der Plandaten“ ist es Aufgabe der Lenkungsorganisation, „die zentralen Planabsichten den Einzelwirtschaften sowie den einzelnen Menschen bekanntzumachen und für die Durchführung der zentralen Anweisungen zu sorgen. Es bedarf daher eines Lenkungsapparates, der die *gesamte Volkswirtschaft* organisatorisch überspannt und der in sich *hierarchisch gegliedert* sein muß“ (Herv. v. Verf.).

Diese Ausführungen machen zweierlei deutlich: Zum einen wird der Primat der Politik betont. Alles Planen, auf welcher Stufe der Planhierarchie auch immer, muß letztlich einer politischen Rationalität (*Schüller* und *Weber* 1998) untergeordnet werden. Jede politische Rationalität leitet sich aus dem zugrundegelegten theoretischen Wissensansatz ab, das heißt, daß die kommunistische Gesellschaft als entwicklungsgeschichtlich determinierter und „wahrer Endzustand“ aufgefaßt wird. Diesem Ziel ist die politische Klasse – „Klasse der Wissenden“ – verpflichtet. Daraus resultiert dann zwangsläufig die Notwendigkeit einer Instrumentalisierung aller Lebensbereiche, insbesondere aber der Wirtschaftsordnung (*Hensel* 1979, S. 169).

Der sicherste Weg einer zielkongruenten wirtschaftlichen Entwicklung besteht darin, Planhierarchien abzuleiten, die „letztinstanzlich“ den politischen Vorgaben/Plänen zu subsumieren sind. Schematisch stellt sich die Planhierarchie folgendermaßen dar:

Schema 2: Planhierarchie in einer Zentralverwaltungswirtschaft sowjetischen Typs am Beispiel der DDR

- Ideal der kommunistischen Gesellschaft; [Ebene ‚theoretisch-ideologischer Rationalität‘]
- ZK der Partei (Ministerrat); [Ebene ‚politischer Rationalität I‘]
- Ministerien; [Ebene ‚politischer Rationalität II‘]

- VEB und VBB; [Ebene ‚ökonomischer Rationalität II‘]
- Unternehmen der VEB`s und der VBB`s; [Ebene ‚ökonomischer Rationalität I‘]

Quelle: *eigene Darstellung*

Mit der verbindlichen Vorgabe von Zielen, die politischer Rationalität genügen sollen, sind für die Planträger auf nachgelagerten Planungsstufen, die dem Anspruch ökonomischer Rationalität entsprechen sollen, klare Restriktionen verbunden. Das Handeln nach ökonomischer Rationalität wird somit vom Handeln nach politischer Rationalität dominiert. Über diesen Rationalitätsebenen schwebt gleichsam die kritikfreie Vorstellung einer Gesellschaftsvision. Das Schema verdeutlicht die Stellung der einzelnen Unternehmen im Rahmen der Planung in einer Zentralverwaltungswirtschaft: Die Unternehmen bilden die institutionelle und materiale Basis der Planungspyramide. In den Unternehmen werden die finalen Pläne einer Planungsperiode in ökonomische Aktivitäten der Produktions- und Leistungserstellung transformiert. Im hier interessierenden Kontext kommt es ausschließlich auf die Wirkungen einer Nichterfüllung von Unternehmensplänen an.

Faßt man Unternehmenspläne als 'Versuch der Antizipierung von Wissen' auf, dann ist die Nichterreichung von Planungszielen als Nicht-Bewährung der Hypothesen zu charakterisieren, die den Planungszielen zugrundeliegen. Die sich in den Plänen manifestierenden Erwartungen sind enttäuscht worden. Im Rahmen der gesamtwirtschaftlichen Planungslogik wäre nur eine hundertprozentige Erfüllung der Pläne zielkompatibel, da jede Nichterfüllung oder Übererfüllung von Plänen als Ausdruck der Abweichung vom Anspruch der Wissenheit interpretiert werden kann. Da nun aber gerade die Planaufstellung maßgeblich von politischer Rationalität, also der „Klasse der Wissenden“, bestimmt wird, ist verständlich, warum von politischer Seite kein Interesse daran besteht, Unternehmen aufgrund ihrer (permanenten) Plan-Nichterfüllung aus dem Planungszusammenhang zu eliminieren. Die „Klasse der Wissenden“ ist, planungstechnisch bedingt, immer auch ursächlich mitverantwortlich für etwaige Nichterfüllungen der Unternehmenspläne. Insofern würde das Herauslösen eines Unternehmens aus dem Planungszusammenhang dem Eingeständnis der Fehlbarkeit, also der Unwissenheit gleichkommen. Dies wäre jedoch gleichbedeutend mit der Erosion der „Legitimation durch Wissenheit“. Wenn aber bereits die „Klasse der Wissenden“ unwissend sein kann, wie soll sich dann der Anspruch einer kommunistischen Gesellschaft überhaupt noch rechtfertigen und verwirklichen lassen?

Faßt man die vorstehenden Aussagen zusammen, kann von einer ‚politischen Insolvenz*unwilligkeit*‘ in einer Zentralverwaltungswirtschaft gesprochen werden.

Neben diesem grundlegenden Sachverhalt, spielt jedoch noch ein zweiter Aspekt eine wichtige Rolle. Was würde planungstechnisch und realwirtschaftlich passieren, wenn ein Unternehmen aus dem Planungsmechanismus selektiert wird? *Hartwig* (1987, S. 101) sieht den Grund für die „Konkursunfähigkeit staatlicher Betriebe“ in der Eigentumsordnung. Staatseigentum der Betriebe und Konkurs der Betriebe schließen sich aus; denn ginge ein Betrieb in Konkurs, würde gleichzeitig auch ein ‚Teil des Staates‘ Bankrott gehen. Dieses Argument betont eine Analyse der Ordnungsbedingungen aus der Sicht der Property Rights-Theorie. Der in dieser Untersuchung hervorgehobene Aspekt rekurriert auf den Lenkungsmechanismus des ‚Plans‘.[3] Die Selektion in einer laufenden Planungsperiode hätte möglicherweise eine Kettenreaktion zur Folge, da es aufgrund der ubiquitären Planungsinterdependenz aller Unternehmungen vermutlich zu Anpassungsfriktionen kommen würde. Es lägen also negative externe Effekte des Planversagens vor. Diese negativen externen Effekte lassen sich auch nicht durch noch so aufwendige ex ante-Planungen verhindern, denn eine ex ante-Internalisierung würde wiederum voraussetzen, daß die jeweiligen Planträger die zukünftigen Probleme vollständig antizipieren könnten. Wenn die Planträger diese Fähigkeit jedoch besäßen, wäre mit ökonomischer und politischer Rationalität nicht mehr zu begründen, warum die „Problemunternehmen“ der zukünftigen Planperiode nicht schon im vorhinein elimi-

---

[3] Der ‚Plan‘ ist selbst als spezifischer Ausdruck von Property Rights interpetierbar. Von daher ergänzen sich die analytischen Bezugssysteme.

niert, also aus dem Planungszusammenhang herausgenommen bzw. deren Ressourcen in andere Verwendungen überführt worden sind.

Hensel ist mit Blick auf die theoretisch mögliche Funktionsfähigkeit des Planungsmechanismus – durchaus im Gegensatz zur Auffassung seines Lehrers *Eucken* – zu optimistisch, wenn er schreibt (1979, S. 165):

> „Die Koordination der Teilpläne besteht hier [bei zentraler Planung; d. Verf.] ähnlich wie bei dezentraler Lenkung – in einem Anpassungsprozeß, nur mit dem Unterschied, daß [sie; d. Verf.] dort gleichsam im laufenden Prozeß, hier aber bereits im Stadium der Planung vor Beginn der Planperiode erfolgt."

Hensel scheint davon auszugehen, daß die einer Planungsperiode schließlich zugrundeliegenden Unternehmensteilpläne der Möglichkeit des Planversagens entzogen sind. An anderer Stelle weist *Hensel* (1979, S. 209) im Anschluß an *Eucken* zwar auf ein immanentes Planrisiko hin, doch zur Art und Weise der „Entstehung von Diskrepanzen zwischen den Plangrößen und faktisch sich ergebenden Größen" äußert er sich nicht. Soll dieses Risiko nicht gerade durch den prä-prozessualen Anpassungsprozeß der Planung ausgeschaltet werden? Diese These läßt sich allenfalls dann aufrechterhalten, wenn man für die laufende Planperiode von einer konstanten Datenkonstellation ausgeht; insbesondere müssen sich die den Plänen innewohnenden Erwartungen der Teil-Planträger erfüllen. Doch gerade hier ergeben sich grundlegende Probleme: Die Teil-Planträger müßten nämlich hinsichtlich des Leistungsbeitrags des Produktionsfaktors Arbeit in der Lage sein, artikulierte Leistungsbereitschaft und realisierte Leistung vorab zu kennen. Diese fallen jedoch sehr häufig auseinander. Dieses Phänomen ist sowohl auf der Individualebene – wie gerade skizziert – als auch auf der Unternehmensebene virulent. Auf der Unternehmensebene spricht man in der Literatur auch vom Phänomen der „weichen Pläne" (*Wagner* 1968). Gemeint ist damit die Fähigkeit der Unternehmen, auf die Planvorgaben im Sinne der Unternehmen Einfluß zu nehmen.

Zusammengefaßt muß die Behauptung, daß Planung die Vermeidung von Anpassungsverlusten impliziert, zumindest relativiert werden: Man sollte genauer von der Möglichkeit zur Verringerung von Anpassungsverlusten sprechen, da das ubiquitäre Planungsrisiko, basierend auf dem Vorliegen „konstitutioneller Unwissenheit", nicht wegdefiniert werden kann, ohne jeden Bezug zur Realität zu verlieren.

Abschließend soll der Frage nachgegangen werden, welche Wirkungen von einer Selektion eines Unternehmens nach Ende einer Planperiode ausgehen.[4]

Zum einen muß sichergestellt werden, daß die ausfallenden Planleistungen, sofern es sich um Vorprodukte für andere Unternehmen handelt, nun ersatzweise von anderen Unternehmen bereitgestellt werden, um ein Folgeplanversagen zu verhindern. Zum anderen müssen die freiwerdenden Produktionsfaktoren neuen Planverwendungen zugeführt, das heißt verplant werden. Aus diesen Notwendigkeiten resultieren nun ihrerseits Disproportionalitäten der Planung, da ja annahmegemäß die ursprüngliche Planung bereits Ausdruck politischer und ökonomischer Rationalität war und von daher jede Plan-

---

[4] Vgl. zur Lenkung der Betriebe in einer Zentralverwaltungswirtschaft die Studie von *Barthel* (1989).

korrektur zu weiterem Planversagen führen kann, wenn nicht sogar führen muß. Es besteht also die Gefahr einer Spirale des Planversagens, der am konsequentesten dadurch begegnet werden kann, daß man Unternehmen seitens der obersten Planbehörde nicht aus dem Planungsmechanismus herausfiltert, weder im laufenden Plangeschehen, noch nach Ablauf einer Planperiode.

Hinter diesem Ergebnis verbirgt sich letztlich nichts anderes als das ‚Problem der mangelnden Isolierbarkeit von Planungsfehlern'. Planungen, verstanden als Hypothesen über zukünftiges Wissen, treten in der Realität selten isoliert auf. Von daher ist es außerordentlich schwierig, bei Planversagen oder Falsifizierung eines Hypothesenbündels, eine kausale Ursache-Wirkungskette zu bilden. Für den oben skizzierten Fall bedeutet das: Plandiskrepanzen müssen auf der monetären Seite ausgeglichen, also alimentiert werden. Wenn ein Unternehmen am Ende der laufenden Planperiode „Überplanverluste" gemacht hat, muß zum Ausgleich der Finanzplanung ex post dafür Sorge getragen werden, daß das Unternehmen über Finanzmittelzuweisungen oder erzwungene Kreditaufnahme gleichsam ‚künstlich im Plan gehalten' wird. In diesem Zusammenhang kommt der subsidiäre Charakter des Geldes in einer Zentralverwaltungswirtschaft zum Ausdruck (*Hensel* 1979, S. 186 ff.). Geld und die Geldrechnung sollen die naturale Planung im Sinne einer planmäßigen Planverwirklichung unterstützen: „Die maßgebenden Lenkungsentscheidungen müssen stets anhand der naturalen Größen getroffen werden, was schon daraus hervorgeht, daß die Geldrechnung ihren Sinn lediglich aus den Problemen der Verwirklichung des naturalen Plansystems erhält" (*Hensel* 1979, S. 192 f.). Geld ist also ein ‚Kind der (Planungs-)Not' im zentralverwaltungswirtschaftlichen Paradigma, das aus dem Problem der Leistungsbewertung bei Naturalrechnung erwächst (*Hensel* 1979, S.182 ff.).

Zusammenfassend kann konstatiert werden, daß es neben der politischen Insolvenz*unwilligkeit* auch eine ökonomische Insolvenz*unfähigkeit* der Unternehmen in einer Zentralverwaltungswirtschaft gibt. Diese aus der Systemlogik entspringende Aversion gegen Unternehmensinsolvenzen auf politischer und ökonomischer Ebene führt letztlich dazu, daß die Güte der unternehmerischen Hypothesen nur unzureichend getestet wird.

5.1.2. Erkenntnistheoretische Beurteilung der ‚Insolvenz*losigkeit*' in einer Zentralverwaltungswirtschaft

Der Schwerpunkt der Analyse liegt auf den Konsequenzen für die Gesamtordnung, die sich aus der ökonomischen Insolvenz*unfähigkeit* und der politischen Insolvenz*unwilligkeit* ergeben.

Im hier interessierenden Kontext geht es um die Frage, was aus erkenntnistheoretischer Sicht passiert, wenn die politischen und ökonomischen Ordnungsbedingungen die Nicht-Bewährung von Unternehmenshypothesen nicht zulassen, also eine ‚ordnungsbedingte Insolvenz*losigkeit*' zu konstatieren ist.

Zunächst ist festzustellen, daß die weiter oben diskutierte Kombinatsreform in den 1970er Jahren in der DDR nicht als Ausdruck von Unternehmensinsolvenzen im weiteren Sinne aufzufassen ist. Im Gegenteil: Gerade mit der Zusammenführung von unterschiedlichsten Unternehmensteilen unter einem Dach wird der Mechanismus unabhängiger Hypothesentests weiter ausgehöhlt. Dies ist der ordnungs- und erkenntnistheoretische Grund, warum für Unternehmungen eine Selektionsordnung im Sinne einer „Wettbewerbsordnung" existieren sollte. Ein Test der Unternehmungen bzw. der Kombinate außerhalb der zentralverwaltungswirtschaftlichen Systemlogik findet nicht statt. Ein solcher Test kann auch systembedingt nicht stattfinden, da ansonsten – wie in Abschnitt 5.1.1 beschrieben – die Legitimationsbasis der ‚Herrscher' erodiert würde.

In einer Zentralverwaltungswirtschaft sind die Ordnungsbedingungen derart gestaltet, daß dem Erkenntnisstreben des einzelnen Individuums sehr enge Grenzen gezogen sind. Die individuelle Hypothesenbildung kann nur im Rahmen der restriktiven Planlogik des Gesamtsystems erfolgen, so daß so gut wie keine ordnungsimmanenten Anreize bestehen, durch innovatives Denken und Handeln individuelle Erkenntnisfortschritte zu generieren. Das erkenntnistheoretische Dilemma zentralverwaltungswirtschaftlicher Ordnungen besteht deshalb darin, daß eine evolutorische Offenheit des Ordnungsgefüges nicht gegeben ist. Der zentrale Lenkungsmechanismus über Pläne erfordert ein Zurückdrängen individueller Hypothesengenerierung, da diese das Ordnungssystem aus den (Funktions-)Angeln heben würde. Dies liegt daran, daß Ergebnisse evolutionärer Prozesse nicht vorausgesagt und damit auch nicht geplant werden können. Von daher muß das Risiko ‚nichtplangemäßer Evolutionsergebnisse' ex ante ausgeschlossen werden, indem auch die Innovationen im System ‚geplant' werden.

Die Notwendigkeit zur Zentralisierung des Wissens aller Individuen einer Gesellschaft als Grundvoraussetzung der theoretischen Funktionsfähigkeit einer zentralverwaltungswirtschaftlichen Ordnung ist somit aus erkenntnistheoretischer Sicht der ausschlaggebende Faktor, warum eine auf Zentralisierung beruhende Wirtschafts- und Gesellschaftsordnung das Erkenntnispotential ihrer Mitglieder nicht ausnutzen kann. Auf diesen Sachverhalt hat *Hayek* aus ordnungstheoretischer Sicht immer wieder hingewiesen.[5]

An dieser Stelle berühren sich ordnungs- und erkenntnistheoretische Analyse: Die ordnungstheoretische Perspektive betont Struktur und Wirkung bestimmter Lenkungsmechanismen einer Wirtschafts- bzw. Gesellschaftsordnung auf die Individuen, die erkenntnistheoretische Perspektive fokussiert die Individualität und Fallibilität menschlichen Wissens als Restriktion jeglicher Lenkungsmechanismen. Insoweit geht die erkenntnistheoretische über die ordnungstheoretische Sichtweise hinaus. Sie schließt die spezifisch ordnungstheoretische Perspektive als einen Spezial- oder Anwendungsfall ein.

Betrachtet man die Ebene der Unternehmen innerhalb einer Zentralverwaltungswirtschaft, so ergeben sich aus erkenntnistheoretischer Sicht folgende Einschätzungen: Obwohl Unternehmungen als fallible Theorien und Hypothesenbündel aufgefaßt werden können (bzw. müssen), werden sie unter zentralverwaltungswirtschaftlichen Ordnungsbedingungen gleichsam ‚zwangsweise immunisiert'. Da jedes einzelne Unternehmen seine Daseins- oder Teilplanberechtigung nur im Rahmen des Gesamtplans besitzt, spie-

[5] Vgl. hierzu die ausführlichen Darlegungen zum *Hayek*schen Ordnungsansatz im vierten Kapitel, Teil 3, Abschnitt 4.3.1.

len unabhängige Tests und kritische Prüfungen der Unternehmenshypothesen keine Rolle. In einer Zentralverwaltungswirtschaft entscheiden somit über die Bewährung von Hypothesen oder Spielergebnissen nicht andere Spieler mit ihren konkurrierenden Hypothesen, sondern die Spielregeln selbst. Das Prüfkriterium der Unternehmenshypothesen ist von daher deren Äquivalenz mit den Planvorgaben, die ex ante festgelegt werden. Da diese aufgrund der ubiquitären Unwissenheit der Individuen jedoch falliblen Charakter aufweisen, resultiert aus der ordnungsbedingten Integration fallibler Pläne deren ‚Immunisierung'. Unternehmen in Zentralverwaltungswirtschaften können nicht aufgrund ihrer Hypothesen scheitern. Ihr Scheitern ist somit keine Funktion des Wissens bzw. der Nicht-Bewährung dieses Wissens, sondern eine Funktion des Planes.

Doch damit entsteht ein erkenntnistheoretischer Zirkelschluß: Fallible Unternehmenshypothesen werden mit falliblen gesamtwirtschaftlichen Plänen, die die Unternehmenshypothesen enthalten, überprüft. Die zu prüfenden Unternehmenshypothesen sind somit selbst Bestandteil der Prüf- oder Selektionsumgebung. Vor diesem Hintergrund ist es nicht verwunderlich, daß die Prüf- oder Selektionsumgebung – hier der Gesamtplan – vor der Falsifizierung von Hypothesen der Elemente ihrer Ordnung geschützt werden muß, um nicht selbst falsifiziert zu werden. Es entsteht von daher ein ‚ordnungsbedingter Immunisierungspakt' zwischen der Spielregelebene oder genauer: den sie repräsentierenden Spielern und denjenigen Spielern, die innerhalb dieses Spielregelsystems planmäßig eingebunden sind; zumal durch die Ausgestaltung der Spielregeln bzw. Pläne die Aktivitäten oder das Hypothesenspektrum der Spieler in großem Umfang präjudiziert sind.

Die ordnungsbedingte Dominanz der zentralisierten Plan- und Hypothesenvorgabe führt dazu, daß dezentral vorhandenes Wissen der Individuen oder Unternehmen nur selektiv oder gar nicht in die Hierarchie der Planhypothesen eingespeist wird. Da die Ordnungsbedingungen keinen hinreichenden Anreiz- und Sanktionsmechanismus zur Nutzung des Wissens innerhalb des Ordnungsgefüges bereitstellen, entsteht für die Individuen und Unternehmen ein Motiv zur Ausnutzung ihres spezifischen Wissens außerhalb der von den Ordnungsbedingungen vorgezeichneten Spielregeln. Auch von daher beraubt sich ein zentralverwaltungswirtschaftliches System seiner erkenntnistheoretischen Grundlagen.

Als Fazit zur erkenntnistheoretischen Beurteilung des Phänomens der ‚Insolvenz*losigkeit*' in Zentralverwaltungswirtschaften ist festzustellen: Unternehmensinsolvenzen sind mit den Ordnungsbedingungen von Wirtschafts- und Gesellschaftssystemen zentralisierter Planung nicht kompatibel. Es existiert in einer Zentralverwaltungswirtschaft für die Unternehmungen keinerlei Insolvenzsanktion: ordnungsbedingt kann es sie nicht geben und erkenntnistheoretisch darf es sie aus Gründen der internen Systemlegitimation nicht geben.

5.2. Transformationsziel und Unternehmensinsolvenzen: ‚Insolvenzmöglichkeit' als Funktionsbedingung einer Marktwirtschaft

5.2.1. Ordnungs- und evolutionsökonomische Begründung

Es wird zunächst eine ordnungsökonomische Begründung für die Notwendigkeit der ‚Insolvenz*möglichkeit*' in einer Marktwirtschaft skizziert, wobei insbesondere auf die *Eucken*schen konstituierenden Prinzipien der „offenen Märkte", der „Vertragsfreiheit", der „Haftung" und des „Privateigentums" zurückgegriffen wird. Die angeführten Prinzipien dienen dabei als heuristisches Gerüst, das mit anderen theoretischen Ansätzen befestigt werden soll. Damit läßt sich dann auch die Notwendigkeit einer Insolvenzrechtsordnung begründen; schließlich kann der erzwungene Marktaustritt eines Unternehmens als kodifizierte Umsetzung von konstitutionellen Erfordernissen einer Wettbewerbsordnung im *Eucken*schen Sinne interpretiert werden.

Insolvenz*möglichkeit* und das konstituierende Prinzip *„offener Märkte"*

Im Kern es geht darum, daß Marktzutritte von neuen Unternehmen als auch Marktaustritte von bereits bestehenden Unternehmen gewährleistet sein müssen, damit wettbewerbliche Märkte ihre Lenkungs- und Selektionsfunktion erfüllen und damit die volkswirtschaftlichen Ressourcen ihren bestmöglichen Verwendungen zuführen können.

Marktzutritte verstärken in diesem Kontext den Druck auf die am Markt befindlichen Unternehmen, ihre Wettbewerbsanstrengungen zu erhöhen. Andernfalls würde sich die relative Position des entsprechenden Unternehmens im Markt so lange verschlechtern, bis es sich schließlich in der Rolle eines Grenzanbieters befindet. Unternehmen, die diesem Wettbewerbsdruck nicht standhalten können, werden vom Markt existenziell in Frage gestellt. Der Weg zum Marktaustritt, ob freiwillig aufgrund unerfüllter Renditeerwartungen oder erzwungen im Rahmen einer Insolvenz, kann dann sehr kurz sein. Damit werden die in diesen Unternehmen gebundenen volkswirtschaftlichen Ressourcen über die Faktormärkte einer Reallokation zugänglich gemacht.

Insofern ist dem markt- und preistheoretischen Konstrukt der „potentiellen Konkurrenz" (*Machlup*) das Konstrukt des ‚potentiellen Marktaustritts' oder der ‚potentiellen Insolvenz' an die Seite zu stellen. Während die Idee der „potentiellen Konkurrenz" auf die Wirkungsrichtung vom nicht am Markt befindlichen Unternehmen zum am Markt agierenden Unternehmen abhebt, wird mit den Umschreibungen ‚potentieller Marktaustritt' und ‚potentielle Insolvenz' auf die umgekehrte Wirkungsrichtung hingewiesen. Die latente Gefahr des Scheiterns etablierter Unternehmen ist für die Entscheidung zum Markteintritt sowohl Voraussetzung, im Hinblick auf den Ressourcenpool, als auch gleichzeitig möglicherweise ein Hindernis, nämlich dann, wenn die Angst vor dem eigenen unternehmerischen Scheitern überwiegt. Dies ist jedoch eine Frage der individuellen Risikoneigung.

Nur wenn die Märkte sowohl auf der Marktzutritts- als auch auf der Marktaustrittsseite offen sind, besteht – zumindest theoretisch – die Chance, daß die Produktionsfaktoren in ihren besten Verwendungen zum Einsatz kommen können.

Insolvenz*möglichkeit* und die konstituierenden Prinzipien „*Privateigentum*“ und „*Haftung*“

Insolvenzmöglichkeit von Unternehmen in Marktwirtschaften bedeutet die Anerkennung der Institutionen „Privateigentum“ und „Haftung“ als systemkonstituierende Merkmale einer Wettbewerbsordnung. Zunächst soll diskutiert werden, warum die marktwirtschaftlichen Institutionen „Privateigentum“ und „Haftung“ notwendig zusammengehören, also in einem komplementären Verhältnis zueinander stehen.

Aus Sicht der Property Rights-Theorie heißt „Privateigentum“ die konkrete Zuordnung von Handlungs- und Verfügungsrechten bezüglich eines materiellen oder immateriellen Guts.[6] Das Prinzip „Haftung“ drückt sich darin aus, daß die Ausübung der Handlungs- und Verfügungsrechte ihre rechtliche Begrenzung dort findet, wo rechtlich legitimierte Interessen Dritter, also ebenfalls Property Rights-Positionen, negativ tangiert werden. Das Prinzip „Haftung“ kann sinnvoll nur institutionalisiert werden, wenn auch die Möglichkeit besteht, „Haftungsmasse“, hier im Sinne von Privateigentumstiteln verstanden, zu begründen. Ohne Haftungsregelungen wiederum besteht die Gefahr, daß Privateigentum mißbräuchlich zu Lasten Dritter eingesetzt wird. Negative externe Effekte der Nutzung von auf Eigentumstiteln beruhenden Wirtschaftsgütern können hierfür als Beispiel dienen.[7]

Eine Vermachtung der Wirtschaft, die sich in einer zunehmenden Konzentration von Eigentumstiteln in der Hand einiger weniger zeigen kann, widerspricht dem Geist des ORDO-Liberalismus, der aus der historischen Erfahrung in Deutschland zu dem Schluß gekommen ist, daß private Machtgebilde keinen „starken Staat“ (*Eucken* 1952/1990) erlaubt, der wiederum eine ‚machtfreie‘ Wirtschaftsordnung zu generieren und zu gewährleisten hätte. Auf der wirtschaftlichen Ebene bedeutet die Nichtexistenz von formalen Haftungsregeln eine möglicherweise vollkommene Transaktionsblockade, da die Kosten für die Versicherung der Transaktion (etwa eines Kreditgeschäfts) eventuell prohibitiv hoch sein könnten. Kommt es dennoch zu Transaktionen, so sind die Tauschgewinne zumindest geschmälert. Konzentration der Wirtschaft ist also nicht nur im Verhältnis zur politischen Ordnung ein Problem, sondern stellt auch die Wirtschaftsordnung als Wettbewerbsordnung vor schwere Probleme.

Somit bleibt aus ordnungsökonomischer Perspektive festzuhalten, daß die konstituierenden Prinzipien „Privateigentum“ und „Haftung“ zwei Seiten derselben Medaille darstellen.

Für die Frage nach der Insolvenzmöglichkeit von Unternehmen in einer Marktwirtschaft können diese Prinzipien daher folgendermaßen interpretiert werden: Ein Unternehmen steht in vielfältigen Beziehungen zu anderen Unternehmen, Lieferanten, Abnehmer von Produkten bzw. Leistungen, Fremdkapitalgeber usw. Die marktlichen Transaktionen manifestieren sich in Verträgen, deren Grundlage wiederum letztlich Eigentumstitel sind. Auf vertraglicher Basis werden somit Spezifikationen der Ausges-

---

[6] Vgl. *Schüller* (1983).

[7] Siehe zur Bedeutung externer Effekte in Marktwirtschaften allgemein aus einer *Schumpeter*schen Perspektive die Untersuchung von *Sälter* (1989).

taltung und Verteilung von Handlungs- und Verfügungsrechten im Hinblick auf Eigentumspositionen vorgenommen. Daraus erwachsen Ansprüche und Forderungen des Unternehmens für und gegen sich, deren Befriedigung im Mittelpunkt des Einsatzes der unternehmerischen Aktionsparameter steht. Es geht um die Aufrechterhaltung des finanziellen Gleichgewichts des Unternehmens durch entsprechende Unternehmensaktivitäten. Kann ein Unternehmen den Ansprüchen und Forderungen gegen sich kurzfristig, im Sinne eines Liquiditätsengpasses, oder langfristig, im Sinne eines Überschuldungstatbestandes, nicht nachkommen, sind die spezifizierten Property Rights der Transaktionspartner des Unternehmens in hohem Maße gefährdet. Für diesen Fall sollte es ein geregeltes Verfahren geben, um zumindest eine Teilbefriedigung möglichst vieler Transaktionspartner des Unternehmens zu gewährleisten. Einen solchen Regelungsmechanismus stellt die Insolvenzgesetzgebung dar, die es im Rahmen einer marktwirtschaftlichen Ordnung zu institutionalisieren gilt. Im Kontext der dort vorzunehmenden Kodifizierungen müssen im hier interessierenden Zusammenhang insbesondere folgende Regelungsbereiche betrachtet werden: Auslösetatbestände (Illiquidität und/oder Überschuldung), Auslöseberechtigte (Gläubiger und/oder Schuldner), Verfahrensablauf (z.B. obligatorischer Vergleich oder Insolvenzplan) und Festlegung einer Anspruchshierarchie (z.B. bevorrechtigte Gläubiger). Im dritten Teil der Arbeit wurden hierzu ausführliche Erläuterungen gemacht.

Aus ordnungsökonomischer Perspektive ist festzuhalten, daß das zentrale Ziel einer Insolvenzgesetzgebung darin besteht, daß die rechtlichen Beziehungen der Transaktionspartner über spezifische Property Rights-Bündel in einer kritischen Situation für einen der beteiligten Transaktionspartner dergestalt geregelt sind, daß ein Interessenausgleich zustande kommen kann. Insolvenzen sind aus ordnungsökonomischer Sicht elementarer Bestandteil des Wirtschaftsgeschehens in einer Wettbewerbsordnung und eine Insolvenzgesetzgebung ist für die Regelung unfreiwilliger Marktaustritte in einer marktwirtschaftlichen Ordnung unverzichtbar.

Für den Transformationszusammenhang ergeben sich einige wichtige Konsequenzen:

- Wird als Transformationsziel eine marktwirtschaftliche Wettbewerbsordnung angestrebt, muß eine Insolvenzgesetzgebung institutionalisiert werden.
- Die Transformationsbasis muß vor dem Hintergrund der systembedingten Insolvenzunfähigkeit von Unternehmen betrachtet werden.
- Der Übergang von einer Zentralverwaltungswirtschaft ohne Insolvenzsanktion zu einer wettbewerblichen Marktwirtschaft mit Insolvenzsanktion wird im Rahmen des Transformationsprozesses zu einschneidenden Veränderungen der Unternehmensstrukturen hinsichtlich Branchenzugehörigkeit, Größe, Alter und Rechtsform führen.

Insolvenz*möglichkeit* und das konstituierende Prinzip „*Vertragsfreiheit*"

Das Prinzip der „Vertragsfreiheit" ist wichtig, weil die Inhalte der in Verträgen geregelten Sachverhalte nur von den Individuen bestimmt werden. Es handelt sich deshalb um eine Regel, die die Freiheit der Beteiligten und damit deren Denk- und Handlungsmuster nur geringfügig einschränkt. Diese Einschränkung bezieht sich auf den Schutz der Regel selbst, das heißt, daß die Vertragsfreiheit von den Individuen oder Unternehmen nicht dazu benutzt werden darf, Verträge zu Lasten Dritter abzuschließen und somit deren Vertragsfreiheit zu begrenzen. Verträge sind als Mittel zur Reduktion von Unsicherheit interpretierbar, gleichwohl bezieht sich die Unsicherheitsreduktion wiederum nur auf ex ante imaginisierte Zukunftskonstellationen. Von daher ändert sich am prinzipiellen Grundproblem, dem sich die vertragschließenden Parteien gegenübersehen, nichts: Die ubiquitäre Ungewißheit über die Zukunft ist das zentrale Problem für jegliche individuelle Hypothesenbildung sowie für die zu ihrer Materialisierung eingesetzten Instrumente.

Schließlich ist ein weiterer Aspekt der „Vertragsfreiheit" aus evolutionsökonomischer Perspektive von Bedeutung: Aufgrund der ‚relativen Absolutheit' des Prinzips[8], können die Individuen ‚gewagtere Hypothesen' generieren. Als gleichsam positiver externer Effekt ergibt sich die Möglichkeit, aus dem Test der Hypothesen zu lernen. Insofern versprechen ‚gewagtere Hypothesen' ein größeres Lern- und Erkenntnisfortschrittspotential. Ohne die „Vertragsfreiheit" könnten eine Vielzahl von Hypothesen gar nicht oder nur schwer materialisiert werden. Im ökonomischen Bereich werden die Hypothesen aber erst durch ihre Materialisierung testbar, das heißt, die Produkte oder Leistungen müssen am Markt angeboten werden.

5.2.2. Erkenntnistheoretische Beurteilung der These von der Notwendigkeit der ‚Insolvenzmöglichkeit' in einer Marktwirtschaft

Vier ordnungs- und evolutionsökonomische Argumente für die ‚Insolvenzmöglichkeit' in Marktwirtschaften werden nachfolgend erkenntnistheoretisch untermauert.

Erstens: Unternehmenshypothesen stehen im Wettbewerb um Ressourcen, die als ‚Materialisierungschancen' aufgefaßt werden können. Daraus ergibt sich die Notwendigkeit zur Regelung der in einer Ordnung geltenden Property Rights-Strukturen, da diese maßgeblich für die Bildung und Nutzung der individuellen Hypothesen sind. Nur wenn spezifizierte Property Rights existieren, ist die Voraussetzung geschaffen, daß ein wechselseitig nutzenstiftender Austausch von Rechten, Gütern und Leistungen stattfinden kann.

Zweitens: Im institutionalisierten Wettbewerbsprozeß wird auf allen Ordnungsebenen Vermutungswissen generiert und verbreitet. Der Wettbewerbsprozeß kann deshalb als Hypothesentest interpretiert und als ein allgemeines erkenntnistheoretisches Verfahren betrachtet werden, das zum Erkenntnisfortschritt beiträgt, indem es zwischen verschiedenen Hypothesen diskriminiert. Bewährte Hypothesen werden positiv, nichtbewährte Hypothesen werden negativ sanktioniert.

Drittens: Aus dem Zusammenhang des Phänomens der ‚Knappheit an materiellen Ressourcen' und der ‚Fallibilität von Hypothesen' resultiert die Notwendigkeit, die Ver-

---

[8] Der vermeintliche innere Widerspruch des Begriffes ‚relative Absolutheit' läßt sich ordnungsökonomisch leicht klären: Die „Vertragsfreiheit" ist aus ordnungsökonomischer Sicht ein konstitutionelles Element der Genese und Erhaltung einer „Wettbewerbsordnung"; in diesem Sinne handelt es sich um ein ‚absolutes Recht', bezogen auf die Ordnungsbedingungen. Gleichzeitig gilt aber auch die relativierende Einschränkung der „Vertragsfreiheit", die bestimmte Vertragsmuster per se als nicht ordnungskonform verbietet.

bindung zwischen beiden Phänomen genauer zu analysieren und die sich daraus ergebenden Implikationen zu würdigen. Ohne ‚Knappheit an materiellen Ressourcen' gäbe es keine konkurrierenden Hypothesen hinsichtlich der Nutzungsmöglichkeiten derselben.

Hätte umgekehrt das Verwendungswissen keinen hypothetischen Charakter, verlöre die ‚Knappheit an materiellen Ressourcen' ihren restriktiven Charakter. Die vorhandenen Ressourcen könnten sicheren (bestmöglichen?) Verwendungen zugeführt werden. Somit könnten jegliche Fehllenkungen von Ressourcen vermieden werden. Das Knappheitsproblem reduzierte sich zu einer mathematischen Optimierungsaufgabe.

Weil die Realität eine andere ist, gilt es, im Rahmen des ordnungsbedingten Lenkungsmechanismus, der die knappen Ressourcen mit den falliblen Hypothesen koordiniert, Verfahren vorzusehen, die die ‚Bindung von Ressourcen und Hypothesen' aufzulösen in der Lage sind. Im hier interessierenden Themenzusammenhang geht es um den ‚erzwungenen Marktaustritt' durch ein Insolvenzverfahren.

Viertens: Es ist zu vermuten, daß ohne eine Insolvenzsanktion der Erkenntnisfortschritt in einer „Wettbewerbsordnung" verlangsamt bzw. – logisch zu Ende gedacht – zum Erliegen käme. Die Erkenntnis, daß einige Hypothesen sich nicht bewähren bzw. nicht bewährt haben, führt vermutlich zu neuen Problemen und neuen Problemlösungsversuchen, also veränderten Hypothesen. Dieser Versuch-und-Irrtums-Prozeß wird maßgeblich von den Anreiz- und Sanktionswirkungen, die von Ordnungsbedingungen ausgehen, beeinflußt. Gäbe es in einer „Wettbewerbsordnung" keine Insolvenzsanktion, dann bestünde die Gefahr einer einseitigen Bevorzugung bestimmter Hypothesentypen, hier insbesondere der Schuldnerhypothesen.

Im Verhältnis zwischen Gläubiger und Schuldner treffen zwei verschiedene Hypothesencharakteristika aufeinander: Der Gläubiger bringt eine ‚Ressource', also eine bereits in der Vergangenheit bewährte ‚materialisierte Hypothese' ein, während der Schuldner ein auf die Zukunft gerichtetes ‚Hypothesenversprechen' einbringt. Der Vertrag zwischen Gläubiger und Schuldner verbindet somit etwas bereits ‚Reales' mit etwas noch ‚Irrealem'. Selbst wenn man konzediert, daß der Gläubiger den Einsatz seiner ‚materialisierten Hypothese' ebenfalls auf Erwartungsgrößen stützt, ist hier dennoch zu differenzieren: Einerseits bezieht sich die Erwartung des Gläubigers darauf, daß der Schuldner erfolgreicher mit seinen Ressourcen wirtschaftet als er es unmittelbar selbst könnte; damit wird die Vertragsbeziehung zwischen Gläubiger und Schuldner überhaupt erst ökonomisch begründet. Andererseits ist festzustellen, daß der ‚Kern der Gläubigerhypothese' in einem unbedingten Erfüllungsanspruch besteht, der – unabhängig vom unternehmerischen Erfolg – vom Schuldner zu leisten ist. Da der Rechtsschutzgedanke nur an Realien ansetzen kann, ist der Gläubigerschutz ein zentraler Aspekt jeder marktwirtschaftlichen Ordnung: Vertragsfreiheit, Eigentums- und Haftungsrecht bilden hierbei eine unauflösliche Symbiose. Da im Unternehmensumfeld die Komplexität der Vertragsbündel und -beziehungen besonders hoch ist, spricht vieles dafür, insolvenzrechtliche Konkretisierungen in die Gestaltung marktwirtschaftlicher Ordnungsbedingungen aufzunehmen.

Der Wettbewerb fallibler unternehmerischer Hypothesen und die Knappheit der zu ihrer Realisierung zur Verfügung stehenden Ressourcen machen es aus erkenntnistheoretischer Perspektive unabdingbar, daß das Scheitern einer unternehmerischen Aktivität im Wettbewerbsprozeß als erkenntnisförderndes Ereignis aufgefaßt wird, und zwar sowohl was die Qualität der Hypothesen als auch was die Qualität der Ressourcen angeht.[9]

Erkenntnisfortschritt ist nur um den Preis der potenziellen Nicht-Bewährung von Hypothesen zu erlangen ist. Hypothesengenese mit Bewährungsgarantie kann es nicht geben. Insofern liefern Unternehmen als Hypothesenbündel einen wichtigen Beitrag zum Erkenntnisfortschritt in einem marktwirtschaftlichen Ordnungsgefüge. Von der Ausgestaltung der Ordnungsbedingungen wiederum hängt es ab, in welchem Rahmen sich die Unternehmen bei ihrer Genese von Hypothesen bzw. deren Verbreitung im Wettbewerbsprozeß bewegen können und damit auch, unter welchen Umständen der für den Erkenntnisfortschritt wichtige Kritikprozeß abläuft.

5.3. Von der ‚Insolvenzlosigkeit' zur ‚Insolvenzmöglichkeit' als Konstitutivum der Systemtransformation

Unternehmensinsolvenzen, Transformationsbasis und Transformationsziel stehen in einem systembedingten Zusammenhang. Für den Transformationsprozeß ist folglich die Transformationspolitik so zu gestalten, daß Insolvenzen nicht nur formal, sondern auch in der Sache möglich werden.

Die Ordnungsbedingungen des Transformationsziels erfordern gegenüber der Transformationsbasis eine ‚Insolvenzmöglichkeit' für Unternehmungen. So kann der Prozeß der Genese von (Unternehmens-)Hypothesen unter Berücksichtigung der Knappheits- und der Fallibilitätsrestriktion in Gang kommen und in Gang gehalten werden.

Für den ‚Transformationsprozeß' ergeben sich aus dieser Perspektive einige wichtige Schlußfolgerungen: Zum einen müssen die institutionellen Voraussetzungen dafür geschaffen werden, daß Unternehmungen bereits in der Phase der Systemtransformation scheitern können. Die Vorstellung, daß den Unternehmungen aufgrund der schwierigen (Umbruch-)Umstände ‚Kritik- und Testerleichterungen' zugebilligt werden müßten, ist aus erkenntnistheoretischer Sicht zumindest diskussionswürdig. Eine Position könnte lauten: Je härter die Tests der Hypothesen sind, desto schneller und genauer lassen sich Aussagen über den Grad der Bewährtheit der Hypothesen erlangen; nur auf dieser Basis lassen sich die Erkenntnisse, die in diesem Testumfeld entstehen, nutzen. Deshalb ist die Schaffung eines Insolvenzrechts für Transformationsländer eine notwendige Bedingung, um den in den Ordnungsbedingungen des Transformationsziels konkretisierten Prinzipien einer „Wettbewerbsordnung" auch materiell Geltung zu verschaffen. Eine Gegenposition könnte so aussehen: Gerade weil die Systemtransformation eine ‚Ausnahmesituation' hinsichtlich der erforderlichen Lernprozesse bedeutet, birgt die starre und schematisierte Anwendung kodifizierter Rechtstatbestände die Gefahr einer mangelnden Ausreizung des Erkenntnispotentials unternehmerischer Hypothesen. Dies

---

[9] Zu dieser und einer konträren Sichtweise siehe die Ausführungen weiter unten in diesem Teil, Abschnitt 5.4.2.

spräche dafür, daß ein Insolvenzrecht für Transformationsländer allenfalls eine hinreichende Bedingung im Transformationsprozeß darstellt.

Wägt man das Für und Wider dieser Positionen gegeneinander ab, so ergibt sich folgendes Bild: Ohne insolvenzrechtliche Normierungen wird der Lern- und Erkenntnisfortschritt im Transformationsprozeß behindert, da eine allen Beteiligten vorab bekannte und für alle Beteiligten gleichermaßen geltende spezifizierte Sanktionsordnung fehlte. Während diese Einschätzung für Unternehmensneugründungen ausnahmslos gilt, ist für Unternehmungen, die unter den alten Ordnungsbedingungen entstanden sind, dieses Argument etwas anders zu begründen. Es besteht nämlich die Gefahr, daß ‚Altunternehmen' mittels ‚aufgeweichter Hypothesentests' einen Wettbewerbsvorteil gegenüber neu gegründeten Unternehmen erhalten. Diese Situation ließe sich weder ordnungsökonomisch noch erkenntnistheoretisch legitimieren.

Die Begründung dieser ordnungsökonomischen Bewertung hat allerdings zu berücksichtigen, daß auf der betrieblichen Ebene der ‚Transformationsbasis' Entscheidung und Haftung auseinanderfielen. Somit sind für die gescheiterten Hypothesen letztlich keine haftenden Personen vorhanden. Insofern mangelt es auch an Gläubiger-Schuldner-Verhältnissen als unmittelbarem Ansatzpunkt für insolvenzrechtliche Regelungen im marktwirtschaftlichen Sinne.

Zum anderen müssen die mit den veränderten Ordnungsbedingungen einhergehenden Anreiz- und Sanktionsmechanismen in ihren Wirkungen für die eigene Person im wahrsten Sinne des Wortes gelernt werden. Die Individuen sind mit einer völlig konträren Erkenntnisumgebung konfrontiert. Es herrschen diametral entgegengesetzte Anforderungen: Eigeninitiative und die Erzeugung von Hypothesen gehören zu den permanenten Aufgaben der Individuen. Diese werden, ob die einzelnen Individuen es wollen oder nicht, aus den Systembedingungen heraus von Dritten kritisch geprüft. Den Chancen der freien Hypothesenbildung mit möglicherweise sehr hohen positiven Rückkopplungen (Zuwachs an Vermögen) stehen die Risiken des Scheiterns und der Nicht-Bewährung der Hypothesen (Verlust von Vermögen) gegenüber. Nur wenn beide Alternativen real vorliegen können, kann von einer wettbewerblichen Marktwirtschaft gesprochen werden.[10]

Schließlich ist ein dritter Aspekt für den Transformationsprozeß von Bedeutung. Unternehmensinsolvenzen müssen nicht nur institutionell möglich und individuell toleriert werden, sondern darüber hinaus gilt es zu erkennen, daß ohne die reale Existenz von Unternehmensinsolvenzen eine erfolgreiche Systemtransformation kaum denkbar erscheint. Es geht hierbei nicht darum, die These aufzustellen, daß in einer konkreten Transformationssituation eine bestimmte Zahl von Unternehmensinsolvenzen auftreten muß. Vielmehr lautet das Argument, daß sich in einer bestimmten Transformationssituation nicht eine unbestimmte Zahl von Unternehmensinsolvenzen ausschließen lassen

---

[10] Bei *Hayek* (1944/1991, S. 164) heißt es: „Entweder hat das Individuum sowohl die Entscheidung und das Risiko, oder beides ist ihm genommen". Für die Konzeption der „Wettbewerbsordnung" gilt der erste Teil des Zitates, für „Zentralverwaltungswirtschaften" der zweite. Das Problem ist: Was passiert beim Übergang von der einen zur anderen Ordnung? Wie verändert sich die Entscheidungs- und Risikosituation der Individuen?

wird. Dies zu akzeptieren, ist gerade für die politische Durchsetzung der transformationspolitischen Maßnahmen ein nicht zu unterschätzender Vorteil, denn ohne die Kenntnis und Kommunikation der ordnungsökonomischen Interdependenzen und ihrer erkenntnistheoretischen Wechselwirkungen ist eine erfolgreiche Gestaltung des Transformationsprozesses im Sinne der Idee einer „gehegten Evolution" nicht möglich.

5.4. Transformationsprozeß und Unternehmensinsolvenzen: Eine Annäherung aus ordnungsökonomischer und erkenntnistheoretischer Perspektive

Zunächst werden Argumente präsentiert, die eine Verbindung zwischen den Ordnungsbedingungen der ‚Transformationsbasis' und des ‚Transformationsziels' mit den sich daraus ergebenden Wirkungen auf die Entwicklung der Unternehmensinsolvenzen im ‚Transformationsprozeß' herstellen. Es folgt die erkenntnistheoretische Perspektive auf das Phänomen der Unternehmensinsolvenzen im Transformationsprozeß. Eine zusammenführende Interpretation der Analyseergebnisse der Phänomene „Unternehmensinsolvenzen" und „Systemtransformation" schließt das Kapitel ab.

5.4.1. Zum Einfluß von ‚Transformationsbasis' und ‚Transformationsziel' auf die Entwicklung der Unternehmensinsolvenzen im Transformationsprozeß

5.4.1.1. Das Problem ‚aufgestauter Insolvenzen'

Die ‚zentralverwaltungswirtschaftliche Transformationsbasis' bedeutet faktisch ‚*Insolvenzlosigkeit*'. Darüber hinaus folgt aus der Planungslogik eine Unternehmensgrößenstruktur, die von Großunternehmungen (Kombinaten) geprägt ist. Die Präferenz der Planer für die Warenproduktion des primären und sekundären Sektors (landwirtschaftliche Produkte, Industrieerzeugnisse insbesondere der Schwerindustrie) folgt aus dem marxistischen Verständnis der Produktivität wirtschaftlicher Tätigkeiten.[11] Hinzu kommt, daß der primäre und sekundäre Sektor weniger komplexe Planungsanforderungen stellt.

Der systemimmanente Drang zu einem Maximum an Investitionen[12] – im Interesse eines beschleunigten Wachstums – korreliert mit einem erzwungenen Konsumverzicht.

Legt man die Einflußwirkungen der zentralverwaltungswirtschaftlichen Ordnungsbedingungen zugrunde, dann ergeben sich daraus für den ‚Transformationsprozeß' eini-

---

[11] Vgl. für eine ordnungstheoretische Begründung *Schüller* (1967).

[12] *Eucken* (1952/1990, S. 89; H.i.O.) schreibt dazu: „Die Neigung zu Investitionen, die sie [die Zentralverwaltungswirtschaft; d. Verf.] beherrscht, kann sie durch Begrenzung der gegenwärtigen Ansprüche des Konsums leicht durchsetzen, zumal sie weitreichende Investitionspläne ohne Rücksicht auf das Risiko aufstellen und in Angriff nehmen kann. Zugleich aber ist sie auch dadurch gekennzeichnet, daß in ihr einseitige und unproportionale Investitionen stattfinden. Gewisse Industriezweige werden übermäßig expandiert; andere bleiben zurück. Die quantitative Steigerung der Investitionen ist verbunden mit einer unzureichenden qualitativen Auslese." Vgl. auch *Eucken* (1952/1990, S. 90 und S. 92).

ge Folgerungen, die die bisherigen Ausführungen aus transaktionstheoretischer Sicht ergänzen: Ausgangspunkt ist eine Wirtschaftsstruktur, die von Großunternehmungen (Kombinaten) mit industriellem Produktionsschwerpunkt gekennzeichnet ist. Gleichzeitig existiert im Ordnungsgefüge einer „Zentralverwaltungswirtschaft" keinerlei Insolvenzsanktion für Unternehmungen.

Für das ‚Transformationsziel' der marktwirtschaftlichen Ordnung ändert sich das Handlungsumfeld der Unternehmungen je nach Schnelligkeit der Konfrontation mit dem internationalen Wettbewerb mehr oder weniger schlagartig. Die Annahme eines ‚Nachholbedarfs an Unternehmensinsolvenzen' ist daher naheliegend. Was ist mit dem Phänomen der ‚aufgestauten Insolvenzen'[13] gemeint?

Aus der Inflationstheorie ist das Phänomen der ‚zurückgestauten Inflation' (*Wilhelm Röpke*) bekannt. In den Zentralverwaltungswirtschaften manifestiert sich diese Form der Inflation in der sogenannten ‚Kassenhaltungsinflation'. Diese resultiert aus der geplanten disproportionalen Entwicklung von Investitions- und Konsumgutsektor, das heißt die Konsumenten finden für die Verausgabung ihres monetären Einkommens kein äquivalentes Konsumgutangebot vor, so daß als Alternative nur das Zwangssparen bzw. die Kassenhaltung bleibt.[14]

Wendet man diesen Gedanken auf das Insolvenzphänomen an, so lassen sich folgende Feststellungen treffen: Die Wahrscheinlichkeit, daß die von den Unternehmungen bisher angebotenen Problemlösungen auch unter den neuen Ordnungsbedingungen ihre bisherige, ordnungsbezogene Bewährung bestätigen können, ist – zumindest für die Mehrzahl der Unternehmungen – vermutlich gering. Betrachtet man die Zahl der Unternehmensinsolvenzen in den Neuen Bundesländern seit 1991, erhärtet sich diese Vermutung. Zur Verdeutlichung dieser Aussage dient die folgende Tabelle.

Tabelle 9: Unternehmensinsolvenzen in den Neuen Bundesländern von 1991-2002

Jahr	**1991**	**1992**	**1993**	**1994**	**1995**	**1996**	**1997**	**1998**	**1999**	**2000**	**2001**	**2002**
Zahl	392	1.092	2.327	3.911	5.874	7.419	8.126	8.615	7.567	8.047	8.506	8.847

Quelle: *Angele* (2003, S. 294).

Es fällt auf, daß in den ersten Jahren des Transformationsprozesses (1991-1994) die Zahl der Unternehmensinsolvenzen sehr viel schneller ansteigt als in den Folgejahren. Das läßt den Schluß zu, daß zu Beginn des Transformationsprozesses die (fehlenden) unternehmerischen Erfahrungen unter den neuen Ordnungsbedingungen stärker ins Gewicht gefallen sind. Eine Erklärung hierfür könnte sein, daß zu Beginn der unternehme-

[13] *Fehl* (1991, S. 123) spricht von einem „Rückstau von Konkursen".

[14] Betrachtet man den Konsumschub in Deutschland 1990 nach der Währungsumstellung in der ehemaligen DDR, so ist die empirische Evidenz dieser Interpretation leicht ersichtlich. Zum Phänomen der Kassenhaltungsinflation in Zentralverwaltungswirtschaften siehe *Jansen* (1982, S. 122 ff.).

rischen Tätigkeit Liquiditätsengpässe noch durch Eigenkapital ausgeglichen werden konnten.[15] Mit zunehmender Geschäftsdauer und Plänen für eine Unternehmensexpansion dürfte diese Möglichkeit geschwunden sein; es mußte zunehmend auf Fremdkapitalfinanzierung zurückgegriffen werden. Damit erhöht sich jedoch automatisch das Insolvenzrisiko.

Ein Grund für diese Entwicklung könnte darin liegen, daß der anfängliche Optimismus und – damit möglicherweise verbunden – die falsche Einschätzung der Chancen der eigenen Unternehmenshypothese(n) im Zeitablauf zu einem ‚reinigenden Lernprozeß' geführt haben. Darin äußert sich ganz allgemein die mit den veränderten Wettbewerbsbedingungen offenkundig werdende mangelnde Konkurrenzfähigkeit der unternehmerischen Problemlösungen. Damit ist auch und gerade die internationale Wettbewerbsfähigkeit angesprochen. Mit dem nahezu simultanen Zusammenbruch aller zentralverwaltungswirtschaftlich geprägten Ordnungen des ehemaligen Ostblocks, wurden auch die auf Planungen beruhenden Spezialisierungen, Arbeitsteilungen und zwischenstaatlichen Wirtschaftsverbindungen innerhalb kürzester Zeit obsolet und zerschnitten, nachdem mit der Irrelevanz des plangesteuerten Verhaltens der Unternehmen die Problemlösungskapazität unternehmerischen Handelns in einer Wettbewerbsordnung herausgefordert wurde.

Ein zweiter Grund liegt darin, daß die ehemaligen Großunternehmen bzw. Kombinate im Rahmen des ‚Transformationsprozesses' von der für die Privatisierung geschaffenen Treuhandanstalt nur sukzessive veräußert wurden, wobei es im Vorfeld der Veräußerung häufig als notwendig angesehen wurde, die großen Unternehmenseinheiten zu entflechten und zu sanieren, um die Chance für die Übernahme durch Dritte zu verbessern.[16] Der transformationspolitische Auftrag und die Tätigkeit der Treuhandanstalt inklusive ihrer Sanierungsbemühungen sind eine plausible Erklärung dafür, daß Unternehmungen bzw. Unternehmensteile, die bereits vor der ‚Wende' – nur in anderer organisatorischer Einbindung – existierten, auch nach der Wiedervereinigung komparative Überlebensvorteile im Wettbewerb mit Neugründungen aufwiesen. Während somit ‚alte Unternehmen' mehr oder weniger saniert in den Wettbewerb entlassen wurden, standen für Neugründungen häufig kaum potente Geld- bzw. Kreditgeber zur Verfügung, da ihnen beispielsweise Vermögensgegenstände zur dinglichen Sicherung ihrer Kredite fehlten.

Das Problem der ‚aufgestauten Insolvenzen' taucht vermutlich in jeder Variante einer Systemtransformation auf. Es hängt von der konkreten Gestaltung der transformationspolitischen Maßnahmen ab, welches Ausmaß und welche zeitliche Persistenz dieses Transformationsproblem annimmt.

---

[15] Möglicherweise ist diese Quelle aus dem ‚günstigen Umtauschkurs' zwischen DDR-Mark und DM gespeist worden.

[16] Vgl. hierzu die Ausführungen von *Brockmeier* (1998, S. 352-355 und S. 360-364).

5.4.1.2. Das Problem ‚insolvenzbedingter Transformationsbarrieren'

Im Kontext einer Theorie der Unternehmensinsolvenz wurde bereits auf das Phänomen des ‚too big to fail' abgestellt. Dieses Syndrom bezieht sich sowohl auf die Ebene der Gläubiger, die ihren existenzbedrohten Schuldner aufgrund des Umfangs ihres Kreditengagements häufig nicht ohne Folgen für das eigene Unternehmen ‚über die Klinge springen lassen können', als auch auf die Ebene der politischen Vertreter, die tendenziell versuchen, Großunternehmen wahlwirksam zu erhalten. Je größer und wichtiger für die (regionale) Beschäftigung das von Insolvenz bedrohte Unternehmen ist, desto höher ist die Wahrscheinlichkeit, daß sich eine Koalition von ‚Großgläubigern' und ‚nichthaftenden Politikern' finden wird, die die Existenz der betreffenden Unternehmung zu sichern bereit sind, sei es durch Umschuldungen (inklusive Forderungsverzichten) oder durch staatliche Bürgschaften.[17]

Insoweit wird die *Eucken*sche Interdependenz der Ordnungen im Hinblick auf ihre Wechselwirkungen ins Negative verkehrt: Die Funktionslogik der Wettbewerbsordnung wird nicht nur für sich betrachtet pervertiert, sondern gleichzeitig auch der Funktionslogik der politischen Ordnung untergeordnet. Der Einfluß der politischen Ordnung beschränkt sich dann nicht mehr auf die Setzung von Rahmenbedingungen bzw. Spielregeln, sondern erweitert sich auf die Ebene der konkreten Wirtschaftsprozesse oder Spielzüge.

Im Transformationszusammenhang verdichten sich die skizzierten Problem- und Motivationslagen zur Gefahr ‚insolvenzbedingter Transformationsbarrieren'. Damit ist folgender Sachverhalt gemeint: Die überkommenen Unternehmensstrukturen sind aus verschiedenen Gründen nur unzureichend mit den Ordnungsbedingungen des angestrebten ‚Transformationsziels' kompatibel. Gleichzeitig ist davon auszugehen, daß die Ordnungsbedingungen des ‚Transformationsziels', die theoretisch der regulativen Idee der Kritik breiten Raum widmen, in der Praxis von Immunisierungsbestrebungen konterkariert werden. Im ökonomischen Bereich ist das (Spiel-)Konzept der „Wettbewerbsordnung" von den (Spiel-)Beteiligten durch verschiedene Maßnahmen bedroht: Wettbewerbsbeschränkende Verhaltensweisen und speziell Quersubventionierungen von ‚nicht-bewährten Primärhypothesen' gehören hierzu. Diese Maßnahmen reduzieren zunächst einmal die ‚Strenge der Kritik' an den jeweiligen Unternehmenshypothesen, freilich in der Regel immer nur vorläufig. Im Bereich der politischen Ordnung ist der demokratische Sanktionsmechanismus – die Nicht-(Wieder)Wahl – zwar grundsätzlich vorhanden, aufgrund der Periodizität der Wahlen aber hinsichtlich der Möglichkeit und vor allem der ‚Strenge der Kritik' bei weitem nicht so stark ausgeprägt wie im ökonomischen Bereich einer Gesellschaftsordnung. Anders gewendet: Der Zeitraum zwischen der Aufstellung von politischen Hypothesen (Wahlprogramm bzw. Wahlversprechen),

---

[17] Die Wirtschaftsgeschichte der Bundesrepublik Deutschland kennt hierfür zahlreiche Beispiele. Genauso zahlreich sind aber auch die letztlich gescheiterten Rettungsversuche. Aus erkenntnistheoretischer Sicht ist das auch nicht überraschend, da das Grundproblem aller Unternehmenskrisen, nämlich das Scheitern interner und/oder externer Unternehmenshypothesen, damit nur bedingt zu beseitigen ist.

Vgl. zur Darstellung berühmter ‚Insolvenzgeschichten' in Deutschland *Scheuch* und *Scheuch* (2001).

ihrer Umsetzung im parlamentarischen Prozeß einer Legislaturperiode sowie der Evaluierung ihrer Bewährtheit in der öffentlichen Wahrnehmung umfaßt eine derart lange Zeitspanne, daß sie es zum einen den Politikern erlaubt, nicht-bewährte Hypothesen durch die Aufstellung neuer Hypothesen in den Hintergrund zu drängen („politischer Aktionismus"), zum anderen aber auch die Wahlbevölkerung selbst leicht den Überblick über die Zahl der politischen Hypothesen und ihre Konsequenzen verliert.

Im Ergebnis führt dies zu einer Lockerung der ‚politischen Haftung', da nicht mehr alle in einer Legislaturperiode verabschiedeten Hypothesen (Gesetze) am Ende einer Wahlperiode getestet werden bzw. bewußt in die Wahlentscheidung der Individuen über eine erneute Mandatierung der Regierung eingehen. Die eingeschränkte Wahrnehmung der Wahlbürger sorgt somit in Kombination mit der ‚strategischen Formulierung politischer Hypothesen' dafür, daß der erkenntnisfördernde Kritikaspekt auch in einer Demokratie nur bedingt zum Tragen kommt.[18]

‚Insolvenzbedingte Transformationsbarrieren' entstehen somit immer dann, wenn die ökonomischen und politischen Entscheidungsträger die Ordnungsbedingungen des ‚Transformationsziels' nur selektiv zur Anwendung bringen. Sowohl die verantwortlichen Unternehmer als auch die politischen Verantwortungsträger haben – wie erläutert – keineswegs ein ungeteiltes Interesse an der Durchsetzung der Ordnungsbedingungen des ‚Transformationsziels' im ‚Transformationsprozeß'. Die Versuche, allfällige Insolvenzkonstellationen zu ‚unterdrücken', ist rational nachvollziehbar, weil die entstandene Frage gleichsam mit dem Systemwechsel ‚objektivierbar' ist, wie die Umstände erkennen lassen, die im DDR-System zur Verschuldung der Betriebe geführt haben. So mußte ein Großteil der staatlich garantierten sozialen Absicherung von den Betrieben erbracht werden; im Zweifelsfall auch auf Kosten einer betrieblichen Verschuldung, die dann allerdings keinerlei Bezug mehr zu ertragbringenden Betriebsinvestitionen aufweist. Somit drohen insbesondere Sozialansprüche von Unternehmensinsolvenzen tangiert zu werden. Diese Umstände bieten den ökonomischen und politischen Entscheidungsträgern Gelegenheit, die (berechtigten) Sorgen und Ängste der Individuen im Transformationsprozeß nach Bedarf zu instrumentalisieren.

Gerade die Frage der Einkommenssicherung durch Erwerbsarbeit steht hier im Zentrum der Diskussion. Dies überrascht vor dem Hintergrund der ideologisch gewollten und ordnungsökonomisch notwendig hohen Erwerbsquote in Zentralverwaltungswirtschaften keineswegs. Da in der DDR nahezu alle Erwerbsfähigen auch erwerbstätig waren, resultiert aus dieser ‚Erfahrung' eine ausgeprägte Präferenz für die Erhaltung von Arbeitsplätzen im Transformationsprozeß, auch als Grundlage der Sicherung individueller Rentenansprüche.[19]

---

[18] *Popper* (1957/1980) sieht deshalb den Vorteil einer demokratischen politischen Ordnung ausschließlich darin, daß sie es den Individuen erlaubt, ihre Regierung ohne Blutvergießen durch Wahlentscheid abzusetzen. Gegenüber anderen Formen politischer Ordnung ist dies ein nicht zu unterschätzender Vorteil, gerade auch im Hinblick auf eine evolutionäre Entwicklung der Gesellschaft.

[19] Die Erwerbsquote in der DDR lag im Jahr 1989 bei ca. 98 Prozent. Ordnungsbedingt war ‚Arbeitslosigkeit' also kein Problem in Zentralverwaltungswirtschaften. Gleichwohl ist anzumerken, daß die aus dieser Ordnungskonstellation für den Transformationsprozeß abgeleitete

Die Persistenz überkommener Unternehmensstrukturen im Prozeß der Systemtransformation findet hier ihren Ausdruck. *Fehl* (1991, S. 122) weist allerdings mit Recht darauf hin, daß sich hinsichtlich der Betriebs- und Unternehmensgrößenstruktur „in der DDR nach dem Übergang zur marktwirtschaftlichen Ordnung Änderungen ergeben müssen".[20] Von daher resultiert das Konfliktpotential von Unternehmensinsolvenzen im Transformationsprozeß einerseits aus den ‚Fakten der Transformationsbasis' und andererseits aus den ‚positiven sowie normativen Anforderungen des Transformationsziels': ‚Positiv' hinsichtlich der konkurrierenden Unternehmensgrößenstrukturen innerhalb der Europäischen Union und Drittländern und ‚normativ' hinsichtlich der in diesen Ländern geltenden Ordnungsbedingungen, insbesondere was die Durchsetzung haftungsrechtlicher Prinzipien angeht.

Doch damit ist nur eine Seite des Problems beleuchtet. Es ist nämlich auch zu berücksichtigen, daß der Transformationsprozeß nur dann gelingen kann, wenn die Individuen diesen Prozeß aktiv mitgestalten, denn die Systemtransformation – als Lernprozeß interpretiert – ist auf die Hypothesenbildung und -überprüfung der Individuen angewiesen. Eine erfolgreiche Systemtransformation gegen die von ihr ‚Betroffenen' ist deshalb auf Dauer zum Scheitern verurteilt. Deshalb spricht vieles dafür, die notwendig mit dem Transformationsprozeß verbundenen Anpassungsschwierigkeiten möglichst gering zu

---

Forderung nach einem verfassungsmäßig verankerten ‚Recht auf Arbeit' kritisch zu beurteilen ist: Zum einen ist darauf hinzuweisen, daß unter zentralverwaltungswirtschaftlichen Ordnungsbedingungen mit dem ‚Recht auf Arbeit' eine ‚Pflicht zur Arbeit' verbunden war. Die Planlogik einerseits und der ‚Einkommenserzielungszwang' andererseits erforderten diese Dualität. Siehe hierzu ausführlich *Vollmer* (1994). Vgl. auch *Schmähling* (2003, S. 384 f.).

Unter marktwirtschaftlichen Ordnungsbedingungen wäre eine derartige Konstruktion systemwidrig, da jedes Individuum autonom über seine Erwerbstätigkeit zu entscheiden hat. Darüber hinaus kann ein ‚Recht auf Arbeit' nur dann materiell-rechtlichen Charakter erlangen, wenn dem Individualrecht ein ‚Individualzwang' zur Seite gestellt wird, nämlich der Zwang zur Bereitstellung von Arbeitsplätzen. Der Staat als Arbeitgeber im umfassenden Sinn fällt in einer Wettbewerbsordnung bekanntlich aus, so daß Individuen staatlicherseits in die Arbeitgeberposition gezwungen werden müßten. Dies ist mit rechtsstaatlichen Grundsätzen nicht vereinbar. Von daher schließen sich das ‚Recht auf Arbeit' und eine „Wettbewerbsordnung" aus.

[20] *Eckhart* (1993) bescheinigt der sektoralen Wirtschaftsstruktur der DDR einen Rückstand gegenüber der Bundesrepublik Deutschland von ca. 25 Jahren, das heißt die ‚Transformationsbasis' DDR im Jahr 1989 entsprach in dieser Hinsicht ungefähr der bundesrepublikanischen Wirtschaftsstruktur aus der Mitte der 1960er Jahre. Schon allein dieser Befund begründet einen Großteil der notwendigen Anpassungsfriktionen. Gleichwohl ist diese empirische Aussage ordnungstheoretisch zu relativieren, denn die Wirtschaftsstruktur der DDR beruhte auf einem völlig anderen Gebäude von Hypothesen. Was für die These von *Eckhart* sprechen könnte, ist die Neigung der DDR-Planer, ganze ‚Stockwerke des marktwirtschaftlichen Hypothesengebäudes' mit erheblicher Zeitverzögerung zu imitieren.

In diesem Zusammenhang sei nochmals auf das Verhältnis des ‚Transformationsraums' bezüglich der ‚Transformationsbasis' und des ‚Transformationsziels' hingewiesen. In Abhängigkeit der sich aus diesem Verhältnis ergebenden Integrationsnotwendigkeiten ist nämlich davon auszugehen, daß beispielsweise ‚verfassungsrechtliche Figuren' wie die „Einheitlichkeit der Lebensverhältnisse" (GG, Art. 72, Abs. 2, Nr. 3) und deren Interpretation unterschiedliche transformationspolitische Konsequenzen nach sich ziehen dürften.

halten. Dies kann unter anderem durch eine ‚transformationsspezifische Sozialpolitik' geschehen, die die auftretenden Probleme in der Phase der Transformation abmildert.[21]

Für die Insolvenzproblematik ergibt sich aus diesem Blickwinkel eine ambivalente Beurteilung: Eine Transformationspolitik der ‚Insolvenzverzögerung' oder gar ‚vermeidung' ließe sich mit dem Argument der Akzeptanzsicherung für die Implementierung und Durchsetzung der neuen Ordnungsbedingungen begründen. Wie bereits festgestellt, ist die Offenheit und Fragilität der Entwicklung im Transformationsprozeß aufgrund seiner unsicherheitsschaffenden Momente in hohem Maße mit der Gefahr verbunden, von den betroffenen Individuen als ‚persönliche Bedrohung' empfunden zu werden, da die bisher existierenden Lebensgrundlagen – seien sie auch noch so bescheiden gewesen – ins Wanken geraten.[22] Für eine behutsame Restrukturierung der Unternehmenssektoren in der ehemaligen DDR spricht daher die Befürchtung einer ‚mentalen Transformationsblockade' der Individuen, die sich insgesamt transformationshemmend auswirken könnte. Aus dieser Perspektive wären Gründungshilfen für neue Unternehmungen und Unterstützungen sowie Existenzgarantien für bestehende Unternehmungen ein vermeintlich hilfreiches transformationspolitisches Konzept. Der Auf- und Umbau der Unternehmensstrukturen würde gleichsam wirtschaftspolitisch gesteuert.

Dieser Vorstellung ist allerdings folgendes entgegenzuhalten: In einer marktwirtschaftlichen Wettbewerbsordnung ergeben sich die Unternehmensgrößenstrukturen als Ergebnis von Markt- und Wettbewerbsprozessen und nicht auf der Grundlage politischer Planungen.[23] Insofern ist die Idee eines ‚gesteuerten Umbaus der Unternehmensstrukturen' als fragwürdig anzusehen. Aus erkenntnistheoretischer Perspektive ließe sich hierzu einwenden, daß der erfolgreichen Umsetzung einer solchen transformationspolitischen Strategie das Problem der ‚ubiquitären Unwissenheit' entgegenstünde. Gerade weil die Unternehmensstrukturen sich erst als unvoraussagbares Ergebnis eines prozessualen Markt- und Wettbewerbsgeschehens herausbilden, ist deren ex ante-Planung nicht möglich. Von daher kann es realiter nur darum gehen, die diesbezüglichen transformationspolitischen Maßnahmen derart auszugestalten, daß weder spontane Markt- und Wettbewerbsprozesse behindert, noch die aus Transformationsfriktionen genährten Widerstände gegen den Transformationsprozeß überhandnehmen. Es handelt sich hierbei somit um eine ‚ordnungspolitische Wanderung auf Messers Schneide', de-

---

[21] Vgl. zur Rolle und Konkretisierung einer ‚sozialpolitischen Flankierung der Systemtransformation' die Beiträge von *Peterhoff* (1991); *Schüller* und *Weber* (1998); *Weber* (1999) und *Fey* (2002).

[22] Es erstaunt daher keineswegs, daß im alltäglichen Sprachgebrauch für die Veränderungen im Bereich der Unternehmensstrukturen der ehemaligen DDR negativ konnotierte Begriffe wie „De-Industrialisierung" oder gar „Plattmachen" geprägt wurden.

[23] Vgl. hierzu *Fehl* (1991, S. 115): „Betriebs- und Unternehmensgrößenstrukturen in Marktwirtschaften werden nicht durch wirtschaftspolitische Maßnahmen – jedenfalls nicht in toto – bewußt geplant, sondern bauen sich im Rahmen des wirtschaftlichen Regelwerkes spontan als Ergebnis von Marktprozessen auf. Gänzlich anders liegen die Dinge in der Zentralverwaltungswirtschaft, in der schon die Herstellung einer bestimmten Betriebs- und Kombinatsstruktur unmittelbar den Bedürfnissen der Zentralplanung folgt."

ren Bewältigung für den Erfolg der Systemtransformation im materialen Sinn von entscheidender Bedeutung ist.[24]

Eine Politik der ,Insolvenzermöglichung' oder gar ,-erzwingung' ist, soll eine „Wettbewerbsordnung" *Eucken*scher Prägung angestrebt werden, ,positiv' notwendig, um die aus den Ordnungsbedingungen erwachsenden Anreiz- und Sanktionswirkungen zur Geltung zu bringen. Unter diesem Gesichtspunkt betrachtet, ist daher folgende Frage von grundsätzlicher Bedeutung für die Transformationspolitik: Ist es möglich, die den (gewollten) Ordnungsbedingungen immanenten Anreiz- und Sanktionswirkungen durch ordnungswidrige, also nicht ordnungs- und transformationskonforme Maßnahmen zum Durchbruch zu verhelfen? Oder besteht nicht vielmehr die Gefahr, daß durch eine (offiziell legitimierte) ,temporäre Leugnung' der Spielregeln der neuen Ordnung die Individuen (Spieler) zu einem durch Gewöhnungseffekte verstärkten ,Mißverständnis' der erst noch über Lernprozesse zu internalisierenden Ordnungsbedingungen angehalten werden? Verschlechtert sich damit nicht automatisch die Bereitschaft, die bestehenden Probleme ursachenadäquat zuzuordnen, was wiederum für die Akzeptanz des Transformationsprozesses wichtig wäre?[25]

Die erste Frage und die aus ihr abgeleiteten Vermutungen zeigen deutlich, daß die Ordnungsbedingungen des ,Transformationsziels' nicht gegen alle transformationspolitischen Maßnahmen resistent sind. Im hier interessierenden Kontext der Unternehmensinsolvenzen ist daher davon auszugehen, daß die in den Ordnungsbedingungen konkretisierten Eigentums-, Haftungs- und Vertragsprinzipien nicht durch zwar transformationspolitisch motivierte, letztendlich aber diskretionärer und politischer Willkürlichkeit offenstehender Maßnahmen konterkariert werden dürfen. Andernfalls ist zu erwarten, daß der Prozeß der materialen Systemtransformation, hier in Gestalt einer Umstrukturierung der Unternehmenssektoren sowie -größen im Hinblick auf die Anforderungen der neuen Ordnungsbedingungen verlangsamt wird, was wiederum die Anpassungskosten der Systemtransformation erhöhen dürfte, wenn man davon ausgeht, daß die weiterhin

---

[24] Weiterhin ist in diesem Zusammenhang auf die Bedeutung der „Privatisierung" im Transformationsprozeß hinzuweisen. Aus ordnungsökonomischer Sicht ist völlig klar, daß die auf staatlicher Ebene angesiedelten Eigentumsrechte umfassend privatisiert werden müssen. Dies stellt jedoch keine triviale Aufgabe dar, wie aus der umfangreichen Literatur zu dieser Problematik leicht ersichtlich. Zu den verschiedenen Methoden der „Privatisierung" siehe statt vieler *Quidde* (1996).

Der Themenkomplex „Privatisierung" umfaßt – allgemein gesprochen – die Ebenen der „Zulassung neuer Unternehmen" (,grass-roots-Privatization'; vgl. hierzu die differenzierte Analyse von *Brockmeier* 1998, S. 364-378), die „Entflechtung staatlicher Betriebe" sowie die „Privatisierung staatlicher Betriebe". Wie die Erfahrungen im Transformationsprozeß der DDR zeigen, treten die beiden letztgenannten Ebenen häufig in Kombination auf, da erst mit der Entflechtung der Kombinate überhaupt veräußerungsfähige und somit privatisierbare Unternehmenseinheiten entstanden sind. Eine neuere Studie von *Süß* (2001) legt den Schwerpunkt der Privatisierungsanalyse auf die Länder Polen, Ungarn und die Tschechische Republik.

[25] Bei allen möglichen Fehlern, die im Rahmen der Systemtransformation begangen werden können bzw. begangen worden sind, ist doch immer wieder darauf hinzuweisen, daß die eigentliche Ursache der Transformationsprobleme im Niedergang und desaströsen Zustand der jeweiligen ,Transformationsbasis' zu suchen ist.

,konservierten' Unternehmen und Unternehmensstrukturen nicht wettbewerbsfähig sind.[26]

Deshalb ist es aus ordnungstheoretischer Sicht durchaus zu begründen, die Insolvenzsanktion voll zur Wirkung kommen zu lassen. Je klarer, schärfer und (straf-) rechtlich bewehrter diese Sanktion in den Ordnungsbedingungen verankert ist, desto größer ist vermutlich die prophylaktische Wirkung auf das Verhalten der Wirtschaftssubjekte im Hinblick auf das von ihnen einzugehende Risiko und auf das dabei notwendig werdende (Vertrags-)Verhalten untereinander. Dies wiederum könnte sich positiv auf die tatsächlich auftretende Anzahl von Unternehmensinsolvenzen auswirken. Es wird somit die These aufgestellt, daß ein wirtschaftspolitischer Einfluß auf die Insolvenzentwicklung eher über eine adäquate institutionelle Rahmengestaltung als über eine Politik der aktiven und fallweisen Insolvenzverhinderung ausgeübt werden kann. Ausnahmeregelungen in diesem Bereich führen vermutlich dazu, daß das Haftungs- und Sanktionssystem der neuen Ordnung strukturell geschwächt zur Entfaltung kommen wird, da zu viele Interessen(-gruppen) im Vorfeld in entgegengesetzter Richtung ihren Einfluß geltend zu machen versuchen.

5.4.1.3. Zwischenergebnis: Die normative Kraft des Faktischen und die faktische Kraft des Normativen im Transformationsprozeß

Wie die bisherige ordnungsökonomische und erkenntnistheoretische Analyse gezeigt hat, wirken sich die Ordnungs- und damit Erkenntnisbedingungen der ,Transformationsbasis' und des Transformationsziels' gleichzeitig auf die ,Insolvenzgeschehnisse im Transformationsprozeß' aus. Während beispielsweise *Thalheim* (1971, S. 79) von einer „Affinität zwischen Zentralverwaltungswirtschaft und Großbetrieb" spricht, folgert *Krüsselberg* (1969; 1973) für die wettbewerblich organisierte Marktwirtschaft ein „Kontinuum von Unternehmensgrößen". Insofern läßt sich von ,optimalen Unternehmensgrößen' und (damit zusammenhängend) von ,optimalen gesamtwirtschaftlichen Unternehmensstrukturen' sinnvoll auch nur im Rahmen von zentralverwaltungswirtschaftlichen Ordnungsbedingungen sprechen. Nur hier besteht – zumindest theoretisch – die Möglichkeit, im Zuge der vollständigen Planung aller ökonomischen Parameter auch die Unternehmensgrößen in bezug auf die Plananforderungen zu optimieren. Daß dieser (übersteigerte) konstruktivistische Machbarkeitsglaube aus ordnungs- und erkenntnistheoretischer Sicht zum Scheitern verurteilt ist, muß nicht noch einmal gesagt werden.

Für den ,Transformationsprozeß' resultiert daraus folgendes: Für die ,Transformationsbasis' ist eine jeweils typische Unternehmensstruktur charakteristisch. Aus den unter

---

[26] Diese Annahme dürfte nicht zu gewagt sein und die Realitäten im Transformationsprozeß einigermaßen genau widerspiegeln. Häufig ist daher ein ,Ende mit Schrecken' kostengünstiger als ein ,Schrecken ohne Ende' und somit aus ökonomischer Sicht vorzuziehen. Anders verhält es sich mit dieser Frage, wenn man die politische Ebene betrachtet. Aus politischer Sicht dürfte eine Präferenz für ordnungswidrige Erhaltungssubventionen zur Geltung kommen, da die ,politische Fühlbarkeit' von (Massen-)Entlassungen ungleich höher ist, als die politische Sanktion nach einem fehlgeschlagenen Rettungsversuch seitens des Staates.

dem Stichwort der ‚aufgestauten Insolvenzen'[27] diskutierten Gründen ist davon auszugehen, daß sich dieses Faktum signifikant auf die Entwicklung der Unternehmensstrukturen im ‚Transformationsprozeß' auswirkt. Je nach dem Ausmaß der Unternehmensstrukturdiskrepanz zwischen ‚Transformationsbasis' und ‚Transformationsziel' ist bei gegebener Transformationspolitik von einem mehr oder weniger langen Zeitbedarf des Umbaus auszugehen.

In diesem Kontext erweist sich die an anderer Stelle der Untersuchung skizzierte Rolle des Raumverhältnisses zwischen ‚Transformationsbasis' und ‚Transformationsziel' insoweit als bedeutsam, als vermutet werden kann, daß eine ‚binnen-integrative Transformation', wie im Fall der DDR (und eventuell zukünftig Nordkoreas) zusätzliche Probleme verursacht, da hier der ‚normative Druck der Unternehmensstrukturfakten des Transformationsziels' im ‚Transformationsprozeß' stärker zur Geltung kommen dürfte. Transformationsländer, die sich hinsichtlich ihrer räumlichen Ausdehnung keinerlei Veränderungen gegenübersehen, können über die Wahl des ‚Transformationsziels' und den damit verbundenen Wirkungen auf die Unternehmensstrukturen den potentiellen Druck im ‚Transformationsprozeß' mildernd zu steuern versuchen, und dies im Einklang mit dem gewählten ‚Transformationsziel'. Diese Option ist völkerrechtlich ‚beitretenden Transformationsländern' von vornherein verwehrt. Schließlich ist zu betrachten, was bei eigenständigen Transformationen, wie im Fall der ehemaligen Tschechoslowakei oder den Nachfolgestaaten der ehemaligen Sowjetunion, zu erwarten ist. In diesen Fällen dürfte es entscheidend darauf ankommen, wie die ‚unternehmensstrukturellen Altlasten' verteilt sind. Dies hängt wiederum davon ab, wie die jeweiligen Regionen bzw. jetzt Staaten unter den alten Ordnungsbedingungen in die Arbeitsteilung ‚eingeplant' waren.

Somit zeigt sich in allen drei diskutierten Konstellationen, daß die ‚Transformationsbasis' mit ihren spezifischen Unternehmensstrukturen strukturell die weitere Entwicklung im Rahmen des Transformationsprozesses beeinflußt. Gleichzeitig wirkt die mit der Wahl des ‚Transformationsziels' mehr oder weniger konkretisierte neue Unternehmensstruktur auf den ‚Transformationsprozeß' ein. Von daher beeinflußt die ‚Transformationsbasis' den ‚Transformationsprozeß' mit den überkommenen (Betriebs-)Fakten, das ‚Transformationsziel' wirkt auf den ‚Transformationsprozeß' mit seinen aktuellen – bzw. potentiellen, also zukünftigen – (Unternehmens-)Fakten. Aus dieser Sicht könnte für die transformationspolitische Gestaltung viel dafür sprechen, den Prozeß der völligen Neuausrichtung der Unternehmensstrukturen möglichst ungestört von staatlichen Interventionen vonstatten gehen zu lassen. Dies umso mehr, als aus erkenntnistheoretischer Perspektive niemand in der Lage sein dürfte, die jeweiligen Prozeßabläufe und -ergebnisse im Vorfeld zu kennen, so daß hier die Entdeckung der ordnungskompatiblen Unternehmensstrukturen dem Wettbewerb auf den verschiedenen Güter- und Faktormärkten überlassen bleiben sollte.

---

[27] *Fehl* (1991, S. 123) bezeichnet die „Abwesenheit von Konkursen" in ihrer Konsequenz für den Transformationsprozeß folgendermaßen: „Man kann dies auch so umschreiben, daß es in einer Zentralverwaltungswirtschaft gewissermaßen einen ‚Rückstau' von Konkursen gibt".

Neben den ordnungsabhängigen Unternehmensstrukturen, bedingen die fundamental unterschiedlichen Ordnungsbedingungen auch eine diametral entgegengesetzte normative Vorstellung davon, wie das Problem der Erzeugung und Verbreitung von Wissen in einer Gesellschaft gelöst werden kann und (damit zusammenhängend) wann und unter welchen Bedingungen ‚Wissen' als nicht bewährt zu gelten hat und weiterhin, welche Konsequenzen daraus zu ziehen sind. Ohne die bereits dargelegten ordnungs- und erkenntnistheoretischen Argumente zu diesen Problemstellungen erneut aufzugreifen, scheint es an dieser Stelle dennoch geboten zu sein, die wesentlichen normativen Unterschiede der Ordnungs- und Erkenntnisbedingungen, sowie ihre Ursachen und Konsequenzen im Hinblick auf die Insolvenzproblematik im Transformationsprozeß zusammenzufassen. Auf diese Weise wird die faktische Kraft normativer Vorstellungen von ‚Transformationsbasis' und ‚Transformationsziel' auf den ‚Transformationsprozeß' deutlich.

In einer Zentralverwaltungswirtschaft ist das ‚Wissensproblem' gelöst bzw. dauerhaft lösbar. Dies jedenfalls liegt der damit verbundenen Ordnungsidee zugrunde: Die Entscheidungsträger – die sog. Nomenklatura – benötigen zu ihrer Legitimation und zur Legitimation der Ordnungskonzeption den Anspruch auf ‚überlegenes' und vor allem ‚wahres Wissen'. Um diese Legitimationsbasis nicht erodieren zu lassen oder gar ad absurdum zu führen, kann es in einer Zentralverwaltungswirtschaft keine Unternehmensinsolvenzen geben, da diese als Beleg für die Falschheit des als ‚überlegen' ausgegebenen Wissens interpretiert werden könnten. Mit dem Eintreten des Transformationsfalls und damit einer ‚Transformationsbasis' wird diese Informations- oder Wissensanmaßung offenbar.

In einer Wettbewerbsordnung wird das ‚Wissensproblem' als permanente Aufgabe angesehen. Auch Unternehmensinsolvenzen sind im Wettbewerbsprozeß nicht ohne weiteres Zeichen für mangelhafte marktwirtschaftliche Ordnungsbedingungen.

Wie die vorausgegangenen Ausführungen gezeigt haben, ist die grundverschiedene Entfaltung der Wissenslogik in den betrachteten Ordnungsbedingungen im Hinblick auf die erkenntnistheoretische Einordnung des Phänomens „Unternehmensinsolvenzen" ein weiteres Argument dafür, daß im ‚Transformationsprozeß' auch in diesem Fall von einer zweiseitigen Einflußnahme ausgegangen werden kann. Die jeweiligen mit den Ordnungsbedingungen verknüpften normativen Vorstellungen beeinflussen somit die konkrete Insolvenzentwicklung im Transformationsprozeß: Die Bereitschaft der ökonomischen und der politischen Entscheidungsträger sowie der Bevölkerung, Unternehmensinsolvenzen im Transformationsprozeß als eine notwendige und vor allem mit den gewollten Ordnungsbedingungen des ‚Transformationsziels' in Einklang stehende Erscheinung zu akzeptieren, ist maßgeblich mit dafür verantwortlich, inwieweit das Insolvenzgeschehen als potentiell immer mögliches Ergebnis genau dieser Ordnungsbedingungen interpretiert wird. Es geht also aus transformationspolitischer Sicht darum, eine ‚ordnungsökonomische Sensibilisierung' der an der Systemtransformation Beteiligten zu initiieren, um auf diese Weise zu verhindern, daß Anspruch und Wirklichkeit von Ordnungsideen – hier: Zentralverwaltungswirtschaft und Wettbewerbsordnung – in ihrem Einfluß auf das reale Geschehen unsachgemäß miteinander kombiniert werden.

Diese transformationspolitische Aufgabe bezieht sich für ‚binnen-integrative Transformationsländer' (DDR) unausweichlich nicht nur auf die Individuen der ‚Transformationsbasis' (ehemalige DDR-Bürger), sondern auch auf die Individuen des ‚Transformationsziels' (ehemalige Bürger der ‚alten' Bundesrepublik Deutschland). Diese Einsicht ist keineswegs gesichert, wie Erfahrungen zeigen. In Westdeutschland werden Bedeutung und Rolle von „Unternehmensinsolvenzen" in einer Wettbewerbsordnung vielfach nicht (mehr) verstanden, wenn auch schließlich hingenommen, wie die Entwicklung in Westdeutschland zeigt.

Eine völlig andere Frage ist in diesem Zusammenhang, wie mit wirtschaftspolitisch (mit-)verursachten Unternehmensinsolvenzen umgegangen werden soll. Wenn die wirtschaftspolitischen Akteure mit ihrem Handeln für verschiedene Unternehmensgrößen, -sektoren oder -rechtsformen unterschiedlich wirkende Rahmenbedingungen schaffen, dann sind die daraus – zumindest mittelbar – mit verursachten Unternehmensinsolvenzen durchaus anders zu beurteilen, als diejenigen, die bei einer nicht diskretionären Wirtschaftspolitik auftreten. Die Schwierigkeit besteht in der Praxis allerdings darin, einen klaren Kausalzusammenhang zwischen politischer Rahmensetzung und Unternehmensinsolvenzen herzustellen. Wenn nicht unternehmerisches, sondern politisches Versagen zum Zusammenbruch von Unternehmen führt, dann sind die Konsequenzen im Sinne des Verursacherprinzips auch von der politischen Ebene zu tragen. Bei einer Wirtschaftspolitik, die als Wirtschaftsordnungspolitik (*Eucken*) ausgestaltet ist, entfällt für die Unternehmer die Möglichkeit zur Exkulpation. In diesem Fall sind sie (allein) für die Unternehmensentwicklung verantwortlich.

Für die Bürger der ‚Transformationsbasis' (ehemalige DDR) gilt das konstatierte ‚Mißverständnis' erst recht, da sie über Jahrzehnte unter Bedingungen ohne „Unternehmensinsolvenzen" gelebt haben.

Das Problem ‚insolvenzbedingter Transformationsbarrieren' resultiert von daher aus zwei Gründen: Einerseits aus der normativen Kraft faktischer Gegebenheiten der ‚Transformationsbasis' und des ‚Transformationsziels'. Andererseits aus der faktischen Kraft normativer Vorstellungen, die in den abzulösenden und den zu schaffenden Ordnungsbedingungen angelegt sind. Auf diesem Weg droht dem Phänomen „Unternehmensinsolvenzen im Transformationsprozeß" eine umfassende Stigmatisierung, die im Hinblick auf die Etablierung und Durchsetzung der neuen Ordnungsbedingungen sowie der damit verbundenen Lernprozesse einen negativen Einfluß auf die Generierung von Vermutungswissen haben dürfte. Damit jedoch, wird der eigentliche Motor einer erfolgversprechenden Systemtransformation, nämlich die Erzeugung, Verbreitung und Kritik von Hypothesen im Wettbewerbsprozeß ineffizient genutzt.

Unternehmen sind in der hier gewählten Perspektive als der zentrale Ort der Generierung von Vermutungswissen anzusehen. Aus dieser Interpretation der Bedeutung von Unternehmen für das Erkenntniswachstum in wettbewerblichen Marktprozessen folgt, daß das Phänomen der „Unternehmensinsolvenzen" diesem Prozeß nicht hinderlich, sondern im Gegenteil: von Vorteil für die Erkenntniszunahme in einer Wettbewerbsordnung ist.

5.4.2. Unternehmensinsolvenzen im Transformationsprozeß aus erkenntnistheoretischer Sicht

Unternehmensinsolvenzen im Transformationsprozeß sind eine empirische Tatsache. Die folgenden Ausführungen konzentrieren sich auf eine erkenntnistheoretisch argumentierende Interpretation des Insolvenzgeschehens im ‚Transformationsprozeß'.

5.4.2.1. Zur statischen Interpretation der Unternehmensinsolvenz als ‚Werte- und Erkenntnisvernichter'

Im Kern ist die ‚Werte-Vernichtungsthese' das Ergebnis eines statischen Unternehmensverständnisses: Unternehmungen bestehen in dieser Sichtweise aus einer Kombination von materiellen und immateriellen Gütern, Leistungen und Produktionsfaktoren, die zu einem bestimmten Stichtag einen bestimmten Wert haben. Der wie auch immer ermittelte Unternehmenswert ist demzufolge höher als im Falle eines Konkurses oder einer Insolvenz. Bei der Behandlung der Bewertungsproblematik im Insolvenzusammenhang zeigte sich, daß die Gegenwartsbewertung der Vermögenstatbestände einer Unternehmung und erst recht deren Fortschreibung in die Zukunft hinein erhebliche Schwierigkeiten machen.[28]

Der Gegenwartswert einer Unternehmung ist das Ergebnis von Hypothesen in der Vergangenheit und der bisherigen Bewährung derselben unter Wettbewerbsbedingungen. Insoweit handelt es sich bei den Vermögensgegenständen von Unternehmungen um überkommene ‚materialisierte Hypothesen'. Eine schlüssige Wertfortschreibung würde voraussetzen, daß entweder alle Parameter, die die Wertentwicklung der Vermögensgegenstände beeinflussen, konstant blieben oder wenn bei veränderten Parametern deren Konsequenzen für die Vermögensbewertung bekannt wären. Beide Fälle dürften eher unwahrscheinlich sein. Wer wollte mit Sicherheit abschätzen, wie sich die Produkte und Leistungen einer Unternehmung („Primärhypothesen") zukünftig im Wettbewerbsprozeß bewähren werden und welche Folgen dies für den Wert der Vermögensgegenstände hat? Soweit Bewertungen einem wettbewerblichen Entdeckungsverfahren unterliegen, ist das konkrete Ergebnis nicht voraussagbar, sonst müßte man sich nicht dieses Verfahrens bedienen.

Und wie steht es mit der Annahme, daß die Existenz einer Unternehmung besser ist als deren Nicht-Existenz? In der hier eingenommenen Sicht werden Unternehmungen als Theorien oder Hypothesenbündel aufgefaßt, die auf ‚Vermutungswissen' beruhen; es gilt das ‚Fallibilitätspostulat'. Theorien oder Hypothesen können sich immer nur in bezug auf einen vergangenen Zeitraum bewähren im Sinne einer ‚Bisher-Bewährung'.

---

[28] Auch neuere Methoden der Unternehmensbewertung können an dieser erkenntnistheoretischen Restriktion nichts ändern. Unternehmensbewertung ist und bleibt im wesentlichen eine an vergangenheitsorientierten Daten ausgerichtete Interpretation der Gegenwart. Auch an investitionstheoretischen Kalkülen ansetzende und somit rechnungsmäßig in die Zukunft weisende Verfahren wie der ‚value-at-risk'-Ansatz können an dieser prinzipiellen Feststellung nicht viel ändern, da auch diese Verfahren immer nur hypothetischen Charakter haben können. Für einen Überblick über die gängigen Verfahren der Unternehmensbewertung und deren Kritik siehe beispielsweise die Arbeiten von *Moxter* (1983) und *Schneider* (1995).

Daraus folgt: Unternehmungen werden mit allem, was sie spezifisch ausmacht, im Wettbewerbsprozeß getestet; die zugrundeliegenden Hypothesen mögen zu einem Zeitpunkt t_0 gebildet worden sein. Folglich spiegelt der Wert einer Unternehmung zum Zeitpunkt t_1 deren Bewährung für den Zeitraum t_0 bis t_1 wider. Dabei ist es unerheblich, ob die ursprünglichen Hypothesen in diesem Zeitraum variiert oder gleichsam nur aus der Vergangenheit fortgeschrieben wurden. Dies liegt bei ‚guter Bewährung' nahe. Ausgeschlossen ist es jedoch, den Unternehmenswert zum Zeitpunkt t_1 als Ergebnis eines Wettbewerbsprozesses im Zeitraum t_1 bis t_2 zu bestimmen, wie schon gesagt.

Mit welcher Begründung, so ist dann weiter zu fragen, können dann Aussagen derart gemacht werden, ob die Fortexistenz eines Unternehmens vorteilhaft ist? Womit soll der Unternehmenswert zum Zeitpunkt t_1 verglichen werden, um eine derartige Feststellung zu rechtfertigen? Vergangenheitsbasierte Vergleichswerte sind irrelevant, da die ‚Uhr der Hypothesen bzw. Entscheidungen' nicht zurückgedreht werden kann. Zukunftsorientierte Vergleichswerte gibt es aus den dargelegten Gründen nicht. Es verbleiben also ausschließlich gegenwartsbasierte Vergleichswerte. Dies aber heißt nichts anderes, als daß der Unternehmenswert ‚selbstreferentiell' im Sinne der *Luhmann*schen Systemtheorie ist; demzufolge wäre das Unternehmen im Prinzip sein eigener Vergleichsmaßstab. Dies wiederum ist im Hinblick auf die Individualität und Singularität – und aus gesamtwirtschaftlicher Sicht: Heterogenität – der unternehmensbezogenen Hypothesenbündel auch nicht weiter überraschend. Damit ist jedoch die eingangs gestellte Frage nur insofern verständlich, als daß diejenigen, deren Werte in einem Unternehmen spezifisch gebunden sind, an der Werterhaltung oder -steigerung existentiell interessiert sein können. Ob es nicht vorteilhafter wäre, diese Werte anderweitig einzusetzen, hängt u.a. von den Opportunitätskosten bzw. den Kosten der ‚Umbewertung' ab. Dies wiederum kann nur hypothetisch eingeschätzt werden.

Somit entfällt auf über-individueller Ebene jede Grundlage eines gegenwartsbezogenen Räsonierens über die Vorteilhaftigkeit der Existenz oder Nicht-Existenz einer Unternehmung. Die Werte einer Unternehmung zum Zeitpunkt t_1 sind letztendlich ein positives Diktum derjenigen, die die Unternehmenshypothesen im Wettbewerb mit anderen Problemlösungen getestet haben. Auch von daher entbehrt die normative Beurteilung des Status quo einer Unternehmung zum Zeitpunkt t_1 jeder über-individuellen Grundlage. Wenn also die Werte oder der Wert einer Unternehmung und die diesen zugrundeliegenden ‚materialisierten Hypothesen' vergangenheitsabsolut (Bisher-Bewährung) und zukunftsrelativ (Noch-nicht-Bewährung), bezogen auf einen bestimmten gegenwärtigen Zeitpunkt, sind, so ergibt sich daraus, daß das Phänomen „Unternehmensinsolvenzen" weder zu einer ‚Wert-' noch zu einer ‚Erkenntnisvernichtung' führt. Unternehmenswerte stehen repräsentativ für bisher bewährte Unternehmenshypothesen. Ob und wie sich diese oder die neu zu generierenden Unternehmenshypothesen in der Zukunft bewähren, bleibt im Wettbewerbsprozeß unausweichlich offen.

Von daher ‚vernichtet' die Unternehmensinsolvenz als solche keine ‚Werte', sondern fördert nur ‚fehlerhafte Unternehmenshypothesen' ans Licht. Gerade in dieser Funktion erweist sich der Wettbewerb als ein Prozeß der Kritik von Hypothesen und nur auf dem Weg der kritischen Überprüfung von Vermutungswissen ist Erkenntnisfortschritt zu erwarten.

5.4.2.2. Zur dynamischen Interpretation der Unternehmensinsolvenz als ‚Quelle von Vermutungswissen'

Eine *statische* Interpretation des Phänomens „Unternehmensinsolvenzen" wird dem wettbewerblichen Kontext des Bewährungstests, dem Unternehmen ausgesetzt sind, nicht gerecht. Wie sieht es mit einer *dynamischen* Interpretation aus?

Die Eröffnung eines Insolvenzverfahrens leitet einerseits einen in die Zukunft gerichteten Prozeß (das Insolvenzverfahren) ein, andererseits ist aber gerade im hier interessierenden Zusammenhang von besonderer Bedeutung, daß auch ein in der Vergangenheit initiierter Prozeß sein (vorläufiges) Ende findet.[29]

Entscheidend für ein *dynamisches* Verständnis des Phänomens „Unternehmensinsolvenz" ist in diesem Zusammenhang die ‚Miteröffnung' eines Lernprozesses, der auch und gerade aus ‚Fehlern' und somit ‚nicht-bewährten Hypothesen' gespeist wird. Aus Fehlern können Individuen lernen, möglicherweise sogar mehr als aus Erfolgen im Sinne ‚bewährter Hypothesen'.

Unternehmensinsolvenzen stehen üblicherweise am Ende eines wettbewerblichen Prozesses der kritischen Überprüfung von Unternehmenshypothesen. Da das Ergebnis des Wettbewerbsprozesses niemandem im vorhinein bekannt sein kann, eignet sich der Wettbewerb als „Organon der Kritik" (*Popper*) in besonderer Weise. Er gewährleistet eine interessenunabhängige Prüfung der sich im Wettbewerb der Problemlösungen darbietenden Hypothesen. Im Wettbewerb entstehen auch die Voraussetzungen dafür, daß das den ‚Unternehmens-Materialisierungen' inkorporierte Wissen im Wettbewerbsprozeß selbst weiterentwickelt werden kann, denn ohne die durch den Wettbewerb ausgelösten monetären und sonstigen Rückkopplungsimpulse würde ein Anpassungsbedarf vielleicht gar nicht sichtbar werden.

Die weiter oben aufgeworfene Frage, ob nicht Unternehmensinsolvenzen Werte ‚vernichten', ist von daher zu verneinen: Nicht die Unternehmensinsolvenz im Zeitpunkt t_1, sondern die der Unternehmensinsolvenz vorangegangenen Unternehmensaktivitäten im Wettbewerbsprozeß bis zum Zeitpunkt t_1 haben Werte ‚vernichtet'. Allerdings ist auch hier der Ausdruck ‚vernichten' und die mit ihm verbundene negative Assoziation in einer erkenntnistheoretischen Interpretation nicht angebracht. Grundsätzlich gibt es im ökonomischen Bereich keine ‚absoluten Werte' für Güter, Leistungen und Produktionsfaktoren und schon gar nicht in einem zeit-, raum- und sachlosen Kontext.

Für eine *dynamische* Interpretation des Insolvenzphänomens spricht der vorangegangene schleichende Prozeß abnehmender unternehmerischer Leistungsfähigkeit; typische Kennzeichen sind häufig zunehmende „Inanspruchnahme von Lieferantenkrediten" sowie die „zeitliche Streckung von Verbindlichkeitsablösungen".[30] Hieraus könnten Rückschlüsse auf die Solvenz des Geschäftspartners gezogen werden. Ob diese dann ihre eigenen diesbezüglichen Hypothesen anzupassen gewillt und in der Lage sind, ist eine

---

[29] Die Aussage erfolgt deshalb im Singular, weil das „Insolvenzverfahren" über die Unternehmung als Ganzes und nicht über eine der vielen Hypothesen aus dem Hypothesenbündel „Unternehmung" eröffnet wird.

[30] Zu diesen und anderen Beispielen aus der Praxis siehe *Creditreform* (2002).

ganz andere Frage, die für die hier interessierende Problemstellung von nachrangiger Bedeutung ist. Für die im Betrieb Beschäftigten sind beispielsweise „verspätete Lohnzahlungen" ein Indiz in diese Richtung. Ob ein Beschäftigter daraus den Schluß zieht, nach einem neuen Arbeitgeber Ausschau zu halten, ist ebenso eine individuelle Entscheidung und als Anpassungsform oder -reaktion in bezug auf die eigene Hypothese zu interpretieren. Diese Beispiele verdeutlichen bereits, daß die „Unternehmensinsolvenz" nicht ‚vom Himmel fällt', sondern Teil des ‚permanenten Lernens' im Wettbewerbsprozeß ist.

Wenn man davon ausgeht, daß die Individuen selbst bzw. im Rahmen der von ihnen gebildeten Unternehmen in der Lage sind, aus Fehlern zu lernen, dann spricht einiges dafür, daß sie aus der Analyse der Ursachen ihrer fallierten Hypothesen Schlußfolgerungen ziehen werden, die den Erkenntnishorizont der Betroffenen erweitern. Hierbei spielt es prinzipiell keine Rolle, daß dieser Lerneffekt mit Kosten der Umstellung und Neuausrichtung der individuellen Hypothesen verbunden ist, wobei sich die potentiellen Erträge dieser Anpassungen nicht quantifizieren lassen. Ob sich der ‚erzwungene Lernprozeß' mit eventuell neuen Hypothesen bewähren wird, ist eine Frage, die wiederum im zukünftigen Wettbewerbsprozeß entschieden wird. Fest steht nur, daß die Fehler der Vergangenheit als solche nicht weiter perpetuiert werden. Schon dies allein ist Grund genug von der gesamtwirtschaftlichen Vorteilhaftigkeit von „Unternehmensinsolvenzen" auszugehen.

Schließlich ist ein letztes wichtiges Argument anzuführen: Eine „Unternehmensinsolvenz" führt für den Fall, daß eine Unternehmung liquidiert wird, zur Auflösung des bisherigen Hypothesenbündels. Die einzelnen Hypothesen des Bündels verlieren ihren gemeinsamen Bezugspunkt. Damit sind sie jedoch nicht wertlos, sondern sie erlauben im Rahmen der bereits beschriebenen Lernprozesse die Bildung neuen Vermutungswissens. Aus der Nicht-Bewährung im bisherigen Hypothesenkontext der fallierten Unternehmung können demnach positive Rückkopplungen für den individuellen und unternehmensbezogenen Erkenntnishorizont resultieren. Beispielsweise können die Individuen als Träger der getesteten Hypothesen ihre durch Schlußfolgerungen modifizierten bzw. gänzlich neuen Hypothesen in eine neue Theorie „Unternehmung" einbringen bzw. diese möglicherweise selber formulieren, also eine „Unternehmung" gründen.

Von daher ist es auch nicht richtig, von der ‚Vernichtung' von Erkenntnissen zu sprechen. Im Gegenteil: Da auch jegliche Erkenntnis raum- und zeitrelativ ist, und dies insbesondere im ökonomischen Wettbewerb eines der tragenden Prinzipien darstellt, bedeutet es gerade keinen Verlust an ‚Erkenntnis', wenn eine Unternehmung sich im Wettbewerb nicht bewährt. Vielmehr stellt das fallierte Unternehmen eine Quelle für die Erzeugung vielfältigen neuen Vermutungswissens dar. Eine „Unternehmensinsolvenz" ist somit nicht das Ende eines auf Lernen basierenden Erkenntnisprozesses, sondern bedeutet einen Neueinstieg in diesen Lernprozeß. Hierbei wird unterstellt, daß der menschliche ‚spirit of competition' und geeignete Ordnungsbedingungen ausreichen, den Lernprozeß in Bewegung zu halten. Dies ist die Basis für Erkenntnis- und somit letztlich Wohlstandswachstum.

Ordnungsbedingungen des Wettbewerbs können nie von einer Art sein, daß alle Unternehmen ausschließlich erfolgsgekrönte Hypothesen bilden. Nur die Individuen handeln und haften für ihr Tun oder Unterlassen in einer auf Eigeninitiative angelegten Ordnungskonzeption. Folglich ist die Formulierung der Hypothesen im Unternehmensbereich ausschließlich auf die Individuen zurückzuführen. Von daher sind auch Unternehmungen prinzipiell keine Opfer der Ordnungsbedingungen, wenn sie im Wettbewerb scheitern. Freilich kann es Ordnungsbedingungen geben, die indirekt ein Scheitern begünstigen, wie z.B. eine geld- und konjunkturpolitische ‚stop-and-go'-Politik und überhaupt mangelnde Konstanz der Wirtschaftspolitik.

Als Fazit ist festzuhalten, daß „Unternehmensinsolvenzen" weder ‚Werte' vernichten noch zum Rückgang von ‚Erkenntnis' beitragen. In der hier skizzierten Perspektive führen „Unternehmensinsolvenzen" über Lernprozesse zu neuem Vermutungswissen. Sie tragen auf diese Weise zum Wachstum an ‚Erkenntnis' bei und sind deshalb auch nicht per se negativ zu beurteilen.

5.4.3. Ergebnis der Analyse: Unternehmensinsolvenzen als ‚Transformationsbeschleuniger'

„Unternehmensinsolvenzen" sind im Rahmen einer Wettbewerbsordnung eine „normale" Erscheinung. Im Transformationszusammenhang ist deshalb die Wirkung von Unternehmensinsolvenzen auf den Transformationsprozeß selbst von besonderem Interesse. Infolgedessen wird die These vertreten, daß Unternehmensinsolvenzen als ‚Transformationsbeschleuniger' wirken. Wie läßt sich diese These untermauern?

5.4.3.1. Ordnungstheoretische Begründung

Die Beurteilung aus ordnungstheoretischer Sicht stützt sich im wesentlichen auf drei Argumente, die im Zusammenhang mit den Ordnungsbedingungen der ‚Transformationsbasis' und des ‚Transformationsziels' stehen.

Erstens: „Unternehmensinsolvenzen" können einen Beitrag leisten, um die Unternehmensstrukturen der ‚Transformationsbasis' schneller abzubauen und die Ressourcen nach Umwertung den Anforderungen des ‚Transformationsziels' anzupassen, soweit sie unter den Bedingungen des ‚neuen Ordnungsgefüges' nicht wettbewerbsfähig sind.

Zweitens: „Unternehmensinsolvenzen" im Transformationsprozeß belegen die Wirksamkeit der Sanktionsmechanismen, die in den Ordnungsbedingungen des ‚Transformationsziels' angelegt sind. Die Verfügungs- und Entscheidungsgewalt geht nach der ordentlichen Eröffnung eines Insolvenzverfahrens in den meisten Fällen auf andere Individuen – Insolvenzverwalter, Gläubigerversammlung, Insolvenzgerichte – über.[31] Somit verlieren die verantwortlichen Hypothesenträger in der Unternehmung – Unternehmer bzw. Manager – in ihrer Rolle als Schuldner ihren gestalterischen Einfluß auf das weitere Geschehen.

---

[31] Anders liegt der Fall, wenn die sogenannte „Eigenverwaltung" vom Insolvenzgericht angeordnet wird. In diesem Fall verbleiben die Verfügungs- und Verwaltungsrechte beim Schuldner. Zu den Details dieser Regelung siehe *Balz* und *Landfermann* (1995, S. 387-402).

Gleichwohl gilt es zu berücksichtigen, daß in den Unternehmen oder Betrieben der ‚alten Ordnungsbedingungen‘ keinerlei Gläubiger-Schuldner-Zusammenhang existierte. Das Volkseigentum an den Produktionsmitteln führt dazu, daß letztlich alle Individuen Gläubiger sind. Die zwangsweise Alimentation ‚außerplanmäßiger‘ negativer Betriebsergebnisse hat zur Folge, daß alle Individuen in die Rolle des Schuldners gedrängt werden können. Wenn aber alle Individuen gleichzeitig Gläubiger und Schuldner sind, dann ist eine rechtswirksame Trennung der sich dahinter verbergenden objektiven ökonomischen Tatbestände nicht mehr gewährleistet: Wenn alle Individuen für alles haften, haftet letztlich keiner für etwas. Insofern gibt es in einer Zentralverwaltungswirtschaft keine Gläubiger und keine Schuldner.

Dieser Befund erfordert eine spezifische Interpretation im Transformationszusammenhang: Die ‚Alt-Unternehmen‘ hatten beispielsweise nur in begrenztem Umfang Einfluß auf ihren Verschuldungsgrad, da dieser im Rahmen einer staatlich gelenkten Investitionstätigkeit als exogen angesehen werden kann. Deshalb kommt es im ‚Transformationsprozeß‘ entscheidend darauf an, wie mit dem Problem der ‚Alt-Schulden‘ umgegangen wird. Da diese Schulden in keiner inneren Logik mit den neuen Ordnungsbedingungen stehen, sie also keinerlei ökonomischem Funktionszusammenhang entsprechen, ist eine formale und schematische Anwendung der neuen Sanktionsmechanismen fragwürdig. Stattdessen ist zu überlegen, die systeminduzierten Schulden der ‚Alt-Unternehmen‘ als Schulden des ‚fallierten Systems‘ und damit des Staates zu interpretieren. Von daher sind die Transformationsbedingungen so zu gestalten, daß möglichst viele ‚Alt-Unternehmen‘ unter den neuen Bedingungen eine Bewährungschance erhalten. Dies setzt eine konsistente Transformationspolitik voraus, in der insbesondere die Frage der Privatisierung und der Sanierung der ‚Alt-Unternehmen‘ eine Rolle spielt.[32]

Unternehmensinsolvenzen im Transformationsprozeß sind aus dieser Sicht Ausdruck der Wirksamkeit der neuen ‚Spielregeln‘. Ihre Bewertung hängt jedoch – wie gesehen – von der Transformationspolitik in bezug auf den Umgang mit den ‚Alt-Unternehmen‘ ab.

Drittens: „Unternehmensinsolvenzen“ und die mit ihnen verbundenen Lernprozesse ermöglichen allen Beteiligten eine intensive Auseinandersetzung mit den Ordnungsbedingungen des ‚Transformationsziels‘, denn die potentielle Insolvenz von Unternehmungen ist nach dem Systemwechsel elementarer Bestandteil des Ordnungsgefüges geworden. Es ist zu vermuten, daß Fehler häufiger Anlaß zur Hinterfragung bisheriger Entscheidungs- und Verhaltensmuster geben als Erfolge. In diesem Kontext spielt die Sanktionsfunktion der „Insolvenz“ eine wichtige Rolle, da sie dafür sorgt, daß individuelle bzw. unternehmensbezogene Fehler nicht auf Dauer zu Lasten Dritter – Gläubiger – toleriert werden müssen. Insofern ist davon auszugehen, daß alle in eine Unternehmensinsolvenz involvierten Beteiligten eine Vielzahl von Ansatzpunkten zur Verbesserung der eigenen Erkenntnisbasis vorfinden werden. Welche Schlüsse die einzelnen Beteiligten jeweils aus der Nicht-Bewährung ihrer individuellen Hypothesen ziehen, ist eine

---

[32] Siehe hierzu *Hamm* (1991) und *Schüller* (1991). Vgl. auch die Beiträge in *Gutmann* und *Wagner* (1995).

Frage, die aus der hier vertretenen evolutorisch geprägten Wettbewerbs- und Erkenntnisposition offen bleiben muß.

Im ‚Transformationsprozeß' ist das ‚alte Ordnungsgefüge' dahingehend umzugestalten, daß die angedeuteten Lernprozesse möglich werden. Die Implementierung insolvenzrechtlicher Kodifizierungen ist hierfür eine wesentliche Voraussetzung. Darüber hinaus ist sicherzustellen, daß die Anwendung insolvenzrechtlicher Regelungen nur solche Unternehmen berührt, die vorher in die Lage versetzt wurden, ihre ‚Zwangsintegration' in die alten Ordnungsbedingungen aufzulösen.

Aus ordnungstheoretischer Sicht sind „Unternehmensinsolvenzen" daher nichts Negatives oder gar Verwerfliches. Das ‚Spielergebnis' der „Unternehmensinsolvenz" gehört folglich logisch zu den ‚Spielregeln' eines auf Wettbewerb basierenden marktwirtschaftlichen Ordnungsgefüges. Da der ‚Transformationsprozeß' nun gerade durch die Etablierung marktwirtschaftlicher Ordnungsbedingungen gekennzeichnet werden kann, folgt notwendigerweise, daß „Unternehmensinsolvenzen" in der Phase der Systemtransformation eine nicht auszuschließende Erscheinung darstellen.

Die Frage nach der hemmenden oder fördernden Wirkung von „Unternehmensinsolvenzen" für den Transformationsprozeß ist von daher aus ordnungsökonomischer Sicht wie folgt zu beantworten: Der Prozeß der Systemtransformation wird durch „Unternehmensinsolvenzen" befördert, solange gewährleistet ist, daß die betroffenen Unternehmungen mit transformationskonformen Ausgangsbedingungen – siehe oben – in den Bewährungstest gestartet sind. Unter dieser Voraussetzung scheint es durchaus legitim zu sein, von „Unternehmensinsolvenzen" als ‚Transformationsbeschleunigern' zu sprechen.[33]

5.4.3.2. Erkenntnistheoretische Begründung

In der Systemtransformation vollzieht sich ein kompletter Wandel des Umgangs mit dem Wissensproblem. Dies gilt auch und gerade für den Unternehmensbereich. Aus der Welt der ‚geplanten Wissenheit' wird für die Unternehmen eine ‚Welt der Unwissenheit'. Obwohl in beiden Ordnungswelten auf Plänen basiertes Handeln im Vordergrund steht, sind Plansubjekte, Planziele und die ‚Planumwelt' jeweils völlig anders: Waren die Unternehmungen mit ihren Plänen unter den ‚alten Ordnungsbedingungen' ein ebenfalls ‚eingeplantes' Teilelement, so sind die Unternehmenspläne unter den ‚neuen Ordnungsbedingungen' der Unvoraussagbarkeit wettbewerblicher Prozesse ausgeliefert. Während unter zentralverwaltungswirtschaftlichen Bedingungen ‚Kritik' systemdestabilisierend und -gefährdend wirkte und deshalb unterdrückt wurde, ist unter marktwirtschaftlichen Bedingungen die ‚Kritik' im Wettbewerbsprozeß gleichsam das Motoröl

---

[33] Diese Interpretation reflektiert primär ökonomische Rationalitätsgesichtspunkte. Die politische Rationalität ist in diesem Zusammenhang eine andere. „Unternehmensinsolvenzen" stellen eine ‚Bedrohung' für Politiker dar, da sie zu Sanktionen der Betroffenen an der Wahlurne führen können. Aus diesem Grund besteht für Politiker ein Anreiz, insbesondere ‚große' Insolvenzen mittels staatlicher Interventionen zu vermeiden. Der Transformationsprozeß wird auf diese Weise jedoch verlangsamt.

für das ,Ordnungsgetriebe'. Dies kann nicht ohne Konsequenzen für den Prozeß der Systemtransformation bleiben.

Im ,Transformationsprozeß' gelten – je nach Wahl der transformationspolitischen Strategie – mehr oder weniger stark die Ordnungsbedingungen des ,Transformationsziels'. Aus diesem Grund sind die Unternehmungen der ehemaligen ,Transformationsbasis' sowie die Neugründungen darauf angewiesen, sich unter den veränderten ,Kritikbedingungen' zu behaupten. Unter nicht zwischen Unternehmen diskriminierenden Wettbewerbsbedingungen entscheidet folglich die Qualität der angebotenen Problemlösung über die Bewährung oder Nicht-Bewährung der Unternehmenshypothese(n). In beiden Fällen resultieren in diesem Prozeß Lernvorgänge, die auf den Inhalt der Unternehmenshypothesen ausgerichtet sind. Dieses (Lern-)Verhalten der Unternehmungen ist in den Ordnungsbedingungen des Wettbewerbs angelegt. Gleichzeitig ist es aber auch richtig, daß diese positive Verhaltensdisposition der Unternehmungen nicht von den Ordnungsbedingungen erzwungen wird bzw. werden kann. Die Freiheit des Individuums sowie die Autonomie unternehmerischer Handlungen stehen dem entgegen. In diesem Fall sehen die Ordnungsbedingungen „nur" eine Schadensbegrenzung im Rahmen der Haftungsdurchsetzung vor. Die ,Spielregeln' beinhalten somit eine ,außerordentliche Spielunterbrechung' – bei Fortführung der Unternehmung nach einem Insolvenzverfahren – sowie ein ,außerordentliches Spielende' – bei Liquidation der Unternehmung im Insolvenzverfahren –, um die ,Mitspieler' (hier insbesondere die Gläubiger) vor unberechtigten ,Spielergebnissen' (hier: Vermögenseinbußen) aufgrund einer unzulässigen ,Spielzeitverlängerung' zu schützen.

Der erkenntnissteigernde Lernprozeß, der durch „Unternehmensinsolvenzen" in Gang gesetzt wird, beeinflußt den gesamten Prozeß der Systemtransformation. Unternehmensinsolvenzen sind ein einschneidendes Ereignis, insbesondere für die direkt Betroffenen. Sie wirken über die ausgelösten Lern- und Verhaltensanpassungen der Individuen und der Unternehmen auf die Entwicklung der Transformation ein. Diese generelle Aussage gilt jedoch gleichermaßen für andere Unternehmenstatbestände: Die Neugründung einer Unternehmung, die von ,vorgegebenen Plänen' unbeeinflußte Umformulierung bisheriger Unternehmenshypothesen und schließlich auch der freiwillige Rückzug aus dem Wettbewerb der Problemlösungen sind hier zu nennen. Indem den Unternehmen unter den ,neuen Ordnungsbedingungen' eine Vielzahl an potentiellen Unternehmensentwicklungen überhaupt erst ermöglicht wird, können sie zum Erkenntnisfortschritt beitragen.

Der ,Transformationsprozeß' bietet ein Maximum an Lernmöglichkeiten, da das, was unter den ,neuen Ordnungsbedingungen' gelernt werden kann, prinzipiell unbegrenzt ist. So wie das individuelle Wissen ordnungsbedingt ist und in einem ,Versuch-und-Irrtums-Prozeß' angeeignet wird, so ist auch das Wissen um diese Ordnungsbedingungen selbst sowie die darin wirkenden Sanktionsmechanismen ein Lernprozeß. Gleichzeitig ist aber auch zu konstatieren, daß das bisherige Wissen gerade aufgrund seiner Ordnungsgebundenheit zum großen Teil entwertet ist.[34]

---

[34] Vgl. *Gutmann* und *Hamacher* (1994, S. 227 ff.).

Für die Ebene der Unternehmungen gilt folglich: Als fallible Theorien bieten sie Problemlösungen an, deren Bewährungen zur Aufrechterhaltung, also zum Überleben der Unternehmungen beitragen. Der damit verbundene Lernprozeß wird somit positiv verstärkt. Bewähren sich die Theorien „Unternehmungen" nicht, kommt es von daher zu „Unternehmensinsolvenzen", dann wird der Lernprozeß negativ verstärkt. Entscheidend ist also nicht die „Unternehmensinsolvenz" an sich, sondern vielmehr die Tatsache, daß der Lernprozeß – unter möglicherweise veränderten Hypothesenvoraussetzungen – weitergeht. Die Betonung liegt auf einem dauerhaften und permanenten Lernprozeß, der letztlich als das Rückgrat des Erkenntnisfortschritts angesehen werden kann.

Ein Lern- und Erkenntnisergebnis steht zumindest immer fest: Die Problemlösung(en) des fallierten Unternehmens haben sich nicht bewährt. Damit wird deutlich, welche Theorie „Unternehmung" an einem bestimmten Ort zu einer bestimmten Zeit nicht erfolgreich war. Nicht mehr, aber auch nicht weniger.

Unternehmensinsolvenzen im ‚Transformationsprozeß' stellen aus dieser Sicht eine Verstärkung und Intensivierung von Lernprozessen dar. Insoweit kann aus erkenntnistheoretischer Perspektive von einer ‚transformationsbeschleunigenden Wirkung' von „Unternehmensinsolvenzen" gesprochen werden, da die im Rahmen der Lernprozesse entwickelten Hypothesen und ihre Überprüfung die Systemtransformation von der ‚Transformationsbasis' hin zum ‚Transformationsziel' positiv beeinflussen (können).

5.5. Unternehmensinsolvenzen und Systemtransformation: zwei Seiten einer Medaille

Das Verhältnis der Phänomene „Unternehmensinsolvenzen" und „Systemtransformation" zueinander kann zusammenfassend wie folgt beschrieben werden: Die Systemtransformation ist als Konsequenz einer nicht-bewährten Theorie über spezifische Ordnungsbedingungen – hier der Zentralverwaltungswirtschaft – aufzufassen. Innerhalb des fallierten Ordnungsgefüges waren Unternehmen von der Bedrohung des Scheiterns ausgenommen. Darin kommt die isomorphe Erkenntnislogik des Gesamtsystems und seiner Teilsysteme zum Ausdruck. Von daher war es nur folgerichtig und in den Ordnungsbedingungen immanent angelegt, daß das Phänomen „Unternehmensinsolvenzen" in einer Zentralverwaltungswirtschaft nicht existierte.

Für das ‚Transformationsziel' und seine Ordnungsausprägung gilt genau das Gegenteil: die Theorie „marktwirtschaftliche Wettbewerbsordnung" kann als bisher bewährt eingestuft werden. Für die Ebene der Unternehmen folgt aus den zugrunde gelegten Ordnungsbedingungen des ‚Transformationsziels' deren prinzipielle ‚Insolvenzfähigkeit'. Mit der Relativität der Ordnungskonzeption korreliert von daher die Relativität des Unternehmenserfolges.

Der Prozeß der Systemtransformation von der ‚Transformationsbasis' hin zum ‚Transformationsziel' ist primär mit einem Wechsel der Ordnungsbedingungen in bezug auf den Umgang mit dem Phänomen „Wissen" zu beschreiben. Die Geschlossenheit der zentralverwaltungswirtschaftlichen Wissensperspektive wird abgelöst durch ein Ordnungssystem, das auf die Offenheit der Wissensentwicklung gegründet ist. Damit erhalten auch die Unternehmungen innerhalb der betrachteten Ordnungsalternativen eine völlig konträre Funktion im Blick auf das Wissensphänomen. In der Zentralverwaltungswirtschaft wurden die Wissensprobleme gleichsam im vorhinein ‚am Schreibtisch' gelöst; so zumindest dem Anspruch nach.[35] Aus den Ordnungsbedingungen einer Marktwirtschaft erwachsen somit auf der einen Seite für die Unternehmungen weniger ‚Wissensvoraussetzungen', auf der anderen Seite sehen sie sich einer größeren und durch ihre eigenen Aktivitäten verstärkten ‚Ungewißheit' gegenüber. Aus dieser resultiert dann auch die Möglichkeit des Scheiterns und damit der „Unternehmensinsolvenz".

Die Systemlogik der Zentralverwaltungswirtschaft kennt auf der Basis der ihr zugrundeliegenden ‚ideologischen Rationalität' keine Fehler. Somit ist ‚Fehler- und Kritiklosigkeit' ein wesentliches Prinzip der inneren Stabilisierung ihrer Ordnungsbedingungen. Im Kern gilt in allen Lebensbereichen die ‚Prärogative der Wissenden', was im realen Kontext nichts anderes bedeutet, als die Legitimierung und Verabsolutierung der Machthabenden sowie der Perpetuierung ihres Einflusses auf die Entwicklung der Gesellschaftsordnung.[36] Die Zahl derjenigen Individuen, die unter diesen Ordnungsbedingungen aktiv und vor allem unabhängig von ‚Plan- und Wissensvorgaben' die Möglichkeit wahrnehmen können, unternehmerische Hypothesen zu bilden, ist dadurch begrenzt. Damit reduziert sich jedoch aufgrund der geringeren Quantität der versuchten Problemlösungen auch die Wahrscheinlichkeit, daß erfolgreiche, das heißt sich bewährende Problemlösungen gefunden werden. Schwerer wiegt allerdings unter diesen Ordnungsbedingungen das Problem, daß Fehler entweder nicht rechtzeitig erkannt oder aber bewußt im Sinne der Erhaltung der systemkonstituierenden Ordnungsformen ex post angepaßt und manipuliert werden. Diese Vorgehensweise führt auf Dauer zu einer Aushöhlung des Systems von innen heraus. Am Ende resultiert aus der ‚Kritiklosigkeit' die ‚Implosion des Ordnungssystems'.

In der Marktwirtschaft kommt eine andere Systemlogik zum Zuge: Gerade weil die Individuen fehlbar sind und somit auch alle von ihnen erfundenen Artefakte als vorläufige Problemlösungen aufzufassen sind, kommt der ‚Kritik' eine wesentliche systemstabilisierende Funktion zu. Die Offenheit der Entwicklung in den verschiedenen Lebensbereichen erfordert ein Ordnungsumfeld, das den Phänomenen der ‚Unwissenheit' und – daraus abgeleitet – der ‚Komplexität' mit genügend Anpassungsspielraum begegnet.

---

[35] Der konkrete Prozeß der Planaufstellung, -durchführung und -kontrolle für die einzelnen Unternehmen bzw. den Unternehmenssektor im ganzen in einer Zentralverwaltungswirtschaft bietet zwar verschiedene Ansatzpunkte der Einflußnahme für die Unternehmen. Dennoch ändert das an der hier im Blickpunkt stehenden grundlegenden erkenntnistheoretischen Einordnung des Ordnungssystems wenig: Mit Eintreten der Gesetzeskraft der Planvorgaben ist der Prozeß der ‚ex ante-Wissenserzeugung' abgeschlossen. Danach wirken in der Regel ausschließlich plan- bzw. wissensbestätigende Mechanismen.

Vgl. zur Bedeutung der Unternehmenshaftung in diesem Kontext die Studie von *Barthel* (1986). Darin legt der Autor (ebenda, S. 59) schlüssig dar, daß die „kollektive materielle Verantwortlichkeit (...) insgesamt bei all ihren Mängeln die Hauptform der betrieblichen Haftung für staatlicherseits unerwünschtes Verhalten im wirtschaftlichen Bereich (bleibt)."

[36] Vermeintlich demokratische Anklänge, wie sie in den Begriffen des „demokratischen Zentralismus" und der „Volksrepublik" zum Vorschein kommen, können von daher nur als Ausdruck einer spezifischen und ideologisch geprägten Instrumentalisierungs- und Immunisierungsstrategie verstanden werden.

In diesem Sinn ist im ökonomischen Bereich der Wettbewerbsprozeß zu interpretieren. Als Paraphrase kann man die ordnungsökonomische Problematik daher folgendermaßen formulieren: ‚Fehlbarkeit und Kritisierbarkeit: Das ist hier die Frage'.

Wie gezeigt, wird diese grundlegende Frage des Umgangs mit (individuellem) Wissen in den verschiedenen Ordnungsvorstellungen unterschiedlich beantwortet. Hauptvorteil einer Marktwirtschaft aus erkenntnistheoretischer Sicht ist, daß hier im Rahmen eines wettbewerblichen Kritikprozesses Fehler – die aufgrund individueller Fehleinschätzungen (Hypothesen) – frühzeitig erkannt werden können und somit den negativen Auswirkungen auf andere möglichst enge Grenzen gezogen sind. Je früher Fehler als solche erkannt werden, um so eher besteht die Chance der Entwicklung eine andere Wendung zu geben. Darüber hinaus dürften auch die Anpassungskosten geringer sein.

Somit ergibt sich, daß die bisher bessere Bewährung der Ordnungskonzeption „Marktwirtschaft" im wesentlichen darauf zurückzuführen ist, daß der ‚ordnungsinternen Kritik' systematisch ein anderer, positiver und erkenntnissteigernder Wert beigemessen wird. Mit der prinzipiellen Umsetzungsmöglichkeit dieser ‚kritizistischen Systemlogik' im Rahmen wettbewerblicher Ordnungsbedingungen in Politik – Demokratie – und Wirtschaft – Wettbewerbsordnung – eröffnet sich aus erkenntnistheoretischem Blickwinkel die ‚Welt der Unwissenheit' als Chance zur Steigerung von Erkenntnis und damit im politischen Bereich zur ‚Freiheit des einzelnen' sowie im ökonomischen Bereich zum ‚Wohlstand für alle'.[37]

Faßt man die Analysen thesenartig zusammen, so können die Phänomene „Unternehmensinsolvenzen" und „Systemtransformation" wie folgt aufeinander bezogen werden:

- Die systemimmanente ‚Kritiklosigkeit' unter den wirtschaftlichen und politischen Ordnungsbedingungen der ‚Transformationsbasis' korrespondiert mit der Nichtexistenz von „Unternehmensinsolvenzen".
- Die systemimmanente ‚Kritikmöglichkeit' unter den wirtschaftlichen und politischen Ordnungsbedingungen des ‚Transformationsziels' kann zu „Unternehmensinsolvenzen" führen.
- Die Implementierung von ‚Kritikmechanismen im ‚Transformationsprozeß' macht „Unternehmensinsolvenzen" erst möglich und läßt diese auch erwarten.

---

[37] Es ist an dieser Stelle zu betonen, daß das Grundmuster der auf Kritikmechanismen beruhenden Ordnungen sehr vielgestaltig sein kann und in der Realität auch ist. Allein ein Vergleich verschiedener Ausprägungen ‚marktwirtschaftlicher Ordnungen' genügt, um zu erkennen, daß der ‚Kritik' auch unter vermeintlich ähnlichen Wettbewerbsbedingungen durchaus variierende Bedeutung beigemessen werden kann.

Welche der jeweiligen marktwirtschaftlichen Ordnungsausprägung sich als überlegen im Umgang mit dem Wissensphänomen erweisen wird, ist nicht sicher vorauszusagen. Solange ein Wettbewerb der ‚Ordnungskonzeptionen' besteht, kann jedoch davon ausgegangen werden, daß sich auf Dauer nur diejenigen ‚Konzeptionen' bewähren werden, die ihren Individuen Vorteile bei der Realisierung ihrer jeweils angestrebten Ziele (Freiheit, soziale Sicherheit etc.) verschaffen. Die Funktions- und Bestandsfähigkeit einer Ordnung muß sich im internen und externen Wettbewerbsprozeß immer wieder aufs Neue erweisen.

– Das Ausmaß der „Unternehmensinsolvenzen" im ‚Transformationsprozeß' hängt von der Ausprägung der Phänomene der ‚aufgestauten Insolvenzen' und der ‚insolvenzbedingten Transformationsbarrieren' ab.

„Unternehmensinsolvenzen" und „Systemtransformation" haben von daher aus erkenntnistheoretischer Perspektive hinsichtlich des mit ihnen verbundenen Grundproblems eine isomorphe Struktur: die Fallibilität allen menschlichen Wissens, und zwar unabhängig davon, auf welchen Ordnungs- oder Prozeßebenen sich der menschliche Geist mit der Lösung von Problemen auseinandersetzt.

6. Zusammenfassung

Ziel der vorliegenden Untersuchung war die Interpretation des Verhältnisses der Phänomene „Unternehmensinsolvenzen" und „Systemtransformation" auf der Basis einer erkenntnistheoretischen Analyse, um damit zu neuen Fragestellungen vorzustoßen, die möglicherweise geeignet sind, ein anderes Licht auf die jeweiligen Probleme zu werfen (vgl. Erstes Kapitel).

Im Anschluß an *Popper* war es möglich, die Unternehmung als eine „Theorie" oder ein „Hypothesenbündel" zu verstehen (vgl. Zweites Kapitel, Teil 2). Die dieser Interpretation vorausgegangene Diskussion ökonomischer Erklärungsansätze und deren erkenntnistheoretische Beurteilung haben gezeigt, daß sich aus einem erkenntnistheoretischen Blickwinkel diese Ansätze integrieren lassen.

In Verbindung mit dem Fallibilitätspostulat menschlichen Wissens resultiert aus der erkenntnistheoretischen Interpretation der Unternehmung das Verständnis der Unternehmensinsolvenz als „nicht-bewährte Theorie" oder „nicht-bewährtes Hypothesenbündel" (vgl. Drittes Kapitel, Teil 4). Auch hier bot eine erkenntnistheoretische Argumentation einige Ansatzpunkte für eine etwas anders gelagerte Interpretation bestehender juristischer und ökonomischer Problemperspektiven.

Auch auf der Ebene der Ordnungen bzw. der Ordnungsbedingungen ist ein erkenntnistheoretischer Interpretationsansatz – wie gesehen – fruchtbar anzuwenden. Dies war Voraussetzung dafür, das Phänomen der „Systemtransformation" gleichsam als Anwendungsfall dieser Problemperspektive aufzufassen.

„Ordnungsbedingungen" lassen sich demnach ebenfalls als eine Theorie bzw. ein Hypothesenbündel interpretieren. Jede Ordnungskonzeption weist dabei spezifische Unterschiede im Umgang mit dem Phänomen „Wissen" auf. In Verbindung mit dem Fallibilitätspostulat resultiert für die Betrachtung des Phänomens der „Systemtransformation" damit ein in sich schlüssiger Analyserahmen, der die Elemente der ‚transformationstheoretischen Triade' aufeinander zu beziehen vermag:

Die ‚Transformationsbasis' kann aus dieser Perspektive als „nicht-bewährte Theorie" interpretiert werden (vgl. Viertes Kapitel, Teil 4, Abschnitt 4.4.2). Das „Wissensproblem" ist unter den gewählten Ordnungsbedingungen nicht gelöst worden.

Das ‚Transformationsziel' ist als „bisher-bewährte Theorie" aufzufassen, die zumindest bis zum jetzigen Zeitpunkt in der Lage ist, daß „Wissensproblem" hinreichend zu bewältigen (vgl. Viertes Kapitel, Teil 4, Abschnitt 4.4.3).

Für die Interpretation vom ‚Transformationsprozeß' resultiert daraus das Verständnis, daß er als „Prozeß der Generierung von Vermutungswissen" betrachtet werden kann (vgl. Viertes Kapitel, Teil 4, Abschnitt 4.4.4). Es gilt in diesem Prozeß die Bedingungen für den Umgang mit dem „Wissensproblem" grundlegend anders zu gestalten.

Wie die vorangegangenen erkenntnistheoretischen Interpretationen gezeigt haben, steht im Fokus (immer) das „Wissensproblem" und wie auf den verschiedenen Ordnungs- und Prozeßebenen mit ihm umgegangen wird. Die Grundstruktur des Problems läßt sich folgendermaßen beschreiben: Die Individuen sind mit ‚ubiquitärer Ungewißheit' konfrontiert. Sie ist ein konstitutives Merkmal menschlichen Lebens und kann daher als ‚anthropologische Konstante' interpretiert werden. Um nun die ‚Probleme des Lebens' – in welchen Teilbereichen auch immer – lösen zu können, müssen die Individuen „Vermutungswissen" erzeugen. Diese Problemlösungen sind Versuche. Sie können sich als verfehlt herausstellen. Sollten derartige ‚Fehler' oder ‚Irrtümer' auftreten, können sie gleichwohl Auslöser weiterer Problemlösungsversuche sein. Es handelt sich somit um einen Lernprozeß mit offenem Ausgang. Von daher ist die Kritik und Prüfung der „Theorien" oder „Hypothesen(-bündel)" ein wesentliches Element menschlichen Erkenntnisfortschritts.

Auf Basis dieses Verständnisses ist es möglich, eine erkenntnistheoretische Interpretation des Insolvenzphänomens im Transformationsprozeß zu skizzieren:

- Unter den Ordnungsbedingungen der ‚Transformationsbasis' herrschte eine ökonomische Insolvenz*unfähigkeit* und eine politische Insolvenz*unwilligkeit*, da systemimmanent eine ‚Immunisierungsstrategie' der mangelnden oder fehlenden Kritik dominierte (vgl. Fünftes Kapitel, Teil 1), die zur Insolvenz*losigkeit* führte.
- Die Ordnungsbedingungen des ‚Transformationsziels' implizieren eine ökonomische Insolvenz*möglichkeit* und eine juristische Insolvenz*fähigkeit* (vgl. Fünftes Kapitel, Teil 2), die die Existenz von „Unternehmensinsolvenzen" möglich macht. Dies ergibt sich aus dem wettbewerblichen Kritik- und Testverfahren der Ordnungskonzeption.
- Der ‚Transformationsprozeß' ist ein Prozeß individuellen und unternehmensbezogenen Lernens, der unter den neuen Ordnungsbedingungen des ‚Transformationsziels' abläuft. In diesem Prozeß vernichten „Unternehmensinsolvenzen" keine Werte und auch keine Erkenntnisse (vgl. Fünftes Kapitel, Teil 4, Abschnitt 5.4.2.1). Sie schaffen vielmehr eine Voraussetzung, um unter ganz spezifischen Bedingungen ‚neues Vermutungswissen' zu erzeugen, das dann erneut der Kritik und dem Test des Wettbewerbs ausgesetzt werden kann (vgl. Fünftes Kapitel, Teil 4, Abschnitt 5.4.2.2).

Welche Konsequenzen können aus der vorliegenden Analyse und Interpretation für die Gestaltung aktueller und zukünftiger Transformationsfälle auf ihrem Weg von der ‚Transformationsbasis' eines zentralverwaltungswirtschaftlichen Ordnungsgefüges hin zum ‚Transformationsziel' eines marktwirtschaftlichen Ordnungsgefüges gezogen werden? Zunächst ist darauf hinzuweisen, daß es in der vorliegenden Untersuchung ausschließlich darum ging, ein Interpretationsmuster vorzustellen. Inwieweit dieses im konkreten Einzelfall geeignet ist, die Besonderheiten und damit die Singularität der jeweiligen ‚Transformationsbasis' und des zu wählenden bzw. zu erzeugenden ‚Transformationsziels' analytisch einzufangen, kann nicht abschließend beantwortet werden.

Fest jedoch steht, daß die Fehlbarkeit menschlichen Denkens und Handelns bei der Gestaltung der Ordnungsbedingungen für gerade dieses individuelle Denken und Handeln unter den jeweiligen Ordnungsbedingungen von größter Bedeutung ist. Vor dem Hintergrund dieser – man möchte sagen – trivialen Erkenntnis ist zumindest Vorsicht geboten vor allen Ordnungsversuchen, die ein ‚endgültiges und wahres Wissen' voraussetzen oder vorgeben, ein solches ‚Wissen' zu besitzen. Dieses ‚Wissen' ist niemandem gegeben.

Zum Abschluß gebührt daher noch einmal *Popper* (1993/2000a, S. 43) das Wort, der die Grundproblematik der Grenzen menschlicher Erkenntnisfähigkeit treffend wie folgt formuliert:

> „Es dürfte uns gut tun, uns manchmal daran zu erinnern, daß wir zwar in dem Wenigen, das wir wissen, sehr verschieden sein mögen, daß wir aber in unserer Unwissenheit alle gleich sind."

Literatur

Adices, I. (1988), Corporate life cycles. How and why corporations grow and die and what to do about it, Englewood Cliffs.

Akerlof, G (1970), The Market for ‚Lemons': Quality, Uncertainty and the Market Mechanism, in: Quarterly Journal of Economics, Vol. 84, S. 488-500.

Albach, H. (1965), Zur Theorie des wachsenden Unternehmens, in: *Wilhelm Krelle* (Hg.), (1965), S. 9-97.

Albach, H. (1976), Kritische Wachstumsschwellen in der Unternehmensentwicklung, in: Zeitschrift für Betriebswirtschaft, 46. Jg., S. 683-696.

Albach, H. (1979), Kampf ums Überleben: Der Ernstfall als Normalfall für Unternehmen in einer freiheitlichen Wirtschaftsordnung, Zeitschrift für Betriebswirtschaft, Ergänzungsheft 2/79, S. 9 ff.

Albach, H., Bock, K. und *Warnke, Th.* (1984), Wachstumskrisen von Unternehmen, in: Zeitschrift für betriebswirtschaftliche Forschung, 36. Jg., Heft 10, S. 779 ff.

Albach, H., Bock, K. und *Warnke, Th.* (1985), Kritische Wachstumsschwellen in der Unternehmensentwicklung, Schriften zur Mittelstandsforschung, NF, Nr. 7, Stuttgart.

Alchian, A. A. (1950), Uncertainty, Evolution and Economic Theory, in: Journal of Political Economy, Vol. 58, S. 211-221.

Alchian, A. A. und *Demsetz, H.* (1972), Production, Information Costs, and Ecomomic Organization, American Economic Review, Vol. 62, S. 777-795.

Altman, E. J. (1968), Financial Ratios, Discriminant Analysis and the Prediction of Corporate Bankruptcy, in: The Journal of Finance, Vol. 23, S. 589-609.

Andersson, G. (1981), Sind Falsifikationismus und Fallibilismus vereinbar?, in: *Gerard Radnitzky* und *Gunnar Andersson* (Hg.), (1981), S. 255-276.

Andersson, G. (1988), Kritik und Wissenschaftsgeschichte. Kuhns, Lakatos` und Feyerabends Kritik des Kritischen Rationalismus, Tübingen.

Andersson, G. (2002), Erfahrung und Prüfung im Kritischen Rationalismus: Einige erkenntnistheoretische Antworten, in: *Jan M. Böhm*, *Heiko Holweg* und *Claudia Hoock*, (Hg.), (2002), S. 144-159.

Angele, J. (2003), Insolvenzen 2002. Auswirkungen der jüngsten Insolvenzrechtsreform, in: Wirtschaft und Statistik, hrsg, vom Statistischen Bundesamt, Heft 4, Wiesbaden.

Argenti, J. (1976), Corporate Collapse – The Causes and Symptoms, London, New York, St. Louis.

Arndt, H. (Hg.) (1971), Die Konzentration in der Wirtschaft, 2. Band, 2. Auflage, Berlin.

Baetge, J. (1998), Empirische Methoden zur Früherkennung von Unternehmenskrisen, Nordrhein-Westfälische Akademie der Wissenschaften, Natur-, Ingenieur- und Wirtschaftswissenschaften, Vorträge, Nr. 432, Opladen.

Balz, M. und *Landfermann, H.-G.* (1995), Die neuen Insolvenzgesetze, Düsseldorf.

Barthel, A. (1986), Zum Problem der Unternehmenshaftung in der DDR, Arbeitsberichte zum Systemvergleich, Nr. 9, Forschungsstelle zum Vergleich wirtschaftlicher Lenkungssysteme der Philipps-Universität Marburg, Marburg.

Barthel, A. (1990), Betriebssteuern als Lenkungsinstrument in sozialistischen Planwirtschaften: Zur ‚wirtschaftlichen Rechnungsführung' der DDR, Schriften zum Vergleich von Wirtschaftsordnungen, Band 42, Stuttgart, New York.

Bea, F. X. und *Kötzle, A.* (1983), Ursachen von Unternehmenskrisen und Maßnahmen zur Krisenvermeidung, in: Der Betrieb, 36. Jg., Heft 11, S. 565-571.

Beaver, W. H. (1966), Financial Ratios as Predictors of Failure, in: Journal of Accounting Research, Supplement to Vol. 4, S. 71-111.

Becker, R. (1986), Die Sanierungsfähigkeit der Unternehmung. Ein durch die Kommission für Insolvenzrecht aktualisierter Begriff in betriebswirtschaftlicher Sicht, Reihe: Steuer, Wirtschaft, Recht, Band 21, hrsg. von *Georg Bischoff* und *Alfred Kellermann*, Bergisch Gladbach, Köln.

Beermann, K. (1976), Prognosemöglichkeiten von Kapitalverlusten mit Hilfe von Jahresabschlüssen, Düsseldorf.

Berle, A. A. und *Means, G. C.* (1932), The Modern Corporation and Private Property, New York.

Böhm, F. (1966), Privatrechtsgesellschaft und Marktwirtschaft, in: ORDO, Jahrbuch für die Ordnung von Wirtschaft und Gesellschaft, Band 17, München und Düsseldorf, S. 75-151.

Böhm, J. M., Holweg, H. und *Hoock, C.* (Hg.) (2002), Karl Poppers kritischer Rationalismus heute: Zur Aktualität kritisch-rationaler Wissenschaftstheorie, Tübingen.

Borchardt, K. (1965), Volkswirtschaftliche Kostenrechnung und Eigentumsverteilung, in: Jahrbücher für Nationalökonomie und Statistik, 178 Jg., 1965, S. 70-79.

Borup, P. (1986), Die eingetretene Zahlungsunfähigkeit aus der Sicht der Betriebswirtschaftslehre und das Problem ihrer Meßbarkeit, in: Betriebs-Berater, 41. Jg., S. 1883-1887.

Bratschitsch, R. und *Schnellinger, W.* (Hg.) (1981), Unternehmenskrisen – Ursachen, Frühwarnung, Bewältigung, Stuttgart.

Brinkmann, M. (1995), Ordnungspolitik und Transformation. Eine ordnungspolitische Analyse unter besonderer Berücksichtigung der deutschen Wiedervereinigung, Schriften zur Nationalökonomie, Bd. 18, Bayreuth.

Brockhoff, K. (1967), Unternehmenszusammenbrüche und Konjunktur – Zum induzierten Unternehmenswachstum, in: Zeitschrift für die gesamte Staatswissenschaft, Bd. 123, S. 654-667.

Brockmeier, Th. (1998), Wettbewerb und Unternehmertum in der Systemtransformation. Das Problem des institutionellen Interregnums im Prozeß des Wandels von Wirtschaftssystemen, Schriften zu Ordnungsfragen der Wirtschaft, Band 59, Stuttgart.

Büchel, W. (1989), Stichwort „Naturwissenschaften", in: Handlexikon zur Wissenschaftstheorie, hrsg. von *Helmut Seiffert* und *Gerard Radnitzky*, München, S. 222-231.

Buchhart, A. (2001), Insolvenzprophylaxe und Sanierung kleiner und mittlerer Unternehmen. Eine finanzierungstheoretische Analyse unter besonderer Berücksichtigung der InsO, Schriftenreihe: Unternehmensrechnung und Insolvenzwesen, Band 1, herausgegeben von *Anton Burger*, Hamburg.

Burger, A. (1995), Unternehmenskrise und Unternehmenssanierung: Eine betriebswirtschaftliche Analyse unter besonderer Berücksichtigung der Insolvenztatbestände und der Sanierungsfähigkeit, 2. Auflage, Hamburg.

Burger, A. und *Schellberg, B.* (1994), Der Insolvenzplan im neuen Insolvenzrecht, Der Betrieb, 47. Jg., S. 1833-1837.

Burger, A. und *Schellberg, B.* (1995a), Die Auslösetatbestände im neuen Insolvenzrecht, in: Betriebs-Berater, 50. Jg., S. 261-266.

Burger, A. und *Schellberg, B.* (1995b), Zur Vorverlagerung der Insolvenzauslösung durch das neue Insolvenzrecht, in: Konkurs, Treuhand, Sanierung, 56. Jg., S. 563-577.

Burger, A. und *Schellberg, B.* (1995c), Die Überschuldung im neuen Insolvenzrecht, in: Wirtschaftswissenschaftliches Studium, 24. Jg., S. 226-231.

Burger, A. und *Schellberg, B.* (1995d), Die Vermögensverwertung im neuen einheitlichen Insolvenzverfahren, in: Die Betriebswirtschaft, 55. Jg., S. 693-706.

Cassel, D. (Hg.) (1998), 50 Jahre Soziale Marktwirtschaft, Schriften zu Ordnungsfragen der Wirtschaft, Band 57, Stuttgart.

Cassel, D., Ramb, B. Th. und *Thieme, H. J.* (Hg.) (1988), Ordnungspolitik, München.

Chalmers, A. F. (1986), Wege der Wissenschaft. Einführung in die Wissenschaftstheorie, hrsg. und übersetzt von *N. Bergemann* und *J. Prümper*, Berlin, Heidelberg, New York, Tokyo.

Cheung, S. N. S. (1983), The Contractual Nature of the Firm, in: Journal of Law and Economics, Vol. 26, S. 1-22.

Coase, R. H. (1937), The Nature of the firm, in: Economica, Vol. 4, No. 16, S. 386-405.

Coase, R. H. (1960), The Problem of Social Cost, in: Journal of Law & Economics, Vol. 3, S. 1-44.

Corsten, H. und *Reiß, M.* (1999), Betriebswirtschaftslehre, Lehr- und Handbücher der Betriebswirtschaftslehre, hrsg. von *Hans Corsten*, Dritte, vollständig überarbeitete und wesentlich erweiterte Auflage, München und Wien.

Creditreform (2000), Insolvenzen, Neugründungen, Löschungen. Jahr 2000, Eine Untersuchung zur Unternehmensentwicklung der Creditreform Wirtschafts- und Konjunkturforschung, Neuss.

Creditreform (2002), Insolvenzen, Neugründungen, Löschungen. Jahr 2002, Eine Untersuchung zur Unternehmensentwicklung der Creditreform Wirtschafts- und Konjunkturforschung, Neuss.

Creditreform (2003), Insolvenzen, Neugründungen, Löschungen. I. Halbjahr 2003, Eine Untersuchung zur Unternehmensentwicklung der Creditreform Wirtschafts- und Konjunkturforschung, Neuss.

Cyert, R. M. und *March, J. G.* (1995), Eine verhaltenswissenschaftliche Theorie der Unternehmung, 2. Auflage, Deutsche Ausgabe herausgegeben vom Carnegie Bosch Institut, Stuttgart.

Czayka, L. (1991), Formale Logik und Wissenschaftsphilosophie. Einführung für Wirtschaftswissenschaftler, München, Wien.

Delhaes, K. v. und *Fehl, U.* (Hg.) (1997), Dimensionen des Wettbewerbs: Seine Rolle in der Entstehung und Ausgestaltung von Wirtschaftsordnungen, Schriften zu Ordnungsfragen der Wirtschaft, Band 52, Stuttgart.

Deutsche Bibelstiftung (1978), Die Bibel oder Die ganze heilige Schrift des alten und neuen Testaments nach der Übersetzung Martin Luthers, revidierter Text 1975, Stuttgart.

Deutsche Bundesbank (1997), Ertragslage und Finanzierungsverhältnisse westdeutscher Unternehmen im Jahr 1996, in: Monatsbericht November 1997, 49. Jg., Nr. 11, Frankfurt am Main, S. 31-55.

Deutsche Bundesbank (1998), Ertragslage und Finanzierungsverhältnisse ostdeutscher Unternehmen im Jahr 1996, in: Monatsbericht Juli 1998, 50. Jg., Nr. 7, Frankfurt am Main, S. 35-49.

Deutsche Bundesbank (1999), Ertragslage und Finanzierungsverhältnisse ostdeutscher Unternehmen im Jahr 1997, in: Monatsbericht Juli 1999, 51. Jg., Nr. 7, Frankfurt am Main, S. 75-89.

Dietl, H. (1993), Institutionen und Zeit, Die Einheit der Gesellschaftswissenschaften, Band 79, Tübingen.

Drukarczyk, J. (1979), Bilanzielle Überschuldungsmessung – Zur Interpretation der Vorschriften von § 92 II AktG und § 64 I GmbHG, in: Zeitschrift für Unternehmens- und Gesellschaftsrecht, 8. Jg., S. 553-582.

Drukarczyk, J. (1982), Liquidität – Bestimmungsgründe, Messung und gläubigerschützende Regelungen, in: Wirtschaftswissenschaftliches Studium, 11. Jg., S. 562-566.

Drukarczyk, J. (1986), Was kann der Tatbestand der Überschuldung leisten?, in: Schmalenbachs Zeitschrift für betriebswirtschaftliche Forschung, 38. Jg., S. 207-234.

Drukarczyk, J. (1987), Unternehmen und Insolvenz. Zur effizienten Gestaltung des Kreditsicherungs- und Insolvenzrechts, unter Mitarbeit von *Reinhard Rieger* und *Josef Duttle*, Wiesbaden.

Drukarczyk, J. (1988), Zum Verhältnis von Markt und Regulierung in einem neuen Insolvenzrecht. Besprechung des Ersten Berichts der Kommission für Insolvenzrecht, in: Die Betriebswirtschaft, 48. Jg., S. 3-25.

Drukarczyk, J. (1994), Überschuldung: Zur Konstruktion eines Insolvenztatbestandes im Spannungsfeld von Kapitalerhaltungsrecht und Kreditmarkt, in: *Wolfgang Ballwieser*, *Hans-Joachim Böcking*, *Jochen Drukarczyk* und *Reinhard H. Schmidt* (HG.), Bilanzrecht und Kapitalmarkt, Festschrift zum 65. Geburtstag von Prof. Dr. Dr. h.c. *Adolf Moxter*, Düsseldorf, S. 1231-1258.

Drukarczyk, J. (1998), Insolvenzplan und Obstruktionsverbot, Regensburger Diskussionsbeiträge zur Wirtschaftswissenschaft Nr. 315, Regensburg.

Dunn, M. (1998), Die Unternehmung als ein soziales System: Ein sozialwissenschaftlicher Beitrag zur Neuen Mikroökonomie, Berlin.

Dürr, E. (Hg.) (1978), Wachstumstheorie, Darmstadt.

Edmister, R. O. (1972), An Empirical Test of Financial Ratio Analysis for Small Business Failure Prediction, in: Journal of Financial and Qualitative Analysis, Vol. VII, S. 1477-1493.

Engberding, A. (1998), Unternehmenskrisen, Sanierung und Industriepolitik: einzelwirtschaftliche und strukturpolitische Handlungsspielräume beim Wandel von Unternehmen in der Krise, Berlin.

Engel, G. (2000), Die Überwindung von Normativität durch Theoriebildung. Anmerkungen zu Popper, Eucken, von Hayek und Buchanan, in: *Helmut Leipold* und *Ingo Pies* (Hg.), (2000), S. 277-302.

Engelhard, P. und *Geue, H.* (Hg.) (1999), Theorie der Ordnungen. Lehren für das 21. Jahrhundert, Schriften zu Ordnungsfragen der Wirtschaft, Band 60, Stuttgart.

Erlei, M., Leschke, M. und *Sauerland, D.* (1999), Neue Institutionenökonomik, Stuttgart.

Eucken, W. (1932), Staatliche Strukturwandlungen und die Krisis des Kapitalismus, in: Weltwirtschaftliches Archiv, Band 36 (II), S. 297-321.

Eucken, W. (1939/1989), Die Grundlagen der Nationalökonomie, Neunte, unveränderte Auflage, Berlin, Heidelberg, New York, London, Paris, Tokyo, Hong Kong.

Eucken, W. (1948), Das Ordnungspolitische Problem, in: ORDO, Jahrbuch für die Ordnung von Wirtschaft und Gesellschaft, Erster Band, Godesberg, S. 56-90.

Eucken, W. (1949), Die Wettbewerbsordnung und ihre Verwirklichung, in: ORDO, Jahrbuch für die Ordnung von Wirtschaft und Gesellschaft, Zweiter Band, Godesberg, S. 1-99.

Eucken, W. (1952/1990), Grundsätze der Wirtschaftspolitik, hrsg. von *Edith Eucken* und *K. Paul Hensel*, 6., durchgesehene Auflage, Tübingen.

Eucken, W., Böhm, F. und *Großmann-Doerth, H.* (1937), Unsere Aufgabe, Vorwort in: *Franz Böhm*, Die Ordnung der Wirtschaft als geschichtliche Aufgabe und rechtsschöpferische Leistung, Stuttgart, Berlin, S. VII-XXI.

Fehl, U. (1991), Einige Überlegungen zur Betriebsgrößenstruktur der DDR-Wirtschaft angesichts des Übergangs von der Zentralverwaltungswirtschaft zur Marktwirtschaft, in: Zur Transformation von Wirtschaftssystemen: Von der Sozialistischen Planwirtschaft zur Sozialen Marktwirtschaft, *Hannelore Hamel* zum 60. Geburtstag, Arbeitsberichte zum Systemvergleich, Nr. 15, hrsg. von der Forschungsstelle zum Vergleich wirtschaftlicher Lenkungssysteme der Philipps-Universität Marburg, 2. überarbeitete und erweiterte Auflage, Marburg, S. 115-129.

Fehl, U. und *Schreiter, C.* (2000), Prozeß und Ordnung. Die Einheit von Ordnungsregeln und Handelnsordnung, in: *Helmut Leipold* und *Ingo Pies* (Hg.), (2000), S. 103-124.

Fehl, U. und *Oberender, P.* (2002), Grundlagen der Mikroökonomie, 8., überarbeitete und erweiterte Auflage, München.

Fehl, U. und *Schüller, A.* (2002), Wettbewerb und weltwirtschaftliche Integration: Triebkräfte des Transformationsprozesses, Studien zur Ordnungsökonomik, Nr. 28, Stuttgart.

Fey, G. (2000), Unternehmenskontrolle und Kapitalmarkt: Die Aktienrechtsreform von 1965 und 1998 im Vergleich, Studien zur Ordnungsökonomik, Nr. 25, Stuttgart.

Fey, G. (2002), Beiträge „Probleme und Strategien der Transformation" und „Reformerfahrungen I", in: *Alfred Schüller* und *Hans-Günter Krüsselberg* (Hg.), (2002), S. 201-211.

Feyerabend, P. (1975), Against Method. Outline of an anarchistic theory of knowledge, London.

Feyerabend, P. (1978), Der wissenschaftstheoretische Realismus und die Autorität der Wissenschaften, Ausgewählte Schriften, Band 1, Wissenschaftstheorie, Wissenschaft und Philosophie 13, Braunschweig, Wiesbaden.

Fleege-Althoff, F. (1930), Die notleidende Unternehmung, Band 1, Krankheitserscheinungen und Krankheitsursachen.

Flor, J. R. (1993/2000), Karl Raimund Popper: Kritischer Rationalismus, in: *Anton Hügli* und *Poul Lübcke* (Hg.), (2000), S. 473-498.

Förster, A. C. (2000), System einer Insolvenzauslösung bei der GmbH. Liquiditätsorientierter Vorschlag für eine Reform der Haftungsverfassung bei der GmbH und für eine Grenze wirksamer Kreditbesicherung zur Vermeidung massearmer Insolvenzen, Schriften zum Wirtschaftsrecht, Band 131, Berlin.

Friedman, M. (1953), Essays in Positive Economics, Chicago und London.

Friedman, M. (1953a), The Methodology of Positive Economics, in: *Milton Friedman* (1953), Essays in Positive Economics, Chicago, London, S. 3-43.

Gebhardt, G. (1980), Insolvenzprognosen aus aktienrechtlichen Jahresabschlüssen, Wiesbaden.

Gellner, E. (1989), Stichwort „Relativismus (1)", in: Handlexikon zur Wissenschaftstheorie, hrsg. von *Helmut Seiffert* und *Gerard Radnitzky*, München, S. 287-292, (aus dem Englischen von Helmut Seiffert).

Graf Brockdorff, C. (1999a), Einleitung eines Insolvenzverfahrens, in: *Huntemann, E. M.* und *Graf Brockdorff, C.* (Hg.) (1999), S. 6-53.

Graf Brockdorff, C. (1999b), Der Insolvenzplan, in: *Huntemann, E. M.* und *Graf Brockdorff*, C. (Hg.) (1999), S. 325-375.

Greiner, L. (1982), Evolution und Revolution im Wachstum von Organisationen, in: Havard Manager, S. 7-15.

Gutenberg, E. (1980), Grundlagen der Betriebswirtschaftslehre, Dritter Band: Die Finanzen, 8. Auflage, Berlin.

Gutenberg, E. (1983), Grundlagen der Betriebswirtschaftslehre, Erster Band: Die Produktion, 24., unveränderte Auflage, Berlin, Heidelberg, New York.

Gutmann, G. (1983), Die Wirtschaftsordnung der DDR im Reformexperiment – Bemerkungen aus theoretischer Sicht, in: *Gernot Gutmann* (Hg.), Das Wirtschaftssystem der DDR: Wirtschaftspolitische Grundprobleme, Schriften zum Vergleich von Wirtschaftsordnungen, Heft 30, Stuttgart und New York, S. 3-19.

Hahn, G. (1958), Ursachen von Unternehmensmißerfolgen, Köln.

Hauschildt, J. (1983), Aus Schaden klug, in: manager-magazin, Heft 10, S. 142 ff.

Häuselmann, H. (1993), Rangrücktritt versus Forderungsverzicht mit Besserungsabrede, in: Betriebs-Berater, 48 Jg., S. 1552-1557.

Hayek, F. A. von (1935/1963), Collectivist Economic Planning: Critical Studies on the Possibilities of Socialism by *Nikolaus G. Pierson, Ludwig von Mises, Georg Hahn*, and *Enrico Barone*, 6. Auflage, London.

Hayek, F. A. von (1935/1976f), Sozialistische Wirtschaftsrechnung I: Natur und Geschichte des Problems, in: *Friedrich August von Hayek* (1976), S. 156-191.

Hayek, F. A. von (1935/1976g), Sozialistische Wirtschaftsrechnung II: Der Stand der Diskussion, in: *Friedrich August von Hayek* (1976), S. 192-232.

Hayek, F. A. von (1936/1976a), Wirtschaftstheorie und Wissen, in: *Friedrich August von Hayek* (1976), S. 49-77.

Hayek, F. A. von (1940/1976h), Sozialistische Wirtschaftsrechnung III: Die Wiedereinführung des Wettbewerbs, in: *Friedrich August von Hayek* (1976), S. 233-267.

Hayek, F. A. von (1943/1976b), Die „Tatsachen" der Sozialwissenschaften, in: *Friedrich August von Hayek* (1976), S. 78-102.

Hayek, F. A. von (1944/1991), Der Weg zur Knechtschaft, München.

Hayek, F. A. von (1946/1976c), Die Verwertung des Wissens in der Gesellschaft, in: *Friedrich August von Hayek* (1976), S. 103-121.

Hayek, F. A. von (1946/1976d), Der Sinn des Wettbewerbs, in: *Friedrich August von Hayek* (1976), S. 122-140.

Hayek, F. A. von (1947/1976e), „Freie Wirtschaft" und Wettbewerbsordnung, in: *Friedrich August von Hayek* (1976), S. 141-155.

Hayek, F. A. von (1960/1983), Die Verfassung der Freiheit, Tübingen.

Hayek, F. A. von (1963/1994a), Arten der Ordnung, in: *Friedrich August von Hayek* (1994), S. 32-46.

Hayek, F. A. von (1965/1994b), Arten des Rationalismus, in: *Friedrich August von Hayek* (1994), S. 75-89.

Hayek, F. A. von (1966/1994d), Grundsätze einer liberalen Gesellschaftsordnung, in: *Friedrich August von Hayek* (1994), S. 108-125.

Hayek, F. A. von (1967/1994c), Die Ergebnisse menschlichen Handelns, aber nicht menschlichen Entwurfs, in: *Friedrich August von Hayek* (1994), S. 97-107

Hayek, F. A. von (1967/1994e), Bemerkungen über die Entwicklung von Systemen von Verhaltensregeln, in: *Friedrich August von Hayek* (1994), S. 144-160.

Hayek, F. A. von (1967/1994f), Rechtsordnung und Handelnsordnung, in: *Friedrich August von Hayek* (1994), S. 161-198.

Hayek, F. A. von (1968/1994g), Die Sprachverwirrung im politischen Denken (mit einigen Vorschlägen zur Abhilfe), in: *Friedrich August von Hayek* (1994), S. 206-231.

Hayek, F. A. von (1969/1994h), Der Wettbewerb als Entdeckungsverfahren, in: *Friedrich August von Hayek* (1994), S. 249-265.

Hayek, F. A. von (1972), Die Theorie komplexer Phänomene, Walter Eucken Institut, Vorträge und Aufsätze, Nr. 36, Tübingen.

Hayek, F. A. von (1975), Die Anmaßung von Wissen, in: ORDO, Jahrbuch für die Ordnung von Wirtschaft und Gesellschaft, Band 26, S. 12-21.

Hayek, F. A. von (1976), Individualismus und Wirtschaftliche Ordnung, 2., erweiterte Auflage, Salzburg.

Hayek, F. A. von (1980), Recht, Gesetzgebung und Freiheit. Band 1: Regeln und Ordnung. Eine neue Darstellung der liberalen Prinzipien der Gerechtigkeit und der politischen Ökonomie, München.

Hayek, F. A. von (1981a), Recht, Gesetzgebung und Freiheit. Band 2: Die Illusion der sozialen Gerechtigkeit, Eine neue Darstellung der liberalen Prinzipien der Gerechtigkeit und der politischen Ökonomie, Landsberg am Lech.

Hayek, F. A. von (1981b), Recht, Gesetzgebung und Freiheit. Band 3: Die Verfassung einer Gesellschaft freier Menschen, Eine neue Darstellung der liberalen Prinzipien der Gerechtigkeit und der politischen Ökonomie, Landsberg am Lech.

Hayek, F. A. von (1994), Freiburger Studien. Gesammelte Aufsätze von F. A. von Hayek, 2. Auflage, Tübingen.

Hayek, F. A. von (1996), Die verhängnisvolle Anmaßung: Die Irrtümer des Sozialismus, Tübingen.

Heinen, E. (1976), Grundfragen der entscheidungsorientierten Betriebswirtschaftslehre, München.

Hensel, K. P. (1979), Einführung in die Theorie der Zentralverwaltungswirtschaft, 3., unveränderte Auflage, Schriften zum Vergleich von Wirtschaftsordnungen, Heft 1, Stuttgart und New York.

Herrmann-Pillath, C. (2002), Grundriß der Evolutionsökonomik, München.

Heuß, E. (1965), Allgemeine Markttheorie, St. Galler Wirtschaftswissenschaftliche Forschungen, Bd. 21, Tübingen und Zürich.

Hoppmann, E. (1974), Die Abgrenzung des relevanten Marktes im Rahmen der Mißbrauchsaufsicht über marktbeherrschende Unternehmen dargestellt am Beispiel der Praxis des Bundeskartellamtes bei Arzneimitteln, Wirtschaftsrecht und Wirtschaftspolitik, Bd. 38, Baden-Baden.

Hügli, A. und *Lübcke, P.* (Hg.) (2000), Philosophie im 20. Jahrhundert, Band 2: Wissenschaftstheorie und Analytische Philosophie, 3. Auflage, Reinbek bei Hamburg.

Huntemann, E. M. (1999a), Einführung, in: *Huntemann, E. M.* und *Graf Brockdorff, C.* (Hg.) (1999), S. 1-5.

Huntemann, E. M. und *Graf Brockdorff, C.* (Hg.) (1999), Der Gläubiger im Insolvenzverfahren, Berlin, New York.

Hurst, D. K. (1995), Crisis and renewal – Meeting the challenge of organizational change, Boston.

Jensen, M. C. und *Meckling, W. H.* (1976), Theory of the Firm: Managerial Behavior, Agency Costs and Ownership Structure, in: Journal of Financial Economics, Vol. 3, S. 305-360.

Keiser, H. (1966), Betriebswirtschaftliche Analyse von Insolvenzen bei mittelständischen Einzelhandlungen, Köln.

Kerber, W. (1989), Evolutionäre Marktprozesse und Nachfragemacht: Das Nachfragemachtproblem im Rahmen einer evolutorischen Spielraumanalyse und Kritik seiner bisherigen wettbewerbspolitischen Behandlung, Wirtschaftsrecht und Wirtschaftspolitik, Bd. 101, Baden-Baden.

Kerber, W. (1994), Evolutorischer Wettbewerb: Zu den theoretischen und institutionellen Grundlagen der Wettbewerbsordnung, unveröffentlichte Habilitationsschrift, Freiburg.

Kerber, W. (1997), Wettbewerb als Hypothesentest: Eine evolutorische Konzeption wissenschaffenden Wettbewerbs, in: *Karl von Delhaes* und *Ulrich Fehl* (Hg.), (1997), S. 29-78.

Kersting, P. (1997), Zwischen Neoklassik und Historismus: Das ökonomische Werk Joseph A. Schumpeters aus methodologischer und theoriegeschichtlicher Perspektive, Beiträge zur Geschichte der deutschsprachigen Ökonomie, Bd. 9, Marburg.

Keuth, H. (2000), Die Philosophie Karl Poppers, Tübingen.

Kimberly, J. R. und *Miles, R. H.* (Hg.) (1981), The organizational life cycle – Issues in the creation, transformation, and decline of organizations, San Francisco, Washington, London.

Knight, F. H. (1921), Risk, Uncertainty and Profit, London.

Krause, G. (1996), Die Unternehmung und ihre Märkte: Eine vertragstheoretische Analyse, Volkswirtschaftliche Schriften, Heft 456, Berlin.

Krelle, W. (Hg.) (1965), Theorien des einzelwirtschaftlichen Wachstums, Schriften des Vereins für Socialpolitik, NF, Bd. 34, Berlin.

Kressin, K. (1990), Die Einleitung eines Insolvenzverfahrens für Unternehmen – Ursachen, Zeitpunkt und Gründe: eine Untersuchung unter betriebswirtschaftlichen und juristischen Aspekten, Frankfurt am Main.

Krüsselberg, H.-G. (1965), Organisationstheorie, Berlin.

Krüsselberg, H.-G. (1969), Marktwirtschaft und ökonomische Theorie, Freiburg.

Krystek, U. (1987), Unternehmungskrisen: Beschreibung, Vermeidung und Bewältigung überlebenskritischer Prozesse in Unternehmungen, Wiesbaden.

Kuhn, Th. (1962/1991), Die Struktur wissenschaftlicher Revolutionen, 2., revidierte und um das Postskriptum von 1969 ergänzte Auflage, 11. Auflage, Frankfurt am Main.

Küttner, M. (1989), Stichwort „Falsifikation", in: *Helmut Seiffert* und *Gerard Radnitzky*, (Hg.), (1989), S. 80-82.

Küttner, M. und *Lenk, H.* (1989), Stichwort „Erklärung", in: *Helmut Seiffert* und *Gerard Radnitzky* (Hg.), (1989), S. 68-72.

Lachmann, L. M. (1963), Wirtschaftsordnung und wirtschaftliche Institutionen, in: ORDO, Jahrbuch für die Ordnung von Wirtschaft und Gesellschaft, Band 14, Stuttgart.

Lakatos, I. und *A. Musgrave* [Hg.] (1974), Kritik und Erkenntnisfortschritt, Braunschweig.

Langlois, R. N. und Robertson, P. L. (1995), Firms, Markets and Economic Change: A Dynamic Theory of Business Institutions, London and New York.

Leibenstein, H. (1978), Allokative Effizienz versus „X-Effizienz", in: *Ernst Dürr* (Hg.), (1978), S. 331-366.

Leipold, H. (1988), Wirtschafts- und Gesellschaftssysteme im Vergleich: Grundzüge einer Theorie der Wirtschaftssysteme, 5. Auflage, Stuttgart.

Leipold, H. (2000), Informale und formale Institutionen – Typologische und kulturspezifische Relationen, in: *Helmut Leipold* und *Ingo Pies* (Hg.), (2000), S. 401-428.

Leipold, H. (2002a), Beitrag „Theorie der kulturellen Evolution von F. A. von Hayek", in: *Alfred Schüller* und *Hans-Günter Krüsselberg* (Hg.), (2002), S. 56-59.

Leipold, H. (2002b), Beitrag „Neue Institutionenökonomik", in: *Alfred Schüller* und *Hans-Günter Krüsselberg* (Hg.), (2002), S. 103-106.

Leipold, H. und *Schüller, A.* (Hg.) (1986), Zur Interdependenz von Unternehmens- und Wirtschaftsordnung, Schriften zum Vergleich von Wirtschaftsordnungen, Band 38, Stuttgart, New York.

Leipold, H. und *Pies, I.* (Hg.) (2000), Ordnungstheorie und Ordnungspolitik: Konzeptionen und Entwicklungsperspektiven, Schriften zu Ordnungsfragen der Wirtschaft, Band 64, Stuttgart.

Lohmann, G. (1997), Wirtschaftliche Transformation als Ordnungsproblem, Baden-Baden.

Löhneysen, G. von (1982), Die rechtzeitige Erkennung von Unternehmungskrisen mit Hilfe von Frühwarnsystemen als Voraussetzung für wirksames Krisenmanagement, Dissertation Göttingen.

Mintzberg, H. und *Westley, F.* (1992), Cycles of organizational change, in: Strategic Management Journal, Vol. 13, S. 39-59.

Mises, L. (1927), Liberalismus, Jena.

Müller, R. (1986), Krisenmanagement in der Unternehmung – Vorgehen, Maßnahmen und Organisation, 2. Auflage, New York, Frankfurt am Main und Bern.

Nelson, R. R. und *Winter, S. G.* (1982), An Evolutionary Theory of Economic Change, Cambridge (MA) und London.

North, D. C. (1988), Theorie des institutionellen Wandels, Tübingen.

North, D. C. (1992), Institutionen, institutioneller Wandel und Wirtschaftsleistung, Tübingen.

Patschke, R. (2000), Reorganisation der Kapitalgesellschaften im Insolvenzverfahren, Studienreihe: Wirtschaftsrechtliche Forschungsergebnisse, Band 17, Hamburg.

Penrose, E. (1959/1980), The Theory of the Growth of the Firm, Oxford.

Perlitz, M. (1979), Empirische Bilanzanalyse, in: Zeitschrift für Betriebswirtschaft, 49. Jg., Heft 9, S. 835-849.

Peterhoff, R. (1991), Die Bedeutung der Sozialpolitik im Systemwandel, in: Zur Transformation von Wirtschaftssystemen: Von der Sozialistischen Planwirtschaft zur Sozialen Marktwirtschaft, *Hannelore Hamel* zum 60. Geburtstag, Arbeitsberichte zum Systemvergleich, Nr. 15, hrsg. von der Forschungsstelle zum Vergleich wirtschaftlicher Lenkungssysteme der Philipps-Universität Marburg, 2. überarbeitete und erweiterte Auflage, Marburg, S. 156-170.

Peters, P. (1981), Entwicklung eines Verfahrens zur Beurteilung der Existenzgefährdung landwirtschaftlicher Unternehmen auf der Grundlage der Bilanzrechnung, Dissertation Gießen.

Pfaff, D. und *Linsmeier, P.* (1998), Das Insolvenzrecht Osteuropas (Polen, Rumänien, Rußland, Slowenien, Tschechien, Ukraine, Ungarn), in: Wirtschaft und Recht in Osteuropa, 7. Jg., Heft 2, S. 41-46.

Pfaffenholz, G. (1998), Krisenhafte Entwicklungen in mittelständischen Unternehmen: Ursachenanalyse und Implikationen für die Beratung, IfM-Materialien Nr. 130, Bonn.

Picot, G. und *Aleth, F.* (1999), Unternehmenskrise und Insolvenz: Vorbeugung, Turnaround, Sanierung, München.

Pilgram, Th. (1999), Ökonomische Analyse der bundesdeutschen Insolvenzordnung, Europäische Hochschulschriften, Reihe II: Rechtswissenschaft, Bd. 2683, Frankfurt am Main, Berlin, Bern, Bruxelles, New York und Wien.

Pinkwart, A. (1992), Chaos und Unternehmenskrise, Beiträge zur betriebswirtschaftlichen Forschung, Bd. 69, Wiesbaden.

Pinkwart, A. (1993), Katastrophentheorie und Unternehmenskrise: Der Beitrag der Katastrophentheorie zur Erklärung von Unternehmenskrise und -insolvenz, in: Zeitschrift für Betriebswirtschaft, 63. Jg., Heft 9, S. 873-895.

Plate, G. (1980), Eignung von Zahlungsunfähigkeit und Überschuldung als Indikatoren für die Insolvenzreife einer Unternehmung, in: Der Betrieb, 33. Jg., S. 217-222.

Polanyi, M. (1985), Implizites Wissen, Frankfurt am Main.

Popper, K. R. (1935/2002), Logik der Forschung, Nachdruck der 10., verbesserten und vermehrten Auflage von 1994, Tübingen.

Popper, K. R. (1957/1980), Die offene Gesellschaft und ihre Feinde I. Der Zauber Platons, 6. Auflage, Tübingen.

Popper, K. R. (1958/1980), Die offene Gesellschaft und ihre Feinde II. Falsche Propheten. Hegel, Marx und die Folgen, 6. Auflage, Tübingen.

Popper, K. R. (1965/1987), Das Elend des Historizismus, 6., durchgesehene Auflage, Tübingen.

Popper, K. R. (1987/1997), Auf der Suche nach einer besseren Welt. Vorträge und Aufsätze aus dreißig Jahren, 9. Auflage, München, Zürich.

Popper, K. R. (1987/1997a), Erkenntnis und Gestaltung der Wirklichkeit: Die Suche nach einer besseren Welt, in: *Popper, K. R.* (1987/1997), S. 11-40.

Popper, K. R. (1987/1997b), Über Wissen und Nichtwissen, in: *Popper, K. R.* (1987/1997), S. 41-54.

Popper, K. R. (1987/1997c), Über die sogenannten Quellen der Erkenntnis, in: *Popper, K. R.* (1987/1997), S. 55-64.

Popper, K. R. (1987/1997d), Duldsamkeit und intellektuelle Verantwortung (gestohlen bei Xenophanes und von Voltaire), in: *Popper, K. R.* (1987/1997), S. 213-230.

Popper, K. R. (1989), Stichwort „Falsifizierbarkeit, zwei Bedeutungen von", in: *Helmut Seiffert* und *Gerard Radnitzky* (Hg.), (1989), S. 82-85.

Popper, K. R. (1993), Objektive Erkenntnis: Ein evolutionärer Entwurf, Hamburg.

Popper, K. R. (1993a), Vermutungswissen: meine Lösung des Problems der Induktion, in: *Popper, K. R.* (1993), S. 1-31.

Popper, K. R. (1993b), Zwei Seiten des Alltagsverstandes: ein Plädoyer für den Realismus des Alltagsverstandes und gegen die Erkenntnistheorie des Alltagsverstandes, in: *Popper, K. R.* (1993), S. 32-108.

Popper, K. R. (1993c), Erkenntnistheorie ohne ein erkennendes Subjekt, in: *Popper, K. R.* (1993), S. 109-157.

Popper, K. R. (1996/1997), Alles Leben ist Problemlösen: Über Erkenntnis, Geschichte und Politik, 3. Auflage, München, Zürich.

Popper, K. R. (1996/1997a), Wissenschaftslehre in entwicklungstheoretischer und in logischer Sicht, in: *Popper, K. R.* (1996/1997), S. 15-45.

Popper, K. R. (1996/1997b), Die erkenntnistheoretische Position der Evolutionären Erkenntnistheorie, in: *Popper, K. R.* (1996/1997), S. 127-144.

Popper, K. R. (1996/1997c), Alles Leben ist Problemlösen, in: *Popper, K. R.* (1996/1997), S. 255-263.

Popper, K. R. (1997/2000), Lesebuch. Ausgewählte Texte zu Erkenntnistheorie, Philosophie der Naturwissenschaften, Metaphysik, Sozialphilosophie, herausgegeben von *David Miller*, 2., durchgesehene Auflage, Tübingen.

Popper, K. R. (1997/2000a), Die Anfänge des Rationalismus, in: *Popper, K. R.* (1997/2000), S. 4-11.

Popper, K. R. (1997/2000b), Erkenntnis ohne Autorität, in: *Popper, K. R.* (1997/2000), S. 26-39.

Popper, K. R. (1997/2000c), Die empirische Basis, in: *Popper, K. R.* (1997/2000), S. 135-143.

Popper, K. R. (1997/2000d), Die Stückwerk-Sozialtechnik, in: *Popper, K. R.* (1997/2000), S. 293-308.

Popper, K. R. (2000), Vermutungen und Widerlegungen: Das Wachstum der wissenschaftlichen Erkenntnis, unveränderte Ausgabe in einem Band, Tübingen.

Popper, K. R. (2000a), Von den Quellen unseres Wissens und unserer Unwissenheit, in: *Popper, K. R.* (2000), S. 2-44.

Popper, K. R. (2000b), Wissenschaft: Vermutungen und Widerlegungen, in: *Popper, K. R.* (2000), S. 46-95.

Popper, K. R. (2000c), Drei Ansichten über die menschliche Erkenntnis, in: *Popper, K. R.* (2000), S. 141-174.

Popper, K. R. (2000d), Versuch einer rationalen Theorie der Tradition, in: *Popper, K. R.* (2000), S. 175-197.

Popper, K. R. (2000e), Zurück zu den Vorsokratikern, in: *Popper, K. R.* (2000), S. 198-242.

Popper, K. R. (2000f), Über die Stellung der Erfahrungswissenschaft und der Metaphysik, in: *Popper, K. R.* (2000), S. 269-291.

Popper, K. R. (2000g), Wahrheit, Rationalität und das Wachstum der wissenschaftlichen Erkenntnis, in: *Popper, K. R.* (2000), S. 312-365.

Popper, K. R. (2000h), Die Abgrenzung zwischen Wissenschaft und Metaphysik, in: *Popper, K. R.* (2000), S. 368-424.

Popper, K. R. (2000i), Prognose und Prophetie in den Sozialwissenschaften, in: *Popper, K. R.* (2000), S. 487-503.

Popper, K. R. (2000j), Die öffentliche Meinung im Lichte der Grundsätze des Liberalismus, in: *Popper, K. R.* (2000), S. 504-514.

Popper, K. R. (2000k), Utopie und Gewalt, in: *Popper, K. R.* (2000), S. 515-527.

Probst, H. (1976), Theorie des Marktaustritts, Dissertation Universität Mainz.

Propp, P. D. (1964/1990), Zur Transformation einer Zentralverwaltungswirtschaft sowjetischen Typs in eine Marktwirtschaft, Wirtschaftswissenschaftliche Veröffentlichungen des Osteuropa-Instituts an der Freien Universität Berlin, Bd. 20; Nachdruck: Edition Deutschland Archiv, mit einem Vorwort von *Gernot Gutmann*, Köln 1990.

Quidde, G. (1996), Indikatoren der Systemtransformation: Eine vergleichende Analyse unter besonderer Berücksichtigung der Privatisierung in 26 Staaten, Dissertation Mainz.

Radnitzky, G. (1989), Stichwort „Wissenschaftstheorie, Methodologie", in: *Helmut Seiffert* und *Gerard Radnitzky* (Hg.), (1989), S. 463-471.

Radnitzky, G. und *Andersson, G.* (Hg.) (1980), Fortschritt und Rationalität der Wissenschaft, Die Einheit der Gesellschaftswissenschaften, Studien in den Grenzbereichen der Wirtschafts- und Sozialwissenschaft, Band 24, Tübingen.

Radnitzky, G. und *Andersson, G.* (Hg.) (1981), Voraussetzungen und Grenzen der Wissenschaft, Die Einheit der Gesellschaftswissenschaften, Studien in den Grenzbereichen der Wirtschafts- und Sozialwissenschaft, Band 25, Tübingen.

Ragnitz, J. (1998), Zur Situation im ostdeutschen Unternehmenssektor: Ein buntscheckiges Bild, in: List Forum für Wirtschafts- und Finanzpolitik, 24. Jg., Heft 3, S. 326-343.

Reske, W., Brandenburg, A. und *Mortsiefer, H.-J.* (1976), Insolvenzursachen mittelständischer Betriebe – Eine empirische Analyse, Schriften zur Mittelstandsforschung, Nr. 70, Göttingen.

Richter, R. und *Furubotn, E. G.* (1996), Neue Institutionenökonomik, Tübingen.

Rinklin, T. H. (1960), Die vergleichsfähige und die konkursreife Unternehmung: Versuch einer Typologie notleidender Unternehmungen, Stuttgart.

Rohde, C. (1979), Auslese durch Insolvenzen – Zur Funktionsfähigkeit der marktwirtschaftlichen Sanktionssysteme, Wirtschaftspolitische Studien aus dem Institut für Europäische Wirtschaftspolitik der Universität Hamburg, Heft 49, Göttingen.

Röpke, J. (1977), Strategie der Innovation,

Röpcke, W. (1937/1954), Die Lehre von der Wirtschaft, Zürich.

Ross, S. A. (1973), The Economic Theory of Agency: The Principal's Problem, in: American Economic Review, Papers and Proceedings, Vol. 63, S. 134-139.

Röthig, P. (1976), Organisation und Krisenmanagement – Zur organisatorischen Gestaltung der Unternehmung unter den Bedingungen eines Krisenmanagements, in: Zeitschrift Führung + Organisation, S. 13 ff.

Sälter, P. M. (1989), Externe Effekte: „Marktversagen" oder Systemmerkmal?, Wirtschaftswissenschaftliche Beiträge, Bd. 10, Heidelberg.

Schaffer, Th. (2001), Institutionen und Erkenntnis: Eine Analyse im Lichte der Popperschen Erkenntnis- und Wissenschaftstheorie, Berlin.

Schenk, K.-E. (Hg.) (1978), Ökonomische Verfügungsrechte und Allokationsmechanismen in Wirtschaftssystemen, Schriften des Vereins für Socialpolitik, NF, Band 97, Berlin.

Scheuch, E. K. und *Scheuch, U.* (2001), Deutsche Pleiten: Manager im Größen-Wahn oder der irrationale Faktor, Berlin.

Schimke, E. und *Töpfer, A.* (Hg.) (1986), Krisenmanagement und Sanierungsstrategien, 2. Auflage, Landsberg.

Schimmelpfeng GmbH (Hg.) (1977), Aktuelle Beiträge über Insolvenzen, 2., erweiterte Auflage, Frankfurt/Main.

Schmalensee, R. und *Willig, R.* (Hg.) (1989), Handbook of Industrial Organization, Vol. I, Amsterdam u.a.

Schmuhl, H.-W. (2003), Arbeitsmarktpolitik und Arbeitsverwaltung in Deutschland 1871-2002, Beiträge zur Arbeitsmarkt- und Berufsforschung, Nr. 270, Nürnberg.

Schmidt, R. H. (1980), Ökonomische Analyse des Insolvenzrechts, Wiesbaden.

Schmidt, R. H. (1984), Asymmetrische Informationen und Gläubigerverfügungsrechte in der Insolvenz, in: Zeitschrift für Betriebswirtschaft, 54. Jg., S. 717-742.

Schneider, D. (1985), Allgemeine Betriebswirtschaftslehre, 2., überarbeitete und erweiterte Auflage der „Geschichte betriebswirtschaftlicher Theorie", München und Wien.

Schreiter, C. (1994), Evolution und Wettbewerb von Organisationsstrukturen: Ein evolutionsökonomischer Beitrag zur volkswirtschaftlichen Theorie der Unternehmung, Marburger Schriften zum Genossenschaftswesen, Band 78, Göttingen.

Schüller, A. (1978), Property Rights, unternehmerische Legitimation und Wirtschaftsordnung: Zum vermögenstheoretischen Ansatz einer allgemeinen Theorie der Unternehmung, in: *Karl-Ernst Schenk* (Hg.), (1978), S. 29-87.

Schüller, A. (Hg.) (1983), Property Rights und ökonomische Theorie, München.

Schüller, A. (1983a), Property Rights, Theorie der Firma und wettbewerbliches Marktsystem, in: *Alfred Schüller* (Hg.) (1983), S. 145-183.

Schüller, A. (1986), Unternehmen und Wirtschaftsrechnung: Zu einem integrierten dynamischen Erklärungsansatz, in: *Leipold* und *Schüller* (Hg.) (1986), S. 3-40.

Schüller, A. (1988/2002), Ökonomik der Eigentumsrechte in ordnungstheoretischer Sicht, in: *Dieter Cassel, Bernd Thomas Ramb* und *H. Jörg Thieme* (Hg.), (1988), S. 155-183. Wiederabdruck in: Marburger Studien zur Ordnungsökonomik. Auf-sätze von *Alfred Schüller*, Schriften zu Ordnungsfragen der Wirtschaft, Band Nr. 70, Stuttgart 2002, S. 67-97.

Schüller, A. (1992/2002), Ansätze einer Theorie der Transformation, in: ORDO, Jahrbuch für die Ordnung von Wirtschaft und Gesellschaft, Band 43, Stuttgart, S. 35-63. Wiederabdruck in: Marburger Studien zur Ordnungsökonomik. Aufsätze von *Alfred Schüller*, Schriften zu Ordnungsfragen der Wirtschaft, Band Nr. 70, Stuttgart 2002, S. 33-65.

Schüller, A. (1998), Der wirtschaftspolitische Punktualismus: Triebkräfte, Ziele, Eingriffsformen und Wirkungen, in: ORDO, Jahrbuch für die Ordnung von Wirtschaft und Gesellschaft, Band 49, S. 105-126.

Schüller, A. (2002), Weltwirtschaftliche Integration der Transformationsländer als ordnungsökonomische Aufgabe, in: *Ulrich Fehl* und *Alfred Schüller* (Hg.), (2002), S. 25-55.

Schüller, A. und *Weber, R.* (1998), Deutsche Einheit: Wirtschaftspolitische Weichenstellungen zwischen politischer und marktwirtschaftlicher Rationalität, in: *Dieter Cassel* (Hg.), (1998), S. 368-400.

Schüller, A., Leipold, H. und *Hamel, H.* (Hg.) (1983), Innovationsprobleme in Ost und West, Schriften zum Vergleich von Wirtschaftsordnungen, Heft 33, Stuttgart, New York.

Schüller, A. und *Krüsselberg, H.-G.* (Hg.) (2002), Grundbegriffe zur Ordnungstheorie und Politischen Ökonomik, 5., überarbeitete und ergänzte Auflage, Arbeitsberichte zu Ordnungsfragen der Wirtschaft, Nr. 7, Marburger Gesellschaft für Ordnungsfragen der Wirtschaft, Marburg.

Schulz, J. (1992), Zu transformationstheoretischen Ansätzen der ordoliberalen Schule und der amerikanischen Institutionenökonomik, in: Zeitschrift für Wirtschaftspolitik, 41. Jg., Heft 3, S. 231-256.

Schumpeter, J. A. (1912/1987), Theorie der wirtschaftlichen Entwicklung, 7. Auflage, Berlin.

Schurz, G. (2002), Karl Popper: Deduktion, Induktion und Abduktion, in: *Jan M. Böhm, Heiko Holweg* und *Claudia Hoock* (Hg.), (2002), S. 126-143.

Schwetlick, W. und *Lessing, R.* (1977a), Bilanz des Versagens, in: manager-magazin, Heft 3, S. 26 ff.

Schwetlick, W. und *Lessing, R.* (1977b), Therapie gegen Mißmanagement, in: manager-magazin, Heft 4, S. 36 ff.

Seibel, H. und *Weiser, C.* (1994), Zum Sterben von Unternehmen, in: Zeitschrift für Betriebswirtschaft, 64. Jg., Heft 3, S. 297-312.

Seiffert, H. (1989), Stichwort „Wissenschaftsgeschichte, allgemein“, in: *Helmut Seiffert* und *Gerard Radnitzky* (Hg.), (1989), S. 411-413.

Seiffert, H. und *Radnitzky, G.* (Hg.) (1989), Handlexikon zur Wissenschaftstheorie, München.

Simon, H. A. (1957), Models of Man, New York.

Smith, A. (1990), Der Wohlstand der Nationen: Eine Untersuchung seiner Natur und seiner Ursachen, hrsg. von *Horst Claus Recktenwaldt*, 5. Auflage, München.

Starke, D. (2002), Beitrag „Theorie der Systemtransformation: Ausgangspunkte und Ziele“, in: *Alfred Schüller* und *Hans-Günter Krüsselberg* (Hg.),(2002), S. 195-200.

Statistisches Bundesamt (1990), Jahrbuch für Statistik, Wiesbaden.

Stefansen, N. C. (2000), Charles Sanders Peirce: Der Stammvater des Pragmatismus, in: *Anton Hügli* und *Poul Lübcke* (Hg.), (2002), S. 27-57.

Stigler, G. J. (1961), The Economics of Information, in: Journal of Political Economy, Vol. 69, S. 213-225.

Streit, M. E. und *Mummert, U.* (1996), Grundproblem der Systemtransformation aus institutionenökonomischer Perspektive, Max-Planck-Institut zur Erforschung von Wirtschaftssystemen Jena, Diskussionsbeitrag 09/96, Jena.

Süß, D. (2001), Privatisierung und öffentliche Finanzen: Zur Politischen Ökonomie der Transformation, Schriften zu Ordnungsfragen der Wirtschaft, Band 66, Stuttgart.

Tatje, D. (2001), Von Streß in Organisationen zu Organisationen im Streß: Ein unternehmenskultureller Ansatz zur Erklärung von Unternehmenskrisen, Strategie- und Informationsmanagement, Band 10, München und Mering.

Thalheim, K. C. (1971), Konzentration in der DDR, in: *Arndt, Helmut* (Hg.), (1971), S. 77-106.

Tietzel, M. (1985), Wirtschaftstheorie und Unwissen: Überlegungen zur Wirtschaftstheorie jenseits von Risiko und Unsicherheit, Die Einheit der Gesellschaftswissenschaften, Bd. 39, Tübingen.

Töpfer, A. (1986), Analyse von Insolvenzursachen, in: *E. Schimke* und *A. Töpfer* (Hg.), (1986), S. 158-171.

Türschmann, C. W. (1990), Stabilität und Chaos in einfachen, dynamischen Modellen der Betriebswirtschaftslehre, in: Zeitschrift für betriebswirtschaftliche Forschung, 42. Jg., S. 22-49.

Uhlenbruck, W. (1988), Die GmbH & Co. KG in Krise, Konkurs und Vergleich: Die rechtlichen und betriebswirtschaftlichen Zusammenhänge bei Insolvenz der KG und der GmbH, 2., neubearbeitete und wesentlich erweiterte Auflage, Köln.

Uhlenbruck, W. (1989), Grundzüge des Entwurfs einer neuen Insolvenzordnung – Diskussions-Entwurf eines Jahrhundertgesetzes oder wirtschaftspathologische Utopie?, in: Betriebs-Berater, 44. Jg., S. 433-441.

Vanberg, V. (1995), John R. Commons: Institutionelle Evolution durch absichtsvolle Selektion, in: Vademecum, Düsseldorf, S. 69-94.

Vollmer, U. (1994), Arbeitslosigkeit in sozialistischen Planwirtschaften, Schriften zu Ordnungsfragen der Wirtschaft, Band 44, Stuttgart, New York.

Vollmer, U. und *Maurer, T.* (1994), Die Eignung von Sanierungsdarlehen zur Abwehr von Überschuldung, in: Der Betrieb, 46. Jg., S. 2315-2322.

Wagner, H. (1998), Insolvenzordnung. Taschenkommentar, 1. Auflage, Baden-Baden.

Watkins, J. (1980), Die Poppersche Analyse der wissenschaftlichen Erkenntnis, in: *Gerard Radnitzky* und *Gunnar Andersson* (Hg.), (1980), S. 27-49.

Waywode, M. (1998), Determinanten der Überlebenswahrscheinlichkeit von Unternehmen: Eine empirische Überprüfung organisationstheoretischer und industrieökonomischer Erklärungsansätze, Schriftenreihe des ZEW, Band 25, Baden-Baden.

Weber, R. (1999), Ordnungstheorie und Systemtransformation, in: *Peter Engelhard* und *Heiko Geue* (Hg.), (1999), S. 165-197.

Weibel, P. F. (1973), Die Aussagefähigkeit von Kriterien zur Bonitätsbeurteilung im Kreditgeschäft der Banken, Bern und Stuttgart.

Weisel, E. (1982), Ansätze einer Theorie der Verursachung von Unternehmungsinsolvenzen, Reihe Wirtschaftswissenschaften, Bd. 261, Thun und Frankfurt am Main.

Wiest, B. (2000), Systemtransformation als evolutorischer Prozeß: Wirkungen des Handels auf den Produktionsaufbau am Beispiel der Baltischen Staaten, Schriften zu Ordnungsfragen der Wirtschaft, Band 63, Stuttgart.

Williamson, O. E. (1975), Markets and Hierarchies – Analysis and Antitrust Implications, New York und London.

Williamson, O. E. (1985), The Economic Institutions of Capitalism – Firms, Markets, Relational Contracting, New York und London.

Williamson, O. E. (1989), Transaction Cost Economics, in: *R. Schmalensee* und *R. Willig* (Hg.), (1989), S. 135-182.

Williamson, O. E. (1990), Die ökonomischen Institutionen des Kapitalismus – Unternehmen, Märkte, Kooperationen, Tübingen.

Witt, U. (1987), Individualistische Grundlagen der evolutorischen Ökonomik, Die Einheit der Gesellschaftswissenschaften, Band 47, Tübingen.

Zelewski, S. (1999), Grundlagen, in: *Hans Corsten* und *Michael Reiß* (1999), S. 1-125.

Schriften zu Ordnungsfragen der Wirtschaft

Lucius&Lucius Verlags-GmbH, Stuttgart, ISSN 1432-9220

Herausgeber:
Prof. Dr. Gernot Gutmann, Dr. Hannelore Hamel, Prof. Dr. Helmut Leipold
Prof. Dr. Alfred Schüller, Prof. Dr. H. Jörg Thieme

In Vorbereitung:

Band 86: *Katharina Wacker,*
Deregulierung und Wettbewerbsaspekte auf dem Fernsehmarkt, insbesondere Kabelfernsehen, 2007.

Band 85: *Friedrich Gröteke,*
Europäische Beihilfenkontrolle und Standortwettbewerb: Eine ökonomische Analyse, 2007.

Bereits erschienen:

Band 84: *Dieter Starke,*
Unternehmensinsolvenzen im Wandel der Gesellschafts- und Wirtschaftssysteme: Eine Untersuchung im Lichte des Kritischen Rationalismus und der Evolutionsökonomik, 2007, 333 S., 38,00 €, ISBN 978-3-8282-0395-2.

Band 83: *Klaus Heine* und *Wolfgang Kerber* (Hg.),
Zentralität und Dezentralität von Regulierung in Europa, 2007, 355 S., 42,00 €, ISBN 978-3-8282-0383-9.

Band 82: *Dirk Wentzel* (Hg.),
Europäische Integration – Ordnungspolitische Chancen und Defizite, 2006, 284 S., 34,00 €, ISBN 978-3-8282-0382-2.

Band 81: *Martin Dietz,*
Der Arbeitsmarkt in institutionentheoretischer Perspektive, 2006, 314 S., 38,00 €, ISBN13: 978-3-8282-0365-5.

Band 80: *Gerrit Fey,*
Banken zwischen Wettbewerb, Selbstkontrolle und staatlicher Regulierung: Eine ordnungsökonomische Analyse, 2006, 332 S., 38,00 €, ISBN10: 3-8282-0364-7, ISBN13: 978-3-8282-0364-8.

Band 79: *David Nguyen-Thanh,*
Steuerreformen in Transformationsländern und wirtschaftspolitische Beratung: Eine Fallstudie am Beispiel der Politik des IWF in Kroatien und Bosnien-Herzegowina, 2005, XXIV/287 S., 38,00 €, ISBN 3-8282-0318-3.

Band 78: *Helmut Leipold* und *Dirk Wentzel* (Hg.),
Ordnungsökonomik als aktuelle Herausforderung, 2005, X/413 S., 36,00 €, ISBN 3-8282-0319-1.

Band 77: *Werner Pascha* und *Cornelia Storz* (Hg.),
Wirkung und Wandel von Institutionen: Das Beispiel Ostasien, 2005, X/287 S., 48,00 €, ISBN 3-8282-0312-4.

Band 76: *Rolf Hasse* und *Uwe Vollmer* (Hg.),
Incentives and Economic Behaviour, 2005, X/134 S., 32,00 €, ISBN 3-8282-0308-6.

Band 75: *Martin Leschke* und *Ingo Pies* (Hg.),
Wissenschaftliche Politikberatung: Theorien, Konzepte, Institutionen, 2005, X/432 S., 38,00 €, ISBN 3-8282-0304-3.

Band 74: *Thomas Apolte, Rolf Caspers* und *Paul J.J. Welfens* (Hg.),
Ordnungsökonomische Grundlagen nationaler und internationaler Wirtschaftspolitik, 2004, X/236 S., 34 €, ISBN 3-8282-0293-4.

Band 73: *Hubertus Bardt* ,
„Arbeit" versus „Kapital" – Zum Wandel eines klassischen Konflikts, 2003, X/177 S., 32,00 €, ISBN 3-8282-0277-2.

Band 72: *Dieter Cassel* und *Paul J.J. Welfens* (Hg.),
Regionale Integration und Osterweiterung der Europäischen Union, 2003, VIII/543 S., 42,00 €, ISBN 3-8282-0278-0.

Band 71: *Alfred Schüller* und *H. Jörg Thieme* (Hg.),
Ordnungsprobleme der Weltwirtschaft, 2002, VIII/524 S., 42,00 €, ISBN 3-8282-0231-4.

Band 70: *Alfred Schüller,*
Marburger Studien zur Ordnungsökonomik, 2002, X/348 S., 32,00 €, ISBN 3-8282-0221-7.

Band 69: *Dirk Wentzel,*
Medien im Systemvergleich, 2002, XVII/268 S., 38,00 €, ISBN 3-8282-0220-9.

Band 68: *Thomas Apolte* und *Uwe Vollmer* (Hg.),
Arbeitsmärkte und soziale Sicherungssysteme unter Reformdruck, 2002, 454 S., 36,00 €, ISBN 3-8282-0204-7.

Band 67: *Dietrich v. Delhaes-Guenther, Karl-Hans Hartwig, Uwe Vollmer* (Hg.)
Monetäre Institutionenökonomik, 2001, VIII/400 S., 34,50 €, ISBN 3-8282-0194-6.

Band 66: *Dirck Süß,*
Privatisierung und öffentliche Finanzen: Zur Politischen Ökonomie der Transformation, 2001, 236 S., 31,00 €, ISBN 3-8282-0193-8.

Band 65: *Yvonne Kollmeier,*
Soziale Mindeststandards in der Europäischen Union im Spannungsfeld von Ökonomie und Politik, 2001, 158 S., 29,00 €, ISBN 3-8282-0179-2.

Band 64: *Helmut Leipold* und *Ingo Pies* (Hg.),
Ordnungstheorie und Ordnungspolitik: Konzeptionen und Entwicklungsperspektiven, 2000, 456 S., 42,00 €, ISBN 3-8282-0145-8.

Band 63: *Bertram Wiest,*
Systemtransformation als evolutorischer Prozeß: Wirkungen des Handels auf den Produktionsaufbau am Beispiel der Baltischen Staaten, 2000, 266 S., 34,00 €, ISBN 3-8282-0144-X.

Band 62: *Rebecca Strätling,*
Die Aktiengesellschaft in Großbritannien im Wandel der Wirtschaftspolitik: Ein Beitrag zur Pfadabhängigkeit der Unternehmensordnung, 2000, 270 S., 31,00 €, ISBN 3-8282-0128-8.

Band 61: *Carsten Schittek,*
Ordnungsstrukturen im europäischen Integrationsprozeß: Ihre Entwicklung bis zum Vertrag von Maastricht, 1999, 409 S., 39,00 €, ISBN 3-8282-0108-3.

Band 60: *Peter Engelhard* und *Heiko Geue* (Hg.),
Theorie der Ordnungen: Lehren für das 21. Jahrhundert, 1999, 369 S., 36,00 €, ISBN 3-8282-0107-5.

Band 59: *Thomas Brockmeier,*
Wettbewerb und Unternehmertum in der Systemtransformation: Das Problem des institutionellen Interregnums im Prozeß des Wandels von Wirtschaftssystemen, 1999, 434 S., 39,00 €, ISBN 3-8282-0097-4

Band 58: *Karl-Hans Hartwig* und *H. Jörg Thieme* (Hg.),
Finanzmärkte: Funktionsweise, Integrationseffekte und ordnungspolitische Konsequenzen, 1999, 556 S., 42,00 €, ISBN 3-8282-0094-X.

Band 57: *Dieter Cassel* (Hg.),
50 Jahre Soziale Marktwirtschaft: Ordnungstheoretische Grundlagen, Realisierungsprobleme und Zukunftsperspektiven einer wirtschaftspolitischen Konzeption, 1998, 782 S., 49,00 €, ISBN 3-8282-0057-5.

Band 56: *Hans-Günter Krüsselberg,*
Ethik, Vermögen und Familie: Quellen des Wohlstands in einer menschenwürdigen Ordnung, 1997, 341 S., 36,00 €, ISBN 3-8282-0055-9.

Band 55: *Heiko Geue,*
Evolutionäre Institutionenökonomik, 1997, 336 S., 36,00 €, ISBN 3-8282-0050-8.

FSC
www.fsc.org
MIX
Papier | Fördert gute Waldnutzung
FSC® C083411

Kolibri 360 GmbH
Ferdinand-Jühlke-Straße 7
99095 Erfurt, Deutschland
produktsicherheit@kolibri360.de